리치 원전 【3권】

Fonti Ricciane

그리스도교의 중국 진출기

리치 원전 【3권】

Fonti Ricciane

—

1판 1쇄 인쇄 2024년 10월 30일
1판 1쇄 발행 2024년 11월 15일

—

저   자 ǀ 마태오 리치, 파스콸레 마리아 델리야
역주자 ǀ 김혜경
발행인 ǀ 이방원
발행처 ǀ 세창출판사
　　　　신고번호 제1990-000013호
　　　　주소 03736 서울시 서대문구 경기대로 58 경기빌딩 602호
　　　　전화 02-723-8660 팩스 02-720-4579
　　　　이메일 edit@sechangpub.co.kr 홈페이지 www.sechangpub.co.kr
　　　　블로그 blog.naver.com/scpc1992 페이스북 fb.me/Sechangofficial 인스타그램 @sechang_official

—

ISBN 979-11-6684-333-4 94230
　　　　979-11-6684-330-3 (세트)

—

이 역주서는 2018년 대한민국 교육부와 한국연구재단의 지원을 받아 수행된 연구임.
(NRF-2018S1A5A7029259)

—

이 책은 한국연구재단의 지원으로 세창출판사가 출판, 유통합니다.
잘못 만들어진 책은 구입하신 서점에서 바꾸어 드립니다.

리치 원전 【3권】

Fonti Ricciane

마태오 리치의 원전과
유럽-중국 간 첫 번째 관계사

(이탈리아 왕립 학술원 주관)
파스콸레 마리아 델리야 발행 및 주석
김 혜 경 역

세창출판사

Volume II (리치원컨 3권~5권) 도판 목록

4책
● 제1부(제1장~제10장)
IV. 남경 수도원
1597년 7월 20일부터 1600년 5월 19일까지

● 제2부(제11장~제20장)
V. 북경 수도원
1601년 1월 21일부터 1602년 9월 21일까지

리치원전 전체 차례

18

2권

2책

I. 조경(肇慶) = 소흥 수도원(1583년 9월 10일부터 1589년 8월 초순까지)

제8장 신부들이 절강성으로 돌아오고 루지에리 신부가 광서에서 나가다: 그 밖에 이 시기에 일어난 사건들에 대해(1586년 7월부터 1587년 7월까지)

제9장 신부들이 조경에서 나쁜 일에 연루될까 두려워 두아르테 데 산데 신부를 마카오로 돌아가게 한 영서도; 이 일이 있고 난 뒤 신부들이 겪은 큰 어려움에 대해(1587년 7월 27일부터 1587년 12월까지)

제10장 미켈레 루지에리 신부가 어떻게 마카오에 가서 그곳에 남게 되었는지에 대해; 두아르테 데 산데 신부가 조경에 온 경위, 백성을 위해 그 집에서 겪은 또 다른 어려움(1588년 1월부터 1588년 7월까지)

제11장 알렉산드로 신부가 미켈레 루지에리 신부를 로마로 보내 교황이 신부들을 중국 황제에게 보내는 대사로 임명해 달라고 청하고, 안토니오 알메이다 신부는 조경으로 가는 길에 새로운 여러 난관에 부딪히다(1588년 8월부터 12월까지)

제12장 조경 수도원에서 우리가 거둔 성과에 대해(1583년 9월 10일부터 1589년 8월 초순까지)

제13장 조경 수도원에서 우리가 겪은 마지막 난관과 도당 유절재(劉節齋)에 의해 쫓겨난 이유에 대해(1589년 4월부터 8월 초까지)

3책

★ 제1부(제1장~제9장)
II. 소주(韶州) 수도원(1589년 8월 26일부터 1595년 4월 18일까지)

제1장 소주 수도원을 어떻게 지었는지에 대해, 중국선교에 대해 새로운 계획을 세우게 된 것에 대해(1589년 8월 초부터 10월 초까지)

제2장 새로 부른 신부들이 마카오에 어떻게 오게 되었는지, 그들이 모두 기뻐하게 된 일에 대해, 중국에 있는 신부들의 도움으로 순찰사 알렉산드로 발리냐노 신부가 두 명의 중국인 청년들에게 예수회 입회를 허락하고 중국선교에 투입하게 된 일에 대해(1589년 9월부터 1590년 6월 20일쯤까지)

제3장 구태소가 어떻게 소주에 거주하게 되었고 마태오 신부의 제자가 되었는지에 대해, 이후 구태소 덕분에 소주에 자리를 잡게 된 경위에 대해(1590년 말부터 1591년 9월까지)

제4장 우리가 소주에서 겪은 어려움과 두아르테 데 산데 신부가 소주에 가고, 마카오로 돌아가는 길에 생긴 일에 대해(1590년 말부터 1591년 9월까지)

제5장 안토니오 데 알메이다 신부의 사망과 그가 있던 소주로 프란체스코 데 페트리스 신부가 투입된 것에 대해(1591년 10월 11일부터 1591년 12월 말까지)

제6장 마태오 리치가 남웅(南雄)으로 어떻게 갔는지에 대해, 그 지역 일부 그리스도인들이 한 일(1591년 말부터 1592년 중반 즈음까지)

제7장 밤에 강도들이 수도원을 침입하여 두 신부에게 상해를 입히고 재판에 넘겨졌으나 신부들에 의해 풀려나다(1592년 7월부터 1594년 6월까지)

제8장 프란체스코 데 페트리스 신부의 사망과 소주에서 그의 자리를 대신할 라자로 카타네오 신부가 입국하게 된 경위에 대해(1593년 11월 5일부터 1594년 11월까지)

제9장 마태오 리치가 처음으로 남경 황궁에 가게 되고, 그 과정에서 일어난 일에 대해(1594년 11월 ?부터 1595년 5월 31일까지)

★ 제2부(제10장~제14장)
III. 남창(南昌) 수도원(1595년 6월 28일부터 1598년 6월 25일까지)

제10장 마태오 리치 신부가 어떻게 남경에서 쫓겨났는지에 대해, 그리고 어떻게 강서의 중심도시로 가게 되었는지에 대해(1595년 6월 1일부터 29일까지)

제11장 남창 지역 통감이 거주하는 강서의 도읍에 어떻게 거주지를 마련하게 되었는지에 대해(1595년 7월부터 9월까지)

제12장 황가(皇家)의 두 친족과 리치가 어떻게 친구가 되었는지에 대해, 남경에서 그들에게 한 설교(1595년 8월 20일경부터 10월까지)

제13장 교섭이 성공한 사실을 어떻게 알렸는지에 대해, 두아르테 데 산데 신부가 조반니 소에이로 신부를 남창으로 보내고 거기서 우리가 집을 어떻게 매입할 수 있었는지에 대해(1595년 12월부터 1596년 7월까지)

제14장 소주에서 라자로 카타네오 신부가 겪은 큰 봉변과 니콜로 론고바르도 신부와 요안데 로챠 신부의 입국(1596년 9월 ?부터 1597년 12월 말까지)

★ 제1부(제1장~제10장)

IV. 남경 수도원(1597년 7월 20일부터 1600년 5월 19일까지)

제1장 마태오 리치가 상서 왕충명(王忠銘)의 도움으로 라자로 카타네오 신부와 함께 남경으로 돌아가게 된 것에 대해(1597년 7월 20일부터 1598년 7월 10일경까지)

제2장 신부들이 처음으로 북경 황궁에 가고, 마태오 리치가 어떻게 남경 총독의 부름을 받게 되었는지에 대해, 그리고 북경으로 가는 길에서 겪은 일에 대해(1598년 7월 10일경부터 1598년 9월 7일까지)

제3장 신부들이 이번에는 북경에서 어떻게 행동해야 하는지를 몰라 다시 남경으로 되돌아가게 된 일에 대해서(1598년 9월 8일부터 1598년 12월 5일까지)

제4장 라자로 카타네오 신부가 어떻게 짐을 가지고 임청(臨淸)에서 겨울을 났는지, 마태오 리치 신부가 소주와 남경에서 어떻게 거주하게 되었는지에 대해(1598년 12월 5일부터 1599년 2월까지)

제5장 마태오 리치가 어떻게 남경에서 수학 강의를 하게 되었는지, 그것이 우리에게 얼마나 큰 공신력을 안겨 주고 열매를 가져다주었는지에 대해서(1599년 2월 6일 이후부터 1600년 5월 19일 이전까지)

제6장 남창의 많은 주요 인사들이 마태오 리치와 대화하고 싶어 한 것에 대해(1599년 초)

제7장 마태오 리치가 우상 종파의 한 유명한 승려와 거룩한 신앙에 관해 논한 것에 대해(1599년 초)

제8장 임청에서 겨울을 지낸 우리 형제들이 황제에게 줄 물건을 가지고 어떻게 남경에 도착하게 되었는지, 남경에서 어떻게 좋은 집을 매입할 수 있게 되었는지에 대해(1599년 2월부터 6월 5일경까지)

제9장 라자로 카타네오 신부가 마카오에 어떻게 귀환하게 되었는지에 대해, 남창에서도 그

리스도인들이 점차 생겨나기 시작한 것에 대해서(1599년 6월 20일 무렵부터 1600년 3월경까지)

제10장 마태오 리치 신부가 디에고 판토하 신부와 두 명의 수사 종명인 페르난도와 에마누엘레 페레이라와 함께 어떻게 다시 북경으로 돌아오게 되었는지, 어떻게 산동의 제닝에 도착하게 되었는지에 대해(1600년 3월부터 6월까지)

★ 제2부(제11장~제20장)
V. 북경 수도원(1601년 1월 21일부터 1602년 9월 21일까지)

제11장 우리가 임청(臨淸)과 천진위(天津衛)에서 겪은 일에 대해(1600년 6월부터 1601년 1월까지)

제12장 어떻게 중국의 황제가 신부들에게 진상품을 가지고 북경에 들어오라고 했는지, 첫 입성에서 일어난 일에 관해(1601년 1월부터 2월까지)

제13장 우리가 어떻게 주객사(主客司)의 지시를 받게 되었고, 외국 사절단들이 묵는 사이관(四夷館)에 들어가게 되었는지에 대해, 그리고 어떻게 거기에서 나오게 되었는지에 대해(1601년 2월 25일경부터 5월 28일까지)

제14장 신부들이 직접 황제에게 탄원서를 쓰게 된 경위, 예부의 관리들이 신부들에게 사이관 밖에 거주하도록 허락하고 북경의 고위 인사들이 방문하여 위로하다(1601년 6월부터 12월까지)

제15장 우리가 북경에서 사귄 풍모강(馮慕岡)과 이아존(李我存), 이 두 인사와의 깊은 우정(1601년 6월부터 12월까지)

제16장 이 시기에 우상 종파가 겪은 커다란 수치와 하느님께서 우리에게 닥쳐오는 엄청난 고통으로부터 구해 주신 것에 대해(1602년부터 1604년 5월 25일까지)

제17장 그동안 소주(韶州) 수도원에서 일어난 일에 대해(1599년 7월 초부터 1603년까지)

제18장 그동안 소주(韶州) 수도원에서 겪은 몇 가지 어려움에 대해(1599년부터 1603년까지)

제19장 남경 수도원의 발전과 서 바오로 박사의 개종에 대해(1600년 5월부터 1604년 2월까지)

제20장 마카오 콜레지움의 새 원장 발렌티노 카르발료 신부가 어떻게 마누엘 디아즈 신부를 중국 내륙으로 보내게 되었는지에 대해, 마태오 리치가 그의 편으로 선교 물품을 보내기

위해 그를 북경으로 부르게 된 것에 대해, 황궁에서 그리스도교가 순조롭게 출발하게 된 것에 대해(1600년 2월 1일부터 1602년 9월 21일까지)

4권

5책 선교의 점진적인 발전과 개별 그리스도인의 증가
(1603년 2월부터 1610년 5월 10일까지, 그리고 1611년 11월 1일까지)

제1장 순찰사 알렉산드로 신부가 어떻게 일본에서 마카오로 오게 되었는지, 중국에 어떻게 다시 물건을 보냈는지, 마누엘 디아즈 신부가 다른 6명의 예수회원과 어떻게 마카오로 돌아왔는지에 대해

제2장 마태오 리치의 출판 작품들로 인해 우리와 그리스도교가 얻은 공신력에 대해

제3장 1604년 서 바오로 박사가 북경에서 어떻게 진사 시험에 통과하고 진 마르티노가 어떻게 무관이 되었는지에 대해, 그 외 북경에서 그리스도교와 관련한 일들에 대해

제4장 왕국 밖에서 들어온 많은 그리스도인의 존재를 중국에서 어떻게 발견하게 되었는지에 대해, 그들이 여전히 '십자가 신봉자'라는 이름으로 계승되어 오고 있는 것에 대해

제5장 이 시기에 소주 수도원에서 일어난 일에 대해

제6장 이 시기에 남창 수도원에서 일어난 일에 대해

제7장 그 시기에 남경 수도원에서 일어난 일에 대해, 구태소가 이냐시오라는 이름으로 개종한 것에 대해

제8장 북경 수도원에서 추진하는 일의 성과와 더 크고 편안한 집을 매입한 것에 대해, 바오로 박사가 마태오 리치와 함께 어떻게 『기하원본』을 번역하고 출판하게 되었는지에 대해

제9장 중국과 일본의 순찰사며 중국선교의 첫 발기인 알렉산드로 발리냐노의 죽음에 대해

제10장 우리가 광동(廣東)에서 겪은 큰 시련과 그로 인해 광주에서 프란체스코 마르티네스 수사에게 닥친 일에 대해, 그리고 그가 고통 중에 사망하게 된 것에 대해

5권

Abbozzo della Storia dei Mim: 왕홍서(王鴻緖), 『명사고(明史藁)』.

AHSI: Archivum Historicum Societatis Iesu (예수회 역사 고문서실), Roma, 1932.

Ajuda: Biblioteca e Archivio del palazzo di Ajuda in Lisbona, Portogallo.

Aleni[1]: Giulio Aleni, 『대서리서태선생행적(大西利西泰先生行蹟)』[경교당(景教堂) 판, 복주(福州), 1630][1]

Aleni[2]: Giulio Aleni, 『직방외기』, [북경, 1623], in 『천학초함』[북경, 1629], XIII, XIV.

AMCL: 인광임(印光任)과 장여림(張汝霖), 『오문기략(澳門記畧)』, 재판.

Annali della Prefettura di Shiuchow: 『소주부지(韶州府志)』.[2]

Annali della Prefettura di Wuchang: 『무창부지(武昌府志)』.

Annali Generali del Fukien: 『동치복건통지(同治福建通志)』.

Annali Generali del Kwangtung: 『도광광동통지(道光廣東通志)』.

---

1   본서[리치 원전(Fonti Ricciane)] 제1권에서는 진원(陳垣), 1919년 판본을 사용하며 필사본이 오류가 많아 손을 많이 대야 했다. 그래서 제2권은 바티칸도서관(*Borgia Cin.*, 350⁵)에 소장된 매우 귀한 1630년도 판본을 사용했다. 이 판본은 바티칸도서관의 "연구와 텍스트(Studi e Testi)" 시리즈에서 내가 이탈리아어 번역, 개론 및 주석을 포함하여 원문으로 곧 출판하게 될 것이다.

2   본서에서 사용한 많은 연감(Annali)은 상해(上海) 인근 서가회(徐家匯) 도서관에 소장된 것으로, 서가회 관계자께 진심으로 감사드린다.
　　그 외 다른 연감들과 많은 연구 자료는 북경국립도서관에 있는 것으로, 위엔통리(袁同禮) 관장과 그분의 중국인 협력자들의 탁월하고 지치지 않는 지원에 크게 빚을 졌다. 깊이 감사드린다.

Annali Generali di Tsaoki: 『조계통지(曹谿通志)』.

ARSI : *Archivio Romano della Compagnia di Gesù*(예수회 로마 고문서고).

주의: 별도의 명시가 없는 한, 이것들은 항상 미간행 원고임.

Atti autentici di Scenzom [Shen Tsung][=Uanli]: 『명신종만력실록(明神宗萬曆實錄)』(북경 국립도서관).

Bartoli[1]: *Della Cina*, in *Opere del* P. Daniello Bartoli, Torino, 1825, voll. XV-XVIII. 이 책 에서는 인용한 장과 페이지만 표기함.

Bartoli[2]: *Del Giappone* in *Opere del* P. Daniello Bartoli, Torino, 1825, voll. X-XIV. 이 책 에서는 인용한 책의 장과 페이지만 표기함.

BCP: *Bulletin Catholique de Pékin* (북경천주교 회보), 북경.

BD: Herbert A. Giles, *A Chinese Biographical Dictionary*, 런던, 1898.

BDM: *Boletim eclesiàstico da diocese de Macau* (마카오교구 교회 회보), 마카오.

BEFEO: *Bulletin de l'Ecole Française d'Extrême Orient* (극동아시아 프랑스학교 회보), Hanoi.

Beltchenko: H.S.Bruneert and V.V.Hagelstrom, *Present Day Political Organization of China*. Revised by N.T.Kolessoff. 러시아 원어에서 번역 A. Beltchenko and E.E, Moran, Scianghai, 1912.

Benedetto: Luigi Foscolo Benedetto, *Marco Polo, Il Milione*, prima edizione integrale, Firenze, 1928.

Bernard[1]: Henri Bernard, *Aux Portes de la Chine*, Tientsin, 1933.

Bernard[2]: Henri Bernard, *Le P. Matthieu Ricci et la Société Chinoise de son temps 1610*, Tientsin, 1937. Voll. 2.

Bernard[3]: Henri Bernard, *Le Frère Bento de Goes chez les Musulmans de la Haute Asie* (*1603-1607*), Tientsin, 1934.

Bernard[4]: Henri Bernard, *Aux origines du cimetière de Chala. Le don princiet de la Chine au P. Ricci* (*1610-1611*), Tientsin, 1934.

Biermann: Benno M. Biermann, *Die Anfänge der neueren Dominikanermission* in China, Münster i. W., 1927.

BP: 북당(北堂)도서관, *Biblioteca dei gesuiti a Pechino*(북경예수회도서관), ossia antica biblioteca dei gesuiti a Pechino, ora presso la chiesa del nord o Péttam nella stessa città.

Bretschneider: E. Bretschneider, *Medieval Researches from Eastern Asiatic Sources,* Londra[1887]. voll. 2.

Brucker: Joseph Bruker, *Benoît de Goes, Missionnaire voyageur dans l'Asie Centrale* (*1603-1607*) in *Etudes*, 1879, gennaio-giugno, pp. 589-612, 678-695.

Cciachizuo: Cciachizuo[사계좌(查繼佐)], 좌윤(左尹)이라는 이름으로 알려짐, 1584-1612년에 『죄유록(罪惟錄)』을 씀.

CCS: Collectanea Commisionis Synodalis (시노드 회의록), 북경.

CFUC. 앞의 Aleni[2] 참조.

Chavannes: Edouard Chavannes, *Les Mémoires historiques de Se-ma Ts'ien*, Parigi, 1895-1905. Voll. 5.

Chavannes[1]: Edouard Chavannes, *Les deux plus anciens spécimens de la cartografie chinoise*, Estratto da *Bulletin de l'Ecole Française d'Extrême Orient*, Hanoi, 1903, Aprile-giugno, pp. 214-247.

Ciamsimlam: 장성랑(張星烺), 『중서교통사료휘편(中西交通史料彙篇)』, 북경, 1926, 전 6권.

Ciamueihoa: 장유화(張維華), 『명사불랑기려송화란의대리아서전주석(明史佛郎機呂宋和蘭意大里亞西傳注釋)』, 북경, 1934. Yenchin Journal of Chinese Studies, Monograph Series, N.7.

Civ. Catt.: *Civiltà Cattolica*, Roma, 1850.

Codex novitiorum: *Codex novitiorum Societatis Iesu, qui Romae tirocinium posuerunt ab anno MDLXVI ad annum MDLXXXVI*. Si conserva nella casa di Noviziato della Provincia romana della Compagnia di Gesù in Galloro(Ariccia).

Cordier, *BS.*: Henri Cordier, *Bibliotheca Sinica. Ditionnaire bibliographique des ouvrages relatifs à l'Empire chinois*, Parigi, 1904-1908. Voll. 4. Suppl. 1924.

Couling: Samuel Couling, *The Encyclopedia Sinica*, Scianghai, 1917.

Courant: Maurice Courant, *Catalogue des livres chinois, coréens, japonais* etc., Parigi 1902-1910. Voll. 3.

Couvreur: Séraphin Couvreur, *Choix de documents*, Hokienfu, 1906.

Couvreur, *Chou King*: Séraphin Couvreur, 『서경(書經)』, Sienhsien[이하 "獻縣天主堂印

書館"으로만 표기], 1916.

CP: *Labor Evangelica. Ministerios Apostolicos de los obreros de la Compañia de Jesús. Fondaciòn y progressos de su Provincia en las islas Filipinas, historiados por el P. Francisco Colin S.I. Nueva ediciòn por el P. Pablo Pastells S.I.* Barcellona, 1900-1902. Voll.3.

Cronaca dei Mim : 손극가(孫克家), 『명기(明紀)』.

Cronaca del 1610 (1610년도 연감): José Monsanha, *Lembranças que pertenecen á varela, que el Rey de China deu aos Padres da Companhia pera sepultura do Padre Matheus Riccio, hum dos primeiros Padres que entrou na China.* Biblioteca e Archivio del palazzo di Ajuda, Lisbona.

Cuzuiü: 고조우(顧祖禹), 『독사방여기요(讀史方輿紀要)』.

Dalgado: Sebastião Rodolfo Dalgado, *Glossario Lúso-Asiatico*, Coimbra, 1919-1921. Voll. 2.

DB: *Dizionario biografico*,『중국인명대사전(中國人名大辭典)』, 상해(上海), The Commercial Press[이하 "商務印書館有限公司"로 표기], 1933.

D'Elia[1]: Pasquale M. D'Elia S.I., *Il Mappamondo cinese del P. Matteo Ricci S.I., commentato, tradotto e annotato,* Città del Vaticano, 1938. Volume in-figlio grande con XXX tavole geografiche. — Le note della Parte III sono citate con un **numero arabo** in grasetto, preceduto da un **N**.minuscolo.

D'Elia[2]: Pasquale M. D'Elia S.I., *Le origini dell'arte cristiana cinese (1583-1640)*, Roma, Reale Accademia d'Italia, 1939.

D'Elia[3]: Pasquale M. D'Elia S.I., *Carovane di mercanti-ambasciatori dalla Siria alla Cina attraverso l'Asia Centrale nel 1627 secondo documenti inediti, in Studia missionalia* edita a Facultate Missionogiae in Pountificia Universitate Gregoriana, Roma, 1943, I, pp.303-379.

D'Elia[4]: Pasquale M. D'Elia S.I., *Galileo in Cina. Relazioni attraverso il Collegio Romano tra Galileo e gesuiti scienziati missionari in Cina (1610-1640)*, in *Analecta Gregoriana*, Vol.XXXVII, Roma, 1947.

De Mailla: Jos. A.M. Moyria De Maillac, *Histoire générale de la Chine*, Parigi, 1777-1783, Voll. 12.

Derk Bodde: *A History of Chinese Philosophy* by Fung Yu-Lan, translated by Derk Bodde, Pechino, 1937.

De Ursis: *P. Matheus Ricci S.I. Relação escripta pelo seu companheiro*, P. Sebarino De Ursis S.I., Roma, 1910.

DG: *Dizionario di Geografia antica e moderna*, 商務印書館有限公司, 1931.

Doré[1]: Henri Doré, *Recherches sur les superstitions en Chine*, 1911-1934. Voll. 16.

Doré[2]: Henri Doré, *Manuel des superstitions chinoises*, 1926.

Dottrina dei Letterati dei Mim: (1676), 商務印書館有限公司 개정판, 1933, Voll. 2.

Dyer Ball: J. Dyer Ball, *Things Chinese or Notes connected with China*, by E. Chalmers Werner, 1925.

EI : *Enciclopedia Italiana*, 1929-1937, Voll. 37.

Famhao: 방호(方豪), 『이아존연구(李我存研究)』, 항주, 1937.

Famhao[1]: 방호(方豪), 『중국천주교사논총(中國天主敎史論叢)』, 상해, 商務印書館有限公司, 1947.

Fernandes: Gaspare Fernandes, *Lettera annua di Goa, parte del nord, scritta il 2 dicembre 1603*, in *ARSI*, Goa, 33, ff.126r-127v.

Fomieulan: 풍우란(馮友蘭), 『중국철학사(中國哲學史)』, 상해, 1935.

Fonti Ricciane[『리치 원전』]: Pasquale M. D'Elia, *Fonti Ricciane, I, Storia dell'Introduzione e Cristianesimo in Cina*, Parte I, Roma, 1942.

Forke[1]: Alfredo Forke, *Geschichte der alten chinesischen Philosophie*, Amburgo, 1927. In *Hamburghische Universität, Abhandlungen aus dem Gebiet der Auslandskunde*, Band 25.

Forke[2]: Alfredo Forke, *Geschichte der mittelalterlichen chinesischen Philosophie*, Amburgo, 1934. In *Hamburghische Universität, Abhandlungen aus dem Gebiet der Auslandskunde*, Band 41.

Forke[3]: Alfredo Forke, *Geschichte der neuren chinesischen Philosophie*, Amburgo, 1938. In *Hamburghische Universität, Abhandlungen aus dem Gebiet der Auslandskunde*, Band 46.

Franke[1]: Otto Franke, *Geschichte des chinesischenReiches*, Berlino, 1930-1937. Voll.3.

Franke[2]: Otto Franke, *Li Tschi. Ein Beitrag zur Geschichte der chinesischen*

Geisteskämpfe im 16. Jahrhundert in *Abhandlungen der Preußischen Akademie der Wissenschaften* 1937, Phil.-hist. Klasse, Nr.10.

Franke[3]: Otto Franke, *Li Tschi und Matteo Ricci* in *Abhandlungen der Preußischen Akademie der Wissenschaften,* Jahrgang, 1938, Phil.-hist. Klasse, Nr.5.

Gaillard: Louis Gaillard, *Nankin d'alors et d'aujourd'hui. Aperçu historique et géographique*, Scianghai, 1903.

Gonçalves: Sebastiano Gonçalves, *Lettera annua di Goa pel 1609, scritta in Goa il 27 dicembre 1609* in *ARSI, Goa*, 33, ff.295v-298v.

Guerreiro: Fernão Guerreiro, *Relação annual das cosas que fizeram os Padres da Companhia de Jesus nas suas missoes... nos anos de 1600 a 1609*, Coimbra, 1930-1931; Lisbona, 1942, 전 3권. Cf. Payne.

Guerreiro[1]: Fernão Guerreiro, *Relaçam annual das cosas que fizeram os Padres da Companhia de Jesus nas partes da India Oriental... nos annos de 607 & 608*, Lisbona, 1611.

Havret: Henri Havret, *La Stèle chrétienne de Sin-ngan-fou*, Scianghai, 1895, 1897, 1902. Voll. 3.

Hay: Joannes Hay, *De rebus japonicis, indicis et peruanis*, Anversa, 1605.

Hedin[1]: Sven Hedin, *Southern Tibet*, Stoccolma, 1917-1922, Voll. 9.

Hennig: Richard Hennig, *Terrae incognitae. Eine Zusammenstellung und kritische Bewertung der wichtigsten vorkolumbischen Entdeckungsreisen an Hand der darüber vorliegend Originalberichte*, Leida, 1936, 1937, 1938, 1939. Voll. 4.

Herrmann: Albert Herrmann, *Historical and Commercial Atlas of China*, Cambridge, Massachisetts, Harvard University Press, 1935.

Herrmann[1]: Albert Herrmann, *Die Westländer in der chinesischen Kartographie* in Swen Hedin, Southern Tibet, VIII, pp.91-406.

Herrmann[2]: Albert Herrmann, *Chinesische Umschreibungen von alteren geographischen Namen*, in Swen Hedin, Southern Tibet, VIII, pp.433-452.

HJ: Yule-Burnell, *Hobson Jobson. A glossary of colloquial anglo-indian words and phrases, and of kindred terms, etymological, historical and discursive.* New edition by W. Crooke, Londra, 1903.

Hoṁueilien: 홍외련(洪煨蓮),『고리마두적세계지도(考利瑪竇的世界地圖)』, in 우공(禹貢) *The Chinese Historical Geography Semi-monthly Magazine*, 제5권, nn.3-4, 1936, 4월 11일, 북경, pp.1-50.

Hummel: Arthur W. Hummel, *Eminent Chinese of the Ch'ing Period* (*1644-1912*), Washington, 1943. Voll. 2.

Iamceñgo: 양진악(楊振鍔),『양기원선생연보(楊淇園先生年譜)』(중국어), 상해, 商務印書館有限公司, 1946.

Iamttimiün: 양정균(楊廷筠) 미켈레,『절요동문기(絶徼同文紀)』(중국어), Pechino, 1617. 파리국립도서관 소장, 수기본, 중국어 N.9254.

Index: *Sinological Index Series*, Pechino, Harvard-Yenking, Institute, 1932.

Intorcetta, ecc.: PROSPERUS INTERCETTA, CHRISTIANUS HERDTRICH, FRANCISCUS ROUGEMONT, PHILIPPUS COUPLET, *Confucius Sinarum philosophus, sive Scientia sinensis, latine exposita*, Parigi, 1687.

JA: *Journal Asiatique*, Parigi.

JASB: *Journal of the Asiatic Society of Bengal*.

JNCBRAS: *Journal of the North China Branch Royal Asiatic Society*, Scianghai.

Laures: Johannes Laures,『기리시단문고(吉利支丹文庫)』. *A Manual of Books and Documents on the Early Christian Missions in Japan*, Tokyo, 1940.

Litae: Ciuhoanciuo [Chu Huan-cho] 주환졸(朱桓拙),『역대명신언행록(歷代名臣言行錄)』 [ediz. di c.1807].

Litae¹: 구수진(瞿樹辰)과 오상지(吳尙志),『역대명인언행록(歷代名人言行錄)』. 장음환(張蔭桓)의 개정판.

LIVR: Pietro Hoamfeime [Huang Fei-mo] 황비묵(黃斐黙),『정교태포(正敎泰褒)』, 상해(上海), 1904, 전 2권.

Martini: MARTINUS MARTINI, *Novus atlas sinensis* [Amsterdam, 1655].

MHSI: *Monumenta Historica Societatis Iesu*, Madrid, Roma.

Mimgiu Sciiôngan:『명유학안(明儒學案)』. Cf. *Dottrine dei letterati dei Mim*.

Moule: A.C. Moule, *Christians in China before the year 1550*, Londra, 1930.

MS: *Monementa Serica. Journal of Oriental Studies of the Catholic University of Peking*, Pechino, 1935.

MSOS: *Mitteilungen des Seminars für Orientalische Sprachen an der Königlichen Friedrich-Wilhelm-Universität zu Berlin*, Berlino.

Pantoja[1]: *Lettera del P. Diego Pantoja al P. Provinciale di Toledo*(디에고 판토하 신부가 톨레도 관구장 신부에게 쓴 편지), 북경, 1602.03.09, 안토니오 콜라코(Antonio Colaço) 신부의 스페인어 텍스트는, *Relación annual de las cosas que han hecho los Padres de la Compañía de Jesú, en la India Oriental y Japón en los años de 600 y 601 y del progresso de la conversión y christiandad de aquellas partes*, Valladolid, 1604, pp.539-682.

Payne: C.H. Payne, *Jahangir and the Jesuits. With and Account of the Travels of Benedict Goes and the Mission to Pegu.* From the Relations of Father Fernão Gerreiro, S.J., Translated. In *The Broadway Travellers*, Londra [1930].

PCLC: 이지조(李之藻), 『천학초함(天學初函)』[북경, 1629]

Pfister: Louis Pfister, *Notices biographiques et bibliographiques sur les Jésuites mission de Chine* (*1552-1773*), Scianghai, 1932-1934. 전 2권.

Planchet: J.-M. Planchet, *Le Cimetière et les Oeuvres Catholiques de Chala*, Pechino, 1928.

Ramusio: Giovanni Battista Ramusio, *Navigationi e viaggi*, 1550, 1556, 1559.

Richard[2]: M. Kennelly, L. Richard's *Comprehensive Geography of the Chinese its dependencies*, translated into English, Scianghai, 1908.

Rodrigues[1]: Francisco Rodrigues S.I., *História de la Companhia de Jesus na Assistência de Portugal*, Porto, 1931. Voll. 4.

Saeki[1]: P.Y.Saeki, *The Nestorian Monument in China*, Londra [1928].

Saeki[2]: P.Y.Saeki, *The Nestorian Documents and Relics in China*, Tokio, 1937.

Scentéfu: 심덕부(沈德符), 『야획편(野獲編)』.

Schurhammer-Wicki: G. Schurhammer S.I. et I. Wicki S.I., *Epistolae S. Francisci Xaverii alique eius scripta*, Nova editio ex integro refecta in *Monumenta Historica Societatis Iesu*, Roma, 1944-1945, Voll. 2.

Seccu/Siku[자부(子部)]: 『사고전서 총목제요(四庫全書 總目提要)』, 1933, 상해, 商務印書館有限公司. 전4권.

Seccu[자부(子部)][1]: 『사고전서 총목(四庫全書 總目)』.

SF: A. van den Wyngaert O.F.M., *Sinica Franciscana*, Quaracchi, 1929-1936.

Siécuocem: 사국정(謝國楨), 『만명사적고(晚明史籍考)』(북경국립도서관 편, 1932), 전 10 권.

Siüchimscien: 서경현(徐景賢), 『논문집(論文集)』, 항주, 1935.

Siüuenttim: 서문정(徐文定)[徐光啓 集], 『증정서문정공집(增訂徐文定公集)』, 상해, 1933.

Soothill-Hodous: William Edward Soothill and Lewis Hodous, *A Dictionary of Chinese buddhist terms with sanskrit and english equivalents*, Londra, 1937.

SPT: 장천택(張天澤), 『중국어-포르투갈어 1514에서 1614까지』, Leida, 1934.

Stein[1]: Aurel Stein, *Innermost Asia*. Text. Oxford, 1928.

Stein[2]: Aurel Stein, *Innermost Asia*. Maps. Oxford, 1928.

Stein[3]: Aurel Stein, *Ruins of desert Cathay*, Londra, 1912. Voll. 2.

Stein[4]: Aurel Stein, *Sand-buried Ruins of Khotan*, Londra, 1903.

Stein[5]: Aurel Stein, *Serindia, Derailed Report of Explorations in Central Asia and Westermost China*, Oxford, 1921, Voll. 5.

Stele dei dottori: 『제명비록(題名碑錄)』.

Storia dei Min: 『명사(明史)』(호북(湖北), 숭문서국(崇文書局) 판, 1877).

Storia di Macao: 『마카오 사(史)』, *AMCL*을 보라.

Streit: Robert Streit, *Bibliotheca Missionum*, Münster-Aachen, 1916.

Tacchi Venturi: Pietro Tacchi Venturi, *Opere Storiche del P. Matteo Ricci S.I.*, Macerata, 1911-1913, Voll. 2.

Ta-ssi-yang-kuo: I. F. Marques Pereira, *Ta-ssi-yang-kuo. Archivos e Annaes do Extremo Oriente Portoguez, collegidos, coordenados e annotados*, Lisbona, 1899.

Ta Zzim: 『대청일통지(大淸一統志)』[항주, 죽간제(竹簡薺) 판, 1897].

TMHT: 『대명회전(大明會典)』[1587년경 판].

Tobar: Jérôme Tobar, *Inscriptions juives de K'ai-fong-fou*, 상해, 1912.

TP: T'oung Pao. *Archives concernant l'histoire, les langues, la géographie et les arts de l'Asie Orientale*, Leida.

Trigault: *De Christiana Expeditione apud Sinas suscepta ab Societate Iesu. Ex P. Matthaei Ricij eiusdem Societatis Commentarijs Libri V... Auctore P. Nicolao Trigautio, belga, ex eadem Societate*, Asburgo, 1615.

Väth: Alfons Väth, *Johann Adam Schall von Bell S.J., Missionar in China, kaiserlicher Astronom und Ratgeber am Hofe von Peking 1592-1666*, Colonia, 1933.

Verbiest: Ferdinando Verbiest, 『도학가전(道學家傳)』[북경, 1686].

Watters: T. Watters, *On Yuan Chwang's Travels in India, 629-645 a. D.* Oriental Translation Fund, New Series, Voll.XIV-XV, Londra, 1904-1905, Voll. 2.

Werner[1]: Edward T.C. Werner, *Myths and Legends of China*, Londra, [1928].

Werner[2]: Edward T.C. Werner, *A Dictionary of Chinese Mythology*, 상해, 1932.

Wessels: C. Wessels S.I., *Early Jesuit Travellers in Central Asia, 1603-1721*, L'Aja, 1924.

Wieger, *HC*: Léon Wieger, *Histoire des croyances religieuses et des opinions philosophiques en Chine[3]*, 獻縣天主堂印書館, 1927.

Wylie: A. Wylie, *Notes on chinese literature*, 상해, 1922.

Wylie[1]: A. Wylie, *The Mongol Astronomical Instruments in Peking in Travaux de la troisième Session du Congrès International des Orientalistes*, 상트페테르부르크, 1876, II, pp.435-456.

Yule-Cordier, *MP*: Henry Yule, *The Book of Ser Marco Polo*, Londra [1919-1929]. Third Edition revised throughout by Henri Cordier. Voll. 3.

Yule-Cordier[1]: Henry Yule, *Cathay and the Way thither.* New edition revised by Henri Cordier, Londra, 1915-1916. 전 4권.

Zoeiueilu: Cciachizuo, 『죄유록(罪惟錄)』[역주: 명대(明代) 사계좌(查繼左)가 썼다].

Zottoli: Angelus Zottoli, *Cursus Litteraturae Sinicae*, Scianghai, Voll. 5.

Zzeiüen: 『사원(辭源)』, Scianghai, 16쇄, 1933.

각주에 표시된 NN.이하 숫자는 아래의 텍스트를 말한다.

NN.1-1000 그리스도교의 중국 진출기, 전 2권.
NN.1001-2000 리치의 서간집.
NN.2001-4000 리치 동료들의 서간집.
NN.4001-5000 연차 보고서와 같은 일반 문서들.
NN.5001-6000 여러 문서 또는 기타문서들.

특히 이 책에서는 아래의 번호를 주로 인용했다.

NN.1-500, 그리스도교의 중국 진출기, 제1부, 제1권.

NN.501-1000, 그리스도교의 중국 진출기, 제2부, 제2권.

NN.1001-1012, 마태오 리치(M. Ricci)가 데 고이스(E. de Góis)에게 보낸 편지, 코친, 1580
년 1월 18일.

NN.1013-1017, 리치가 M. 데 포르나리(De Fornari)에게 보낸 편지, 코친, 1580년 1월 30
일.

NN.1018-1021, 리치가 마셀리(L. Maselli)에게 보낸 편지, 코친, 1580년 11월 29일.

NN.1022-1026, 리치가 마페이(G.-P. Maffei)에게 보낸 편지, 코친, 1580년 11월 30일.

NN.1027-1031, 리치가 아콰비바(Acquaviva) 총장[3]에게 보낸 편지, 고아, 1581년 11월 25
일.

NN.1032-1045, 리치가 마페이에게 보낸 편지, 고아, 1581년 12월 1일.

NN.1058-1064, 리치가 아콰비바 총장에게 보낸 편지, 마카오, 1583년 2월 13일.

NN.1066-1085, 리치가 로만(G.-B. Romàn)에게 보낸 편지, 조경, 1584년 9월 13일.

NN.1086-1093, 리치가 아콰비바 총장에게 보낸 편지, 광주, 1584년 11월 30일.

NN.1094-1110, 리치가 아콰비바 총장에게 보낸 편지, 조경, 1585년 10월 20일.

NN.1120-1133, 리치가 풀리가티(G. Fuligatti)에게 보낸 편지, 조경, 1585년 11월 24일.

NN.1147-1167, 리치가 발리냐노(A. Valignano)에게 보낸 편지, 소주, 1589년 9월 9일.

NN.1179-1203, 리치가 파비(F. de' Fabii)에게 보낸 편지, 소주, 1592년 11월 12일.

NN.1204-1218, 리치가 부친(父親) 조반니 바티스타(Giovanni-Battista)에게 보낸 편지, 소
주, 1592년 11월 12일.

NN.1219-1253, 리치가 아콰비바 총장에게 보낸 편지, 소주, 1592년 11월 15일.

NN.1265-1275, 리치가 아콰비바 총장에게 보낸 편지, 소주, 1593년 12월 10일.

NN.1276-1285, 리치가 코스타(G. Costa)에게 보낸 편지, 소주, 1594년 10월 12일.

NN.1286-1291, 리치가 파비에게 보낸 편지, 소주, 1594년 11월 15일.

NN.1292-1370, 리치가 데 산데(E. de Sande)에게 보낸 편지, 남창, 1595년 8월 29일.

———

3   예수회 총장은 로마에 거주.

NN.1372-1376, 리치가 벤치(G. Benci)에게 보낸 편지, 남창, 1595년 10월 7일.

NN.1377-1402, 리치가 코스타(G. Costa)에게 보낸 편지, 남창, 1595년 10월 28일.

NN.1403-1426, 리치가 코스타에게 보낸 편지, 남창, 1595년 10월 28일.

NN.1427-1485, 리치가 아콰비바 총장에게 보낸 편지, 남창, 1595년 11월 4일.

NN.1496-1501, 리치가 동생 안토니오(Antonio Maria)에게 보낸 편지, 남창, 1596년 10월 13일.

NN.1502-1518, 리치가 아콰비바 총장에게 보낸 편지, 남창, 1596년 10월 13일.

NN.1519-1525, 리치가 코스타에게 보낸 편지, 남창, 1596년 10월 15일.

NN.1526-1539, 리치가 파씨오네이(L. Passionei)에게 보낸 편지, 남창, 1597년 9월 9일.

NN.1540-1544, 리치가 클라비우스(C. Clavio)에게 보낸 편지, 남창, 1597년 12월 25일.

NN.1545-1566, 리치가 코스타에게 보낸 편지, 남경, 1599년 8월 14일.

N.1567, 리치가 론고바르도(N.Longobardo)에게 보낸 편지, 북경, 1602년 9월 6일.

NN.1571-1586, 리치가 파비에게 보낸 편지, 북경, 1605년 5월 9일.

NN.1587-1602, 리치가 부친 조반니-바티스타에게 보낸 편지, 북경, 1605년 5월 10일.

NN.1603-1614, 리치가 코스타에게 보낸 편지, 북경, 1605년 5월 10일.

NN.1616-1619, 리치가 동생 오라치오(Orazio)에게 보낸 편지, 북경, 1605년 5월 12일.

NN.1620-1628, 리치가 총장 비서 알바레스(G. Alvares)[4]에게 보낸 편지, 북경, 북경, 1605년 5월 12일.

NN.1630-1656, 리치가 마셀리에게 보낸 편지, 북경, 1605년 5월 12일(?).

NN.1657-1673, 리치가 동생 안토니오에게 보낸 편지, 북경, 1605년 5월 12일.

NN.1674-1695, 리치가 아콰비바 총장에게 보낸 편지, 북경, 1605년 7월 26일.

NN.1696-1709, 리치가 줄리오(G.)와 지롤라모 알라레오니(G. Alaleoni)에게 보낸 편지, 북경, 1605년 7월 26일.

NN.1710-1727, 리치가 아콰비바 총장에게 보낸 편지, 북경, 1606년 8월 15일.

NN.1789-1790, 리치가 N.N[수신자 불명]. 에게 보낸 편지, 북경, 1607년 11월 12일.

NN.1809-1844, 리치가 아콰비바 총장에게 보낸 편지, 북경, 1608년 3월 8일.

NN.1845-1884, 리치가 아콰비바 총장에게 보낸 편지, 북경, 1608년 8월 22일.

---

4   수도회[예수회] 총장 비서로 있으며, 포르투갈과 포르투갈령 선교를 담당하고 있었다.

NN.1885-1894, 리치가 파비에게 보낸 편지, 북경, 1608년 8월 23일.

NN.1895-1900, 리치가 동생 안토니오에게 보낸 편지, 북경, 1608년 8월 24일.

NN.1901-1917, 리치가 파시오(F. Pasio)에게 보낸 편지, 북경, 1609년 2월 15일.

NN.1918-1926, 리치가 총장 비서 알바레스에게 보낸 편지, 1609년 2월 17일.

NN.2002-2007, 미켈레 루지에리(M. Ruggieri)가 메르쿠리아노(E. Mercuriano) 총장에게 보낸 편지, 마카오, 1580년 11월 8일.

NN.2020-2029, 루지에리가 메르쿠리아노 총장에게 보낸 편지, 마카오, 1581년 11월 12일.

NN.2539-2545, 로씨(P. Rossi)가 피렌체 콜레지움의 원장에게 보낸 편지, 로마, 1590년 7월 14일.

NN.2550-2553, 데 산데(E. de Sande)가 아콰비바(Acquaviva) 총장에게 보낸 편지, 마카오, 1591년 1월 29일.

NN.2613-2615, 발리냐노(A. Valignano)가 아콰비바 총장에게 보낸 편지, 마카오, 1593년 1월 13일.

NN.2622-2625, 멕시아(L. Mexia)가 아콰비바 총장에게 보낸 편지, 마카오, 1593년 1월 20일.

NN.2627-2636, 데 산데가 아콰비바 총장에게 보낸 편지, 마카오, 1593년 11월 15일.

NN.2695-2700, 발리냐노가 파비(F. de' Fabii)에게 보낸 편지, 고아, 1596년 12월 15일.

N.2701, 발리냐노가 아콰비바 총장에게 보낸 편지, 고아, 1596년 12월 16일.

NN.2713-2714, 데 산데(E. de Sande)가 총장 비서 알바레스(G. Alvares)에게 보낸 편지, 마카오, 1597년 10월 25일.

NN.2715-2721, 발리냐노가 아콰비바 총장에게 보낸 편지, 마카오, 1597년 11월 10일.

NN.2722-2725, 데 산데가 아콰비바 총장에게 보낸 편지, 마카오, 1597년 11월 12일.

NN.2734-2797, 론고바르도(N.Longobardo)가 아콰비바 총장에게 보낸 편지, 소주, 1598년 10월 18일.

NN.2798-2807, 론고바르도가 총장 비서 알바레스(G. Alvares)에게 보낸 편지, 소주, 1598년 11월 4일.

NN.2808-2812, 데 산데가 총장 비서 알바레스에게 보낸 편지, 마카오, 1598년 11월 15일.

NN.2816-2821, 데 산데가 총장 비서 알바레스에게 보낸 편지, 마카오, 1598년 12월 3일.

NN.2822-2825, 디아즈(E. Dias)가 총장 비서 알바레스(G. Alvares)에게 보낸 편지, 마카오,

1599년 1월 9일.

NN.2826-2829, 디아즈가 아콰비바 총장에게 보낸 편지, 마카오, 1599년 1월 10일.

NN.2832-2846, 카타네오(L. Cattaneo)가 아콰비바 총장에게 보낸 편지, 마카오, 1599년 1월 12일.

NN.2847-2852, 론고바르도가 아콰비바 총장에게 보낸 편지, 소주, 1599년 10월 18일.

NN.2853-2864, 소아레스(M. Soares)가 아콰비바 총장에게 보낸 편지, 마카오, 1599년 10월 26일.

NN.2865-2870, 디아즈가 아콰비바 총장에게 보낸 편지, 마카오, 1599년 12월 12일.

NN.2871-2883, 디아즈가 아콰비바 총장에게 보낸 편지, 마카오, 1599년 12월 19일.

NN.2886-2891, 디아즈가 총장 비서 알바레스에게 보낸 편지, 마카오, 1600년 1월 11일.

NN.2892-2911, 디아즈가 아콰비바 총장에게 보낸 편지, 마카오, 1600년 1월 16일.

NN.2924-2936, 발리냐노가 아콰비바 총장에게 보낸 편지, 나가사키, 1600년 10월 21일.

NN.3005-3013, 디아즈(E. Dias)가 아콰비바 총장에게 보낸 편지, 마카오, 1601년 1월 17일.

NN.3014-3026, 디아즈가 아콰비바 총장에게 보낸 편지, 마카오, 1601년 1월 18일.

NN.3027-3033, 핀토(D. Pinto)가 아콰비바 총장에게 보낸 편지, 마카오, 1601년 1월 18일.

NN.3034-3043, 리치의 북경 입성에 관한 보고서, 1601년 3월-4월.

NN.3044-3055, 발리냐노가 벨라르미노(Bellarmino) 추기경에게 보낸 편지, 나가사키, 1601년 10월 16일.

NN.3056-3062, 카르발호(V. Carvalho)가 아콰비바 총장에게 보낸 편지, 마카오, 1601년.

NN.3063-3064, 로키(M. Rochi)가 총장 비서 알바레스에게 보낸 편지, 마카오, 1602년 1월 20일.

NN.3065-3071, 로드리게스(A. Rodrigues)가 아콰비바 총장에게 보낸 편지, 마카오, 1602년 1월 23일.

NN.3072-3171, 판토하(D. Pantoja)가 톨레도(Toledo)의 관구장에게 보낸 편지, 1602년 3월 9일.

NN.3178-3180, 로차(G. da Rocha)가 디아즈(E. Dias)에게 보낸 편지, 남경, 1603년 1월 16일.

NN.3182-3189, 판토하(D. Pantoja)가 가르시아(D. Garcia)에게 보낸 편지, 북경, 1603년 3

월 6일.

NN.3208-3216, 발리냐노가 아콰비바 총장에게 보낸 편지, 마카오, 1603년 11월 12일.

NN.3246-3255, 발리냐노가 감찰사 로드리게스(F. Rodrigues) 청원서, 1604년 2월.

NN.3256-3265, 일본 주교에 관한 발리냐노의 청원서, 1604년 2월.

NN.3280-3286, 페레이라(G. Ferreira)가 발리냐노에게 보낸 편지, 남경(?), 1604년 4월 15
일경.

NN.3292-3297, 디아즈(E. Dias)가 총장 비서 알바레스(G. Alvares)에게 보낸 편지, 남창,
1604년 11월 22일.

NN.3298-3303, 디아즈가 총장 비서 알바레스에게 보낸 편지, 남창, 1604년 11월 29일.

NN.3304-3305, 로드리게스(A. Rodrigues)가 총장 비서 알바레스에게 보낸 편지, [마카오?],
1605년 1월.

NN.3306-3310, 발리냐노가 총장 비서 알바레스에게 보낸 편지, 마카오, 1605년 1월 18일.

NN.3311-3312, 발리냐노가 총장 비서 알바레스에게 보낸 편지, 마카오, 1605년 1월 20일.

NN.3324-3331, 판토하가 마닐라의 원장 로페즈(G. Lopez)에게 보낸 편지, 1605년 3월 4
일.

N. 3338, 바뇨니(A. Vagnoni)가 NN[수신자 불명].에게 보낸 편지, 남경, 1605년 3월 4일경.

NN.3339-3342, 바뇨니가 아콰비바 총장에게 보낸 편지, 남경, 1605년 3월 16일.

NN.3343-3352, 중국으로부터 일본 부관구의 분리에 관한 의견서, 나가사키, 1605년 9월
15일.

NN.3353-3363, 발리냐노의 첫 비망록-유언서, 마카오, 1606년 1월 17일.

NN.3364-3370, 발리냐노의 두 번째 비망록-유언서, 마카오, 1606년 1월 18일.

NN.3371-3373, 카르발호(V. Carvalho)가 아콰비바 총장에게 보낸 편지, 마카오, 1606년 2
월 6일.

NN.3374-3382, 데 우르시스(S. De Ursis)가 아콰비바 총장에게 보낸 편지, 마카오, 1606년
2월 9일.

NN.3383-3391, 바뇨니(A. Vagnoni)가 아콰비바 총장에게 보낸 편지, 남경, 1606년 5월 15
일.

NN.3400-3407, 카르발호가 레르치오(A. Laerzio)에게 보낸 편지, 마카오, 1605년 10월 7일
과 1606년 11월 29일.

NN.3433-3436, 디아즈가 총장 비서 알바레스에게 보낸 편지, 남창, 1607년 10월 17일.

NN.3439-3447, 로드리게스가 아콰비바 총장에게 보낸 편지, 고아, 1607년 12월 2일.

NN.3453-3460, 데 우르시스가 총장 비서 알바레스에게 보낸 편지, 북경, 1608년 8월 23일.

NN.3461-3467, 바뇨니가 총장 비서 알바레스에게 보낸 편지, 남경, 1609년 3월 12일.

NN.3468-3472, 디아즈가 아콰비바 총장에게 보낸 편지, 남창, 1609년 4월 19일.

NN.3473-3480, 디아즈가 아콰비바 총장에게 보낸 편지, 마카오, 1609년 11월 11일.

NN.3481-3493, 데 우르시스(S. De Ursis)가 NN[수신자 불명].에게 보낸 편지, 북경, 1610년 5월 20일.

NN.3494-3498, 데 우르시스가 아콰비바 총장에게 보낸 편지, 북경, 1610년 9월 2일.

NN.3499-3509, 데 우르시스가 총장 비서 마스카렌하스(A. Mascarenhas)에게 보낸 편지, 1610년 9월 2일.

NN.3510-3513, 다 로차(G. da Rocha)가 총장 비서 마스카렌하스에게 보낸 편지, 1610년 9월 9일.

NN.3514-3517, 파케코(F. Pacheco)가 아콰비바 총장에게 보낸 편지, 마카오, 1610년 11월 5일.

NN.3518-3530, 론고바르도가 아콰비바 총장에게 보낸 편지, 소주, 1610년 11월 23일.

NN.3531-3544, 몬산하(G. Monsanha)를 위한 1610년도 연대기. 앞의 『1610년도 연대기 (Cronaca del 1610)』참조.

NN.3545-3550, 핀토(D. Pinto)가 아콰비바 총장에게 보낸 편지, 마카오, 1611년 1월 24일.

NN.3751-3757, 카타네오(L. Cattaneo)가 파비(F. de' Fabii)에게 보낸 편지, 남경, 1611년 10월 19일.

NN.3758-3765, 디아즈가 아콰비바 총장에게 보낸 편지, 마카오, 1611년 11월 6일.

NN.3766-3768, 몬산하를 위한 1611년도 연대기[5]

NN.3781-3797, '통사'(通事, Tçuzu) 조안 로드리게스(G. Rodrigues)가 아콰비바 총장에게 보낸 편지, 광주, 1612년 1월 25일.

NN.3798-3803, 카타네오가 아콰비바 총장에게 보낸 편지, 항주, 1612년 10월 26일.

NN.3807-3814, 론고바르도가 아콰비바 총장에게 보낸 편지, 남웅, 1612년 11월 21일.

NN.3815-3821, 론고바르도가 총장 비서 마스카렌하스(A. Mascarenhas)에게 보낸 편지, 남

---

5   1610년도 연감에 이은 것임.

웅, 1612년 11월 26일.

NN.3822-3829, 론고바르도가 아콰비바 총장에게 보낸 편지, 남웅, 1613년 5월 14일.

NN.3830-3832, 알라레오니(G. Alaleoni)가 NN[수신자 불명].에게 보낸 편지, 로마, 1617년 8월 26일.

NN.4018-4031, 데 산데(E. de Sande)가 쓴 1591년도 연감, 1592년 1월 28일.

NN.4051-4071, 데 산데가 쓴 1595년도 연감, 1596년 1월 16일.

NN.4072-4083, 디아즈(E. Dias)가 쓴 1597년도 연감, 1597년 11월 12일.

NN.4084-4096, 디아즈가 쓴 1597년도 연감, 1598년 7월, 1599년 1월-2월.

NN.4097-4151, 카르발호(V. Carvalho)가 쓴 1601년도 연감, 1602년 1월 25일.

NN.4162-4183, 안투네스(D. Antunes)가 쓴 1602년도 연감, 1603년 1월 29일.

NN.4184-4261, 디아즈가 쓴 1606-1607년도 연감, 남창, 1607년 10월 5일과 18일.

NN.4262-4312, 디아즈가 쓴 1608년도 연감, 남창, 1608년 11월 3일.

NN.4313-4371, 론고바르도(N.Longobardo)가 쓴 1609년도 연감, 소주, 1609년 12월 21일.

NN.5289-5458, 루지에리(M. Ruggieri)의 중국 선교사 생활에 관한 회고록, 1596년(?).

N.5460, 아콰비바 총장이 발리냐노(A. Valignano)에게 보낸 편지, 로마, 1597년 12월 20일.

일
러
두
기

❶ 본서는 다음과 같이 나뉘어져 있다. 리치 수기본은 책(册), 델리야 신부의 구분은 Volume, 세창출판사 편집은 권(卷)이다. 다시 말해서 리치 수기본은 1-5책까지, 델리야 신부의 구분은 Volume I-II, 세창출판사 편집은 1-5권까지다. 목차에서 확인할 수 있다.

❷ 텍스트가 두 개 언어[이탈리아어와 한문]인 경우, 이탈리아어를 번역하고 한문을 아래에 병기했다. 저자가 이탈리아 사람인 점을 고려하여, 저자의 의도를 최대한 살리기 위해서다.

❸ 중국어 고유 명사들, 곧 지명, 인명 등은 모두 고전 한자어로 명기했다.

❹ 본고에서 인용한 『천주실의』, 『교우론』, 『기인십편』 등 마태오 리치의 저술 중 한국어로 번역된 것은 참고만 하고, 인용하지 않았다. 모두 이 책에 있는 이탈리아어 원문에서 새로 번역했다.

❺ 가독성을 높이기 위해 [ ] 안에 있는 말은 문장의 이해를 돕기 위해 대부분 역자가 넣은 말이다. 이탈리아어에서 많이 나타나는, 고유명사를 반복하기보다는 대명사로 대체하거나 삭제가 많아 한국어로 옮겼을 때 이해가 안 되는 경우가 많기 때문이다.

❻ 화폐 단위
두카토(ducato), 스쿠디(scudi), 리브르(libre), 크루자도스(cruzados) 마라베디(maravedi), 볼로니니(bolognini), 피오리노(fiorino), 바이오키(baiocchi) 등 당시 유럽에서 통용되던 모든 화폐가 등장한다. 대부분 그대로 썼지만, 문맥에 따라서 역자가 확실하다고 생각되는 부분은 중국의 은화나 금화로 썼다. 마태오 리치는 대부분 환산하지 않고 동량으로 언급했지만, 텔(teal)의 경우만 간혹 금화 두 배로 환산해서 말하곤 했다. 이 점 역시 확실하다고 판단되는 부분만 환산해서 번역했다. 필요하다고 판단되는 경우 역주를 넣었다.

❼ pagano라는 단어는 '이교도'라는 의미지만, 서양에서 이교도는 비그리스도인 전체를 대상으로 할 뿐 아니라, '야만인', '교양 없는 사람'을 일컫는 의미로도 쓰인다. 따라서 문맥에 따라 이교도, 비교인, 비신자(그리스도인이 아니라는 뜻) 등으로 번역했다.

❽ litteris sinicis의 번역은 문맥에 따라서 '중국 문학' 또는 '중국 인문학'으로 번역했다. 건륭제 때 나온 『사고전서四庫全書』도 litteris sinicis로 소개된다는 점을 근거로 했다.

❾ 이름과 지명 등 그리스도교 성경책에 등장하는 고유명사는 저자가 가톨릭교회 사제인 점을 고려하여 한국가톨릭 주교회의 발행 성경을 따랐고, 나머지는 출신이나 해당 지역의 언어 발음으로 명기했다.

❿ 참고도서 약어표와 각주에서 표기한 N., NN.이라는 번호는 본문에서 아라비아 숫자로만 표기했다.

4책

[그림 23] 신종, 만력(1563-1620), 황제의 치세 동안 리치가 중국에 체류

[그림 24] 마태오 리치의 세계지도 세 번째 판본(북경, 1602년)

제1장

마태오 리치가 상서 왕충명(王忠銘)의 도움으로 라자로 카타네오 신부와 함께 남경으로 돌아가게 된 것에 대해

(1597년 7월 20일부터 1598년 7월 10일경까지)

○ 리치를 선교의 책임자로 임명하다; 그 외 발리냐노가 얻은 유익한 선물들

○ 에마누엘레 디아즈 어르신 신부를 마카오 콜레지움의 원장으로 임명하다; 그리고 에두아르도 데 산테 신부의 거룩한 죽음

○ 건안왕을 통해 북경으로 가려고 시도했으나 실패하다

○ 왕충명이 소주를 거쳐 해남에서 남창까지 가다; 카타네오와 로챠가 남창으로 가다

○ 왕충명이 남경과 북경으로 리치를 안내해 주겠다고 약속하다

○ 리치가 왕충명의 지휘하에 카타네오, 종명인, 유문휘(遊文輝)와 함께 남경과 북경으로 떠나다

○ 남경에 도착했으나 정착하지 못하다

○ 통정사가 리치의 문건을 북경에 전달하는 것을 거절하다

501. 리치를 선교의 책임자로 임명하다; 그 외 발리냐노가 얻은 유익한 선물들

알렉산드로 발리냐노 신부는 이미 인도 지역 통솔에서 물러나 중국과 일본의 순찰사로만 있었다.[1] 마카오에 머무르며[2] 일본으로 떠나기 전에

중국 관련 문제들을 해결하고 싶었다. 이미 들은 소식에 따르면 크게 기대할 바는 아니지만, 교황이 중국 황제에게 보내는 사절단으로 파견한다면 이 사업을 돕고 증진할 수 있을 거로 생각했다.[3] 중국에 있는 신부들은 다른 방법을 동원하여 들어가기 시작했고,[4] 경험상 그래야만 자신들을 고무할 수 있을 거로 생각했다. 가지고 있는 보잘것없는 조건들만으로도 [끊임없이] 무언가를 하려고 했다.

그런 중에 중국에 입국할 수도 없고, 거기에서 일어나는 일에 대해 알수도 없는 마카오의 원장이 이 사업[중국선교]을 통솔하기란 힘들다는 걸깨달았다. 중국 내부에서 뭔가 좋은 일을 할 기회가 생겨도 멀리 떨어져 있는 원장과는 제대로 상의조차 할 수 없을 것이기 때문이다. 이에 중국

1 1596년 10월 25일, 발리냐노는 니콜로 피멘타 신부에게 인도의 순찰사직을 위임했다. 그는 1595년 9월 24일부터 인도의 순찰사직은 물론 일본과 중국의 순찰사직도 내려놓고 싶어 했다. Cf. NN.2696, 2713.
2 인도에서 돌아온 이후, 발리냐노는 1597년 7월 20일부터(NN.2798-2799) 일본의 주교 루이지 체르케이라와 함께 '태양이 떠오르는 나라[일본]'로 떠나던 1598년 7월 16일까지 마카오에 있었다. 데 산데는 일본으로 떠난 이 날짜보다도 이달을 잘못 기재(1598년 11월 15일 마카오에서 G. 알바레즈에게 쓴 편지에 "6월 16일"이라고 적고 있다. in *ARSI, Jap.-Sin.*, 13, f.225r)하기도 했다. 발리냐노를 동행한 사람이 체르케이라 주교라면, 1598년 10월 20일이나 26일이 확실하고(*ARSI, Jap.-Sin.*, 13, ff.185r, 214r), 그러기 위해서는 마카오를 "7월 26일"에 출발해야 한다. Cf. NN.2623, 2826.
3 Cf. NN.303-304. 여기에서 리치가 1597년 12월 20일 자 아콰비바와 발리냐노의 편지를 암시하기란 불가능하다. 교황이 중국 황제에게 보내는 사절단 이야기는 유일하게 그 편지에서 언급하고 있는데 말이다. 그런데도 그 편지가 이 일과 관련하여 로마에서 앞서 리치에게 보낸 편지 내용을 알게 해 준다. 그것을 발리냐노도 알고 있었던 거다. 그런데 이 편지에서 총장은 사절단 생각은 하지 말고 수도원을 늘리고 호교론적인 책을 많이 보급하여 선교사들의 소식이 중국 황제에게 도달하도록 하라는 당부를 하고 있다. 발리냐노는 로마에서 1596년 9월에 고아로 귀환한 에지디오 데 라 마타(Egidio de la Mata) 신부를 통해 사절단과 관련한 비보를 접했던 걸로 추정된다. Cf. N.1511.
4 즉, 다른 수단들도 이용하여.

의 원장은 중국에 거주하는 사람이 맡아서 인솔해야 한다고 결론을 내렸다. 두아르테 데 산데 신부는 나이가 너무 많아[5] 이 일을 맡기에는 역부족이라고 판단하여 마태오 신부를 임명했다.[6] 마태오 신부는 당시 중국에 있던 선교사 중 가장 연장자였고, 중국에서의 경험도 가장 많았다. 발리냐노는 그에게 선교에 유익하다고 판단되는 것이면 무엇이건, 가능한 모든 권한과 권위를 위임했고, 기회가 되는 대로 여러 곳에 수도원을 세우라고 명했다.[7] 그리고 특별히 북경의 황궁으로 들어가 황제를 알현하라고 당부했다. 선교사들의 지위를 황제가 승인해 주지 않는 한 결코 안전할 수 없기 때문이다. 그래서 중국의 관례상 황제와 조정 대신들을 만날 때 필요한 물건들을 강서江西[8]로 보내 주었다. 거기에는 스페인에서

---

5 데 산데는 1547년에 태어났기 때문에, 당시 겨우 50세 정도밖에 되지 않아서 결코 나이가 많다고 할 수는 없다. 그러므로 여기에서 표현하는 것은 그의 허약한 체력을 말한다고 볼 수 있다. Cf. N.276, 본서 2권, p.202, 주(註) 352.

6 1597년 8월, 아마도 4일, 데 산데가 디아즈로부터 마카오 콜레지움의 원장직을 요청받았을 때, 리치는 중국선교의 책임자로 임명되었을 것이다(N.502). 1597년 11월 10일, 발리냐노가 총장에게 쓴 편지에는 중국의 이 두 수도원에 관한 언급이 있다. "예수회의 두 신부와 한 수사에 대한 인사가 있었습니다. 중국선교의 원장으로 마태오 리치를 임명했습니다. 그는 남창(南昌) 수도원에 있습니다. 라자로 카타네오 신부는 소주(韶州) 수도원의 원장으로 남아 있습니다"(N.2718). Cf. NN.2725, 4082. 그러나 주목해야 할 점은 1591년 1월 29일부터 데 산데는 계속해서 총장에게 리치를 소주 수도원의 원장으로 임명해 달라고 요구했다는 사실이다. Cf. N.2551.

7 1597년 11월 10일의 편지에서 발리냐노는 "작년에 4대 서원을 허락했습니다"라고 적었다. 리치와 카타네오가 4대 서원을 한 것이다(ARSI, Jap.-Sin., 13, f.86v). 리치는 1596년 1월 1일 남창에서 조반니 소에이로 신부의 집전으로 했다. Cf. ARSI, Jap.-Sin., 25, f.81v; N.2719. 리치가 직접 기록하고 서명한 서원 양식서는 ARSI, Lus., 2, f.128에 보관되어 있다. Cf. 본서 2권, [그림 21] 1595년 12월 6일, 발리냐노는 리치와 카타네오의 4대 서원을 하도록 했다는 내용의 편지를 썼고, 거기에는 카타네오 신부의 남은 학과 과정들을 면제한다는 내용도 있다. "고아(Goa)를 방문하던 중, 저는 중국에서 선교활동을 하는 이탈리아 출신의 마태오 리치 신부와 라자로 카타네오 신부의 4대 서원을 허락했습니다…"(ARSI, Jap.-Sin., 12, f.327).

가져온 제단 장식용 〈성모 성화〉,[9] 〈구세주 성화〉,[10] 작은 태엽 시계가 있었다. 이 태엽 시계는 매시간, 15분마다 소리가 나는 매우 정밀하게 만든 것으로 총장 클라우디오 아콰비바 신부가 중국선교를 위해 챙겨서 보내 준 것이었다.[11] 비슷한 또 다른 시계도 하나 도착했는데,[12] 마닐라의 주교가 보내 준 것이다.[13] 이것들은 모두 마카오에서 모아[14] 강서로 왔다.

한편 중국의 원장은 생활비와 필요한 자금을 조달하러 마카오로 갈 수가 없었고, 그래서 마카오 콜레지움의 원장에게 필요한 모든 비용을 마련해 달라고 요청했다. 스페인 국왕이 내놓는 선교자금과 그 외 사람들의 후원금을 관리하는 일본 지역 담당자에게 중국도 부탁하였다. 마카오의 신자들은 종종 많은 후원금을 내놓기도 했다.

8　즉, 강서의 도읍 남창이다.

9　아기를 안은 성모와 그의 발아래 세례자 요한이 그려진 이 성화는 "어떤 신심 깊은 사제"가 보내 준 것으로서, 1586년 스페인에서 필리핀으로 온 것이다. Cf. N.286. 1598년에 북경으로 가지고 왔고, 통주(通州) 항구에서 도시로 가지고 들어오다가 약간 손상되었다(N.524). 1600년에 다시 통주로 가지고 갔다(N.579). 1605년 6월 애전(艾田)은 "레베카"로 혼동했다(NN.722, 1689). 1603년경 소주 인근 여러 곳에 사본들이 있었다. Cf. N.737.

10　로마에서 보내 준 것으로 "유명한 화가가 그려서" 1586년 총장이 중국으로 보내 준 것이다. Cf. NN.286, 524. "대단히 아름답고", "액자에는 유리가 끼워져 있었다". 더 정확하게 말하면, 세 폭짜리 액자 성화다(N.513). 성화의 사본 중 하나가 1597-1598년 소주에 있었다. Cf. NN.2775, 4090.

11　1586년 발리냐노에게 보내 준 탁상시계다. "매우 섬세하고 장식이 많은 것으로 매시간, 매 15분에 세 개의 종이 울리는"(N.286) 것으로 당연히 유럽에서 유행하던 스타일이다.

12　이 시계 중 가장 작은 것 하나를 1598년 7월 왕충명(王忠銘)에게 선물했다. Cf. N.506.

13　마닐라의 주교는 도미니코 수도회 출신의 도미니코 디 살라자르(Domenico di Salazar)였다.

14　데 우르시스에 따르면(p.33), 클라비쳄발로 한 개(NN.599, 601)와 몇 개의 프리즘도 보내왔다고 한다.

502. 에마누엘레 디아즈 어르신 신부를 마카오 콜레지움의 원장으로 임명하다; 그리고 에두아르도 데 산데 신부의 거룩한 죽음

마누엘 디아즈 신부[15]는 포르투갈에서 온 지 오래되었고, 인도에서 여

---

15 에마누엘레[역주_ 본서에서 이 신부의 이름은 다양하게 표기되고 있다. 에마누엘레, 마누엘, 마노엘 등이다. 모두 같은 사람이다] 디아즈 '어르신(Il vecchio)' ─이렇게 부르는 것은 중국 선교사로 있는 동명의 또 다른 선교사와 구분하기 위해서다 (1574-1659). ─ 신부는 포르투갈의 포르탈레그레 교구 알렘테요 지역 알팔하오 (Alpalhão)에서 1559년에 태어났다. 1576년 12월 30일, 예수회에 입회했다. 1585년 인도로 파견되어 사제서품을 받고, 4년간 타나(Tana)와 챠울(Chaul)의 원장을 지냈으며, 3년간 순찰사 발리냐노를 도왔다. 1595년 7월 9일, 고아에서 4대 서원을 했다 (*ARSI, Lus.*, 2, ff.100-101). 1597년 7월 20일, 발리냐노와 함께 마카오에 도착했고, 8월 4일 마카오의 천주의 모친 콜레지움 원장으로 임명되었다. 당시 마카오의 콜레지움은 3년 전에 세워져 수도원만 있었다. 그가 마카오 콜레지움의 원장이라는 것은 당연히 중국선교의 수장을 의미했다. 따라서 같은 시기에 리치가 중국선교의 원장이라는 건 마카오 원장의 지휘하에 있었다는 걸 말한다. 리치도 "마음이 넓은 사람"(N.565), "훌륭한 조언자, 이 나라[중국]에 관련한 것들에 있어서 열정적으로 매우 잘 적용하는 분"(N.1678), 즉 "중국의 것들에 애정이 많은 사람"(N.502)이라며, [가급적] 유럽인들과는 대화하지 않는다고도 했다(Cf. NN.1567, 4179). 마카오의 고문관 안토니오 로드리게스(*ARSI, Jap.-Sin.*, 14, ff.11-13b), 마카오에 있는 일본선교의 대리인 미켈레 소아레스 신부(NN.2855-2863), 그리고 발리냐노까지(N.2935) 그의 통솔이 너무 엄격하고 가혹하고 경직되어 그 밑에 있는 사람들이 모두 힘들어한다는 데에 동의하지 못했다. Cf. N.3496. 1626년 중국의 부관구에서 작성한 카탈로그에 그에 관한 다음과 같은 기록이 있다. "성격 매우 좋음; 성숙하고 하는 행동이 탁월함; 매우 현명함; 많은 것들에 대해 일반화시켜 이야기하는 버릇이 있음; 중국선교의 원장으로 적합하다고 판단됨; 문학에 대한 소양이 깊음; 피부는 건강한 편이지만, 날씨가 싸늘해지면 홍조 현상이 일어남, 때로 홍조가 심할 때도 있음; 책을 좋아하고 설교에 재능이 있음; 통솔에도 능력을 발휘하여 많은 좋은 경험을 기반으로 부관구장직을 수행함"(*ARSI, Jap.-Sin.*, 134, ff.303, 305). 그는 마카오의 원장으로 있는 동안 자금과 각종 선물로 선교활동을 도왔을 뿐 아니라(N.565), 1601년 발리냐노에 의해 리치를 대신하여 중국 순찰을 명령받아 소주, 남창, 남경을 방문하기도 했다(N.686). 방문을 마치고 1602년 8월 9일 북경에 도착하여 두 달간 리치와 함께 지내기도 했다(N.687). 얼마 후, 남창으로 돌아왔고(N.688), 1603년 2월 10일 이후, 발리냐노는 그를 마카오로 불러 자세한 보고를 들었다(N.697). 이에 순찰사는 중국 내륙을 마카오로부터 완전히 분리하기로 하고 남창, 소주, 남경, 이 세 수도원의 원장으로 디아즈 신부를 임명하여 중국선교의

러 가지 책임을 맡았으며, 중국선교에 깊은 애정을 품고 있었다. 그의 또 다른 헌신은 마카오 콜레지움의 원장으로 있는 동안[16] 중국과 일본선교의 못자리가 되어 주었다는 것이다.[17]

이 시기에 두아르테 데 산데 신부는 두 가지 직책에서 물러났다.[18] 오

원장인 리치의 지휘하에 두었다(NN.698-702, 748, 951, 1606, 1715). 디아즈는 1604년 3월 말 남창에 도착했고, 그해 12월 18일, 황족 중 한 사람에게 요셉이라는 세례명으로 세례를 주었다. 1605년 주님공현대축일에도 이 가족 중 세 사람에게 멜키오르, 가르파레, 발다사레라는 상징적인 이름으로 세례를 주었고, 또 얼마 지나지 않아 여섯 명의 여성들에게도 세례를 주었다(NN.749-750). 1607년 8월, 남창에서 새로운 집을 매입하자 그 지역 문인 학자들이 신부들의 거주를 반대하여 크게 동요했고, 그것은 1608년 10월 21일 박해가 끝날 때까지 이어졌다(NN.855-884). 1608년 12월 파시오로부터 두 번째 마카오의 원장으로 임명되었다는 소식을 들었다(N.3469). 그러나 이듬해 5월 15일까지는 남창을 떠나지 않았다(N.3473). Cf. NN.911, 950, 1921. 3년 6개월간 마카오 콜레지움의 원장으로 있었다. 1620년에는 순찰사의 한 사람이자, 자문관 혹은 고문으로 있었다. 1622년 중국에 있는 모든 선교센터를 재차 방문했고, 1636년에는 중국뿐 아니라, 일본, 통킹, 코친 등도 방문하였다. 1639년 11월 28일에 사망하였다. Cf. *ARSI, Jap.-Sin.*, 25, ff.82, 107c: 134, ff.303, 305; Ciamueihoa, pp.214-215.

16 마카오 수도원은 문학과 글쓰기 학교를 병행하고 있었고, 당시 라틴어 수업도 진행하고 있었다. 1589년 이전, 거기에서 라틴어를 배운 학생 중에는 프란체스코 황명사(黃明沙) 마르티네즈가 있었는데, 그는 1591년 1월 1일 첫 두 명의 중국인 예수회원 중 하나가 되었다. Cf. N.354. 1594년 12월 1일, 콜레지움은 대신학교와 수도원으로 분리되었다. Cf. Ta-ssi-yang-kuo, *Archivos e annaes do Estremo Oriente Portuguez*, Serie I, vol. 2, p.487. 1597년 8월 4일, 에마누엘레 디아즈 신부의 통솔하에서 수도원과 대신학교가 다시 "천주의 모친 콜레지움"(N.2713)이라는 이름으로 합쳐져 그가 원장직을 맡았다. Cf. NN.2713, 2716, 2717, 2722, 4072. 또 다른 변화는 이 텍스트에서 말하고 있는 것처럼, 바로 당시에 리치가 중국선교의 원장으로 1597년 8월 4일(?)에 임명되었을 것이라는 점이다. Cf. N.2713.

17 오늘날의 의미에서 '못자리'라는 말을 쓰는 것은 큰 오류가 될 수 있다. 콜레지움의 전교생이 중국선교를 위해 사제가 되는 것으로 오해할 수 있기 때문이다. 그런 점에서 드 라 서비에(J. De La Servière, *Les anciennes missions de la Compagnie de Jésus en China*, Scianghai, 1924, p.17) 신부가 마카오의 콜레지움에 대해 "1594년에 이미 90명의 학생이 사제가 되려고 했습니다"라고 쓴 것은 조금 성급한 면이 있다고 볼 수 있다. 리치는 다만 이 콜레지움이 중국과 일본선교를 준비하고 선교사들을 파견하는 베이스캠프로 기능한다는 것을 말하고 있다. 이것이 정확한 말이다.

랫동안 많은 어려움을 겪었고, 마카오에서 거룩하게 생을 마감했다.[19] 그는 어린 나이에 예수회에 들어왔고, 수도회 안에서 그가 지향하던 대로 거룩한 삶을 살았다. 그는 타고난 총명함과 훌륭한 자질이 있었고, 설교와 통솔에 필요한 공부를 끊임없이 했으며, 수도회 내부에서는 물론 외부 인사들로부터도 많은 칭송을 받았다.

503. 건안왕을 통해 북경으로 가려고 시도했으나 실패하다

발리냐노 신부의 명령을 받고[20] 마태오 신부는 즉시 황제에게 접근할 수 있는 좋은 방법을 연구하기 시작했다. 그는 황족 중 한 사람인 건안왕建安王을 통해 시도해 보려고도 했다. 가능하다면 시계와 여러 가지 물건을 보여 주려고도 했다.[21] 그러나 곧 그것은 가장 좋지 않은 방법의 하나

---

18 1597년 8월 4일(N.4072), 데 산데는 영성 지도 신부로 임명되어, 순찰사와 원장의 자문관, 선교 조언자 및 감찰관이 되었다(N.2722). 4년간 수도원 원장직과 3년간 콜레지움의 원장(N.2713), 그리고 12년간 중국선교의 총책을 맡았다(N.2722). 두 가지 직책이라고 하는 것은 마카오의 원장과 선교의 총책을 말한다. Cf. N.276, 주(註). 이듬해 그는 피에트로 마르티네스 주교를 동행하여 인도로 간 안토니오 로드리게스의 신학 교수직까지 맡았다. 이 점에 관해서는 1598년 7월 1일 자 발리냐노가 총장에게 쓴 편지에서 볼 수 있다(ARSI, Jap.-Sin., 13, f.137a).

19 1599년 10월 26일 이전이다[N.276, 주(註)]. 1600년 1월 마카오에서 스테파노 안투네스가 쓴 것처럼 "올해 7월이면 그가 세상을 떠난 지 9번째 달이 됩니다"(ARSI, Jap.-Sin., 14, f.19r). 따라서 코르디에(Cordier, BS, cl. 2316)가 말하는 것처럼 1600년 6월 22일도 아니다.

20 f. N.501. 이 명령은 1597년 8월에 받았다. 1597년 11월 12일 자 「연차보고서」에는 분명히 이렇게 적고 있다. "북경에 들어가 안정적으로 자리를 잡지 않는 한, 우리의 중국 체류는 보장할 수가 없습니다. 이에 순찰사 신부님은 마태오 리치 신부님께 이 일을 맡기며, [마카오] 콜레지움의 원장이 북경의 황제에게 갈 때, 마태오 신부를 동행할 것과 그때 필요한 몇 가지 물건들을 보내 주셨습니다"(N.4082). 순찰사는 이 계획을 1597년 11월 10일부터 줄곧 이야기해 왔다. Cf. NN.2721, 2834.

21 Cf. N.479, 주(註): NN.479-480, 주(註).

라는 걸 깨달았다. 왜냐하면 황제는 자기 친척들이 정치에 개입하는 걸 바라지 않을 뿐 아니라, 그들을 항상 의심하고 있었기 때문이다.[22] 따라서 그들을 통해서 뭔가를 시도하다가는 선교에 도움이 되기는커녕, 오히려 더 큰 위험과 문제만 일으켜 지금의 수고마저 물거품이 될 수 있기 때문이다. 더욱이 건안왕도 이 일에 개입하고 싶어 하지 않았다.[23]

---

22 Cf. N.165.
23 사실상 교황의 사절단으로 황제에게 가는 모든 희망이 사라진 것이다. 1597년 11월 10일, 발리냐노가 총장에게 쓴 편지에는 1588년 루지에리가 이 사절단을 준비하러 이탈리아로 갔다는 소식을 전하고 있다. "저희가 보낸 편지가 아직 총장 신부님께 도달하지 않은 것 같습니다. 지금까지 이와 관련한 아무런 답변을 받지 못했습니다. 여러 차례 편지를 썼고, 신부님들은 계속해서 기다리고 있습니다. 이 일을 위해 총장님과 교황님께 신부님 한 분을 보냈습니다. 중국선교에 도움이 될 만한 일이면 무엇이건 해주시기 바랍니다"(N.2721). Cf. N.2725.
    거의 비슷한 시기에, 1597년 12월 20일, 아콰비바는 수신자가 리치로 되어 있는, 앞선 편지를 암시하는 듯한 뉘앙스로 발리냐노에게 이렇게 편지를 쓰고 있다. "존경하는 신부님께 이렇게 편지를 쓰게 되어 기쁩니다. 우리의 뜻은 여전히 열려 있습니다. 그냥 돌아가셨다고 해서 놀랐습니다. 좋은 기회가 올 때까지 여러 지역에 수도원을 설립하고, 그러다 보면 성과가 있으리라고 생각됩니다. 가장 좋은 방법은 점진적으로 '교리서'들을 보급하여, 그것을 통해 내부에 씨를 뿌리는 것입니다. 지적 호기심으로 그것들을 읽게 되고 이야기하게 될 것입니다. 우리 주님께서 개입하시어 황제와 고관대작들이 그 소식을 듣게 될 것이고, 거룩한 복음 선포는 자유롭게 이루어질 것입니다. 이것이 지금 신부님께서 하셔야 할 수단들입니다. 앞서 말씀드렸고, 또 마태오 신부님이 여러 차례 간곡하게 요청하신 것에 대한 기대는 하지 않는 것이 좋겠습니다. 시기가 좋지 않습니다"(ARSI, Jap.-Sin., 3, ff.22r-v; N.5460). 1598년 11월 4일, 론고바르도는 "중국 황제에게 줄 유럽의 물건들" 대신에 책과 성화들을 요청하였다(N.2807).
    사절단에 관한 생각은 1598-1599년에 다시 잠깐 언급하였다. 1599년 10월, 발리냐노가 일본에서 마카오의 원장으로 있던 디아즈에게 쓴 편지에서다. 디아즈와 일본 예수회의 부관구장은 두 번째 로마의 자문관으로 에지디오 데 라 마타(Egidio de la Mata) 신부를 임명하고, 다음과 같은 임무를 맡겼다. "교황 성하께서 중국 황제에게 보내는 사절단을 이끌어 중국 민족의 개종에 큰 도움이 되도록"(N.2865) 해야 한다는 것이다. 1599년 2월 20일, 데 라 마타도 직접 자신의 여러 직무 중 "중국 황제에게 가는 사절"이라는 임무가 하나 있다는 것을 언급하였다(ARSI, Jap.-Sin., 13, f.253r). 1599년 12월 12일 자 디아즈가 아콰비바에게 보낸 편지에는 사절단의 성격에 대해 길게 언

504. 왕충명이 소주를 거쳐 해남에서 남창까지 가다; 카타네오와 로챠가 남창으로 가다

그러는 사이에 황제가 해남海南의 왕충명王忠銘[24]을 남경의 예부상서禮部尙書로 불러, 그의 귀환 소식이 들려왔다. 왕충명은 예전에[25] 소주韶州를 지나면서 마태오 신부와 알게 된 인물이었다. 마태오 신부는 이 사실을 카타네오 신부[26]에게 알리며, 그가 그곳을 지날 때 이 문제를 상의하라고 했다. 한때 그가 약속하기를,[27] 관직을 다시 맡게 되면 신부에게 중국의 잘못된 역법과 수학 관련 오류들을 수정해 달라고 하겠다고 한 적이 있었다.[28] 그런 일을 처리하는 흠천감은 예부 소속의 기관이었다.

급하며, 여러 가지 직무를 맡는 것보다는 한 가지 은사에 대해 말하기도 한다. Cf. NN.2865-2870. 동시에 발리냐노는 교황께서 베풀어 주는 은혜는 5천 혹은 6천 냥 정도의 선교자금이면 좋겠다고 요청하기도 한다. 하지만 이듬해인 1600년 10월 21일, 앞서 언급한 1597년의 아콰비바 편지를 받은 것과는 별개로 이미 선교사들은 [중국의] 관리들과 좋은 유대관계를 형성하며 북경까지 가는 길을 열어 놓고 있는 것을 보면서 사절단에 관한 조언보다는 교황의 선물이 이미 중국에서 활동하고 있는 신부들에게 전달되었으면 좋겠다는 요청만 하고 있다. Cf. N.2929. 2년 후인 1602년 12월 24일, 일본의 아리마(有馬)에서 발리냐노가 아콰비바에게 보낸 편지에는 이런 말이 있다. "지난해 교황 성하께서 신경을 써 주시면 좋겠다고 말씀드렸고, 총장 신부님께서도 제가 2년 전에 쓴 편지에 [1599년 12월 편지에 대해 1602년 7월에 답장] 답장해 주신 것처럼, 시기가 맞지 않았습니다. 그러나 주님께서 직접 우리에게 중국의 문을 열어 주셔서 사절단과 관련한 것은 더 준비하지 않아도 됩니다"(*ARSI, Jap.-Sin.*, 14, f.110r).

24 Cf. N.417, 본서 2권, p.393, 주(註) 273.

25 1594년 중반쯤이다(N.417). 1599년 1월 9일 자 디아즈의 편지에 따르면, 1598년 7월 15일 리치 신부가 남경에서 마카오로 보낸 편지를 인용하여 이 일이 "2년 전", 그러니까 1596년에 있었다고 말하고 있다. Cf. N.2824.

26 당시에 카타네오 신부는 소주에 있었다.

27 Cf. N.417. 그는 해남섬에 있으면서 이와 관련한 문제를 리치에게 편지로 써서 보냈다. Cf. NN.1628, 4093.

28 달력을 수정하는 일이다. Cf. NN.591, 4082. 1598년 11월 4일, 론고바르도가 쓴 편지에는 리치가 북경으로 들어갈 수 있었던 이유 중 하나로 "중국의 역법을 바로잡고 정

상서尙書로 불리는 왕충명이 소주에 도착하자 카타네오 신부는 그를 찾아갔다. 상서는 마태오 신부가 어디에 있는지 물었고, 강서의 도읍에 있는 걸로 알고 있다고 하자 매우 기뻐하며 거기에 가면 그를 만나러 가겠다고 하였다. 카타네오 신부는 상서가 허락한다면 그를 따라 함께 강서로 가서 이 문제를 매듭짓고 싶다고 했고, 그는 흔쾌히 수락해 주었다. 소주에는 니콜라오 론고바르도 신부와 프란체스코 황명사黃明沙 수사[29]만 남겨 두고 자신은 조반니 디 로챠 신부와 함께 강서로 가는 배에 급히 올라 밤낮으로 쉬지 않고 항해했다. 가는 길에 왕충명은 전혀 만나지 못했다. 그것은 일부러 그렇게 한 것이다. 왜냐하면 신부들이 상서보다 이틀 먼저 강서의 집에 도착해서[30] 문제를 정리한 다음 상서와 이야기를 나누고, 그가 긍정적으로 대답할 경우, 누가 어떻게 그 일을 맡을 것인지 정할 시간을 벌기 위해서였다.

505. 왕충명이 남경과 북경으로 리치를 안내해 주겠다고 약속하다

왕충명이 대가족을 데리고 강서의 도읍[남창]에 도착했고, 마태오 신부

리하는 일이 필요했기 때문이고, 마태오 리치 신부는 유럽의 그레고리오 양식에 맞추어 손쉽게 할 수 있었기 때문"(N.2802)이라고 했다. Cf. N.1628. 역법의 오류는 15세기 말에 가장 크게 대두되었고, 특히 1584년 12월 2일과 1592년 6월 24일에 일어났다. 이날은 우리 시간으로 4시간 30분에 해당하는 것을 배로 계산하여 구각(九刻)으로 하였다. 그것은 1595년 10월, 정세자(鄭世子)가 이듬해 달력을 예부(禮部)에 소개할 때야 비로소 주목하게 되었다. "최근에야 역법에 오류가 있다는 말을 들어 그것을 바로 잡을 필요가 있게 되었습니다(近有言, 曆法差誤當正者)." 그러나 이런 오류를 수정해야 한다는 것에는 만장일치를 보지 못했다. Cf. Cuienu [Ku Yen-wu, 고염무(顧炎武)], Diario[日知錄], c.30, 천문(天文); Storia dei Mim, c.31, f.5a-b; Seccu, p.2178.

29 중국인 프란체스코 황명사(黃明沙) 마르티네스 수사다. Cf. N.354.
30 두 신부가 남창에 도착한 것은 1598년 6월 23일이다(De Ursis, p.33). 같은 달에 소주를 출발했다면 아마도 그달 초순이었을 것이다(N.2852).

는 카타네오 신부와 함께 유럽에서 보내온 좋은 선물을 가지고 그를 방문했다. 그가 가장 좋아한 것은 프리즘이었다. 예전 소주에서 이미 본 적이 있고, 매우 귀한 보석이라고 생각하고 있었다. 그는 기분이 매우 좋았다. 황제가 최고 관직으로 자신을 불러 준 것이 큰 명예였고, 동등한 직위[31]로 북경으로도 갈 수가 있고, 후에 각로[閣老]가 될 가능성도 있었기 때문이다. 이런저런 이유로 그는 마테오 신부를 크게 환대해 주었다. 신부들이 남경으로 가서 황제에게 선물을 바치는 문제를 말하자, 그는 성상[聖像]과 시계를 보고 싶어 했다.[32] 그는 모든 것에 매우 만족해했다. 더욱이 신부는 황제를 만나게 해 주는 호의 외에 다른 어떤 부담도 주지 않겠다며, 자기에게 필요한 모든 비용은 자기가 부담하겠다고도 했다.

왕 상서는 신부를 향한 우정과 자신이 받은 귀한 선물 때문에 신부를 남경으로 데리고 가는 것만이 아니라 북경까지도 데리고 가겠다고 했다. 그가 남경에 간 지 한 달 후에 황제의 생일[萬壽聖節]이어서 축하하러 북경으로 갈 예정이었기 때문이다. 황제의 생일은 음력 8월 17일로,[33] 양력으로는 9월이었다.[34] 상서는 그때라면 중국에서 한 번도 본 적 없는 선물을 하기에 매우 좋은 자리이고, 모든 중국인이 좋아할 거로 생각했다.[35]

---

31 예부상서(禮部尙書)다.
32 Cf. N.4094.
33 1598년에는 9월 17일이었다. 이 행사와 관련한 것은 *TMHT*, c.43을 보라.
34 '그때'라는 의미의 'là'는 스페인어 뉘앙스다. 이탈리아어 'quella' '그 시기'는 9월이다.
35 카타네오는 왕충명에게 오로지 한 가지, 남창까지만 데리고 가 달라고 부탁했다. Cf. N.2834. 그리고 이제 거기[남창]에서 다시 북경까지 데리고 가 달라고 요청하고 있다. 황제에게 진상품을 바치고, 역법 수정을 도와주기 위해서 말이다. 상서는 몹시 어렵다고 하면서도 결국 요구를 들어주었다. Cf. NN.4093-4094.

506. 리치가 왕충명의 지휘하에 카타네오, 종명인, 유문휘(遊文輝)와 함께 남경과 북경으로 떠나다

마태오 신부는 하느님께서 주시는 좋은 기회라고 생각하고, 조반니 데로챠 신부와 소에이로 신부를 강서에 두고, 가장 도움이 될 만한 카타네오 신부만 데리고 떠나기로 했다.

즉시 좋은 배를 한 척 빌려 카타네오 신부, 바스티아노 종명인鍾鳴仁 수사[36]와 아직 예수회에 입회하지 않은 마누엘 페레라 유문휘游文輝 수사[37]

---

[36] 중국인 세바스티아노 종명인(鍾鳴仁) 페르난데스다. Cf. N.354.

[37] 1603년 10월의 카탈로그에는 남경 수도원에 있던 회원들에 대해 이렇게 말하고 있다. "마노엘 페레이라 수사, 마카오 출신, 현재 예수회 지원자로 보충 기간을 더 가지고 있는 중, 그곳 수도원에서[同宿] 계속해서 몇 년째 봉사 중"(ARSI, Jap.-Sin., 25, f.66r). 그러나 나중에 보겠지만, 그는 2년 후에도 예수회 지원자로 입회하지 않는다. 1621년 11월 24일 자 카탈로그에는 "에마누엘 페레이루스, 중국인, 마카오에서 태어남, 46세, 건강하고 재주가 많음, 예수회를 알고 지낸 지 16년 됨, 입회 시기에 [라틴어 포함] 인문학을 공부함, 언제나 선교사가 되고 싶어 했고 그림 공부를 했음, 분노조절 장애로 인해 그동안 공부한 교리교육을 무산시킴, 보조수사로 일시적으로 서원함, 1617년 12월 25일"(ARSI, Jap.-Sin., 134, f.301v; Cf. ibid., f.304r)이라고 기록되어 있다. 이 자료와 다른 자료들을 종합해 보건대, 그는 1575년 중국인 부모 밑에서 마카오에서 태어났고, 1605년 8월 15일 예수회에 입회했으며(N.1724), 교양[인문학] 수업을 받고, 1617년 12월 25일 잠정적 협력자로 최종 서원을 하였다. "중국 항주(杭州)의 양기원[楊淇園, 廷筠 미켈레, Cf. Fonti R., III, N.499, 주(註)] 박사의 경당에서 1617년 12월 25일, 니콜로 론고바르도 신부의 주례로 다른 두 명의 중국인과 함께 서원"했다는 기록도 있다. 서원 양식서는 지금까지 ARSI, Lus., 27, f.4에 보관되어 있다. 그는 마카오에서 이탈리아 놀라 출신의 조반니 니콜라오 화가의 제자로 있었다[Cf. N.286, 주(註)]. 그리고 남경에 체류하던 1600년 5월 19일 이전에, 그는 〈아기를 안은 성모와 세례자 요한〉 성화를 베껴 그려, 그해 6월 산동(山東)의 제녕(濟寧)에 사는 양곡 운송업 대표에게 선물했다. Cf. N.579. 1600-1601년, 리치는 그를 북경으로 데리고 갔다. 리치가 사망(1610년 5월 11일)한 후, 그는 신자들의 요청에 따라 리치의 초상화를 그렸고(N.964), 그것을 니콜로 트리고(Nicola Trigault S.I., 1577-1628) 신부가 1614년 11월 말 혹은 12월 초에 로마로 가지고 가서 로마의 '예수 수도원'에 지금까지 소장되어 있다. 이 그림의 사본이 본서 제1권 첫 장에 있는 [그림 1]이다. 1613년에 그는 광동(廣東)의 남웅(南雄)에 있었다(N.3823). 1633년에 사망했다. 그에 대해서는 1633년 11월 1일 자, 에

와 집에 있던 하인 몇 명을 데리고 떠났다. 리치 신부는 친구들에게는 시간이 없어 알리지 않았지만, 관리들에게는 혹여 그들이 또 방해할까 두려워 알리지 않고 그냥 떠났다. 그러나 고관과 함께 하는 이번 여행으로 인해 중국의 여러 지방에서 선교에 대한 공신력은 높아졌고, 남창南昌 수도원뿐 아니라, 다른 여러 지역의 수도원까지 매우 안전해졌으며 더는 신부들에 대해 왈가왈부하는 사람이 없어졌다. 나중에 경험하겠지만 소주 수도원도 안전해졌다.

우리 신부들은 1598년 세례자 요한 대축일 다음날[38] 강서를 출발하였다.

남경까지의 거리는 매우 짧았다. 가는 길에 신부들은 상서와 그의 자녀들과 우정을 쌓고 수행하는 사람들 모두에게도 선물을 주어 호의적인 관계를 형성하였다.

특히 상서의 처남과 사귀게 되었는데, 그의 성은 주周 씨였다. 왕 상서는 모든 일을 그에게 자문하고 있었다. 그는 큰 재력가에 좋은 (사회적) 조건을 갖추고 있어, 이후 죽을 때까지 신부들에게 많은 도움을 주었다.

종일 신부들은 상서의 배에 남아 어떻게 하면 일이 잘 마무리될 수 있을지를 궁리했다. 왕 상서가 말하기를, 두 개의 시계 중 하나만 황제에게 주고, 다른 하나는 신부들이 황제를 알현하는 데 도움을 줄 만한 황궁 내 태감에게 주는 게 좋겠다고 했다. 마태오 신부는 이번 일을 계획하고 만든 왕 상서 외에 다른 누구에게도 줄 수 없다며 그에게 적극적인 도움을

마누엘레 디아즈 신부가 쓴 편지에서 말하고 있는 것처럼, "그림 실력은 보통"이지만, 이 젊은이는 선교에 큰 도움을 주었다고 했다(*ARSI, Jap.-Sin.*, 18, f.14a). 그의 중국어 이름은 유문휘(遊文輝), 함박(含樸)이다. 북경 국립도서관 ms. 22658에서 찾아볼 수 있고, N.354, 본서 2권, p.323, 주(註) 87에서도 언급하고 있다.

38 그러니까 6월 25일이다.

부탁했다. 그는 우리의 이런 '나쁜'[39] 고집에 감동했고, 우리는 그에게 즉시 시계를 주며 사용법과 관리법을 차근차근 잘 가르쳐 주었다.

507. 남경에 도착했으나 정착하지 못하다

남경에 도착하고 보니,[40] 그곳은 불길한 분위기로 가득했다. 일본이 조선(高麗)[41]과 전쟁하고 있었고, [중국은 조선을 돕고 있어] 중국의 국고 지출이 엄청났다. 일본의 힘에 버틸 수 있는 희망은 적어 보였다. 만약 일본이 당시에 중국으로 직접 군대를 보냈다면, 조선에서 방어하고 있던 중국의 대규모 부대는 철수할 수밖에 없었을 것이고, 중국 본토는 지키지 못했을 수도 있었을 것이다.[42]

이런 두려운 분위기 때문에 남경에서는 아무도 신부에게 숙식을 제공하려는 사람이 없어서 신부들은 뭍으로 나오지 못했다.[43] 그래서 전체 그 시기 동안 작고 불편하기 짝이 없는 강변의 배 안에서 무더위를 견뎌야 했다.[44] 이유는 조정에서 여러 차례 포고를 내려 식당이나 여관에 복

---

39 여기에서 '나쁜'이라는 표현은 나중에도 보겠지만, '인정을 강요'하는 이라는 의미를 지닌다.

40 아마도 1598년 7월 5일이나 6일이었을 것이다.

41 **역주_** 리치의 글에서는 조선을 Corea, Coria, Corya 등으로 쓰며, 괄호 안에 고려[高麗]라고 쓰고 있다. 당시 중국에서 그렇게 불렸던 걸로 추정된다. 역자는 역사적인 맥락을 고려하여 '조선'으로 옮기지만, 간혹 맥락을 살리기 위해 '코리아'라고 쓰고 괄호안에 한자를 넣겠다.

42 이 전쟁은 1599년 1월에 끝이 났다. Cf. N.560. **역주_** 이것이 당시 서양 선교사들이 바라본 임진왜란에 대한 시각이라는 데 주목할 필요가 있다.

43 "도시에 있는 사람 중 아무도 그들을 자기 집으로 초대하여 숙식을 제공하려는 사람이 없었다"(N.533).

44 1598년 7월 5일에서 16일 사이다. 왜냐하면 그달 15일에 에마누엘레 디아즈가 남경에서 마카오의 원장에게 편지를 썼기 때문이다(Cf. N.2824). 그들은 16일에 남경을 떠났다.

장이나 인상이 의심스러운 사람이 있으면 받지 말라고 명했기 때문이다. 며칠 전에도 중국의 정세를 살피러 돌아다니던 일본인 간첩을 체포했다고 했다. 왕 상서王尙書도 그때는 대놓고 신부들을 도우려고 하지도 않았다. 오히려 신부들과 관계를 유지하는 바람에 자기에게 어떤 불똥이라도 튈까 두려워하기 시작했다.[45]

마태오 신부는 혼자서 종종 가마를 타고 몰래 상서를 만나러 시내로 들어가곤 했다.[46] 그러나 중국의 모든 병사를 책임지고 있는 총독에게 알리지 않은 비밀은 오래가지 못했다. 당시 남경의 총독은 풍성후豊城候[47]였다. 몇 년 후에 그가 직접 말하기를,[48] 마태오 신부의 존재를 알고 있었고, 사람을 보내 신부를 감시하도록 했다고 한다. 그러나 정탐꾼의 보고에 따르면, 왕 상서의 관저를 출입한다는 것만으로 그를 체포할 수 없었을뿐더러 위험한 인물도 전혀 아니라고 판단하여 그냥 두었다는 것이다.

---

45 열흘 혹은 열이틀간의 여행이 있고 난 뒤, 7월 5-7일경 남경에 도착했을 때, 왕충명(王忠銘)은 벌써 신부들을 함께 데리고 온 것을 후회했고, 그들과 헤어지고 싶어 했다. 그러나 신부들이 크게 압박하지 않고 그를 달래며 여행을 계속할 수 있는 허락까지 받아냈다. 이 소식은 리치가 7월 15일 자 남경에서 쓴 편지로 직접 마카오의 원장에게 알려왔다. 여기에서 말하는 '그의 여행'이란 이제 북경행을 말하는 것이다. Cf. NN.2824, 2829.
46 "지붕이 있는"(N.533) 1인승의 가마, 탈것이다.
47 1573년 2월 24일부터 1601년 풍성후(豊城候) 후작이 죽을 때까지 그는 남경 총독을 지냈다. 그의 이름은 이환(李環)이다. Cf. Storia dei Mim, c.106, f.19b. 풍성(豊城)은 산동(山東)에도 있고 강서(江西)에도 있는 도시다. 여기에서는 남창에서 가까운 강서에 있는 도시로 보인다. Cf. N.548.
48 1599년 2월과 1600년 5월 19일 사이에 있었던 일이다. 당시 리치는 나중에 또 보겠지만(N.548), 남경에 있었고 종종 이 사람의 방문을 받곤 했다. 그는 "남경의 모든 군대를 장악하고 있는 수장"(N.548)으로 남경에서는 두 번째로 힘이 있는 사람이었다.

508. 통정사가 리치의 문건을 북경에 전달하는 것을 거절하다

왕 상서의 친구들은 남경에서 황제에게 상소문을 먼저 올리라고 조언해 주었다. 이런 일을 처리하는 통정사通政司를 통해 일을 처리하라는 것이다.[49] 신부는 이런 일에 정통한 어떤 대大 문인에게 부탁하여 상소문을 만들었다. 다 해야 반쪽짜리도 안 되었는데, 8냥을 지급했지만, 그는 더 달라고 했다. 중국인들은 문장을 비싼 가격에 판다. 그러나 그것도 해결책이 되지는 못했다. 왜냐하면 통정사가 신부들이 비록 왕충명의 친구기는 하나 중국 밖에서 온 외국인들이어서 그 일에 관여하고 싶지 않다고 했기 때문이다. 그는 미안하다는 말과 함께 조만간 왕충명이 북경에 가게 될 테니 그때 신부가 함께 가서 거기서 직접 상소문을 올리는 게 낫겠다고 조언해 주었다. 결국 남경에서 우리와 관련한 일은 온전히 왕 상서의 어깨에 달려 있게 되었다.

---

[49] 통정사(通政司)는 북경 황궁에 소속된 직무로, 전국의 모든 성에서 오는 탄원서[상소문]들을 수령하고 기록하고 전달하는 일을 한다. 1902년에 없어졌다. Cf. Beltchenko, N.928.

제2장

신부들이 처음으로 북경 황궁에 가고, 마태오 리치가 어떻게 남경 총독의 부름을 받게 되었는지에 대해, 그리고 북경으로 가는 길에서 겪은 일에 대해

(1598년 7월 10일경부터 1598년 9월 7일까지)

509. 왕충명이 리치를 북경으로 안내하다. 〈세계지도〉 사본을 가지고 가다

왕 상서[50]는 우리의 일과 관련해서, 남경에서는 아무것도 할 수 없다는 것을 보면서, 신부들로부터 받은 선물이 많은데다[51] 그들과의 약속을 물릴 수도 없는 상황이라 함께 북경으로 가기로 했다. 거기에서 친분이 있는 태감들을 통해 선물을 주고 황제를 알현할 수 있는 길을 찾아보기로 하였다. 그는 남경성의 여섯 상서尚書[52]의 축하를 모아 황제의 생일[53]에 맞추어 북경으로 길을 재촉했다. 그의 짐과 선물은 하인 두 명과 함께 수로로 운반했다. 그는 신부들에게 자기 식구들과 함께 짐을 싣고 가는 배에 올라 수로로 갈 것을 제안했다. 그들이 탄 배는 매우 빠른 배로 가볍다고 해서 마선馬船이라고 불렀다.[54] 가는 동안 배 안에서 편안하게 지낼 수 있도록 큰 방이 있는 배를 빌렸다. 신부들과 자기 식구들이 넓게 쓸 수 있도록 하기 위해서였다.

---

50   Cf. NN.504, 507, 2829.

51   Cf. NN.417, 505, 506.

52   육조(六曹)의 장관들이다. Cf. NN.87-94.

53   1598년 9월 17일이다. Cf. N.505.

54   "말처럼 빠른 선박"이다. Cf. N.575. 조공을 운반하는 데 사용하던 배의 종류는 두 가지였다. 하나는 "바람처럼 빠른 배, 風快船(풍쾌선)"이고, 다른 하나는 "말처럼 빠른 배, 馬快船(마쾌선)"다. Cf. *Abbozzo della storia dei Mim*, c.54, f.23a; *Collana di libri antichi e moderni* (古今圖書集成), sez. Mestieri(考工典), c.2, f.20a; *TMHT*, c.149, ff.11b-16b. 그러나 여기에서 말하는 후자는 인도인들이 유럽으로 말을 실어 나르던 마선(馬船)과는 다르다. 이와 관련한 이야기는 마르코 폴로(Yule-Cordier, *MP*, II, p.111)와 1350년의 중국 저서 『도이지략(島夷志略)』[역주_ 중국 원나라 시기 왕대연이 남중국해, 믈라카해협, 인도양 너머까지 바다로 이르는 동남아시아와 아랍 지역까지 총 99개의 섬나라와 항구들을 직접 보고 들은 내용을 기록한 책으로 한국어로 영남대학교 출판부에서 도이지략역주(島夷誌略譯註)로 『바다와 문명』이라는 제목을 달아 2022년에 발간하였다]에서 언급한 바 있다. Cf. Ciamsimlam, II, pp.305, 307.

신부들이 가지고 가는 물건 중에는 상당히 큰 지도가 하나 있었는데, 그것은 마태오 신부가 만든 『산해여지전도』로 중국어로 설명이 적힌 매우 아름다운 것이었다.[55] 왕충명王忠銘[56]은 이 지도를 매우 좋아했다. 그는 지도를 보면서 세계가 얼마나 큰지, 얼마나 많은 나라와 풍속들로 나뉘어 있는지를 여러 차례 보고 또 보며 거기에 적혀 있는 것들을 잘 암기하고 싶어 했다.

남경에 도착하니,[57] 중국의 관습에 따라 모든 관리가 그의 관저를 찾아와 선물을 주고 축하해 주었다. 멀리 있는 관리들은 자기 부하를 보내 그에게 예를 표하기도 했다.

510. 남경 총독과 리치의 〈세계지도〉 석판 인쇄의 재판

당시 남경의 총독巡撫으로 [왕 상서의] 친구가 있었는데, 성이 조趙이고 이름은 가회可懷였다.[58] 그는 남경에 살지 않고 남경에서 하룻길 거리에

---

55 1584년 10월, 조경(肇慶)에서 발간한 초판본 세계지도의 사본 『산해여지전도』다. Cf. NN.262-263.
56 Cf. N.417, 본서 2권, p.393, 주(註) 273.
57 1598년 7월 5일 혹은 6일이다.
58 여기에서 말하는 남경의 총독은 리치가 세 차례에 걸쳐 언급하는 사람으로 의심할 여지 없이 조가회(趙可懷, Ciaocotai)다. Ciaocohai라고 쓴 그의 필사를 통해 약간의 혼란이 있기는 했다. 아무튼 이 관리의 성은 조(趙), 이름은 가회(可懷)며, 아명은 영우(寧宇)와 덕중(德仲)이다. 호는 아마도 심당(心堂)일 것이다(호에 관해서는 Aleni¹, B, f.6b와 LIVR, I, f.4a를 보라). 사천(四川)의 중경(重慶)이라고 하는 파현(巴縣)의 가난한 부모 밑에서 태어났다. 1565년 진사에 급제한 이래 40년간 정부의 요직을 두루 거치며 출세했다. 처음 산동(山東)의 문상(汶上)에서 군수를 시작으로 형부시랑(刑部侍郎)을 지내다가 1570년에 강서(江西)의 어사(御史)로 임명되었다. 후에 병부시랑(兵部侍郎), 복건(福建, 1582-1585), 감숙(甘肅, 1589-1590), 남경(南京, 1594년 12월 12일)과 북경(北京)의 총독(巡撫)을 지냈고, 마지막으로 공부시랑(工部侍郎, 1598년 8월 5일)을 지내기도 했다. 당시 호북(湖北) 지방의 태감 진봉(陳奉)에 대항하여 일어난 폭

있는 구용句容[59]에서 살고 있었다. 그는 총독이지만, 상서와 남경의 다른 관리보다 낮은 직급에 있었다. 그들은 남경의 모든 지방관의 상사일 뿐 아니라, 온 중국 지방관의 상사이기도 했기 때문이다. 따라서 총독 처지에서는 남경에서 거주하는 것이 그리 좋은 게 아니었다. 이 사람[조가회]이 마태오 신부의 친구 왕옥사王玉沙[60]로부터 광동廣東[61]에서 발행한 〈세계지도〉를 한 장 얻었다. 당시 왕옥사는 남직례南直隷 진강부鎭江府[62]의 지부知府였다. 그는 매우 기뻐하며 소주蘇州[63]에서 커다란 석판을 하나 만들어 그 위에 그것을 복사하도록 했다.[64] 거기에 지도를 높이 평가하는 문장도 자기가 직접 써넣었다. 하지만 정작 지도의 원저자 이름은 넣지 않았다.[65] 조 총독은 친구 왕 상서가 잘 도착했다는 소식을 듣고 중국의 풍

동을 제압한 이후 병부상서(兵部尙書)로 승진하였다. 그러나 1604년 11월 16일, 온검(蘊鈐)이라고 하는 황족의 반란으로 무창(武昌)에서 살해되었다. Cf. *Storia dei Mim*, c.21, anno XXXII, f.4a. 그는 모든 사람의 사랑을 받았으나 비참하게 사망하였다. 리치는 그를 두고 "훌륭한 지성인", 지성인으로서 삶에 있어서나 통치 능력에 있어서나 당시 "중국에서 가장 훌륭한 사람 중 하나"라고 하였다(N.511). Cf. *Annali del distretto di Pa* (乾隆巴縣志), c.9, ff.10b-11a; *Annali della Prefettura di Chungking* (道光重慶府志), c.8, ff.28b-29a; Hoṁueilien, pp.11 e 44, N.54; *Storia dei Mim*, c.116, f.12b: c.237, f.6b; Hocciucoam [Ho Ch'u-Kuang, 하출광(何出光)], *Specchio legale dei Censori* (蘭臺法監錄), 1608-1620, c.18, f.15a.

59 구용(句容)은 지금의 강소(江蘇)에 있다. 총독의 관저는 1566년 이후 그곳으로 옮겼다.

60 Cf. N.367, 본서 2권, p.342, 주(註) 124.

61 즉, 광동(廣東)의 조경(肇慶)이다.

62 남경 가까이에 있는 진강(鎭江)이다. 왕옥사(王玉沙)가 이곳의 지부로 승진한 것은 1592년이다. Cf. *LIVR*, I, f.4a.

63 리치가 Suceo라고 쓰고 한자로 蘇州로 표기한 것을 두고 델리야는 Soochow[蘇州]로 고쳐 쓰고 있다. 트리고는 리치의 표기를 잘못 적어 Luceu로 쓰고 있다고 밝히고 있다 (p.327).

64 '세계지도' 초판본의 재인쇄는(NN.262-263) 1596년에 있었을 것이다. Cf. D'Elia[1], pp.37-45. 이 재인쇄에 사용한 석판은 일정 기간 서문(胥門) 밖 고소역(姑蘇驛) 안에 보관되어 있었다. Cf. D'Elia[1], p.39, N.1.

습에 따라[66] 선물을 보냈는데, 거기에는 자기가 인쇄한 이 〈세계지도〉도 한 장 있었다. 왕 상서는 그것을 보고 마테오 신부가 보여 준 것과 너무도 비슷하여 즉시 사람을 보내 신부를 자기 관저로 불렀다. 그리고 다른 여러 문인 학자들에게 '지도'를 보여 주며 "보시오, 우리 중국에도 그대의 지도에서 말하고 있는 것과 같은 세계의 전 지역에 대한 정보와 그 외의 것들에 대한 설명이 적힌 지도가 있소. 그러니 중국에서 그대가 이 분야의 첫 번째 저자는 아니오"라고 말했다. 신부는 '지도'를 보고 즉시 자신의 것임을 알았다. 그리고 자기가 그 저자임을 밝히고, 모든 것을 설명하기 시작했다. 신부가 조경肇慶에 있을 때 세계지도를 인쇄한 적이 있는데, 바로 그것이라는 것이다.

511. 남경 총독 조가회(趙可懷)의 프로필과 그의 사망

이에 왕 상서는 중국에서 유명한 이 사람이 신부의 작품들에 대해 크게 주목했다는 것에 매우 기뻐했다. 조가회는 학식에 있어서나 탁월한 행정 능력에 있어서나 당대 중국에서 가장 유명한 인물 중 한 사람이었기 때문이다. 수년간에 걸친 그의 행정은 깊은 학식을 드러내는 기회가 되었고, 그 덕분에 중국에서는 그에 관한 많은 이야기가 전해 오고 있었다. [남경의 총독으로 있던] 이듬해에 그는 북경의 시랑侍郞[67]으로 승진하였

---

65 이 점에 대한 바르톨리의 견해는 매우 부정적이다. "내가 보기에 저자인 리치 신부의 이름을 적지 않은 것은 [총독]이 작품을 자기 것으로 믿게 하고 싶었기 때문인 것 같다"(Bartoli¹, II, c.94, p.187)라는 것이다. 총독은 곧 알게 될 〈세계지도〉의 저자를 이렇게 우아하고 기품 있는 방식으로 배제시켰다며, 표절이라는 것이 밝혀졌을 때 부끄러웠을 것이라고도 했다.

66 Cf. N.124.

다. 후에 호광(湖廣)[68]에서 황제가 보낸 태감에 반대하여 대규모 민중 폭동이 일어났을 때, 난을 평정하기도 했다.[69] 황제는 자신의 신변 안전을 위해 조가회를 뽑아 파견했다. 그리고 바로 그곳에서 황제의 신임을 크게 받은 조가회가 황족[70]들에 의해 매우 잔인하게 살해되었다.

512. 조가회 총독이 리치를 구용(甸容)으로 초대하다

우리의 이야기로 돌아가서, 왕충명은 즉시 그의 친구에게 편지를 써서 선물에 감사한다는 말과 함께 그 〈세계지도〉의 저자가 지금 남경에서 북경으로 가려고 한다는 사실을 알렸다.

이 소식을 들은 조 총독은 바로 편지를 써서 하인을 통해 왕 상서에게 보냈다. 어떻게 해서든 마태오 신부를 자신의 관저로 오게 해 달라는 내용이었다. 오래전부터 그에 관한 소식을 들어 그를 만나고 싶었다는 것이다. 그러면서 신부를 위해 가마轎[71]와 그의 짐을 옮길 인부와 말을 보냈다.

조 총독이 보낸 사람이 도착했을 때, 신부와 그의 동료들과 짐은 마선馬船에 올라 이튿날 떠날 준비를 다 마친 후였다.[72] 왕 상서는 조 총독이 이토록 간곡하게 요청하니 그에게 한번 들르는 것이 좋을 것 같고, 신부

---

67 그는 1598년에 공부(工部)에서 시랑(侍郎)으로 임명되었다.

68 호광(湖廣)을 리치는 Huquan이라고 쓰고, 델리야는 Hukwang이라고 쓰고 있다.

69 지금의 호북(湖北) 지방 무창(武昌)에서 태감 진봉(陳奉)에 대항한 반란이었다.

70 온검(蘊鈐)에 의해 살해되었다. 명사(明史, c.21, anno XXXII, f.16b)에는 이렇게 적고 있다. "1604년 11월 16일, 무창(武昌)의 온검(蘊鈐) 왕자와 그 일당이 총독이자 감찰관으로 온 조가회(趙可懷)를 무참히 살해하였다." Cf. *Ibid*., c.116, f.16b.

71 이동식 교(轎, 가마)다. Cf. NN.108, 130, 142, 577.

72 다시 말해서, 7월 15일이다. 왜냐하면 16일에 출발했기 때문이다.

의 처지에서도 중국에서 유명한 사람과 친분을 쌓는 좋은 기회라 놓치지 않는 것이 좋겠다고 말했다. 그러면서 카타네오 신부에게 말하기를,[73] 배를 타고 가면 자기는 나중에 육로로 뒤따라가겠다고 했다. 그는 두 하인과 함께 가마를 타고 구용(句容)으로 갔다. 가는 동안 내내 총독이 보낸 사람들이 그들을 시중들었다.

신부는 총독에게 모두 유럽의 좋은 물건들로만 선물을 했고, 그는 매우 좋아했다. 그러나 더 기쁜 건 신부를 만난 것과 그와 나눈 수학 분야의 여러 가지 내용과 그 외 서방[74]에 관한 많은 이야기를 들은 것이었다. 그것을 통해 그는 신부의 지식이 매우 깊다는 걸 알았고, 크게 만족해했다. 그래서 그는 더 많은 이야기를 나누기 위해 자기 관저에 8-10일가량 신부를 더 붙잡아 두고 싶어 했다.[75]

513. 조가회 총독이 〈구세주 성화〉앞에 서다

신부는 황제에게 주려고 한 몇 가지 선물을 보여 주고자 그에게 가지고 갔다. 프리즘 한 개와 유리로 된 투명 덮개가 있는 사각형의 매우 예쁜 〈구세주 성화〉가 그것이었다.[76] 신부가 처음 그것을 꺼낸 곳은 조 총독의 서재였다. 그는 그것을 보자마자 매우 놀라며 액자의 양쪽 문을 자기 손으로 황급히 닫고[77] 감히 눈을 들어 쳐다보려고도 하지 않았다. 그

---

73 여기에서 "말하는" 주체는 '리치 신부'다. 뒤이은 '자신', '그', '그를'도 모든 주체가 리치 신부다.
74 이탈리아와 유럽의 일반적인 것들에 관한 것이다.
75 데 우르시스(De Ursis, p.34)는 8일이라고 말한다. 그러니까 7월 16일부터 24일까지다.
76 Cf. NN.286, 501, 524. 액자는 1586년에 총장이 보낸 것으로 로마의 유명한 화가가 그린 것이다. 마카오에 얼마간 있다가 1597년 말경 발리냐노가 남창(南昌)으로 보냈다.

가 성화를 보지 않으려는 이유를 모르는 신부는 그에게 "이것은 하늘과 땅의 주인[天地主]이신 하느님의 상입니다"라고 말했다. 총독이 대답하기를 "제게 설명할 필요 없습니다. 성화, 그 자체가 이미 말을 해 주고 있습니다. 유한한 존재인 인간의 상은 분명 아닙니다. 그러니 이 상을 보기에 이곳 서재는 적합한 장소가 아닙니다"라고 하였다. 그리고 시종들을 시켜 관저의 가장 높고 좋은 곳을 경당으로 삼아 제대를 만들라고 명했다. 그곳에서 하늘天[78]에 경배하는 예를 올리려 했다. 그곳은 매우 잘 지어진 공간이었다. 기둥과 서까래도 튼튼하고 반듯했다. 문은 세 개로 나 있었는데, 하나는 남쪽을 향하고, 다른 두 개는 동쪽과 서쪽을 향했다. 문 둘레엔 예쁜 난간이 있고 난간에는 지붕도 있었다. 그 너머 바깥쪽에 있는 정원에는 시원스러운 나무가 즐비하게 심겨 있었다. 제대 위에 예쁜 철제 향로[79]를 세우고 〈구세주 성화〉를 모셨다. 그런 다음, 조가회는 가장 좋은 관복으로 갖추어 입고, 성화 앞에 네 번 무릎을 꿇고 절하며 경배하였다. 마지막 절을 한 다음에는 일어나 몸을 굽혀 머리를 깊이 숙였다.[80] 성화 앞에 똑바로 서지도 못한 채 한쪽에 서서 한참을 바라보다가 자리를 떴다. 찬탄을 금치 못한 채, 그 자리를 떠날 줄을 몰랐다. 집안사람들도 매일 그가 한 것처럼 절을 하고 경배했다. 신부도 그 집에 머무르는 동안 줄곧 그곳에 있었다.[81] 하인 한 명을 시켜 매일 향로에 불과 향을

77　그러니까 액자는 세 폭짜리였다.

78　따라서 총독은 바르고 자비로운 사람으로 보인다. 자기 집에 마련한 이 '경당'에서 하느님(天)께 기도한 것이다.

79　우아하다는 말이다.

80　개두(磕頭)라고 하는 큰절을 말한다.

81　아마도 N.512에서 말하고 있듯이 열흘 혹은 여드레 정도가 될 것이다.

관리하도록 했다.

총독은 성화가 거기에 있는 동안 매일 주요 인사들을 초대하여 그 놀라운 상을 감상하게 했다. 그중에는 남경성省 학교의 교장인 진자정陳子貞도 있었다. 그는 나중에 북경에서 신부의 절친한 친구가 되었고, 복건성의 총독이 되었다.[82]

신부는 계속해서 매일 이 경당에 머무르며 성무일도와 천주의 도움을 간구했다.

514. 리치가 조가회 총독의 작별 인사를 받다

조가회 총독은 신부를 자기 집에 오랫동안 붙잡아 두고 〈지구의〉와 천체 기구와 같은 각종 천문 기기를 만들고 싶어 했다. 그러나 신부의 동료들이 이미 북경으로 출발했고, 신부도 그들과 합류해야 했기에 갈 수밖에 없었다.[83] 그는 신부에게 많은 은화를 주었는데, 그것은 여비에 큰

---

82 성은 진(陳)이고 이름은 자정(子貞)이며, 아명은 이정(以正)[成], 호는 성지(成之)다. 강서의 남창 지역 남강리(南岡里)에서 태어나 1580년에 진사가 되었다. 얼마 후 남경의 율수(溧水)에 지부로 파견되었다. 그곳에서 어사(御史)로 임명되었다가 복건의 총독이 되었으나 더 이상의 승진은 건강상 이유로 멈추었다. 후에 독남기학정(督南畿學政)이 되었다. 리치가 텍스트에서 말하는 시기는 바로 이 시기다. 7년간의 이 직무를 통해 가난한 학생들을 향한 그의 지혜와 관용은 탁월했고, 그에 대한 학생들의 표현은 그를 위한 사당을 지어 주는 걸로 드러났다. 학정(學政)에서 태복소경(太僕少卿)으로, 그 뒤 북경의 통정사(通政使)로 승진을 거듭했다. 북경의 통정사로 있는 동안 리치와 절친한 친구가 되었다. 다시 복건의 총독이 되었으나 병이 들어 세 번씩 고사했다. 결국 총독이 되어 사망했고, 장례는 국장으로 치러졌다. 후에 그에게 하사된 칭호는 병부우시랑(兵部右侍郞)이다. Cf. *Annali del distretto di Nanchang* (道光南昌縣志), c.18, ff.10b-11a; *Annali della Prefettura di Nanchang* (乾隆南昌府志), c.54, f.4b; *Annali della Prefettura di Nanchang* (同治南昌府志), c.41, f.41b; *Index*, 24, III, p.197.
83 포르투갈어로 'fôsse'는 동사 'ir'에서 나온 말로, 이탈리아어로 fusse, 곧 'andasse, 가야

보탬이 되었다. 그보다 더 중요한 것은 북경행에 대한 많은 정보를 준 것이었는데, 어려움이 많을 거라는 예상과 함께 자기가 도와줄 수 있는 건 적을 것이라는 점이었다.

총독은 가마를 가져오게 하여 강[84]까지 배웅했고, 하인 하나를 보내 쾌속선에 함께 태워 회안淮安[85]에 있는 카타네오 신부 일행이 탄 배에까지 따라잡게 했다. 하인은 그곳에서 헤어져 총독에게 돌아가 보고했다.

훗날 총독이 북경에서 살게 되었을 때, 다른 관리들에게 황제에게 바칠 〈구세주 성화〉를 자신의 관저에 여러 날 모신 적이 있다며 자랑했다.

515. 양자강과 황하강, 그리고 북경으로 가는 운하

양자강陽子江[86]은 남경을 지나 남쪽에서 약간 서쪽으로 돌아[87] 거세게

하는'이라는 뜻이다.

84 양자강(陽子江)은 단양(丹陽) 지점에서 황제가 만든 대운하로 연결된다.

85 회안(淮安)은 황제의 대운하 기슭에 있고, 위도 33도 25초, 경도 119도 22초에 있다.

86 트리고는 '양자', '바다의 아들'을 뜻하는 글자 양을 陽과 洋으로 혼동하여 잘못 표기한 첫 번째 인물이었다. 1612-1615년에 처음 洋으로 표기하며 그 의미를 강이 너무도 크기 때문이라고 변명했다. 1612년 8월에 쓴 글에서 "결국 강의 엄청난 크기가 '바다의 아들'이라는 이름을 갖게 할 만했다"(*ARSI, Jap.-Sin.*, 113, f.152r)라는 것이다. 1615년에 발간된 『그리스도교 원정대에 관하여(*De Christiana Expeditione*)』에서는 "강은 여기서부터 엄청나게 넓어져 가히 바다의 아들이라고 할 만하다"(p.293). 나아가 다음과 같이 반복하고 있다. "남경의 강은 바다의 아들로, 중국 이름으로 '양자'라는 것이 그것을 말해 준다…" "멀지 않은 곳에 있는 바다의 아들"(pp.330, 331)이기도 하다. 이런 관점은 그대로 이어져 우리 시대에까지 전해졌다. 최근에도 베르나르드(Bernard², I, p.218, N.26)는 "양자, Iantio, 바다의 아들"이라고 표기함으로써 같은 오류를 반복하고 있다. 이것은 다시 타키 벤투리(Tacchi Venturi, II, pp.139, 196)에게로 이어졌다. 리치의 잘못된 견해가 계속 이어진 것이다. 양자라는 이름은 이 강이 지나가는 지역의 이름에서 나온 말이지 "바다의 아들"에 관한 것이 아니다. Cf. NN.1318, 1445. 실제로 '양자'라는 이름은 고대의 양(揚)나라에서 비롯된 것이다. 양나라의 수도는 양주(揚州)였고, 고대에는 바로 그곳에 강 하구가 있었다. 유럽인들은 종종 청해(靑海)라

바다로 들어간다. 남경에서 30-40해리 정도 된다.[88] 중국의 황제들은 수로를 이용하여 북경으로 가기 위해 남경 맞은편에 운하運河[89]를 파서 양자강을 황하黃河라고 하는 다른 강과 연결하였다.

516. 황하강에 대한 묘사

황하黃河는 크기[90]와 명성에 있어 중국에서 두 번째로 손꼽힌다. 중국 바깥에 있는 곤륜崑崙이라고 하는 산 서쪽에서 발원하는데, 추측건대 갠지스강도 같은 장소에서 발원하거나 거기에서 멀지 않은 곳에서 발원한다고 한다.[91] 바로 옆에는 성수해星宿海[92]라고 하는 큰 호수가 있다. 그 호

고도 불렀는데, 아마도 황하(黃河)에 반대되는 이름으로 여겨진다. Cf. N.452, 주(註).

87 다시 말해서, 동쪽을 향해 계속 가다가 바다로 흘러 들어가는 곳에서 약간 남쪽으로 꺾어진다. 동쪽이 아니라 서쪽이라는 것은 지류를 말한다.

88 남경과 상해(上海) 사이의 물길은 영국식으로 212마일, 대략 341km다. 그러므로 리치는 1마일을 대략 10km로 보고 있는 것 같다. Cf. N.307, 본서 2권, p.262, 주(註) 506: 본서, p.111, 주(註) 213.

89 중국인들은 이것을 "어하(御河)", "운하(運河)", 혹은 "운량하(運糧河)"라고 부른다. 가장 오래된 구간은 양자와 회강(淮江) 사이로, 서기 5세기 혹은 6세기로 거슬러 올라간다. 항주(杭州)와 진강(鎭江) 구간은 605년과 617년에 건설했고, 고대에 황하강이라고 불리던 구간과 천진(天津) 사이는 1280년에서 1283년에 건설하였다. Cf. Richard², p.428; Gandar, *Le Canal imperial²*, Scianghai, 1903. 그러므로 운하는 항주와 천진을 잇는 것으로서, 영국식으로 거의 1,000마일에 가까운 거리다. 리치는 천진에서 진강까지 흐르는 것은 강(NN.525-528, 582), 진강에서 항주까지 흐르는 것은 운하(N.528)라고 부르고 있다.

90 길이가 대략 5,000km다.

91 리치의 〈세계지도〉에는 중국인들처럼 황하강이 성수해(星宿海)가 있는 곤륜(崑崙)산 발치에서 발원하는 것으로 표시했다. 당시의 잘못된 견해를 그대로 따른 것이다. 이런 견해는 1550년에 대두되어 1705년까지 이어졌고, 갠지스강이 가호(加湖)에서 발원한다고 했다. 이것은 데 바로스(G. de Barros)로 하여금 성호(聖湖)라고 하는 마나사로바(Lake manasarovar) 호수와 혼동하게 했다. Cf. Eitel, *The fabulous source of the Hwang-ho* in *JNCBRAS*, VI, 1869-1870, N. S., pp.45-51; D'Elia¹, Tavole XV-XVI, AB,

수를 지나 섬서陝西성에서 중국으로 들어간다.[93] 그리고 다시 북쪽에 있는 성벽 바깥의 타타르 왕국으로 흘러간다. 그 후, 다시 남쪽으로 흐르다가 섬서陝西와 산서山西[94]를 가르고 하남河南성까지 흐른다. 하남은 '강의 남쪽'이라는 뜻이다. 그곳에서 서쪽으로 돌아,[95] 여러 하구를 통해 서해[96]로 흘러 들어간다. 양자강 북쪽에서 얼마 떨어지지 않은 곳이다.[97]

———

*f*e N.319; Hedin[1], I, pp.230-245.

92 지리적인 것과 관련하여, 1588년에 나온 것으로 리치 혹은 루지에리가 만든 것으로 추정되고, 또 루지에리(Michele Ruggieri, S.I.) 신부가 로마에 가지고 가기도 했던 중국 지도에는 "성수해(星宿海)"라는 용어와 함께 이런 설명이 적혀 있었다. "서쪽 지방에는 엄청난 양의 물이 있는 호수가 있다. [중국어로] *Sin siu hai* [성수해(星宿海)], 곧 '바다의 별'이라고 부른다. 물거품이 일어나 반짝이는 모습이 별과 같다고 해서 붙여진 이름이다. 물은 이곳을 발원지로 중국으로 흘러 들어가고, 같은 발원지에서 또 다른 물줄기에 영향을 미친다. 히루카니아[**역주_** 카스피해 남동쪽에 있는 고대 페르시아의 한 주]의 카스피해와 시리아의 사해(死海)가 그것이다. 방대한 왕국인 중국에서부터 흐르는 강은 주변의 여러 나라를 씻기고 양분을 제공한다"(*ARSI, Hist. Soc.*, 246, p.4). 명칭은 일부에 따르면, 1280년으로 거슬러 올라가는데, 달실(達實) 혹은 독십(篤什), 도실(都實)이 어떤 나라에 가서 오텐노(Otennōr)라고 부른 이름에서 유래한다고 본다(鄂端諾爾 鄂敦他拉, 燉惱兒). 여기에서 nōr 작이(綽爾)는 '호수'라는 뜻이고, oten, 즉 odon[악돈(鄂敦)]은 성수(星宿) 곧 '별'이라는 뜻이다. 왜냐하면 깊고 투명한 물속에 잠긴 많은 늪이 마치 별과 같은 인상을 주기 때문이다. Cf. *Storia degli Iüen* 『원사(元史)』, sez. Geografia (地理志). 그러나 이것이 명칭의 기원이 될 수는 없다. 635년 후군집(侯君集)이 말하는 것처럼, 성수천(星宿川)이라고 하는 계곡이 존재한다는 게 사실이라면 말이다. Cf. 『대청일통지(大淸一統志)』, c.412, I, f.7a. 오랜 세기에 걸쳐 "성수해(星宿海)"는 황하강의 발원지로 믿어져 왔다. Cf. *DG*, p.645; Hedin[1], I, pp.193- 196, 211-212: VII, pp.56, 100, 326, 512: VIII, pp.7-14 e Tavola XXa. 저명한 중국학자 샤반(Chavannes)은 성수호(星宿湖)는 오늘날의 Odontala[악돈(鄂敦)]이라고 했다 (Chavannes[1], p.17, N.3).

93 서성의 이 구간은 오늘날 감숙(甘肅)성의 일부가 되었다.

94 다시 말해서, 섬서(陝西)와 산서(山西)를 구분하는 경계가 된다.

95 서쪽이 아니라 동쪽이다.

96 동쪽 바다다. 그러나 리치는 두 번 다 서쪽이라고 말하고 있다.

97 Herrmann, pp.68, 70과 D'Elia[1], Tavole XV-XVI에서 고대 황하강의 흐름을 보라. Cf. Richard[2], pp.24-28.

이 강은 중국에 큰 재앙을 안겨 주었는데, 강이 지나는 곳은 범람했고 자주 새로운 물길로 바뀌었다. 따라서 관리들은 강을 살아 있는 혼령처럼 대하며 많은 미신을 믿고 제사를 지내곤 했다.

황하라고 부른 것은 진흙과 모래가 많아 물이 항상 혼탁하고 누렇게 보이기 때문으로 생각된다. (중국인들 사이에서는) 황하의 물이 천 년에 한 번 맑아진다는 말이 있다. 많은 경우, 거의 일어날 가능성이 없는 것을 말할 때 "황하강이 맑아지면(黃河淸)"[98]이라고 비유하기도 한다. 이런 이유로 황하를 항해하려면 며칠 전부터 물색을 살펴서 맑아지면 가야 한다. 강바닥에 진흙과 모래가 3분의 1 정도는 가라앉아야 하기 때문이다.

517. 북경으로 가는 운하에 떠 있는 수많은 배들

황하로 들어가고[99] 나가고 하는 것은 운하들이 있기 때문이다. 북경으로 화물[100]을 실어 나르는 배들이 거의 일만 척에 이르고[101] 이들은 모두 강서江西,[102] 절강浙江,[103] 남경,[104] 호광湖廣,[105] 산동山東[106] 성에서 나와 황

---

98 서기 6세기의 유신(庾信)이라는 시인이 쓴 시에 이런 문장이 있다.
   천 년에 한 명 성인이 탄생하고(聖人千年始一生)
   천 년에 한 번 황하강은 맑아지는구나(黃河千年始一淸)
   Cf. Pétillon, *Allusions littéraires*, Scianghai, 1910, p.586; N.178, 주(註).
99 황제가 만든 운하[대운하]로 들어가는.
100 세금이다.
101 1621년 6월 23일, 슈렉(Schreck) 신부는 시계를 손에 들고 세어 봤는데, 12시에서 13시 사이에 129척의 배가 있었고, 17시에서 18시 사이에 148척의 배가 있었다며, 종일 이 정도의 배를 목격했다고 한다. Cf. G. Gabrieli, *Giovanni Schreck Linceo* in *Rend. di sc. morali* R. Accad. Naz. dei Lincei, Roma, Ser. VI, Vol. XII, 1937, p.499.
102 리치는 Chiansi로, 델리야는 Kiangsi로 쓴다.
103 리치는 Cechiano로 쓰고, 델리야는 Chekiang으로 쓴다.
104 리치는 Nanchino으로, 델리야는 Nanking으로 표기하고 있다. Cf. N.102, 본서 1권,

제에게 진상하는 쌀大米과 곡물들을 싣고 있다. 그 밖의 지역에서는 돈으로 바친다.[107]

　이 화물선들 외에도 황궁[108]을 오가는 수많은 관리들의 배가 있고, 개별 상선들도 있다. 양자강에서부터는 개인 선박들이 대운하로 들어올 수가 없다. 북경 황궁에 위협이 되는 일이 생길까 두려워서다. 그런데도 이 운하에는 배로 가득하고, 때로 통과하는 데만 며칠을 기다려야 할 때가 있다. 수위가 낮아질 때는 더욱 그렇다. 여러 장소에 돌로 된 수문閘이 있는데, 이것은 보 역할을 한다. 보에 물을 가두어 운하에 물이 어느 정도 차면 그것을 열어 배를 들어오게 하여 통과시킨다.[109] 수문을 하나씩 통과하면서 항해를 하다 보면 뱃사람들과 여행객들은 많은 어려움에 직면하게 되는데, 그때마다 배를 밧줄로 묶어 끌어당겨야 한다.[110] 바람을 이용하여 항해하는 것은 매우 드물다. 수문이 열려 들어올 때는 물살이 거세어 배가 많이 침몰하기도 한다. 그래서 수문 반대편에는 배를 끌어당기기 위한 관리와 대작大爵들의 말뚝이 한두 개 정도는 항상 박혀 있다. 수문이 있는 모든 구간에는 황제가 주는 돈을 받고 이 배들을 끌어당기기 위해 대기하는 인부들이 많다. 그렇지만 백성들을 크게 억압하는

---

p.354, 주(註) 283.

105　리치는 Uquam으로, 델리야는 Hukwang으로 쓴다. 이 지역은 현재 호북(湖北)과 호남(湖南)을 포괄한다.

106　리치는 Sciantum으로, 델리야는 Shantung으로 쓰고 있다.

107　이 다섯 개의 성을 제외한 나머지 성은 세금을 돈[은화]으로 바치지, 이렇게 원료로 바치지 않는다.

108　북경.

109　수문(閘)에 관한 설명이다. Cf. N.576.

110　이렇게 밧줄을 이용하여 배를 끌어당기는 것이 80-100차례에 이르기도 한다. Cf. Richard², p.429.

것은 이 운하의 관리비로 매년 들어가고 있는 백만 냥 이상의 금화다. 우리 눈에 의아한 것은 바다(해상)를 이용하면 훨씬 짧고 빠르지만, 중국인들은 바다와 해적을 무서워하여 해로로 화물을 실어 나르려고 하지 않는다는 것이다. 예전에 몇몇 사람이 황제에게 건의하여 몇 차례 이용한 적은 있었다고 한다.

518. 북경으로 가는 운하의 엄청난 교통량; 황제에게 운반하는 선물들

운하가 지나가는 곳에서 남경, 산동, 북경(北直隷)[111]처럼 인구가 많은 도시를 만날 수가 있다. 운하와 강기슭에는 어디든지 많은 가옥이 즐비해 있는데, 이것은 운하를 따라 전 구간에 걸쳐[112] 사람이 살고 있다는 것을 말해 준다. 화물선에는 공통으로 밀, 쌀, 좁쌀, 고기, 생선, 과일, 채소와 모든 생필품이 가득하고 가격도 매우 저렴하다.

운하를 통해 운반하는 것들은 목재, 서까래, 목판, 기둥 등 황궁에서 쓸 건축자재들도 있다. 당시에 황궁에 불이 나서 3분의 2가 타 버리는 바람에 재건에 필요한 자재들이다.[113] 신부들은 가는 내내 엄청난 벌목 현장을 보았는데, 수천 명의 사람이 진땀을 흘리며 서까래와 목판을 묶어

---

111 리치는 Pacchino, 델리야는 Peking으로 표기하고 있다. Cf. N.102, 본서 1권, p.354, 주(註) 283.
112 'si anda[운하를 따라] 가는 동안)'이라는 뜻의 리치 표현은 스페인어다. 이탈리아어로는 si vada다.
113 1596년 4월 5일, 두 개의 누각 건청(乾淸)과 곤녕(坤寗)이 불에 탔다. 1597년 8월 1일, 또 다른 화재로 세 개의 누각 황극(皇極), 중극(中極), 건극(建極)이 소실되었고, 두 개의 정원과 건물의 한쪽 끝도 소실되었다(Cronaca dei Mim, c.44, ff.2a, 14b-15a).

끌고 있었다. 하루에 5-6마일 이상을 끌고 가지 못했다. 사천四川성[114]에서 북경까지는 너무 멀어서 2-3년 안에 도달할 수가 없다. 기둥으로 사용하기 위한 거대한 어떤 서까래는 북경에 오면 개당 3천 냥이 넘는 값이 매겨진다. 이런 벌목 현장은 많기도 하지만, 크기도 해서 신부들이 본 것 중에 2마일이 넘는 곳도 있었다. 황궁에서 사용하는 벽돌도 매우 크고 그 양이 엄청나 밤낮 그것만 실어 나르는 배가 많고, 1,500마일 밖에서 운송해 온다. 신부들이 본 목재와 벽돌의 양은 궁宮 하나를 짓기 위한 것이 아니라, 큰 도시 하나를 건설할 수 있는 분량이었다.

남쪽 지방에 있는 성省들에서 매년 황제에게 진상하는 물건들은 과일, 생선, 옷, 비단, 차茶,[115] 쌀과 각종 채소[116]들이다. 운반선들은 앞서 언급한 마선馬船들로,[117] 매년 정해진 날짜에 맞추어 북경에 도착해야 하므로 한꺼번에 몰려 그 수가 매우 많고, 선장들은 언제나 황궁의 태감들이다. 배들은 여덟 척 혹은 열 척, 때로는 그보다 더 많은 수가 한 조를 이루는데, 그것은 싣고 가는 물건에 따라서 구분된다. 배가 운하와 강을 운행할 수 있는 시기는 여름이다. 따라서 과일이나 생선 또는 채소의 경우, 한 달 혹은 두 달씩 걸리는 운반 과정에서 썩기도 한다. 그래서 이것들을 신선하게 보존하기 위해 얼음을 넣기도 하는데, 얼음 역시 녹기 때문에 배가 지나는 모든 도시는 지하 동굴에 거대한 얼음 창고를 만들어 얼음을 보관했다가 배가 그 지역을 지나갈 때 필요한 만큼씩 제공하게 되어 있

---

114 중국 서쪽에 있는 사천성[四川省]이다.
115 우리의 홍차(tè)에 해당한다. Cf. N.32.
116 Cf. N.130.
117 Cf. N.509.

다. 그래야 물건들을 신선하게 운반할 수가 있다.

519. 선장이 전체 노선의 비용을 즉시 지불하라고 하다; 여행객들이 중병에 걸리다

선장인 태감들은 이 기회를 이용하여 여행객들에게 배의 숙소를 비싼 가격에 팔아 별도의 수입을 챙기려고 했다. 신부들도 그런 배 중 하나를 골라 숙소를 예약했는데, 그 배는 양매楊梅[118]라고 부르는 매우 신 과일을 운송하는 운반선이었다. 북경까지 열여섯 냥을 주기로 이미 항해사와 이야기가 되었고, 그 절반을 낸 상태였다. 그 배의 태감은 다른 배의 태감들과 마찬가지로 매우 파렴치한 인물이었고, 카타네오 신부를 붙잡고는 항해사에게 준 여덟 냥은 전혀 계산하지 않은 채 뱃삯을 모두 내라고 다그쳤다. 그는 크게 화를 내며 우리의 짐과 신부를 강기슭에 내려놓겠다고 협박했다. 이에 몇 사람이 중재에 나섰고, 북경에 도착하면 주기로 한 나머지 절반을 그 자리에서 바로 내는 걸로 일단락 지었다. 이 일이 신부들에게 크게 손해가 된 것만은 아니었다. 마태오 신부가 [뒤늦게] 총독을 방문하고 돌아와 배에 오른 뒤, 태감을 방문하지도 선물도 하지 않은 게, 이 일로 태감에게 매우 화가 나 있는 모양새가 되어 그냥 넘어갔기 때문이다. 가는 내내 우리는 그와 전혀 말을 섞지 않았고, 그도 우리가 외국인이라는 걸 크게 의식하지 않았다. 오히려 왕 상서가 잘 알고 있는 신사들이 그의 집을 찾아온 걸로 생각했다.

---

118 복숭아과에 속하는 과일로 체리와 비슷하지만, 체리보다는 더 굵고 거칠다. 끝이 뾰족하다. 노랗고 달콤한 과즙을 먹는다.

이런 모든 상황에서도 날씨는 무덥고 여정은 길었다. 남경에서부터 한 사람씩 차례로 중병을 앓기 시작했다. 그러나 하느님께서 개입하시어 결국 한 사람도 예외 없이 모두 건강을 회복할 수 있게 도와주셨다.

520. 천진(天津)에 도착하고, 1598년 9월 7일에 북경에 도착하다

산동山東[119]의 천진天津[120]이라는 지방에서는 북경성衞으로 흐르는 큰 강을 만나는데, 타타르 지역에서 흘러온 또 다른 강줄기와 만나 거대한 물줄기가 되어 천진에서 하룻길 걸리는 지방에서 조선과 중국 사이의 바다로 흘러 들어간다. 당시 조선은 일본과 전쟁을 하고 있었고, 천진성에 새로 부임한 총독巡撫[121]은 해로海路를 이용하여 조선에 대규모 군대를 파견했다. 그래서 천진에는 무기와 선박, 병사들이 가득했고, 그 덕분에 우리는 통행에 아무런 방해를 받지 않았다. 우리는 북경성에서 하루거리에 있는 북경항에 도착했다.[122] 그곳에는 북경성까지 이어진 대운하[123]가

---

119 리치는 Sciantun이라고 쓰고, 델리야는 Shantung이라고 쓰고 있다.
120 대운하로 들어가는 여행객은 산동성에서 만나는 위하(衞河)[강]를 먼저 벗어나야 한다. 위하는 하남(河南)에서 산동을 거쳐 임청(臨淸)에서 대운하와 이어져 천진 요새(天津衞)까지 연결된다. 거기서 만리장성에서부터 시작된 백하(白河)[강]와 합쳐진다. Cf. Richard², pp.41, 59, 69-70. 텍스트에서 말하고 있는 두 개의 강은 바로 이 위하와 백하를 일컫는다. 천진에 관해서는 Cf. NN.521, 583, 585, 591을 참조하라.
121 이 총독은 성이 왕(汪)이고 이름은 응교(應蛟)며, 호가 잠부(潛夫)다. 안휘성(安徽省)의 무원(婺源)에서 태어나 1574년에 거인[석사]이 되었다. 시간이 지나면서 호부상서(戶部尙書)가 되었는데, 처음에는 남경에서 되고, 나중에 북경(1621-1622년)에서 되었다. Cf. *Cronaca dei Mim*, c.44, f.26a; *Annali del distretto di Tientsin* (天津縣志), c.14, f.24b; *DB*, p.484b; *Storia dei Mim*, c.241, ff.7a-8a; *Index*, 24, III, p.20.
122 북경 동쪽 22km 지점, 백하[강] 기슭에 있는 통주(通州)시에 도착했다는 걸 말한다.
123 삼리하(三里河) 또는 더 정확하게 양수하(兩水河)일 가능성이 크다. Cf. Herrmann, p.57, III.

있기는 하지만, 황궁에서 쓰는 물품 수송선이 아니면 지나갈 수가 없었다. 다른 모든 물품은 마차, 말 또는 인력거를 이용하여 운송해야 했다.

우리는 그해 성모 마리아 탄생 전야[124]에 북경에 도착했다.[125]

521. 북경을 향한 운하에서 보이는 많은 도시 간의 지리적인 간격을 정리하다

신부들이 지나간 주요 도시와 지방들로는, 먼저 32.5도[126]에 위치한 양주揚州[127]가 있다. 34도에서 약간 부족한[128] 회안淮安,[129] 34.5도가 넘는[130] 서주敍州[131]도 있는데, 이들 도시는 모두 남경성에 있다.[132] 35도 3분 2초[133]에 위치한 제녕濟寧[134]과 37도 3분 2초[135]에 있는 임청臨淸[136]을

---

124 **역주**_ 가톨릭교회 전통에서 마리아 탄생 축일은 9월 8일이다. 따라서 9월 7일 저녁에 도착했다는 말이다.

125 리치가 처음 북경에 도착했다는 소식이 마카오에 전해진 것은 1599년 1월 몇몇 중국인 상인들에 의해서다. 디아즈 신부가 1598년 7월에 작성한 1597년 「연차보고서」에서 1599년 1월 혹은 2월분을 추가 작성하며 이렇게 적고 있다. "이 글을 쓰고 난 후, 두 아르테 데 산데 신부가 마카오에 있는 알베르토 라에르티오(Alberto Laertio) 신부에게 1599년 1월 재차 편지를 보내왔습니다. 거기에는 이렇게 적혀 있습니다. '이번 주에 북경에서 중국인 상인들이 도착할 것입니다. 그들을 통해 마태오 리치와 라자로 카타네오 신부가 언제 북경시를 떠나게 될지 알 수 있을 것입니다.' 우리는 매일 신부님의 편지에서 좋은 소식이 전해지기를 기대하고 있습니다"(N.4096).

126 사실은 32도 21분에 있다.

127 리치는 Ianceo로 쓰고, 델리야는 Yangchow로 표기하고 있다. 오늘날의 강소(江蘇)에 있다.

128 실제로는 33도 25분이다.

129 리치는 Hoaingan이라고 쓰고, 델리야는 Hwaian이라고 쓰고 있다.

130 34도 11분이다.

131 리치는 Siuceo로 쓰고, 델리야는 Süchow로 쓴다.

132 리치는 Nanchino로 쓰고, 델리야는 Nanking으로 쓴다. Cf. N.102, 본서 1권, p.354, 주(註) 283.

133 36도 5분에 있다.

지났는데 이 도시들은 산동山東[137]성에 있다. 39.5도[138]에 있는 천진天津[139]은 북경성[140]에 있고, 북경성은 40도가 조금 넘는 지점[141]에 있다. 이것으로 알 수 있는 것은 우리 유럽의 지리학자들이 추측하여 북경을 50도에 놓은 것은 큰 실수가 아닐 수 없다.[142]

중국의 리里[143]는 그리스의 거리 개념보다 낫다. 중국의 5리는 1해리海

---

134 산동에 있는 도시로, 리치는 Zinin이라고 쓰고, 델리야는 Tsining이라고 쓴다.

135 실제로는 37도 3분에 있다.

136 리치는 Linzin으로, 델리야는 Lintsing으로 쓰고 있다.

137 리치는 Sciantun으로, 델리야는 Shantung이라고 쓴다.

138 사실은 39도 7분에 있다.

139 리치는 Tiencin으로 쓰고, 델리야는 Tientsin으로 쓰고 있다. Cf. NN.520. 583, 585, 591.

140 북경(Peking)성은 북경(Pechino)이 있는 도시다. Cf. N.102, 본서 1권, p.354, 주(註) 283.

141 실제로는 39도 57분이다.

142 Cf. N.6, 본서 1권, p.265, 주(註) 39; D'Elia¹, pp.157-160.

143 거리 단위를 중국어로는 리(li, 里)라고 하고, 1리는 오늘날 576m 정도 되는데 시간과 장소에 따라서 조금씩 달라지기도 한다. 그러나 분명한 건 그리스의 1스타디온(stadion), 185m는 항상 초과한다. 인도의 불교도들이 오래전에 사용한 크로사(Krosa)가 있는데, 중국에서 그것을 음차하여 대우음(大牛音)이라고 했다는 기록이 있다. 즉, '거대한 암소의 울부짖음'을 들을 수 있을 만큼 떨어진 거리라는 것이다. 데 바로스(De Barros)는 1563년, 처음으로 '리'에 대한 개념을 정리한 저자였을 것이다. "중국인의 가장 기본적이고 우선적인 거리 단위는 리[Lij, 里]다. 맑고 조용한 날 사람의 울음소리를 들을 수 있을 만큼 떨어진 것으로, 척(尺)이라고 쓴다; 십리는 보[Pu, 步]로 계산하고 우리 스페인의 표준보다 조금 더 길다. 그들에게 십 리는 사람이 여행할 만한 거리로서 일창[Ychan, 一站]이라고 부른다"(Da Asia, dec. III, par.I, p.189). 강과 대운하를 이용한 광주-북경 간의 거리는 넉넉잡아서 7,065리로 보면 2,620km에 해당하고, 1리는 371m, 더 정확하게는 370.83m가 된다. 1598-1599년 마카오에 머물던 카를레티(Francesco Carletti)는 지구의 한 도(度)는 이탈리아의 60마일에 해당하고, 이탈리아의 1마일은 4.5리와 같다고 했다. 5,750과 8,400리는 각각 이탈리아의 1,380마일과 1,800마일에 해당한다(Ragionamenti, Firenze, II, pp.126-127, 213-214). 1603년, 리치는 80,000리를 30,000마일로 계산했다. Cf. N.307, 본서 2권, p.262, 주(註) 506. 1625년 「연차보고서」에서(ARSI, Jap.-Sin., 115, ff.65v, 91r) 디아즈는 150리는 30마일

里와 같다.

광동廣東의 도읍[144]에서 남웅南雄[145]까지는 1,170리이고, 남웅에서 강서江西의 도읍[146]까지는 1,120리다. 강서의 도읍[남창]에서 남경南京까지는 1,440리이고, 남경에서 북경北京까지는 3,335리다. 그러니까 광주에서 북경까지는 7,065리다.[147] 이것을 통해 수로로 가는 것이 얼마나 잘못된 것인지를 알 수 있다. 강과 운하들로 인해 많이 돌아야 하기 때문이다.[148]

혹은 10리에 해당한다고 적고 있다. 다른 곳에서 이미 언급한 것처럼, 포르투갈의 거리 단위인 리그는 해상에서는 5,555m고, 육지에서는 6,197m다. 1629년 마카오의 계산법은 1리를 220 기하학적 보(步)와 같다고 보았다(D'Elia[3], p.355). 천문학자인 아담 샬(Adamo Schall)은 지구를 360°로 나누고, 각 도를 250리로 구분한 다음, 지구 한 바퀴의 길이를 90,000리가 넘는다고 하였다. 리의 가치를 444m로 본 것이다. 至大明, 約二百五十里爲一度, 周地, 總得九萬餘里, 乃量里有定則(*Sfera* (渾天儀說), c.1, f.27a]. 이 모든 자료를 통해 알 수 있는 것은 리(里)의 가치가 16세기 말에서 17세기 중반까지 대략 400m 정도 되었던 것으로, 13-14m 정도를 더 혹은 덜 계산했다는 사실이다.

144 광동(Kwangtung)의 도읍은 광주(廣州, Canton)다.

145 리치는 Nanhiom으로, 델리야는 Namyung으로 쓰고 있다. 광동(廣東, Kwangtung)성에 있다.

146 강서(Kiangsi)의 도읍은 남창(南昌)이다.

147 고조우(顧祖禹)(Cuzuiü, c.101, f.1a)와 [사계좌(査繼佐)가 지은] 『죄유록(罪惟錄)』(Zoeiueilu, c.6, f.99a)에는 광주와 북경 간 거리를 7,835리로 보았다. 즉, [본문에서 말하는] 이 숫자는 우리 유럽인이 중국의 자료에 의지하지 않고, 나름의 방식으로 직접 계산한 것임을 알 수 있다.

148 나는 D'Elia[2], pp.29-30에서 리치가 북경에 처음 도착한 것을 1598년 9월이라고 적었다. 친절하고 박학다식한 듀반다크(J. J. L. Duyvendak, 1889-1954)(**역주**_ 네덜란드 라이덴대학교 중국학자이자 중국학 교수를 지냄) 교수는 내 작품 *TP* (XXXV, 1940, pp.385-398)를 연구하면서 나의 이런 '오류'를 지적해 주었는데(*Ibid.*, p.386, N.3), 나는 베르나르드(Bernard[2], II, p.7 이하)의 견해를 따른 것이었다. 이로써 라이덴대학교의 저명한 중국학자 듀반다크와 상반된 의견을 말하게 되어 미안하게 되었다. 나로서는 베르나르드(Bernard[2])가 그 부분에서 말하는 것은 리치가 처음 북경에 간 것과 두 번째 북경에 간 1601년을 비교하여 말한 것이기에, [듀반다크] 교수님의 주장이 무조건 옳다고 할 만한 아무런 근거를 찾지 못했다. 오히려 그와 관련하여, 베르나르드 저서 10쪽에서 상반된 견해를 발견할 수가 있었다. "리치는 첫 번째 방문을 통해 북경에

대해 친근감을 느꼈다." 후에 베르나르드(Bernard², II, p.294)는 리치의 1598년 첫 번째 북경 도착에 대해 말하며, 그때 북경까지 굳이 오지 않았다고 말하고 있지도 않다. 분명히 이렇게 말하고 있다. "그들은 북경항에 도착했다. 9월 7일[빠르면 6일]에 통주(通州)라고 하는 곳에 도착했다. … 그들의 보호자인 왕충명[王忠銘]은 육로로 이미 수도[북경]에 도착한 상태였다. 그들은 왕충명의 손님으로 곧장 [북경]성(城)으로 들어가 그를 방문했다." 하지만 이보다 더 중요하고 의심할 여지가 없게 만드는 것은 리치의 증언이다. 앞서 말한 이후에(N.520), 리치와 카타네오는 큰 어려움 없이 "북경항 혹은 기슭"에 도착했는데, 그곳은 "북경성에서 하루도 채 안 걸리는 거리"에 있는 통주라는 곳이다. 그러면서 그는 수도[북경]에서 항구를 구분하여 거리를 주목하게 했고, 더는 수로를 이용하지 못했다는 점을 강조했다. 지금까지 우리가 말한 것은 바로 이 내용이다. "마차, 말, 인력거"를 이용해야 한다는 것이다. 이렇게 마지막 구간을 여행했다는 것이다(N.524). 그리고 덧붙이기를 "우리는 그해 성모 마리아 탄생 축일 전야에 북경에 도착했습니다"라고 했다. 즉, 1598년 9월 7일에 도착했다는 것이다. 리치는 또 광주에서 북경까지의 거리를 재고 있지, 통주까지의 거리를 말하고 있지도 않다. 후에 보겠지만, 뒷장(章)에서는 북경에 대한 묘사와 함께 첫 번째 방문과 두 번째 방문을 구분하기도 한다(NN.522-523). Cf. NN.600, 604, 753. "그러므로 신부들은 북경에 입성하여 즉시 왕 상서(王尚書)의 관저로 갔다. 그는 육로로 이미 [북경에] 도착한 상태였다. 그의 관저는 성안에 있었고, 일을 더 수월하게 할 수 있도록 두 신부를 자기의 관저에 머물게 하고 싶어 했다"(N.524). 오히려 왕충명(王忠銘)은 자신이 북경을 떠난 이후에도 두 선교사에게 "자기가 임대한 집에서 그가 있을 때와 똑같이 한 달간 더 머무를 수 있게 했다"(N.524)라고 한다. 그때까지 신부들의 친구[왕충명]가 거기서 살았던 거다. 그러나 신부들은 북경에 체류할 수 없고 남경으로 되돌아가야 했다. 1599년 8월 14일, 리치는 "라자로 카타네오 신부와 함께 두 달간 있던 북경 황실 도시에서 나와야 했습니다"라고 적고 있다(N.1547). 그러므로 리치와 카타네오가 1598년 9월에 이미 통주를 지나 북경까지 갔다고 한 것은 '오류'가 아니다.

제3장

신부들이 이번에는 북경에서 어떻게 행동해야 하는지를 몰라 다시 남경으로 되돌아가게 된 일에 대해서

(1598년 9월 8일부터 1598년 12월 5일까지)

○ 북경에 대한 묘사: 성벽, 황궁, 도로, 먼지, 모자, 땔감, 침대
○ 대(大) 카타이가 중국이고, 칸발릭이 북경이라는 사실. 칸발릭의 어원에 대한 추측
○ 북경 체류의 실패. 두 개의 위조 수표
○ 북경에서 남경으로 철수; 임청(臨淸)에 도착
○ 『유럽어-중국어 사전』에서 음표와 음조 표기
○ 리치의 『사서 주석서』

522. 북경에 대한 묘사: 성벽, 황궁, 도로, 먼지, 모자, 땔감, 침대

이 황실 도시[북경]는 중국의 북쪽 끝에 있고 만리장성에서 멀지 않은, 약 백 마일 정도의 거리에 있다. 면적과 인구[149]는 남경에 약간 못 미친다. 도로와 건물도 남경과 비교해 더 견고하지도 아름답지도 않다. 하지

---

149 시(市) 행정당국이 아니라 총독 관저에 따르면, 1578년 북경의 인구는 706,861명이고, 남경에는 790,513명의 주민이 살고 있었다. Cf. *Storia dei Mim*, c.40, ff.3b, 17a.

만 병사와 관리의 수는 남경에 비해 많다.

북경에는 두 개의 성벽이 있는데, 남쪽에 있는 것만 아주 높고 견고하게 지었다. 이 성벽 위로 열두 필의 말이 평행으로 서로 방해 없이 동시에 달릴 수 있을 정도로 넓었다. 성벽은 모두 큰 벽돌로 지었고, 기초는 매우 큰 돌을 이용했다. 그렇지만 토대가 아주 깊지는 않다. 성벽의 가운데까지 모두 벽돌로 된 건 아니다. 그 속에는 점토로 꽉꽉 채웠다. 우리 유럽의 일반적인 성벽보다 훨씬 높다. 북쪽에도 성벽이라고 할 수 있는 게 하나 더 있다. 이 성벽은 전시 때와 마찬가지로 밤에도 항시 병사들이 지키고 있다. 낮에는 태감이 수비를 선다는 명분으로 성문들을 지키고 있지만, 실제 그들의 목적은 성문을 드나드는 모든 물건에 세금을 징수하기 위한 것이다.

황궁은 내성 안에 있고, 남문[150] 입구에서 바로 시작되어 북문에 이르기까지 모두 황궁이 차지하고 있다.[151] 주민들은 모두 황궁을 중심으로 양쪽에 거주하고 있다.[152] 이렇게 황궁은 도시의 전체 시가지를 차지하고 있다. 남경의 황궁에 비해 작지만, 그보다 훨씬 아름답다. 그 이유는 황제가 오랫동안 남경에는 가지 않았지만, 북경의 황궁에는 황제가 [계속해서] 거주하는 바람에 매일 손질을 했기 때문으로 보인다.

도로는 아주 작은 일부에만 벽돌이나 돌이 깔려 있다. 그래서 먼지와 진흙으로 항상 지저분하다.[153] 비가 적게 오는 탓에 대부분 도로는 흙먼

---

150 우문(牛門) 혹은 승천문(丞天門)이라고 불렀다.
151 '금지된 도성', 자금성(紫禁城)이다.
152 '황제의 도성', 황성(皇城)이라고 일컫는 부분을 말한다.
153 '지저분하다'라는 말로 "Brette"라고 쓰고 있는 이 말은 sporche '더러운'이라는 뜻이지, 벤투리(Tacchi Venturi, I, pp.294-295)가 읽은 것처럼 '나쁘다'라는 뜻은 아니다.

지로 가득하다. 이상한 건 먼지가 약간의 바람에도 너무 쉽게 집과 안방에까지 날아 들어와 항상 모든 걸 더럽혀 놓는다는 것이다.

이 때문에 북경에는 새로운 풍습이 하나 생겼는데, 사람들의 신분이 귀족이건 평민이건, 말을 타건 걷건, 길을 갈 때는 먼지를 막기 위해 검은 천으로 머리를 싸매고 다닌다는 거다. 이것은 또 길에서 자기 신분을 노출하지 않는 데도 유용하다. 그러면 길을 가다가 만나는 친구들에게 매번 내려서 인사로 예를 다하지 않아도 된다.[154] 가난한 사람이나 하인의 신분으로 길을 나서는 경우엔 이런 풍습이 더 유용하다. 특히 우리 같은 외국인들에게도 매우 요긴했는데, 당시에 외국인이 얼굴을 드러내 놓고 다닌다는 것은 위험한 일이었고, 많은 사람이 뒤따라와 새로운 구경거리가 되기 일쑤였기 때문이다. 따라서 이 방법은 처음 길을 나설 때는 물론 그 이후에도,[155] 도시의 어느 곳이든 우리가 마음먹은 곳으로 가고, 성문을 거쳐 나오고 할 때, 사람들의 눈에 띄지 않게, 남들이 알아보지 못하도록 하는 좋은 장치였다.

흙과 먼지가 많은 이런 대도시에서 일일이 인사치레를 다 하면서 길을 가기란 매우 불편하다. 그래서 그것을 아는 사람들에 의해 이런 풍습이 생겨난 것 같다. 도시의 성문이나 황궁의 모든 문에서, 다리와 패루牌樓 같은 곳에서 말이나 노새를 빌려 탈 수 있다. 적은 돈으로도 어디든 원하는 곳으로 갈 수 있고, 마부는 뒤쫓아 오거나 고삐를 잡고 말에 오르기도 한다. 그들은 온 도시를 샅샅이 알고 있다. 또 관리와 귀족들을 잘 알고,

---

154 다시 말해서, 만나는 친구들에 대한 예의로 매번 말에서 내려야 한다는 것이다.
155 1598년(N.520)에는 물론 1601년(N.592)에도 드나들었다는 말이다.

관공서와 중요한 장소도 모두 알고 있다. 그 밖에도 모든 도로와 구역과 샛길까지 명칭이 자세히 적힌 책자가 있다. 덮개가 있는 가마[156]를 타고 다닐 수도 있다. 도시의 곳곳에는 많은 가마꾼이 불러 주기를 기다리며 대기하고 있다. 가격은 남경이나 다른 도시에 비해 비싼 편이다.

육지에서 필요한 모든 생필품은 풍족하고, 대부분 외지에서 들여온다. 조정과 황실이 있는 곳인 만큼, 모든 것이 매우 비싸다. 땔감은 터무니없이 부족하다. 대신 땅에서 캐낸 탄산석회나 역청은 아주 많아서[157] 밥을 지을 때나, 매우 추운 겨울철 난방용으로 사용한다. 그리고 [날씨가] 추워 모두 벽돌로 만든 침대[구들]에서 잠을 잔다. 침대 속에는 여러 개의 관[고래]이 있어 그 관으로 열기나 연기가 들어가 침대를 따뜻하게 데운다. 방에도 이런 관이 설치되어 같은 방식으로 방을 데우기도 한다. 하루에 한 번만 때도 온기는 종일 유지된다.[158] 이런 풍습은 북경에만 있는 것이 아니라, 북방 지역에 있는 모든 성에도 있다.

북경 사람들은 남쪽 지역 사람들과 비교해 더 단순하고 전쟁에도 강하지만, 학문과 문장에 서는 뒤떨어지는 편이다.

---

156 중국과 인도에서 사용하던 1인승의 탈 것, 혹은 승교(乘橋, 서양 가마)다. Cf. NN.130, 142.
157 석탄[煤]이다. Cf. N.25.
158 중국의 구들 침대 캉[炕]으로, 북방 지역에서 많이 사용했다. 벽돌이나 흙으로 만들어 바닥에 불을 지펴 뜨거운 열기가 들어가게 하는 방식이다.

[그림 25] 북경시(市) 지도(Cf. N.522)

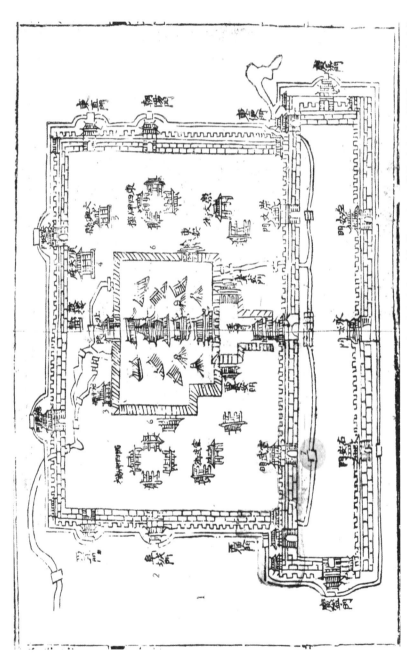

• ① 책란(柵欄) 굴동묘지 - ② 부성문(阜城門) - ③ 완평현(宛平縣) - ④ 북경 통감의 판저 - ⑤ 대흥현(大興縣) - ⑥ 황궁 성벽 - ⑦ 선무문(宣武門), 이 옆에
리치의 수도원이 있었다.

출처: Annali di Pechino(『순천부지(順天府志)』, 1593년.

523. 대(大) 카타이가 중국이고, 칸발릭이 북경이라는 사실. 칸발릭의 어원에 대한 추측

신부들은 이 황실 도시[159]에 와서야 비로소 대大 카타이[契丹, '거란'이라는 뜻]가 중국이라는 사실을 알았고, 북경이 칸발루[汗八里, 大都],[160] 곧 중국의 황제 대大칸[可(河)汗][161]의 조정이 있는 도시라는 걸 알았다.

이것을 확신한 첫 번째 근거는 모든 저자들이 카타이라는 거대한 왕국에 대해 말하기를, 페르시아 동쪽에 있고, 타타르 민족의 남쪽 지역에 있다고 기록한 걸 보았기 때문이다. 그리고 중국에 인접해 있다는 이 대국에 대한 다른 어떤 정보도 찾을 수가 없었기 때문이다. 짐작건대 다른 대

---

159 북경이다.

160 리치는 마르코 폴로가 말한 칸발루를 명확하게 확인하기까지 여러 과정을 거쳤다. 1595년에 남쪽 수도[남경]에 도착했을 때, 칸발루가 남경일 거라고 거의 '확신'했다 (NN.1518, 1829). 1598년 9월 7일과 11월 5일 사이, 북경에서 이슬람교도들을 만났을 때, 페르시아 사람들이 중국을 카타이라고 하고 북경을 칸발루라고 부른다는 사실을 알았다. 그때 비로소 중국은 카타이이고 북경은 칸발루라는 것을 깨달았다(N.1829). 이런 견해는 1602년, 리치가 북쪽 수도에서 만난 무슬림 상인들이 4년 전에 만난 적이 있는 사람들이었고, 그들이 "중국이 카타이이고 북경이 칸발루라고 다시 한번 분명히 확인시켜 줌으로써"(N.607) 더욱 명백해졌다. Cf. N.523. 이런 확신은 1603-1605년, 데 고이스(Góis)를 육로로 인도에서 중국으로 오게 함으로써 입증되었다. 그를 통해 "확실히 … 모리타니아인들은 중국을 카타이라고, 북경을 칸발루라고 부른다" (N.1843)라는 것을 확인했다. Cf. NN.1694, 1830, 1832-1833; D'Elia³, pp.321-322, 341-342.

161 1608년 3월 8일부터 리치는 "대(大) 칸의 조정"(N.1829; Cf. N.1849)에 대해 언급한 바 있다. 이후 그는 튀르키에 동부에서 시작된 칸발릭(Khānbalik)이라는 이름을 굳이 외면하지 않는다. 칸발릭은 황제, '칸(Khān)의 도시(balik)'라는 뜻이다. 마르코 폴로 (Marco Polo)가 인용한 라무시오(Ramusio)의 글에서 "캄발루(Cambalù)라고 하는 대 도시는 카타이의 수도다"(II, p.6), "이 캄발루(Cambalù)라는 이름은 '주인의 도시'라는 뜻이다"(Ibid., p.7)라고 한 것을 보았던 거다. Cf. Yule-Cordier, MP, I, p.474. 따라서 리치가 라무시오의 글을 읽지 않았기 때문에 이 부분을 외면하고 있다고 주장한 뒤비뇨(Duvigneau)의 억지는 터무니없는 것이다(BCP, 1935, XXII, pp.433-434).

국이 있었다면 중국과 전쟁이나 무역, 혹은 다른 여러 가지 소식이 전해
질 수 없기란 불가능하기 때문이다.[162] 또 카타이에는 '키암Chiam'이라고
하는 강이 동쪽에서 서쪽으로 흐른다고 했는데, 사실 그것은 양자揚子강
을 일컫는다. 중국어로 양자강을 키암강(江)[창강(滄江)]이라고 부른다. 또
양자강 남쪽에는 아홉 왕국이 있고,[163] 북쪽에는 여섯 왕국이 있는데, 이
것은 중국의 열다섯 개 성省을 가리킨다. 양자강 아래 남쪽에 있는 아홉
개의 성과 그 위 북쪽에 있는 나머지 성을 말하는 것이다.[164]

40년 혹은 그보다 더 전에 두 명의 튀르키에 회교도가 아라비아로부
터 사자 한 마리를 중국 황제에게 바치려고 북경으로 온 적이 있었다. 중
국에서는 일절 듣도 보도 못한 동물이어서[165] 황제는 기꺼이 받았고, 선

---

162 Cf. N.1843.
163 마르코 폴로는 제153장(ediz. Benedetto, p.149)에서 이 "아홉 왕국"에 대해 언급하고
    있다. 그는 또 제115장과 제148장(ediz. Benedetto, pp.109, 139-140)에서 장강(長江,
    Iamze-chiam o Kiang)에 대해서도 언급하는데 성도부[成都府, 지금의 청두(成都)]에
    서 바다에까지 흘러간다고 적고 있다.
164 창강(滄江) 남쪽에 있는 아홉 개의 성(N.515)은 광동(廣東), 광서(廣西), 귀주(貴州),
    운남(雲南), 사천(四川), 호광(湖廣), 강서(江西), 절강(浙江), 복건(福建)이고, 같은 강
    의 북쪽에 있는 여섯 개의 성은 남직례(南直隸), 섬서(陝西), 산서(山西), 하남(河南),
    산동(山東), 북직례(北直隸)다. 1596년 리치는 남쪽에 여덟 개, 북쪽에 일곱 개의 성에
    대해 말한 바 있는데, 이는 의심할 여지 없이 창강(滄江)에 의해 둘로 나뉘는 사천성
    때문으로 북쪽 성으로 간주할 수도 있고, 남쪽 성으로 간주할 수도 있기 때문이다. Cf.
    N.1518; D'Elia³, p.348; N.7, 본서 1권, p.268, 주(註) 44.
165 파르티아 왕국[역주_ 오늘날의 카스피해 남동쪽에 있는 고대 왕국으로, 기원전 250-
    230년경까지 파르티아인들은 유프라테스에서 인더스에 이르는 제국을 통치함]에서
    살아 있는 사자를 중국에 처음 보낸 것은 서기 87년이다(Pelliot in 7P, VIII, 1907,
    p.177: XXI, 1922, p.434). 중국사(中國史)에서, 특히 15-16세기에 종종 등장하는 것으
    로, 서아시아의 국가들이 선물이나 조공으로 중국에 바치던 것 중에 사자가 있었고,
    태감들은 극구 사양했다고 한다. 쉬라즈(Schiraz)와 이스파한(Ispahan)은 1419년에,
    살마아한(撒馬兒罕)은 1483년, 1489년, 1490년에, 로미(魯迷) 왕국은 1524년과 1526
    년에 사자를 보낸 바 있다. 쉬라즈와 이스파한은 서방의 다섯 무슬림 왕국에서 파견된

[그림 26] 북경의 황궁과 화원 지도(17-18세기)

물을 가지고 온 사람과 그 자녀들은 융숭한 대접을 받으며 관직까지 하사받았다(이런 대접은 사자를 돌보기 위한 것이기도 한 동시에, 또 다른 우려되는 걸로,[166] 그들이 본국으로 돌아가 중국을 공격할 무슨 일을 꾸밀까 해서 북경을 벗어나지 못하도록 한 것이라고도 한다.[167]) 신부가 북경에 왔을 때 두 사람은 아직 살아 있었고, 마태오 신부는 바스티아노鍾鳴仁 수사[168]를 보내어 그중 한 사람을 방문하도록 했다. 그 후에 그가 우리를 찾아왔고, 많은 이야기를 나누었다. 그를 통해 우리는 이곳[중국]이 대大 카타이 왕국이고, 이 도시[북경]가 캄발루라는 사실을 알았다. 그는 이 점에 대해 한 치의 의심도 없었다. 이후 또 다른 경로로 중국 황제에게 진상품을 바치러 온 페르시아인들[169]을 알게 되었고, 신부들은 누차 반복해서 [그들에게도] 물어 이 사실을 확인했기에 더는 의심의 여지가 없었다.

훗날 일부 중국인에게 이런 이름들을 알고 있는지 물었고, 그때 우리는 캄발루라는 이름의 기원에 대해 알게 되었다. 중국의 모든 책에는 타

'사절단'으로 오면서 가지고 왔다. 다섯 무슬림 왕국은 합밀(哈密), 토로번(土魯番), 살마아한(撒馬兒罕), 천방(天方), 로미(魯迷)다[N.837]. 이들이 중국에 온 것은 1559년이고, 『명사(明史)』[Storia dei Min: c.18, f.7a, 가정(嘉靖) 제38년]에도 기록되어 있다. 판토하(Pantoja[1], p.661)는 1602년 3월 9일 북경에서 쓴 편지에서 "이곳에서 40년 넘게 사는 한 튀르키예 사람이 있는데, 그는 황제에게 드린다고 한두 마리의 사자를 데리고 왔습니다. 중국의 문자나 학문도 모르고, 중국의 관습과 풍습 및 삶의 방식에 적응하지 못한 채 살아왔습니다. 아무도 그와 상대하려고 하지도 않고, 그를 찾아오는 일도 없습니다"(N.3163)라고 적었다.

166 회교도들에 대한 두려움이다.
167 Cf. NN.116, 836, 1903.
168 세바스티아노 종명인(鍾鳴仁) 페르디난데스다. Cf. N.354. 1601년 9월 8일과 14일 사이에도 이 수사는 리치가 보내어 북경의 그 회교도들을 방문한 적이 있다. 그해 9월 15일 자 디아즈가 편지에서 밝히고 있는 것처럼 말이다. Cf. N.4180. **역주_** 리치는 가끔 이렇게 세바스티아노를 바스티아노처럼 이름을 줄여서 쓰기도 한다.
169 Cf. Guerreiro, II, pp.109-110.

타르를 '북쪽pa, 北'에 있는 '오랑캐虜'라고 불렀다.[170] 한편 타타르어로 칸 can, 汗[171]은 중국인들이 알고 있는 것처럼 '거대하다[大]'라는 뜻이다. 타타르의 황제[172]가 중국을 정복한 후 조정을 북경에 두고[173] 캄팔루

---

170 10세기부터 17세기 중반까지 중국인들은 타타르 혹은 몽골인들을 완전히 무시하여 북방의 오랑캐(北虜), 즉 "북방의 야만인들, 포로들, 노예들"이라고 불렀다. 만주인이었던 마지막 왕조로 인해 그런 표현은 사라졌다. 이와 관련해서는 예컨대 서기 973년에 작성한 『구오대사(舊五代史)』[역주_ 974년 송나라 때, 설거정이 주도하여 쓴 고대 다섯 왕조의 역사서]와 TMHT, c.109, 그리고 『도서편(圖書編)』, 1623, c.52, f.12a-b에서 볼 수 있다. 따라서 리치는 "팔루, Palu", 곧 '북방의 타타르족'이라는 용어에 대해 말하는 걸 들었을 것이다. 1594년 리치의 친구 한 사람이 바로 이 제목으로 몽골인들의 관습에 관해 책을 썼기 때문이다.

171 칸(Khān)은 튀르키예의 카간(Kaghan)에서 유래한 말로 주인 혹은 군주라는 뜻이다. 이런 호칭은 4세기 튀르키예에서 나온 것으로 고대 민족들이 자기네 군주를 '칸'이라고 부른 데서 시작되었다. 8세기 돌궐족 명장 톤유쿡(Tonyukuk, 暾欲谷)의 비석에도 '카간(Kaghan)'과 그것을 단축한 '칸(Kan)'이라는 두 가지 명칭이 다 등장한다. 몽골 시대에는 카간(Kaghan) 혹은 카-안(Kāān)은 '최고 권력자'로, 칸(Khān)은 특정 지역의 권력자로 구분하였다. 후에 칸(Khān)은 카간(Kaghan)과 카-안(Kāān)의 자리까지 모두 차지하였다. Cf. Encyclopédie de l'Islam, art. Khān, Khāḳāng. 중국인들은 250-260년경부터 가한(可寒), 가간(可汗)이라는 명칭을 알고 있었다. Cf. Pelliot in TP, XX, 1920-1921, p.328; Franke¹, III, pp.251-254. 몽골 민족을 두고 '인색한 사람들'이라는 뜻으로 터키인들이 부여한 명칭도 콰얀(qayan)이었다.

172 1263년 원(元)나라[이 국호는 1271에 사용]의 타타르 왕조 쿠빌라이(Khubilai)는 고대 도시 연경(燕京)을 수도로 정했고, 1267년에 도읍이라는 뜻으로 '중부(中部)'라고 불렀다. 새 수도는 1264년에 짓기 시작하여 1292년에 성벽이 세워짐으로써 완성되었다. 중국인들 사이에서는 1272년부터 '큰 수도(大都)'로 알려지기 시작했고, 서양인들 사이에서는 칸발릭(Khānbalik)이라는 이름으로 알려졌다. Cf. G.N. Kates in Harvard Journal of Asiatic Studies, VII, 1943, pp.197-201. 칸발릭이라는 이름은 명확하게 북경을 지칭하는 것이 아니라, 11세기부터 카샤리(Kāšyarī)[역주_ 카샤리는 지금은 네팔 서부 지역에 있는 작은 마을이다. 서부 지역에서 가장 큰 도시 포카라(Pokhara)는 카샤리에서 약 20㎞ 떨어져 있다. '까마귀가 날아오른다'라는 뜻의 카샤리는 네팔의 수도 카트만두에서도 약 131㎞ 떨어져 있다]의 행정구역에 속하는 칸발리크(Canbaliq)라는 표기로 등장한다. 다음을 보라. TP, XXVIII, 1931, p.419; Cf. Ibid., XXVII, 1930, p.22; N.523.

173 Cf. N.101.

Campalu라고 부른 것이 그 시작이라고 했다.[174] 후에 페르시아의 사라센인들은 특정 지역에서 프(p)라는 글자를 발음하지 못하고 그것을 브(b)로 읽는 바람에 캄팔루Campalu가 캄발루Cambalu로 바뀌었다고도 했다.

내가 보기에 타타르가 중국을 정복하고 있던 이 시기에 우리의 마르코 폴로가 그들과 함께 있었고,[175] 타타르인들과 함께 중국으로 들어와 처음으로 소식을 유럽에 전한 것으로 짐작된다. 그때 그는 이 거대한 왕국의 이름을 카타이라고 쓰고,[176] 조정 도시[북경]를 캄발루라는 이름으로 소개한 걸로 보인다.[177] 이와 관련하여,[178] 후에 포르투갈인들은 새로운 길, 곧 남쪽의 바닷길을 통해서 들어왔고, 그때는 국호가 중국으로 바뀌고 조정 도시가 북경이라는 이름으로 바뀐 뒤였다.[179] 유럽의 지리학자

---

174 여기에서 리치는 일부 중국인들의 견해를 인용하고 있다. 언급한 용어에 대해서 "[그들도] 이 이름을 알고 있었고", "대(大) 칸(Can)의 조정"(N.523, Cf. N.1849)이라는 의미도 알고 있었다고 했다. 다시 말해서 '군주(통치자)의 도시', '황제의 도시', 곧 '수도'라는 것이다.

175 마르코 폴로가 중국에 체류한 것은 1275년부터 1292년까지다. 따라서 칸발릭(Khānbalik)이 세워진 직후라고 할 수 있다.

176 Cf. N.4, 본서 1권, p.256, 주(註) 9.

177 1595-1596년, 리치는 '카타이(Cataio)'라는 용어가 잘못된 것으로 추정한 바 있다. 마르코 폴로가 조정(Corte)이라는 뜻으로 사용했지만, 타타르어로는 수도(Capitale)가 된다. Cf. N.1518. 마르코 폴로는 칸발릭(Khānbalik)이라는 도시 이름 밑에 Cambaluc, Canbaluc, Cambalu라고 쓰고 있다. 바르톨리의 합리적인 견해는 벤투리(Tacchi Venturi, I, p.297, N.2)도 강조한 것으로 리치가 이 지역(북경)에 대해 관찰한 후에 이런 결론에 이르렀다고 부연하고 있다. "그러므로 먼저 중국인들이 쓴 것과 마르코 폴로의 기록을 비교하여 눈으로 직접 확인하였다. 따라서 마테오 리치 신부는 다른 사람의 견해를 참조는 하지만 그것을 신빙성 있게 인용하지는 않는다"(Bartoli¹, II, c.136, pp.275-276).

178 즉, 카타이와 관련하여.

179 포르투갈인들이 중국에 도착한 16세기 초에는 칸발릭이 북평(北平)[1369-1420]에서 다시 1421년부터 '북쪽 수도'라는 뜻으로 북경(北京)이라는 이름으로 바뀐 다음이었다.

들은 최근까지도 서로 이웃해 있는 두 개의 다른 왕국으로 생각했는데, 이제야 진실을 알게 되었다.[180]

이에 마태오 신부는 즉시 인도와 유럽에 편지를 써서 이 사실을 보고했지만, 인도에서는 그다지 믿으려고 하지 않았다. 이 점에 관해서는 더 뒤에서 다시 이야기하도록 하겠다.[181]

524. 북경 체류의 실패. 두 개의 위조 수표

신부들은 북경으로 입성하여 즉시 왕 상서王尚書[182]의 관저로 갔다. 그는 육로로 이미 도착한 상태였다. 그의 관저는 성안에 있었고, 일을 더 수월하게 할 수 있도록 두 신부를 자신의 관저에 머물게 하고 싶어 했다. 하지만 두 명의 수사[183]와 짐은 외부의 다른 집에 머물도록 했다.

북경에서는 황제가 왕 상서에게 남경에서와 똑같은 직위를 북경 조정에서도 맡길 거라는 소문이 돌았다. 매우 영광스럽고 유용한 직위다.[184] 그가 북경에서 그 직책을 맡는다면, 우리의 북경 체류 문제를 황제에게 편안하게 논의해 볼 수 있을 것이다. 그러나 황제가 북경에서 그의 직책에 대해 아무런 말이 없자, 그는 친구 태감 중 한 사람과 신부들에 관해

---

180 다시 말해서 유럽의 지리학자들은 카타이가 북쪽에 있고, 중국이 남쪽에 있는 것으로 알았다. 그들은 리치 때까지 보지도 않았고 서로 확인조차 하지 않았다. Cf. N.5, 주 (註). 마르코 폴로는 카타이와 캄발루로 소개했고, 포르투갈인들은 중국과 북경으로 알렸다. Cf. N.4.
181 N.803에서 다시 언급할 것이다. Cf. NN.607, 1830.
182 왕충명(王忠銘) 상서(尚書)다. Cf. N.417, 주(註).
183 정확하게는 종명인(鍾鳴仁) 세바스티아노 페르난데스(N.354)로 아직 예수회에 입회하지 않은 지원자였고, 다른 한 사람은 유문휘(遊文輝) 에마누엘레 페레이라다.
184 다시 말해서, 황제는 그를 남경에서와같이 북경에서도 예부상서(禮部尚書)로 임명했다는 것이다.

논의하기 시작했다. 태감은 최선을 다하겠다고 했다. 그리고 마태오 신부를 만나 황제에게 줄 선물을 보여 달라고 했다.

　두 사람은 왕 상서의 하인들과 함께 날을 잡아, 짐과 선물이 있는 곳으로 가기로 약속했다. 태감은 신부를 보자마자 중국에서 통상 만나고 싶은 사람을 만났을 때 하듯이 무릎을 꿇고 반갑게 맞이해 주었다.[185] 그런 다음 모두 한 식탁에 둘러앉아 태감이 준비하고 신부들이 차린 음식을 먹었다. 태감은 진상품들을 살펴보았다. 시계[186]와 우리 총장이 보낸 〈구세주 성화〉[187]와 중국에서는 한 번도 본 적이 없는 클라비코드가 있었고, 두 개의 프리즘과 스페인에서 보내온 〈성모 성화〉[188]도 있었다. 〈성모 성화〉는 항구에서 내려 도시로 육로를 통해 들어올 때[189] 잘못하여 세 조각으로 깨지고 말았다. 이렇게 되면 우리의 경우는 못쓰게 되는데, 중국에서는 그 가치가 조금 떨어지는 데 불과하다. 왜냐하면 신부들이 "오래된 그림"이라고 소개했고,[190] 그래서 이렇게 깨졌어도 온전한 새 것보다 더 가치가 있다고 생각하기 때문이다.

　태감과 주변에 있던 모든 사람은 하나같이 좋아했다. 그렇지만 태감은 신부들이 은銀을 만들 줄 안다는 말을 들었고,[191] 그렇다면 황제에게

185　Cf. N.121.

186　북경에서 혹은 되돌아가는 중에 시계 일부가 고장이 났다. 이 점에 대해 카타네오는 1599년 10월 12일 자 편지에서 이렇게 언급한다. "시계의 금속판은 매우 약하기 때문에 들고 이동하지 않는 것이 좋습니다"(N.2835). 이런 문장도 있다. "태엽 시계는 총장 신부님이 중국선교를 위해 순찰사 신부님께 보내 주신 것입니다"(N.4094).

187　Cf. NN.286, 501.

188　Cf. N.501.

189　북경에서 동쪽으로 22㎞ 떨어진 통주(通州) 항구를 말한다.

190　선교사들이 "오래된 그림"이라고 부른 것은 고대의 성화를 복사하여 그린 것이기 때문이다.

수은水銀으로 은銀을 만드는 연금술[黃白術]을 가르쳐 드리는 것이 진상품을 바치는 것보다 훨씬 낫다고 생각했다. 이 사람[태감]이 돈을 꽤 좋아하는 사람이라는 걸 알 수 있었다.[192] 태감은 아무도 이 점에 대해서 말하지 않는 것을 보고, 지금은 황제에게 외국인들에 관해 이야기하는 것이 적합하지 않다며, 일본이 조선[高麗]을 침공한 상태에서 매일 들리는 소식도 일본이 조선에서 얼마나 많은 사람을 죽였는지, 곧 중국으로 침공해 올 거라는 등의 소문이 있다며 미루자고 했다. 중국인들은 이 외국과 저 외국을 구분하지 못하고 모두 똑같은 나라로 간주하고, 외국인들 역시 모두 같은 왕국 혹은 서로 별반 차이가 없는 나라에서 온 걸로 간주하고 있었다.

태감과 여러 친구는 왕 상서에게 외국인들의 일에 관여하는 것이 안전하지 않다고 조언했다. 왕 상서도 자신은 이미 아무것도 할 수 없다는 것을 깨닫고 신부들을 남경으로 돌려보낼 생각을 하고 있었다. 또 다른 이유는 다른 지방에서 황제의 생일을 축하하러 온 모든 관리가 한 달이 지나면 도성 밖으로 나와야 했고, 왕 상서도 한 달이 지나 공관을 떠나 성 밖으로 나와야 했기 때문에 그들의 조언에 동의할 수밖에 없었다.[193] 그러나 신부들은 북경에 조금 더 머무르며 다시 찾는 일이 없도록 할 수 있는 모든 시도를 해 보고 싶어 했다. 그래서 한 달을 더 있고 싶어 했고, 왕 상서는 자기 이름으로 집을 임대하여, 한 달을 더 머물게 해 주었다.

마카오의 원장 마노엘 디아즈 신부[194]는 이 여행에 필요한 경비를 충

---

191 Cf. NN.295, 362, 396, 487, 1470.
192 Cf. N.525.
193 그러니까 10월 초순쯤이다.

분히 보내 주었다. 그리고 북경에서 더 많은 돈이 필요할 거로 생각하고 마카오의 중국인 상인들이 사용하는 수표를 신부들에게 부쳐 주었다. 신부들은 그 수표가 가짜라는 사실을 깨달았고, 결국 아무것도 할 수 없었다. 이런 일이 또 한 번 일어났는데, 일본선교의 총무[195]가 남경에서 교환해서 쓰라고 보내 준 수표가 있었는데, 그가 마카오에서 상인에게 미리 지급한 돈이었다. 그것도 가짜로 밝혀졌고,[196] 마카오에서 돈을 새로 부쳐야 했다. 이런 일련의 일을 통해 엿볼 수 있는 것은 수표에 관한 한 중국인들을 전혀 믿을 수 없다는 사실이었다.

525. 북경에서 남경으로 철수; 임청(臨淸)에 도착

상서尙書가 떠나고 난 다음, 신부들은 선물[진상품]을 전하기 위한 여러 가지 방법을 모색하기 시작했다. 마태오 리치의 친구 중 북경의 관리로 있는 사람들은 신부가 자기네 집에 오는 것도 만나는 것도 꺼렸다. 왕 상서의 또 다른 몇몇 친구들도 똑같은 태도를 보였다. 신부들이 상서의 소개 편지를 가지고 가도 마찬가지였다. 이유는 당시 황제가 조정의 태감들에게 매우 잔인하여 작은 일로도 자주 곤장을 때리고 죽이기까지 했기 때문이다.[197] 그래서 조정 밖의 일에 관해서는 사적인 돈을 마련할 기회가 아니고서는 아무도 관심을 가지지 않았다.[198] 조정의 관리들도 마찬

---

194 Cf. N.502.
195 일본의 총무는 중국의 총무를 겸하고 있었고, 마카오에 거주하고 있었다. 당시 총무는 미켈레 소아레스(Michele Soares) 신부였다.
196 1600년 초였다. Cf. N.568.
197 Cf. N.594.
198 Cf. N.524.

가지였다. 외지에서 온 사람들이 조정에 뭔가를 요청할 경우, 돈을 주지 않으면 해 주지 않았고, 지방관들은 자기네 성(省)과 도시에서 착취한 것들을 그들에게 바쳐야 했다. 그래서 북경은 무질서한 바빌론같이 온갖 죄악이 난무했고, 아무도 정의와 자비를 말하는 사람이 없었으며, 그런 상황에서 벗어나기를 바라는 사람도 없었다.

그러므로 신부는 북경에서 거룩한 복음을 선포하기에는 아직 때가 이르지 않았다고 보고 남경으로 돌아가 더 나은 시기와 상황과 기회를 기다리는 것이 좋겠다고 생각했다. 북경에 오기도 전에 불행한 일을 만들어 다른 지역에 세워진 수도원들에까지 피해가 갈까 염려되었기 때문이다. 그래야 훗날 다시 올 기회를 차단하지 않을 수도 있기 때문이다.[199]

---

199 1598년 7월 15일 자, 리치가 남경에서 마카오의 원장 에마누엘레 디아즈에게 쓴 한 통의 편지에는 왕 상서와 함께 북경으로 가고 있다는 간략한 소식과 함께 어려움이 생겼다가 다시 여행을 계속하게 되었다는 내용이 있다. 이 편지 이후, 마카오의 신부들과 당시 소주(韶州)에 있던 론고바르도도 더는 소식을 듣지 못했고, 그 상황은 1599년 1월 이전까지 계속되었다. 이 점에 대해 1598년 데 산데가 11월 15일(N.2810)과 12월 3일(N.2820) 자 편지에서, 디아즈가 1599년 1월 9일(N.2824)과 10일(N.2829)일 자 편지에서 언급한다. 그러나 1599년 1월 10일 자 디아즈의 편지에는 마카오의 원장이 어떤 이교도 상인으로부터 리치가 북경에 도착했다는 소식을 전해 들었다고 말한다. 같은 소식이거나 아니면 앞선 소식에 관한 확인이거나, 아무튼 비슷한 시기에 디아즈 신부가 데 산데를 통해 알베르토 라에르치오(Alberto Laerzio) 신부에게 전한 한 통의 편지에는 N.520에서 언급한 것처럼 1599년 1월 혹은 2월의 특정 날짜에 대해 언급하는 대목이 있다. Cf. N.4096.
    소주에 체류하고 있던 론고바르도는 마카오에서 전해 오는 소식에 따라 움직였다. 그래서 1598년 10월 18일 자 그의 편지에는 "지난 7월, 마태오 리치 신부가 라자로 카타네오 신부와 세바스티아노 페르난데즈 수사와 함께 [북경] 조정을 향해 출발했는데, 남경 조정에 도착했다는 새로운 소식을 들었습니다. 그곳에 당분간 체류하며 북경 조정으로 다시 갈 준비를 할 것입니다"(N.2796). 그해 11월 4일 자 편지에서도 같은 내용을 반복하고 있다(N.2802). 리치가 1598년 7월 15일 남경을 지나며 그곳에서 디아즈에게 보낸 편지를 인용하고 있는 것으로 보인다. 그 후론 마카오의 신부들과 마찬가지로, 론고바르도도 그들의 행보에 대한 더 이상의 소식을 듣지 못했고, 그래서 "이후

신부들은 남경까지 가는 좋은 배를 매우 싼 가격에 빌릴 수 있었다.[200] 돌아가는 배는 모두 빈 배로 가는 것이 많아서 빌리는 비용이 크게 비싸지 않은 때문이었다. 그러나 항해사가 가난하여 조수를 쓰지 않은 데다[201] 기계장치도 전혀 없었다. 그러다 보니 임청臨淸까지 오는 데만 한 달이 걸렸다.[202]

의 여정에 대해서 우리는 지금까지 전혀 모르고 있습니다"(N.2796)라고 덧붙이고 있다. 론고바르도는 이렇게 두 번씩이나 인용한 후에 다음과 같이 부연하고 있다. "마태오 리치 신부는 마카오의 원장 신부님께 북경에 다녀온 사실을 여러 경로로 전하고 있습니다"(N.2797, Cf. N.2802). 그러면서도 두 차례의 북경행을 혼동하고 있다. 신부들이 최종 입성한 1598년과 소주로 가기 위해 북경으로 들어갔다가 상황이 여의치 않아 포기했던 1595년이 그것이다. 1595년의 상황과 관련한 일은 리치가 당시 마카오의 원장으로 있던 데 산데에게 1595년 8월 29일 자 편지에서 충분히 전하고 있다(NN.1292-1370). 1598년의 상황은 디아즈가 1599년 1월까지 계속해서 우리에게 전한 것으로, 1598년 7월 15일 이후 리치의 소식이 전혀 없었다는 것이다. 그러나 리치는 나중에 직접 해명하기를, 1599년 8월 중순까지는 총장에게조차 여행에 관한 '전체' 내용을 쓸 시간이 없었다고 했다. "작년에 말씀드린 것과 마찬가지로 북경과 중국 조정에 도착한 것에 대해 총장 신부님께조차 편지 쓸 시간이 없었습니다"(N.1546). 그러므로 1598년 10월 18일 이전까지는 마카오에도 '전반적인' 소식을 전하지 못했다. 그러나 대신에, 1599년 8월 14일경 총장에게 비교적 "너무 간략하지 않은 좀 긴" 편지를 썼다. 그것을 쓰는 데 "삼사일이 송두리째 걸렸다"라고 한다(N.1546). 흥미 있는 일화가 많이 담겨 있을 이 편지는 아쉽게도 영구 분실된 것 같다. 잃어버린 것도 리치와 함께 여행했던 카타네오가 1599년 10월 12일 자 편지에서 밝히고 있다. 카타네오의 편지는 여행한 것만 사실이고, 그 밖의 다른 개별적인 소식에 관해서는 이야기가 없다(NN.2834-2835). 1598년에 있었던 여행, 특히 그해 10월 18일 이전에 있었던 여행에 관해 전반적으로 혹은 간단하게라도 적어 마카오의 원장에게 보냈다는 리치의 편지는 전혀 흔적을 찾을 수가 없다.

200 선교사들이 북경에서 출발한 것은 1598년 11월 5일이었다. Cf. De Ursis, p.35.
201 가난하다 보니 닻을 올리는 사람들을 쓰지 않았다는 것인데, 그것은 항해가 그만큼 느렸다는 걸 의미한다.
202 산동(山東)의 임청(臨淸)(NN.521, 528, 581)은 대운하가 있는 곳으로, 위하(衛河)와 운하가 만나는 곳이다. 북쪽에서 내려오는 순조로운 항해가 끝나는 지점이기도 하다. 여행객들이 12월 8일경 이곳에서 멈춘 이유는(N.528) 대운하의 이 구간이 얼어 버렸기 때문(NN.528, 1547)이다.

526. 『유럽어-중국어 사전』에서 음표와 음조 표기

그 과정에서 신부들은 시간을 전혀 낭비하지 않았다. 그들이 [중국] 선교에는 선구자였고 바스티아노 수사는 중국어를 매우 잘 알고 있어 그 시간을 이용하여 괜찮은 사전을 하나 만들고자 했다.[203] 중국어의 규칙

---

203 솔직히 말해서, "그럴듯한 단어장"으로 이미 루지에리와 리치가 조경(肇慶)에서 살기 시작한 중국 체류 초기부터 만들었던 것으로, 아마도 1584-1588년으로 추정되기에 1589년 이전에는 확실히 있었던 거다. 1598년 10월 18일, 론고바르도는 "리치 신부님이 『유럽어-중국어 단어장』의 상당 부분을 완성했습니다"(N.2791)라고 말한 바 있다. 중국학 관련, 이 유산은 최초의 『유럽어-중국어 사전』으로 『포르투갈어-중국어 사전』이라고 할 수 있을 것이다. 지금도 로마 예수회 고문서고(*ARSI, Jap.-Sin.*, I, 198)에 보존되어 있다. 필자가 발견하여 1934년에 확인하였다. 작품은 ff.189에서 찾아볼 수 있고, 중국 종이 23×16.5cm로 되어 있다.

사전이라고 말하기 전에 나온 여러 문서에는: ① 루지에리가 만든 로마자로 쓴 한 토막짜리 회화문 『평상문답사의(平常問答詞意)』, 곧 '대화를 위한 일반적인 문장(*Frasi ordinarie di conversazione*)'(ff. 3-7)이 있다. 여기에서 신부들을 사전(*Si-fu* [師傅])이라고 불렀다. ② 중국어로 된 리치의 교리문답으로, 분명 1589년 이전에 쓴 것이다(ff. 13a-16b; Cf. D'Elia, in *Civiltà Cattolica*, 1935, II, pp.43-53). ③ 중국어로 쓴 우주학 관련, 많은 주(註)가 달린 문서(ff. 17b-23b)가 있다. 여기에서 주야평분점, 온대(溫帶), 춘-추분, 지(至), 적도, 날의 길고 짧음, 북극과 남극, 태양, 달, 다섯 기후, 이지러짐, 아홉 개의 하늘 중앙에 떠 있는 고정된 구(球), 다양한 크기의 별, 별자리, 중국의 15개 성(省)의 고도 등에 대해서 언급하고 있다. ④ 24절기의 로마자 표기, 그와 동등한 유럽의 절기 및 그것의 번역(f. 24a). ⑤ 하늘의 특징(f. 28a). ⑥ 연관성 없는 글자들의 목록(ff. 24b-26b). ⑦ 성(省)의 이름들(f. 27a). ⑧ 다시 24절기의 이름, 여기에서는 로마자 표기 없이(f. 24b) 쓰고 있다. ⑨ 연관이 없거나 동떨어진 글자, 혹은 두 글자씩, 종종 로마자와 번역어를 함께 표기한 것 등이 있다.

그리고 비로소 『포르투갈어-중국어 사전』이 나온 것이다(ff. 32-156). 각 페이지는 세 단으로 되어 있다. 한 단은 포르투갈어 음으로 abitar에서 zunir까지 나열되어 있다. 기록할 줄 아는 누군가가 쓴 것이다. 다른 단은 로마자 이탈리아어로 썼는데, 리치가 쓴 것으로 보인다. 된소리와 음조(音調)에 관한 주(註)는 없다. 세 번째 단은 중국 글자로 표기했는데, 두 명의 선교사 중 한 명이 주로 썼지만, 모두 쓴 것은 아니다. f.34a를 제외한 앞 장들(ff. 32-35b)에는 네 번째 단이 있고 루지에리가 필사한 이탈리아어 발음이 적혀 있다. 대부분의 발음은 두 개의 부록에도 첨부되어 있다(ff. 157a-169, 172-186a). 사전은 미완성인데, 포르투갈어 발음에 맞는 중국어 음이 항상 존재하지 않는 탓이다. 이런 말과 함께 사전은 마무리되는데, 루지에리가 쓴 걸로 보인다. "하느

과 규율을 적어 나중에 오는 사람들이 더 쉽게 [중국어를] 배울 수 있게 도와주자는 취지였다. 주목할 것은 중국어는 한 단어 혹은 한 글자單音로 구성되어 있고, 개별 글자들은 악센트와 된소리 발음에 따라 뜻이 달라진다는 것이다. 발음으로 서로를 구분하고, 수많은 글자와 단어들의 뜻을 간파하기 때문에 이것[발음, 곧 성조] 없이는 알아들을 수가 없다. 중국어를 가장 배우기 어렵게 만드는 것이 바로 이것이다. 된소리의 글자들을 잘 구분하기 위해서는[204] 서로 다른 다섯 개의 악센트를 감지하는 것이 중요하다. 여기에 카타네오 신부의 공이 컸는데, 그는 음악가였기 때문에[205] 언어의 이 부분을 유심히 듣고 구분할 수가 있었다. 이에 신부들

님과 동정녀 어머니를 찬미하나이다. 성 게르바시우스와 프로타시우스 축일. 우리 주 예수께 아멘(*Laus Deo Virginique Matri, Divis Gervasio et Protasio, AmeN, Jesus*)."

사전에 이어서 다음과 같은 잡동사니들이 있다. 성(省)들의 위도(f. 170a), 일부 단어에 대한 설명(ff. 170a-171a), 해시계에 대한 설명(ff. 170a-171b), NN.296-297에서 말하고 있는 새 신자 마르티노에 관한 이야기(f. 186b), 연관성 없는 몇몇 글자들(ff. 188b-189b)이 그것이다.

베르나르드(Bernard[2], I, p.297, N.47)는 1595년의 『포르투갈어-일본어 사전 (*Dictionarium Lusitanicum ac Iaponicum*)』(Laures, p.25)과 혼동하는 실수를 저지르기도 한다. 왜냐하면 이 책에 대해 "암브로스 칼레피누스는 과거의 책을 인용하여(ex Ambrosii Calepini volumine depromptum)"라고 말하고 있기 때문이다. 아마도 1502년 초판으로 발간된 암브로조 칼레피오의 사전을 말하는 걸로 보인다. 그러나 이탈리아어로 '칼레피오'는 사전이라는 뜻이다. 더 정확하게는 칼레피오의 업적으로 인해 만들어진 '사전'을 의미하는 대명사로 쓰는데, 우리가 말하는 중국어 사전과는 아무런 상관이 없다. 트리고(Trigault)의 사전 *Aiuto [dato] dal letterato occidentale all'occhio e all'orecchio [del Cinese]*[『서유이목자(西儒耳目資)』]와 비교하더라도 여기에서 말하는 작품과는 전혀 연관성이 없다. 텍스트에서 말하는 사전에서 언급한 음조(音調)와 된소리 지침은 지금까지 발견되지도 않았다.

204 된소리는 단어 위에 그리스식 구두로 표시되어 있다. 오늘날 프랑스어, 영어, 독일어처럼 글자가 끊어진 것은 아니다. 가령 하늘[tien(天)], 부탁하다[tò(託)] 등이다. 필자는 그것을 앞의 자음을 쌍으로 표기하는 것으로 충분하다고 생각한다. ttien(天), ttuo(託) 등과 같이 말이다.

은 오성五聲과 된소리 규칙을 만들어 유럽의 글자와 함께 표기함으로써 누구든지 일률적으로 활용할 수 있도록 했다.[206] 마태오 신부는 이제부터 모든 사람이 이것을 준수하도록 하는 한편, 각자 쓰고 싶은 대로 쓰지 못하게 명했다. 지금까지 각자 쓰고 싶은 대로 쓰는 바람에 큰 혼란이 일어났기 때문이다. 이것과 앞으로 펴낼 다른 자전들을[207] 모든 선교사에게 알려 한 사람도 빠짐없이 잘 숙지하도록 했다. 그렇게 해야 다른 사람이 쓴 글과 메모를 알아볼 수 있어 크게 도움이 되고 그에 따른 결실도 가져올 수 있을 것이기 때문이다.

---

205 1600년 초, 아마도 5월 19일 이전, 그는 남경에서 판토하에게 음악을 가르친 것으로 보인다. 판토하는 바로 전(前)해에 그곳에 도착했다. 이듬해 황제에게 선물하는 클라비쳄발로에 맞추어 소리를 내고 규칙을 정한 것으로 보인다. Cf. N.599.

206 (중국어의) 다섯 음조와 악센트[성조]는 다음과 같은 모양이다.
　　1성 상평성(上平聲) 예) 천(天) tien
　　2성 하평성(下平聲) 예) 심(沈) c̀b↑n
　　3성 상　성(上　聲) 예) 해(海) hai
　　4성 거　성(去　聲) 예) 보(步) pú
　　5성 입　성(入　聲) 예) 즉(卽) ciĕ
　　Cf. Cceniüen 진원(陳垣), 『明李之歐化美術及羅馬字注音』. 이렇게 형성된 성조는 우리 시대에까지 이르고, 그것은 Debesse, *Petit dictionnaire français-chinois*, Scianghai, 1908에서 발견되며, 그 외 다른 여러 자료에서도 찾아볼 수 있다.

207 1610년 이전, 예수회 안에서 이렇게 "앞으로 펴낼 다른 자전들"을 만나게 되는 것은 흥미 있는 일이다. Cf. Bernard in *MS.*, X, 1945, p.323.

[그림 27] 리치와 루지에리가 만든 중국어-포르투갈어 사전

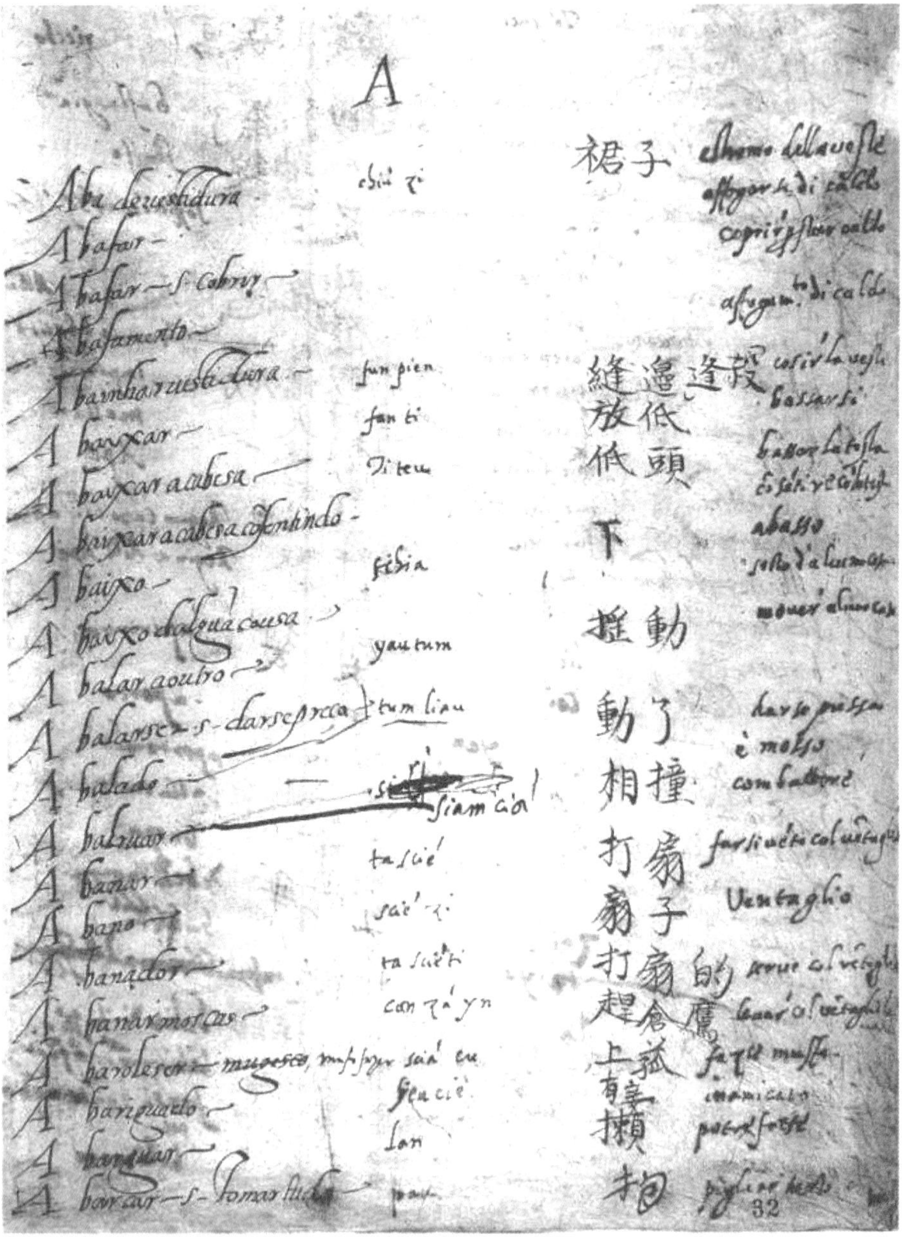

• 리치와 루지에리가 작성(1583-1588년)

527. 리치의 『사서 주석서』

또 마테오 신부는 『사서四書』를 라틴어로 많은 주석을 달아 번역했다. 이 주석들은 [중국 학문을 처음 접하는] 초보 학자들에게 큰 도움이 되었다.[208]

---

208 우리는 중국인이 프란체스코 데 페트리스 신부에게 『사서』를 가르치고 있을 때(1591년 12월-1593년 11월 5일), 리치가 『사서』를 라틴어로 번역하며(N.61), "많은 주석을 달았다"(N.527)라는 것을 알고 있다. Cf. NN.424, 1272. 『사서』의 처음 세 권은 1593년 12월 10일에 번역이 마무리되었다. Cf. N.1271. 1년 후인 1594년 11월 15일에 그때까지 해 온(N.1559) 모든 번역을 마쳤다(N.1290). 그리고 리치는 그 사본을 1595년 총장 신부에게 보내고 싶어 했다(N.1290; Cf. N.2701). 하지만 1597년 9월 9일까지(N.1536), 아니 1599년 8월 14일까지도(N.1559) 보낼 기회를 얻지 못하고 있었다. 알레니(Aleni[1], B, f.4b)는 어떤 문서인지는 모르겠지만, 이 번역본을 리치가 이탈리아로 보냈다고 1630년에 적고 있다. 하지만 우리가 알다시피, 선교사들은 각자 자신을 위해 번역서를 베껴 적은 바 있다(N.1559; Cf. N.2791). 베르나르드(Bernard[2], I, p.189)는 리치의 텍스트와는 반대로 "라틴어로 번역했고 일부는 더 명확하게 했다"(N.1536)라고 말했다. 짐작건대, 이것은 '번역이 아니라', 다른 것(I, p.297)에 대해서 말하고 있는데, 말하자면, 한 걸음 더 나아가 "번역"과 "주석"에 대해 언급하고 있는 걸로 보인다. 리치의 텍스트를 뺀 나머지 여백에는 주석이 적혀 있었기 때문이다. "문장은 … 많은 주석과 함께 라틴어로 적혀 있었다"(N.527)라는 것이다. 리치의 작품은 짐작건대 필사한 것이고, 지금까지도 원본은 발견되지 않았다. 그러나 그 책은 많은 유사점이 있는 인토르체타(Intorcetta)의 『중국철학자 공자(Confucius Sinarum philosophus)』와 그외 여러 선교사의 작품에 토대가 되고, 핵심적인 구성요소가 되었다.

제4장

라자로 카타네오 신부가 어떻게 짐을 가지고 임청(臨淸)에서 겨울을 났는지, 마태오 리치 신부가 소주와 남경에서 어떻게 거주하게 되었는지에 대해

(1598년 12월 5일부터 1599년 2월까지)

○ 서주(徐州), 양주(揚州), 절강(浙江)을 거쳐 임청(臨淸)에서 소주(蘇州)까지 되돌아감. 수레를 타고 가다

○ 소주시에 대한 묘사; 상업 활동과 부(富)

○ 소주에 수도원을 세우기 위해 타협하다. 구태소에게 500냥이 넘는 가치의 프리즘을 선물하다

○ 1599년 1월 27일에 맞추어 리치가 장강으로 가다

○ 1599년 2월 6일, 구태소와 함께 남경에 들어가다

○ 많은 관리와 서로 왕래하다. 불꽃놀이. 남경에 안정적인 집을 마련하기 위해 타협하다

○ 리치가 소주보다는 남경에 수도원을 세우는 것이 하느님의 뜻임을 알아차리다

○ 구태소가 문인 이심재(李心齋)에게 리치를 부탁하다. 이심재가 소주보다는 남경에 거주할 곳을 마련하라고 권하다. 문인 동호회

○ 감찰관 축석림(祝石林)도 비슷하게 남경에 자리를 잡으라고 조언하다

○ 남경에서 집을 임대하여 첫 수도원으로 자리를 잡다

528. 서주(徐州), 양주(揚州), 절강(浙江)을 거쳐 임청(臨淸)에서 소주(蘇州)까지 되돌아감. 수레를 타고 가다

이 왕국[중국]의 북방 지역 강들은 초겨울부터 꽁꽁 얼어서 그 위로, 마차가 지나간다.[209] 이듬해 물이 풀릴 때까지는 배가 다닐 수 없다.

우리는 늦게 북경에서 출발하는 바람에[210] 얼마 가지 못했고, 12월 초에야 비로소 임청臨淸에 도착했다. 운하運河는 얼어붙었고, 어쩔 수 없이 그곳에서 겨울을 나야 했다. 그 도시는 매우 클 뿐만 아니라, 중국 전역에서 오는 화물의 집산지로 산동山東[211]성에서는 물론 전국적으로도 매우 유명한 곳이었다. 그래서인지 사방에서 모여든 상인들이 물건을 사고파느라 문전성시를 이루고 있었다. 신부들은 그곳에서 서너 달을 아무것도 하지 못한 채 겨울을 보내야 한다는 것이 매우 불편했다.[212] 그래서 마태오 신부는 카타네오 신부와 두 수사와 하인들을 임청에 두며 성화들과 시계와 수도회의 짐들을 맡겼고, 자신은 하인 둘만 데리고 육로로 북쪽 지방으로 갔다.[213] 원했던바, 또 다른 수도원을 세울 수 있는 적당한 지역이 있는지 살펴보기 위해서였다.

마태오 신부는 구태소瞿太素[214]와 함께 있을 때 구두로, 또 이후 소주蘇

---

209 리치는 이탈리아어 '지나간다(si va)'라고 쓰지 않고, 스페인어와 포르투갈어 표현대로 si anda라고 쓰고 있다.

210 그들이 북경에 도착한 지 두 달 후에 북경에서 출발하였다. 정확하게는 1598년 11월 5일이다. Cf. NN.524, 1547; De Ursis, p.35.

211 리치는 Sciantun이라고 쓰고, 델리야는 Shantung이라고 쓰고 있다.

212 1599년 8월 14일, 리치는 "얼음이 4-5개월가량 갑니다"(N.1547)라고 말한 적이 있다.

213 이 대목에서는 필사본을 제대로 해독했는지 의구심이 든다. 그렇다면 그들이 있는 곳이 '남쪽 지역'이 되어야 하는데, 어떤 텍스트에서는 '떨어진 지점(lapsus calami)'으로 보고 있기 때문이다. Cf. NN.515, 516.

214 Cf. N.359, 주(註).

州와 강서江西[215]에서 서신으로, 남직례南直隷[216]에 수도원을 세우고 싶다는 뜻을 내비친 적이 있었다. 그래서 우선 그의 고향인 소주蘇州[217]로 가면 그가 도움을 주고 조언을 해 줄 수 있을 거로 생각했다. 그는 언제나 믿을 만한 친구였기 때문이다.

그래서 리치는 산동山東성을 지나 서주徐州[218]에 이르렀고, 거기에서 다시 한겨울의 갖은 고생을 무릅쓰고 양주揚州[219]에 도착했다. 다행히 여행 중에는 아무런 방해 요소가 없었다.[220] 의외로 모든 지역을 매우 쉽게 통과하였다. 진강부鎭江府[221]에서 양자강陽子江을 거쳐 운하運河로 들어와 소주蘇州로 갔다. 거기에서 다시 절강浙江의 가흥嘉興[222]까지 갔고, 도읍[223]인 항주杭州[224]까지도 갈 수 있었다. 운하의 이 부분은 가장 남쪽에 있어서

---

215 다시 말해서, 강서의 남창(南昌)이다.

216 남경(南京), 즉 오늘날의 강소(江蘇)에 해당한다.

217 현재 강소(江蘇)의 소주(蘇州)는 고대 오(吳)나라의 수도였다. 1578년에 인구가 600,755가구에 전체 관할 지역을 합하여 2,011,985명이었다. 도시 미(美)는 오로지 운하 덕분이고, 항주(杭州)에 비견할 정도다. Cf. N.529; *Storia dei Mim*, c.40, f.21a.

218 서주(徐州)는 고대 도시로 황하(黃河)의 오랜 퇴적물 위에 세워졌다. 오늘날의 강소(江蘇) 북쪽 지역에 해당한다.

219 양주(揚州)는 지금의 강소(江蘇)시다. 한때 고대국가 양(楊)나라의 수도기도 했다. 양자강(陽子江)에서 이름이 나왔다. Cf. N.515.

220 이런 '방해 요소(혹은 난관)' 중 가장 눈에 띄는 것으로는 우르시스(De Ursis, p.35)가 우리에게 전해 주는 것으로, 리치가 이번 여행 중에 두 번이나 이질에 걸렸다는 것이다. "그동안 두 차례나 위험한 상황에 직면했습니다" —그리고 기적적으로 위험에서 벗어났는데, "말에서 내리는 수밖에 다른 방법이 없었고, 배에서도 내려 뭍으로 올라와야 했습니다. 그런 후에야 기력을 회복할 수 있었습니다." 리치 본인도 더 뒤에서 (N.530) 소주(蘇州)에서 죽을 뻔했다고 말한다.

221 진강(鎭江) 지역은 양자강과 대운하(運河) 사이, 상품 거래의 주요 거점이다.

222 절강(浙江)에 있는 가흥(嘉興)이다. 절강을 리치는 Cechiano, 델리야는 Chekiang이라고 쓰고, 가흥을 리치는 Chiahin, 델리야는 Kiahsing이라고 쓰고 있다.

223 진강(鎭江)에서 양자강을 건너 소주(蘇州)로 가는 대운하로 들어갔다. 그리고 가흥(嘉興)과 절강의 주도 항주(杭州)로 갔다.

어는 법이 없지만, 좁은 탓에 때로 배가 많이 몰릴 때면 진퇴양난에 빠질 수가 있었다. 그 시기에 신부가 겪었던 것처럼 말이다.[225]

그 지역에는 또 다른 여행의 편의를 제공하는 것으로, 그 일대에서 매우 잘 알려진 쉽고 편리한 게 하나 있었는데, 그것은 바퀴가 한 개 달린 마차다. 말을 타고 가는 것처럼 한 사람이 탈 수도 있고 양쪽에 두 사람이 탈 수도 있다.[226] 두 개의 손잡이를 누르면 후진도 가능하고, 양쪽으로 내릴 수 있어 안전하고 매우 빠르다.[227]

529. 소주시에 대한 묘사; 상업 활동과 부(富)

마태오 신부는 얼마 안 가 소주蘇州에 도착했다. 소주는 도시 미, 부富, 그리고 식량과 물품이 풍성하기로는 중국에서 제일가는 도시로 명성이 자자한 곳 중 하나다. 그래서 "하늘에는 천당이 있고, 땅에는 소주와 항주가 있다[天上天堂, 地上蘇杭]"[228]는 속담이 나올 정도다. 항주는 절강의

---

224 항주(杭州)는 많은 시인이 노래한바, 서호(西湖) 변에 있는 중국에서 가장 아름다운 도시 중 하나다. Cf. Richard[2], p.232; Vacca, *La Cina e il Giappone in Geografia universale italiana*, Torino, IV, 1936, pp.1011-1012. 1127년부터 1278년까지 중국의 수도였다. 마르코 폴로가 말한 퀸사이(Quinsai), 곧 경사(京師, '수도'라는 뜻) 혹은 더 정확하게는 행재(行在, 잠정적인 [수도])다.
225 진강(鎭江)과 소주(蘇州) 사이에서 일어난 일이다.
226 소차자(小車子)라는 것으로, 현재는 강소(江蘇)성에서 널리 사용하고 있다. 하지만 지금은 거기서 말발굽을 달지 않는다.
227 즉, 빠르고 안전하다는 것이다.
228 판토하(Pantoja[1], p.606)는 당시 중국에 대해서 잘 몰랐고, 그래서인지 1602년 3월 9일자 편지에 이 격언의 뜻을 다음과 같이 잘못 이해하여 쓰고 있다. "하나는 항주라는 이름이고, 다른 하나는 소주라는 이름의 도시인데, 이들은 매우 크고, 베네치아와 같이 반은 물이고 반은 육지인 도시입니다. 중국인들은 이 두 도시를 천국이라고 부릅니다. 이 나라 어디를 가도 찾아볼 수 없을 만큼 모든 것이 좋고, 풍성하고, 소박하기 때문입니다"(N.3132).

도읍이며, 고대에는 중국의 황제들이 거주하던 황도皇都기도 했다.[229]

소주蘇州는 바람이 부는 방향에 따라 물이 흐르고 태호太湖[230]라고 하는 호수로 들어가는 강물 위에 세워진 도시로, 바다 위에 세워진 베네치아와 같다.[231] 그래서 어디를 가든지 물을 건너고 땅을 밟고 가는데, 그 땅은 보행자를 위해 바닥에 소나무 대들보를 세워 인공적으로 만든 것이다.[232]

마카오의 포르투갈인들을 통해서 들어오건, 그 외 다른 나라에서 들어오건, 외국에서 들어오는 대부분의 물건이 이 도시에서 판매되고, 중국의 다른 도시들도 이곳으로 와서 교역한다. 따라서 사람들이 원하는 물건은 모두 이곳에서 찾을 수가 있다. 성안으로 들어갈 수 있는 문은 한 개만 육로이고, 나머지 다른 문은 모두 수로다. 성안에는 다리가 많은데 모두 아름답고 견고하다. 그러나 하나같이 좁은 운하에 맞추어 아치가 한 개씩 있는 다리로 만들어졌다. 중국의 다른 어떤 지방도 이 도시만큼 버터를 비롯한 유제품이 많은 곳은 없다. 술도 이 지방에서 생산되는 것이 가장 우수하여 북경까지 팔려 나간다. 북경은 이곳에서 바닷길로 이틀이 채 안 걸리는 정도의 거리에 있다.

---

229 항주가 그렇다는 말이다.
230 태호(太湖)는 '거대한 호수'라는 뜻이다.
231 앞에서도 리치는 "그곳은 강과 호수의 한복판에 있는 약간의 땅 위에 세워져, 바다 한 가운데 세워진 베네치아와 같다"(N.143)라고 언급한 바 있다.
232 리치의 이 부분에 동의하는 벤투리(Tacchi Venturi, I, p.302, N.4)의 견해를 눈여겨본 마르티니는 거의 번역하다시피 이렇게 말하고 있다. "이로써 알 수 있는 것은, 도시가 상당히 크고, 단물이 흐르는 고요한 강물 위에 세워졌다는 것입니다. 사람들은 강물 위보다는 우물 위에 세워졌다고도 말합니다. 도시는 어디를 가든지 베네치아의 거리처럼 땅 위를 걷고, 물 위를 걷는 것 같습니다"(*Novus atlas*, p.99).

이 도시[蘇州]는 매우 강성한 여덟 개 도시[233]를 포함하고 있는 성省의 도읍이고, 명明이 개국하던 초기, 현 왕조에 권력을 넘겨주지 않으려고 했던 군주 국가의 원수가 머물던 수도기도 했다.[234] 이 도시는 세금을 아주 많이 내는데, 땅에서 생산되는 수확량의 절반가량을 세금으로 낸다. 중국의 일부 성省은 둘을 합해도 소주의 전체 지역에서 내는 세금에 못 미쳐 황제로서는 크게 주시하지 않을 수 없는 도시다.[235] 그래서 경비가 삼엄하고, 항상 어떤 반란이라도 일어날까 두려워한다.

530. 소주에 수도원을 세우기 위해 타협하다. 구태소에게 500냥이 넘는 가치의 프리즘을 선물하다

신부[마태오]는 소주蘇州에서 구태소를 찾지는 못했지만, 거기서 가까운 단양丹陽[236]이라는 고을의 사저에 있다는 소식을 들었다. 신부는 그곳으로 가서 구태소의 뜨거운 환대를 받았다. 같은 그리스도교 국가에서 온 우리 친구들도 그렇게는 반기지 못할 정도로 진심으로 환대해 주었다.

---

233 이 성의 여덟 개 도시는 다음과 같다. 소주, 즉 오(吳), 장주(長州), 오강(吳江), 곤산(崑山), 상숙(常熟), 가정(嘉定), 태창(太倉), 숭명(崇明)이다.

234 명(明) 왕조를 세운 홍무(洪武)(N.78)에 대항한 사람은 장사성(張士誠), 구사(九四)다. 홍무는 1363년, 소주에서 자신을 오국공(吳國公)이라고 천명하고, 두 장수[역주_ 남경을 중심으로 활동하던 진우량과 소주를 중심으로 활동하던 장사성이다]를 굴복시키고, 장사성을 남경으로 보냈다. 1367년 장사성은 46세의 나이로 남경에서 자살했다. Cf. *Storia dei Mim*, c.123, ff.4b-8a; *Index*, 24, III, p.60.

235 소주 한 지역에서만 697,000석의 쌀을 세금으로 냈지만 강서(江西, 270,000)와 호광(湖廣, 212,265) 두 성(省)을 합해도 482,265석밖에 되지 않았다. Cf. *Zoeiueilu*, XIV, c.10, f.6a-b. 1587년 이전에 나온 판 *TMHT* (c. 37, f.25a-b)에는 소주 655,000석, 강서 400,000석, 호광 250,000석이라고 적고 있다. 강서를 제외하고는 다른 어떤 성(省)도 300,000석을 넘지 못했다.

236 단양(丹陽)은 진강(鎭江)과 소주 사이 대운하에 있다.

머무르고 있던 곳은[237] 화상和尙들이 있는 사찰이었기 때문에, 여러 면에서 편하지 않았다.[238] 그는 그나마 [쓰던 자신의] 편한 침대를 신부에게 내주고 자기는 바닥에서 잤다.

신부는 긴 여행으로 인해 또 사찰 생활이 편치 못한 탓에 병이 났는데, 그곳에서 죽는 게 아닌가 싶을 정도로 심하게 앓았다. 그러나 친구의 극진한 보살핌과 배려로 한 달을 쉬었고, 이전보다 더 건강해져서 돌아왔다.

신부가 구태소에게 준 선물 중에는 프리즘이 하나 있었는데, 그가 광동廣東[239]에 있을 때부터 몹시 갖고 싶어했고, 그래서 그걸 사려고까지 했기 때문에 신부의 선물에 매우 기뻐했다. 그는 하인들에게 즉시 양쪽에 금장식이 달린 은합銀盒을 만들라고 명했다. 프리즘을 더욱 가치 있게 하려는 것이다. 그리고 그것에 관한 좋은 문장을 하나 썼는데, 거기에는 하늘에서 내려온 재료[天體]로 만들어진 거라고 적었다. 얼마 지나지 않아서 어떤 사람이 그것을 은자 500냥에 사고 싶다고 했다. 그러나 그는 신부가 황제에게 바치려던 것을 바칠 때까지는 팔지 않겠다고 했다.[240] 신부가 황제에게 선물하기 전에 자기에게서 그것을 사 간 사람이 설레발을 치고 다니면 황제가 신부의 선물을 등한시할 것이 염려되었기 때문이다. 그래서 2년 뒤,[241] 신부가 황제에게 그것을 헌납했다는 사실을 알고 나서야 은자 500냥을 조금 더 받고 팔았다. 그것으로 그동안 지고 있던 큰

---

237 '머무르고 있던'의 주체는 구태소(瞿太素)다.
238 Cf. NN.187-188.
239 광동(廣東)에 있는 소주(韶州)에서다.
240 다시 말해서, 리치가 황제에게 프리즘을 헌정하기 전까지는 그것을 팔고 싶어 하지 않았다는 뜻이다.
241 1601년 1월 27일 이후다. 정확하게 "2년 후"가 된다.

빚을 모두 갚았고 신부에게 크게 감사하며 우리 유럽의 물건들에 존중을 아끼지 않았다.

후에 신부가 왜 그곳에 왔는지를 말하자, 그는 신부에게 모든 도움과 호의를 약속했고, 그 일대에서 신부가 원하는 걸 이루지 못하면 자기도 그곳을 떠나지 않겠다고 했다. 신부가 보기에 소주蘇州는 여러 가지 이유로 수도원을 세우기에 적합한 곳이었다. 그곳은 구태소의 고향이고, 지체 높은 사람들과 주요 인사 중에 그의 친척이 많아서 신부를 크게 도와줄 수 있을 거로 생각했다. 그런 사실을 안 구태소는 더 열심히 최선을 다해서 도와주려고 했다. 그 지역에 사는 주요 인사들의 의견을 들어 봐도 하나같이 소주가 남경을 포함한 다른 어떤 지역보다도 편리하다고 했다. 그러면서 남경은 보는 눈이 많고 지체 높은 벼슬아치들이 많이 살고 있어 우리가 그들과 항상 좋은 관계만 유지할 수 없기 때문에 쉽게 쫓겨날 수도 있다고 했다.

결국 가장 먼저 결정할 사항은 신부도 이미 생각하고 있었던바, 남경에 수도원을 세우려고 무리해서 애쓰지 않는 것만이 아니라, 어떤 지체 높은 벼슬아치가 그곳에 수도원을 세우라고 땅을 주더라도 받지 말아야 한다는 것이다. 소주蘇州에서의 일을 쉽게 하려고 함께 남경으로 가기로 했다. 그곳에는 왕 상서王尙書[242]가 있고, 구태소가 잘 알고 있는 지체 높은 관리들이 있어 소주의 지방관들에게 보여 줄 호의적인 편지를 써 달라고 하기가 좋았다. 그러나 중국의 새해[243]가 가까워 모두 바쁘게 움직

---

242 상서(尙書)는 왕충명(王忠銘)이다. Cf. N.417, 본서 2권, p.393, 주(註) 273.
243 1599년 중국의 새해는 1월 27일이었다.

이고 있었고,[244] 이 일에 관해서 제대로 설명할 수도 없을 것 같다며 모두 그 시기에는 남경으로 입성하고 싶어 하지 않았다.

531. 1599년 1월 27일에 맞추어 리치가 장강으로 가다

그래서 신부는 구태소와 함께 진강부에서 새해를 맞이하기로 했다. 진강부는 구태소가 오랫동안 살았던 곳이어서 매우 잘 알고 있는 지역이고, 따라서 신부도 잘 알게 된 곳이었다.[245] 그곳에 있는 동안에도 그 지역의 관리들과 지체 높은 인사들이 앞다투어 찾아왔고, 그래서 신년이 되어 신부가 남경으로 갈 때, 지부知府[246]가 한 관리의 배를 한 척 내어 주기도 했다. 배는 상당히 컸고, 인부와 필요한 모든 것이 갖추어져 더 이상의 비용이 들지 않았다.

532. 1599년 2월 6일, 구태소와 함께 남경에 들어가다

1599년 2월 6일, 신부는 구태소와 그의 식솔들과 함께 걸어서 남경으로 들어갔다. 이전에 들어간 적이 있는 운하에서 가까운 성문[247]을 통해서 매우 안전하게 들어갔다. 그들은 승은사承恩寺[248]에서 묵었다. 승은사

---

244 중국의 새해 축제는 보통 보름가량 지내는데, 그동안 모든 관공서가 문을 닫는다. Cf. N.135.

245 구태소는 자기가 가는 모든 곳을 신부에게 알려 주었다.

246 아마도 리치의 친구 왕옥사(王玉沙)가 그때까지 그 지역의 지부로 있었을 것이다. Cf. N.367, 본서 2권, p.342, 주(註) 124.

247 남경으로 들어가면서 리치는 1595년 6월 28일 즈음 꿈에서 보았던 성문을 알아보았다 (N.463). Cf. De Ursis, p.31; Trigault, p.352. 데 우르시스(p.36)는 강가에 있는 이 성문이 요방문(姚坊門)일 것이라고 했다. 북동쪽으로부터 강에서 가장 가까운 문이라면 절강에서 오는 여행객이 가장 먼저 만나는 성문이다.

248 이 절은 과거 한 통감의 건물이었던 것을 명 왕조의 왕근(王董)이라는 사람에 의해

는 매우 크고 사랑방에는 항상 많은 사람이 머무르고 있었는데,[249] 이유
는 승은사가 도심에 있었기 때문이다.

남경의 분위기는 완전히 달라져 있었고, 기쁨으로 활기가 넘치고 있었
다. 일본의 군주,[250] 관백[251]의 사망 소식이 온 중국에 전해졌기 때문이
다. 그는 중국으로 가는 길을 열어 달라며 조선高麗에서 잔인하게 전쟁을
일으켜 중국을 위협했고, 무장한 일본 군대는 결국 조선에서 철수撤收하
여 귀환길에 오르고 있을 때 중국의 군대가 그들을 쳤는데 대단히 큰 전
략이었다.[252] 이것은 중국을 공포에서 해방시켜 주었을 뿐 아니라, 수백

1450-1456년에 사찰로 바뀌었다. 도시의 동쪽 삼산가(三山街)라는 곳에 있다. 침공방
(鍼功坊)에서 가깝다. Cf. *Annali della Prefettura di Nanchino* [『嘉慶江寧府志』],
c.10, f.10a. 이 사찰은 지금까지 남아 있지만 보존 상태는 엉망이다. 남경시 남문(南
門)에서 크게 떨어져 있지는 않다.

249 Cf. N.188.
250 Cf. NN.358, 432.
251 첫 번째 일본의 총리 혹은 관백(關白), 히데요시(豐臣秀吉)의 사망 소식이다[N.358, 주
(註)]. 관백은 1598년 9월 16일 후시미(伏見)에서 죽었다. 고메즈(Pietro Gomez) 신부
가 1598년 9월 13일 나가사키(長崎)에서 포르투갈의 부사령관에게 쓴 한 통의 편지에
서다. 편지의 발송은 며칠 늦게 한 것으로 보인다. 이것은 그의 사망 당일이나 직후에
이 소식을 전하려고 했던 것 같다. Cf. *ARSI, Jap.-Sin.*, 13, ff.143-144. 발리냐노의 몇
통의 편지도, 가령 1598년 10월 20일 자(*Ibid.*, ff.187-188)와 9월 25일 자(*Ibid.*,
f.212v)에도 그의 사망일을 16일과 18일 사이로 말하고 있다. 그러나 다른 모든 문서
가 16일로 이야기하고 있어 18일은 별 관심을 끌지 못했다.
252 휴전은 1598년 11월 2일에 있었다. 크게 손실을 본 중국인들이 휴전을 요구했고, 협정
은 쉽게 체결되었다. 그리고 그즈음에 히데요시의 사망 소식이 조선에 전해졌다. 일본
군대는 철수하기 시작했고, 일본인 병사들을 태운 배를 향해 중국도 조선도 더 이상의
공격은 하지 않았다. 1599년 2월 남경에서는 일본이 '철수(撤收)라는 큰 전략'을 세웠
기 때문이라는 말이 나돌았다. 여기에서 말하는 '큰 전략'은 228명의 일본인 포로들이
탄 군함 한 척을 중국이 납치했는데, 그것을 두고 말하는 것일 수도 있다. Cf.
Murdoch- Yamagata, *A History of Japan*², II, p.358; De Mailla, X, p.387; *Storia dei
Mim*, c.21, anno XXVI, f.1b. **역주_** 여기서도 당시 서양 선교사들이 임진왜란을 바라
본 시각을 눈여겨볼 수 있다.

만의 금화를 절약할 수 있게 해 주었다. 당시 조선에 파견한 중국의 병사는 10만 명가량이었다.

신부는 남경에서 자신에 관한 일들이 크게 소문이 나 있었고, 왕 상서가 자기와 동행하여 황제에게 진상품을 바치러 북경에 갔다는 사실까지 이미 알려져 있다는 걸 깨달았다. 사람들은 신부가 오로지 조선에서 일어난 전쟁 때문에 황제를 만나지 못했다며, 전쟁이 아니었다면 쉽게 황제를 알현할 수 있었을 거라고 했다. 사람들은 모두 시계를 구경하고 싶어 했다. 그곳에서는 '스스로 울리는 종[자명종(自鳴鐘)]'[253]이라고 불렀다. 그리고 아름다운 성화들과 클라비코드, 프리즘과 그 밖의 물건들도 보고 싶어 했다. 이런 것들이 중국에서는 진귀한 물건들로 소문이 나 있었기 때문이다. 남경성과 인구가 밀집된 도시일수록 더욱 그랬다.[254]

533. 많은 관리와 서로 왕래하다. 불꽃놀이. 남경에 안정적인 집을 마련하기 위해 타협하다

많은 옛날 친구들이 신부를 찾아 승은사로 왔고, 특히 그 일대에서 지체가 높고 잘 알려진 사람과 동행하고 있어[255] 그 명성으로 찾아오는 사람들도 많았다.

---

253 지금도 상해(上海)의 옛 프랑스 공관 건물은 사람들 사이에서 대자명종(大自鳴鐘)이라는 이름으로 불린다. 건물의 정면 위에 걸린 커다란 시계 때문이다. 시계와 관련한 이런 표현들은 리치의 펜 끝에서 자주 만나게 된다. Cf. NN.320, 590, 614.
254 이 문장이 의미하는 것은 수도[북경과 남경]와 대도시들에서 나도는 소문 중 (황제에게 바칠) 진상품들에 관해서는 과장하여 선전하기도 한다는 것이다. 중국에서는 그런 걸로도 벌써 명성을 얻는다는 뜻이다.
255 리치와 동행하여 남경으로 온 이 사람은 구태소다(N.532).

며칠 후에 두 사람은 여전히 구태소의 절친한 친구인 왕 상서를 방문하였다. 그는[256] 신부가 혼자서 육로로 왔고, 소주蘇州와 그 일대를 별 탈 없이 경유했으며, 남경에 이미 거처할 곳을 마련하여 많은 사람의 방문을 받고 있다는 소식에 크게 기뻐했다. 특히 함께 온 구태소는 평소와 다름없이 입만 열면 신부와 그의 것들에 대해 칭송을 아끼지 않았다. 신부의 학문이 아무것도 모르는 모든 중국학자의 눈을 열어 주었고, 그래서 사방에서 그를 찾는다는 것이다.

이에 상서尙書는 신부에게 남경은 지형이 좋은 곳이니 여기에 집을 사라고 권하기 시작했다. 그를 자기 곁에 두고 싶어 했다. 그리고 신부의 대답을 듣기도 전에 남경을 잘 아는 자신의 가신 두 명을 불러 신부가 매입할 만한 집을 알아보라고 명했다. 신부가 구태소와 함께 숙소로 돌아오자, 왕 상서가 즉시 두 사람을 답방하여 매우 정교하게 만든 명함拜帖[257]을 주었다. 그는 또 신분에 맞게[258] 성대하게 남경을 행차했다. 세 사람이 거실에 앉자, 사찰에서 가장 높은 주지[259]가 나와 무릎을 꿇고 세 사람에게 차茶를 대접했다. 그 역시 지위가 높은 사람이긴 해도 예부상서禮部尙書라고 하면 중국의 모든 사당과 사찰을 관리하는 최고 직책에 있는 사람이기 때문이다.

그리고 대보름[260]을 전후로 신부를 자신의 공관으로 초대하여[261] 공관

256 여기에서 그는 왕충명(王忠銘) 상서다.
257 Cf. N.123.
258 수행원들과 함께.
259 승려들의 수장.
260 대보름, 즉 정월 대보름으로, 1599년의 음력 1월 15일의 등불놀이는 2월 10일에 있었다.
261 초대의 주체는 예부상서 왕충명이다.

부하들이 만든 대보름 밤의 불꽃놀이와 거기에 매단 아름다운 등을 관람하게 했다. 온 중국에서 하는 등 축제등절, 燈節는 새해 첫 보름[정월 대보름]에만 볼 수 있다.[262] 왕 상서와 그의 집안 식구들은 신부를 극진히 대접했고, 신부는 매우 아름다운 여러 가지 불꽃들을 관람했다. 남경의 불꽃놀이는 중국 전역은 물론 아마 전 세계에서 가장 아름다울 것이다.[263]

이 일이 있고 난 후, 형부刑部의 왕시랑王侍郎이 신부를 예방했고,[264] 이어서 같은 부서의 조趙씨 성을 가진 상서가 찾아왔으며,[265] 또 그 뒤를 이어 장張씨 성을 가진 호부상서戶部尙書가 찾아왔다.[266] 세 사람은 예를 갖

---

262 Cf. N.135, 본서 1권, p.395, 주(註) 423.
263 리치는 남경의 이 시기를 좋아했다. "남경에서 신년 초에 한 달간 사용한 폭죽이 우리 서방에서 2년 혹은 3년간 계속해서 전쟁에 쓴 양에 달한다고 할 정도다"(N.36).
264 그는 성이 왕(王)이고 이름은 초(樵), 자는 명원(明遠) 또는 명일(明逸)이며, 호는 방록(方麓)이고 시호는 공간(恭簡)이다. 1521년 강소(江蘇)에 있는 절강(鎮江)의 금단(金壇)에서 태어나 1547년 진사에 급제하여 형부(刑部)의 원외랑(員外郎)이 되었다. 산동(山東)과 절강(浙江)에서 여러 직책을 맡았고, 때로는 좌부어사(左部御史)와 같은 불분명한 관직에도 있다가 남경의 의전 담당관인 홍려경(鴻臚卿)이 되었다. 그곳에서 70세가 넘도록 있으며 태복소경(太僕少卿)의 차관으로 있다가 바로 남경의 대리경(大理卿)과 형부의 우시랑(右侍郎)이 되었다. 그는 78세의 나이로 사망하기 몇 개월 전인 1599년 2월에 리치를 방문했다. 그에 관해서는 Cf. *Index*, 10, II, p.113; Seccu, pp.133, 244, 271, 568, 3678을 보라. 왕시랑은 리치가 자주 언급하는 왕긍당(王肯堂)의 아버지다(N.539). N.25, 주(註): N.482, 주(註): N.484, 주(註); Cf. *Storia dei Mim*, c.221, ff.5b-6a; Litae, c.21, f.30b; *Index*, 24, II, p.68. 그는 1599년에 사망했기에 베르나르드가 묻는 것처럼(Bernard², I, p.313, N.32) ―이 경우 이전의 중비(中祕)가 아닌, 현재의 중비 왕가직(王家稙)과 같은 사람일 리가 없다. 왕가직이 리치를 만난 것은 북경에서 1603년 이후고, 리치의 묘비에도 적혀 있다(*Fonti Ricciane*, III, p.13, N.1).
265 이 사람의 성은 조(趙), 이름은 참로(參魯)다. 자는 종전(宗傳)이며, 호는 심당(心堂)이고, 시호는 단간(端簡)이다. 영파(寧波)에서 태어나 1571년 진사에 급제하였다. 서길사(庶吉士), 복건성의 제학(提學), 남경의 태상경(太常卿), 복건의 총독(巡撫), 태리경(太理卿), 형부와 병부, 그리고 사부(史部)에서 시랑(侍郎)을 지냈고, 마지막에 형부에서 상서(尙書)가 되었다. Cf. *Storia dei Mim*, c.221, f.10a-b; *Index*, 24, II, p.109.
266 장(張)씨 성을 가진 호부(戶部)의 이 상서(尙書)는 리치의 묘비명에서도 확실히 언급

추어 명함을 가지고 왔다. 또 네 사람[267]은 각자 큰 선물도 보내왔다. 신부가 그들의 관저로 답 방문했을 때도 크게 환대해 주었고, 신부가 남경에 남기를 바랐으며, 신부가 떠날 때는 대문 밖까지 나와서 배웅해 주었다.

그 뒤에 예부시랑禮部侍郎 엽대산葉臺山[268]도 방문했는데, 몇 년 후 그는

하고 있는 사람이다. 리치가 남경에서 호부상서(戶部尚書)와 우정을 나누었다고 적고 있기 때문이다. 司從張公孟男. Cf. *Fonti Ricciane*, III, p.10, N.10. 당시 그가 리치에 대해 말하기를, "우리 땅에서 온 사람"(N.1691), 곧 (자신이) 서양인과 친구가 되었다고 했다. 그도 [조상이] 유대인이었기에 선교사들과 변함없이 깊은 우정을 나누었다 (N.725). 성은 장(張)이고, 이름은 맹남(孟男)이며, 자는 원사(元嗣)다. 하남(河南)의 개봉(開封)에서 소박한 부모 밑에서 태어났다. 본(本)은 중모(中牟)지만 오랫동안 상부(祥符)에서 살았다. 1565년 진사에 급제하여 지금의 호북(湖北)에 있는 광평(廣平)시에서 처음 관리가 되었고, 후에 섬서(陝西)에 있는 한중(漢中)의 동지(同知)가 되었다. 거기에서 북경의 상보승(尚寶丞)으로 승진했다. 그의 고모 중 한 사람이 최고 재상 고공(高拱)과 결혼했고(Cf. *BD*, N.955), 1572년 고모가 죽은 후에도 재상과의 신뢰는 계속되었다. 그 덕분에 태복소경(太僕少卿)이 되었고, 1585년 이후에야 비로소 남경의 공부(工部)에서 우시랑(右侍郎)으로 승진하였다(N.725). 1589년 바로 전, 북경에서 그를 통정사(通政司)로 불렀다. 그해 겨울에는 북경의 호부(戶部)에서 제1차관이 되었다. 1599년 리치가 남경에 도착했을 때 그는 남경의 호부상서로 있었다. 리치가 부당한 고발의 희생양이 되었을 때, 그가 끈질기게 물고 늘어져 결국 리치의 누명을 벗겨 주었다. 이후 그는 호부로 돌아가지 않았다. 1604년 북경으로 승진해서 갔을 때, 그는 옛 친구이자 '위대한 서방의 현자'를 찾아 방문하여 "많은 칭송을"(N.1691) 아끼지 않았다. 그는 질병을 이유로 40여 년간의 공직 생활에서 물러났고, 얼마 지나지 않아 사망하였다. 죽은 뒤에는 태자태보(太子太保)로 봉해졌다. Cf. *Storia dei Mim*, c.221, ff.10b-11b; *Annali Generali del Honan* 雍正河南通志, c.57, f.72a; *Annali della Prefettura di Kaifeng* 康熙開封府志, c.26, f.33b; *Cronaca dei Mim*, c.42, f.14b; *Litae*, c.21, f.30b; *Index*, 24, III, p.69.

267 예부상서(禮部尚書) 왕충명(王忠銘), 형부시랑(刑部侍郎) 왕초(王樵), 형부상서(刑部尚書) 조참로(趙參魯)와 호부상서(戶部尚書) 장맹남(張孟男)이다.

268 그는 성이 엽(葉), 이름은 향고(向高), 자는 진경(進卿), 호는 대산(臺山), 시호는 문충(文忠)이다. 1559년 복건(福建)의 복청(福淸)에 있는 한 평범한 가정에서 태어났다. 1583년 진사에 합격하여 서길사(庶吉士)로 임명되었고, 그곳에서 사업(司業)이라는 직책으로 남경의 국자감(國子監)으로 옮겨갔다. 첨사부(詹事府)의 직원이 된 것이다. 그 후 남경에서 왕충명(王忠銘)의 부하, 곧 예부우시랑(禮部右侍郎)이 되었는데, 그 자리에 있을 땐인 1599년에 리치를 만났고, 오랫동안 그 자리에 있다가 나중에 남경의

사부(吏部)로 자리를 옮겼다. 1607년 6월 20일, 북경에서 각로(閣老)로 임명되었는데, 리치가 언급한바 "두 차례에 걸쳐 고관의 집을 방문하였다"(N.974)라는 것은 그의 집을 방문했다는 것이다. 이 각로가 천주당을 세우고 거기에 '서방의 위대한 인물(마태오 리치)'이 사망한 후에 동상을 세운 걸로 짐작된다. 아무튼 그의 권한으로 못자리를 마련한 것은 확실하다. Cf. NN.974-977, 979. 1614년 9월 26일, 기력이 떨어져 사저로 물러났지만 1620년에 새 황제의 신임을 얻어 다시 각로로 임명되어 1624년 8월 22일까지 일했다. 1627년 9월에 사망하였다. Cf. *Index*, 24, II, p.212; *Storia dei Mim*, c.240, ff.1a-6b: c.305, ff.14b-15b; *Zoeiueilu*, XLIII, 傳, c.13, ff.1a-6a; *Litae*, c.23 上, 明 c.3, ff.17a-22b. 리치가 사망한 후에 판토하(Pantoja)는 각로로 있던 그에게 못자리를 요청하는 청원서를 제출하였다(NN.974, 977, 979). 또 그는 1624년에 알레니(Aleni)를 복건으로 초대하여 복음을 설교하게 했고, 그를 '서방에서 온 공자[西來孔子]'라고 불렀다. Cf. Intorcetta, ecc., p.CX; 페르비스트(Verbiest)는 알레니의 이름을 쓰면서, 직책을 엽복당(葉福唐)이라고 불렀다. 그는 양정균(楊廷筠) 미켈레 박사의 '서방의 십계명에 대한 첫 설명서 서문[서학십계초해서(西學十誡初解序)]'를 써 주었고, 알레니(Aleni²)의 지리학『직방외기(職方外紀)』의 서(序)도 써 주었다. 엽향고(葉向高)의 『창하초(蒼霞草)』(Appunti della Biblioteca di Iésciiamcao)에도 나온다. 지리학 서문은 『초기서학총서(天學初函, *PCLC*)』에는 없고, 꾸랑 전집(Courant, NN. 1519-1520)에 있다.

그는 알레니에게 헌정하는 다음과 같은 시(詩)를 지었다(Cf. Bibl.Vat., *Borgia Cin.*, 33414 e 3643 三山論學記).

贈思及 艾先生詩	애 선생을 생각하며 증정하는 시
天地信無垠	하늘과 땅은 진실로 끝이 없으니
小智安足擬	작은 지혜로 어찌 헤아리랴!
有西方人	이에 서방에서 어떤 사람이
來自八萬里	팔만 리로부터 왔다네.
躡屩歷窮荒	짚신 신고 궁벽한 황야를 지나고
浮搓過弱水(*)	뗏목을 띄워 약수를 건넜네.
言慕中華風	중화의 풍속을 사모하여
浮契吾儒理	우리 학문의 이치와 깊이 결합하였다 하네
著書多格言	저서는 격언이 많고
結交皆名士	교제를 맺은 이는 모두 다 명사라네
淑詭良不矜	특출한 명성을 자랑하지 않고
熙攘乃所鄙	어지러운 교제를 비루하게 여기네.

북경의 각로閣老로 승진하였다. 또 국자감國子監의 곽명룡郭明龍[269]과 한림

聖化被九埏	성인의 교화가 온 세상에 펼쳐져
殊方表同軌(**)	지역이 달라도 문화가 같다네.
拘儒徒管窺	고루한 선비는 견문이 좁으나
達觀自一視	달관한 사람은 똑같이 본다네.
我亦與之遊	나 또한 그와 교유하되
冷然得深旨	차분히 깊은 뜻을 터득하네.

福唐葉向高題贈　　복당 엽향고 제하여 증정함

* **역주_** 약수는 물의 밀도가 낮아서 지푸라기조차 가라앉는다는 신화적인 강인데, 여기서는 강과 호수를 여럿 건넜다는 뜻.
** **역주_** 진(秦)나라가 천하를 통일한 뒤 도량형, 교통, 문자 등 제도를 통일하였는데 대표적으로 동궤(同軌)는 수레바퀴의 폭이 같음을 나타내는 말.

　그러나 리치, 알레니 그리고 다른 많은 선교사와의 이런 좋은 관계에도 불구하고, 엽대산(葉臺山)은 그리스도교 신앙에는 이르지 못하였다. 이 점에 대해 바르톨리(Bartoli[1], IV, c.81, pp.162-163)는 "유일한, 극복하지 못한 장애"는 "그가 보기에 인간을 구원하기 위해 인간을 희생시키는 하느님은 온당치 못하다는 것"에 있다고 말한다. 그의 저서들에서 그는 "정말 말도 안 되는 소리야! gentibus, stultitiam!"라고 적고 있기 때문이다. Cf. *Index*, 10, III, p.124.

269 성은 곽(郭)이고, 이름은 정역(正域)이며, 자는 미명(美命)이지만, 통상 학생들 사이에서는 명룡(明龍) 선생으로 불렸다. 리치도 그렇게 불렀다. 學者恆稱明龍先生. Cf. *Annali della Prefettura di Wuchang* (武昌府志), c .7, f.32b. 그는 1554년 호광(湖廣)의 무창(武昌)에서 태어났다(N.620). 그의 부친은 강하(江夏) 출신이고 경비원이었다. Cf. *Stele dei dottori*, 1583, f.25b. 1583년에 진사에 급제했고, 서상(庶常)이 되었다. 이후 그는 학업을 더 쌓아 편수(編修)가 되었고, 유덕(諭德)과 왕위 계승권 왕자의 훈장이 되었다. 5년 후, 제주(祭酒)라는 직책으로 남경의 국자감으로 자리를 옮겼다. 1599년 2월, 남경에서 리치를 방문하러 갈 때까지만 해도 그는 이 직무를 충실하게 수행하고 있었다. 그리고 몇 개월 후에 예부시랑(禮部侍郞)이 되어 북경으로 갔다. 그리고 1601년에 "여러 차례에 걸쳐 온 가족과 함께" 리치를 방문했고, 신부를 향한 "여러 비방에 맞서 그를 옹호했다." 신부들은 그에게 여러 가지 선물을 주었는데, 거기에는 "지구본, 시계 그리고 다양한 수학 기기"(N.620)가 있었다. 1603년 4-5월부터 그해 9월 사이에 예부(禮部)라는 공직에서 물러났다. 심일관(沈一貫)의 질투로 인해 그해 12월 14일에 일어난 풍자시 사건에 자신이 깊이 개입되었다는 걸 알았다(N.638). 거기에서 그의 작품 『금사요서시말(禁事妖書始末)』이 공개되었기 때문이다. 그는 1612년 58세의 나이로 사망했고, 문의(文毅)라는 시호를 받았다. 그는 많은 저술을 남겼는데, 그중

원翰林院[270]의 양형암楊荊巖[271] 역시 신부를 방문했고, 몇 개월 후에 북경의 관리로 승진하였다. 둘은 한 사람씩 연달아 가며 예부禮部의 시랑侍郎이 되었다. 그 밖에도 신부를 찾아온 많은 사람이 있었지만 일일이 열거할 수가 없다.

신부가 집을 사고 싶어 한다는 소문이 나자 매일 많은 사람이 와서 여러 가지를 제시하며 매우 편하다는 둥, 직접 집을 보여 주겠다는 둥 몹시 성가시게 했다. 육 개월 전만 해도[272] 자기 집에 머물라는 사람이 단 한 사람도 없었고, 신부 역시 덮개가 있는 가마를 타지 않고는 성안으로 들어갈 수조차 없었는데,[273] 지금은 많은 사람이 앞다투어 자기 집을 팔겠

Annali del distretto di Wukiang 武江郡縣志도 있다. Cf. *Annali della Prefettura di Wuchang*, c.7, ff.29a-32b; *DB*, p.1045; *Cronaca dei Mim*, c.45, ff.21a-27a; *Storia dei Mim*, c.226, ff.12b-16b; *Index*, 24, III, p.32; 10, IV, p.60.

270 Cf. N.100.

271 성은 양(楊), 이름은 도빈(道賓)이고, 자는 유언(惟彦)이며, 호는 형암(荊巖)이다. 복건의 진강(晉江)에서 태어나 1586년 진사에 차석으로 급제하였다. 앞의 곽명룡(郭明龍)과 거의 비슷한 관직으로 출세 가도를 달렸다. 먼저 편수(編修)가 되었고, 후에 국자감(國子監)의 사업(司業)이 되었다. 곽명룡(郭明龍)의 뒤를 이어 유덕(諭德)으로 임명되었고, 제주(祭酒)가 되었다. 1599년 2월 남경에서 학회 회원으로 리치를 방문했고, 그해에 북경으로 가서 처음에는 소첨사(少詹事)로, 리치가 텍스트에서 말하는 것처럼 예부우시랑(禮部右侍郎)이 되었다가 나중에 예부상서(禮部尚書)가 되었다. 1597년과 1600년에 거인(舉人), 석사 시험의 감독관으로 절강(浙江)에 갔고, 1607년에는 북경에서 진사박사 시험의 감독관이 되었다. 북경에 있을 때, 그는 자주 '서방의 현자'를 방문했고, 비방하는 사람들로부터 한 차례 이상 신부를 옹호했으며, 신부와 가톨릭교회에 해를 끼치지 못하도록 방을 붙이기도 했다(N.620). 1642년 문각(文恪)이라는 시호를 받고 죽었다. 그의 묘비명에는 각로 엽대산(葉臺山)의 말대로 바른 도덕성, 명료함, 청렴한 삶을 칭송하고 있다. 그는 『문각문집(文恪文集, *Collezione letteraria*)』의 저자다. Cf. *Storia dei Mim*, c.216, ff.13b-14a; *Annali Generali del Fukien*, c.204, ff.26b, 28a; *Annali della Prefettura di Chüanchow* (同治泉州府志), c.44, ff.15a-17a; *Index*, 24, III, p.155. 그의 형제 중 한 사람이 천주교인이 되었다. N.620에서 보게 될 것이다.

272 1598년 7월 5일과 16일 사이다.

다고 하고 있다. 또 얼굴을 드러내 놓고 모든 건물과 도로를 다녀도 그에게 말하는 사람이 아무도 없다.

534. 리치가 소주보다는 남경에 수도원을 세우는 것이 하느님의 뜻임을 알아차리다

이런 변화는 의심의 여지 없이 하느님께서 하신 기적이라고 생각했고, 신부는 다른 곳이 아니라, 그 도시[남경]에 수도원을 세우는 것이 하느님의 뜻이라고 판단했다. 따라서 인간적인 모든 의도는 내려놓아야 한다고 생각했다.[274]

이에 동행한 구태소를 불러 자신은 하느님의 뜻을 거스르고 싶지 않다며, 우리 눈앞에서 벌어진 모든 일을 제시하면서 하느님께서 우리가 남경에 남기를 바라시는 것이 분명하다고 했다. 구태소는 원래 매우 총명한 사람이었고, 어둠 속에서도 하느님의 손길을 감지할 줄 알았던 사람이었기에 남경에 체류하는 문제를 두고 논의하기 시작하는 것은 좋은 일이라고 생각하여, 이후 소주蘇州에 대해서는 전혀 입 밖에 꺼내지도 않았다.

535. 구태소가 문인 이심재(李心齋)에게 리치를 부탁하다. 이심재가 소주보다는 남경에 거주할 곳을 마련하라고 권하다. 문인 동호회

당시 남경에는 큰 학자로 이름난 이심재李心齋[275]라는 사람이 있었는

---

273 다시 말해서, 모습이 보이지 않도록 가마를 타고 갔다는 뜻이다. Cf. N.507. 그 반대의 상황에 대해서는 N.576을 보라.
274 Cf. N.546.

데, 그는 강서 사람으로 총독 혹은 도당都堂을 지낸 사람의 아들이었다. 그는 거인舉人에 두 번이나 합격했는데, 첫 시험에서 다른 사람에 비해 원하는 만큼 점수가 나오지 않았다며 거인을 수락하지 않았기 때문이다. 그는 남경의 모든 주요 관리들과 깊은 관계를 유지했고, 그들은 자기네 이름으로, 그에게 여러 가지 문장을 부탁하곤 했다. 친구가 세상을 떠났거나, 축하할 일이 생겼거나, 누군가가 먼 길을 떠날 때 우리가 무언가를 기원하듯이 말이다.[276] 그것을 통해 그는 많은 돈과 명성을 얻고 있었다. 몇몇 고관대작들의 자제들을 가르치는 것 외에도, 당시에 잘 알려진 중국의 세 종파에 대해 설교하고 평가했다. 그에게는 학문에 뒤떨어진 아들 하나가 있었는데, 그에게 권위를 부여하고자 수학에 조예가 있는 사람에게 부탁하여 수학 관련 자료들을 수집하게 했다.[277] 그리고 그것을 엮어 책을 한 권 내며 아들의 이름으로 출판했다.

그는 구태소가 남경에서 신부와 함께 있는 것을 보자, 또 신부의 다른 것들은 말할 것도 없고, 그가 세계에서 가장 위대한 수학자라는 걸 알게 되자 구태소의 문장이 자신의 것에 비해 떨어진다는 것을 알면서도 자신의 명성과 이익이 빼앗길까 두려워했다.[278] 그래서 마태오 신부에게 적

---

275 이 사람에 대해서는 알레니(Aleni¹, B, f.7a)가 정보를 주고 있는데, 그는 '하지만 나는 그에 관해 더 이상의 특별한 것을 줄 수 있는 처지가 아닙니다'라고 밝히고 있다. 그러나 알레니는 그를 "유명한 학자[理學名儒]"로 부르고 있어 중국어 자료들에서 그의 흔적을 못 찾을 수는 없을 것이다. Cf. N.571.

276 즉, '담화'와 같은 것이다.

277 이 익명의 저자는 이심재(李心齋)의 제자였다. 그는 "중국에서 수학에 상당히 조예가 있었고", 이른 시일에 리치의 학당을 찾았다. Cf. N.539.

278 다시 말해서, 구태소는 그와 비슷한 일을 했다는 것이다. 문장을 쓰고 대필해 주는 것이다.

의를 품었다.[279]

　이 사실을 알게 된 구태소는 자기로 인해 신부가 남경에서 하는 일에 방해를 받을까 걱정하여 신부를 그에게[280] 양보하기로 했다. 그를 통해 신부가 얻을 수 있는 모든 것을 얻게 하기 위해서였다. 이 일을 통해 [신부는] 구태소가 신부를 위한 일에 얼마나 성의껏 임하고 있는지를 알게 되었다. 하루는 신부가 이심재의 집으로 가는 길에 이런 상황을 모두 알고 있는 구태소의 몇몇 친구들을 만났다. 그들은 웃으며 신부에게 "내가 오랜 세월 키운 양을[281] 엉뚱한 사람에게 주어 득을 보게 하려고 하네!"라고 말했다. 신부는 이심재의 집에 도착했고, "구태소가 남경에 온 것은 주저앉아 살려고 온 것이 아니라, 오랜 친구로 지낸 저와 동행하기 위해서입니다. 그는 현재 지내고 있는 그곳에서 다른 일을 도모하려는 뜻이 없습니다. 일이 마무리되면 그는 원래 있던 진강부鎭江府[282]로 돌아갈 것입니다. 구태소가 보기에 남경에 대해서는 이심재보다 더 잘 아는 사람이 없을 것 같다며 저를 부탁한다고 말했습니다. 이제 모든 일이 이심재에게 달려 있습니다"라고 말했다.

　내막을 알지 못한 이심재는 뜻밖의 상황에 크게 기뻐했고, 이 일을 위해 최선을 다하겠노라고 약속했다. 실제로 그렇게 하려고 했다. 그런 다

279　학자로서 리치에 관한 명성은 NN.266, 512, 535, 538, 545, 552, 625, 705, 1397, 1421, 1468을 보라; Cfr. N.266, 주(註).

280　이심재다.

281　아마도 구태소는 '기르다', '양육하다'라는 뜻의 양(養)을 '염소' 혹은 '양'이라는 의미의 양(羊)과 한 문장에 넣어 농담한 것으로 보인다.

282　단양(丹陽)이다. 진강부의 관할 지역이다. 리치는 구태소를 만나러 그곳에 가기도 했다. Cf. N.530.

음, 이 일에 대해 바로 상의하기 시작했다. 가장 먼저 해결한 것은 남경보다 더 좋은 장소가 없다는 결정을 내린 것이다. 이에 두 사람[283]은 남경에서는 외국인이 의심받기 쉬워 어려움이 있지 않냐고 문제를 제기했다. 이심재가 말하기를 "의심받기 가장 쉬운 곳은 소주蘇州입니다. 그곳은 해안가 지역이고[284] 세금 부담이 커서 언제든 폭동이 일어날 수 있습니다. 하지만 지금은 평화로운 시기이니 남경에 있어도 아무도 의심하지 않을 것입니다. 남경은 특별히 많은 친구와 지지자들이 있습니다. 남경 외 다른 도시는 어떤 관리든 해코지를 할 수 있고 쫓아낼 수도 있습니다. 그것을 막아 줄 관리가 아무도 없기 때문입니다. 반면, 남경에서는 어떤 관리가 신부들을 쫓아내려고 해도 그래봐야 그들은 고작 열 명에 지나지 않을 것이고, 그마저 많은 반대에 부딪히게 될 것입니다."

이후 신부는 더 이상 소주로 돌아갈 생각을 하지 않았고, 남경에 머무를 방법만 찾기로 했다.

536. 감찰관 축석림(祝石林)도 비슷하게 남경에 자리를 잡으라고 조언하다

하지만 이 일에 가장 큰 힘과 노력을 기울인 사람은 강서 출신의 축석림祝石林[285]이라는 과리科吏[286]였다. 남경에는 통상 과리가 여덟 명에서 열

---

283 리치와 구태소다.
284 "해안가 지역"은 아니다. 다만 남경과 여러 운하와 양자강을 통해 바닷길로 쉽게 오갈 수 있는 도시다.
285 그의 성은 축(祝)이고, 이름은 세록(世祿), 자는 연지(延之), 호는 무공(無功) 또는 석림(石林)이다(리치는 석림(石林)이라는 호를 불렀고, 알레니도 따라 했다. Aleni¹, B, f.7a). 그는 강서(江西)의 요주(饒州) 지역 덕흥(德興)의 가난한 나무꾼 집안에서 태어

명가량 있어[287] 남경의 모든 큰일을 처리하곤 했는데, 당시에는 축석림 혼자 전권을 행사하고 있었고, 그래서 그를 두려워하지 않는 사람이 없었으며, 존경하지 않는 사람도 없었다.

그는 대학자였는데, 그의 손으로 쓴 글은 매우 탁월하여[288] 중국에서 평판이 자자했고 여덟 혹은 열 줄에 남경에서만 1율리우스[289]의 값어치

났다. 18세까지는 아무런 교육도 받지 못했다. 1564년에 고향을 떠나 지금의 안휘성(安徽省) 무원(婺源)으로 가서 유명한 학자 홍각산(洪覺山)을 스승으로 모시며 그를 찾아오는 많은 인사와 빨리 사귀었다. 1589년 거의 50세의 나이로 진사에 급제했고, 안휘성 휴녕(休寧)의 지현(知縣)으로 부임했다. 광산 세금 징수인을 맡아 남경으로 옮겨갔고, 적어도 우리의 기록으로는 1595년부터 과리(科吏), 즉 급사중(給事中)이 된 걸로 나온다. Cf. *Cronaca dei Mim*, c.43, f.31a. 그 자리는 리치의 두 번째 북경 방문에 큰 도움을 줄 수 있는 자리였다. Cf. NN.564, 571, 575; *Fonti R.*, III, p.10. 1604년에 그는 남경의 상실경(尙實卿)이 되었지만 얼마 안 가 물러났다. 그는 『축자소언(祝子小言)』 또는 『환벽재소언(環碧齋小言)』을 썼고, 『환벽재시집(環碧齋詩集)』, 『척독(尺牘)』 등도 썼다. Cf. *DB*, p.824; *Annali del distretto di Tehhing* 同治德興縣志, c.8, ff.27a-28a; *Dottrine dei letterati dei Mim*, II, c.35, pp.61-64; *Index*, 24, III, p.38.

286 그러나 리치는 왕옥사(王玉沙)[Cf. N.367, 본서 2권, p.342, 주(註) 124.]를 과리(Cf. N.97)라고 불렀고, 잠윤(箴尹)이라는 사람을 급사중(給事中), 감찰관으로 불렀다. 리치는 이 사람도 과리라는 호칭으로 부르고 있다. Cf. *Fonti Ricciane*, III, p.10, N.9. 마찬가지로 알레니 역시 감찰관을 "예과도속(禮科都諫)"이라는 명칭으로 언급하고 있다 (Aleni[1], B, f.7a).

287 원래는 육부(六部)와 마찬가지로 육과(六科)의 숫자에 맞추어 여섯 명이 있어야 한다. 리치는 이 여섯 명에 세 명을 더해서 말하고 있는데, 이 세 명에 대해서는 NN.546-549 에서 언급할 것이다.

288 *Annali del distretto di Tehhing, loc. cit.*, f.28a는 "숙련된 서예가(善草書)"라고 말한다.

289 교황청의 화폐로, 1503년 율리오 2세 교황이 화폐개혁을 하면서 재료와 무게를 향상해 발행했다고 해서 붙여진 화폐의 이름이다. 이 돈은 오랫동안 두카토의 10배에 해당되었다. 1544년 금화 1스쿠드는 11율리우스였고, 1두카토[역주_ 당시 이탈리아인 기준 노동자의 한달 월급이 1두카토였음] 12율리우스였다. Cf. Martinori, *La moneta*, Roma, 1915, pp.183-184. 16세기 말, 당시 중국의 생활물가를 잘 알고 있던 리치로서는 한 직업 서예가가 쓴 서체가, 아무리 그것이 예쁘다고 해도, 중국 글자 열 줄의 가격치고는 크게 비싸다고 생각했다.

나 나갔다. 외지에서는 그보다 훨씬 비쌌다. 그의 편지도 몇 년 후가 되면 매우 비싼 가격에 팔리곤 했다. 그는 사람들에게 덕행을 권하는 책을 썼고,[290] 많은 학자가 모이는 강학講學에도 참여하여, 모임에 따라 여러 차례 강연하기도 했다.[291]

축석림은 왕 상서, 구태소와 이심재의 친구였기에 신부와도 가족적인 마음으로 금세 친구가 되었다. 그는 신부가『교우론』[292]을 썼다는 걸 알고 높이 평가했다. 그런 다음 신부가 남경에 남는 것에 대해 말하면서 "저는 신부님이 강서[293]와 다른 여러 지방에서 오랫동안 사신 것으로 알고 있습니다. 따라서 중국에서는 이제 외국인이라고 할 수 없습니다.[294] 많은 회교도가 사는 남경에 신부님이 살 수 없다는 것이 말이 됩니까?"[295] 라고 했다. 남경에는 많은 회교도가 살고 있었기 때문이다.

537. 남경에서 집을 임대하여 첫 수도원으로 자리를 잡다

이에 신부는 위치가 좋은 집을 하나 찾기로 하고, 이곳에서 수도원을 잘 가꿀 생각을 했다. 도시의 명성은 온 중국에 자자했고, 포르투갈인과

---

290 축석림의 저작으로는『소언(小言)』들이 있다.

291 이런 학자들의 "모임"(N.484)이나 "강학"(N.556)은 저명한 많은 인사가 참여하는 가운데 "도덕에 관한 것이나 고결하게 사는 방식"에 대해 논의하곤 했다(N.556). 관리들은 이런 학회의 회원들을 존중했고, 그들은 덕을 가르치고 실천하는 일을 했다. 그래서 그들을 '가르침을 설파하는 사람'이라는 뜻으로 강학가(講學家)라고 불렸고, 백성들은 중국의 "교육 담당 관리들(satrapi)"처럼 예우했다(N.484). 비록 그중에는 "파렴치한 많은 위선자"(N.880)가 있어도 백성들은 그들을 은수자들처럼 대했다(N.4281).

292 Cf. N.482.

293 강서의 도읍 남창(南昌)이다.

294 Cf. NN.312, 491, 604; *Fonti Ricciane*, III, p.7; D'Elia[1], p.80; Guerreiro, II, p.291.

295 Cf. N.174.

전 세계에서 오는 모든 사람 사이에서도 잘 알려진 곳이었다. 따라서 이
곳에 수도원을 세우는 일은 북경에 세우는 것 못지않게 중요하다고 생각
했다. 이곳에서부터 우리 신앙의 씨앗을 뿌리면 다른 모든 성으로 쉽게
퍼져 나갈 것이고, 이곳 수도원이 신뢰를 얻으면 이 지역 바깥의 다른 수
도원들도 명성과 안전을 보장받을 수 있을 것이다.

카타네오 신부가 임청臨淸에서 오는 동안[296] 신부는 집을 찾았다. 신부
개인을 위해 좋은 집을 하나 임대하여 모든 사람이 편안하게 찾아올 수
있게 하고도 싶었다. 또 집을 매입하는 과정에서 누군가 방해하는 사람
이 있는지도 시험해 보고 싶었다. 그러나 그렇게 집을 사기에는 돈이 충
분하지 않았다. 임청에서 남은 돈밖에 없었고, 그것으로는 선금만 지급
할 수 있을 정도였다. 나머지는 마카오에서 올 때까지 기다려야 하거나,
신부의 높은 신용도와 많은 친구 덕분에 손쉽게 빌리는 방법도 있었다.

왕 상서는 모든 관리가 신부와 잘 지내며 이곳에 남기를 바란다는 사
실을 알고, 그도 신부의 일에 발 벗고 나섰다. 하느님께서는 때로 일을
순조롭게 하려고 사람들의 착각을 이용하여 헌신하게도 하신다. 남경의
모든 관리가 왕 상서가 신부를 진심으로 아끼고 남경에 체류하기를 바란
다고 생각하여 열심히 최선을 다해 도와주고 있었다. 반면에 왕 상서는
모든 관리가 신부가 남경에 머물기를 바란다고 생각하여 이 일에 더 관
심을 가지고 어떻게든 잘되도록 도와주었다.

이 일로 신부는 구태소와 함께 왕 상서를 찾아가 그들이 결정한 것을
알려 주면서, 임청에 있는 사람들이 오기 전에는 집을 매입할 수 없다고

---

296 Cf. NN.525, 528.

했다. 왕 상서는 예부의 시랑侍郎 관저[297]를 신부에게 내어 주고자 한다고 했다. 당시에 비어 있었고, 그 건물을 자기가 관리하고 있었기 때문이다. 관저는 아주 좋았다. 그러나 신부는 그것을 받지 않으려고 했다. 사람들의 입방아에 오르내리고 싶지 않았고, 나중에 왕 상서에게 어떤 해害로 돌아올지 모르기 때문이다.

그러는 사이에 신부는 아주 좋은 집을 하나 임대했고, 시랑의 관저에서는 의자와 탁자, 그 밖의 집기들을 빌리기로 했다. 왕 상서는 신부가 집을 사서 새 물건들을 살 때까지 기꺼이 가져다 쓰라고 내어 주었다.

[임대한] 집으로 이사하자, 남경에서 가장 지체 높은 사람들이 앞다투어 방문했고, 그 수는 날로 늘었다. 신부는 이런 소식을 강서江西의 신부들에게 전했고,[298] 신부들은 매우 놀라워했다. 그들은 신부가 남경으로 가게 된 일을 전혀 모르고 있었기 때문이다. 그들은 얼마간의 돈과 함께 미사 때 쓸 물건들을 보내왔다.[299]

---

297 예부(禮部)의 시랑(侍郎)으로는 엽대산(葉臺山)이 있었고, 그의 관저라는 말이다.
298 남창 수도원에 머무르고 있던 소에이로 신부와 다 로챠 신부에게 편지를 쓴 것이다. Cf. N.506.
299 이 장(章)과 관련하여, 트리고는(pp.345-355) 물품 목록뿐 아니라, 원래의 풍습대로, 리치가 남경에서 사귄 저명한 관리들의 명단까지 길게 실었다. 이 부분은 그런 곳 중 하나로 '부연 설명'으로 간주되는 부분이다. 리치의 원문 텍스트를 벨기에 출신의 번역가가 어떻게 라틴어로 번역했는지를 잘 엿볼 수가 있다.

제5장

마태오 리치가 어떻게 남경에서 수학 강의를 하게 되었는지, 그것이 우리에게 얼마나 큰 공신력을 안겨 주고 열매를 가져다주었는지에 대해서

(1599년 2월 6일 이후부터 1600년 5월 19일 이전까지)

○ 서양 학문의 중국 진출. 중국의 가짜-학문들의 오래된 이론
○ 남경의 첫 유럽 수학자들. 왕순암(王順菴)과 그의 제자 장양묵(張養默)
○ 엘리트 사도직 · 불자들의 비과학적인 이론
○ 장양묵이 유클리드를 공부하다. 왕순암이 리치에 관해 기록하다. 시계, 지구의,
　지구본, 상한의(象限儀), 기한의(紀限儀)의 제작
○ 황실 수학자(흠천감)들이 리치가 자기네 자리를 빼앗을까 두려워하다
○ 남경과 북경의 관측소에 있는 4개의 천문관측기구
○ 1600년 남경에서 만든 세계지도 두 번째 판본 『산해여지전도』
○ 1604년 곽청라(郭靑螺)에 의한 리치의 '세계지도'

538 서양 학문의 중국 진출. 중국의 가짜-학문들의 오래된 이론

　마태오 신부가 한 일들 가운데 중국의 학자들과 위인들의 존경을 받았던 것은 그들이 한번도 들어 보지 못했던 우리[유럽]의 학문을 전해 주었기 때문이다.[300] 땅이 둥글다고 하는 것은 이 땅[중국]에서는 처음 듣는 일이었다. 그들은 고대의 경전에서 말하고 있는 것처럼 "하늘은 둥글고 땅은 직방"[301]으로 알고 있었다. 우주에는 중심이 있고, 그 아래와 위 모든 곳에 사람이 살고 있으며, 그들끼리는 서로 극단에서 사는 셈이라고 생각했다. 지금까지도 이 사실을 온전히 믿을 수 없다고 생각한다.[302] 월식은 해와 달 사이에 지구가 끼여 그 그림자로 인해 생긴 거라는 사실을 모른다. 지금까지 중국학자들은 달의 그림자를 설명하기 위해 수천 가지 이야기를 지어냈는데, 어떤 사람은 달이 태양과 정면으로(ex diametro) 마주 대하자 무서워서 빛을 잃었다고 했고,[303] 또 어떤 사람은 태양의 중심에 뻥 뚫린 구멍이 하나 있는데 그 사이로 달이 들어오면 태양이 빛을 내지 못한다고도 했다. 태양이 지구보다 훨씬 크다는 사실[304]에 대해 몇

---

300 리치가 말하는 중국의 과학에 관해서는 다음을 참조하라. Cf. NN.56-59, 266, 310, 480, 538-543, 720, 1397, 1421, 1463, 1468, 1534. 이지조(李之藻)는 자신의 저서 『명리탐(名理探)』(1613년)에서 유럽의 선교사들에게 달력의 수정을 요청했고, 거기에서 유럽의 천문학이 중국보다 앞서는 14가지 항목들을 열거했다. Cf. 서문정(徐文定), Siüuenttim), c.6, pp.25-26.

301 중국에서 가장 오래된 산술서는 『주비산경(周髀算經)』이다. 아마도 기원전으로 거슬러 올라가는 것으로 추정된다. 거기에는 "네모난 것은 땅이고, [반면에] 동그란 것은 하늘이다. 따라서 하늘은 둥글고 땅은 직방이다. 方屬地, 圓屬天, 天圓, 地方"(c. 上)이라고 적혀 있다. Cf. NN.1397, 1468; D'Elia[1], NN.47, 121; Biot, *Traduction et examen d'un ancien ouvrage chinois intitulé Tcheou-pei in JA*, 1841, pp.593-639; *Ibid.*, 1842, pp.198-202; Forke[1], p.151, N.1: p.152, N.1.

302 1595년 11월 4일, 리치는 이렇게 썼다. "그들은 땅이 네모라고 생각하는데, 그런 생각은 극단에 사는 사람들도 마찬가지다"(N.1468). Cf. D'Elia[1], Tavole III-IV, EF*i*.

303 Cf. NN.1397, 1421, 1468.

304 박식한 사람 왕긍당(王肯堂)은 『울강제필진(鬱岡齊筆塵)』에서 "서양 사람 마태오 리치가 태양이 지구보다 더 크다고 말하자 [그것을 들던] 사람들이 매우 놀라며 믿지 않았다. 그러나 몇 가지 증거를 제시하자 분명하고 명료해졌다(西極人利瑪竇言: 日體過大於地, 人頗駭而不信言. 其所以則確乎不可易也)"(c. 3, ff.7b). 그는 여기에서 다음과

몇 사람은 쉽게 믿기도 했다. 일부 학자들이 기구를 사용하여 태양을 측량했는데 지구보다 천리千里는 더 크다고 했기 때문이다.[305] 그러나 큰 별들이 존재하고, 대개는 지구보다 더 큰 별이라는 것에 대해서 믿을 수 없다고 생각했다.[306] 하늘은 고정되어 있고, 별들은 거기에 박혀 있으며, 열 개의 행정은 상하로 나열되어 여러 각도로 움직이고 있다고 생각했다.[307] 왜냐하면 원심궤도와 회전에 관해서[308] 가르쳐 주지 않았기 때문이다. 많은 시간이 흐른 뒤에 몇몇 똑똑한 사람들에게 그것을 가르쳐 주

같은 이미지로 증거를 제시하기도 했다. ① 태양의 지름은 산과 바다는 물론 지구보다 훨씬 크지만, 달은 지구보다 작다. 따라서 다음의 세 가지에 주목할 필요가 있다. ⓐ 빛은 직선으로 퍼진다는 것, ⓑ 몸체의 아랫부분이 뾰족하면 분명히 더 크다는 것, ⓒ 빛과 그림자 사이가 균등하거나 불균등한 관계는 반사체가 발광체의 크기보다 작으냐 크냐, 혹은 두 물체의 크기가 같으냐에 따라 달라진다는 것. ② 태양은 지구보다 크지만, 달은 지구보다 작다는 것. [해와 달의] 이지러짐에 관한 이론들이 이를 증명한다(c. 3, ff.7b-10b). Cf. N.1468.

305 왕충(王充, 서기 27-97년)은 태양은 불로 만들어졌고, 그 폭이 일천 리(里)에 달한다고 했다. Cf. Forke, *Lun Hêng* [논형(論衡)], Part I, *Philosophical Essays of Wang Ch'ung*, 1907, pp.267, 271.

306 리치는 다음과 같은 제목의 소논문을 썼다. 「태양의 지름은 지구의 지름보다 크고, 지구는 달의 지름보다 크다(日球大於地球, 地球大於月球).」 오늘날 이 책은 리치 전집 『건곤체의(乾坤體義)』 제2권(中, ff.1a-13b)에 없다면 찾아볼 수 없다. 소논문은 [달의] 이지러짐을 설명하기 위해 빛에 관한 여섯 가지 이론을 담고 있다. 게다가 태양의 지름 표면이 지구의 구체보다 크고, 지구의 구체는 달의 지름 표면보다 크다고 했다. 이 두 가지를 분리하여 서광계(徐光啓)는 부록으로 실었다. 그 제목이 "땅의 둥근 것에 관한 세 가지 이론", 곧 『지원삼론(地圓三論)』(ff. 11b-12b)이다. 이지러짐과 관련한 부분은 (f. 8b) 1602년의 〈세계지도〉거의 마지막 부분에서 찾아볼 수 있다(D'Elia¹, Tavole XIII-XIV, CE *ac*). 분명한 것은 소논문이 1606-1607년 이후에 쓴 것이라는 점이다. 왜냐하면 유클리드(N.772)를 인용하고 있기 때문이다(f. 2b).

307 Cf. D'Elia¹, Tavole III-IV, *ad ac*.

308 리치는 클라비우스(Christopher Clavius)의 『지구에 관해서』(*De Spheara*, pp.432-458) 1585년 판에서 그것을 발견했고, 지금까지 북경 예수회 고(古) 도서관에 소장되어 있다(*BP*). 여기에는 원심궤도와 회전에 관한 모든 이론이 담겨 있다.

었다. 중국인들은 위도의 높이에 따라 기온이 다르고, 낮과 밤의 길이도 다르며, 태양이 뜨고 지는 시간도 다르다는 것도 알지 못했다.[309]

중국인들은 또 지구본과 지도에서 「여지산해전도」를 처음 보았고,[310] 거기에 표시된 각 지방[311]과 자오선, 경선과 위선,[312] 적도, 열대, 양극권과 다섯 지역 등을 처음 보았다.[313] 천구天球에 관한 몇 가지 정보는 가지고 있었지만, 지구地球에 대한 이런 것들은 한 번도 본 적이 없는 것이었다.

얇은 아스트로라베(천체관측기),[314] 곧 가운데 지구가 있는 둥근 판[315]

---

309 Cf. D'Elia[1], Tavole III-IV, XIII-XIV; 변화무쌍한 기후, 낮과 밤의 길이, 태양이 뜨고 지는 것을 같은 장소에서 관측하며 두 구체의 흔적을 찾았다. 리치 시대에는 모든 학교에서, 그러니까 로마 콜레지움에서도 지구 중심의 시스템, 곧 프톨레마이오스를 가르쳤다. 갈릴레오와 케플러 이후에는 태양 중심이나 코페르니쿠스도 반대하지 않았다. 다만 코페르니쿠스 시스템을 교회가 비난하고 나섰기 때문에(1616, 1633) 리치 이후 예수회 선교사들은 갈릴레오가 발견한 사실들을 전하는 데 열의를 보였다. 이런 사실에 대해 본인(델리야 신부)은 이탈리아 왕립 아카데미 주관, 1942년 3월 28일 로마에서 개최된 〈갈릴레오 생존 시기 중국에서 발견한 갈릴레오 학설에 관한 것들에 대한 반향(Echi delle scoperte galileiane in Cina, vivente ancora Galilleo)〉이라는 주제의 콘퍼런스에서 소개한 바 있다. Cfr. D'Elia[4], pp.22-66.
310 이것은 우리의 문건들을 통해 알 수 있는 유일한 것이다. 리치는 자신의 세계지도를 단순히 '도면으로'만 묘사한 것이 아니라 '평면구형도의 형태'로 묘사했다는 것을 알 수 있다(NN.262, 510). 또 구체(球體), 곧 지구(地球)를 둥그런 형태로 묘사했다. 다른 곳에서도 자주 천지(天地)가 둥그렇다고 말한 바 있다. 지금까지 리치의 것 외에 다른 누구도 세계지도를 구체(球體)로 묘사하지는 않았다.
311 중국인들은 자기네 고전에서 소위 '세계지도'라고 하는 것을 가지고 있었는데, 거기에 묘사된 세계의 모든 나라는 중국과는 다른 나라로 묘사했고, 중국 주변에 실제로 있는 (동서남북) 방위 지점에는 아무 선(線) 표지 없이 기록하였다. 그러나 리치의 세계지도에는 나라 이름만 열거하지 않고, 선(線) 표지가 있는 '위치에 해당하는 나라들'을 표시한 것을 볼 수 있다. Cf. D'Elia[1], p.140, 주(註).
312 하지만 중국의 시스템은 "사분의"였다.
313 Cf. D'Elia[1], Tavole III-IV, EFe.
314 아스트로라베(천체관측기)는 대략적인 방식으로 모서리를 측정하는 기본적인 기기의 하나다. D'Elia[1], Tavole XVII-XVIII ABgd.
315 Cf. D'Elia[1], Tavole V-VI, CDh.

과 양극極에서 한쪽은 움직이고 다른 한쪽은 고정되어 지구를 중심으로 움직이도록 했다. 이것은 그들의 지식으로는 이해할 수 없는 행성들의 움직임을 알려 주었다. 그들은 또 평평한 곳에 놓기도 하고 벽에 걸 수도 있는 해시계와 그 외 여러 시계 종류들도 처음 보았다. 그중에서도 그들을 가장 놀라게 한 것은 천체의 움직임, 그들이 많이 쓰는 24절기가 포물선, 쌍곡선, 직선으로 시계 속에 묘사되어 있고,[316] 특정 절기가 되면 바늘이 가리키는 것과 중국어로 표시된 날짜가 정확하게 맞아떨어진다는 것이다. 그들은 또 〈사분의四分儀〉와 탑의 높이와 우물과 계곡의 깊이를 재는 방식도 처음 보았다. 매우 쉬운 방식으로 여행 거리를 재고 펜으로 계산하는 기술도 처음 보았다. 그들은 특별한 기구를 이용하여 계산하고 있었다.[317]

이 모든 것을 그들은 매우 이상하게 생각했고, 신부가 분명한 논리로 설명하고 그것을 입증하자 대부분 사람이 부인하지 못하고, 모두 진리라고 말했다. 이에 짧은 시간에 중국의 모든 학자 사이에서 명성이 퍼지기 시작했다. 그들은 우리와 우리의 땅[318]에 대해 믿음을 갖기 시작했고, 지금까지 중국이 다른 모든 나라를 칭했던 것처럼 더는 '야만野蠻'이라고 표현할 수 없게 되었다.[319]

---

316 중국에서 양력 24절기는 거의 15일 단위로 나뉘어 있다. 즉 음력으로 매월 1일과 15일에 해당한다. Cf. D'Elia[1], Tavole V-VI, CD*hg*. N.67.
317 중국인들은 13세기부터 산반(算盤)[역주_ 흔히 '주판'이라고 하는 것이라고 하는 것만 사용하였다. 그러다가 네 가지 작업을 입력하거나 다른 산술적인 계산을 하는 데 리치의 계산법을 배워 활용했다. 주판에 관해서는 Cf. Cordier, *BS*, cl.1442-1443, 3815를 참고하라.
318 이탈리아는 물론 서구의 모든 지역을 일컫는다.
319 Cf. NN.166, 710, 711, 899, 1523; 본서 전체개요 N.8.

중국의 학계에서는 아무런 근거 없이 옛사람들의 논리라면 [아무도] 이의를 제기하지 않고 그대로 받아들인다. 그들은 다섯 가지 원소, 곧 쇠金, 나무木, 불火, 물水, 흙土이 있다고 주장한다. 더 안타까운 것은 한 원소가 다른 원소에서 생겨난다고 생각하는데, 그것은 약간의 근거로도 상상할 수 있다고 우긴다는 점이다.[320] 그들은 세상에 공기가 있다는 것에 대해 말하지도 생각하지도 않으며, 우리가 어디에 공기가 있다고 말하면, 그들은 그것을 공空, 없다이라고 말한다.

신부가 와서 네 가지 원소[흙, 불, 물, 공기]에 대한 몇 가지 정보를 주며, 이 네 가지 원소의 성질이 서로 대립한다고 하자 그들은 아무 말을 하지 못했다. 신부는 그것들이 존재하는 곳에 관해서도 설명해 주었다. 그들은 세 가지 하위 원소들[321]에 대해서는 쉽게 믿었으나, 달이 뜨는 하늘에는 별똥별이 있고,[322] 그 아래서 밤이면 혜성들이 반짝이고, 별들이 떨어

---

320 다섯 가지 원소들 곧 쇠(金), 나무(木), 물(水), 불(火), 흙(土)에 관한 중국의 이론(Forke[1], p.502)을 오행(五行)이라고 부른다. 계속해서 움직이고 있기 때문이다. 이미 주목 한 바 있듯이, 옛사람들이 자주 언급한 것 중에는 지금의 서경(書經)과는 맞지 않는 것들이 더러 있다(I, 3[7]: II. 2[3]: 특히 IV, 4[4-5]). 이것은 대개 기원전 311년에서 266년에 살았던 추연(騶衍)에 의해 기원전 4세기에 조명되고 알려졌기 때문이다. 기원전후경, 중국의 지식을 거의 모두 동원하여 오행의 중요성을 설명했고(Cf. Couvreyr, Li Ki, 1913, I, p.410; Forke[1], pp.507-519, 524, 532-533, 547; Forke[2], pp.31, 56), 뒤이은 왕조에 의해 과거를 투영하는 것으로서 중국의 역사를 건설한 다섯 황제(五帝)와 세 임금(三皇)으로 해석되었다. 그들은 처음에는 각 원소가 제각기 이전의 원소들을 파괴한다고 했다가, 기원후에 이르러 뒤따르는 원소는 앞엣것을 따른다고 주장했다. Cf. Franke[1], I, pp.61-64; III, pp.38-42; Chavannes, I, pp.CXLIV, CXCI-CXCII: II, p.242, N.2. 리치는 중국인들에게 1600년을 전후로 이런 중국 오행의 역사를 상기시켜 주었고(D'Elia[1], Tavole III-IV, DEce, e N.53), 네 가지 원소에 관한 이론이 중국에 전해진 것은, 7세기 네스토리우스인들에 의해서인 것으로 보인다[Cf. N.183, 주(註)]. 그러나 네스토리우스에 의한 가르침은 오랜 세월을 거치면서 완전히 잊혀지고 말았다.

321 다시 말해서 물, 흙, 공기다.

진다는 사실은 쉽게 믿지 못했다. 그들은 혜성이 다른 별들의 숫자에 포함되지 않고 그들과 똑같은 별로 간주하지도 않는다는 사실을 믿지 못했다. 그래서 신부는 이와 관련한 내용을 적어『사원행론四元行論』을 펴냈다.[323] 책에서 신부는 다섯 가지 원소의 오류를 명확하게 반박했고, 사四원소에 관한 진리와 그것이 존재하는 장소와 그 원소들과 관련한 여러 가지 것들과 그것들이 있는 장소까지 이미지로 묘사하여 보여 주었다.『사원행론』은 앞서 언급한 다른 책들과 마찬가지로 크게 환영받았고, 그들이 직접 나서서 책을 인쇄해 주었다.[324]

---

322 여기에서 리치는 고대의 이론에 따라 단순히 네 원소의 장소에 대해서만 말하고자 했다. 그의 〈세계지도〉에서 달이 뜬 하늘에서 별똥별을 보듯이 말이다. Cf. D'Elia[1], Tavole III-IV, *bc b*.

323 『사원행론』은 1599-1600년 남경에서 집필하여 발행하였다. 책은 다섯 원소에 대한 중국의 이론을 반박할 목적으로 집필하였다. 본문에서 말하고 있듯이 쇠와 나무를 버리고 물과 흙, 그리고 불과 함께 공기를 포함하려고 했다. 1601년 『교우론(交友論)』에 관한 소논문에서 풍응경(馮應京)이 서문을 써 준 2월 9일 이후(N.482)에 리치의 이 친구[풍응경]가 『사원행론』의 재판을 인쇄했다(N.626). 이후 이 책은 "여러 성(省)에서 인쇄와 재인쇄를 거듭하며 모든 사람이 읽었다"(N.706). 최종적으로 리치의 『건곤체의(乾坤體義)』에 수록되었는데, 이것은 언제 어디에서 인쇄되었는지는 알려지지 않지만, 1614년 이후 북경에서 인쇄한 것으로 추정된다. 이 작품은 파리국립도서관에 사본이 두 권 있고(Cf. Courant, NN.4897, 4898), 서만자(西灣子)에 있는 슈트(Scheut)사제회 도서관[역주_ 벨기에 출신의 테오필 베르비스트(Teophiel Verbist, 1823-1865) 신부가 중국에서 선교하며, 브뤼셀 근처 성모마리아의 성지 슈트를 생각하며 마리아 성심회(Congregazione del Cuore Immacolato di Maria)를 설립하였다. 이 수도회 소속 선교사들을 일컬어 슈트사제회 혹은 슈티스티라고 한다]에 또 다른 사본이 한 권 있다. 『사원행론』은 상권에서 "하늘과 땅에 관한 논의"(ff. 8-18)를 볼 수 있다. 네 원소(『사원행론』)의 이미지는 f.10a에서 찾아볼 수 있고, 네 원소가 존재하는 곳(四行本處及氣三域圓)에 관해서는 f.15a에서 볼 수 있다. 이 두 가지 형상들은 클라비우스의 『구체(*Sphaera*[*])』(pp.33, 38)에서 추론한 것으로 본다.

324 즉 1601년, 2월 9일 이후 리치의 친구 풍응경(馮應敬)과 다른 중국인들에 의해 이루어졌다. Cf. NN.626, 706.

539. 남경의 첫 유럽 수학자들. 왕순암(王順菴)과 그의 제자 장양묵(張養默)

신부가 강조한 것과 가르치고자 하는 이런 내용과 그 밖의 것들에 대해 구태소瞿太素[325]는 이미 반쯤 선생이 되었고, 몇몇 사람들도 신부를 스승으로 모시고자 찾아와 그의 강의를 듣기 시작했다.[326]

구태소 외에도 오랫동안 리치의 제자[327]로 있던 이심재李心齋는 자기 제자 두 명을 신부에게 보냈는데, 모두 중국의 수학에 큰 재능을 가진 사람들이었다. 그중 한 명은 이심재 아들의 이름으로 수학책을 출판하기도 했다.[328]

또 다른 한 명은 이 분야에서 최고 천재로 성은 장張이고 이름은 양묵養默이었다.[329] 그는 북경의 한림원翰林院 학자 왕순암王順菴[330]이 보낸 사

---

325 Cf. N.359, 본서 2권, p.335, 주(註) 97.

326 이렇게 리치를 따르던 추종자들의 이름을 트리고(Trigault, pp.359-360)는 종종 누락시킨다.

327 1589-1590년부터 이심재는 리치의 학당에 다녔다. Cf. NN.541, 1224, 1460, 4019.

328 Cf. N.535.

329 이 사람의 중국 이름은 알레니(Aleni[1], B, f.8a)가 전한 바에 따르면, "재능 있는 학자의 명성을 얻은 인물(才士)"이라고 한다. 알레니도 자신의 눈으로 직접 리치의 학문이 중국을 어떻게 변화시키고 있는지를 목격하였기 때문이다.

330 여기에서 말하는 순(順)은 알레니가 말하는 사람과 동일 인물로(Aleni[1], B, f.8a), 태사(太史)라고 부른다고도 했다. 문화적인 소양이 풍부한 학자로 명성이 자자했다(博學多聞士). 하지만 『울강제필진(鬱岡齋筆塵)』에서는 순(順)을 손(損)으로 읽고 있다. 유명한 의사며 학자인 왕긍당(王肯堂)에 대해 말하고 있는 것으로, 이미 N.30, 주(註); N.482, 주(註); N.484, 주(註)에서 언급한 인물이다. 그는 성이 왕(王)이고, 이름이 긍당(肯堂)이며, 자는 우태(宇泰)이고 호는 쉰손암(順損菴)이다. 1553년 금단(金壇)에서 유명 인사인 왕초(王樵)의 아들로 태어났다. 1589년에 진사(進士)가 되어 서길사(庶吉士)의 학자가 되었고, 뒤이어 서길사에서 검토(檢討)가 되었다. 그러나 황제가 제안한 것이고, 조선에 대한 강도 높은 억압이라고 생각하여 받아들이지 않았을 뿐 아니라 관직에서 물러났다. 많은 세월이 흐른 뒤 복건에서 참정(參政)을 지냈다. Cf.

람이었다. 왕순암은 대학자로 남경에서 사나흘 거리에 살고 있었다.[331]

그는 중국 수학에 기초가 부족하다는 걸 알고 체계적인 학문을 위해 몇

가지 방법을 찾았으나[332] 이로운 것을 찾을 수가 없었다. 그러던 중 신부

에 관한 명성을 듣고, 매우 아름다운 문장으로 편지를 써서 신부가 자기

네 고장으로 와 준다면 그의 제자가 되고 싶다는 열망을 전했다. 그러나

여러 가지 이유로 그곳에 갈 수 없다고 하자, 우선 자기 제자 장양묵張養

默을 보낸 것이다. 그는 재능이 매우 뛰어난 학생이라며 잘 가르쳐 달라

고 청했다. 그러면서 좋은 선물까지 보내왔다.

　이에 신부는 방문객들을 맞이하는 틈틈이 몇몇 제자들에게 이 분야의

학문을 가르치기 시작했다. 가장 뛰어난 학생은 역시 장양묵이었는데,

———

Storia dei Mim, c.221, f.6a; *Index*, 24, II, p.49. 그는 많은 책을 쓴 '비중 있는 저
자'(N.1583)기도 했다. 그가 쓴 책 중에는 다음과 같은 것이 있다. 『상서요지(尚書要
旨)』in 30cc(Cf. Seccu, p.271), 『논어의부(論語義府)』in 20cc(Seccu, p.766), 『증치
준승(證治準繩)』(Seccu, p.2131), 1602년의 서문이 담긴 『울강제필진(鬱岡齋筆塵)』이
있다. 특히 『울강제필진』에서는 여러 차례에 걸쳐 서방의 유럽인(西域歐邏巴國人) 혹
은 서역인(西域人) 마테오 리치(利瑪竇)에 관해 언급하였다. 특히 다음과 같은 말을
했다. ① 선교사들은 태양이 산과 바다보다 크고 대륙보다 크지만, 달은 지구보다 작
다(c. 3, ff.7b-10b)는 걸 제시하여 보여 주었다; ②『교우론(交友論)』과 관련하여 많은
주옥같은 문장을 남겼다(*Ibid.*, ff.10b-12a, Cf. N.1583); ③ 리치의 도덕적 주제의 소
책자에는 14개의 말씀이 있는데, 그 제목이 〈근언(近言)〉이고, 훗날 1605년 초에 살짝
손을 봐서 『이십오언(二十五言)』이라는 제목으로 발간하였다(N.707)(c. 3, ff.12a-
14b); ④ 텍스트에서 말하고 있듯이 저자는 제자를 통해 리치로부터 배운 최신의 지식
(新得)을 인용하여 쓴 『귀제개방(歸除開[平, 立]方)』이 있다(*Ibid.*, c.3, ff.14b-16b); ⑤
역법에 관한 여러 지식을 습득했다(*Ibid.*, c.3, ff.16b-22b); ⑥ 리치가 소개한 (중국의)
종이 제작이 있다. 이 점은 N.30, 주(註)(c. 4, f.16a)에서도 보았다. 그 밖의 저서들에
관해서는 Cf. *Index*, 10, II, p.101에서 보라.

331　그는 진강(鎮江) 남동쪽에 있는 금단(金壇)시에 있었다. 남경에서 40마일(영국식) 정
도 떨어져 있다.

332　『울강제필진(鬱岡齋筆塵)』은 수학의 많은 문제점에 대해서 다루고 있다(c. 3, ff.14b-
16b).

그는 본성이 강하고 누구에게도 지기 싫어했다. 그는 신부가 말하는 것을 큰 은총으로 받아들였고, 아무것도 반박하지 않았다.

540. 엘리트 사도직. 불자들의 비과학적인 이론

장양묵은 우리의 의도가 우상 종파들의 거짓을 근절하고, 복되신 그리스도의 진리의 씨앗을 뿌리러 온 것임을 알아차리고 신부에게 이렇게 말했다. "우상들의 사설邪說은 반박할 필요조차 없습니다. 오로지 수학만 가르치면 됩니다. 그러면 중국인들이 천지간 물질세계의 진리를 알게 되고, 우상들의 서책에서 거짓을 분별할 줄 알게 될 것입니다.[333] 그 종파의 심복들은 거짓된 신학과 다음 생生에 관한 많은 거짓된 말을 하는 동시에 천문학과 지리학에 관한 철학과 논설도 함부로 거론합니다. 낮과 밤이 계속해서 바뀌는 것을 설명하기 위해 그들은 밤에는 태양이 수미須彌라고 하는 산 뒤로 숨는다고 말합니다. 그 산은 해저 24,000마일 밖에 있다고 합니다. 그들은 대지를 네 부분으로 나누고, 중국을 가장 남쪽에 두었습니다.[334] 그리고 일식과 월식의 원인을 밝히기 위해 아라한阿羅

---

333 알레니의 증언에 의하면(Aleni[1], B, f.9a), 많은 중국인이 이런 방식으로 그리스도교의 진리를 시험해 보았다고 한다.

334 인도 불교의 경전 『수트라(sūtra)』의 우주기원론에 따르면, 네 개의 거대한 대륙 혹은 섬들은 남쪽에 각부제(閣浮提) 혹은 섬부주(贍部洲), 동쪽에 불우체(佛于逮) 혹은 불파제(佛婆提), 서쪽에 구야니(瞿耶尼) 혹은 구타니(瞿陀尼), 그리고 북쪽에 구려주(俱盧洲) 혹은 울단월(鬱單越)로 이루어져 있다. 이 대륙들은 수메루 또는 여기에서처럼 수미루(須彌樓)의 남쪽, 동쪽, 서쪽, 북쪽에 있다. 이 산은 올림포스처럼 거룩한 산인데, 불자들에게는 세계의 중심이고 축을 형성한다. Cf. N.1468. Herrmann[1] in Hedin[1], VIII, pp.244-245, 282-284 e la Tavola[그림] IX를 보라. 서기 646년에도 수메루는 바다 한복판에 있고, 그 주변을 태양과 달이 돌고 있다고 했다. Cf. Hedin[1], I, p.81; Watters, I, pp.31-33. 인도와 중국, 곧 사람이 살 만한 모든 나라는 이런 시스템을 각

漢[335]이라는 이름의 우상이 오른손으로 태양을 가리면 일식이 되고, 왼손으로 달을 가리면 월식이 된다고 합니다."[336]

실제로 우리[유럽]의 학문으로 수학을 배운 많은 사람이 우상들의 율법과 교리를 비웃었고, 그들의 자연에 관한 이론과 현세의 삶에 대해 모두 엉터리라며 그들이 말하는 내세와 초월적인 것들에 대해서는 신뢰할 수 없다고 말했다.

부제(閻浮提)에서 발견하였다. 그의 이름은 인도 북쪽에 있는 거대한 잠부(Jambū) 혹은 유진 잠볼라나(Eugenia jambolana) 나무에서 유래한다. Hedin[1], VIII, Tavola XII, 1607년의 각부제(閻浮提)의 지도를 보라. 리치와 리치 당시의 자료다. 리치는 자기보다 조금 앞서 살았던 중국인 해기자(海沂子)가 쓴 『우주기원론』을 읽었을 것이다(c. 4, f.2b). 해기자의 본명은 왕문록(王文祿)이고, 1503년에 태어나 1549년, 아직 생존해 있는 동안 『우주기원론』을 썼다. 그는 곤륜(崑崙)산은 고대의 수메루를 일컫는다고 했다. Cf. Forke[3], p.343.

335 아라한(阿羅漢) 또는 더 자주 나한(羅漢)이라는 이름은 산스크리트어 아르한(Arhan)의 중국어 발음이라고도 하고, 불서(佛書)에 등장하는 로한(Lohan)은 '공경자' 또는 '성인'이라는 뜻이라고도 한다. 서기 442년에 채택된 『불설관무량수경(佛說觀無量壽經)』에 아라하(阿羅訶)라는 음이 등장한다. 엘로힘(Elohim)을 나타내는 시안(西安)의 비석[역주_ 중국 경교(네스토리우스파 그리스도교) 신자들의 초기 선교활동이 새겨져 있는 비석으로 1626년 예수회 선교사들에 의해 발견되었다. '대진경교유행중국비'로 알려졌다]에서 발견된다. Cf. Saeki[2], p.42. 결국 리치는 중국 불교도들의 오류를 다른 곳에서 이렇게 정리하였다. "가령 밤에 태양이 수미(須彌)산 뒤로 숨거나 우주가 바다 위를 떠돌거나 그 중간에 불쑥 솟아 있는 네 개의 대륙을 포함하고 있다면, 더 나아가 아함(阿函)들이 만든 일식과 월식이 오른손과 왼손으로 서로를 덮는 거라면, 바로 거기에서 천문과 지리의 문제가 발생하는 것입니다. 고대 인도(身毒)[역주_ 고대 인도를 신독국(身毒國)이라고 했다]에서도 이 문제를 해결하지 못했고, 그래서 우리 서방의 것을 보고 반겼습니다"[『천주실의(天主實義)』, 下, in PCLC, VI, ff.52b-53a]. Cf. Soothillhodous, pp.290a-b, 472a; Werner[2], pp.259-279.

336 Cf. N.538.

[그림 28] 북경 천문대와 고대의 천문기구

• 천문대와 북경시 전경

• 천체의금환도경위의(天體儀及黃道經緯儀)

• 천체의 운행과 현상을 관측하던 간의(簡儀)

541. 장양묵이 유클리드를 공부하다. 왕순암이 리치에 관해 기록하다. 시계, 지구의, 지구본, 상한의(象限儀), 기한의(紀限儀)의 제작

장양묵은 구태소가 번역한 유클리드의 책 제1권을 모두 읽고 나서[337] 유클리드의 방식을 받아들였고 다른 견해들은 들으려고도 하지 않았다. 신부는 그에게 강의해 줄 시간이 없었고, 결국 신부가 모든 책을 번역하여[338] 그에게 주자 매우 좋아했다. 그런 동안에도 장양묵은 들을 수 있는 것들은 모두 찾아서 들었다. 그가 왕순암에게 돌아오자 신부가 준 자료들 가운데 수학과 도덕 등 매우 중요하다고 생각되는 것들을 즉시 대량으로 인쇄했다.[339]

제자들의 도움으로 신부는 주요 인사들에게 줄 평면형과 다른 방식[수직형]의 해시계들을 제작했고, 여러 가지 양식들도 인쇄하여 선물로 주자 온 도시로 퍼져 나갔다. 신부 자신과 여러 사람을 위해 〈천지의天地儀〉를 제작하는 한편, 〈지구의地球儀〉, 〈상한의象限儀〉, 그리고 매우 아름다운 〈기한의紀限儀〉도 많이 만들었다.[340]

---

337 이 번역은 1589-1590년 소주(韶州)에서 했을 것이다. Cf. N.362.

338 1607년 초중반 이후다. Cf. NN.772, 1816.

339 실제로 『울강제필진(鬱岡齋筆塵)』에는 수학과 역법 관련 항목들이 상당 부분 수록되어 있다. 도덕적인 부분은 〈근언(近言)〉(Ibid., c.3, ff.12a-14b)이라는 소제목하에 있다.

340 몇 개 안 되는 기구로 남경에서 리치가 한 이 모든 천문 및 기술 활동을 드러낼 수 있다면 크게 자랑할 만한 일이다. 그 점은 『명사(明史, Storia dei Mim)』에서도 기록할 정도였기 때문이다(c. 3, f.13b). "만력(萬曆) 황제 시절, 서구인 마태오 리치가 천구(天球), 지구(地球)와 각종 기기를 만들었다(萬曆中, 西洋人利瑪竇制渾儀, 天球, 地球, 等器).″

542. 황실 수학자(흠천감)들이 리치가 자기네 자리를 빼앗을까 두려워하다

또한 남경에는 황제가 지원하는 많은 수학자가 있었는데,[341] 그들은 하나같이 자질과 학식에서 뒤떨어졌다. 그들은 알고 있는 규칙에 따라 역법과 천문현상들을 계산하는 데 만족하고 있었다. 일·월식이나 행성의 움직임이 계산대로 맞아떨어지지 않으면, 그들은 본래 자기들이 말한 대로 되어야 하는데 그렇지 못한 것으로 봐서 장차 뜻하지 않은 일이[342] 예기치 않은 방식으로 일어날 수 있다고 말한다. 그들의 권한과 예산은 매우 작고 보잘것없다.

그래서 그들은 신부가 이 학문을 가르쳐 자기네 직위를 빼앗을까 걱정했고, 그러다 보니 여러모로 신부를 별로 신뢰하지 않았다. 그들이 신부의 제자 몇 사람과 이와 관련한 이야기를 하던 중 신부가 어떤 직위를 염두에 두고 있는지를 묻자,[343] 제자들은 자기 스승에 대해 거창하게 설명하기 시작했다. 신부는 본국 나라[344]에서 지위가 높아 중국에서 최고 직위를 준다고 해도 부족할 것이기 때문에 그들과 같은 미관말직은 거들떠보지도 않는다고 했다. 이에 그들은 안심하고 함께 신부를 방문했다. 그러나 이 학문에 대해서는 아무것도 신부로부터 배우려고 하지 않았다.

---

341 다시 말해서, 황실 소속의 흠천감(欽天監) 위원들이다. Cf. N.58.
342 고대 중국인들에 의하면, 천체에서 일어나는 모든 움직임은 재앙이고, 그것은 황제가 어떤 잘못을 했기 때문에 발생한 것이라고 했다. 따라서 국가에 어떤 재앙이 일어날 징조로 해석했다. 그러므로 황제는 양심 성찰(修省)을 해야 한다.
343 탐색하여 묻다.
344 이탈리아다.

543. 남경과 북경의 관측소에 있는 4개의 천문관측기구

이 기회에 신부는 황제의 수학 기구들을 보러 갔다. 남경성 내[內] 한쪽 부분에 있는 매우 높은 산에 있었다.[345] 옛사람들이 지은 매우 아름다운 건물 꼭대기의 커다란 한 층을 모두 차지하고 있었다.[346] 그들 중 몇 사람이 이곳에서 매일 당직을 서며 밤하늘에 나타나는 어떤 불이나 혜성을 일일이 왕에게 보고했다.

이 기구들은 모두 청동으로 만들었고, 장식에 손이 많이 간 매우 크고 아름다운 것들이었다. 신부는 유럽에서도 이보다 더 좋은 것을 보지 못했다. 기구들이 이곳에 설치된 지는 250년가량이 되었고,[347] 비와 눈에

---

345 북극각(北極閣) 혹은 북극탑(北極塔)이라고 하는 언덕이다. 도시 한복판에 있었다.

346 Cf. *TMHT*, c.223, ff.13a-14b.

347 남경의 이런 천문기기들은 북경에 있는 것과 마찬가지로(N.58) 무슬림 천문학자 곽수경(郭守敬)으로 거슬러 올라간다. 그의 호는 약사(若思)다. 그는 1231년 지금의 호북(湖北) 지방 순덕(順德)의 형태(邢台)에서 태어났다. 1316년 86세의 나이로 사망했다. 곽수경(郭守敬)은 1276년에 정식으로 천문학에 입문했는데, 아마 이전에도 관련 부서에서 일한 것으로 보인다. 북경의 천문대는 쿠빌라이 집정 시기인 1279년에 세웠다. "타타르인들이 중국을 통치하던[즉 원나라 시절]"(N.543)이다. 다시 말해서 1368년 이전인 것은 확실하다. 1279년 북경의 천문관측소에 기기들이 설치되었다. 남경의 천문대 역시 쿠빌라이 시절인 1280년에 세웠다. 갤라드(Gaillard, pp.218-219)에 따르면 "(쿠빌라이는) 중국 전역으로 보내기 위해 비슷한 기구 13개를 제작하도록 했다"라고 한다. 그러나 이 점에 대해 와일리(Wylie, Cf. infra)는 함구하고 있다. 리치의 동료 판토하 신부는 1602년 3월 9일부터 이 기구들에 대해 묘사했는데, 추측건대 남경에서 직접 보고 난 뒤에 쓴 걸로 보인다. "그는 이 무어인의 왕[元]에게 자기가 무슨 일을 했는지 흔적을 남겼다. 남경에는 동으로 만든 천문기기들이 있는데, 전 유럽을 다 뒤져도 이보다 좋지는 않을 것이다. 조금 나은 것이 있다면, 아마도 이곳에 와서 이 기기들을 본 사람이 제작한 것일 것이다. 지구본에는 모든 자오선과 평행선이 새겨져 있고, 옛사람들이 쓰던 천체관측기(astrolabio)도 세 개나 있다. 하나는 북쪽에서 남쪽까지, 다른 하나는 동쪽에서 서쪽까지를 관측하고, 또 다른 하나는 지역의 높이, 별과 시간 등을 보기 위한 것이다. 이 세 번째 천문기기가 지구본이다. 기기들은 모두 정교하고 완벽했으며, 흠이 하나도 없었다. 지름은 하나씩 잴 때마다 두 개의 막대기에 표시되는

도 전혀 손상되지 않았다.

주요 기구는 네 개다.[348]

첫 번째 것은 〈구球〉[동구(銅毬) 또는 혼천상(渾天象)][349]다. 세 사람이 팔을 벌려도 닿지 않을 만큼 큰 것으로 각 도度마다 모든 위선緯線과 경선經線이 새겨져 있었다. 이것은 청동으로 만든 것임에도 불구하고, 거대한 입방체의 축 위에 다리를 세웠다. 입방체 안에는 작은 문이 있어서 작동하러 내부로 들어갈 수 있게 되어 만들었다. 입방체 위에는 별이나 지구 아무것도 새기지 않았다. 아마도 미완성이거나, 천구와 지구로 같이 쓰려고 했던 것으로 보인다.

것이 다르다. 용들이 있는 자리에 정교하게 새겨진 수평선이 놓여 있다. 누가 그것을 놓았는지 어떤 사람이 수학을 이렇게 잘 이해하고 정했는지에 대해 생각하게 한다"(Pantoja[1], pp.667-668; N.3166). 곽수경에 관해서는 『원사(元史)』, c.164, ff.5-13; 『속홍간록(續弘簡錄)』, 1699, c.33, ff.1-13; 원원(院元), 『주인전(疇人傳)』, c.25, ff.1-15; Gaubil, *Observations mathematiques*, II, p.108 이하를 보라. 기기(器機)들에 관해서는 Wylie[1], *The Mongol astronomical Instruments in Peking* in *Travaux de la Troisième Session du Congrès International des Orientalistes*, St. Petersbourg, 1876, II, pp.435-456을 보라. 이 책에 실린 두 편의 부록에는 『원사(元史)』에서 정리한(c.48) 중국 문헌들을 소개하고 있고, 두 개의 그림은 리치가 묘사한 두 번째, 네 번째 기기를 말한다. 와일리의 이 글은 상해(上海)의 *Chinese Researches*에서 1897년에 재간행하였다.

348 이 기구들과 관련하여 내가 텍스트에 두 개의 이름을 첨언한 것은, 먼저, 중국의 수도를 묘사한 『신원식약(宸垣識畧)』, 1788, c.5, f.22와 『원사(元史)』, c.164, ff.5-13. Cf. Wylie[1], *loc. cit.*, pp.435, 438-440; Tavole XXII, XXIII을 정리한 것이다.

349 동구(銅毬) 또는 혼천상(渾天象)은 (해와 달의) 이지러짐[일식과 월식]을 살피는 데 필요한 기구다. 이 기구에 관해서는 『원사(元史)』, c.48, f.5에서 묘사했고, 그것을 와일리(Wylie[1], *loc. cit.*, p.447)가 번역했다.

[그림 29] 그 외 북경 천문대의 고대 관측기구

ALTRI ANTICHI STRUMENTI DELL'OSSERVATORIO DI PECHINO

1. Sestante 紀限儀. — 2. Quadrante 象限儀. — 3. Armilla eclitica 黄道經緯儀

• 1. 기한의(紀限儀) — 2. 상한의(象限儀) — 3. 황도경위의(黃道經緯儀).

두 번째 것[혼천상(渾天象) 혹은 영롱의(玲瓏儀)][350]은 거대한 구체球體로 직경이 두 팔 길이가 되고 수평선과 극들이 새겨져 있다. 그 주변에는 두 겹으로 고대 천체관측기들이 있었다. 두 개의 관측기 사이 공간에는 구球의 궤도들이 있고, 거기에는 수많은 분표分標가 새겨진 365도의 모든 등급이 있다.[351] 중앙에 지구의는 없지만, 양면이 텅 빈 것 같은 구멍이 하나 있는데, 단계와 높이를 자유롭게 조정할 수 있게 하여 그 구멍으로 관찰하고 싶은 별들을 볼 수 있게 했다. 상상력이 많이 들어간 기구였다.

세 번째 것[양천척(量天尺) 또는 앙의(仰儀)][352]은 해시계의 바늘[353]이다. 높이가 넷 혹은 다섯 팔 길이이고, 아래에는 긴 석판이 있고, 주변에는 물이 빠질 수 있게 오목하게 만들었다. 석판은 평평하게 놓여야 하고 바늘은 수직이 되어야 한다. 석판과 바늘에 도수가 새겨져 있는 걸로 봐서 춘분과 추분의 그림자를 관측하려고 한 것으로 보인다.

네 번째 것[간의(簡儀)][354]은 모든 기구 중 가장 크다. 왜냐하면 서너 개

---

350 중국인들이 흔히 '혼천상(渾天象)' 혹은 '영롱의(玲瓏儀)'라고 부르는 고대의 이 천체관측기에 대해서는 Yule-Cordier, *MP*, I, p.450에서 반복해서 언급하고 있다.

351 무슬림의 구(球)는 365도 25분으로 나뉘고, 각 도는 100분으로, 매 분은 100초로 나뉜다. Cf. Yule-Cordier, *MP*, I, p.450; D'Elia[4], pp.89, 101-102.

352 '양천척(量天尺)' 또는 '하늘을 재는 기구'를 소위 '앙의(仰儀)' 혹은 '높이를 재는 기구'라고 불렀다. 와일리(Wylie[1])는 원(元)의 '고표(高表)'와 같은 것이라며(*Loc. cit.*, p.449) 이보다는 훨씬 작았다고 말한다(*Loc. cit.*, pp.452-454). 그러나 곽수경(郭守敬)이 『신원식략(宸垣識略)』에서 소개한 네 개의 기구들 가운데 1788년에도 있었던 것은 '양천척' 하나밖에 없다. 아마도 같은 걸로 추정된다. Cf. D'Elia[1], Tavole XVII-XVIII, AB*fe*.

353 **역주**_ 초기에 주로 사용하던 천문관측기로, 문자판에 그림자를 떨어뜨려 시간을 알 수 있게 한 막대기.

354 '간의(簡儀)'는 약식 천체관측기로 추정된다. 엔리코 코르디에(Enrico Cordier)는 이 기구의 사진을 손에 들고 이렇게 묘사했다. "그것은 세 개로 구성된 천체관측기다. [리치가 본문에서 정확하게 묘사하고 있듯이 청동으로 된 골조 위에 얹은 원환(圓環)이 회전하도록 제작되었다. 세 개의 원환은 ① 직선 측정을 위한 적도면의 원환, ② 경사

의 천문기기가 서로를 지탱하고 있는 형태로 만들어졌기 때문이다. 지름이 두 팔 길이가 되고, 적도좌표계[355]와 지평좌표계[356]가 있다. 하나는 적도 방향으로 기울어진 주야평분점을 표현하고, 다른 하나는 이것과 직각을 이루어 십자 형태를 띠며 남쪽에 있지만, 북남으로 돌릴 수 있게 되어 있다. 다른 하나는 남쪽을 향해 서 있는 것으로, 수직 사이클을 표현하는 듯하다. 그래서인지 주변으로 돌리게 되어 있는 것도 모든 수직 방향에 맞추어져 있다. 이 모든 기구의 각도는 단추로 표현되어 밤에 불빛이 없어도 손으로 더듬어 알 수 있게 했다. 이 기기들은 가장자리가 패인 평평한 석판 위에 올려 수직으로 평형을 유지하도록 했다.

여기에 있는 모든 기구 위에는 중국 글자가 새겨져 있고, 개별 기기들이 무엇을 의미하는지를 설명하고 있었다. 또 〈황도대黃道帶〉의 28궁宮 별자리의 명칭들은 우리의 열두 별자리에 해당한다.

이 기구들은 모두 위도 36° 지점에 있는 것 같다. 추측건대 다른 지역에서 제작된 것으로 보인다.[357] 후에 이 분야 학문에 대해 잘 알지 못하

를 측정하기 위해 앞의 원 평면에 수직이 되도록 만든 축의 원환, ③ 어쩌면 천정과의 거리를 측정하기 위해 수직축으로 쓰려고 만든 원환이다"(Yule-Cordier, *MP*, I, p.453). 이 기구는 『원사(元史)』(c. 48, ff.2-5)에서도 묘사했고, 그것을 와일러(Wylie[1], *loc. cit.*, pp.440-445)가 중국어 텍스트까지 번역하여 사진과 함께 소개했다.

355 **역주_** 적도좌표계(equatorial coordinate system)로, 앨리데이드(Alidade)라고 한다. 평판측량에 사용되는 방향을 기준으로 '조준의(照準儀)'라고도 한다.

356 **역주_** 지평좌표계(horizontal coordinate system)로, 디옵트라(dioptra)라고 한다. 지평좌표(地平座標)는 천체관측에서 가장 기본이 되는 좌표 체계로, 지평선이 기준선, 남점(南點) 또는 북점(北點)이 기준점이 되는데, 현재는 북점을 더 많이 사용하고 있다. 이것을 기준으로 관측 목표물의 고도를 측정하는 것을 굴광도(屈光度)라고 한다.

357 일반적으로 오고타이[**역주_** 高潤台, Ogotai는 몽골제국 2대 왕 태종(太宗, 재위: 1229-1246)으로, 태조 칭기즈칸(成吉思汗)의 셋째 아들이다]의 위대한 장관이자 열정적인 천문학자 야율초재(耶律楚才, 1190-1244)가 1237년 몽골들의 교육을 위해 설립한

는 사람들에 의해 남경으로 와서 이 자리에 놓이게 된 것 같다.

후에 신부는 북경에서도 이 기구들을 보았는데, 같은 방식으로 만들어진 것으로 봐서 같은 사람에 의해 제작된 거로 생각했다.[358] 기구들은 타타르인들이 중국을 통치하던 시절에 만들었고, 그래서 우리 유럽의 수학기구들을 알고 있던 어떤 외국인에 의해 제작되었을 가능성도 있다.

544. 1600년 남경에서 만든 세계지도 두 번째 판본 『산해여지전도』

얼마 후에 오좌해吳左海[359]라는 한 고위 관리가 신부에게 와서 광동廣東

두 개의 콜레지움으로 알려져 있다. 하나는 훗날 북경인 연경(燕京)에 세웠고, 다른 하나는 당시 금(金)(De Mailla, VIII, p.216)의 수도였던 산서(山西)의 평양(平陽)에 세웠다. 이 기숙학교에서는 먼저 천문학을 공부해야 했다. 가장 유력한 것은 이 기기들이 언급한 두 기숙학교를 위해 만든 것이고 ―실제로 평양은 36° 6′에 있다.― 그런 만큼 하나는 연경에, 다른 것들은 평양에 있다가 남경으로 옮겨 왔다. 1368년 남경이 명(明)의 새 수도가 되었기 때문이다. Cf. N.480. 1267년에 페르시아의 천문학자 샴스 알 딘(Shams al-Din)이 중국에 와서 주목했고, "만년의 달력(萬年曆)"과 36도에 맞춘 천문기기를 포함하여 일곱 개의 천문기기들이 소개되었다. Cf. D'Ollone in *Revue du Monde Musulman*, IV, 1908, pp.284-346; Lepage, *ibid.*, XI, 1910, pp.1-31. 그러므로 이 기기들은 평양을 위해 제작된 것이다. 야율초재에 관해서는 Rémusat, *Mélanges Asiatiques*, II, pp.64-88; René Grousset, *Histoire de l'Extrême Orient*, Parigi, 1929, II, pp.427-428, 430-432; René Grousset, *L'Empire Mongol*, Parigi, 1941, pp.264-266, 525-526을 보라.

358 이 네 번째 기구는 다른 몇 가지 기기들과 함께 지금까지 북경의 천문관측소에 소장되어 있다. Cf. N.58.

359 리치가 오좌해(吳左海)라고 부르는 이 사람은 성이 오(吳), 이름은 중명(中明)과 지상(知常), 호는 좌해(左海)다. 지금의 안휘성(安徽省) 휘주(徽州)에 있는 흡현(歙縣)의 황남(篁南)에서 태어나 1586년에 진사에 급제하고 강서(江西)의 서주(瑞州)에서 지부가 되고, 후에 복건(福建)의 정주(汀州)에서 사망할 때까지 최고 관리의 명성을 얻었다. 그곳에서 남경의 형부(刑部)소속 주사(主事)가 되었다. 뒤이어 남경의 이부(吏部)와 예부(禮部)에서도 일했다. 한편 이부(吏部)에서 주사(主事)로 있을 때인 1599년, 남

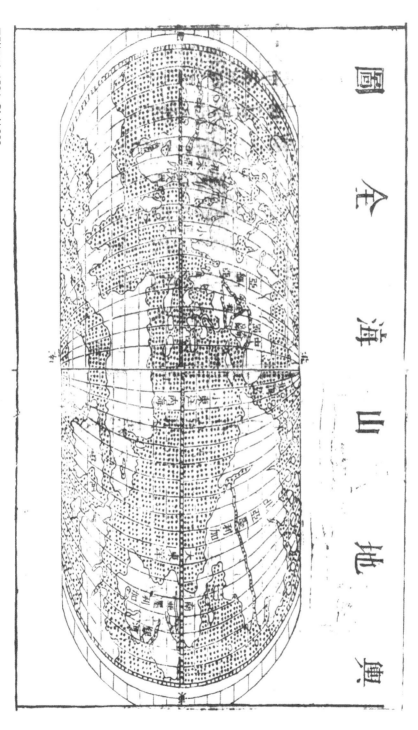

圓 全 涯 山 地 輿

[그림 30] 리치의 중국어 세계지도 초판본(「여지산해전도」)

· 조경(肇慶), 1584. Cf. N.262.
· 장두진(章斗津), 도서편(圖書編), 1623, c.29, ff.33b-34a.

에서 인쇄한 『산해여지전도山海輿地全圖』[360] 수정판을 내자며, 주석을 더 달아 되도록 많이 인쇄하자고 요청했다. 그는 자신의 관저 공급으로 그 것을 제작하고 싶어 했고, 많은 사람이 그것을 원했으며, 원하는 만큼 인쇄할 수 있도록 했다.[361]

이에 신부는 가장 크게 세계지도를 그렸고,[362] 과거 판본에 있던 많은 오류를 수정하여 새로운 부분을 대폭 첨가한 뒤 주석과 설명까지 덧붙였다. 오좌해는 크게 기뻐하며, 즉시 최고의 조각가들을 시켜 (세계지도를 목판에 그대로) 새기게 하는 한편,[363] 자기가 직접 매우 유려하고 해박한

———

경에서 위대한 서양인[마태오 리치]을 알았고, 그때보다 완성된 '세계지도' 두 번째 판을 준비해 달라고 요청했다[Cf. 서광계(徐光啓)의 서문(跋), 리치 저 『이십오언(二十五言)』, in *PCLC*, IV, f.1a]. 『기인십편(畸人十編)』, c.7, in *PCLC*, III, f.1a는 그를 "오 참사(吳大參)"라고 부르는데, 대참(大參)은 참의(參議)라는 뜻이다. 이후에도 그는 요직을 두루 거쳤다. 광주에서 부사(副使)로 있은 지 얼마 지나지 않아 하남(河南)의 제학(提學)으로 임명되었고, 같은 성(省)의 여녕(汝寧)에서 우참정(右參政), 그리고 후에 안찰사(按察使)를 지냈다. 섬서(陝西)에서 우포정사(右布政使)를 지낸 후에 광동(廣東)의 도찰원우첨도어사(都察院右僉都御史)와 총독(巡撫)을 역임했다. 마지막에 남경으로 돌아와 호부(戶部)에서 총독량저(總督糧儲)가 되었다. 1617년 과로로 사망하고, 시호로 호부의 상서(尙書)가 하사되었으며, 장례가 국장으로 치러졌다. Cf. *Annali del distretto di Hsi*(歙縣志), c.8, 八之二, 환적(宦蹟), f.23; *Ibid*., c.7, 七之二, 과목(科目), f.25a-b; *Annali della Prefettura di Hweichow*(道光徽州府志), c.12, f.59a; 과정훈(過廷訓), *Personaggi di varie province al tempo dei Mim*(本朝分省人物考), c.37, ff.57b-58a; *Storia dei Mim*(明史), c.305, ff.6b-7a; Homueilien, pp.12-13a.

360 광동(廣東)의 조경(肇慶)에서다. Cf. N.262.

361 조경(肇慶)에서 제작한 초판본과 다른 점은 왕반(王泮)이 통감으로 있으면서 단색으로 인쇄하도록 했다는 것이다. Cf. N.1088.

362 이부(吏部)의 비용으로 제작된 이 두 번째 판본 세계지도(Aleni[1], B, f.9a)는 1584년 조경(肇慶)에서 제작되어 인쇄한 것보다 "거의 두 배 크기로" 만들었다(Bartoli[1], II, c.109, p.219). 하지만 세 번째 판본보다는 훨씬 작다(N.629).

363 리치가 경자(庚子)년에 제작한 이 두 번째 판은 (D'Elia[1], Tavole XVII-XVIII, EF*d*, N.350) 그해 초인 2월 14일과 1600년 5월 19일 남경에서 최종 출발하는 날 사이에 제작한 것이다(N.578). 이것은 첫 번째 판과 같은 이름 『산해여지전도(山海輿地全圖)』

문장으로 머리말을 썼다.[364]

—

지만 더 보완한 것이다. 이 첫판의 사본 하나가 리치와 절친한 친구였던 장두진(章斗
津)(본서 2권, N.485)이 자신의 『도서편』(圖書編, c.29, ff.33b-34a)에 수록했다. 이 책
은 대부분 1562-1577년에 정리했지만, 출판은 저자가 사망한 후인 1623년에 하는 바
람에 그는 겨우 초벌 작업만 했다는 것을 알 수 있다. 리치가 쓴 수기본(paper) 태서
(太西, ibid., f.34b)는 특히 아홉 지명을 담아내지 못했다. 흑국(黑國), 소서양(小西
洋), (중국의) 십삼성(十三省), [북경] 대명경사(大明京師), 소동양(小東洋), 남해(南
海), 대동양(大東洋), 그리고 은하(銀河)가 그것이다. 수기본에 관해서는 전해 오는 것
이 아무것도 없다. 거기에는 세계를 다섯 대륙으로 분류하지만, 유럽은 전혀 이름을
거론하지 않았다. 반면에 거기에 딸린 세계지도의 서문(叙)에는(Ibid., ff.33a-34a) —
텍스트의 분명한 오류에 대한 수정이 없는 것이 아니라— 이 다섯 대륙을 북아메리카
(上亞墨利加), 남아메리카(下亞墨利加), 마젤란의 땅[오스트레일리아, 墨瓦臘泥加], 리
비아[아프리카, 利末亞]와 아시아(亞西亞)로 기록하고 있다. 나머지 서문은 제1 초고가
아니고 〈주론과 지리학의 일반적인 개념(Nozioni generali di cosmografia e di
geografia)〉에 관한 이야기를 매우 짧게 적은 것이다(D'Elia[1], Tavole I-II, LMae.). 어
떤 측면에서는 두 번째와 세 번째 판본이 이전의 판본에 비해 더 나을 수도 있다. 여기
에 대해서는 뒤이은 N.629, 주 898과 [그림 29]와 [그림 30]을 보라.

364 이 머리말은 세계지도 세 번째 판본에도 들어가 있다. 내용은 이렇다. "추연(騶衍) 선
생이 말하기를, 중화 제국 밖에는 비슷한 아홉 나라가 있고, 그 주변은 작은 바다로 둘
러싸여 있다. 그들의 언어는 과장되고 알아들을 수가 없다. 전통이 우리에게 전해 준
것은 곤륜(崑崙)산 남-동 산맥이 중국에 포함되고, 그 바람에 모든 물이 동쪽으로 흐른
다는 것이다. 북-서쪽의 산맥도 이 산의 절반을 차지한다. 그런데도 그 지역에 관해서
설명된 바는 없다. 면적은 넓고 크지만, 형태에 있어 한계가 있기 때문이다. 제주(齊
州) 쪽에서 볼 때, 그 지역은 남-동쪽으로는 바다 저편까지 이어져 있지 않고, 서쪽으
로는 곤륜산을 넘지 않으며, 북쪽으로는 고비사막을 넘지 않는다. 그렇다면 세상의 경
계를 찾는 것이 [더] 어렵지 않을까? 만약 눈에 보이는 것으로 한계를 짓는다면 [땅은]
작은 것이라고 하겠지만, 누군가가 눈에 보이지 않는 것도 있다고 한다면 거대하다는
것을 믿게 될 것이다. 하지만 이런 의견들은 모두 거짓이다. 그래서 리치 신부(利山人)
는 구라파(歐羅巴)에서 중국으로 와서 『산해여지전도(山海輿地全圖)』를 제작하여 문
인들에게 소개했고, 그들이 그것을 전파했다. 이 지도가 어떻게 제작되었는지에 대해
내가 직접 조사해 본 결과 [참고 자료로] 그의 나라[유럽 혹은 이탈리아]에서 발간된 옛
서적들이 있다는 것을 알았다. 실제로 그와 동향인들 및 포르투갈인(拂郞機)들은 여행
지들을 좋아한다. 어쩌다 먼 지역을 지나가게 되면 [그들이 본 것을] 대대로 전수하고,
기록한 것들을 면밀히 살핀다. 그런 자료들을 차곡차곡 모으면 땅의 전반적인 형태를
조금이나마 알게 된다. 하지만 남극 지역에는 아무도 가지 않았기 때문에 삼우(三隅)
로 유추할 수밖에 없다. 신부는 겸손해서 아무런 질문도 하지 않는다. 그는 자신의 덕

이 판본은 광동에서 인쇄한 것에 비해 완성도가 훨씬 높았고, 더 쉽게 이해할 수 있어 모든 사람의 찬사를 받았다. 그래서 가장 많이 인쇄하여[365] 여러 지역으로 보냈고, 마카오와 일본에 있는 우리 신부들에게도 보냈다.[366]

이것은 후에 여러 사람이 베꼈다.[367]

545. 1604년 곽청라(郭靑螺)에 의한 리치의 '세계지도'

귀주貴州[368]의 총독 곽청(라)[郭靑(螺)][369]는 신부를 광동에 있을 때부터

을 실천하며 하늘(天)을 공경하고, 생각과 말과 행위들을 조심하려고 조석(朝夕)으로 애를 쓴다. 하늘과 태양, 달과 별의 관계에 관한 그의 책이 널리 알려졌을 때도 사람들은 그를 쉽게 이해하지 못했다. 그러나 나는 그가 [다른 사람들의 더 좋은 자료가 있는 한] 마땅히 그들의 문서에 기초하여 그것들을 언급했다고 생각한다."

365 바르톨리(Bartoli¹, II, c.109, p.220)는 "수백의 사본"에 관해 언급하지만, 그중 하나도 전해지지 않고 있다. 더 정확하게는 현재 중국은 물론 유럽에서조차 그것의 현존 여부마저 알려지지 않았다.

366 Cf. N.1580.

367 두말할 나위 없이 두 번째 판본에 국한된 것으로서, 리치의 텍스트에서 새로운 형식에 맞추어 잘라낼 것은 잘라내고 인쇄했을 것이다. 여전히 같은 판본에서 말이다.

368 리치는 Queiceo라고 쓰고, 델리야는 Kweichow라고 쓰고 있다.

369 리치는 이 사람을 곽청라(郭靑螺)(N.312) 혹은 곽청(郭靑)(N.545)이라고 불렀다. 분명 같은 인물이다. 리치가 직접 쓴 글을 통해서 알 수 있는 것은 이곳에서처럼 '곽청'이라는 이름을 쓸 때, 글자 사이에 여백을 크게 둔 것으로 보아 글을 쓸 당시에 그 사람의 이름 마지막 글자를 잊은 것으로 보인다. ─뒤에서 보겠지만 처음 쓸 때도 라(螺)를 luo라고 써야 하는데 lun으로 잘못 쓰고 있다. ─ 그래서 그 순간 기억나지 않았던 것을 나중에 첨가하기 위해 여백을 둔 것으로 보인다. 그런데 그 사실마저도 잊고 그냥 곽청(Cuocin)이라고 쓰고 말았다. 곽청라 Cuocinlun도, 더 정확하게는 Cuozzimluo인데 말이다. N.552에서도 비슷한 사례를 볼 수 있다. 이런 추측은 리치의 필사를 내가[델리야] 직접 연구하여 내린 결론이다. 나와는 상관없이, 또 리치 필사본의 도움 없이 홍외련(洪煨蓮 Homueilien, p.22b) 박사도 비슷한 견해를 밝힌 바 있다. 즉 리치처럼 뛰어난 중국학자에 관한 비판적 견해를 시도한 것이다. 그는 리치가 나중에도 곽청라(Cuozzimluo)에 대해 말하면서 Cuocinlun라고 쓰고 있다고 했다. 『명독무년표(明督

알고 있었다. 그는 귀주에서 리치의 〈세계지도〉를 한 장 얻어[370] 더 작

撫年表)』(오정섭 吳廷燮, 北京: 中華書局, 1982年)에서다. 이 책에 따르면 "1599년 4월
2일, 만력(萬曆) 황제는 귀주(貴州)의 총독이자 우부도어사(右副都御史)로 곽자장(郭子
章, Cuozeciam)을 임명했다. 곽자장이 귀주의 총독으로 있다가 병으로 공직에서 물러
나는 1607년 9월 17일에 (리치의 '세계지도' 한 장을) 얻었다"라고 했다. 따라서
Cuozeciam은 Cuozzimluo과 동일 인물임을 알 수 있다. 이것은 만사동(萬斯同)이 쓴
『명사고(明史稿)』(이것의 필사본이 북경 국립도서관 c.333, ff.17 이하에 소장되어 있
다)에서도 찾아볼 수 있다. 그러나 왕홍서(王鴻緖)가 쓴『명사고(明史藁)』에는 무슨
이유인지 그것이 사라지고 없다. 그리고『명사(明史, Storia dei Mim)』에는 홍외련
(p.22b) 박사가 언급한 것이 있다.

다른 곳에서도 일반적으로 알려진바, 귀주의 총독은 성이 곽(郭)이고 이름은 자장
(子章), 호는 상규(相奎)와 청라(青螺)다. 스스로 빈의생(蠙衣生)이라고 부르기를 좋아
했다. 강서(江西)의 길안(吉安) 근처 태화(泰和)에서 소박한 부모 밑에서 1543년에 태
어나, 1571년에 진사가 되었다. 복건(福建)의 건녕(建寧)에서 처음 관리를 지냈고,
1582-1586년 광동(廣東)성 동쪽에 있는 조주(潮州)의 지부(知府)가 되었다. Cf. Annali
della Prefettura di Chaochow(乾隆潮州府志), c.31, f.32b. 그 시기에 본문에서 말하
는 것처럼 조경(肇慶)에서 리치와 알게 되었다. 그가 조주에서 복건으로 이동하면서
좌포정사(左布政使)가 되었고, 임기는 1599년 4월 2일까지, 앞서 본 것처럼, 귀주의 총
독으로 임명될 때까지 있었다. 그가 귀주의 총독으로 있은 것은 1607년까지다. 이후에
는 아홉 차례에 걸친 조정의 연임 요청에도 불구하고 은퇴하였다. 귀주의 백성들은 그
로부터 수많은 은혜를 입었다며 감사의 표시로 아직 생존해 있는 동안 사당을 일곱 개
나 지어 바쳤고, 유명한 제갈량(諸葛亮, 서기 181-234)과 관우(關羽, 서기 219년 사망)
와 함께 제사를 지내 주었다. Cf. BD. NN.459, 1009. 그는 병부(兵部)의 상서(尙書)라
는 직함으로 1612년에 70세의 나이로 사망했다. 다양한 분야에서 최소한 62편의 저술
을 남겼고, 리치는 그의 활동적인 저작에 대해 크게 칭송하였다. Cf. 만사동(萬斯同),
Abbozzo della Storia dei Mim, c.333, ff.17b sgg; Annali Generali del Kweichow(乾
隆貴州通志), c.19, f.12: c.41, ff.44-47; Annali del distretto di Taiho(光緒泰和縣志),
c.17, f.35; DB, p.1043; Index, 24, III, p.32. 그에 관한 여러 전기와 도서 자료들은 오
정섭 박사의 pp.22-23, 48에서 가져온 것이다.

리치는 이 관리가 조주의 지부(知府)로 있을 때 조경에서 알게 되었지(N.312), 1605
년(NN.1582, 1703) 빈의생(蠙衣生)이라는 이름으로 알게 된 것은 아니다. Cf. D'Elia
in AHSI, VI, 1937, pp.303-304, 310.

370 홍외련(p.24) 박사는 곽청라(郭青螺)의 텍스트(D'Elia[1], pp.78-80에서 번역)로부터 곽
청라를 더 예리하게 인용하며『곤여만국전도(坤輿萬國全圖)』라는 제목의 북경판 세
계지도(1602년)가 아니라, 같은 이름의 1584년 조경(肇慶)에서 제작한 첫 번째 판본을
1600년 남경에서 다시 제작한『산해여지전도(山海輿地全圖)』를 인용하였다. 몇 곳을

은 형식으로 축소하여 한 권의 책으로 출판하였다.

그리고 후에 거기에 모든 나라를 기록하여 주석을 달았다.[371] 신부가

수정하면서 말이다. Cf. 그림 30. 이런 측면은 리치의 세계지도 판본의 여러 과정과도 맥락을 같이한다. 여기에서 한 가지 의문이 생기는 것은 리치가 1605년 5월 9일, 곽청라가 새로 작업한 지도첩을 북경에서 받은 직후에 왜 그것을 즉시 알아보지 못했느냐는 것이다. 이에 리치가 기록하기를, 곽청라는 1584년의 지도와 구분하기 위해 "큰 세계지도를 책으로"(N.1582) 엮었고, 거기에는 1600년 판도 반영한 걸로 보인다고 했다. 이것이 처음 것보다 더 크다면, 단지 1605년의 것이 '큰 것'이 아니라, 확실히 그 사이에 있는 1602년과 1603년의 것보다 더 크다는 뜻이다. 더 구체적으로 리치가 곽청라의 작품을 설명한바, "여기 이곳(이 글을 쓰고 있는 북경)에서 만든 거대한 세계지도는 이미 두 차례나 인쇄를 거듭한 것이다"(N.1582). 그러므로 북경 판은 1602-1603년에 이미 제작한 두 개 중 하나인 것이다. 나아가 곽청라 역시 자신의 저서 서문에서 "리치가 중국에서 생활한 지 이미 20년이 되었다"(N.1703)라며, 자신이 그의 세계지도를 인용한 것이 1602년이라는 점을 시사하고 있다. 1600년이라고 하면 리치가 중국에 온 지 16년, 혹은 중국식으로 17년밖에 되지 않기 때문에 1600년 이후라고 하여 조금 늘려서 말을 한 것이다. 따라서 곽청라 텍스트에 대해 반론을 하려면 리치가 유럽에서 조경으로 올 때 가지고 온 것, 즉 아직 번역되지 않은 유럽판 지도에 대해서만 말을 해야 한다. 곽청라는 이 지도의 원래 제목을 보지도 않고, 리치가 제작한 『산해여지전도』만 인용하였다. 곽청라는 조경판과 남경판을 부정하는 듯하면서도 그것을 인용하여, 크기가 너무 커서 쉽게 찾아볼 수 있도록 책자 형식으로 축소하여 제작했다고 했다. 이것은 너무 크지 않은 1602년 혹은 1603년 판을 인용한 것이지, 앞서 본 것처럼 1584년의 것을 재판한 1600년 판이 아니다. 그러나 고백건대, 이런 전체적인 과정에서도 사라지지 않는 것은 모든 난해함을 담은 제목이다. 곽청라가 기록한 『산해여지전도(山海輿地全圖)』 서문(序)에서 그것을 찾아볼 수 있다.

371 곽청라는 두 가지 일을 했는데, 한편으로는 알레니(Aleni²)의 일반적인 작품 중 하나인 대(大) 구라파(歐羅巴)의 세계지도를 축소한 것이고, 다른 한편으로는 톨로메오 학파의 우주학 관련 저술 활동(N.1582)을 한 것이다. 그는 흑백지도를 하나 베끼면서 "모든 나라와 지역, 강과 산의 이름들, 그리고 다른 많은 놀라운 것들의 이름…, 풍부한 명시와 다양한 수학적 담화들"은 리치의 거대한 세계지도에서 찾아볼 수 있는 것들(N.1703)이라고 했다. 두 가지 작품을 완성할 때만 하더라도 아직 확신하지는 못한 것 같다. 이 두 작품은 곽청라의 지리서 두 권으로, 제목을 보면 리치가 붙인 것과 대략 비슷하다. 하나는 '군과 현의 이름에 관한 설명', 곧 『군현석명(郡縣釋名)』26cc.으로 중국에만 국한된 것이다. Cf. Seccu, p.1554. 그러나 다른 하나는 '고대와 현대의 군과 나라의 이름들', 즉 『고금군국명류(古今郡國名類)』3cc.이다. 두 권 모두 리치의 세계지도첩을 말하는 것 같다. 불행하게도, 나의 이런 연구에도 불구하고, 어느 것 하나 발견하지 못했다.

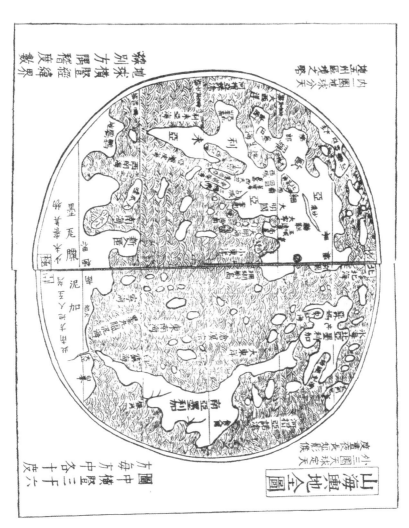

[그림 31] 리치의 중국어 세계지도 두 번째 판본 『산해여지전도』

• 남경(南京), 1600, Cf. N.544.
• 풍응경(馮應京), "월령광의(月令廣義)", c.1602, c.1, f.60.

전 세계를 나누었던 것을 다섯 개의 주요 대륙으로 구분하였다.[372] 앞에는 또 작품과 저자를 칭송하는 장문의 서문을 썼는데,[373] 그가 중국에서 유명한 학자 중 한 사람이고 중국어로 많은 책을 쓴 인물이었기 때문에[374] 그가 낸 이 작은 책자가 우리의 일에도 도움이 되지 않았다고 말할 수는 없다.

---

372 유럽, 아시아, 리비아, 즉 아프리카, 아메리카와 마젤란의 땅 곧 오스트레일리아다.

373 이 서문의 일부가 번역되어 D'Elia¹, pp.77-80과 *AHSI*, VI, 1937, pp.307-309에서 소개했고, 전문 번역이 서간집 N.1703에 수록되었다. 여기에서 곽청라(郭靑螺)는 고대 중국인들의 지리적인 모든 인식이 중국과 바로 그 주변에만 국한되어 있다는 것을 알게 해 준다. 이것은 4세기에 나온 『주례(周禮)』를 통해서도 엿볼 수 있는 것으로서, 17세기 초까지도 여전히 중국에서는 11세기 때와 마찬가지로 645년의 작품 『괄지지(括地志)』와 똑같은 시각을 보였다. 추연(騶衍)[역주_ 중국 전국시대(戰國時代: 기원전 403-221) 제(齊)나라의 철학자로 음양오행설을 제창한 인물이다. 그는 오행설과 음양이론을 결합했다고 전해진다]이 쓴 최초의 중국 지리학 저서 『산해경(山海經)』(이 제목은 분명 리치의 첫 번째 판본 세계지도의 제목에 영향을 미쳤을 것이다)에서 세계를 더 넓게 바라보았다. 하지만 유학자들은 그의 견해를 과장하여 신봉하였다. Cf. D'Elia¹, p.205, N.92. 바로 이것이 많은 세월이 흐른 후, 마태오 리치가 추연의 견해를 확증하고, 그래서 그때까지 내려온 지리적인 인식을 혁신한 이유다. 그때는 이미 중국에서 오랜 기간 체류하여 리치도 자기가 외국인이라는 사실조차 잊어버렸고, (사회적으로도) 그의 가르침을 인정할 수밖에 없던 시기이기도 했다.

374 이 작가의 작품 목록을 보면, 여기에 인용하는 것들도 전체는 아닐 것이다. Homueilien[홍외렌], p.23, in *Index*, 10, IV, p.60과 *Seccu*, pp.139, 1185, 1361, 1554, 1612, 2427, 2449, 2855, 3013, 3932, 3933, 4407.

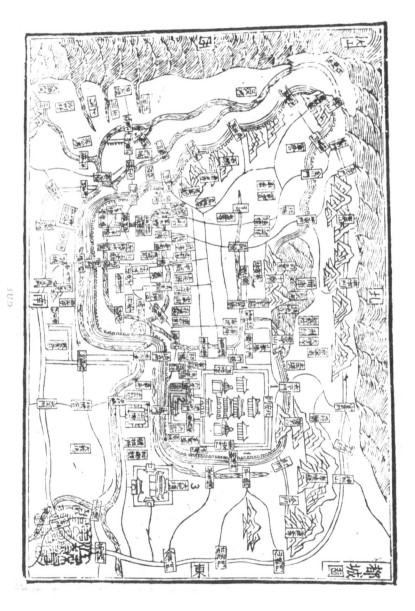

[그림 32] 남경(南京) 지도(Cf. NN.454-456)

• 1. 황궁 담장 ─ 2. 리치의 수도원 위치 ─ 3. 대사전(大祀殿)
출처: Annali della Prefettura di Nanchino 강녕부지(江寧府志), 1668년.

제6장

남창의 많은 주요 인사들이 마태오 리치와 대화하고 싶어 한 것에 대해

(1599년 초)

546. 남경 수도원 설립을 위한 하느님의 섭리

남경에서 수도원을 든든하게 설립하는 데 하느님의 손길이 있었다는 것을 분명히 하고, 그것을 더 잘 이해할 수 있도록 이 장(章)에서는 여러 계층의 주요 인사들을 언급하고자 한다. 그들은 남경에서 마태오 신부와 대화하기를 바랐던 사람들이다.[375] 사실 그런 사람들은 모두 헤아릴 수

가 없을 정도라, 이 책의 지면상 길게 열거할 수는 없다.[376]

남경은 북경과 마찬가지로 여섯 명의 상서尙書[377]가 있는 것 외에도, 시市의 행정을 통솔하고 고위 교섭을 하는 실무자가 세 사람 있었다.

547. 남경의 최고 실세 위국공(魏國公)과의 우정; 그의 화원 방문

그중 한 사람이 위국공魏國公이다.[378] 국공國公이라는 직위는 세습되는 매우 높은 관직과 사회적 지위를 갖고 있지만, 국무 외에는 아무런 행정권이 없다.[379] 그는 남경에 상주하며, 집을 나설 때는 수행원들을 성대하게 대동하는 한편, 팔인교八人轎[380]를 타고 다니며 황궁과 같은 저택을 소유하고 있었다. 장자만이 이 직위를 물려받을 수 있지만, 다른 모든 자녀에게도 황제는 하위의 직위를 하사한다. 따라서 매우 큰 귀족 가문을 형

---

375 여기에서 말하고 있는 일들은 리치가 남경에서 쓴 1599년 8월 14일 자 글을 통해서 알려진 사실이다. "다들 미친 사람처럼 저를 보겠다고 찾아왔는데, 그중에는 저에 관한 단편적인 몇 마디 말만 듣고 온 사람도 있었습니다. 그들의 언어는 우리 처지에서는 발음하기가 어렵고, 문자[=기록]를 통해가 제가 보기에 더 낫습니다. 그러다 보니 우리의 책에 있는 내용을 번역하고자 할 경우, 이 나라에서는 한 번도 들어 보지 못한 학문과 예술이라는 것을 이해시켜야 합니다. 어떤 사람은 수학에 대해 듣고 싶어 하고, 어떤 사람은 윤리학에 관해 듣고 싶어 합니다. 왜냐하면 그들에게 이 두 가지는 완전하지 않고(Cf. NN.56-59) 방법론도 갖고 있지 않습니다"(N.1557). "매우 깊이" 리치를 인정한 사람들은 특별히 유심동(劉心同)의 아들, 더 정확하게는 유동성(劉東星)이다. 그는 산동(山東)의 제녕(濟寧)에서 살며 '쌀 운반 책임자'였다. Cf. N.577.

376 Cf. N.2.

377 여섯 명의 장관이다. Cf. NN.86-95, 101.

378 리치가 말하는 위국공(魏國公)은 '위나라의 공작'이라는 뜻을 지닌 하나의 직함이다. 저 유명한 서달(徐達)의 첫 번째 주인은 홍무(洪武)다. 그는 1332년 양주(楊州)에서 태어나 1385년에 사망하였다. Cf. *Storia dei Mim*, c.125, ff.1a-8a; *BD*, N.792; *Index*, 24, III, p.118.

379 즉, '외적인 모양'이나 '수행원'과 관련한 말이다.

380 **역주_** 여덟 명이 끄는 인력거다.

성한다.

그런 국공이 먼저 우리 집으로 자신의 숙부를 보내어 마태오 신부에게 '서달택徐達宅'이라는 자기 집으로 오라고 초대하였다. 신부가 방문하자 그는 정원에서 신부를 맞이하였다. 그의 정원은 남경에서 가장 아름다운 정원이었다.[381] 신부는 거실, 방, 복도, 탑, 정원과 그 외 놀랄 만한 건물을 뒤로하고, 인공적으로 만든 돌로 된 가산假山과 여러 동굴과 정자, 계단, 누각과 나무, 연못과 다양한 진기한 것들을 보았다. 산책하기에 매우 좋았고, 독서와 손님들을 접대하기에도 좋은 곳이었다. 미로처럼 지어져 매우 그윽하게 느껴졌다. 면적이 크게 넓지는 않았으나 사방을 전부 다 니는데 두세 시간은 걸렸고, 마지막은 다른 문으로 나오게 되어 있었다.

당시 국공의 나이는 그리 많지 않은 젊은 편에 속했다.[382] 신부는 집에 있던 몇 가지 유럽의 물건들을 가지고 갔고, 국공에게 그것을 보여 주었다.

548. 남경의 두 번째 실세, 귀족 풍성후(豊城侯)와의 관계

두 번째 인물은 남경의 모든 병권을 쥐고 있던 장수 후侯로,[383] 국공國公보다는 지위가 낮은[384] 풍성후豊城侯라는 사람이었다.[385] 그는 여러 차

---

381 서달택첨원(徐達宅瞻園)이다. 중국의 사료들은 남경의 초창기 모든 정원에 관한 정보를 제공하고 있다. 내죽우훼목(內竹右卉木), 위금릉원정지관(爲金陵園亭之冠)(*Ta Zzim*, c.51, f.5b). Cf. Gaillardo, p.210, N.2.

382 1595년 9월 2일부터 이 사람의 직함은 서홍기(徐弘基)였다. 1621년에 병으로 물러났다가 1641년에 복직하여 1643년에 사망했다. Cf. *Storia dei Mim*, c.105, ff.2a-b. 1643년경에 사망했다면 1599년에는 매우 젊었다고 할 수 있고 대략 30세 정도로 추정할 수 있다.

383 후작이다.

384 공작이다. Cf. N.81.

385 N.507에서 언급한 것처럼, 그의 이름은 이환(李環)이고, 풍성(豊城)의 귀족이다.

레 자신의 공관에서 여는 연회에 신부를 초대하는 등 신부와 돈독한 우정을 나누었다. 그도 우리 집에 올 때마다 이 땅[중국]의 모든 예절을 총동원하였다. 그와의 우정은 우리에게 안전을 보장하는 것이 되었다. 왜냐하면 그는 이 도시 수비의 총책임자였고, 앞서 말한 것처럼, 신부가 처음 남경에 갔을 때 정보를 입수하고 체포하려고 했던 인물이었기 때문이다.[386]

549. 남경의 세 번째 실세인 태감(太監) 풍보(馮保)를 방문

세 번째 인물은 황제가 임명한 관리로 '수비(守備)'라는 직위를 가지고 있었다. 수천에 이르는 남경의 태감들을 지휘하고 거대한 기관이 있는 황궁을 관리하며 장수들 혹은 최고 연대장들과 함께 군사를 거느려 도시의 성문들을 수비한다. 그 밖의 공무도 처리한다.[387]

따라서 그가 신부와 함께 문을 나설 때는 수행원들과 수비대로 많은 인원이 동원되고 팔인교를 탔다. 그는 나이가 매우 많은 사람이었고, 태감들이 대부분 그렇듯이 별로 예의가 없었다.

그는 신부에게도 예의가 없었고, 자기 수행원들을 시켜 신부에게 자신을 '천세千歲'라고 부르도록 하라고 종용했다. 그것은 우리의 '전하' 혹은 '각하'에 해당하는 말이다. 중국에서는 황제와 말을 할 때 그를 '만세萬歲'[388]라고 부른다. 태감들은 황제의 자녀들처럼, 황족의 한 사람처럼 모

---

386 1598년에 그는 리치를 체포하려고 했다. Cf. N.507.
387 이 사람은 풍보(馮保)라는 무서운 태감으로, 자는 쌍림(雙林)이고 1530년경 호북(湖北)의 심주(深州)에서 태어났다. 그리고 1582년에 수비(守備)라는 직위로 남경으로 보내졌다(여기에 관해서는 *Storia dei Mim*, c.76, f.7a-b를 보라). Cf. *Storia dei Mim*, c.305, ff.2a-4b; *Litae¹*, c.9, f.40a; *Index*, 24, III, p.27.

든 사람 위에 있다는 의미로 혹은 위대한 인물들처럼 조정 밖에서 큰 권력을 행사하는 만큼 '천세'라는 칭호를 남용했다.

수행원들은 신부에게 먼저 예의상 그에게 무릎을 꿇으라고 했다. 하지만 신부는 그가 해야 할 바를 하지 않으면 그와는 말하고 싶지 않다고 했다. 그를 만나고 싶지 않다며 집으로 돌아가겠다고 했다. 상서尙書와 다른 고관들도 신부를 예의 바르게 대하는데, 한갓 태감에 불과한 사람에게 고개를 숙일 수는 없다고 했다. 그러나 가신들은 태감이 자기들을 나무랄까 봐 두려워 신부를 억지로 끌고 가서 명령하다시피 무례하게 거실로 안내했다. 신부와 이야기를 하면서, 태감이 귀가 먹어 잘 들리지 않는다고 하자, 그의 곁에 있던 가신 하나가 신부의 말을 큰 소리로 반복해서 전달해 주었다. 가신은 신부가 말하는 대로 전하는 것이 아니라, 자기 마음대로 신부의 말을 바꾸어 '천세'라고 했고, 태감은 매우 만족스러워했다. 그는 신부에게 많은 선물을 주었고, 신부에게 프리즘을 요구했다. 신부가 프리즘은 황제에게 바칠 것이라고 하자 태감이 황궁에는 더 큰 것들이 있다고 했다. 신부는 태감에게 북경으로 가는 통행증을 써 준다면 프리즘을 주겠다고 했다. 태감은 응하지 않았다. 이후 두 사람은 더 만나지 않았다.

---

388 '만세(萬歲), 만년(萬年), 만수(萬壽)'라는 표현은 일종의 '환호성'(인사로 '만세!')으로, 라틴어 'salve' 혹은 독일어 'heil'과 같이 쓰인다. 이 말은 이미 『시경』(詩經, C, III, 8⁵⁻⁶)에서 천자(天子)에게 하던 인사로 그 역사는 기원전 827-782년으로 거슬러 올라간다(Cf. Zottoli, III, p.284). 리치도 이미 관찰한 바 있듯이, "온 중국의 모든 도시에서는 매년, 음력 정월 초하루에 모든 관리가 자신의 행정 지역이나 고향으로 가서 황좌(皇座)를 방문하여 … 여러 번 무릎을 꿇고 … 인생 만년(萬年)을 외칩니다"(N.130)라고 했다. 그러므로 황제보다 아래에 있는 관리들에게는 '만세'라고 해서는 안 되고, '천세'라고 해야 한다. 비슷한 이 두 가지 표현은 "폐하", "전하"라는 뜻이다.

이 일은 모든 태감이 신부를 존경하기에 충분한 계기가 되었고, 이 세 주요 인사들도 신부가 남경에 체류하는 것에 모두 동의한다고 생각하게 되었다.

550. 리치와 유명한 문인 초횡(焦竑)의 만남

당시 남경에는 장원壯元[389]한 사람이 하나 있었다. 남경을 고향으로 둔 사람으로, 진사 시험에서 300명의 박사 가운데 수석을 한 사람이다.[390]

---

389 Cf. N.70.

390 이 위대한 학자의 성은 초(焦)이고, 이름은 횡(竑)이며, 자는 약후(弱侯)이고, 호는 의 원(澹園)이며 시호는 문단(文端)이다. 1541년 산동(山東) 출신의 부모 밑에서 남경에 서 태어나(다른 자료에서는 1540년 혹은 1539년에 태어났다고도 함) 어린 시절부터 이미 학문적으로 명성을 얻었다. 경정향(耿定向, 1524-1596)(Cf. *Storia dei Mim*, c.221, ff.4a-5b; *Index*, 24, III, p.184)과 나여방(羅汝芳)(Cf. *Dottrina dei letterati dei Mim*, c.34, II, pp.1-4; *Index*, 24, II, p.301)을 스승으로 두었고, 1559년에 거인(擧人, 석사)에 응시하여 1564년에 급제하였다[이 대목에서 『명사』(明史, *Storia dei Mim*), c.288, f.6a와 연도가 혼선을 빚고 있는 것 같다]. 이후 다섯 차례(1565, 1568, 1571, 1577, 1583)에 걸쳐 진사에 응시했으나 계속해서 떨어지다가, 1589년 5월 2일, 드디어 장원(壯元)으로 급제하였다. 이에 서원(書院)으로부터 수찬(修撰)이라는 칭호를 받았 다. 1593-1594년, 무엇보다도 사료 정리에 몰두했고, 그 시기에 120권짜리 『헌징록(獻 徵錄)』을 편찬하였다(Cf. *Seccu*, pp.1364-1365). 1594년에 동궁강독관(東宮講讀官)에 임명되었고, 『양정도해(養正圖解)』를 썼다(Cf. Franke[3], p.10, N.5). 그의 솔직한 말투 는 북경의 일부 관리들의 심기를 건드렸는데, 그중에는 장위(張位)와 같은 사람도 있 었다(Cf. *Storia dei Mim*, c.219, ff.6b-8a). 1597년 북경에서 거인 시험에 통과했고 — 그해에 서광계가 합격함 — 정부 입장에서 사상적으로 문제가 있는 아홉 후보 중 하나 로 낙인찍혀 복건(福建)의 복녕(福寧)에 동지(同知)로 좌천되었다. 이후에도 일 년 이 상 좌천되었다가 태복사승(太僕寺丞)으로 자리를 옮겼다. 남경의 국자감사업(國子監 司業)으로 승진했을 때, 그의 나이는 이미 70에 가까웠다. 바로 그 시기에 리치가 남경 에 자리를 잡았다. 중국 자료에 의하면, 수많은 문인이 이 도시로 몰렸고, 초횡(焦竑) 이 자리를 마련하면 사람들이 물밀듯이 몰렸다고 한다[선생주지단점(先生主持壇坫), 여수부학(如水赴壑)](*Dottrina dei letterati dei Mim*, c.34, II, p.46). 1608-1609년경, 그는 은퇴하여 서광계의 제자가 되어 그리스도교로 귀의하고자 했다(N.912). 그는 1620년 79세로 사망했다. 다른 자료들에는 80세 혹은 81세였다고도 한다. 1610년경에

엄청난 명예다. [그러나 당시에는] 관직을 잃고 고향 집에 머무르고 있었지만, [예전의] 사회적 지위로 인해 모든 사람의 존경을 받고 있었다. 그는 중국에는 세 개의 종파가 있다고 설교했고, 그 자신 세 종파를 추종하고 있었다.[391]

551. 또 다른 승려 시인 이탁오(李卓吾)와 맺은 우정;『교우론』을 알리고, 두 편의 시(詩)를 선물받다

당시 중국에서 가장 유명한 또 다른 한 사람이 우리 집을 찾았는데, 그의 이름은 이탁오李卓吾[392]였다. 그의 직위는 중국에서 매우 높았다. 그는

그는 『경적지(經籍志)』를 썼다. Cf. *Storia dei Mim*, c.288, ff.5b-6b; *Dottrine dei letterati dei Mim*, II, c.35, pp.45-46; *Index*, 24, II, p.312; Hummel, I, pp.145-146; *BD*, p.348; Zoeiueilu[죄유록(罪惟錄)],『傳』, c.18, ff.70a-72a;「초횡급기사상(焦竑及其思想)」, in 『연경학보(燕京學報)』, 1938, 6월, N.23; Franke[3], pp.9-12.

391 이 학자의 방대한 지식에 관해 『명사(明史, *Storia dei Mim*)』에서는 "초횡은 대단히 박식했는데, 경서와 사서는 물론 패관잡설까지 다방면에서 지식을 얻은 덕분이다. 특히 그는 고문(古文)을 잘 지었다(竑博極, 葦書自經史至稗官雜說無不淹貫, 善爲古文)" (*Storia dei Mim*, c.288, f.6b)고 적고 있다. 그는 많은 책을 집필했다. Cf. *Seccu*, pp.144-145, 873, 2621, 2737, 2983, 3034-3035, 3042-3043, 3061, 4294; Forke[1], pp.260, 308; *Index*, 10, III, pp.298-299. 그를 경정향(耿定向)과 라여방(羅汝芳)에 연관시키자, 그 자신은 1570년부터 알려진 승려-시인 이탁오(李卓吾)의 가르침을 받았다고 했다(Franke[3], p.12, N.6). 그[이탁오]에 따르면 공자가 자신의 자리를 붓다에게 넘겨주었다는 것이다(*Dottrina dei letterati dei Mim*, II, c.35, p.46). 그는 저서 『음부경해(陰符經解)』에서 이탁오와 좋은 친구이기에 불교의 '선(禪)'에 관해 이야기하게 되면 결국 불교, 유교, 도교의 세 종교가 결합한 거라는 결론에 이른다고 했다. 삼교귀일(三敎歸一)(N.199) Cf. *Seccu*, p.3061. 그는 또 다른 저서 『중원문헌(中原文獻)』에서는 불교의 '선(禪)' 가르침에 심취했다고도 했다. 탐어선학(耽於禪學) Cf. *Seccu*, p.4294.

392 성은 이(李), 이름은 지(贄) 혹은 더 정확하게는 재지(載贄)고, 자가 굉보(宏甫)이고, 호는 탁오(卓吾) 또는 독오(篤吾) 또는 온릉(溫陵)이다. 1527년 복건의 진강(晉江)에서 태어났다. 1552년 거인에는 급제했지만, 진사가 되지는 못했다. 국자감(國子監)의

많은 지역에서 통감을 역임했으나 관직과 가정을 버리고, 머리를 깎고 승려和尙와 같은 삶을 살고 있었다. 중국의 문학과 과학에 대단히 박식했고, 일흔의 나이에도 명망이 높았다. 그가 만든 새로운 종파에는 많은 사람이 제자로 따랐다.[393]

교수[講學]가 되었고, 여러 곳에서 칭송을 받았다. 원외(員外)의 자격으로 남경의 형부(刑部)로 옮겨 교육을 담당했다. 후에 운남(雲南) 지방 요안(姚安) 혹은 요주(姚州)의 지부(知府)로 임명되었다. 진사에 이르지 못한 과민함으로 인해 이상한 행동을 하곤 했다. 그래서인지 지부가 된 지 3년 만에 아직 임기 중임에도 불구하고 운남성 빈천(賓川) 북서쪽에 있는 계족산(雞足山)으로 가서 머리를 깎고 불교 수행을 하기도 했다. 1577년경 관직에서 물러난 뒤에는 호북의 황주(黃州) 혹은 황안(黃安), 마성(麻城), 무창(武昌), 강하(江夏) 등지에 머무르며 여성들에게까지 불교를 선전했다. 그러다가 풍응경(馮應敬)에 의해 호북에서 쫓겨났다. 그 후 초횡의 서원(書院)이 있는 남경으로 가서 온 도시의 관심을 끄는 데 성공했다. 1599년 남경에서. 저서 『장서(藏書)』를 발간했다(Franke², p.40; Seccu, p.1111). 아마도 1600년도 초에 그곳을 떠나(N.577), 북경 동쪽 약 22km 혹은 40리(里) 지점에 있는 통주(通州)로 가서 명성을 온 중국에 떨쳤다. 1602년 4월 14일, 예과도급사중(禮科都給事中) 장문달(張問達)이 상소를 올려(이와 관련해서는 Franke², p.22, N.1; Storia dei Mim, c.241, ff.2b-5b; Index, 24, III, p.64를 보라) 이탁오가 자신의 저서에서 중국의 위대한 선현들을 욕보이고 이단들을 칭송했다며 고소했다. 그러면서 진강(晉江)으로 귀향시킬 것을 간청했다. 이탁오는 북경으로 인도되어 고향으로 쫓겨날 상황이었다. 그러나 황제의 교서가 도착했을 때, 승려 시인 이탁오는 통주에서 이미 자살한 뒤였다. 1602년 그의 나이 76세였다. Cf. Franke³, p.12, N.6; NN.580, 635. 통주의 북문(北門) 밖에 묻혔다. 그의 무덤은 1926년에 발견되었다(Franke², p.26, N.1, in fine). Cf. Annali della Prefettura di Chūanchow[『동치천주부지(同治泉州府志)』], c.54, ff.43b-45b; Storia dei Mim, c.221, 그리고 경정향(耿定向), f.5a: c.241, 장문달(張問達), f.3a; Cronaca dei Mim, c.45, f.17b; Seccu, pp.133, 1111, 2497-2498, 2729, 3901, 4278; 원굉도(袁宏道), 『이온릉전(李溫陵傳)』; 오우(吳虞), 『이탁오별전(明李卓吾別傳)』 in 『오우문록(吳虞文錄)』(1916); 사계좌(查繼佐), 『죄유록(罪惟錄)』, XLVIII, 『傳』, c.18, f.67a-b; Franke², pp.15-26; Duyvendak in TP, XXXV, 1939-1940, pp.399-403; Index, 24, II, p.233: 10, III, p.149.

[393] 이탁오(李卓吾)는 처음에는 불교와 유교를 동시에 주요 자리에 두려고 했으나(主儒釋合一之說)(Seccu, p.2729), 선(禪, 관상)(Soothill-Hodous, pp.459-460; Wieger, HC, pp.523-529을 쫓는 불교 학파의 광신자가 되었다. 爲狂縱之禪徒)(Seccu, p.2729). 그는 유학자의 시각을 가지고 있었음에도, 훗날 유교 쪽에는 독(毒)을 던지는 적(敵)이

이 두 문인을 신부는 매우 환대했다. 특히 이탁오는 신부의 친구들을 몹시 놀라게 했는데, 그가 먼저 신부를 방문하는 것이 마땅하다고 했기 때문이다. 원래 그는 고위 관리가 먼저 자기를 방문하기를 바라고, 상대방이 오는 것을 본 다음에야 자기가 답방하던 오만하고 거만한 사람이었기 때문이다.

신부가 중국의 관습에 따라 답방할 때, 그는 많은 문인 학자와 함께 신부를 맞이했고, 율법과 관련하여 오랫동안 이야기를 나누었다. 이탁오는 신부와 어떤 논쟁도 반박도 하지 않았고, 오히려 우리의 율법이 진리라고 말했다.[394]

호광성湖廣省[395]에는 그의 제자들이 많았는데, 그는 신부의 『교우론交友

되었다. 贊之得罪名敎流毒後學(*Seccu*, p.4278). 실제로 그는 공자보다는 유교, 특히 주희(朱熹)와 그 학파, 곧 속자(俗子), 속사(俗士)를 공격했다. 이탁오(李卓吾)에 관한 연구를 종합적으로 한 프랭크는 이렇게 말한다. "이지(李贄)는 전투적이라 그의 말은 본질에서 부정적이다. 그는 새로운 인식론적 사고가 없고 새로운 형이상학적 관점이 없지만, 어떤 것을 제거하고자 할 때, 그 자리에 기존의 것을 두거나 적어도 어느 한쪽이라도 전수된 것을 두고자 한다"(Franke[2], p.44). 그러다가 후에 불교에 관해 호감을 말하는 부분에서 프랭크는 이렇게 지적한다. "물론 그를 불교로 인도한 것, 특히 그 과정에서 그가 가졌던 생각들, 그에 관련한 내적인 투쟁들에 관해서 현재 접근할 수 있는 그의 글로는 파악하기가 매우 힘들다. … 마성(麻城)에서는 형이상학(神境) 관련 연구에 몰두했고, 그를 따르는 거대한 추종자 집단에서는 그의 지시에 따라 선(禪) 체험이 가장 큰 비중을 차지했다. 동시에 그는 유교 못지않게 불교의 교리에도 얽매이지 않으려고 애썼다. 그에게 붓다는 공자처럼 공경할 만한 현자이기 때문이다"(Franke[2], p.55). 그리고 더 나아가 "불교는 종교가 아니라 철학이다. 그것은 유교도 마찬가지다. … 그에게는 하나의 단계에서 둘의 가르침[붓다와 공자]을 하나로 결합하는 것이 가능하다"(Franke[2], p.58). 그러나 이탁오는 유교를 이단지도(異端之徒)라고 느꼈다.

[394] 천학(天學)이라는 표현은 '하느님에 대한 학문', 곧 '신학', '그리스도교'라는 뜻이다. 그러나 알레니(Aleni[1], B, f.9a)는 적어도 1615년 9월부터 더 '광범위하게' 쓰기 시작했다 [Dias, *Questioni di Astronimia* 『천문략(天問略)』, Prefazione dell'autore, f.1b]. 그리고 그것은 18세기 초까지 사용한 것으로 보인다. '하늘을 연구하는 학문'이라는 의미로도 썼다. 다시 말해서 '천문학'[Schall, *Gli eclissi* 측식(測食), 上, f.1a]으로 쓴 것이다.

論』[396]을 얻은 뒤에 그것을 몇 부 베껴서 호광의 제자들에게 보냈다. 그가『교우론』과 거기에 담긴 문장을 칭송하자, 신부의 명성은 호광 일대에 널리 알려졌고, 그 덕분에 신부는 유명한 문장가가 되었다.

그는 신부에게 부채 두 개를 보냈다. 거기에는 친필로 쓴 매우 아름다운 두 편의 시詩가 있었다.[397] 후에 많은 사람이 이 시들을 베껴 썼고, 그의 시집에도 실렸다.[398]

---

395 황주(黃州)와 무창(武昌) 시다. 지금의 호북(湖北), 예전의 호광(湖廣)에 있던 고을이다.
396 Cf. N.482, 본서 2권, p.469, 주(註) 500.
397 프랭크는 "이치오(Li Tschi, 이탁오)가 이런 목적으로 두 편의 시를 썼을 가능성은 매우 적다. 두 사람이 각기 다른 용도로 썼을 가능성이 더 크다. … 그러나 리치의 기억을 받아들인다면, 두 편의 시라기보다는 한 편의 시로 생각하는 것이 맞을 것 같다"(Franke[3], p.13)라고 밝히고 있다. 고백건대 나는 이것을 확인하지 못했고, 오로지 리치의 '기억에만' 의지해야 한다. 두 편의 시, 곧 두 개의 부채가 혹시 본문에서 언급하는 상황에서 받지 않았다고 하더라도, 두 차례에 걸친 다른 기회에 주어졌을 거로 추정해 볼 수는 있다. 이 시들 중 한 편이 우리에게 전해졌고, 다른 한 편은 잃어버렸거나 이탁오가 자기 책에서 인용하지 않았을 수 있다. Cf. N.48.
398 알레니(Aleni[1], B, f.9a)가 관찰한 것처럼, 이 시들 중 하나가 이탁오의『분서(焚書)』(c. 6)에 담겼는데, 내용은 다음과 같다.

贈西人 利西泰	서쪽 사람 이서태(마태오 리치)에게 드림
逍遙下北溟	[황새 한 마리] 아득히 북쪽을 향해 날다가,
迤邐向南征	이제 진로를 남쪽으로 향하는가,
刹刹標名姓	높은 탑 꼭대기마다 그대 이름 펄럭이고,
山山紀水程	산마다 그대 여정 이야기하네
回頭十萬里	돌아보니 온 길 십만 리요,
舉目九重城	눈을 들어 앞을 보니 구중궁궐이라,
觀國之光未	나라의 문물을 아직 다 보지 못했거늘,
中天日正明	하늘 가운데 밝은 해가 비치네.

이 문장은 전겸익(錢謙益),『열조시집(列朝詩集)』, vol. 23, 윤집삼(閏集三), f.15a.에서 찾아볼 수 있다.

이것은 중국의 풍속으로서, 누군가에 대한 호감의 표현으로 그를 칭송하는 문장을 써서 보내는 것이다. 마태오 신부와 다른 여러 신부가 이런 문장을 받았는데, 중국인들이 하는 것처럼 그것을 소중하게 생각하여 모두 모아 보관했다면 베르길리우스의 책보다 더 방대했을 것이다. 하지만 모든 사람이 그렇듯이, 신부들을 하나같이 칭찬한 것들이어서 우리는 그것을 크게 중시하지 않았다.[399]

---

[399] Cf.『리치 원전(Fonti Ricciane)』, III, p.12, N.1. 1597년 리치는 남경에서 이일화(李日華, 1565- 1635)(Cf. *Storia dei Mim*, c.288, f.10b; *Index*, 24, II, p.227)로부터 한 편의 시를 받았다. 그중 최소 두 개가 전해지고 있는 걸로 알고 있다. 이 시는 이일화의『자도잡철(紫桃雜綴)』(c. 1, f.26)에서 찾아볼 수 있다(홍외련, p.37a도 참고하라). 따라서 더욱 신뢰가 간다고 하겠다.

靈海盪朝日	신령한 바다에 아침 해 떠오르니
乘流信綵霞	물결 따라 고운 노을이 비끼네
西來六萬里	서쪽에서 육만 리 길
東泛一孤槎	동쪽으로 외로운 배 한 척 도달했네
浮世常如寄	부평초처럼 세상을 떠돌고
幽棲卽是家	머무는 곳이 곧 집이라네
那堪作歸夢	어찌 [고국으로] 돌아갈 꿈을 꾸랴!
春色任天涯	봄빛이 하늘 끝까지 퍼졌네

그러나 또 다른 텍스트는 북경에 있는 내 친구가 말하기를 덜 부자연스럽고 더 포괄적이라고 한다. 다음과 같은 톤이다.

雲海盪落日	구름 낀 바다 너머, 해는 지고
君猶此綵家	그대 이국에서 살다가
西程九萬里	서쪽 길 구만리를
多泛八年槎	팔 년 동안 배를 타고 떠돌았네.
虔潔尊天主	그대는 경건하게 천주를 모시고
精微別歲差	역법의 오류를 정교하게 변별하네.
昭昭奇器數	그대의 기기와 산수는 놀랍고도 놀라운 것
元本浩無涯	원칙과 근본이 헤아릴 수 없이 드넓도다.

신부는 상서의 자녀들과 수행원들과 함께 편안하게 그 자리에 참석했다.

거기에는 많은 다양한 악기들이 동원되었고, 이런 경우가 아니면 사용할 수 없는 악기들도 많았다. 큰 종[編鐘], 작은 종[鈞], 발 혹은 향판[鈸, 響板], 기타[韻鑼, 鐺鑼]와 같은 청동으로 된 것, 돌로 만든[編磬] 것과 가죽으로 만든 것[大鼓, 柷, 應鼓, 博拊], 거문고[琴, 瑟], 피리[籥, 管, 箎, 壎, 笛]와 공기를 주입하여 입으로 불어 소리가 나게 하는 소[排簫, 鳳笙簫, 笙], 그 밖에도 어[敔][407]가 있었다. 이 모든 것이 동시에 소리를 내기는 했으나, 솔직히 전혀 화음이 맞지 않았다.[408] 그 점에 대해 중국인들 조차도 고대의 선현들이 가지고 있던 조화의 기술은 사라지고, 악기만 남았다고 실토했다.[409]

554. 남경의 종묘(宗廟)에 대한 묘사

천제를 드리는 대사전大祀殿[410]은 그 크기와 화려함이 이를 데 없다고 생각한다. 종묘宗廟는 숲 가운데 있고, 주변은 12리里에 걸쳐 튼튼한 성벽

---

407 **역주**_ 엎드린 호랑이의 모습을 나무로 깎아 만든 타악기로, 아홉 가닥으로 쪼개진 대나무 채(籈)로 머리를 치거나 잔등이를 긁어서 연주하는데, 음악을 마무리할 때 주로 사용한다.

408 악기들에 관해서는 다음을 보라. Couling, pp.387-390; Zottoli, II, pp.72-76, Tabuae VIII, XIV; Couvreur, *Chou King*, pp.48-49; *Storia dei Mim*, c.61, f.5a-b.

409 Cf. N.195.

410 대사전(大祀殿)은 말 그대로 "[하늘을 향해] 큰 제사를 지내던 큰 집"이다. 종묘(宗廟)는 북-남쪽으로 12개의 기둥이 있고, 동-서쪽으로 32개의 기둥이 있었다. 정면에는 6개가 있고, 반대쪽에 6개가 더 있었다. 그리고 빙 돌아서 문들이 있고, 기와는 노란색 유리로 만들었다. [중간에 있는] 세 개의 큰길은 좌측에 어도(御道), 중앙에 신도(神道), 우측에 왕도(王道)로 분류한다. 길의 양쪽에는 오래된 소나무와 삼나무가 심겨 있었다. Cf. *Storia dei Mim*, c.47, ff.4a-5a.

으로 둘러싸여 있었다. 묘당廟堂은 대부분 목재로 지었고, 밖에서도 볼 수 있게 했다. 내부는 네 줄의 나무 기둥으로 구분된 다섯 개의 복도 형태로 이루어졌다. 나무 기둥은 두 사람이 팔을 벌려도 손이 닿지 않을 만큼 굵었다. 우리와는 반대로, 지붕에서 흘러내리는 물은 묘당의 정면으로 떨어지게 했다. 천장은 장식이 화려하고 금으로 덮인 부조浮彫가 있는데, 200년 혹은 그보다 더 오래된 것이고,[411] 황제가 남경으로 제사를 지내러 오지 않음에도 불구하고 초창기의 아름다움을 매우 잘 보존하고 있었다. 묘당의 중앙에는 매우 아름다운 돌로 만든 볼록하게 올라온 자리가 있는데, 거기에는 두 개의 돌로 된 의자가 있었다. 하나는 황제의 것이고, 다른 하나는 제사의 대상이 되는 신神을 위한 것이었다.

묘당 밖의 홈통[412]에는 나무로 만든 많은 장식이 있었다. 이곳은 황궁의 모든 건물처럼 철사 그물로 모두 덮어 새들이 둥지를 틀거나 벌레가 날아들지 못하게 했다. 이것은 [황궁 건축물의] 원칙이다.[413] 모든 문에는 납작한 판이 가득했고[414] 그 위에는 금장식한 기괴한 형상들이 새겨져 있었다. 묘당 밖에는 붉은 돌로 만든 제단이 여러 개 있었는데, 해와 별, 그리고 달과 중국의 산들을 표현하고 있었다. 거기에는 바다를 표현하는 연못도 하나 있었다.

이곳의 나무들은 큰 특권을 누리고 있었는데, 아무도 가지를 자를 수 없도록 엄격히 통제하고 있었기 때문이다. 위반할 시 엄벌로 다스린다고

---

411 정확하게는 223년(1600-1377)이다.
412 물받이 통은 아닌 듯하다.
413 오늘날에도 북경의 황궁 건물들에서 이런 그물 모양을 볼 수 있다.
414 금속의 얇은 판.

한다. 그래서인지 이곳의 나무들은 크고 무성하여 모두 오래된 것임을 알 수 있었다. 주변에는 사우나를 하던 집들이 있었는데, 예전에 황제가 이곳으로 제사를 지내러 올 때 여기서 몸을 씻었다고 한다.

제7장

마태오 리치가 우상 종파의 한 유명한 승려와 거룩한 신앙에 관해 논한 것에 대해

(1599년 초)

○ 학자의 복장과 공자를 대하는 리치의 우호적인 태도 덕분에 좋은 인상을 주다
○ 이여정(李汝禎)이 불교에 관해 리치와 논하다
○ 공부주사(工部主事) 유두허(劉斗墟)가 토론에서 리치를 공격하다
○ 승려 삼회(三淮)와 천주에 관해, 천지창조와 피조물의 창조에 관해 논하다
○ 같은 승려와 인간의 본성에 관해 논하다

555. 학자의 복장과 공자를 대하는 리치의 우호적인 태도 덕분에 좋은 인상을 주다

마태오 신부는 중국으로 들어오면서 고고한 유생들처럼 옷을 입었다. 우리[서방]의 신부들이 쓰는 모자와 매우 유사한 십자 형태의 모자도 썼다.[415]

---

415 다른 곳에서 리치는 이 모자에 대해 "매우 특이한 형태로, (유럽의) 주교 모자와 비슷하다"(N.1372)라고 말한 바 있다. 이미지는 본서, 1권 [그림 1]을 보면 된다. Cf. NN. 429, 466, 495; *Storia dei Mim*, c.67, f.12a.

다른 한편, [신부가] 종종 하던 논의와 토론도 두 우상 종파들[416]에게는 모두 반대되는 것들이지만, [유교는] 그와 달리 오히려 칭찬했다.[417] 유생들과 논쟁을 벌이지도 않았다. 유교의 창시자 공부자孔夫子[418]는 내세가 있는 줄을 몰랐기에 현세에서 잘 사는 방법과[419] 왕국 혹은 공화국을 평화로이 잘 통치하고 보존하는 방법에 관한 가르침만 준 것으로 이해했다.[420]

신부의 이런 복장과 태도는 후에 우리 선교사들이 모두 따라 한 것으로서 중국에서 크게 칭송받았다. 그때까지 서방에서 온 모든 선교사는 동방에 자기네 율법을 전파하려고 했다. 그러나 [그러면 그럴수록] 사람들은 하나같이 공자와 유학자들에게 기대는가 하면 우상 종파들을 현양했다. 이런 이유로 주요 인사들 사이에서는 신부에 대해 많은 말들이 오갔

---

416 불교와 도교다. Cf. NN.182-196.

417 공자에 대한 리치의 호의적이고 신중한 태도에 관해서는 다음을 보라. Cf. NN.180-181, 557, 709, 1358, 1917; N.181, 본서 1권, p.454, 주(註) 576.

418 Cf. N.55.

419 1606년 『야획편(野獲篇)』의 저자 심덕부(沈德符)는 북경에 살 때, 리치와 가까이 지냈기에 우리의 이런 태도에 대해 확신했다. 그가 말하기를 "마테오 리치는 중국인들을 자신의 종교로 인도하고자 노력하며 불교를 특히 공격했다. 하루는 그가 나에게 '당신네 나라에는 공자가 있습니다. 그분은 중국의 성인이지만 서방을 떠돌다 거기서 돌아가셨습니다. 파미르의 성인 붓다 역시 한 쌍의 나무에 기대어 고통스럽게 돌아가셨습니다. 그런데 어찌하여 여전히 붓다만 존재하는 것입니까?' 나의 부정적인 대답에 그는 별로 반대하지 않는 것 같았다(利西泰發願, 力以本敎 誘化華人, 最誹釋氏. 曾謂余曰: 君國有仲尼震旦聖人也, 然西狩獲麟時已死矣. 釋迦亦慈嶺聖人也, 然雙樹背痛時亦死矣. 安得尙有佛. 余不謂然, 亦不以爲忤)"(c. 30, f.37a). 질문자는 리치의 부정적인 대답을 기다린 것으로 보인다. 그가 놀란 것은, 중국인은 서양인이 또 하나의 우상을 전파하러 온 걸로 생각하고 있는 것에 대해 변명하는 걸 그대로 받아 주고 있다는 점이다.

420 Cf. N.180; Derk Bodde, I, pp.59-62.

고, 신부를 두고 진정한 학자라고 했다. 오늘날 대부분 학자가 그렇듯이[421] 그는 우상 종파에도 전혀 함부로 대하는 일이 없었다고 전했다.[422]

556. 이여정(李汝禎)이 불교에 관해 리치와 논하다

당시 남경에는 70세가 넘은 한 노인이 있었는데, 이름이 이여정李汝禎이었다. 남경 관리를 지낸 사람으로, 모든 종파의 가르침을 전했고, 자신은 우상을 숭배하고 있었다. 그런데도 그가 공신력을 얻을 수 있었던 것은 호감이 가는 본성과 덕德을 갖추고 있었기 때문이다. 사방에서 수많은 사람이 신탁이라도 하려는 듯 그에게 몰려들었다. 그의 제자가 되려는 사람들도 수백을 헤아렸다. 그는 너무 많은 것들에 일일이 대답할 수가 없어서 정해진 달에 특정일을 정해 놓고 한꺼번에 만나기로 했다. 그 외 다른 날에는 거실 밖으로 나오지도 않았다.

그런 그가 구태소瞿太素[423]를 통해 신부와 이야기를 하고 싶다고 전해

---

421 초횡(焦竑), 이탁오(李卓吾), 이여정(李汝禎)과 같은 학자들이 불교를 추종하는 경향이 있었다.

422 이 사람의 호 여정(汝禎)은 알레니(Aleni[1])가 정리한바, 장유우(張維懦)를 가리킨다. 여기에서 이공(李公)이라고 부르는 사람은 이여정(李汝禎)과 같은 인물이다(Aleni[1], A, f.5b). 알레니가 가리키는 이 노인은 조금 전에 말한 것처럼 溫奊卓吾李公 여남이공(汝南李公)(Aleni[1], B, f.9a)이다. 즉 이탁오는 천주(泉州), 더 정확하게는 진강(晉江) 사람이다. 따라서 이 사람은 이본고(李本固)일 수가 없다. 그러므로 이 사람의 성은 이(李), 이름은 본고(本固), 자는 숙무(叔茂)이고 호는 여정(汝禎)이다. 1525년경 하남(河南)의 여녕(汝寧) 혹은 여남(汝南) 근처 고시(固始)에서 태어났다. 『제명비록(提名碑錄)』에서 볼 수 있는 것처럼, 그는 1580년 진사에 급제했지 세쿠(Seccu, p.2983)에서 말하는 것처럼 1574년에 급제한 것이 아니다. 그 후 지현(知縣)이 되었다가, 후에 섬서(陝西)와 운남(雲南)에서 어사(御史)가 되고 안찰사(按察使)가 되어 명성을 크게 떨쳤다. 그리고 남경에서 태리사경(太理寺卿)에 임명되었다. 그는 귀신, 도깨비, 영생 등을 이야기하는 『여남유사(汝南遺事)』의 저자다. Cf. *Ta Zzim*, c.169, f.6a; Wylie, p.269, cl. 2; *DB*, p.382; *Seccu*, p.2983; *Index*, 10, III, p.142.

왔다. 신부는 기꺼이 그의 집을 방문했고, 우리의 거룩한 신앙으로 그를 개종시킬 수도 있겠다는 희망을 품었다. 종교에 관해 이야기를 시작했고, 신부가 먼저 그에게 우상 종파는 상한 사과와 같다며 상한 부분은 잘라 내고 좋은 부분만 수용해야 한다고 말했다. 그의 제자들은 크게 수치심을 느꼈고, 이여정도 신부가 첫 만남에서 우상 종파를 이렇게 강하게 공격하는 것을 보고 몹시 놀랐다.

당시 남경 일대에서는 다양한 형태의 강학講學이 열리곤 했는데, 주로 도덕적인 문제들과 의롭게 사는 방법에 대해 논의하는 자리였다. 남경의 관리와 고관대작들이 많이 참여하는 자리였다.[424] 어느 날, 많은 고관이 참석한 큰 강학에서 한 가지 문제를 두고 토론하게 되었다. 여러 학자가 여러 방식으로 대답했다. 이여정이 발언할 차례가 되자, 그는 미리 준비해 온 우상 종파[불교]의 가르침에 따라 공자의 가르침을 반박하는 말을 했다.

557. 공부주사(工部主事) 유두허(劉斗墟)가 한 토론에서 리치와 함께 우상[불교]을 공격하다

그 자리에는 공부工部의 한 고위 관리도 있었는데, 그는 어디에서건 누구 앞에서라도 상대방을 무시한 채 솔직하게 [직설적으로] 말하는 걸로 유명한 문인이었다. 이름은 유두허劉斗墟[425]이고, 많은 학자를 배출한 강서

---

423 구태소는 그의 친구이기도 했고, 신부의 친구이기도 했다. Cf. N.359, 주(註).
424 이런 자리는 남창(南昌)에서도 있었다(N.484).
425 이 사람의 성은 유(劉)이고, 이름은 관남(冠南)이며, 자 혹은 호가 두허(斗墟)다. 강서 (江西) 지방 길안(吉安)의 여릉(盧陵)에서 태어나 1573년에 수제에 급제한 후 사천(四川) 지방 합주(合州)의 지주(知州)로 부임했다. 그 지역에서 자녕궁(慈寧宮)에 쓸 목재

성江西省 출신이다. 그는 이여정이 우상 종파의 가르침에 부합되는 것으로 문제에 답하는 소리를 듣고 많은 사람 앞에서 크게 화를 내며, 그들이 모두 중국인이라는 것이 부끄럽다며 공자와 유가의 학당에서 길러진 사람들이 공자에게 반기를 들고 외래 종교인 우상의 가르침을 따르려고 한다고 소리쳤다. 그 자리에는 서태(西泰)(마태오 신부를 일컬어 위대한 학자의 이름이라며 그렇게 불렀다)[426]라고 하는 위대한 외국인 학자도 있었고, 모두 그의 말을 귀담아듣는 상황이었다. 리치[利西泰]는 공자의 가르침을 더욱 높이고, 우상의 가르침을 공개적으로 거짓된 것이라고 말했다. 서방[427]에서는 극소수의 사람들, 주로 하층민들이 그 종파를 따른다고도 했다.

이것을 보고 모든 사람이 놀라움을 금치 못했다. 이전에 신부와 만나서 말한 적도 본 적도 없었기 때문이다. 누구보다도 이여정은 몹시 혼란스러워했고, [유두허는] 신부를 더욱 존경하게 되었다. 이여정은 서태 리

를 잘랐다는 이유로 고소를 당해 북경의 감옥에 갇혔다. 합주의 많은 주민이 북경으로 와서 그를 변호했고, 이후 풀려나 먼저 오늘날의 강소(江蘇) 지역인 송강(松江)에서 검교(檢校)로 임명되었다. 나중에 호북 지방 황안(黃安)의 지현(知縣)이 되었다. 부친이 사망하자, 현재 호북 지방 교하(交河)의 지현으로 얼마간 보내 줄 것을 간청했다. 그곳에서 공부(工部)의 부름을 받고 주사(主事)로 전근하였다. 후에 원외랑(員外郞)이 되었다. 위 본문에서 유추할 수 있는 것은 그가 호북에서 관직을 그만두고 물러났을 때도 주사 혹은 원외랑이었던 것으로 보인다. 1599년 4-5월, 리치를 방문한 후에 (N.562), 그는 남경의 공부(工部) 직원들을 위해 지은 건물 하나를 없애 버렸다. 마귀가 들었다는 이유에서다. Cf. NN.562, 568. 뒤이어 귀양(貴陽)의 지부(知府)가 되고, 후에 백성들의 요청에 따라 묘(苗), 곧 신진(新鎭)의 병비도(兵備道)가 되었다. Cf. *Annali della Prefettura di Kian*『광서길안부지(光緖吉安府志)』], c.29, f.45a-b; *Annali del distretto di Liüling*『선통여릉현지(宣統廬陵縣志)』], c.17, f.36a.
426 Cf. NN.139, 283, 562, 578; N.284, 주(註); III, p.10, N.2.
427 인도로 추정된다.

치와 대화를 나눈 적이 있는데, 그때는 리치가 말하는 걸 알아듣지 못했으나 나중에 우상 종파에 관해 더 알게 되었다고 했다. 그러나 내가 보기에 그는 여전히 잘 모르는 것 같았다. 다만 유두허는 크게 화를 내며 그 자리를 떠났고, 강학은 그렇게 마무리되었다.

558. 승려 삼회(三淮)와 천주에 관해, 천지창조와 피조물의 창조에 관해 논하다

며칠 후, [이후] 강학에서 일어난 일에 대해 아무것도 모르는 마태오 신부는 이여정의 초대를 받았다.[428] 그가 사람을 보내 매우 정중하게 자신의 집 연회에 초대한 것이다. 중국인들은 앞서도 언급했듯이, 모든 토론과 회의를 식탁에서 먹고 마시면서 한다.[429] 신부는 어떤 일이 일어날지 예측했기에, 다른 일이 있어 그 자리에 참석할 수 없다며 사양했다. 마침 금식 기간이기도 했다.[430] 또 남경에서 집을 사고 안정적으로 정착하기 전에 중국인들을 상대로 논쟁을 벌여 방해 요소들을 만들고 싶지 않은 점도 있었다. 그러나 이여정은 [신부의] 어떤 사양도 받아들이지 않았고, 두 번이나 사람을 보내어 많은 사람이 신부를 보려고 기다리고 있다며 원한다면 금식에 도움이 되도록 상을 준비하겠다고까지 했다. 그 자리에 초대받은 구태소도 그가 이렇게 간곡하게 초대를 하는데 응하지 않으면 실례가 된다고 하자 신부는 마지못해 갈 수밖에 없었다.

신부는 논쟁을 각오했고,[431] 이여정도 우상 종파의 유명한 설교자를

---

428 **역주**_ 그날의 강학 이후에 있었던 상황으로 추정된다.
429 Cf. N.128.
430 1600년 사순시기였다. 리치의 단식에 관해서는 Cf. NN.957, 1230, 1402, 1425에서 보라.

초청하여 준비하고 있었다. 그는 승려[和尙]로, 수하에 많은 제자를 두고 있었고, 남녀를 가리지 않고 속세의 수많은 추종자를 거느리고 있었다.[432] 삼회三淮[433]라는 이름의 이 승려는 다른 승려들과는 사뭇 달랐다. 그는 유명한 시인이었고, 박학했으며, 모든 종파에 두루 통달했으며, 자신의 종파를 열심히 실천하고 있었다.

신부가 도착하고 보니 삼회와 많은 여러 학자가 있었다. 모두 합해서 평소 모임의 두 배에 해당하는 이삼십 명 정도가 와 있었다.[434] 삼회에게

---

431 스페인어 fué는 이탈리아어로 'andò, 갔다'라는 의미다.

432 알려진 바로는 이탁오(李卓吾) 역시 강하(江夏)에 사는 여성들로부터 이야기 듣는 것을 좋아했다. 『동치천주부지(同治泉州府志)』(c. 54, f.45a)는 그의 설교를 들은 사람 중에는 성(性)소수자도 있었다고 적고 있다(聽者日衆, 間有官門閨壺). 1600년 남경에서 있은 강하에 여성들이 있었다는 것은 당시 중국의 여성들이 매우 은폐된 삶을 살았다는 점을 고려할 때, 리치가 "남녀를 가리지 않고 속세의 수많은 추종자를 거느리고 있었다"라고 할 만큼 놀라운 일이 아닐 수 없다는 말이다.

433 이 승려의 속명은 성은 황(黃)이고 이름은 홍은(洪恩) 또는 은공(恩公)이다. 삼회(三淮)라는 호는 *DB*, p.670 d, il *Seccu*, p.3972, *Index*, 24, I. p.2에서 말하는 것처럼 삼회(三懷)와 동일 인물이다. 반면에 알레니(Aleni[1], B, f.9a)는 삼괴(三槐)라는 이름을 적기도 하는데, 이건 분명히 잘못 쓴 것이다. 법호는 설랑(雪浪)인데 이는 절강(浙江)에 있는 유명한 산 이름에서 따온 것이다. 석가가 불교를 가르친 곳이 보타(普陀)고, 거기에서 그의 이름이 유래한 것처럼 말이다. 1545년 남경의 상원(上元)에서 태어났다. 13살 때 고향에서 승려가 되었고, 지성에 있어서나 불교와 시문에 대한 지식에 있어서나 당대 최고 인물 중 한 사람인 것만은 분명해 보인다. 중국어 자료들에는 그를 일컬어 "이마가 높고, 눈이 빛나고, 사각턱에 입이 크며 피부가 진주처럼 하얗다(高顙, 朗目, 方頤, 大口, 肌埋如玉)"라고 적고 있다. 그는 1608년 12월 21일에 사망했다. 그의 작품 중 특히 시(詩)들은 『설랑집(雪浪集)』에 수록되어 있다. Cf. 심덕부(沈德符, *Scentéfu*), c.27 『설랑피수(雪浪被邃)』와 『선림제명숙(禪林諸名宿)』; 전수재(錢收齋), 『초학집(初學集)』, c.27 화산설랑대사탑명(華山雪浪大師塔銘)에는 앞서 인용한 문장이 있다. 이 사람에 대해서, 그의 성장 과정에 대해서 앞서 언급한 내용은 북경 국립도서관 향달(向達) 박사의 도움을 크게 받았다.

434 당시 리치의 말을 듣기 위해 모인 학자들의 수가 매우 많아서 그 점을 강조하려는 것으로 보인다.

신부 옆으로 가서 앉도록 했다. 삼회는 눈썹이 매우 길고, 누더기를 기워서 입고 있었다.

그는 신부와 종교에 관해 이야기하고 싶다고 했다. 신부가 말하기를 "다른 것을 토론하기에 앞서 먼저 여러분들이 천지 만물의 주재자이고 근원이신 분[天地主]에 대해서, 또 모든 피조물을 만드신 하늘의 주인[天主]이신 분에 대해서 가지고 있는 견해를 말씀해 주시기를 바랍니다"[435] 고 했다. 삼회가 말하기를, "그분이 하늘과 땅을 만드신 주재자이신 것은 맞지만, 그분이 크게 위대한 것은 아닙니다. 모든 인간이 그와 동등하고, 따라서 그보다 못하지 않습니다"라고 했다. 삼회는 매우 오만한 태도로 이 말을 하면서 마치 자기가 천주보다 더 위대한 것으로 여기는 듯했다.

신부가 묻기를, 천지의 창조주처럼 그도 창조할 수 있느냐며, 만일 그렇지 못하다면 공허한 말뿐이라고 했다. 삼회는 자기도 천지天地를 창조할 수 있다고 했다.[436] 그러자 신부가 "지금 또 하나의 천지를 우리에게 만들어 달라는 그런 힘든 요청을 하고 싶지는 않습니다. 다만 저기 있는 것과 비슷한 화로 하나만 만들어 주십시오"[437]라고 말했다. 삼회는 자기에게 이런 요구를 해서는 안 된다며 소리를 질렀다. 신부는 삼회보다 더 큰소리로 할 수 없는 것을 할 수 있다고 장담해서는 안 된다고 했다. 큰소리가 나자 모두 와서 무슨 일이냐고 물었다. 구태소가 그간 있었던 모

---

435 Cf. NN.236, 246.
436 하느님을 말하는 것으로 추정된다(N.170). 유향(劉向, 기원전 80-기원후 9년) 역시 도
     교 이론과 마술을 습득하여 신과 같은 능력을 갖추고 있다고 했지만, 아무것도 못 하
     고 자연적인 행위만 했다. Cf. Forke², p.65. 그러나 리치는 가시적이고 물질적으로 천
     지의 의미를 해석했다.
437 난로와 같은 것이다. 거울이었다는 것을 알 수 있다.

든 일을 이야기하며 신부가 질문한 것에 대해서 말하자, 모든 사람이 신부가 옳다고 했다.

그러자 삼회는 자신의 유토피아[불교]의 원리에 대해 말하기 시작했다. 그리고 대단히 거만한 태도로, 신부에게 수학을 아느냐고 물었다. 신부가 훌륭한 점성술사라는 걸 들은 것이다.[438] 신부는 그 학문에 대해서 조금 안다고 대답하자, 삼회는 "그대가 해와 달을 논할 때, 그대가 해와 달이 있는 천체로 가는 것인가요, 아니면 그 천체가 그대의 마음으로 내려오는 것인가요?"라고 물었다. 신부가 "나는 그것들이 있는 하늘로 가지도 않고, 그것들이 땅으로 오지도 않습니다. 그러나 우리가 그것들을 볼 때, 즉시 우리 마음에는 본 것에 대한 이미지와 종류가 형성됩니다. 그 후 우리가 그것에 대해 생각하거나 말할 때, 우리의 정신은 이미 형성된 그 이미지들을 소환하게 됩니다." 그러자 삼회는 벌떡 일어나 "바로 지금 그대 자신이 해와 달을 만들었습니다. 그렇게 다른 모든 것들도 만들 수 있는 것입니다"라고 했다. 그러면서 자기가 원하던 것을 입증한 사람처럼 몹시 득의양양해했다. 신부는 그에게 "마음 안에 있는 것은 해와 달이 아니라 해와 달의 형상이고, 그 둘은 매우 큰 차이가 있습니다. 해와 달을 먼저 보지 않았다면 이미지는 아예 형성될 수도, 상상할 수도 없습니다. 그렇다면 그것들을 만들었다고 할 수도 없는 것입니다"[439]고 강조했다. 그러면서 거울을 한 예로 들었다. 맞은편에 해와 달이 있으면 거울

---

438 천문학자로서의 점성술사를 말한다. Cf. N.150.
439 일어난 어떤 현상을 통해 인식 작용을 설명하고, 지적인식이 감각적 인식으로부터 온다는 스콜라철학의 가르침이 감지된다. 근본원리는 "지성이 감각에 앞서 형성되지는 않는다(Nihil est in intellectu, quod non prius fuerit in sensu)"라는 것이다.

속에도 해와 달의 형상이 있는데, 이것을 두고 거울이 해와 달과 그 외 보이는 것들을 만들었다고 어리석게 말하지는 않는다고 했다.

그러자 주변에 있던 사람들은 크게 만족스러워했다. 삼회는 어떻게 대답해야 할지를 모르자 목소리만 더욱 커졌다. 이여정은 두 사람이 다른 실수라도 할까 봐 두려워 중간에 끼어들어, 더 논쟁하지 못하도록 삼회를 다른 자리로 데리고 갔다.

559. 같은 승려와 인간의 본성에 관해 논하다

초대받은 사람들이 모두 도착하자 식탁에 앉았는데, 무척 많은 사람이 모였고, 신부가 제일 윗자리에 앉았다. 외국인이라는 이유에서다.[440] 식사가 중간쯤 지나자, 학자들은 중국의 학파들 사이에서 자주 화제가 되어 왔던 주제에 대해 논의하기 시작했다. 그것은 인간의 본성이 선善하냐, 악惡하냐, 혹은 둘의 차이가 있느냐 없느냐 하는 것이었다. 만약 선하다면 그가 행하는 악은 어디에서 오는 것인가? 만약 악하다면 그가 행하는 선은 어디에서 생겨나는가? 선하지도 악하지도 않다면, 자발적으로 선한 일을 하고 악한 일을 하는 것은 누가 가르친 것인가 등에 대해 말하는 것이었다. 그들은 논리적이지 않고, 도덕적인 선과 본성, 그리고 습득한 것과 본성 자체에서 오는 것을 구분하지 못했다. 원죄에서 비롯된 오염된 본성과 하느님의 도우심과 은총에 대해서도 몰랐다. 이런 문제가 오늘날까지 해결되지도 결정되지도 않은 채 남아 있는 것이다.[441] 이 모

---

440 이런 배려는 강조할 만하다. Cf. N.623.
441 리치가 주목하는 것처럼, 이 문제는 원죄와 하느님의 은총을 고려하지 않고는 해결할 수 없는 것이다. 그래서 모든 시대에 걸쳐 중국의 철학자들이 수많은 학파로 갈렸다.

든 것에 대해 그날, 한 시간이 넘게 논쟁을 벌이며, 어떤 사람은 몇 가지 사례를 들어 선하다는 것을 증명했고, 어떤 사람은 악하다는 것을 증명했다.

신부는 그동안 묵묵히 아무 말도 하지 않고 침묵을 지켰다. 많은 사람이 매우 민감한 문제라 신부가 그것을 이해하지 못한다고 생각했다. 혹은 그들이 말하는 것에 주의를 기울이지 않는다고 생각했다. 모두 그가 말하는 걸 듣고 싶어 했다. 이에 신부가 말하려고 신호하자 모두 하던 말을 멈추고 그에게 고개를 돌려 집중했다.

신부는 먼저 인간의 본성이 선하냐 악하냐를 주장하는 양측의 입장을 간단하게 정리하자 모두 놀라움을 금치 못했다. 이어서 이렇게 말했다. "하늘과 땅의 주인은 최고로 좋으신 분이고 가장 선하신 분이라는 것에

공자의 직속 제자들 역시 인간 본성은 선과 악에 열려 있다며 선이냐, 악이냐를 두고 계속해서 논쟁하는 가운데 서로 이기고 지는 과정에서 발전을 거듭해 왔다. 그들을 [가장 먼저] 공격한 사람이 고불해(告不害) 혹은 고자(告子, 기원전 4-3세기)라는 사람이다. 그는 본성 자체는 선하지도 악하지도 않지만, 어디로 향하느냐에 따라서 선과 악을 지향한다고 했다. 맹자(孟子, 기원전 372?-289?)는 고불해를 공격하며, 본성은 본래 선하고, 그래서 모든 사람은 덕(德)의 씨앗을 품고 있다고 했다. 맹자에게 반대하며 등장한 사람은 순자(荀子, 기원전 310-230년경)와 그의 제자 한비자(韓非子)다. 그들은 본성 그 자체는 악하다며 고통과 악습을 그 예로 들었다. 그 외 한유(韓愈, 서기 768-824)와 정호(程顥, 1032-1085)처럼 본성과 고통 혹은 추상적인 본성과 구체적인 본성을 섬세하게 구분한 사람도 있다. 시간이 흐르면서 맹자의 가르침은 유학자들 사이에서 거의 공통적인 관점이 되었고, 반면에 양웅(揚雄, 기원전 52-기원후 18년), 왕안석(王安石, 1021-1086), 소식(蘇軾, 1036-1101), 육구연(陸九淵, 1138-1191)과 왕양명(王陽明, 1472-1528)과 같은 개인 사상가들은 고불해의 견해에 이름을 올렸다. Cf. Tetsusiro Inouye, *Die Streitfrage der chinesischen Philosophie über die menschliche Natur in VII Congrès des Orientalistes*, Sect. Asie Centrale et Extrême Orient, Stoccolma, 1889, pp.3-15; Forke[1], pp.188, 201-202, 226, 227, 478, 556-557; Forke[2], pp.58-60, 90-91, 127-128, 296-297; Forke[3], pp.79-80, 209-210, 407.

대해 의심하는 사람은 아무도 없습니다. 만약 인성이라는 것이 너무도 허약하여 그 자체로 선한지 악한지 의문을 가질 수밖에 없다면, 조금 전에 삼회 선생님이 말씀하신 것처럼 그것이 천지를 창조한 신의 본성과 같을 수가 있겠습니까? 누가 그런 본성에 대해 선하다고 혹은 악하다고 말할 수 있겠습니까?"

사람들 가운에 신부의 맞은편에 앉아 있던 한 거인[擧人] 학자가 신부의 이런 논리에 대해 매우 기뻐하며, 신부의 논증을 명확히 할 만한 사람이 아무도 없을 것을 우려하여 신부가 한 말을 모두 반복해서 말해 주었다. 여러 차례 반복하며 더 우아하게 표현했다.

그런 다음 삼회에게 고개를 돌려 말했다. "여기에 대해 하실 말씀이 있는지요?" 삼회는 신부의 물음에 웃으며 대수롭지 않게 넘어가려고 했다. 하지만 신부와 다른 여러 사람이 논리적으로 대답해 줄 것을 고집하자, 그는 우상[불교]의 가르침에 접목하여 설명하기 시작했다. 그가 가장 잘 아는 분야이기 때문이다. 신부는 그의 가르침을 믿지 않는다며, 자신도 다른 여러 가르침과 하느님의 율법을 인용할 수 있지만 그렇게 하지 않는다고 했다. 그날의 토론은 이성에 기초한 것이지 권위자[의 말씀]에 기초한 것이 아니기 때문이다. 그러나 삼회는 자기가 승자라는 것을 과시하려는 듯 여러 학문을 언급하며 중국어로 날카로운 지적을 계속해서 했다. 그런 다음 하느님은 선하지도 악하지도 않다고 결론을 내렸다. 그는 어떤 한 가지가 선해질 수도 있고 악해질 수도 있다는 것을 증명하려고 했다. 그에 대해 신부는 태양을 예로 들며, 그것은 밝을 뿐 어두울 수가 없다고 했다. 왜냐하면 태양의 본성은 밝기 때문이다. 이 말은 그들 사이에서 큰 힘을 발휘했다. 그들은 본질과 우연을 구분하지 않기 때문이다.

이 논리와 더불어 신부가 삼회에게 준 다른 여러 가지 논리들도 그를 설득시키지는 못했다. 그러나 이 일로 다른 모든 사람이 신부에 대해 만족했고, 이후 여러 날과 여러 달 동안 그들끼리 이 문제에 대한 의견을 이어 갔다. 따라서 우상 종파의 제일원리로 주장되는 '모든 것의 주재자와 인간을 포함한 만물의 본질이 같다'라는 견해는 유생들 사이에서 오류로 받아들이기 시작했다.[442]

후에 이여정의 많은 제자가 신부의 집으로 찾아와 여러 가지 문제를 제기했고, [신부의] 대답에 모두 만족스러워했다. 신부는 자신의 글에서 이 문제를 다루며, 여러 가지 논리로 불교의 이런 잘못된 주장을 입증했다.[443] 그리고 그것을 『천주실의天主實義』의 한 장章에 실었다.[444] 이것을

---

442 11-13세기, 많은 중국인 철학자는 모든 피조물이 유일한 한 존재와 일치한다는 노골적인 일원론(一元論)을 주장했다. 그리고 그것을 이(理)라고 했다. 이 점에 관해서는 앞서 각주에서도 인용했듯이, 정호(程顥)가 "완전한 인간은 오로지 하나의 본질처럼 천지는 물론 모든 존재와 일치한다. 아무것도 자아로부터 분리되지 않는다(仁者以天地萬物爲一體, 莫非我也)"[『이정수언(二程粹言)』, c.1, f.12b Forke³, p.77, N.5에서 인용]라고 주장했다. 마찬가지로 그의 제자 중 하나인 사량좌(謝良佐, 1060경-1125경)는 인간의 정신은 천지, 즉 우주와 닮지 않은 것이 아니라, 그와 같다고 주장했다(人心與天地一般 … 豈止與天地一般, 只便是天地)[『상채어록(上蔡語錄)』, c.2, f.6b Forke³, p.112, N.3에서 인용]. Cf. N.176. 여대림(呂大臨, 1044-1090)도 "살아 있는 모든 존재는 나와 같은 본질이다(凡厥有生, 均吾同體)"[『성리대전(性理大全)』, c.32, f.5b Forke³, p.118, N.4에서 인용]고 주장했다. 양간(楊簡, 1140-1225)은 천지가 내 팔 혹은 내 다리와 같다고 했다. 마치 내 팔과 내 다리를 [평소에는] 내 것인지를 잊고 사는 것처럼 말이다[『송원학안(宋元學案)』, c.74, f.3a]. Cf. Forke³, p.250, N.2.

443 Cf. N.206, 본서 2권, p.77, 주(註) 34.

444 『천주실의』 제7장은 "인간 본성의 타고난 선(善)과 그리스도인의 참된 학문에 대해 말하다(論人性本善 而述天主門土正學)"(PCLC, VI, 下, ff.36b-56b)라는 제목이다. 인간은 살아서 지각하는 존재이며, 이치를 추론할 수 있는 존재라고 정의한 후, 이는 천주의 은혜로 항상 선하지만, 그것을 사용하는 데 있어 악할 수 있다는 것이다. 따라서 사람은 무릇 덕행에 힘써야 한다고 했다. 그러면서 성 아우구스티누스의 유명한 말을 인용했다. "님 위해 우리를 내셨기에 님 안에 쉬기까지 우리 마음이 착잡하지 않나이다.

읽은 이여정의 한 제자는 "신부가 여기에서 말하는 것을 부정하는 사람은 태양이 밝지 않다고 말하는 것과 같다"라고 밝혔다.

이 토론은 온 남경에서 크게 회자되었고, 우리의 친구 왕 상서王尙書의 귀에까지 들어갔다.[445] 그는 신부가 유명한 승려와 토론하고, 또 이기기까지 한 것에 대해 매우 기뻐했다.[446] 다른 사람들도 하나같이 신부의 가

Qui fecit te sine te, non te iustificat sine te"(*Serm* [고백록]. 169, c.11, N.13 in Migne, *Patrologia Latina*, XXXVIII, cl. 923): 천주께서 우리 인간을 창조하신 까닭은 우리 인간을 쓰려는 것이 아니라, 우리를 선하게 만들기 위해 우리 인간을 쓰시는 것이다(天主所以生我非用我, 所以善我乃用我)(f. 39a). 덕을 행하고 악을 멀리하기 위해서 신부는 예수회에서 실천하는 것처럼 하루에 두 번 양심 성찰을 하는 것보다 좋은 것은 없다고 조언했다. 생각과 말과 행동을 올바로 성찰하기 위해서는 계속해서 덕을 행하고 악을 뉘우쳐야 한다고 했다[f. 46a; Cf. 『기인십편(畸人十篇)』 c.VII, in *PCLC*, III, ff.1a-2a; D'Elia¹, N.97]. 그런 다음 가장 중요한 계명인 하느님과 이웃 사랑에 대해서 말한다. 여기서도 성 아우구스티누스의 말씀으로 마무리하고 있다. "사랑하라, 그리고 원하는 것을 행하라. Dilige et quod vis fac"(*In Epist. Ioannis*, Tr. VIII, 8, in Migne, *Patrologia Latina*, XXXV, cl. 2033), 愛天主而任汝行也(f. 49a). 나아가 리치는 인식능력에 관한 논의도 이렇게 정리했다. "유형한 육신이 청각, 시각, 미각, 후각, 촉각의 오감(五感)을 통해 사물들과 접촉하는 것처럼, 무형의 정신은 기억력, 지각력, 의지력이라는 세 가지 능력을 통해 그것들을 받아들이고 소통한다. 내가 어떤 사물에 대해 뭔가를 느낀다고 할 때, 그것은 감각적인 재료들이 오관 중 하나를 통해 정신에게까지 도달하는 것이고, 정신은 그것을 잊어버리지 않기 위해 보물을 보관하듯이 자신의 기억에 저장한다. 후에 내가 그 사물을 알고자 할 때, 나의 지각은 기억에 보관된 감각을 가져와 내용을 진단하고 실체와 일치하는지, 이성에 부합하는지를 살핀다"(ff. 42b-43a). 같은 장(章)에서 불교에 대해 거침없이 공격하는 것도 볼 수 있다(ff. 53a-55a).

445 Cf. N.417, 본서 2권, p.393, 주(註) 273.

446 이 토론 이후나 그와 비슷한 다른 토론 이후, 중국인 학자들 사이에서는 "리치의 가슴에는 하늘의 것을 품고, 눈은 지상 저편의 땅을 보고 있다(胸包天上之天, 目廣地外之地)"는 말이 퍼졌다. 1675년경 『담왕(談往)』의 익명의 저자가 인용한 것처럼(ed. Comm. Press, 1916, f.31b), 17세기 초 저자들의 소책자를 통해 그런 식의 말들이 회자되었다(Siécuocem, c.19, f.10b). 이 문장들 가운데 하나가 『서양래빈(西洋來賓)』이라는 제목의 글이다. 즉, 리치가 1602년 9년간 항해 끝에 광주에 도착했고, 갈릴레오가 [망원경을] 발명(1609년)하기 전에 천리경(千里鏡)을 가지고 복건성을 경유해서 왔다는 내용이다. 〈부기(附記)〉에는 우리가 예수의 종교(耶穌敎)를 전파했고, 십자가

르침이 큰 개념이라고 반겼고, 이렇게 하느님께서는 우리의 모든 일을 통해 조정[447]에서 그리스도교의 기초를 세우게 하셨다.

는 원수로부터 죽임을 당한 예수가 죽은 도구 '十字架者, 耶蘇爲仇人殺身之具也'라고 적고 있다(f. 32b).

[447] 여기에서 말하는 조정은 남경을 말한다. 1599년 8월 마카오를 방문한 카타네오로부터 생생한 소식을 전해 들은 에마누엘레 디아즈 신부는(NN.564-565) 그해 12월 12일 자 총장에게 리치가 남경에서 거둔 성공담을 이렇게 적고 있다. "남경시에는 사회적으로 신분이 높은 고관대작들로부터 많은 신용을 얻고 있는 신부들이 있습니다. 리치 신부님 외에도 중국의 경전들을 일부라도 알고 있는 신부들이 있어 그들과 도덕적인 것들에 대해서, 수학과 유럽에 대해서, 또 자연철학 등에 대해서 논의하곤 합니다. 그들은 신부들을 크게 칭송합니다. 특히 기억술에 대해서는 존경심까지 가집니다[Cf. NN.469, 475]. 그래서 아무도 신부더러 자신들과 이야기할 때 무릎을 꿇고 하라고 명령하지 않습니다. 그리고 고관들을 방문할 때, 도당[都堂]이나 그의 직위에 해당하는 사람이 아니고서는 내어주지 않는 자리를 신부들에게는 그보다 더 상석 혹은 그와 같은 수준의 자리를 내어 줍니다. 앞서도 신부들이 어떤 사람과 새로 사귀고자 했을 때, 신부의 친구들이 조언하기를 먼저 찾아가지 말고 그 관리가 먼저 찾아오도록 하라고, 그런 다음에 보라고 해 주었습니다. 한 마디로 도시의 모든 사람으로부터 존경을 받고 있습니다"(N.2879). 1600년 10월 21일 자 발리냐노가 나가사키(長崎)에서 총장에게 보낸 편지도 이런 내용을 입증하고 있다(N.2925).

✠

제8장

임청에서 겨울을 지낸 우리 형제들이 황제에게 줄 물건을 가지고 어떻게 남경에 도착하게 되었는지, 남경에서 어떻게 좋은 집을 매입할 수 있게 되었는지에 대해

(1599년 2월부터 6월 5일경까지)

○ 조선 전쟁(임진왜란)으로 인한 빈 국고를 채울 명분으로 태감과 부도덕한 사람들
　이 자행한 횡포
○ 카타네오와 동료들이 임청에서 남창으로 무사히 도착하다
○ 리치가 1599년 5월 24일에 귀신 붙은 건물로 알려진 공부주사(工部主事) 청사
　하나를 매입하여 거기에 자리를 잡다
○ 황제에게 진상하는 물건들을 보려고 새집으로 찾아오는 많은 방문객

560. 조선 전쟁(임진왜란)으로 인한 빈 국고를 채울 명분으로 태 감과 부도덕한 사람들이 자행한 횡포

조선[高麗]에서 전쟁이 끝나자 황제에게 남은 것은 엄청난 빚이었다. 전쟁에 수백만 냥을 쓴 것이다.[448] 이에 황제는 국고를 다시 채울 방법을 찾기 시작했다. 알려진 것처럼 중국에는 은광과 금광이 많다. 하지만 그

곳에서 채굴하려면 광산 주변에 들끓는 도둑들을 의식해야 했다. 황제는 광산들을 모두 차단하고, 아무도 들어가서 채굴하지 못하게 했다.

그리고 황제는 이 광산에 사람을 보내어 은을 채굴하게 하여 국고를 채우고자 했다.[449] 다른 한편으로는 모든 지역[?]에서 판매하는 전 물건에 2%의 세금을 물려 국고를 채우는 새로운 물품세를 발의했다.[450] 황제는 이 일을 맡은 각 지역의 관리들을 믿지 못해 황궁에서 태감들을 파견하여 일을 관리하도록 했는데, 이로 인해 백성들이 당하는 고통은 이루 말로 할 수가 없었다. 성마다 두세 명의 태감들을 파견했고, 태감들은 자기 부하들을 시켜 일을 처리하도록 했다.[451] 그들에게 부여된 권한과 권력이 막강하여 지역의 관리들은 아무도 말조차 할 수 없었다.

대부분 우매하고 미개하며, 오만하고 도리도 염치도 없는 태감들은[452] 임무를 너무도 잔인하게 이행하여 짧은 시간에 중국 전역을 발칵 뒤집어 놓았다. 조선 전쟁 시기보다 더 나쁜 상황이 되어 버린 것이다. 전쟁의 재난은 멀리 있었고 금전적인 손실과 쓸데없는 두려움이 전부였지만, 이것은 내적인 것일 뿐, 실질적으로 민심을 자극하는 것으로 인한 폐해는

---

448 이 전쟁(1592-1599)에 중국은 7백만 텔 이상의 비용이 들었다. 費帑金七百餘萬(*Storia dei Mim*, c.305, f.5a). Cf. NN.432, 507, 524, 532.

449 이 일은 1596년 8월 13일부터 1602년 3월 9일까지 있었다. Cf. *Storia dei Mim*, c.20, anno XXIV, f.10b: c.21, anno XXX, f.3a.

450 법은 1596년 12월 11일부터 시행되었다. Cf. *Storia dei Mim*, c.20, anno XXIV, f.10b.

451 무서운 사람 마당(馬堂, NN.581-591, 599-600, 603, 611, 616)은 세관 담당관으로 임청 (臨淸)에 파견되었다. 각 성으로 파견된 태감들의 명단은 『명사(*Storia dei Mim*)』, c.305, ff.5b-6a에 있다.

452 중국인들을 향해 호감과 관용의 태도를 지녔던 리치로서는 통상적으로 쓰지 않는 말이다. Cf. N.149. 하지만 태감들을 향해서는 여러 차례에 걸쳐 강한 어조로 말하곤 했다. Cf. NN.519, 549, 567, 581-589, 624.

언제든지 폭동으로 이어질 수 있는 위험까지 있었다. 원인은 여러 가지였다. 잔인한 태감들 외에도,[453] 그들과 한패가 된 중국의 토착 깡패와 도적들이 한통속이 되어 훔치고 나쁜 짓을 일삼았다. 그러다 보니 상선商船이 세관에 도착하는 것이 길에서 강도를 만나는 것과 다를 바가 없었다. 그 바람에 국고로 들어오는 세금은 10분의 1도 되지 않았다.[454]

채광 장소를 찾는 사람들은 산으로 가지 않고 도시로 가서 특정 부잣집을 찍고는, 그 집 아래에 채광이 있으니 거기에 있는 은을 채굴해야 한다며 집을 모조리 허물어 버리곤 했다. 불쌍한 부자들은 자기 집 건물을 살리기 위해 태감에게 거액의 은을 바치는 수밖에 없었다.[455] 다른 도시와 성에서는 태감들과 짜고 채광 소득이라는 명분으로 많은 양의 은을 바치기도 했다. 괴로움을 호소하는 백성들의 원성은 매년 황제에게 상소되었다. 황제는 각지에서 생산되는 모든 물품에 무거운 세금을 매겼고, 그 결과 엄청난 물품 부족 현상이 발생했다.

두 조정[456]의 고관 중 이미 일부 지역의 사례에서 드러난 것처럼, 중국

---

453 이들 태감 중 한 사람으로 악명 높은 호광(湖廣)의 탈감(稅監) 진봉(陳奉)이라는 사람이 있었는데, 그는 "무덤을 열고, 집을 무수고, 임신한 여성의 배를 가르고 아이들을 익사시키기"까지 했다고 한다(伐塚, 毁屋, 刳孕婦, 溺嬰兒)(*Storia dei Min*, c.237, f.6a).

454 중국 자료는 1596년 이후 이들 크고 작은 태감들이 사방에서 무서운 일들을 저지르고 있어 "백성의 등골을 빨아먹고 피를 마신다"라고 기록하고 있는 한편, "착취한 세금의 10분의 1도 국고로 들어가지 않았다"라고 전한다(大璫小監, 縱橫繹騷, 吸髓飮血, 以供進奉. 大率入公帑者不及什一)(*Storia dei Min*, c.305, f.6a). Cf. N.624.

455 총독(巡撫) 왕응교(汪應蛟)는 직무 일지에서 지난 20년을 합한 것의 두 배에 달하는 약탈이 있었고, 18만 명에 달하는 극빈자들이 생겼다며, 이렇게 덧붙이고 있다. "몇몇 악당들은 중국에서 가장 큰 부자들을 대상으로 폭정을 휘둘렀다. 부자들의 집 지하에 채광이 있다며, 집 한 채를 순식간에 파괴하곤 하였다(天下富室無幾奸人肆虐何極, 指其屋而恐之曰: 彼有礦, 則家立破矣)"(*Storia dei Min*, c.225, f.7a).

456 북경과 남경이다. 그중에서도 태상사소경(太常寺少卿), 전호례(傳好禮), 태리사경(太

전역에서 일어나고 있는 이런 일과 폭동의 위험에 대해 황제에게 제대로 보고하는 사람은 아무도 없었다. 황제가 이 일에 별 관심을 두지 않는다는 것을 보면서 [태감들은] 더욱 대담하게 못된 짓을 하곤 했다. 조정 밖에 있는 일부 지방관들은 태감들의 부당함에 반항하기 시작했다. 그러나 거액의 돈이 궁궐로 들어오는 것에 맛을 들인 황제는 태감들에게 하던 일을 계속해서 하라며, 오히려 태감들에게 반항한 관리들을 처벌하도록 했다. 이에 많은 사람이 관직을 잃었고, 북경의 감옥에 투옥되어 수년간 복역하기도 했다. 태감들은 더욱 담대하게 나쁜 짓을 일삼았고, 강도들에 의한 폐해는 갈수록 심해졌으며, 비참한 처지의 백성들은 날로 늘어 갔다.

이 소식은 남경에까지 전해졌고, 마태오 신부와 왕 상서王尙書[457]도 소식을 듣고 카타네오 신부와 그 일행이 배로 운반해 오고 있는 모든 짐이 태감들의 손에 떨어질까 걱정하는 한편, 우리에게도 어떤 불행이 닥칠까봐, 또 두 조정에 우리를 인도한 왕 상서에게 안 좋은 일이 생길까 봐 걱정이 이만저만이 아니었다. 그런 중에도 마태오 신부는 왕 상서에게 우리 주님께서는 우리의 동료들과 성상聖像들을 믿지 않는 사람들의 손에서 벗어나게 해 주실 것이므로 그분께 의탁해야 한다고 말하며 위로했다.

561. 카타네오와 동료들이 임청에서 남창으로 무사히 도착하다

겨울이 지나고 다시 여행을 계속하여 여러 달이 지난 후 남경에 도착

理寺卿), 오정(吳定), 이부상서(吏部尙書) 이대(李戴)로 다른 모든 행정부처의 이름으로 가장 반항이 심했다. Cf. *Cronaca dei Mim*, c.44, ff.25b-26b. 양정균(楊廷筠) 박사 (*Fonti Ric.* III, p.13, N.3)도 태감들과 국고 지출에 대해 비판하였다. Cf. 양진악(楊振鍔, Iamcenngo), pp.17-18.

457 Cf. N.417, 본서 2권, p.393, 주(註) 273.

했는데, 그들은 아무런 어려움을 당하지도 않았고 어떤 어려움이 닥칠 거라는 것도 알지 못했다.[458] 왕 상서는 하느님께서 이루신 기적이라고 생각하며 놀라움을 금치 못했다. 이 일로 우리의 거룩한 그리스도교 신앙에 대한 공신력은 최고조에 달했고 교리를 듣고 싶어 했지만, 집[수도회]에서는 여러 가지를 문제 삼아 그들을 받아 주지 않았다.[459]

우리 동료들은 많은 난관 끝에 남경에 도착했고, 인간적인 모든 희망을 넘어 주님께서 남경에서 이루어 주신 새로운 소식을 듣자 큰 위로가 되었다. 그들은 배에서 짐을 내려 신부가 임대한 집으로 가지고 들어왔다.[460]

562. 리치가 1599년 5월 24일에 귀신 붙은 건물로 알려진 공부 주사(工部主事) 청사 하나를 구입하여 거기에 자리를 잡다

마태오 신부는 카타네오 신부의 도착에 맞추어 집을 사려고 많은 집을 보았으나, 마음에 드는 것을 찾지 못했다. 집을 사서 확실하게 거주할 수

---

458 그들은 1599년 5월 24일 이전에 도착(N.561)했지만, 훨씬 이전은 아닌 것 같다. Cf. De Ursis, p.37. 베르나르드(Bernard², I, p.346)는 4월 21일에 도착했다며 괄호 처리를 하고, 다른 모든 말은 리치를 인용하며 현재형으로 전하고 있다. 자기가 말한 날짜를 입증하기 위해 1599년 8월 14일 자 리치의 편지에서 한 대목을 인용하고 있다(I, p.348, N.3). "집을 매입한 지 아직 4개월이 못 됩니다. … 라자르 신부가 광주(廣州)에 다녀올 때입니다"(NN.1561-1562). 베르나르드는 리치의 텍스트를 읽으며 리치가 말한바, "카타네오가 도착하고 사흘 후"에 남경의 매입한 집으로 이사했다는 것을 그대로 믿었다. 따라서 그는 1600년 4월 24일로 결론을 내리고 있다. 그러나 비슷한 해석은 앞서 리치가 말한 것에서 흔적을 발견하지 못했다.
459 의심의 여지 없이 일부다처제가 장애가 되었다. Cf. NN.134, 154, 618, 737; N.154, 본서 1권, p.414, 주(註) 470: N.444, 본서 2권, p.425, 주(註) 358.
460 Cf. N.537. 그날은 5월 24일 이전(前)이다(N.562).

있는지, 남경 당국의 정식 허락을 받을 수 있는지도 알지 못했다. 이런 경우 신부가 허가 신청을 해도 관리들 중 아무도 허락하지 않을 수도 있고, 외국인이 남경에 체류하는 것을 허용해야 하는지에 대해 모두 의구심을 가질 수도 있었다.

그러나 하느님께서는 매우 특별한 방식의 섭리로 두 가지 문제를 해결해 주셨다. 다른 장章에서 언급한바, 신부가 학자들이 모인 학회와 강학講學[461]에서 칭찬했던 유두허劉斗墟라는 관료가 카타네오 신부 일행이 임청臨淸에 도착하기 바로 전[462]에 예를 갖추어 찾아왔다. 호의의 표시였다. 여러 가지를 이야기하는 중에 이렇게 말했다. "집을 하나 매입하고자 한다는 소식을 들었습니다. 관리들이 공관으로 사용하던 건물이 하나 있어 얼마 전에 공금으로 수리를 명한 게 있습니다. 그러나 공사가 마무리되자 귀신이 나오기 시작해서 아무도 가서 살 수 없게 되었습니다. 그렇게 된 지도 벌써 2-3년이 되었습니다. 그래서 팔려고 했지만 많은 돈을 들여 수리한 것에 비해 아무도 사려고 하지 않습니다. 그대의 성덕을 듣자 하니,[463] 만약에 귀신이 두렵지 않다면 기꺼이 그대에게 양도할 의사가 있습니다. 가격은 크게 신경 쓰지 말고 신부가 주고 싶은 만큼만 주면 됩니다."[464] 신부가 말하기를, "저는 하늘과 땅의 주인[天地主]이신 하느님을 섬기는 사람입니다. 그분이 도와주실 거라는 것을 믿습니다. 어떤 귀신도 저를 해코지할 수 없습니다. 특히 구세주의 성상이 있으면 귀신

---

461 Cf. N.557.
462 그러니까 1599년 4월 말경이거나 5월 중순 이전일 것이다.
463 Cf. N.178, 본서 1권, p.450, 주(註) 565.
464 그러나 나중에 유두허(劉斗墟)가 나서서 가격을 "건축 비용의 절반 조금 못 미치는 액수"로 확정했다.

은 도망가고 맙니다. 만약 건물이 신부가 사용하기에 적합하다면 귀신이 있다고 해서 안 사지는 않을 것입니다"라고 했다.

이 대답으로 유두허는 건물을 보기 위해 신부와 함께 길을 나섰다. 신부는 지금까지 중개업자가[465] 보여 준 어떤 집들보다도 훨씬 좋고 위치도 좋으며 방들도 깨끗한 것에 놀랐다. 남경에 자주 닥치는 홍수에도 물이 접근하지 못하는 높은 지대에 있었고, 황궁 가까이에 있어 귀족과 황족들 사이에 있으며, 여덟 혹은 열 명의 신부들이 충분히 거주할 수 있을 정도였다. 더 손을 댈 필요도 없을 만큼 방과 거실이 모두 깨끗하고 예뻤다.[466] 하느님께서 신부에게 주신 거로 생각하고, 즉시 그것을 매입하기

---

465 상거래에서의 중개인 혹은 중재인을 말한다.

466 1639년에 발간된 서창치(徐昌治)의 『파사집(破邪集)』에는 남경의 이 집에 대해 정확한 위치를 말해 주고 있다. 건물은 성벽 안쪽 정양문(正陽門) 근처, 홍무 제방(洪武岡), 서영가(西營街)에 있었다. 따라서 왼쪽에는 홍무문(洪武門)에서 황궁까지 이어진 어로(御路)가 있었다. 더 정확하게는 숭례가(崇禮街) 삼포(三鋪) 3번지에 있는 것으로서, 어로 진입로와 평행을 이룬다. 육부(六部)와 거의 마주하고 있는 집은 어로 동쪽, 숭례가 남쪽, 어로 진입로와 나란히 있는 서영가 북쪽에 있다. Cf. 그림 32. 일곱 개의 방이 서로 마주 보고 있었다. 1605년 다 로챠는 이 건물 뒤에 있는 집도 매입하였다 (N.752). 1616년에 이것을 단층으로 짓고, 나머지는 허물어 땅과 건축자재들을 이성(李成)이라는 관리에게 150텔에 팔았다. Cf. Colombel, *Histoire de la Mission du Kiang-nan*, Première Partie, pp.101-103, 232-233; Gaillard, pp.213-214; 장유화(張維華, Ciamueihoa), pp.166, 169, 170. 현재 이 일대는 아무도 살지 않는 지역이 되었고 농지로 바뀌었다. 절강(浙江)의 가흥(嘉興) 근처 수수(秀水)의 장경(張庚)이 1739년에 세 권의 책으로 발간한 진(晉) 왕조의 회화집인 『국조징록(國朝徵錄)』이라는 중국 자료에는 리치가 남경에서 정양문(正陽門) 근처 서영에서 살았다고 입증해 주고 있다. 그러면서 리치가 거기에 걸어 둔 〈성(聖) 모자(母子)〉그림은 원근법이 있어 중국인들에게 강한 인상을 주었다고 덧붙이고 있다. 당시 중국에는 원근법이 존재하지 않았다. 그 바람에 중국인 화가 제녕(濟寧) 출신 초병정(焦秉貞)에게 영향을 미쳐 흠천감(欽天監) 회원이며 유럽 회화 연구가로, 또 리치 학당 소속으로, 1696년에 백성들이 농사짓고 누에 치는 것을 그린 『경직도(耕織圖)』를 출판하였다. 리치 학당 소속이 의미하는 것은, 우리의 그림이 흠천감에서 이름이 나 있어 예수회가 중개 역할을 하고 있었다는

로 했다.

그러는 사이에 카타네오 신부와 두 명의 수사[467]가 도착했고, 유두허가 정한 가격으로 집을 매입했다. 아무래도 그가 정하는 것이 나을 것 같았기 때문이다. 그래도 집을 건축하는 비용에 비해 거의 절반가량 저렴했다. 하지만 신부들의 수중에는 한번에 낼 돈이 없었다. 이에 유두허가 우선 절반만 지불하고 나머지는 내년에 지급하면 어떻겠느냐고 제안했다. 이로써, 거의 사흘 만에 집을 매입하는 문제가 해결되고[468] 신부들은 그곳으로 이사를 했다. 유두허는 매매 계약서와 대문에 붙일 고시告示를 한 장 집으로 보내왔다.[469] 아무도 건물의 소유에 대해 왈가왈부하지 못

것을 뜻한다. 텍스트를 보기로 하자(白苧村桑者曰. 明時有利瑪竇者, 西洋歐羅巴國人, 通中國語, 來南都, 居正陽門西營中. 畵其敎主, 作部人抱一小兒爲天主像, 神氣圓滿, 采色鮮麗可愛. 賞曰. 中國祇能畵陽面, 故無凹凸. 吾國筆畵陰陽, 故四面皆圓滿也. 凡人正面則明, 而側處卽暗, 染其暗處稍黑, 斯正面明者顯而凸矣. 焦氏得其意而變通之, 然非雅賞也. 好古者所不取)."장경(張庚)은 말했다. 명대에 서구에서 온 마테오 리치라는 중국어를 매우 잘한 사람이 남경에 와서 정양문(正陽門) 근처 서영가(西營街)에서 살았다. 그는 자기 종교의 설립자를 그렸는데(?), 하늘의 주인 얼굴이고, 한 여자가 아기를 가슴에 안고 있었다(畵其敎主, 作婦人抱一小兒, 爲天主像). 인상은 완벽했다. 색은 살아 있고 신비로웠다. 그가 관찰하고 강조하기를, '중국인은 이렇게 그림을 그릴 줄 모릅니다. 원근법이 결여되어 있기 때문입니다. 제 고향에서는 멀리 있고 가까이 있는 것도 그립니다. 그래서 그림이 완벽합니다. 모든 사람의 얼굴에 빛이 있습니다만, 옆모습은 어두운 측면이 있습니다. 그것은 그림자이기 때문에 어둡게 그려야 합니다. 그래야 얼굴이 제대로 표현됩니다.' 초병정(焦秉貞)은 이해하고 그것을 자신의 그림에 적용했지만, 큰 성공을 거두지는 못했다. 전통을 고집하는 사람들은 그다지 선호하지 않았기 때문이다." Cf. 홍외련(洪煨蓮, Homueilien), p.79b; TP, XIII, 1912, p.99, N.1; Giles, *An Introduction to the History of the Chinese Pictorial Art*, pp.170-171; N.247, 본서 2권, p.151, 주(註) 241.

467 다시 말해서, 이미 예수회원이 된 세바스티아노 종명인(鍾鳴仁) 페르난데스(N.354)와 지원자 유문휘(游文輝) 페레이라다.

468 집은 1599년 5월 24일에 매입했다. Cf. De Ursis, p.37.

469 공식적인 포고문이다. 고시(告示)라고 한다.

하도록 한 것이다. 자신의 부처에서 발급하여 밀봉한 두 장의 공문이었다.[470] 신부들이 안정적으로 남경에 체류할 수 있다는 허가증과 같은 것[471]인데, 그것도 자연스럽게 얻은 셈이 되었다. 공부工部의 장상과 그의 부하들은[472] 이 일에 대해 매우 만족스러워했다. 비록 본전의 절반은 잃었어도 나머지 절반을 건졌기 때문이다. 전에는 마귀들이 무서워 아무리 가격을 낮추어도 전혀 사려는 사람이 없었다.

일이 마무리되자, 마태오 신부는 공부에서 발급해 준 계약서와 고시를 들고 우리 친구 왕 상서[473]를 찾아가 보여 주었다. 왕 상서는 짧은 시간에 손쉽게[474] 자신의 호의나 도움 없이 우리가 원하던 대로 [어려운 과제 하나가] 해결된 것에 놀라움을 금치 못했다. 그리고 신부들이 그 집에서 어떤 마귀의 방해도 받지 않고 안전하게 사는 것을 보고는 하느님의 능력이라고 생각했다. 신부들은 이사하면서 거실에 제단을 마련하고, 바로 그날 밤에 기도를 드렸다. 그리고 온 집안에 성수를 뿌린 뒤, 〈구세주 성화〉를 걸었다. 자비하신 하느님께서는 당신의 종교를 드러내기 위해 귀찮게[475] 구는 마귀가 더 나타나지 못하게 하셨고, 모든 사람이 그것을 지켜보게 하셨다.

---

470 공부(工部)에서 발급하였다.
471 공식적인 체류 허가다. Cf. N.218, 본서 2권, p.100, 주(註) 107.; Guerreiro, II, p.124.
472 공부상서(工部尙書)와 그의 부하들이다.
473 Cf. N.417, 본서 2권, p.393, 주(註) 273.
474 쉽고 이른 시일 안에, 곧 신속하게.
475 원문은 Noggo라는 포르투갈어 혹은 스페인어 euojo라는 남성형으로 쓰고 있다. 이탈리아어의 noia라는 여성형을 대신한 말이다. '귀찮음', '방해꾼'이라는 뜻이다. Cf. N.257, 본서 2권, p.170, 주(註) 272.

[그림 33] 남경에서 리치의 수도원 (Cf. N.562)

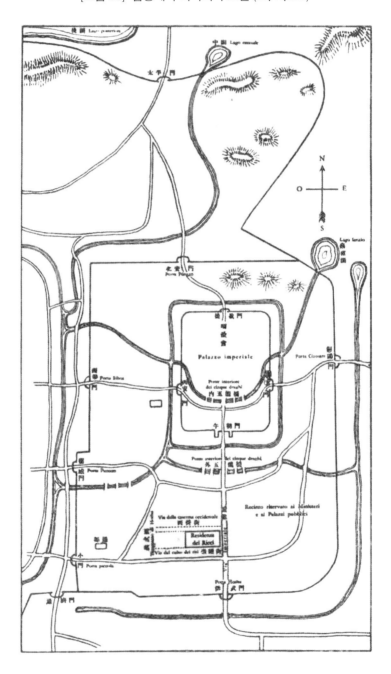

이것은 매우 인상적이고 좋은 평판으로 남경뿐만 아니라, 중국 전역에 소문이 났다. 그 바람에 우리 가톨릭 신앙은 공신력을 크게 얻게 되었다. 전에 공부工部의 많은 고위 관리들이 그 집에서 살고 싶어 다른 종파의 도사와 승려들을 불러 마귀를 쫓아내 달라고 했다는 사실을 모두 알고 있었기 때문이다. 아직도 벽과 기둥에는 도사道士들이 거창하게 구마 행위를 한 흔적으로 칼자국이 많이 남아 있었다.[476] 그런데도 거기에 입주하여 살던 사람들의 커다란 피해를 아무도 막지 못했다. 이것은 그들이 직접 말해 준 것이다.

그런데 신부들이 들어가자 마귀들은 즉시 자취를 감추었고, 사람들은 그것이 신부들이 모시고 의탁하는 하느님 때문이라고 생각했다. 어느 날 유두허가 다른 사람들과 함께 신부 앞에서 이 일에 대해 말하면서, 집을 지을 때 모든 규정을 준수했고 고사도 드렸다고 했다. 아무것도 잊은 것이 없다고도 했다.[477] 그런데 다른 누구도 그 집에서 살 수 없는 이유를 지금은 물어볼 필요 없이 알게 되었다. 그것은 서태 리치[利西泰][478]의 하느님이 그가 들어가서 살도록 하려고 하니, 다른 사람은 아무도 들어가 살지 못하도록 마귀에게 명했기 때문이라고 했다.[479]

---

476 Cf. N.195. 문에 붙인 이 흔적은 판토하의 증언에 따르면, 1616년에도 여전히 볼 수가 있었다(今門橱刀痕尙在, 萬目共見)(Courant, N.1321, f.16b).
477 Cf. N.152.
478 Cf. NN.557, 578; *Fonti Ric.*, III, p.10, N.2.
479 북경에서도 비슷한 사건이 있었다(N.767).

563. 황제에게 진상하는 물건들을 보려고 새집으로 찾아오는 많은 방문객

집에 관한 일을 기분 좋게 해결하고 나니, 또 다른 일이 신부들을 몹시 당혹스럽게 했다. 황제에게 바칠 시계와 성화 등 선물들을 사람들에게 보여 주는 일이었다. 전부터 많은 고위 인사들에게 임청에서 이 물건들이 도착하면 통보하겠다고 했기 때문이다. 몇몇 관리의 도움을 받아야 이 선물을 가지고 다시 한번 북경에 들어갈 수 있어 그들에게 보여 주지 않을 수도 없었다. 다른 한편으로는 남경에서는 작년에 있었던 일로 이 물건들이 너무 많이 알려져서 서로 보겠다고 앞다투어 오다 보면 폭동의 위험도 있어서 염려되기도 했다. 이와 관련하여 다른 좋은 생각이 나지가 않아 신부들은 우선 며칠 동안 사람들에게 보여 주고, 그다음에 상황을 봐서 더 나은 방안을 찾아보기로 했다. 그런 다음 일부 주요 인사들에게 물건이 도착했다고 알리고 집으로 와서 봐도 된다고 했다.

그들은 바로 달려와 시계와 성화와 그 외 여러 물건을 보고 놀라움을 금치 못했다. 프리즘을 보고는 감탄하며 하나같이 그 자리에 얼어붙어 버렸고, 아무리 보아도 질리지 않는다고 했다. 그들은 다른 사람들에게, 다른 사람은 또 다른 사람들에게 소문을 냈고, 모두 똑같이 감탄을 금치 못했다. 중국에서 일어나는 상황과 정반대였기 때문이다. 중국에서는 유명하다고 해서 가 보면 실제로는 전혀 딴판이라 실망하는 경우가 많은데, 이것들은 소문으로 듣던 것보다 훨씬 좋았기 때문이다. 그 바람에 날마다 물건을 보러 오는 사람의 수가 늘어났다.

이미 열흘이 지났고,[480] 신부들은 물론, 집안사람들 누구도 더는 버틸 수가 없었다. 구경하러 오는 사람들은 계속해서 늘어났다. 남경에 있는 사람들로도 많은데 멀리 떨어진 곳에서까지 구경하러 오곤 했다. 그들은 신부들을 보고 동정하면서도, 용서해 달라고 말했다. 중국에서는 귀하고 한 번도 들어 보지 못한 물건을 보러 오지 않을 수가 없다는 것이다. 그들은 모두 우리의 땅[481]과 신부들에 대해 칭찬을 아끼지 않았다. 하지만 우리 신부들은 더는 버틸 수가 없었다. 보여 주지 않자 그들은 간절히 들어오고 싶어 하며 매일 문을 부수다시피 했다. 결코 나쁜 의도로 그런 것은 아니었다.[482]

---

480 5월 24일에 새집을 매입했기 때문에, 아마도 6월 초순이 될 것이다.
481 이탈리아와 유럽이다.
482 호기심 많은 방문객이 대문을 부수기 시작한 것이다. 결코 나쁜 의도로 그렇게 한 것이 아니라, 서역의 끝에서 온 흥미로운 물건을 보려는 커다란 열망이 일으킨 일이다. 끊임없이 몰려든 방문객은 1607년(N.769)과 1610년(N.957) 북경에서도 있었다.

제9장

라자로 카타네오 신부가 마카오에 어떻게 귀환하게 되었는지에 대해, 남창에서도 그리스도인들이 점차 생겨나기 시작한 것에 대해서

(1599년 6월 20일 무렵부터 1600년 3월경까지)

o 카타네오 신부가 두 번째 북경 여행 준비를 위해 남경에서 마카오로 되돌아가고, 축석림의 집으로 선물을 옮기다

o 데 라 마타 신부가 조난당하다. 델 디아즈가 황제에게 바치라고 선교회에 챙겨 준 선물들

o 판토하와 카타네오 신부가 황제에게 바칠 선물을 가지고 마카오에서 남경까지 여행하다

o 건안왕이 남경의 세관장으로부터 리치의 북경행 허락 문서를 확보하다. 선교사가 감사의 선물을 전하다

o 마카오에서 남경으로 보낸 허위 수표. 유두허가 집값 잔금을 받기 위해 카타네오의 도착을 기다리다

o 남경에서 첫 그리스도인으로 개종한 바오로와 마르티노 진(秦)과 그의 가족들; 그들이 숭배하던 우상들을 불태우거나 마카오로 보내다

o 리치가 그리스도교 문명국인 로마와 교황청을 소개하다. 이탈리아어로 도덕적인 명언들을 적다

564. 카타네오 신부가 두 번째 북경 여행 준비를 위해 남경에서 마카오로 되돌아가고, 축석림의 집으로 선물을 옮기다

이런 상황을 겪으면서 신부들은 내년에는 어떤 방법으로든 북경에 다시 가서 황제에게 이 선물들을 바치고자 했다. 지난해에 얻은 경험이 있었기에 어떻게 해야 하는지를 알았다. 상황도 그때와는 많이 달라져서 호의적인 관리들도 아주 많아졌다. 더 간절해진 것은 황제에게 접근하여 북경에 거주지를 마련하지 못하면 남경의 집도 안전하지 못하다는 사실 때문이었다.[483] 황제에게 바치려고 한다는 이 선물들에 관한 소문이 이렇게 온 사방에 퍼져 나가게 되면 북경에 오가는 수많은 태감을 통해서 황제의 귀에 들어가지 않을 수가 없을 것이다. 그러면 황제는 사람을 보내어 약간 무례하게 그것들을 요구할 것이고, 우리의 신뢰와 효과는 떨어질 것이다. 그렇다면 우리가 먼저 나서서 황제에게 그것들을 바치고 황제의 신임을 얻는 것이 좋겠다는 생각에 이르렀다.

이런 이유로 마태오 신부는 카타네오 신부를 마카오로 보내어 마카오에 있는 마누엘 디아즈 신부와 다른 신부들에게 그동안 일어난 모든 일에 대해 이미 서신으로 전한 내용을 직접 구두로 한 번 더 전하도록 했다. 아울러 황제에게 바칠 선물을 보충해 줄 수 있는지, 집값 잔금과 다시 북경에 다녀올 수 있는 경비를 마련해 줄 수 있는지에 대해 그곳 신부들과 상의하도록 했다.[484]

---

483 Cf. N.303, 본서 2권, p.250, 주(註) 475.
484 마카오의 원장 에마누엘 디아즈(Emanuel Dias) 신부의 1599년 12월 12일 자 총장에게 쓴 편지에는 카타네오가 포르투갈령 마카오에 도착하여 여행의 이런 확실한 목적을 수행하려고 했다는 것이 명확하게 적혀 있다. 그 내용을 보면, "[중국] 선교의 원장 리치 신부님이 보낸 라자로 카타네오 신부가 1599년 8월 이곳에 오셨습니다. 세 집수

선물을 보러 오는 사람들에 대처하기 위해 신부는 성화 두 점과 프리즘을 과리科吏 축석림祝石林의 집으로 옮기기로 했고,[485] 시계는 카타네오 신부가 강서江西로 다시 가지고 갔다.[486] 축석림은 처음에는 받지 않으려고 했지만, 신부들이 황제에게 바칠 물건이니 잘 보관하는 것이 그의 임무라며 강압적으로 말해 어쩔 수 없이 떠맡게 되었다. 그리고 집에 물건이 없다는 것을 온 도시가 알게 하려고[487] 시계를 포함한 물건들을 한낮에 공개적으로 소란스럽게 그의 공관으로 옮겼다.[488] 축석림은 적당한 장소에 성화들을 배치하고 중국의 예법대로 향로를 피우고, 깊은 공경으로 보존하였다. 그의 몇몇 친구들이 그것을 보겠다고 찾아왔을 뿐 나머지 신분이 낮은 사람들은 감히 찾아올 엄두도 못 냈다. 이로써 사람들의 발길은 즉시 끊기고 우리 집은 조용한 가운데 안정을 되찾게 되었다.

카타네오 신부와 함께 간 세바스티아노[鍾鳴仁] 수사[489]는 남창南昌까지 가서 그곳에 있는 신부들과 함께하며[490] 카타네오 신부가 마카오에서 돌

도원]으로 두세 명의 예수회원을 나누어 보내 줄 수 있는지를 물었습니다. 마카오에 있는 형제 중 황제가 있는 북경에 동행할 중국어에 능통한 사람이 있는지도 물었습니다. 남경 집 잔금과 생활비와 북경에 다녀올 경비도 요청했습니다"(N.2876). 이 텍스트와 본문에 있는 리치의 텍스트를 종합해 보건대, 카타네오는 종명인(鍾鳴仁) 페르난데스와 함께 남창(南昌)까지 갔고, 다시 남경(南京)에서 7월 이전에 출발한 걸로 보인다. 가장 유력한 것은 6월 20일경, N.563에서 말한 사람들의 방문이 있었던 직후 축석림(祝石林)의 집으로 시계(이것은 카타네오가 남창으로 가지고 가기로 했다)와 성화들을 옮긴 후다. 다시 말해서 6월이 지나기 전에 [남경을] 출발한 것이다. 그래야 마카오 도착까지 두 달간의 여행 기간을 계산하면 8월 말경[마카오에 도착]이 되는 것이다.

485 Cf. N.536.
486 강서의 남창이다.
487 모든 사람이 알 수 있도록.
488 공개적으로 성대하게 옮겼다는 말이다.
489 종명인(鍾鳴仁) 페르난데스다. Cf. N.354.
490 조반니 다 로챠(Giovanni da Rocha) 신부와 조반니 소에이로(Giovanni Soeiro) 신부

아올 때를 기다렸다.

마카오에는 남경에 새 수도원을 설립했다는 소식이 이미 전해졌고, 집 안팎은 모두 축제 분위기였다. 카타네오 신부의 도착으로 그 소식이 확인된 셈이었다. 집을 새로 사는 바람에 계속해서 거주할 수 있게 되고, 하느님께서 그곳에 있는 신부들에게 베풀어 주신 여러 가지 은혜도 확인하였다.[491]

565. 데 라 마타 신부가 조난당하다. 델 디아즈가 황제에게 바치라고 선교회에 챙겨 준 선물들

마카오는 일본에서 출발한 배가 도착하지 않아 온 도시가 얼어붙은 듯 공포에 휩싸여 있었다.[492] 로마에서 이 지역 부관구의 감찰관으로 다시 온[493] 에지디오 디 마타Egidio di Matta 신부[494]도 그 배에 타고 있었다. 나중

다. Cf. NN.486, 504, 506.

[491] 카타네오는 1599년 8월 말부터 10월 중순 이후까지 마카오에 있다가 판토하와 함께 떠났다. Cf. NN.2622, 2633. 마카오의 일본 총책임자 미켈레 소아레스(Michele Soares) 신부의 10월 26일 자 편지에 의하면(N.2860), 카타네오가 남경으로 출발한 것은 그달 12일과 26일 사이라고 분명히 말하고 있다(N.2846).

[492] 에마누엘레 디아즈 신부가 1600년 1월 11일 자 포르투갈 대표에게 쓴 편지에 따르면, 배가 일본을 떠난 것은 1599년 2월 26일이다. Cf. N.2886.

[493] 에지디오 데 라 마타(Egidio de la Mata) 신부는 1547년경 스페인의 칼라호라 (Calahorra) 교구 로그로뇨(Logroño)에서 태어났다. 1566년 3월 12일, 이미 법학자가 되어 예수회에 입회했고, 1584년에 인도로 파견되었다. 1586년, 일본에 도착했고, 1591년 11월 10일 그곳 아마쿠사(Amakusa, 天草)에서 발리냐노의 집전으로 4대 서원을 했다(*ARSI, Lus.*, 2, f.75). 1592년 7월 22일, 일본과 중국지역 전체 제1차 부관구회의에서 로마의 대표로 선출되었다. 그해 10월 9일 일본에서 출발하여 바다 한복판에서 조난사고를 겪은 후 1596년에 인도로 돌아왔다. 이 날짜에 관해서는 의문의 여지가 없는데, 그것은 인도와 일본 지역 신부와 수사들의 명단에 1596년 "일본 지역 총책임자 질 다 마타(Gil da Mata) 신부"라는 이름이 적혀 있기 때문이고(*ARSI, Goa*, 24,

에 알게 된 사실이지만, 배는 침몰했고, 한 사람도 구조되지 못했다고 했

---

f.264), 1596년 인도로 파견된 신부와 수사들의 명단에도 나오기 때문이다(*ARSI, Goa*, 27, f.3v). 발리냐노가 1596년 12월 15일에 쓴 편지에는[타키 벤투리(Tacchi Venturi, II, p.225, N.1; Cf. *Ibid.*, p.470, N.1)가 잘못 알고 있듯이 1595년이 아니다] 이렇게 말하고 있다. "이번 95년(96년이다) 9월에 포르투갈에서 배가 도착했는데, 인도를 방문하는 니콜라오 피멘타(Nicolao Pimenta) 신부와 에지디오 데 라 마타(Egidio de la Mata) 신부가 일본으로 파견되는 몇몇 동료들과 함께 도착했습니다. … 그중에는 니콜라오 롱고바르도(Nicolao Longobardo) 신부도 있었습니다"(N.2698). 다른 형제들이 마카오를 향해 여행을 계속하는 동안 1597년 4월 23일 "에지디오 데 라 마타 신부를 고아에 내려 주어 그해에 사망한 형제들의 유해를 거두게 했습니다"(N.2799). 다시 말해서 살라만카에서 태어나 33세에 사망한 베르나르도 곤잘레즈(Bernardo Gonzalez) 신부와 비세우 교구 발란카에서 태어나 40세에 사망한 피에트로 알바레스(Pietro Alvares) 신부의 시신을 거두도록 한 것이다. "두 신부는 모잠비크 근처에서"(N.2798) 사망했다.

데 라 마타는 1598년 5월 1일, 리스본에서 온 배를 타고 고아를 떠났다. 그와 함께 출발한 4명의 예수회원 중 한 사람은 이탈리아 출신의 조반니 포메리오(Giovanni Pomerio)로 1598년 9월 22일 자 나가사키(Nagasaki, 長崎)에서 이 소식을 전해 준 사람이다(*ARSI, Jap.-Sin.*, 13, ff.149-150). 그들은 5월 11일에 코친에 도착하여 13일에 믈라카를 향해 다시 출발했다. 믈라카에는 40일 후에 도착했다. 그러니까 6월 22일에 도착한 것이다. 8일 후에 다시 항해를 시작하여 마카오를 들르지 않고 8월 22일(1598년 9월 21일 자, 데 라 마타가 총장에게 쓴 편지에서는 8월 13일이라고 적고 있다. *ARSI, Jap.-Sin.*, 13, ff.147-148)에 나가사키에 도착했다. 리스본에서 일본까지 통상 3년이 걸렸다. 처음으로 16개월하고 6-7일 만에 도착한 것이다. 이 배는 1597년 4월 5일에 리스본을 떠났다.

1598년 12월 초에 있은 제2차 부관구 총회에서 데 라 마타가 다시 한번 로마의 감찰관으로 뽑혔다. 1599년 2월 20일, 나가사키에서 그는 조반니 알바레스에게 [중국선교를] 위임하며 이번 교섭의 중요성을 언급했다. "이번 교섭이 처음 있는 일은 아닙니다. 다만 제가 주교님[Luigi Cerqueira]을 보좌해야 해서 교섭을 위임하는 것입니다. 제가 중요하다고 생각하는 것은 특별히 마카오의 콜레지움 건설과 중국 황제에게 사절단을 파견하는 것과 같은 여러 교섭에 관한 중대한 사안들입니다"(*ARSI, Jap.-Sin.*, 13, f.253a). 그러나 그는 1600년 1월 2일 자 디아즈가 조반니 알바레스에게 쓴 편지에 의하면, 또 발리냐노가 아콰비바에게 1600년 10월 20일 자 편지에 의하면, 1599년 2-3월 일본과 중국 사이에서 조난당했다고 한다(*ARSI, Jap.-Sin.*, 14, ff.9-10, 34v).

494 앞의 각주에서 본 것처럼 데 라 마타는 1599년 2월 20일 자 편지에서 발리냐노의 임명과 부관구 총회의 결정에도 불구하고 열린 자세로 다시 한번 총장에게 요청했다. "교황 성하께서 그 왕국[중국]의 개종을 위해 우리 신부들을 중국 황제께 사절단으로 파견

다. 배에는 일본에서 물건을 판 비용 수백만 스쿠디가 실려 있었고,[495] 마카오시市의 모든 생계가 거기에 달려 있었다. 따라서 세 곳 수도원의 유지비용과 남경의 집 잔금 및 북경까지의 여행 경비에 차질이 생길 수밖에 없었다.

그런 상황에서도 마누엘 디아즈 원장 신부는 마음을 크게 먹고 모든 예상되는 경비를 모아서 보내 주었다.[496] 그리고 마카오 수도원에 있던 큰 시계를 중국선교를 위해 황제에게 진상할 물품으로 내주기까지 했다. 이 시계는 다른 작은 시계에 비해 매우 부족해 보이지만, 크기가 큰 만큼 소리가 커서 더 귀하고 화려해 보였다. 로마에서 온 매우 큰 〈성모 마리

한다면 크게 도움이 될 것입니다." 이런 이유로 발리냐노는 "질 데 라 마타 신부에게 대사 관련 지침서와 세부 사항"을 주었고, 1599년 10월(N.2865) 마카오에 있는 신부들과 중국 선교회에 의견을 촉구했다. 1599년 12월 12일, 디아즈와 카타네오는 사절단은 예수회 사제들로 여섯 혹은 여덟 명으로 구성되어야 하고 30세가 넘지 않아야 한다는 의견을 피력했다. 거기에는 수학을 잘하고, 그림도 잘 그리며, 시계 제작자여야 한다고도 했다. 진상할 물품들로는 〈구세주 성화〉, 〈성 루카의 성모 성화〉, 〈여섯 성인 성화〉, 〈교황 초상화〉, 성경책과 같은 책들, 〈오르텔리우스의 세계지도〉, 로마 지도와 세계지도, 시계, 프리즘, 다마스크 옷감, 수놓은 비단, 〈지구본〉, 그 외 여러 옷감 등 총 6천 두카토의 가치에 현금 2천 두카토 이상이 들었다. 발리냐노가 대신 쓴 교황이 황제한테 보내는 서신은 은(銀)으로 도금한 상자에 세밀화로 장식된 양피지에 쓰도록 했다. Cf. NN.2865-2870.

495 미켈레 소아레스 신부(Michele Soares, N.2853)와 f. 페레즈 신부(f. Perez, ARSI, Jap.-Sin., 14, f.60)에 따르면 60만 두카토 이상이 실려 있었고, 발리냐노(Valignano, ARSI, Jap.-Sin., 14, f.34v)에 의하면 은화 40만 두카토 이상이 실려 있었는데, 모두 잃었다고 한다.

496 마카오의 고문관인 미켈레 소아레스 신부에 따르면, 에마누엘레 디아즈 신부가 카타네오 신부에게 준 돈은 900두카토가 조금 못 된다고 한다(N.2864). 소아레스 신부는 일본선교의 총책임을 맡고 있었던 만큼 중국 선교회에 돈을 빌려주는 것을 거부했다(N.2845)고 한다. 디아즈가 1599년 12월 19일 자로 총장에게 직접 쓴 편지에는 이 "900텔"은 "[북경] 여행 경비, 남경 집 매입 비용, 두 집[소주(韶州)와 남창 수도원의 생활비"라고 설명하였다(N.2876).

아 성화)도 하나 주었는데 꽤 잘 그린 것이었다.[497] 그 밖에 프리즘과 거울, 정교하게 짠 양모,[498] 또 다른 옷감帛, 모래시계, 유리그릇과 그와 유사한 물건 등 처음 입궁 시에 필요하고 유용할 것 같은 여러 가지 물건들을 챙겨 주었다.[499] 이 물건들은 황제에게 바치는 것뿐 아니라, 우리의 교섭에 도움을 줄 주요 인사들에게도 선물할 것들이었다. 디아즈 신부는 황제에게 선물할 풍금도 제작하게 했는데 늦게 도착하는 바람에 일단 남경에 남겨 두었다.

566. 판토하와 카타네오 신부가 황제에게 바칠 선물을 가지고 마카오에서 남경까지 여행하다

디아즈는 카타네오 신부[500]와 함께 톨레토 관구에서 와서 일본으로 가기 위해 마카오에 있던 디오고 판토하Diogo Pantogia 신부[501]를 보내, 카타

---

497 Cf. N.239, 본서 2권, p.140, 주(註) 208.

498 옷감 한 조각으로, 양털로 만든 것이다. 예전에는 낙타털로 만들기도 했다.

499 이 물건들 대부분이 황제에게 진상할 물품목록에 적혀 있다. NN.571, 588, 592.

500 1599년 10월 12일에도 카타네오는 여전히 마카오를 떠나지 못하고 있었다. 그때 총장에게 쓴 편지가 이를 입증한다(N.2846). 하지만 그달 26일에는 출발하였다(N.2860). 소주에서 오래 머물지 않았다면 12월 15-20일에는 남창에 도착할 수 있었을 것이다(N.572). 1599년 12월 19일 자 디아즈가 쓴 편지에는 판토하와 카타네오가 "저희는 10월 말에 출발했습니다. 하느님께서 도와주신다면 12월에는 남경에 도착할 수 있을 것으로 기대합니다"라고 전했다"(N.2876).

501 그는 1571년 스페인의 톨레도 대교구 발데모로(Valdemoro)에서 태어났다. 1589년에 예수회에 입회하여 1596년에 이미 사제가 되어 론고바르도(Longobardo)와 함께 인도로 파견되었다(*ARSI, Goa*, 24, f.264). 그리고 그해 10월 25일 고아에 도착했다. 1597년 4월 23일, 발리냐노, 디아즈, 론고바르도 신부와 함께 고아를 떠나 그해 7월 20일, 마카오에 도착했다(N.2799). 마카오에서 계속해서 신학을 공부했고, 1598년 7월 1일 이전에 최종시험을 치렀다(N.2789). 그해에 원래 가기로 한 일본으로 가지 못하고, 1598-1599년 마카오에서 세 번째 서원을 했다(N.2789). 1599년 8월 말경, 카타네오가

네오 신부와 남경에 남아 있든지, 마태오 신부와 북경에 가든지 하라고
했다.[502] 카타네오 신부는 마카오에서 어떤 사람으로부터 매우 아름다운
은으로 만든 성작聖爵 두 개를 기증받았는데, 하나는 미래 북경 수도원을
위한 것이고, 다른 하나는 소주韶州 수도원을 위한 것으로 생각했다. 그

신부들에게 중국을 위해 요청할 것이 있어서 왔고, 자문관으로 있던 라몬(Ramon)과
미켈레 소아레스(Michele Soares) 신부의 거센 반대에도 불구하고(NN.2855-2860,
2906), 그는 남경으로 떠났다. 1600년 3월경 남경에 도착할 수 있었다(N.568). 그곳에
서 카타네오로부터 황제에게 보여 줄 클라비코드를 조율하고 연주하기 위해 교습을
받았다(N.599). 1600년 5월 19일, 그는 리치와 함께 남경을 출발하여(NN.574, 576)
북경으로 갔고, 1601년 1월 24일 그곳에 도착했다(N.592). 북경에서 판토하는 처음에
는 리치와 함께(N.595), 나중에는 혼자(N.600) 황궁에 들어가 태감 4명에게 클라비코
드 연주하는 법을 가르쳐 주었다. "짧은 시간에 중국어로 말하는 법을 매우 잘 배웠습
니다. 여러 스승을 거치면서 중국의 문자와 문학에 대해서도 많이 배웠습니다"
(N.689). 1603년의 카탈로그에는 발리냐노가 적은 그에 관한 기록이 있다. "중국의 언
어와 문자의 수준이 중간 정도 됨. 4대 서원을 해도 됨"(*ARSI, Jap.-Sin.*, 25, f.65v). 그
러나 이 서원은 1604년, 발리냐노가 그에 대해 다음과 같이 기록할 때도 하지 않았다.
"톨레도 대교구의 발데로모 출신의 스페인 사람, 33세, 예수회에 입회한 지 15년, 체력
은 중간, 철학과 신학을 공부했음. 1604년 4대 서원을 하지 않았음"(*ARSI, Jap.-Sin.*,
25, f.81v). 리치가 사망하자 황제에게 그가 묻힐 땅을 하사해 달라고 요청했다
(N.972). 1612년 9월, 북경 수도원의 원장으로 임명되었다(N.3807). 그는 1618년 1월
마카오에서 사망했다(*ARSI, Jap.-Sin.*, 17, f.192). 박해로 인해 1617년 3월 18일 북경
을 떠나 마카오로 피신해 있는 동안 사망한 것이다. 리치가 그를 어떻게 평가했는지는
N.3498를 보면 된다.
　　그의 저서에 관해서는 피스터(Pfister) pp.71-73을 보라. 판도하는 1610년 리치가 사
망하던 해에 발간한 『방자유전(龐子遺詮, *Dottrina del dott. Pantoja)*』(c. 2, ff.8b-
29a)에서 예수 그리스도의 수난에 관한 모든 이야기를 담았고, 가장 특이한 것으로는
어려움에 직면하여 신학적인 해결책을 제시했다는 것이다. 북경에서의 활동을 포함한
중국 예수회에 관해서, 그리고 설립자가 살아 있을 당시 선교에 관해서도 기록했다.
그리스도의 수난에 관해 설교하는 것을 주저하지 않았다. 그에 관해 쓴 알레니의 『지
리학(*Geografia*¹)』(Aleni²)은 델리야(D'Elia¹, p.49: p.172, N.4)와 N.358을 보라.
502　실제로, 1599년 12월 19일 자 디아즈가 쓴 편지에는 북경으로 오게 될 경우, 카타네오
　　와 판토하는 남경에 남고, 다 로챠와 중국인 수사 한 명은 남창에 머무르며, 리치와 소
　　에이로와 다른 중국인 수사 한 명만 북경으로 갈 거라고 했다. 후에 그는 마카오에서
　　다른 신부 한 명을 론고바르도와 동행시켜 소주로 보냈다. Cf. N.2876.

는 또 두 황도皇都의 두 수도원을 위해 많은 좋은 책도 챙겨 주었다.[503]

567. 건안왕이 남경의 세관장으로부터 리치의 북경행 허락 문서를 확보하다. 선교사가 감사의 선물을 전하다

그 시기에 남창南昌의 두 신부[504]가 공부를 하고 있었다. 그중 조반니 소에이로 신부가 우리의 친구이자 황족인 건안建安왕[505]을 통해 지위가 매우 높은 태감으로 황제의 새로운 염감鹽監[506]과 함께 입국하였다. 그는 마태오 신부가 선물을 가지고 황제를 알현하려고 하는 일을 돕겠다고 했다. 일을 확실히 하기 위해, 건안왕은 가장 믿을 만한 하인 하나에게 태감의 통행증을 주며 마태오 신부에게 황제에게 바칠 물건을 가지고 남경으로 오라고 일렀다. 그것을 태감에게 보여 주고 상소문을 작성하여 마태오 신부를 황제에게 보내고자 한 것이다. 그러면서 함께 나누었던 예전의 우정을 생각해 신부에게 아주 좋은 선물을 하나 보내왔다. 그러나 하느님께서는 [그것을] 원치 않으셨는지, 그 하인은 남경에 도착하지 않

---

503 카타네오가 마카오에 오는 기회에 중국 관련 공부 방법론에 있어 중요한 하나의 결정이 내려졌다. 그때까지는 몇몇 새 선교사들에게만 [중국어] 구어체를 공부하라고 하고, 그 외 사람들에게는 문어체를 공부하라고 했다. 하지만 1599년 9-10월을 기점으로 모든 선교사에게 관리들이 쓰는 구어체를 먼저 익히고, 그것이 충분히 활용되면 완성 단계에서 문어체를 공부하도록 했다. 이런 결정은 1599년 12월 19일 자 디아즈가 총장에게 쓴 문건을 통해 알려졌다. Cf. N.2877.

504 조반니 다 로챠(Giovanni da Rocha, N.504)와 조반니 소에이로(Giovanni Soeiro, N.486)다.

505 Cf. NN.478-483, 503.

506 신임 염감(鹽監)에 대해서는 N.560에서 언급했다. 강서의 이 태감은 반상(潘相)이라고 하는 사람이었다. **역주_** 염감(鹽監)은 염전을 관리, 감독하는 관직으로 태감들 가운데 높은 관직(監官)에 속한다. Cf. *Abbozzo della Storia dei Mim*, c.179, f.9b.

았다. 아니 완전히 사라졌다. 예상컨대 오는 길에 강도를 만나 살해당하고 [시신은] 강물에 버려진 것 같다. 이 소식은 한참 시간이 지나서 남경의 다른 소식들과 함께 마태오 신부에게 전해졌고, 때는 이미 늦었다. 신부는 다른 방법을 찾고 있었다. 경험상 태감들은 믿을 만하지 못해서 태감들과는 그다지 교류를 하고 싶지도 않았다. 그는 건안왕에게 답장을 써서 베풀어 준 좋은 마음과 호의에 크게 감사했고, 태감에게도 인사를 전해 달라고 했다. 그는 남경에서 도움을 줄 만한 다른 사람들을 물색하여 이미 부탁을 해 놓은 상태였다.

568. 마카오에서 남경으로 보낸 허위 수표. 유두허가 집값 잔금을 받기 위해 카타네오의 도착을 기다리다

카타네오 신부는 마카오에서 일찍 남경으로 올 수 없게 되자, 남경에 있는 마태오 신부에게 200두카토짜리 수표를 편지에 동봉하여 먼저 오는 마카오의 한 상인 편에 보냈다. 그가 상인에게 돈을 지불하고 마태오 신부가 남경에서 상인으로부터 같은 금액을 받기로 한 것이다.[507] 이런 내용이 담긴 편지가 도착하자 그는 돈을 받기 위해 상인을 찾았다. 여러 날을 찾아도 돈을 받기로 한 장소와 상인의 이름은 찾을 수가 없었다. 결국 편지에서 말한 수표는 가짜가 되었고, 모든 일은 허사가 되고 말았다.[508] 후에 상인으로부터 돈을 돌려받기는 했지만, 남경에서 신부는 유두허劉斗墟에게 할 말이 없었다. 약속한 날짜에 맞추어 집의 잔금을 치를

---

507 이 수표는 중국선교의 총무이기도 하고 일본선교의 총무까지 맡은 미켈레 소아레스 신부가 발급한 것이다.

508 비슷한 일이 이미 이전에도 한 번 있었다. N.524를 보라.

수가 없게 되었기 때문이다.[509] 이것은 매우 난처한 일이었다. 왜냐하면 생활비까지 빌려줄 사람을 찾아야 했기 때문이다. 그래서 사채를 빌려, 유두허에게 주기로 한 돈을 주려고 했다. 유두허가 이 사실을 알고 사람을 보내 이 일에 대해 신경 쓰지 말라고 전해 왔다. 그러면서 그의 동료들에게 카타네오 신부가 돌아올 때까지 기다려 달라고 했다.[510]

569. 남경에서 첫 그리스도인으로 개종한 바오로와 마르티노 진 (秦)과 그의 가족; 그들이 숭배하던 우상들을 불태우거나 마카오로 보내다

그 시기에 신부는 우리의 신앙에 관해 묻고자 찾아오는 사람들을 가르치기 시작했다.

가장 먼저 온 주요 인사는 70세의 노인으로 진秦이라는 성을 가진 사람이었다. 그는 남경에서 지위가 꽤 높은 사람이었고, 조상들로부터 대대로 물려받은 군사 임무를 맡고 있었다.[511] 그는 매우 큰 집에서 아들,

---

509 1599년 5월, 리치가 집을 사면서 "집값 절반의 남은 잔금"(N.562)을 이듬해에 치르기로 했다. 따라서 중국식으로 한 해는 1600년 2월 14일에 시작된다.

510 그러므로 카타네오가 마카오에서 출발한 것은 1599년 10월 12일과 26일 사이다. 그리고 남창에 도착한 것은 그해 연말쯤이다. 남창에서 두 달 정도 머물다가 앞의 각주에서 말한 것처럼, 1600년 2월 중순 남경에 도착하지 않았다면, 3월 초순쯤 남경에 도착했을 것이다.

511 Cf. N.675. 남쪽 지역의 성(省)에서 북경으로 쌀을 운반할 때는 병참(兵站)부의 체운소(遞運所)에서 경비를 섰는데(*Storia dei Mim*, c.75, f.17a; c.79, ff.1a-7b를 보라) 도시의 병력을 총괄하는 도지휘(都指揮)(*Storia dei Mim*, c.76, ff.4b-6a)나 쌀 운반책임을 맡은 조운총독(漕運總督)이 책임을 맡았다. 콜롬벨(Colombel, *Histoire de la Mission du Kiangnam*, Première Partie, pp.112-113, Cf. *Ibid.*, pp.114-116, 362-263)에 따르면, 이 임무를 맡은 최고 수장은 남경의 초대 그리스도인들의 후예로 추정한다. 그렇다면 아마도 진(秦)일 가능성이 크다. 그렇지 않으면, 누구일까? 누가 우리의

손자와 함께 살고 있었다. 아들은 식견이 넓고, 각 성에서 3년마다 세 번에 걸쳐 치르는 무과 거인[석사] 시험에서 세 차례나 장원을 차지했다. 여기에서 장원은 해원解元[512]이라고 부르는데 최고의 자존감을 선사하고, 무관으로서 남경에서는 상당히 높은 지위에 올라 있었다. 이 어른의 개종은 강한 인상을 남겼다. 그는 매우 기쁜 마음으로 열심히 교리를 배웠고, 신부[리치]로부터 바오로라는 세례명으로 세례를 받았다. 그 후 그의 아들 마르티노와 손자들은 물론 온 집안과 여러 친척까지 모두 세례를 받았다. 그들은 남경에서 처음 나온 훌륭한 신자들이었다.[513]

신부는 그에게 아주 좋은 〈구세주 성화〉를 하나 주었다. 그는 그것을 액자에 넣어 집안 경당에 모셨고,[514] 신부들은 가끔 그의 집에 들러 집안의 여성들과 여러 사람을 위해 미사를 드렸다. 그는 신부가 자기를 찾아올 때를 대비하여 신부에게도 방을 하나 만들어 두었다. 이교도로 있던 시절에 그들은 집안 곳곳에 많은 우상을 모셨다. 우상들은 도금한 것, 향

바오로일까? 나는 그 사람을 찾지 못했다.

512 Cf. N.69.

513 이 지휘관의 성과 이름은 Chim Kiyuen으로 1612년의 스페인어 텍스트로 우리에게 전해졌다(ARSI, Jap.-Sin., 113, f.247r). 여기에서 'Chim'은 분명 진(秦)이지만, 'Kiyuen'은 찾지 못했다. 다만 다른 그리스도인 관리 가운데 한 사람의 호(號)로 기억된다. Cf. Fonti Ric., III, p.13, N.3. 그는 거인 시험을 세 차례나 보았지만, 북경의 무관 진사 시험에서는 여섯 번 혹은 그보다 더 떨어졌다. 1604년 4등으로 진사 시험을 통과했다(N.1634). 진사 시험에 통과한 지 몇 달 지나지 않아(N.712), 그러니까 북경에서 1604년 말이 되기 전에 절강(浙江)의 중요한 군사 임무를 맡았다. 1606년경에는 남창으로 승진 이동한 것으로 보인다(NN.712, 713).

514 공소(公所) 혹은 상주하는 공간과는 반대되는 사소(死所)의 개념으로서 경당일 것이다. 『파사집(破邪集)』에 의하면(c.1, ff.10a-14; 14-17), 남경에서 진강(鎭江)으로 가는 길에 효릉위(孝陵衛)라는 마을 근처에 있었다고 한다. 그곳은 거의 남문 출구 혹은 조양문(朝陽門) 가까이, 황릉(皇陵)에서 멀지 않은 곳이었다. Cf. Gaillard, p.213; 장유화(張維華, Ciamueihoa), pp.195, 196; N.675.

나무로 만든 것 등 꽤 아름다운 것들이 있었는데, 〈구세주 성화〉를 모신 후, 그들은 그 우상들을 신부에게 한 광주리 주면서 태워 버리라고 했다. 신부는 그중 일부를 골라 마카오에 있는 마누엘 디아즈 신부와 다른 신부들에게 선물로 보냈다. 남경에서 치른 첫 번째 전투에서 승리한 전리품으로 우리의 적敵이 가지고 있었던 것이기 때문이다.[515] 마카오에서는 이 물건들을 받고 [선교사들이] 거둔 성과를 축하하며 주님께 깊이 감사했다.

570. 리치가 그리스도교 문명국인 로마와 교황청을 소개하다. 이탈리아어로 도덕적인 명언들을 적다

마태오 신부가 북경에서처럼 남경의 황도에서 우리의 신앙에 크게 신뢰를 얻기 위해 행한 가장 쉽고 부드러운 방식은 주요 인사들과 대화를 할 때, 그리스도교 국가들에 있는 좋은 관습들을 소개하는 것이었다.[516] 예컨대 병원, 고아원, 위험에 처한 사람과 불치병 환자, 그리고 순례객들을 돌보는 곳, 수많은 자비의 형태들, 옥에 갇힌 사람, 과부들 및 도시빈민을 도와주는 사랑과 자비의 형제애, 완덕을 향한 다양한 신심 행위[517]

---

515 1602년 3월 9일, 북경에서 판토하가 쓴 글에는(Pantoja¹, p.594) 마르티노가 세례를 받고 나서 무관 직무상 "어떤 마을로" 가게 되었는데, 거기에서 사람들을 독려하여 모두 신자가 되게 했다고 한다. 데 로챠(de Rocha)에게 쓴 편지는 "그곳에 가게 되었고, 모든 사람이 세례를 받았습니다"(N.3121)라고 전한다.

516 이것은 "중국인들에게 행한 첫 번째 이성적인 행동"(N.618)이었다.

517 "신심 행위", 즉 수도회의 영성과 관련하여, 리치는 자신의 저서 『천주실의(天主實義)』(下, f.57b)에서 "오래되지 않은 겸손한 수도회로, 예수의 이름을 가진(悶有敝會, 以耶穌名爲號. 其作不久)" 자신의 수도 공동체를 소개했다. 거기에서 리치는 예수회의 정결 서원의 의미와 필요성, 유용성에 대해서 여덟 가지 항목으로 나누어서 설명했다. 첫째, 가족을 부양하는 것은 재화를 확보하게 하고, 그래서 다른 사람을 돌보고 세상 것들을 하찮게 여기는 사도직을 방해한다. 둘째, 절대적인 정결은 자기를 둘러싼 것까지 완전하게 한다. 셋째, 예수회 사도직은 인간의 가장 큰 두 가지 욕망인, [재물에 대

와 남들도 잘살도록 도와주는 것에 대해 말해 주었다. 축일에는 신앙을 지키고 그것을 통해 완덕에 이르도록 모든 사람이 성당에 가서 미사에 참석하고 하느님 말씀을 듣는다고 했다. 그리스도인들은 수백만 냥의 돈을 가난한 사람들에게 아낌없이 정기적으로 주고, 성직자들은 도시와 시골을 가리지 않고 죄에 빠지지 않도록 [사람들을 가르쳐] 그리스도교 신앙을 지키고 보존하려고 애쓴다고도 했다. 출판 전에는 모든 책을 검열하여 좋은 풍습에 무익하거나 해害를 주는 행위가 확산되지 않도록 하고, 훔치거나 몰래 빼낸 남의 물건은 되돌려 준다고도 했다. —여기까지 [들으면서 그들은] 모두 칭송을 아끼지 않았다. — 한편, 극소수의 사람들만 닮고 싶어 한 것은 황제부터 고관들과 대작들은 물론 평범한 사람들까지 부인을 한 명만 둘 수 있고, 비록 아들을 출산하지 못하더라도 결코 쫓아

한] 탐욕과 색욕을 실질적으로 멀리하게 한다. 넷째, 사도는 여러 가지 다른 근심으로 마음을 산란하게 해서는 안 된다. 다섯째, 사도는 어디로든 파견되기 위해 모든 인연에서 자유로워야 한다. 여섯째, 영성 생활은 생명의 생활을 선호하는 것이다. 일곱째, "부족한 저희 수도회의 목적은 어디서든 참신앙을 선포하는 것밖에 없어서," 예수회원은 맡겨진 사도적이 있는 곳이면 어디든, 어떤 장소건 나라건 가야 하는데, 가족이 있으면 불가능하다. 진정한 예수회원은 하느님이 부모고, 세상 사람이 형제자매며, 우주가 가족이다(以天主爲父母, 以世人爲兄弟, 以天下爲家焉). 여덟째, 결백은 우리를 천사(天神)에 가까워지게 한다(Ibid., ff.58a-63a). Cf. Aleni[2] (PCLC, XIII), c.2, ff.1-9b: 15a-21a.

중국어로 "예수회"라는 개념이 처음 등장한 것은 아마도 1595년경 '예수회 선비[耶穌會士]'라는 이름으로 추정된다[N.429, 주(註)]. 1600년경에는 '야소회우(耶穌會友)'라는 이름으로 『천주교요(天主敎要)』에 등장했다(f. 14a). 1603년에는 '야소회중인(耶穌會中人)'이라는 이름 밑에 『천주실의(天主實義)』에 등장하고(PCLC, V, f.1a), 최종적으로 1606년 1월 9일, 정대약(程大約)이 기증한 문서들에 야소회(耶蘇[穌를 잘못 씀]會)로 등장한다(陳垣, 明李之歐化美術及羅馬字注音). 여기에서는 1584년부터 1588년까지 사용한 예수(Gesù)라는 이름 대신 예수오(Gesuo, 熱所)로 사용하고 있다[N174, 주(註)]. 1595년경 혹은 그 이전에도 예수(Iésu, 耶穌)라는 이름은 [계속해서] 사용해 왔다.

낼 수 없다는 것이다. 그래야 하느님과 그들과 우리가 모두 알고 있는, 중국에서 일어나는 집안의 무질서를 피할 수 있다는 것이다. 또 어린 나이로 부인을 얻는 것을 허락하지 않고 성인이 되고 성숙해야 부인을 얻을 수 있다고도 했다. 그들이 가장 놀라워한 것은 모든 그리스도인 군주보다 우위에 있는 교황의 지위로서, 거룩한 가톨릭교회의 수장이고 세습되지 않는다는 점이다. 어려서부터 독신으로 하느님만을 섬겨온 덕德과 지知를 갖춘 인품 있는 어른 중에서 선출된다고 했다. 독신은 그리스도교 신앙에 온전히 투신하게 한다고도 했다.[518] 이곳[중국]에서 신부들은

---

518 유럽의 좋은 풍습들은 대화의 수단으로 사용했는데(N.618), 리치는 『천주실의(天主實義)』 제8편에서 '서양에서 유행하는 주요 풍습 개괄'을 〈총거대서속상(總擧大西俗尙)〉이라는 소제목으로 설명했다. 이 풍습들에 관해 중국인 선비가 질문하자, 리치가 대답하기를 "가장 보편적인 풍습들에 대해 말하자면, 우리 서양의 여러 나라는 그리스도교의 도리를 배우는 것[學道]을 기본적인 임무로 삼습니다. 그러므로 비록 각기 다른 나라의 군주라고 하더라도 모두 그리스도교의 도리를 보존하고 올바로 전파하기에 힘씁니다. 거기에는 교황[敎化皇]이라고 부르는 최고 지위를 가진 분이 있습니다. 그분은 오로지 천주를 계승하여[繼天主] 가르침을 선포하고 세상을 교육합니다. 미신들은 이들 나라에서 발붙이지 못합니다. 이 종교의 수장[主敎]은 세 나라의 군주[享三國之地]지만 독신으로 살며 후사가 없습니다. 그는 최고의 현인들 가운데서 선출됩니다. 다른 나라의 군주들과 제후들은 그분께 복종합니다. 왜냐하면 그의 직무는 공적이지 사적이지 않기 때문입니다. 그는 자식이 없어서 백성을 자식으로 삼고, 모든 힘을 기울여 사람들을 성덕으로 인도합니다. 이 모든 일을 혼자서 할 수 없어 여러 나라에서 [백성을] 가르칠 능력과 덕이 있는 사람들에게 맡깁니다. 이들 나라에서는 칠일에 하루[每七日]는 장사를 멈추고 모든 노동을 금합니다. 남자와 여자, 높은 사람과 천한 사람을 불문하고 모두 성당[聖殿]에 모여 거룩한 전례에 참여[禮拜祭]하고 종일 설교와 복음 해설을 듣습니다. 그중에는 유명한 학자들이 소속된 여러 수도회가 있고, 그 회원들은 어디든지 가서 설교하고 선(善)을 권장합니다. 그들 중 예수의 이름을 가진 미천한 저희 수도회도 있습니다. 설립된 지는 얼마 되지 않았지만, 수도회 소속 서너 명의 회원이 여러 나라에서 큰 신뢰를 얻고, 모두 자신의 자녀를 참된 성덕으로 이끌어 달라는 요청을 받고 있습니다"(下, ff.57a-b). Cf. N.618; Guerreiro, II, p.109.

알레니(Aleni²)가 쓴 저서 『조공을 바치지 않는 국가들의 지리(Geografia dei paesi non tributari)』에서는 언급한 것보다 훨씬 많은 것들에 대해 설명하고 있는데, 유럽에

교황의 지위를 높이 올렸는데, 그것은 교황이 그리스도교 선교에 최대한 도움이 되도록 하려고 중국에 사절단을 보내기로 했기 때문이다. 미리 잘 준비시키고자 한 것이다.[519] 중국인들이 교황을 어떻게 대해야 하는지 알게 하기 위함이다. 그 결과 양쪽 황도[520]에서는 교황에 대해서, 그리스도교 세계에서 그분의 지위에 대해서 소문이 나기 시작했고, 이방인들이 우리에 대해서 놀라워한다는 소문도 퍼졌다. 이런 방식으로 선출된 사람이라면 그 어떤 사람보다 성덕이 탁월할 거로 생각했다. 이런 이유로 중국인들 사이에서는 교황에 대해 매우 높게 말하는 아주 좋은 책들이 출판되기 시작했다.[521] [마태오] 신부의 세계지도 『산해여지전도』山海興

관해 이야기하는 대목에서 리치가 말한 학교와 대학은 물론 사회사업기관들의 활동에 대해서도 묘사하고 있다. 가령, 가난한 사람들을 위한 병원인 빈원(貧院), 고아원인 유원(幼院)과 병원(病院)이 그것이다. 나아가 그는 유럽의 그리스도교 풍습들도 묘사했는데, 매칠일(每七日)마다 거행하는 미사[彌撒], 주운 물건은 연중 특정 모임을 통해서나 천주당(天主堂) 문에 공지 사항으로 붙여서 주인에게 되찾아 주는 행위, 정결[守貞], 청빈[安貧], 순명[從命]이라는 삼대 서원[三誓]을 통해 수도회 안에서 이루어지는 완덕의 생활에 관한 것이다(PCLC, XIII, c.2, ff.3b-8b). 알레니는 또 [로마에] 사는 교황(敎皇)에 대해서도 언급했다. 종교에 관해 말하는 대목에서 하느님의 지상 대리자로, 성 베드로 이후 1600년이 넘게 계승되어 오고 있다고 했다. 그리고 계속해서 말하기를 "교황들은 독신으로 살며, 세습되지 않습니다. 그들은 가장 인품이 높은 추기경 중에서 선출됩니다[盛德輔弼大臣]. 유럽의 여러 나라의 군주들은 교황에게 예속되지 않아도 그를 깊이 존경하여 성부(聖父)와 신사(神師)라고 부릅니다. 하느님의 대리자로, 가장 높은 종교 지도자로, 큰일의 조언자로 간주합니다"(Ibid., c.2, f.16a-b).

519 1588년에 벌써 루지에리가 이런 사절단을 준비하기 위해 로마로 떠났다. Cf. NN.303-304. 하지만 1596-1598년 이것은 불가능하다는 소식으로 전해졌다. Cf. N.501. 그런데도, 앞서 본 것처럼 1598-1599년에도 여전히 이야기가 나오고 있다. 1609년에도 리치는 이 글을 쓰면서 텍스트에서 보듯이 모든 희망을 접지 않고 있다.

520 북경과 남경이다.

521 1605년 5월 9일, 리치가 북경에서 쓴 편지에는 "우리의 것들에 관해, 이미 외부에서 출판한 많은 책에서 언급하고 있습니다. 모두 우리와 우리의 것들에 대해 매우 좋게 이야기하고 있습니다. 거의 모든 책에서 교황의 높은 지위와 모든 그리스도인 군주가 그

地全圖』에서도 특히 교황이 있는 로마에 대해서, 전체적인 설명 부분에서[522] 교황에 대해 매우 좋게 이야기했다.[523]

신부가 거둔 모든 성과는 중국인들이 원하기만 하면 부채와 같은 여러 가지 소품들에 다양한 형식의 도덕적 경구들을 써 주었다는 것으로도 입증된다. 우리의 언어와 문자로 쓰고 중국어로 설명해 주었다.[524] 그러면 그들은 그것을 집에 소중히 보관하며 후손들에게 유산으로 물려주었다.

분께 복종하고 있다고 말합니다. 중국의 모든 곳에서 이미 [교황이 하는 것 같은] 좋은 통치와 많은 좋은 것들에 대해 더는 놀라워하지도 않습니다. 교황은 덕(德)과 지(知)를 갖추고, 신중하며 독신으로 살아가는 분입니다. 슬하에 자식이 없고, 다년간에 걸쳐 다양한 경력으로 훈련된 분입니다. 이런 교황 성하를 보고 싶어 하지 않는 사람은 없습니다. 동시에 교황을 선출하기도 하고 자문하기도 하는 추기경단도 보고 싶어 합니다"(N.1581).

522 1602년 〈세계지도〉의 세 번째 판본에서도 '개괄 부분'에는 로마와 교황에 대한 언급이 없다. 유럽에 관해 전해 오는 이야기 부분에서만(D'Elia¹, Tavole XXIII-XXIV, E d) "어떤 미신도 발을 디딜 수가 없고, 오로지 우주의 지배자이신 천주의 거룩한 종교만 숭배해 오고 있다"라며, 가장 지위가 높은 사람들, 곧 주교들이 그 종교에 전념하고 있다고 전한다.

523 로마와 관련하여, 리치는 1602년의 〈세계지도〉에서 이렇게 적고 있다. "이곳에서 독신자 교황(敎化王)은 오로지 천주(天主)의 종교에만 봉사한다. 그분은 [고대] 로마제국에 속한 유럽의 모든 왕국으로부터 존경받고 있다"(D'Elia¹, Tavole XIX-XX, A fe). Cf. Ibid., N.389.

524 만약 저자가 단지 "우리의 문자로만"이라고 했다면 서방 언어 중 하나로 번역한 것이라고 하지는 않았을 것이다. 가령 리치가 여기에서 말하는 것처럼 때로 서방 언어를 가리키는 것으로서, '이탈리아어를 중국어로'[N.482, 주(註)] 말이다. 하지만 "우리의 언어와 문자로"라고 하는 것은 이탈리아어 문장과 문자를 다루는 것으로서 그 의미에 대해 짧게 중국어로 일반화시켜 설명한다. 이런 종류의 일부 경우는 이탈리아어가 아닌 로마자화한 포르투갈어로만 쓰고 있다. 지금까지 우리에게 전해진 것으로는 1606년 1월 9일, 앞서 언급한 정대약(程大約)이 기증한 문서들에 있다. Cf. N.590; N.47, 주(註); D'Elia², pp.57-64; Duyvendak in TP, XXXV, 1940, pp.387-398.

제10장

마태오 리치 신부가 디에고 판토하 신부와 두 명의 수사 종명인 페르난도와 에마누엘레 페레이라와 함께 어떻게 다시 북경으로 돌아오게 되었는지, 어떻게 산동의 제녕에 도착하게 되었는지에 대해

(1600년 3월부터 6월까지)

○ 축석림이 선교사들의 북경 진출을 승인하고 지지하다

○ 황제에게 바칠 선물을 준비하다. 시계를 넣을 상자를 마련하다

○ 왕 상서(王尙書)의 부탁 편지와 축석림의 통행 허가

○ 판토하, 종명인, 유문휘가 리치와 함께 북경으로 가다. 카타네오와 다 로챠는 남경에 남고, 소에이로 혼자 남창에 머물다

○ 리치와 축석림이 정중하게 선물을 교환하다. 태감 유파석(劉婆惜)

○ 1600년 5월 19일, 남경에서 출발하다. 선장 유태감의 능력

○ 곡물 운송 감독관 유동성(劉東星)과 이탁오의 동행

○ 리치와 유동성이 예를 갖추어 서로 방문하다

○ 유동성과 이탁오가 리치를 위해 또 다른 기억할 만한 일을 하다. 그들이 총감에게 성모 성화 사본을 하나 선물하다

○ 유동성 총감의 죽음과 승려 시인 이탁오의 죽음

571. 축석림이 선교사들의 북경 진출을 승인하고 지지하다

카타네오 신부가 바스티아노[鍾鳴仁][525]와 남경에 도착한 1600년 초[526]는 징조가 좋아 마태오 신부의 마음이 들떠 두 번째로 북경 황도와 황궁에 갈 생각을 하게 했다. 우선, 그는 마카오에서 온 물건들[527]을 [분류하여] 통행증과 함께 소개 편지를 써 주고 우리의 교섭을 도와줄 관리들에게 보냈다. 그 외 관리들에게도 북경의 친구들에게 추천서를 써 줄 것을 부탁했다. 그리고 이심재李心齋[528]와 구태소瞿太素[529][당시 구태소는 진강부(鎭江府)[530]로 돌아가 살고 있었지만, 마침 볼 일이 있어 남경에 와서 우리 집에서 묵고 있었다]의 조언을 듣고, 남경의 몇몇 고위 관리의 통행증과 허가서 없이는 이 여행을 시작하지 않으려고 했다. 그래야 여행을 안전하게 할 수 있고, 편히 북경에 체류할 수 있기 때문이다.

하루[531]는 세 사람이 모두 축석림祝石林[532]의 공관에 모여 조언을 듣고 이 문제를 상의했다. 그동안 그가 마태오 신부에게 깊은 우정을 보여 주고 많은 도움을 주었기 때문이다.

축석림은 북경으로 가서 황제에게 선물을 바치겠다는 신부의 계획을 크게 반기며, 조정에 이미 소문이 났기 때문에 실행에 옮기지 않으면 오

---

525 세바스티아노 종명인(鍾鳴仁) 페르난데스다. Cf. N.354.
526 1월이 아니라, 3월 초순으로 보인다.
527 Cf. N.565.
528 Cf. N.535.
529 Cf. N.359, 본서 2권, p.335, 주(註) 97.
530 N.535.
531 (여기 각주에서 비판하듯이) 리치의 이전 텍스트에서와 마찬가지로 출발 두 달 전, 그러니까 3월이다. 다시 말해서 N.568에서 본 것처럼 그달 초에 카타네오가 남경에 왔다는 것을 말한다.
532 Cf. N.536.

히려 모두 좋지 않게 생각할 거라고 했다. 그리고 여행 중에 어려움을 당하지 않기 위해 통행증을 누구에게 부탁할 것인가에 대해 말하자, 축석림은 [그것이] 자신의 소관이라며 백하白河가 해빙되기를 기다렸다가 수문이 열리면[開] 자신의 부서에서 통행증을 발급하여 인장을 찍어서 주겠다[衙署(門)]고 했다. 이것은 신부가 확보할 수 있는 최선의 것이었고, 이번 교섭에서 가장 바라던 바였다. 그가 원치 않을 수도 있다고 판단하여 감히 청하지 못하고 있던 것이기도 했다. 이로써 우리 집식구는 물론 친구들까지 모두 기뻐하며 안도했다. 그리고 선물을 포장하기 시작했다. 그래야 황제에게 줄 때 모양이 나기 때문이다.

572. 황제에게 바칠 선물을 준비하다. 시계를 넣을 상자를 마련하다

이제 가장 필요한 것은 큰 시계를 넣을 나무 상자를 만드는 일이었다. 작은 시계를 넣는 상자는 남창南昌에서 매우 아름답고 정교하게 새기고,[533] 도금까지 하였다. 성화와 프리즘은 이미 예쁘고 좋은 상자에 들어 있었다. 큰 시계를 넣을 상자를 만들기 위해 가장 뛰어나다는 장인들을 불렀는데, 남경에는 그런 장인들이 항상 많았다. 네 개의 기둥을 박고 양쪽에 문을 달아 [시계를 넣고] 시간을 조정하고 조율하기 편리하게 했다. 정면에는 15분마다 매우 크고 예쁜 중국 글자로 시간을 표시하고[534] 독

---

533 그러니까 카타네오는 1599년 12월 말부터 이듬해 2월까지 남창에 머물렀고, 그곳에서 이전에 가지고 왔던(N.564) 더 작은 시계를 가지고 온 것이다.

534 중국인들은 12시간(반복)을 숫자로 표시하지 않고 글자로 다음과 같이 표시한다. 子=23-1, 丑=1-3, 寅=3-5, 卯=5-7, 辰=7-9, 巳=9-11, 午=11-13, 未=13-15, 申=15-17, 酉=17-19, 戌=19-21, 亥=21-23.

수리나 태양새의 부리로 시간을 가리키도록 했다. 상자 위는 장식과 함께 크고 예쁜 지붕도 달았다. 상자 전체에는 매우 정교한 나뭇잎과 꽃, 많은 용(龍)을 새겨 넣었다. 용은 중국의 황궁에서 쓰는 것으로, 다른 곳에서는 쓸 수가 없다. 황제가 쓰는 모든 물건에는 이런 식으로 용을 그려 넣거나 새겨 넣거나 수를 넣는다.[535] 상자는 매우 아름답게 만들어졌다. 유럽과 비교해도 손색이 없을 정도였다. 요청한 대로 도금을 하고 채색까지 했기 때문이다.

573. 왕 상서(王尙書)의 부탁 편지와 축석림의 통행 허가

그 시기에 왕 상서[536]는 남경에 없었다. 황제의 허락으로 관직에서 물러나 고향으로 돌아간 상태였다. 중국의 관습상, 승진해야 할 때 승진하지 못하면 물러나는 것이었다.[537] 그가 떠나기에 앞서, 북경의 친구들에게 신부들의 교섭을 도와 달라는 호의적인 편지를 써 주었다.

북경으로 떠날 시간이 되자, 축석림은 약속한 통행증을 발급해 주었는데, 거기에는 우리가 원하는 모든 내용이 담겨 있었다.[538] 축석림과 마찬

---

535 Cf. N.130.

536 Cf. N.417, 본서 2권, p.393, 주(註) 273.

537 즉, 통상적이라면 더 높은 직급으로 승진되어야 했다. Cf. N.113.

538 디아즈는 리치가 남경에서 5월 19일 보내 준 편지를 인용하며 축석림(祝石林)의 이 '통행증'의 강도를 우리에게 전해 주고 있다. "매우 엄격한 한 고위 관리는 [리치가] 요청한바, 편지 한 통을 써 주었는데, 거기에는 신부들이 중국에서 생활한 지 20년 가까이 되었고, 이번에 그들의 나라에서 온 매우 진기한 몇 가지 선물을 황제에게 바치려고 합니다. 그들이 느낀 중국과 중국인에 대한 감사의 표시라고 합니다. 혹여 그들이 범죄자가 아닐까 조사를 해 보았으나, 그들은 어떤 거짓말조차 한 적이 없는 사람들이었습니다. 그래서 그들이 선물을 가지고 북경에 갈 수 있도록 이렇게 통행증을 발급하는 바입니다"(N.3006). 후에 리치가 산동(山東)의 제녕(濟寧)에 왔을 때, 조운총독(漕運

가지로 [남경의] 다른 많은 고위 관리도 북경의 고위 인사들에게, 또 이 일과 관련 있는 사람들에게 소개 편지와 당부의 글을 써 주었다.[539]

574. 판토하, 종명인, 유문휘가 리치와 함께 북경으로 가다. 카타네오와 다 로챠는 남경에 남고, 소에이로 혼자 남창에 머물다

그즈음 남경의 모든 친구가 카타네오 신부를 잘 알고 있었던 터라 마태오 신부는 그를 데리고 가기를 꺼렸다. 남경 수도원에 남아 그곳을 돌보도록 하고, 대신에 판토하 신부와 두 명의 중국인 수사 바스티아노와 에마누엘레[유문휘(游文輝)]를 데리고 가기로 했다.[540] 남경 교회와 그곳에서의 임무도 매우 중요했기 때문에 강서江西[541]의 조반니 데 로챠 신부를 불러 남경으로 와서 카타네오 신부를 도와주라고 했다. 남창에는 조반니 소에이로 신부[542] 혼자 남아 있으면서 마카오에서 다른 동료가 오기를 기다리도록 했다.

總督)[역주_ 우리의 고려나 조선시대에 곡물 운반을 담당하는 전운사(轉運使)와 같은 관리]은 더 나은 "통행증"을 발급해 주었다. Cf. N.579.

539 관리 축석림은 리치에게 "부탁 편지는 황궁 입성을 쉽게 허락해 줄 것이고, 남경의 다른 엄격한 관리들도 북경의 친구들에게 신부에 관한 호의적인 편지를 써 줄 것입니다"(N.3006)라고 했다. 다른 청탁 편지로 조운총독(漕運總督)과 승려 시인 이탁오(李卓吾)가 그들의 북경 친구들에게 써서 리치에게 준 것이 있는데, 그것도 매우 유용했다(N.579). 그 밖의 것들은 소용이 없었다(N.600).

540 세바스티아노 종명인 페르난데스(N.354)는 1591년부터 이미 예수회원이었고, 에마누엘레 유문휘(游文輝) 페레라는 예수회 지원자였다.

541 강서의 남창에서 오는 것이다. 다 로챠는 1598년에 그곳으로 파견되었다. Cf. N.504.

542 Cf. N.486, 본서 2권, p.479, 주(註) 517. N.499, 본서 2권, p.497, 주(註) 567. 소에이로가 남창에 온 것은 1595년 12월 24일이다. Cf. N.486.

575. 리치와 축석림이 정중하게 선물을 교환하다. 태감 유파석 (劉婆惜)

그때 유파석[劉(?)?]이라고 하는 한 태감[543]이 앞서 말한[544] 가벼운 마선 馬船 대여섯 척으로[545] 황제에게 가져다줄 비단을 싣고 북경으로 떠나려 고 하였다. 우리는 그 배 중 하나에 가장 좋은 방 두 개를 얻어 집[수도원] 의 모든 식구와 함께 편히 갈 수 있었다. 선물과 앞으로 북경의 새집에서 쓸 물건들과 미사 도구 및 경당에 필요한 것까지 가지고 갔다. 배들은 모 두 남경의 과리科吏가 관리하고 띄우는 것이었는데, 축석림이 책임자였 다.[546] 신부들은 그에게 부탁하여 태감이 여행 중에 잘 돌봐 주도록 요청 했다.[547] 그리고 다른 태감들에게도 똑같이 인사했다. 그런 까닭에 배들 을 총지휘하는 태감 유파석劉婆惜은 신부들이 배에 오를 때부터 전체 여 행 중에도 매우 예의 바르게 대해 주었다. 규정대로 신부들이 방 두 개 빌리는 값을 지급하려고 해도 상당한 비용인데도 불구하고 받지 않으려 고 했다. 축석림을 향한 정情 때문에 한 푼도 받지 않았다. 마태오 신부

---

543 나의 여러 연구에도 불구하고 이 인물을 확인하지 못했다. 1596년 12월 11일 소주(蘇 州)와 항주(杭州)에서 세사(세금 징수인, 稅使)로 임명된 유성(劉成)일 가능성이 크다. 같은 해에 태감 마당(馬堂)도 임청(臨淸)의 세사로 임명되었다. Cf. *Cronaca dei Mim*, c.44, f.6a-b; *Storia dei Mim*, c.81, f.14a: c.133, f.11a. 하지만 종종 중국인들은 유파 석(劉婆惜)과 같이 오래전에 이름난 인사의 이름을 빌려서 쓰곤 한다. 우리 태감의 경 우도 그의 원래 이름을 알면 놀랄 것이다. 왜냐하면 그의 이름은 원(元)나라 때 이름을 떨친 명기(名妓)의 이름이기 때문이다. Cf. *DB*, p.1462. 여자의 이름인 만큼, 우리의 인사가 그것을 빌렸을 가능성은 적다. 태감의 이름일 가능성은 더더욱 없다.

544 Cf. NN.509, 518.

545 더 정확하게는 아홉 척이다. Cf. N.4109.

546 Cf. N.571.

547 실제로 축석림이 선교사들을 "선장에게 부탁하여 황제의 물건을 싣고 가는 배에 오를 수 있게 했다"(N.3006).

가 축석림에게 부탁한 덕분에 그는 신부들이 지급해야 할 비용보다 갑절 이상을 호의로 베풀어 주었다.

축석림이 신부들에게 해 준 이번 일과 다른 여러 도움에 대해서, 또 남경 수도원에 남아 있는 신부들을 잘 부탁한다는 명분으로 신부들은 그에게 매우 좋은 선물을 했다. 하지만 그가 가장 귀하게 여긴 것은 신부들이 그의 집에 맡겼던 프리즘이었다.[548] 그는 그것이 매우 진귀한 보석이라고 생각했다. 축석림과 다른 여러 친구 관리도 신부들에게 작별 선물을 보내왔다. 그리고 중국의 관습대로 배웅[送]해 주었다.[549] 그러자 진秦 바오로와 그의 아들 마르티노와 온 가족들[550]은 물론, 새로 신자가 된 많은 사람까지 배웅에 동참하여 신부들에게 큰 애정을 보여 주었다.

576. 1600년 5월 19일, 남경에서 출발하다. 선장 유태감의 능력

우리가 남경에서 출발한 것은 1600년 5월 18일이었다.[551] 이번에는 처음 북경에 갈 때[552]와는 상황이 전혀 달랐다. 여정 중에도 지나가는 모든

---

548 Cf. N.564.
549 중국인이라면 모름지기 떠나는 친구를 배웅하는 것이 큰 우정이고 예의다. Cf. N.127.
550 Cf. N.569.
551 남경에서 출발한 정확한 날짜는 5월 18일이 아니라 19일이다. 1601년 1월 17일 자로 디아즈가 쓴 편지에는 "5월 중순에, [리치 신부는] 남경에서 출발하여 북경으로 향했고, 그 집에는 라자로 카타네오 신부와 이안[역주_ '후안'이라는 이름을 이렇게도 쓴다]데 로챠 신부를 남겨 두고, 스페인 출신의 디에고 판토하 신부와 바스티안 헤르난데즈 수사를 데리고 갔습니다"(N.3006)라고 적었다. 총장 비서도 "중국의 마카오 콜레지움의 원장 발렌티노 카르발료[디아즈의 후임자]가 예수회 총장 클라우디오 아콰비바 신부에게 보낸 한 통의 편지"에 "마태오 리치 신부님이 남경에서 북경으로 출발한 것은 1600년 5월 19일입니다"(N.3056)라는 부분을 부각했다. Cf. N.4109. 그날 《리치 신부의 북경 황도 입성 보고서(*Relazione dell'entrata del Padre Ricci nella Corte di Pechino*)》 사본(N.3034)도 있다.

곳에서 다른 배에 탄 많은 관리와 고위 인사들의 방문을 받기도 하고 그들을 방문하기도 했다. 배들의 총감독관인 태감이 만나는 자신의 모든 친구에게 신부들의 이야기를 했고, 그들을 신부들에게 데리고 와서 성화들과 시계, 풍금과 그 밖의 물건들을 보여 주고 싶어 했다. 또 많은 사람이 사방으로 소문난 신부와 진상품들에 대한 말을 듣고 제 발로 찾아오기도 했다. 우리는 그 기회를 이용하여 우리의 거룩한 신앙에 대해 많은 사람과 이야기했고, 북경으로 가서 황제에게 선물을 바치려고 하는 의도에 관해서도 설명했다.

태감은 매일같이 신부들에게 아부했는데, 그것은 자기에게 호의를 베풀어 주어서만도 남경에서 자기에게 부탁해서만도 아니었다.[553] 신부들 덕분에 얻는 편의가 매우 컸기 때문이었다. 운하와 갑문[閘]을 먼저 통과시켜 준 것이다.[554] 사실 배들은 갑문을 통과할 때 매우 큰 어려움을 겪는데, 그것은 세금 운반선과 관리들의 배를 먼저 보내 주어야 하기 때문이다. 통과하는 배들이 많은 탓에 동행 선船들이 모두 빠져나가려면 때로는 사오일을 기다려야 할 때도 있었다.[555] 이런 이유로 태감은 계속해서 세금 운반선의 선장들을 초대하여 우리의 물건들을 보여 주고 그들보다 우리를 먼저 보내 달라고 요청했다. 그러면 그들은 우리를 생각해서 쉽게 양보해 주었다. 우리의 선장은 그것을 매우 중요하게 생각했다. 그 일로 그는 매우 즐거웠다.

———

552 처음 갈 때는 모습을 드러내지 않았다. Cf. NN.507, 533.
553 Cf. N.575.
554 갑문[閘]들은 "돌로 만들어 다리의 지지대로 쓰기도 했는데, 보와 함께 운하에 물이 차면 문을 열어 배가 지나갈 수 있게 했다"(N.517).
555 "북경으로 가는 세금 운반선들은 일만 대가량이 되었다"(N.517).

577. 곡물 운송 감독관 유동성(劉東星)과 이탁오의 동행

세금 운반선들이 무사히 운송되고 조정과 황궁에 필요한 물건들이 북경에 잘 수송되도록 하는 것은 조운도당漕運都堂 혹은 조운총독漕運總督의 책임이었다. 그의 권한은 막강하여 산동山東[556]성省 한복판에 있는 도시 제녕濟寧이라는 곳에 공관을 두고 있었다. 그곳은 남경에서 북경으로 가는 길목이고, 세금 운반선들을 관리하는 모든 관원과 그에 관계된 모든 사람을 통제하는 것이어서 그 수가 어마어마했다.

당시에는 산서山西성 출신의 유심동劉心同, 劉東星[557]이라는 사람으로, 우

---

556 리치는 Sciantum이라고 쓰고, 델리야는 Shantung이라고 쓰고 있다.
557 도당(都堂)은 성(省)의 총독[총독도당(N.105)뿐 아니라, 쌀 운송 책임을 맡은 총독[조운총독(漕運總督)](N.577)이고, 감주와 소주[감숙(甘肅)](N.832)의 두 도시처럼 특정 국경 지역의 군사 책임자 [삼변도당(三邊都堂)]이기도 했다. 전체 맥락상, 이곳에서 말하는 것은 산동의 총독이 아니라 조운총독(漕運總督)에 대해서 말하고 있다. 실제로 그는 "세금 운반선들이 무사히 운송되고 조정과 황궁에 필요한 물건들이 북경으로 무사히 수송되도록" 책임을 맡았고, 관사가 성(省)의 실제 총독이 있는 도읍인 제남(濟南)에 있지 않고 제녕(濟寧)에 있었다. 《북경천주교 회보(BCP)》(1915, XII, pp.273-274)에서 제시한 유종주(劉宗周, Cf. BD, N.1360; DB, p.1448a-b)와 같은 인물인지에 대해서는 바뀐 것으로 보인다. 왜냐하면 이 사람은 1578년에 태어났고 아직 진사가 되지 않아(그건 1601년에 되었음) 1600년이면 22살밖에 안 된 어린 나이에 이런 중대한 임무를 맡을 수가 없기 때문이다. 알레니(Aleni[1], B, f.10b)의 유심동(劉心同)은 알아보지도 않고 리치가 말한 다른 인물(Cf. NN.450, 792)과 같은 사람으로 믿을 뻔했다. 그의 이름은 여기에서 한 번만 등장하는 것이 아니기 때문이다. 비록 그가 Leutumsin이 아니라, Leusintum이라고 쓰고 있어도 말이다.
　　아무튼 이곳에서는 의심의 여지 없이 유동성(劉東星)에 대해서 말하고 있다. 이 사람의 성은 유(劉)고, 이름은 동성(東星), 아명은 자명(子明), 호는 진천(晉川)과 아마도 심동(心同)이었을 것이다. 그리고 시호는 장정(莊靖)이다. 1538년 산서(山西)의 택주(澤州)에 있는 심수(沈水)에서 소박한 양친 밑에서 태어났다. 1568년에 거인이 되었고 서길사(庶吉士)로 승진했다가 후에 병과급사중(兵科給事中)이 되었다. 1569년 이부상서(吏部尙書)의 고공(高拱)(Cf. BD, N.955)으로 있을 때, 불행한 일을 겪다가 [유동성이] 유력한 상서(尙書)를 고발, 협박하여 힘을 되찾았다. 그 후 먼저 섬서(陝西)의 포성(蒲城)에 현승(縣丞)으로 갔다가 많은 시간이 지난 후 하남(河南)의 여씨(慮氏)에서 지

상 종파와 내세의 것에 관심이 많았다. 그는 남경에서 마태오 신부와 매우 긴밀하게 지낸 아들을 통해 우리에 관한 소문을 들었다. 그의 아들은 친한 친구인 이탁오李卓吾[558]를 통해서 마태오 신부를 알게 되었다.

그때 이탁오는 제녕에 살고 있었다. 마태오 신부는 과거의 우정을 상기하며 그곳에 도착하자마자 [이탁오에게] 사람을 보내어 만나 이야기를 나누고 북경에 가는 문제에 대해 조언을 듣고 싶다고 했다. 그는 신중한 사람인데다 이런 일에 경험이 많았기 때문이다. 그는 총독 관저와 붙어 있는 건물에서 살고 있었고, 서로 친구 사이라 총독은 두 집 사이에 쪽문을 만들어 서로 밤낮 소통할 수 있도록 했다. 이탁오는 이 소식을 듣고,

---

현(知縣)이 되었다. 1573년 이후 여씨에서 형부(刑部)의 주사(主事)로 임명되어 능력을 발휘하였다. 뒤이어 그는 하남에서 첨사(僉事)가 되었는데, 그것은 섬서의 참의(參議)를 겸하는 것이었다. 그의 지적이고 도덕적인 자질은 절강(浙江)에서 제학부사(提學副使)로 승진하게 했고, 후에 산동(山東)의 참정(參政)이 되었다. 모친이 사망한 후, 그는 산동의 안찰사(按察使)와 호광(湖廣)의 포정사(布政使, **역주**_원문에서 포정사를 Governatore civile로 쓰고 있는데, 사실 그것은 Governatore provinciale로 써야 한다. Governatore civile는 시민관이다. 텔라야 신부가 착각하고 있는 것 같다.)로 승진했다. 1592년 우첨도어사(右僉都御史)라는 직책으로 보정(保定)에 임명되었다. 그곳에서 좌부도어사(左副都御史)로, 나중에는 이부(吏部)에서 우시랑(右侍郎)이 되었다. 그곳에서 그의 정직함과 절개, 검소하고 신중한 덕이 더욱 발휘되었다. 홍수가 있고 난 뒤, 대운하의 산동성 단현(單縣)과 황고(黃㙮) 구간이 단절되었다. 그래서 1598년 이후, 부친을 잃은 다음, 유동성(劉東星)은 총리하조(總理河漕, 즉 '도당' 혹은 리치의 표현대로 '총독')로 임명되어 공부상서(工部尙書)와 우도어사(右都御史)를 겸임하며 대운하의 토목공사를 성공적으로 완수했다. 그 시기에 1600년 산동의 제녕에서 리치와 만났다. 그리고 1601년, 그곳에서 63세(중국식으로는 64세)의 나이로 사망했다. 겸손하고 검소하여 언제나 옷을 기워서 입었고 콩만 먹고 살았다. 이런 좋은 본성은 리치에게 감동을 줘 개종시킬 수 있겠다는 희망을 품게 했다(NN.577-580). Cf. *Annali del distretto di Chinshui* [《광서심수현지(光緖沁水縣志)》], c.8, ff.18b-19b; *Abbozzo della storia dei Mim*, c.101, ff.15b-16a; *Cronaca dei Mim*, c.43, f.10b: c.44, f.29a; *Storia dei Mim*, c.223, ff.12b-13b; *Index*, 24, III, p.227.
558 NN.551, 4111.

즉시 총독에게 알렸다. 그리고 곧바로 가마輔[559]를 보내 몹시 보고 싶었다고 하면서 신부를 태워 자신의 관저로 모시고 오라고 했다.

578. 리치와 유동성이 예를 갖추어 서로 방문하다

신부는 총독과 이탁오가 함께 있는 것을 보았는데 매우 가까워 보였다. 두 사람은 신부를 크게 환영했고, 우리의 땅에 관한 여러 가지 것들[560]과 내세에 관해 이야기했다. 총독은 이런 이야기를 듣는 것을 매우 좋아했다.[561] 함께 오랫동안 이야기를 나눈 후, 신부가 배로 돌아가려고 일어나자, 그들은 다음 날 황제에게 가져갈 선물을 구경하고 싶다고 했다. 총독이 신부에게 말하기를, "서태[西泰; 마태오 신부를 경칭하여 부른 이름, 호(號)다,[562] 저도 선생처럼 천국에 가고 싶소." 그 말은 그가 명예와 부富를 가까이하지 않고, 영원한 복락을 찾고 있었다는 뜻이다. 그는 신부가 숱한 난관을 감내하는 것은 이 때문이라고 생각하였다.

신부는 배로 돌아오자마자 많은 사람이 모여 소란스럽게 떠드는 소리를 들었다. 총독과 함께 온 무리를 본 것이다. 총독이 다음 날까지 기다릴 수가 없다며 우리의 물건을 보겠다고 당장에 왔기 때문이다. 태감[563]과 강 위에 있던 다른 모든 사람까지 몹시 놀랐다. 강 위에는 배가 가득

---

559 사람이 타는 이동식 작은 수레(輔)다. Cf. NN.108, 130, 142, 512.
560 이탈리아와 대부분의 유럽을 말한다.
561 N.577에서 리치는 이미 총독이 "내세의 것들에" 대해 생각하고 있다는 것을 언급했다. 따라서 여기에서는 그가 천국에 가기를 열망한다는 것과 그것은 "그리스도인의 본성"이라는 점을 덧붙여 말하려고 한 것으로 보인다. 선교사라면 "우리의 거룩한 신앙을 가르치고"(N.580) 싶어 하기 때문이다.
562 Cf. N.283, 본서 2권, p.213, 주(註) 374.: III, p.10, N.2; NN.557, 562.
563 유파석(劉婆惜)이다. Cf. N.575.

했고, 큰 뉴스가 되었다.

총독은 방문책[564]을 가지고 신부에게 와서 예를 갖춘 뒤 은으로 된 좋은 선물을 건넸다. 신부들이 가지고 온 물건을 모두 보고 나서, 그와 그의 일행은 몹시 놀라 차마 발길을 돌리지 못했다. 이후 그 도시의 다른 고위 인사들도 찾아와서 물건들을 구경했다.

이튿날 마태오 신부는 첫 방문 때처럼 예를 갖추어 총독을 방문한 뒤, 그가 여태껏 한 번도 보지 못했던, 우리의 땅[565]에서 온 물건을 선물로 주었다. 총독은 매우 기뻐하며, 그를[566] 붙잡고 자기 아들과 이탁오와 함께 종일 좋은 시간을 보내게 했다. 신부에게 세상의 끝자락에 이방인들 사이에 있는 것이 아니라, 유럽의 많은 그리스도인 친구와 신심 깊은 신자들 사이에 있는 것처럼, 느끼게 해 주고 싶었다.

579. 유동성과 이탁오가 리치를 위해 또 다른 기억할 만한 일을 하다. 그들이 총감에게 성모 성화 사본을 하나 선물하다

그들[총독과 이탁오]은 신부가 가져온, 황제에게 드릴 선물목록을 보고 싶어 했다. 여러 사람의 의견을 들어 남경에서 작성한 것인데, 그들은 만족스러워하지 않았다. 그래서 다시 잘 작성하고 싶어 했고, 큰 애정과 좋은 기분으로 자신의 관청에서 서법에 최고로 능한 사람의 감수까지 받게 했다. 목록 외에도 총독과 이탁오는 다른 여러 통의 호의적인 편지를 써 주었는데, 남경의 관리들이 써 준 것보다 훨씬 유용했다.[567]

---

564 Cf. N.123.
565 이탈리아와 유럽이다.
566 여기에서 '그'는 리치를 말한다.

총독의 부인은 꿈에서 사당을 하나 보았는데,[568] [거기에는] 그들이 모시던 것과 같은 신상이 하나 있고 그 양쪽에 두 아이가 있는 것을 보았다고 했다. 그리고 자기 남편으로부터 우리 배에서 본 우리 주 〈그리스도와 성모, 세례자 요한이 있는 성화〉[569]에 대해 듣자 자신의 꿈이 예사롭지 않다고 생각했다. 총독은 그 도시에 사는 화가 한 사람을 보내어 그림[성화]을 베껴 오도록 했다. 그러나 신부들은 화가가 잘 그릴 수 없을 것도 같고, 더욱이 그곳에 오래 머물 수가 없어서 우리 집의 한 젊은이[570]가 그린 아름다운 성화 한 장을 그에게 주었다. 총독은 매우 기뻐했고, 자신의 집에서 잘 모시겠다며 신부들에게 깊이 감사했다.

총독은 또 자기 수하에 있는 관리 하나에게 명해 상당한 거리까지 우리와 동행하며 [우리가 탄 배를] 호송하도록 했는데,[571] 그 덕분에 힘든 모든 구간을 무사히 지날 수가 있었다. 여행이 빨라질 수 있도록 크게 도움을 준 것이다.

신부가 배로 돌아오니 [배는] 이미 항구에서 멀리 떨어져 있었다. 우리

---

567 Cf. NN.573, 4112.
568 우상[불교]이다. Cf. N.206, 본서 2권, p.77, 주(註) 34.
569 스페인에서 온 그림은 필리핀의 "신심 깊은 한 사제"가 중국으로 보낸 것이다(N.286). Cf. N.286, 주(註); NN.376, 501. 그림이 소주(韶州)에 있을 때 한 중국인 화가가 베껴 그린 적이 있었다. 론고바르도는 1603-1605년 하평(下坪)에서 10,000마일[화폐 단위와 마찬가지로, 거리 역시 '리(里)'를 그렇게 쓰는 것으로 보인다] 떨어진 곳에 있었다. 도시 주변에 있던 한 이교도의 집이었다. Cf. N.737. 또 다른 사본 하나는 리치가 북경 수도원의 경당에 모신 것으로, 1605년 개봉(開封)의 유대인들을 알아보게 된 계기가 되었다. Cf. NN.722, 1689.
570 에마누엘레 유문휘(遊文輝) 페레이라가 확실하다.
571 관리는 "우리를 호송하여" 배까지 간 것이다. 즉, 우리 선교사들과 동행하여 여행했다는 뜻이다.

의 물건들을 보러 오는 사람들이 계속해서 늘어나자 사고의 위험도 있고 해서, 태감[572]이 일찌감치 배를 항구에서 멀리 떨어뜨려 놓은 것이다.

580. 유동성 총감의 죽음과 승려 시인 이탁오의 죽음

신부들은 총독과 이탁오의 이런 좋은 환대와 배려에 보답하고자, 기회를 봐서, 우리의 거룩한 신앙으로 인도하여 가르치려고 했다. 그러나 이삼 년 후에 두 사람은 세상을 떠나고 말았다. 총독은 자신의 관저에서,[573] 이탁오는 북경에서 칼로 스스로 자결하였다.[574] 이유는 한 관리가 황제에게 이탁오와 그의 저작을 혹독하게 비난하는 상소를 올렸고, 황제는 사람을 보내 연행해 오도록 하는 한편, 그의 저작을 모두 불태우게 한 것이다.

이탁오는 자신의 처지가 곧 갇히게 되고, 원수들의 웃음거리가 될 것을 알고 [자신의 운명을] 법의 손에 맡기고 싶지 않았다. 그를 더욱 흔들었던 것은 제자들에게 보여 주고 싶은 것으로서, 원수들과 온 세상에 자신은 죽음을 두려워하지 않는다는 것이었다. 그렇게 스스로 목숨을 끊음으로써 원수들 앞에서 고고하게 최후를 맞이하였다.[575]

---

572 유파석(劉婆惜)이다. Cf. N.575.
573 유동성은 여러 차례 병이 있다며 직무에서 해임해 달라고 요청하였다. 그러나 [조정에서는] 제발 자리에 있어 달라고 했고, 1601년 제녕(濟寧)에서 결국 이렇게 사망하도록 했다(辛丑以疾卒於濟, 年六十有四). Cf. *Annali del distretto di Chinshui*, c.8, f.19a.
574 더 정확하게는 리치가 다른 곳에서 언급한 것처럼(N.635) 북경에서 40리, 약 22km 떨어진 통주(通州)에서 자결했다.
575 이탁오(李卓吾)(N.577)가 북경으로 오는 도중 통주(通州)에 있을 때, 급사중(給事中)의 집에서 쉬면서 『마경론(馬經論)』, 主一, 誠所(*Storia dei Mim*, c.234, ff.9a-11b; *DB*, p.869; Franke², p.21, N.4)를 보았는데, 간원(諫垣) 급사중 장문달(張問達)이 그를 주술로 고소했다. 황제는 그를 붙잡아 복건(福建)성 진강(晉江)에 있는 그의 고향

으로 돌려보낼 것을 명했다. 그러나 이탁오는 사형 선고를 받을 것이라는 소문을 듣고 소리치며, "나는 이미 [중국 나이로] 76살인데, 내가 어찌 살려 달라고 하겠는가?"라고 했다. 그리고 날카로운 칼로 자신의 목을 잘라 자결했다. Cf. *Annali della Prefettura di Chūanchow*(『동치천주부지(同治泉州府志)』), c.54, f.45a. 리치는 이 일을 N.635 에서 다시 언급할 것이다.

제11장

우리가 임청(臨淸)과 천진위(天津衛)에서 겪은 일에 대해

(1600년 6월부터 1601년 1월까지)

○ 세관장 마당(馬堂)이 유파석을 부추겨 황제에게 진상하는 물건들에 개입하려고 하다
○ 리치가 깊은 우정을 나누었던 병비도(兵備道) 종만록(鍾萬祿)에게 조언을 구하다
○ 리치와 마당의 첫 만남과 마당이 진상품에 관심 갖다. 마당이 리치를 황제에게 인도해 주겠다고 약속하다
○ 임청의 마당 관저에서 연회와 특이한 곡예 공연이 펼쳐지다
○ 황제에게 올리는 첫 번째 탄원서, 자신을 소개하다
○ 첫 탄원서에 대한 황제의 답변. 진상품 목록을 적다
○ 황제에게 올리는 두 번째 탄원서와 그에 대한 답변을 받지 못함
○ 파고다에 전시한 40여 점의 진상품. 십자가와 성작(聖爵)에 얽힌 일화
○ 리치의 근심과 마당의 무례함. 종만록과 북경 친구들의 절망적인 의견. 종명인 수사의 북경 둘러보기

581. 세관장 마당(馬堂)이 유파석을 부추겨 황제에게 진상하는 물건들에 개입하려고 하다

황제가 통관세를 받아 오도록 파견한 태감 중[576] 임청臨淸으로 간 사람

이 하나 있었다.[577] 임청은 남북 교통의 중심지고, 모두 그곳을 거쳐 다른 지방으로 가기도 한다. 특히 북경으로 가는 모든 상인이 지나는 길목이다. 그러다 보니 큰 교역이 이루어져, 황제는 가장 교활하고 잔인한 마당馬堂이라는 세관원을 파견했는데, 그에 대한 악명은 금세 온 중국에 퍼져 모두 그를 두려워했다. 지난해에는 많은 군인이 들고일어나 그의 집에 불을 지르고 식솔들을 죽였지만, 그는 변장하고 달아나는 바람에 가까스로 목숨을 건질 수 있었다. 그런데도 그는 눈썹 하나 까딱하지 않았다. 오히려 신수가 더 좋아 보였다.[578]

우리의 배가 임청에 도착했고,[579] 유파석劉婆惜[580] 선장 일행이 좋은 선물을 가지고 마당을 찾았지만 두세 번을 가도 들어오라고 하지 않았다. 선물이 만족스럽지 않았던 거다. 그러는 동안에 시간이 많이 지체되어 제때 북경에 도착하지 않으면 물건은 물론 목숨까지 잃을 위험이 있어, 그의 손에서 빨리 벗어나고자 우리를 그에게 넘겨주려고 했다. 그래서

---

576   Cf. N.560.

577   Cf. N.521.

578   마당(馬堂)은 1596년 12월 11일 이후, 임청(臨淸)에서 거주하며 임청과 천진(天津)의 세사(稅使) 혹은 세감(稅監)으로 있었다. Cf. *Cronaca dei Mim*, c.44, f.6a-b; *Storia dei Mim*, c.305, ff.6a, 7b. 이 세감은 수많은 사람의 재산을 갈취하고, 대낮에 가난한 사람들의 물건을 훔치는 등, 그로 인해 잘 살던 많은 가정이 파산을 당하거나 손해를 입었다. 1599년 네 번째 달, 곧 4월 25일과 5월 24일 사이에 10,000명이 넘는 백성들이 들고일어나 마당을 쫓아내고, 그의 집을 불태운 뒤, 37명의 식솔을 죽였다. 『명사(明史, *Storia dei Mim*)』, c.21, f.2a, anno XXVII, dica 34에도 기록되어 있다. 반란의 수장은 결국 목숨을 잃었다. 그의 이름은 왕조좌(王朝佐)였다. Cf. *Cronaca dei Mim*, c.44, ff.27b-28a; *Abbozzo della Storia dei Mim*, c.179, ff.11b-12a. 그의 폭력에 대해 1600년 황제에게 올린 탄원서에는 마당을 멍청한 족제비로 다루고 있다(彼魯坤馬堂)(*Cronaca dei Mim*, c.45, f.4a).

579   7월 3일에 도착했다. Cf. De Ursis, p.39.

580   Cf. N.575.

우리에게는 말하지 않고 마당의 관저에서 알게 된 몇몇 태감들에게 자신의 배에 외국인 몇 명이 타고 있는데 황제에게 줄 좋은 선물을 들고 있다며, 그것들은 중국에서는 한 번도 볼 수 없었던 것이어서 마당이 이 일에 관여한다면 황제의 환심을 크게 살 수 있을 거라고 했다. 그러면서 태감들에게 성화들과 시계를 보여 주었다. 그들은 [그 소식을] 즉시 마당에게 전했고, 그 외국인들은 자기들이 한 번도 보지 못한 다른 진귀한 물건들도 가지고 있을지 모른다고 덧붙였다.[581] 마당은 이런 좋은 기회를 놓치고 싶지 않았고, 즉시 자기가 직접 배로 가서 그 선물들을 보겠다고 통보해 왔다.

582. 리치가 깊은 우정을 나누었던 병비도(兵備道) 종만록(鍾萬祿)에게 조언을 구하다

마태오 신부는 이런 상황을 보다가 크게 위험하다고 판단되어, 즉시 그 도시에 있는 한 고위 관리를 찾아가 해결책을 구했다. 그 지역 일대의 최고 지휘관으로 광동성廣東省 출신의 종만록鍾萬祿이라는 사람이었다. 그와 신부는 조경肇慶에 있을 때부터 알고 지냈고, 후에 남경에서도 우정을 나누었던 사이다. 그는 남경에서 임청의 이곳으로 승진되어 와 있었다. 그래서 그에게 마당 태감의 이런 전횡에 대해 조언을 얻고 도움을 청하고자 했다.[582]

---

581 "교섭을 최대한 방해하는데" 유파석(劉婆惜)도 거들었을 것이다. 그는 신부들이 "연금술"(N.3037)을 할 줄 안다고도 했다. Cf. NN.169, 295, 3059, 4113.

582 그는 성이 종(鍾)이고 이름이 만록(萬祿)이다. 1556년경 광동(廣東)의 청원(淸遠)에서 태어났다. 1576년 약관(弱冠)의 나이에 거인[석사]에 통과했다. 그리고 10년 후에 진사[박사]가 되었다. 가장 먼저 얻은 관직은 복건(福建)성 장락(長樂)의 지현(知縣)이었

종만록은 신부가 도착하기를 진즉부터 기다리고 있었다. 관저의 부하 중 한 사람에게 매일 강변에 가서 보고 있다가 [신부의 배가] 도착하면 알려 달라고 명령해 두었기 때문이다. 그래서인지 신부가 탄 '지붕이 있는' 가마轎583가 그의 집 대문 앞에 도착하자마자 그 부하가 즉시 나와서 묻기를, "안에 마태오 리치 선생님인지요?" 그렇다고 하자, 즉시 달려가 자기 주인에게 보고했다. [종만록은] 신부를 바로 자신의 관저로 들게 했고, 며칠간 머물게 할 계획이었다.

그는 마당이 이 일에 개입하려고 한다는 사실을 알고 신부와 함께 그 아픔을 나누었다. 그의 손에서 벗어날 수 있는 희망은 없다고도 했다. 왜냐하면 당시 중국은 태감들이 득세하고 있었고, 황제는 그들의 말을 듣는 것 외에는 어떤 것도 하지 않았기 때문이다. 중국의 고관대작들도 태감들의 횡포에 전혀 나서지 못하고 있는 상황에서 외국인을 위해 나서 줄 사람은 매우 적다고 했다.584 따라서 그가 조언하기를, 태감이 하려는

다. 1588년에는 복건성의 검사관이 되었다. 모친이 죽자 직무에서 물러나 조경(肇慶)에 있는 동안 리치와 알게 되었다. 후에 강서(江西)의 덕흥(德興)과 만재(萬載)에서도 지현을 지냈다. 그곳에서 호부(戶部)의 주사(主事)로 임명되었고, 나중에 남경의 병부(兵部)에서 무선랑(武選郞)이 되었는데, 그때 다시 리치와 만나 우정을 나누었다. 이후 그는 병비(兵備)의 첨사(僉事)로 승진되었다. 거기서 병비도(兵備道)가 되었고, 우리가 그곳을 지날 때, 그는 임청에서 리치의 감찰자가 되어 있었다. 뒤이어 그는 천진(天津) 서쪽 패주(霸洲)에 관저를 둔 포정사(布政司)의 두 번째 참의(參議)가 되었다. 부친이 사망한 이후에도 여전히 호부에서 직무를 수행하고 있었고, 이어서 복건의 병비도(兵備道)가 되었다. 하남(河南)의 광주(光州)에서 관직을 제수받은 1624년에도 살아 있었다. 그의 부친도 공직에 있었는데, 자애심이 매우 깊어 그를 두고 종우전(鍾于田)이라고 불렀다. Cf. *Annali del distretto di Tsingyüan*[『광서청원현지(光緒淸遠縣志)』] c.10, f.5b; *Annali del Mandamento di Lintsing*[『건륭임청직례주지(乾隆臨淸直隸州志)』], c.6, 上, f.9b; c.6, 下, f.77a.

583 승교(乘轎)다. Cf. NN.108, 130, 142, 512. **역주_** 정확하게는 '옥교(屋轎)'라고 한다. '지붕이 있는 가마'로 3품 이상의 고위 관리들이 타고 다니던 것이다.

것이 몹시 바라던 바이고 그의 호의에 감사한다고 하는 것이 손해를 줄이는 방법이라고 했다. 그의 손에서 벗어나려고 하는 것은 소용이 없을 뿐더러 더 위험할 수도 있다는 것이다. 사실 이런 조언은 깊은 우정과 신중함에서 나온 것이었다.

신부가 그의 관저에 있는 동안에도 마당이 보낸 사람 하나가 급히 오더니, 마당이 우리 배를 향해 이미 출발했다며 신부더러 배에 있어 달라고 했다. 종만록은 마당에게 사람을 보내 전하기를, 신부를 자기 집에 들인 것은 마당의 체면을 보아서였다며 그렇지 않았다면 아무도 자기에게 오는 것을 허락하지 않았을 거라고 했다.[585] 마당과 신부 모두에게 호의를 베풀었다는 것이다.

종만록이 이곳에 있다는 것과 그가 신부의 친구라는 사실을 마당이 알게 된 것은 하느님의 섭리였다. 왜냐하면 마당이 그곳에서 행인들에게 온갖 못되고 부당한 짓을 하면서도 아무도 두려워하지 않았는데, 종만록

---

584 다음과 『명사(明史)』 초안(*Abbozzo della Storia dei Mim*, c.179, f.12a)에는 종만록 (鍾萬祿)이 리치에게 한 말이 명확하게 적혀 있다. "신종[神宗, 만력(萬曆) 황제]께서는 당신이 임명한 모든 태감을 전적으로 신뢰합니다. 그들을 상대로 백 건이 넘는 상소문이 올라왔지만 단 한 건도 대답해 주지 않습니다. 조지고(趙志皐), 심일관(沈一貫)과 같은 대학사(大學士)들, 이재(李載), 조세경(趙世卿), 양준민(楊俊民)과 같은 상서(尙書)들, 온순(溫純)과 같은 도어사(都御史), 위윤정(魏允貞), 이삼재(李三才)와 같은 총독(巡撫)들, 포건첩(包見捷)과 같은 급사중(給事中), 왕업홍(王業弘)과 같은 어사(御史)들이 올린 상소문들마저 모두 외면했습니다. 어떤 태감이 나서서 비판하면 오히려 당장 큰 벌이 떨어졌는데 그것은 더 가혹했습니다. 그래서 이들 세금 징수 태감들은 갈수록 불손해졌습니다(神宗龍愛諸稅監. 自大學士, 趙志皐, 沈一貫, 尙書, 李載, 趙世卿, 楊俊民, 都御史, 溫純, 巡撫, 魏允貞, 李三才, 給事中, 包見捷, 御史, 王業弘, 等, 先後諫不下百除疏 悉寢不報, 而諸稅監有所糾劾, 朝上夕下輒加重譴, 以故諸稅監益驕)." Cf. *Cronaca dei Mim*, c.44, f.33a-b.

585 종만록은 마당에게 호의를 베풀어 그의 손님이 자기에게 오는 것을 허락했다는 것이다.

은 정직하고 신중하게 그를 대했고, 그래서 그도 어쩌지 못했기 때문이다.[586] 임청에 있는 많은 사람이 종만록을 칭찬했고, 당시에 그가 한 일을 기리기 위해 사당을 하나 지어 주기도 했다. 그리고 거기에 그의 초상과 패를 모셔 공덕을 기렸다.

마당은 무엇보다도 호화로운 관사와 사당들을 가지고 있었고, 이 강[587]에서 타고 다니기 위해 매우 큰 배를 하나 건조했다. 배는 상당히 커서 황제도 편안하게 거처할 수 있을 정도였다. 많은 방과 거실, 발코니와 그 외 다른 여러 가지 설비가 갖추어져 있었다. 나무는 모두 썩지 않는 것으로 했고, 거기에 다양한 문양을 새겨 장식했으며 창문과 덧문을 달았고, 배의 안과 밖에는 금박을 입혀,[588] 초로네[옻칠(漆)][589]라고 하는 중국에서 나는 아름다운 유약으로 칠했다.

583. 리치와 마당의 첫 만남과 마당이 진상품에 관심을 갖다. 마당이 리치를 황제에게 인도해 주겠다고 약속하다

마당은 이런 [화려한] 배를 타고 우리 배로 왔고, 마태오 신부가 나갔다. 마당은 예로써 신부를 대했고, 그것은 호의의 징표였다.[590] 그는 황

---

586 중국의 사료에는 종만록이 마당에 대항해 얼마나 용기 있게 대처했는지에 대해 이렇게 표현하고 있다. "기우(기개와 도량)가 꼿꼿하고 풍골(풍모와 골격)이 우뚝하여 세금징수 환관(마당)을 제압하였는데, 마당이 그를 가혹하게 대하였다(氣宇軒髒, 丰骨嶙峋, 能制榷璫, 馬堂苛虐之)"(*Annali del Mandamento di Lintsing, loc. cit.*).

587 황제에게 진상하는 물건들을 실어 나르는 운하(運河)를 말한다.

588 Cf. N.4113.

589 Cf. N.33.

590 그 지역에서 전해오는 말은 리치의 대화가 그리스도교를 소개하는 것이고 대운하가 흐르는 오늘날의 호북(湖北)성 광평(廣平)현의 청하(淸河) 마을에서 있었다고 한다. Cf. Bornet, *Notes sur l'évangélisation du Tcheli et de la Tartarie aux XVII et XVIII*

제에게 전달할 모든 방법을 제시했다. 그러면서 우리가 황제에게 전하고자 하는 물건들을 모두 자신의 널찍한 배로 옮겨 구경하고 싶다고 했다.[591] 모두 보고 난 후, 크게 만족하며 이것들은 기이하여 중국의 황제에게 바칠 만하다고 했다. 그는 매우 공손한 태도로 성상에 무릎을 꿇고 예를 올린 다음 성모께 약속하기를 자기가 황궁에서 마땅한 장소를 찾을 것이고, 그러기 위해 즉시 북경에 태소泰疏[592]를 올리겠다고 했다.

신부는 그가 많은 약속을 하고 호의적인 태도를 보여도 워낙 악명이 높아 그를 믿지 않았다.[593] 그래서 신부는 이 일에 마당을 끌어들여 번거롭게 할 수 없다며, 북경에는 고관으로 있는 친구들이 많아 신부를 돕고 싶어 한다고 했다. 마당은 그 말에 냉소를 지으며, 황궁에서는 외부의 관리들 중 아무도 자기보다 큰 권력을 가지고 있지 않다고 했다. 왜냐하면 자기가 황제에게 상소를 올리면 이틀 안에 답을 주지만, 외부의 관리가 상소하면 황제가 아예 거들떠보지도 않거나 질질 끌다가 느지막하게 답을 주기 때문이라고 했다. 이에 신부는 많은 호의에 감사하다며 우리 주님의 성화聖畵를 황제에게 전하기만 하면 그분께서 마당에게 큰 은혜를 베풀어 주실 거라고 했다.

이에 마당은 유파석 태감 일행의 배가 세관을 지나가자 즉시 그냥 통

---

siècles, estratto del BCP, XXIV, 1937, p.2. 이 말이 사실이라면, 일은 1598년이 아니라 1600년에 있어야 하고, 리치에 의한 복음화의 씨앗은 임청에 머무르는 동안에 뿌려졌다고 할 수 있다.

591 진상품들을 편안하게 보기 위해 그는 넓은 자신의 배로 물건들을 옮기고 싶어 했다. 그의 배가 선교사들이 탄 배보다 훨씬 컸기 때문이다. Cf. N.4113.

592 **역주_** 문체(文體)의 이름으로 임금에게 올리는 상소(上疏)문이나 주소(奏疏)와 같은 글을 통칭한다.

593 Cf. N.560.

과시켜 주었다. 최소한 은자 30냥은 절약을 한 셈이고 그 외 다른 여러 가지 이득까지 하면 큰 호의를 베풀어 준 셈이다. 그리고 마당은 한 달 후에,[594] 북경에서 이삼일 거리에 있는[595] 천진위天津衛[596]로 직접 가서 지난 육 개월간의 세수稅收를 황제에게 보고하려고 했다. 그러면서 우리더러 자신의 큰 배 한 척을 내주며 모든 생활용품을 가지고 이것으로 갈아타고 천진까지 함께 가자고 했다.

유파석 태감은 매우 기뻐하며 헤어지기 전에 남경에서 산 사내아이 하나를 신부에게 선물로 주었다. 소년은 중국어를 잘해서 마침 중국어 공부를 하고 있던 판토하 신부를 가르치도록 했다.[597]

마당 태감은 진상품들을 성내에 있는 자신의 관저로 바로 옮기려고 했다. 하지만 우리는 어떤 속임수가 있을지 몰라 그것은 어려울 것 같다며, 시계는 제대로 관리하는 사람이 아니면 쉽게 망가지고, 성화들은 가까이 두고 경배드리며 기도하고 싶다고 말했다. 마당은 일리가 있다고 판단하고, 좋은 배 한 척을 내주며 여행 중이건 정박 중이건 모든 편의를 봐주

---

594 8월 초가 된다. 왜냐하면 신부 일행이 도착한 것이 7월 3일이기 때문이다. Cf. N.581.
595 오늘날에는 기차로 두 시간이면 된다.
596 신부들은 천진(天津)시가 요새와 같이 생긴 것에 주목했다(NN.520, 583, 585, 586, 588, 590, 591). 그래서 '방어하다', '군대를 주둔하다'라는 뜻의 '위(衛)'라는 글자를 써서 도시의 이름을 천진위(天津衛)라고 썼다. 오늘날 요새를 가리키는 의미로 위해위(威海衛)라고 부르는 것과 같다. 현재 천진위에는 1,680,000명의 인구가 있고, 북쪽 지역에서 산업과 상업이 가장 활발한 도시다. 그곳에서 백하(白河)가 대운하로 이어진다. Cf. Richard², p.75; NN.520, 521. 리치와 그의 동료들이 천진에 도착했다는 소식은 1601년 1월에 마카오로 전해졌다. 그달 18일 자 안토니오 로드리게스가 총장에게 보낸 편지에서다. Cf. ARSI, Jap.-Sin., 14, f.54r.
597 유파석은 신부들에게 은혜를 갚는다고 생각하고 열 살 남짓 되는 중국인 소년 하나를 내주었다. 그 시기, 기근이 있었을 때 남경에서 은자 3냥을 주고 산 것이다. 판토하에게 중국어를 가르치게 했다. Cf. N.4121.

게 했다.[598]

관리 종만록도 마찬가지로, 북경을 갈 때 이 길을 자주 지나가는 여러 관직에 있는 자신의 다른 친구들을 데리고 종종 배에 찾아와 주었다. 그의 이런 행동과 그가 우리에게 호의로써 대하는 것은 마당을 경거망동하지 않게 했다. 종만록은 우리가 남경과 가는 곳마다 얼마나 좋은 대접과 존중을 받았는지에 대해 말했다. 그것은 신부들에게 어떤 위해도 가하지 말라는 의미였다.

584. 임청의 마당 관저에서 연회와 특이한 곡예 공연이 펼쳐지다

어느 날 태감[마당]은 성내에 있는 자신의 관저에서 큰 연회를 열었는데 신부를 초대했다. 거기에는 다른 많은 높은 태감들도 참석했다. 연회는 매우 성대했고, 모든 고관대작이 참석하는 한편, 시종들에게 여러 가지 놀이,[599] 평극平劇,[600] 잡요雜要,[601] 줄타기 등을 공연하게 했다. 그의 집에는 기예를 가진 사람들로 가득했는데, 마당은 일과 중 대부분 시간을 이렇게 즐기는 데 쓰기 때문에 그들에게 적지 않은 일거리를 제공하여 생계를 유지하게 했다. 일부 특별한 기예를 가진 사람들은 신부가 유럽은 물론 인도에서도 본 적이 없었던 것으로, 재주가 정말 출중했다.[602]

한 사람이 매우 큰 칼 세 자루를 들고 무대에 등장했는데, 칼은 두 자정도 되었다. 그는 칼을 차례대로 공중에 던지고 반복해서 손으로 정확

---

598 그는 "쌀, 술, 땔감용 장작"(N.3037) 등을 보내 주기도 했다.
599 Cf. N.129.
600 Cf. N.45.
601 잡요는 곧 요술을 말한다.
602 인도의 고행자와 유럽의 마술사들은 당연히 잘 알려져 있다.

하게 자루 부분을 잡았는데, 결코 실패하는 법이 없었다. 또 다른 사람은 물구나무를 서서 두 발로 상당히 큰 항아리[603]를 가지고 노는데, 그것을 공중에 던졌다가 다시 받은 뒤, 다시 방향을 바꾸어 던졌다가 다시 받는 등 그 기술이 절묘해서 손으로도 쉽지 않을 것 같은 묘기를 선보였다. 그는 큰 북과 발이 네 개 달린 큰 탁자로도 같은 재주를 보여 주었다.

가면극도 하나 했는데, 거인과 같은 사람이 매우 아름답게 수놓은 비단옷을 입고 나와서 아무런 인물 묘사도 말도 없이 연기만 했다. 대사는 무대 뒤에서 한 사람이 도맡아서 했다.[604]

하지만 가장 재미있었던 것은 한 어린아이[605]의 우아한 춤이었다. 무대에 올라 춤을 추고는 손을 땅에 짚자 양쪽 허벅지 사이에서 또 다른 어린아이가 하나 나왔는데 그것은 인형이었다. 인형 아이는 손을 대신하여 발로 진짜 아이가 한 동작을 그대로 따라 했다. 그동안 진짜 아이는 서 있었다. 그런 다음 진짜와 가짜가 함께 바닥에 뒹굴며 유희를 했는데, 아주 재미있게 보았고, 둘 다 진짜 같았다.

585. 황제에게 올리는 첫 번째 탄원서, 자신을 소개하다

떠날 때가 되자[606] 마당은 신부의 교섭과 관련하여 황제에게 올릴 태소泰疏를 쓰고 그것을 보여 주었다. 거기에는 이런 내용만 있었다.

---

603 흙으로 만든 유리 항아리로 통은 넓고 주둥이는 좁게 만들어 기름이나 술을 담는 용도로 쓴다.
604 우리의 인형극 같은 것이다.
605 꼬마 사내아이.
606 앞의 N.583에서 본 것처럼 7월 말경, 태소를 올리고(8월 10일) 임청에서 천진까지 여행한 기간을 유추해 보건대 정확하게는 7월 31일이다.

"임청을 지나는 배 중, 마태오 리치라는 어떤 외국인이 탄 배가 하나 있는데, 황제에게 진상하고자 북경으로 가지고 가는 물건을 싣고 있습니다. 제가 보기에 이 외국인은 선善한 사람인 것 같습니다. 진상품을 실은 배가 도중에 어떤 해害라도 생길까 걱정이 되어 소신의 배를 한 척 내주어 그 사람들을 잘 동행하도록 했습니다. 천진위天津衛에서 기다리고 있으라고 했으니 하루속히 답을 주시기를 청합니다."

관리와 고위 인사가 황제에게 올릴 태소를 쓸 때는 매우 거창하게 한다. 이삼일 전부터 태소를 쓴다는 명분으로[607] 문을 닫고 아무도 만나지 않고 일도 하지 않는다. 다 작성한 글은 두 부를 복사하여, 하나는 다른 하나와 달리 황제에게 올리는 편지 형식으로 썼다.[608] 이런 이유로 각 도시에는 태소를 쓸 줄 아는 사람들이 있고 큰 비용을 지급해야 한다. 황제에게 올리는 이런 태소들의 문체는 여느 것과 매우 달라서[609] 많은 문인 학자도 모르고, 그래서 그것을 아는 다른 전문가들에게 요청해야 한다. 태소의 끝에는 몇 글자인지를 명기하고,[610] 정해진 방식으로 접어 종이로 여러 겹 싼 다음, 두 개의 황색 상자 사이에 놓는다. 그리고 다시 황색 보자기[黃袱][611]로 싼다. 예복을 입은 관리는 시종[612]이 동행하여 북경에 이르고, 황궁 정문 앞까지 가서 이 일을 전담하는 부서에 그것[태소]을 올린다.[613] 고위 관리의 경우, 이때 폭죽을 터뜨려 자기가 태소를 올린다는

---

607 다시 말해서, 황제에게 올릴 태소를 작성한다는 이유로.
608 황제를 위한 별도의 서체가 있다는 의미다.
609 서간문 형식이다.
610 태소에 담긴 중국어 글자의 총수.
611 황제의 색깔이다. Cf. N.130.
612 다른 문서들에서는 이런 사람을 하급 관리 "만다린신호(mandarinsinho)"라고 부르기도 한다. Cf. N.4114.

사실을 성 전체에 알리기도 한다.

마당은 이렇게 예를 갖추어 이 태소[614]와 다른 여러 태소를 북경에 올리면서 자신의 시종을 보내어 신부들을 동행하게 했다. 그들은 진상품과 짐 등을 싣고 천진天津까지 갔다.[615] 배에서는 네 명의 군인이 밤낮으로 신부를 감시했는데, 이는 중국의 관습이다. 왜냐하면 태소를 올린 사람이 도망가지 못하게 하기 위해서다. 때로는 안전하게 감옥에 가두기도 하는데, 일이 마무리될 때까지 감시하려는 것이다.[616]

586. 첫 탄원서에 대한 황제의 답변. 진상품 목록을 적다

며칠 후 마당도 천진에 왔다.[617] 태소에 대한 답변은 즉각 내려오지 않았다. 황제는 이 일을 예부禮部에서 처리해 주기를 바랐기 때문이다. 만

---

613 태소들을 접수하는 책임 관리가 있는데, 그를 통정사(通政司)라고 한다.

614 첫 번째 태소는 성 로렌조(라틴어명 '라우렌시오') 축일에 올렸다. 즉, 8월 10일이다. 1600년 9월 2일 자 리치가 디아즈에게 보낸 편지에 그렇게 적혀 있다(N.3007). Cf. *ARSI, Jap.-Sin.*, 14, f.44b.

615 판토하(Pantoja[1], p.561)에 따르면 임청에서 천진까지는 8일간의 여정이다. "8일간 걸었고, 그의 관할지역 마지막 장소에 도착했다(그곳은 북경에서 도보로 3일간의 거리다)"(N.3094). 만약 임청에서 8월 2일에 출발했다면 리치와 그의 동료들은 천진에 그 달 9일에 도착했을 것이다. 리치가 천진에서 디아즈에게 편지를 쓴 9월 2일 이전에는 확실히 도착했을 것이다. Cf. N.3007.

616 네 명의 시종들은 "배에 강물이 들이칠 때를 대비해서지, 그들의 여행을 방해하기 위해서가 아니다"(N.3038)라는 구실로 배정되었다. Cf. N.4114. 그러나 천진에서 두 명의 군인이 추가되면서 "신부들이 도망가지 못하도록 감시하기 위해서"(N.3040)라고 했다. Cf. N.4116.

617 판토하(Pantoja[1], p.564)는 마당이 천진에 온 것은 "우리가 이곳에 온 지 15일이 지나서 왔다"라고 했기 때문에 1600년 8월 22일 즈음에 왔다고 볼 수 있다. 반면에 1601년 『연차 보고서』에 따르면(N.4115), 또 1601년 3-4월경 "중국에서 쓴 한 통 편지의 사본"에 따르면, "8일 후에 이곳으로 마공(馬公)이 도착했습니다"(N.3038)라고 적혀 있다. 즉, 그가 천진에 도착한 것은 8월 15일경이라는 말이다.

약 그렇게 되면 이 태감[마당]에게 공이 적게 돌아갈 것이다. 하지만 황궁 안에 있는 그의 옹호자들이 이 일을 마당이 원하는 대로 이루어지도록 끌고 갔고, 결국 그가 바란 대로 처리되었다.

[황제의] 답변을 받자,[618] 마당은 성[619]에 있는 모든 관리에게 예복을 갖춰 입고 자기 관저로 오라고 해서 공개적으로 매우 성대하게 황제의 답변서를 보여 주고 낭독했다. 황제는 마당에게 일을 맡기면서 별도의 태소를 작성하여 외국인이 가지고 온 진상품의 내용을 상세히 적어 올리라고 했다. 왜냐하면 앞서 마당은 어떤 것이 있는지는 모르는 척했기 때문이다.[620] 그는 마태오 신부도 불러 중국에서 자신을 낮춘다는 의미로 사용하는 둥근 모자[621]에 아마포로 짠 옷을 입고 무릎을 꿇고 앉아서 황제의 명을 듣도록 했다.

587. 황제에게 올리는 두 번째 탄원서와 그에 대한 답변을 받지 못함

그 뒤, 마당은 [마태오 신부에게] 모든 사람 앞에서 친필[622]로 진상하려는 물건의 목록을 작성하게 하고, 그것을 모두 자신의 관사로 옮긴 후 다

---

618 답변서가 도착하기까지는 거의 한 달이 걸렸다. 따라서 거의 9월 15일경이 될 것이다. Cf. N.4115. 판토하(Pantoja[1], p.564)는 이 답변서가 천진의 배 위에서 3개월이 지난 후에야 받았다고 전한다(N.3097).
619 천진이다.
620 실제로 첫 번째 태소에서 그는 마태오 리치에 관해서만 이야기했다. "황제에게 진상하고자 북경으로 가지고 가는 물건이 있다"(N.585)라고만 했지, 그 물건들이 어떤 것인지에 대해서는 말하지 않았다(N.3039).
621 중국에서 서민들이 머리를 가릴 때 쓰는 것.
622 리치의 손으로.

른 몇 가지도 추가하도록 했다. 애초에는 큰 〈성모 성화〉두 점과 작은 〈구세주 성화〉한 점, 추로 움직이는 큰 시계와 태엽으로 움직이는 작은 시계로 시계 두 점, 프리즘 두 개, 도금한 후 금실로 수를 놓은 성무일도서 한 권이었는데, 마당이 좋다고 생각하는 손풍금 한 개를 추가했다. 거기에 표지를 도금하여 잘 엮은 〈세계의 무대Theatrum Orbis〉[623]라는 세계지도도 한 권 추가했다.[624]

---

623 아브라함 오르텔료(Abramo Ortelio)의 〈세계의 무대(Theatrum Orbis Terrarum)〉는 여러 차례 판을 거듭하며 인쇄되어 나왔다. 그중 가장 오래된 판본이 1570년 안트베르펜(Anversa)에서 나온 53장짜리 지도다. 이어서 1571년에 67장, 1573년에 70장, 1575년, 1578년, 1579년, 1581년과 1584년에 114장, 1588년, 1592년과 1595년에는 115장으로 나왔다. 1570년 초판본의 사본 하나가 로마에 있는 이탈리아 지도학회 도서관에 소장되어 있다. 북경 예수회 고(古) 도서관[지금의 북당(北堂) 혹은 북쪽 성당]에는 두 개의 사본이 있는데, 하나는 1570년 것이고 다른 하나는 연도가 기록되어 있지는 않지만 1595년 것으로 추정된다. 사실 1594년 이전의 것이 될 수 없는 것이, 1594년에 발간한 마르코 벨세투스(Marco Velsetus)의 책을 인용하고 있기 때문이기도 하고, 또 다른 이유는 1595년에 나온 프톨레마이오스의 명명법(Nomenclator)을 그대로 쓰고 있기 때문이다. 다만 이 두 개의 사본 중 어떤 것이 1608년 8월 22일 이전에 북경에 먼저 도착했는지는 알 수가 없다. Cf. NN.1845, 1920.

624 리치가 먼저 작성한 목록에는 "성화(聖畵) 세 점으로, 큰 것 두 개는 동정녀 마리아를 그린 것이고 작은 것 하나는 구세주를 그린 것이 있고, 원형으로 된 두 개의 시계는 큰 것은 벽에 거는 것이고 작은 것은 태엽을 감는 것이다. 그리고 프리즘 두 개"가 있었다. 그때 마당이 개입하여 "리치 신부에게 보석들을 추가하라고 강요"했다. 자기가 가져갈 것을 계산한 것이다. 이에 선교사는 없다고 대답하면서, 설령 있다고 하더라도 그것을 황제에게 선물하라고 강요할 수는 없다고 했다. "그렇지만 주변의 관심을 끌기 위해 사람들에게 몇 가지 물건들을 보여 주었다. 이에 관리들은 클라비쳄발로 하나와 금장식을 한 소(小) 성무일도서 한 권, 〈세계의 무대〉라는 세계지도와 수학책 몇 권이 좋겠다며 골라 주었다. 모든 선물은 마당[馬公]의 관저로 옮겨졌고, 앞서 불손하게 대한 점을 신부에게 사과하는 의미에서 마당은 신부와 여러 고관을 자기 집으로 초대하여 대접했다"(N.3039). 수학책은 모두 일곱 권이었다(N.3058). 1601년의 『연차 보고서』에서도 일곱 혹은 여덟 권(N.4115)이라고 적고 있다. 의심의 여지 없이 거장 클라비우스의 고전적인 책들이고, 나중에 이 책들이 중국어로 번역되었다. Cf. N.591. 물론 이것은 리치가 본 것처럼 마당이 선물 리스트에 적은 것이 아니기 때문에 리치가

이 두 번째 태소에 대해 마당이 바라던 것과는 달리 황제의 답변은 없었다.[625] 그래서 그는 크게 겁을 먹기 시작하다가 결국 이 일에 관여한 것을 후회했다. 애당초 신부가 그의 관저에 갔던 것도 그가 다른 고관들과 함께 신부를 초대하였기 때문이었다. 후에 그는 신부와 더 말하고 싶어 하지도 않았다.

588. 파고다에 전시한 40여 점의 진상품. 십자가와 성작(聖爵)에 얽힌 일화

[계절은] 이미 겨울로 접어들었고, 마당은 임청으로 돌아가야 하는데 강물은 얼기 시작했다. 그는 신부에게 일행들과 함께 성벽 안에 있는 한 사당에서 지내라고 하며[626] 그들의 짐도 모두 가져가라고 했다. 그리고 많은 군인을 보내어 밤낮 안팎으로 감시하라고 했다.[627]

어느 날,[628] 마당이 갑작스레 그 지역의 병비도兵備道[629](병비도는 매우

북경에 입성할 때까지는 가지고 있던 거라고도 볼 수 있다. Cf. N.4124.

625 두 번째 태소에 적은 선물 목록에는 황제의 생일을 맞이하여 올리는 선물도 포함되어 있었다. 음력 8월 17일(N.505)인데, 1600년에는 양력으로 9월 23일이었다. Cf. N.4122.

626 대운하는 임청에서 12월 초부터 얼기 시작했다. Cf. N.528. 하지만 10월 13일부터 여행객들은 육지로 올라와 한 사찰에 기거하며 왕래해 왔다. 사찰의 이름은 포르투갈어로 'Chinguem'(N.4116)이라고 표기했다.

627 이 말은 "[6명의] 군인들이 밤낮 감시했다는 것으로 형식상 포로와 마찬가지"(N.3040)라는 의미다. 하지만 신부들은 하나같이 다행이라고 생각했다. 왜냐하면 여행하는 내내 제대로 봉헌할 수 없었던 미사를 매일 봉헌할 수 있게 되었기 때문이다. Cf. N.588; Pantoja¹, p.566; N.3099.

628 방문 하루 전에 마당이 "신부들에게 성화와 큰 시계를 보내고, 나머지는 몇몇 관리들에게 맡겨 둔 상태"(N.3040)였다. 그러니까 이 일은 마당이 천진으로 떠나기 이틀 전에 있었던 것이다(Pantoja¹, p.566; N.3100).

629 이 관리가 누구인지는 정확하게 알 수가 없다. 왜냐하면 *Annali del distretto di*

·

높은 관직으로 이곳에서 신부와 친구가 되었다)와 함께 200여 명 되는 부대원을 동원하여 강도떼처럼 들이닥쳤다. 마당은 몹시 흥분하여 신부에게 자기가 북경에서 여러 통의 편지를 받았는데, 거기에는 신부들이 많은 보석을 가지고 있으면서 황제에게 바치고 싶어 하지 않았고, 집에 많은 사람을 숨겨 두고 있다는 것이다.[630] 신부는 모두 거짓이라며 직접 눈으로 확인해 보라고 했다. 그러면서 가지고 있는 모든 물건을 안뜰로 가지고 오라고 했고, 따라온 사람들도 모두 나오라고 했다. 그런 다음 모든 상자와 책상을 열어 속에 무엇이 있는지 보라고 했다.[631] 난폭하고 무질서한 상황은 신부들에게 심한 상처를 주었고, 야만적인 사람들의 무례한 행패를 보고 병비도도 크게 동정할 정도였다.

마당은 누구보다도 가장 흉악한 사람으로, 자기에게 보여 주지 않은 새로운 걸 발견하기만 하면 크게 흥분하여 소리를 질러댔는데, 마치 신부가 자기 집에서 그것을 훔쳐 온 것처럼 굴었다. 그리고 마음에 드는 물건이 있으면 한쪽으로 치워 놓았다. 그러나 자기가 바라던 것처럼 귀중한 물건이 나오지 않자 더욱 노발대발하였다.

모든 사람을 가장 놀라게 하고 우리를 난처하게 만든 것은 우리 물건 중에서 찾아낸 매우 정교하게 장식된 십자가였다. 나무를 조각하여 피를

Tientsin [『천진현지(天津縣志)』], c.14, f.24a에서 병비도의 이름을 명시하지만, 1589년 이후부터는 직무가 언제 시작되었는지 밝히고 있지 않기 때문이다.

630 마당은 리치가 보석을 가지고 있으면서 황제에게 진상하지 않으려고 한다고만 불평한 것이 아니라, 그의 다른 동료 한 사람과 여러 평민이 자기에게 방문 인사를 오지 않았다고도 불평을 하는 것이다. 이에 선교사[리치]가 해명하기를, 그의 동료가 마당을 방문하지 않은 것은 아직 언어도 모르고 중국의 예법을 모르기 때문이라고 했다. Cf. N.4117.

631 이 수색은 파고다 근처에 있는 작고 초라한 집에서 일어났다. Cf. N.4117.

그래서 살아 있는 것 같았다.[632] 그러자 흉포한 태감이 소리를 지르며 말하기를, "이것은 우리 황제를 죽이기 위해 사용하는 도구다. 이런 사술邪術을 하는[633] 사람은 좋은 사람이 아니다." 그는 이것이 정말로 나쁜 기구라고 생각했다.

마태오 신부는 그것이 우리의 하느님이라고 말하고 싶지 않았다. 그가 보기에 무식한 사람들에게 그 자리에서 심오한 신비를 설명하기가 어렵고,[634] 특히 태감이 우리가 무슨 말을 하든지 그것은 나쁜 짓을 한 핑계에 불과하다고 할 것이기 때문이다. 하지만 다른 한편으로는 모든 사람이 마치 리치 신부가 십자가의 그 사람에게 그토록 잔인한 짓을 한 것처럼 경멸에 찬 눈으로 바라보고 있는 것 같았다.[635] 어쩔 수 없이 병비도와 그 밖의 사람들에게 천천히 설명하기 시작했다. "여러분은 이것이 어떤 상像인지 상상할 수 없을 것입니다. 우리를 위해 스스로 십자가의 형벌을 받으신 서방의 위대한 성인이십니다. 그래서 우리는 항상 눈앞에 두고 그분의 은혜에 감사드리기 위해 이렇게 상을 그리고 조각하는 것입니다."[636] 이런 말을 모두 듣고 나서 병비도가 말하기를, 어쨌든 그런 자

---

632 채색한 십자가로, 나무 상자에 들어 있었다. Cf. N.4118.
633 '하는' 혹은 '행하는'이라는 뜻으로, 리치는 이탈리아어 'va'라고 쓰지 않고, 스페인어 또는 포르투갈어로 'anda'라고 쓰고 있다.
634 단순히 복음적인 신중함에 관한 문제다.
635 마당의 추종자들은 모두 십자가에 대해 그토록 잔인한 일을 한 사람으로 리치에게 눈을 돌렸다.
636 판토하(Pantoja¹)는 리치의 대답을 알아들을 수가 없었다. 아직 중국어를 몰랐기 때문이다. 하지만 그가 보기에도 우리의 리치가 인상 깊게 응수한 것으로 보인 듯하다. 그에 따르면, 신부들은 마당에게 십자가에 못 박히신 분에 대해 솔직하고 진실하게 대답하였다. 그의 말을 들어 보자. 마당이 "아무 말도 하지 않고 몸짓으로만 고개를 들어 흔들면서 물었다. 저것이 무엇이오? 우리는 그분이 하늘과 땅을 만드신 참 하느님이

세를 하는 사람을 간직하는 것은 좋은 것 같지 않다는 것이다.

마당은 여전히 분노를 가라앉히지 못하고 그런 일을 저지른 사람은 비난받아 마땅하다며 벌을 받아야 한다고 했다. 사술을 하는 도구들이라며 의심을 거두지 못한 채, 상자 안에서 다른 십자가들을 찾았다.[637] 상자 안에서 찾은 것[638]은 그림을 그린 것 같은 조각들로, 이 모든 것이 사술 도구일 수는 없다고 생각하는 것 같았다.[639]

거기에 있던 물건을 다 뒤집어 놓은 후에 병비도와 태감이 자리에 앉고, 두 신부도 함께 앉도록 했다. 마당이 황제에게 준다며 가지고 간 물건 중 신부들이 가장 유감스럽게 생각한 것은 유골이 가득 들어 있는 두 개의 유골함이었다. 하나는 흑단으로 만든 아름다운 십자가로 된 것이고,[640] 다른 하나는 책 모양으로 된 것이다.[641] 그리고 미사 때 사용하던 은으로 만든 성작(聖爵)도 있었다.[642]

고, 온 세상이 그분을 경외한다고 대답했다. 그분은 우리의 죄를 사해 주시고, 생명을 주시기 위해 그분 스스로 돌아가시고 부활하시어 하늘로 오르셨다고 했다. 그 밖의 이유에 대해서는 아무것도 묻지 않았다. 우리가 하느님을 섬기는 걸 자기 눈으로 보았기 때문이다"(Pantoja[1], p.569; N.3101). 그러나 모든 것이 그럴싸하지는 않다. 바르톨리는 여기에서 리치의 텍스트보다는 판토하의 텍스트를 따르며, 칭찬할 만하지는 않다고 말한다(Bartoli[1], II, c.129, p.264).

[637] 다른 두 개가 더 있었다. Cf. N.4118.

[638] '찾아내다'라는 말로 리치는 이탈리아어 'cercare, frugare, rovistavare, perquisire'라는 동사 대신에 'buscavare'라는 동사를 쓰고 있는데, 이것은 포르투갈어다.

[639] 그나마 신부들에게 가장 큰 위로가 된 것은 "그것이 예수님의 성상(聖像)"(N.4118)이었다는 사실이다. 물의를 빚은 이 일화는 1601년 7월에 있었고, 광동(廣東)의 소주(韶州)에까지 소문이 나서, 론고바르도의 인내심을 자극하여 주님의 수난에 관한 중국 예수회 설교의 정통성을 확립하는 계기가 되었다. Cf. N.662.

[640] 다시 말해서, "유골이 가득 든 십자가"(N.3041)로 성인들의 유골로 채워진 것이다.

[641] 아마도 세 폭의 제단화 형태로 접을 수 있는 걸 말하는 것 같다.

[642] 같은 해, 디아즈가 도움을 구하러 마카오에 갔을 때, 마카오의 원장이 준 것으로, 은으로 만들어 도금한 것이다. Cf. NN.566, 3100; Pantoja[1], p.567.

자리에 앉자마자 마당이 처음 한 것은 신부들이 이번 교섭의 여비로 쓰려고 가지고 있던 은전 200냥이 넘는 돈을 돌려주는 것이었다. 그러면서 자신은 매우 깨끗한 사람이라고 자화자찬을 하였다. 마치 원래 신부의 것을 돌려주는 것이 아니라, 자기 주머니에서 주는 것처럼 말이다. 그런데도 신부들은 연신 고맙다고 했다. 왜냐하면 이미 잃어버린 거로 생각하고 있었기 때문이다. 또 그에게 유골함도 요구했으나 태감은 갖은 방법을 동원하여 되돌려 주려고 하지 않았다.

성작과 관련하여, 그것은 하느님께 제사를 지낼 때 사용하는 것으로 우리는 그것을 성물聖物이라고 하며, 축성된 사람이 아니고서는 그것을 만질 수 없다고 말해 주었다. 그러자 마당은 그것을 들고 손으로 여기저기를 만지며 말하기를, "왜 만질 수 없다고 하는 거지?" 결국 마태오 신부가 은자가 몽땅 든 주머니를 들고, 매우 유감스러워하며 말하기를, "은자가 두 배 든 이 주머니를 가지시고 또 원하면 더 가져도 되지만, 우리가 제사에 쓰는 물건은 돌려주시오." 이에 병비도가 보고 감동하여, "이 사람은 돈 때문에 이 물건을 원하는 것이 아니라, 공경을 드리기 위해서고, 이미 두 배의 은자를 준다고 하니 그것을 주는 것이 좋겠소"라고 말했다. 태감도 감동하여 결국 성작을 되돌려 주었고, 우리는 매우 기뻤다.

이 일이 있고 난 뒤, 신부들이 이전에 작성한 물건들과 마당이 가져갔다가 되돌려 받은 물건들을 합하여 물품 목록을 만들었는데, 도합 40여 점 정도 되었다. 거기에는 양털 모포와 인도 모포, 유리그릇, 해시계, 모래시계, 유골함과 그와 유사한 물건이 있었다. 마당은 큰 시계와 신부의 숙소에 있던 큰 성화를 제외한 모든 물건을 천진의 창고[643]에 보관했다. 큰 성화는 신부가 제단에 올려 놓고 그 앞에서 매일 미사를 올리던 것이

다.[644]

이 일이 있고 나서 마당은 임청으로 돌아갔다.[645] 사람을 시켜 우리를 감시하게 하고 말이다.[646] 하지만 우리는 원하는 곳이면 어디든 다닐 수가 있었다. 이번에 [마당으로부터] 강탈[647]을 당하면서 우리는 많은 물건을 잃어버렸다. 그가 훔쳐 간 것도 있고, 태감이 공개적으로 가져가서 병비도에게 준 것도 있었다. 그러나 우리가 걱정했던 것보다는 훨씬 적었다.

589. 리치의 근심과 마당의 무례함. 종만록과 북경 친구들의 절망적인 의견. 종명인 수사의 북경 둘러보기

이런 일이 있자 우리는 북경에 정착하려는 계획이 무산되는 것뿐 아니라, 지금까지 중국에서 이룬 모든 일이 수포가 될까 걱정이 되었다. 그래서 기도, 미사 및 참회를 통해 많은 중국의 영혼들을 위해 하느님의 자비를 청했고, 그들의 구원은 오로지 이번 여행이 얼마나 성공하느냐에 달려 있다고 생각했다.

연말이 되어도 이 일에 관한 아무런 새로운 소식이 없자, 마태오 신부

---

643 보물을 보관하는 건물이다. Cf. NN.591, 4124.
644 Cf. N.565; Pantoja[1], pp.568-572; NN.3100-3104.
645 마당은 신부들에게 북경에 가서 새로운 태소를 올릴 거라는 희망을 남기고 떠났다. "그러나 한 달이 지나도 그가 한 것은, 우리의 일을 방해하고 어려움에 부닥치게 하는 일 외에 다른 것은 없었습니다. 그는 많은 거짓말을 만들어서 퍼트렸습니다. 우리가 황제를 죽이기 위해 나쁜 짓을 행하고 사술을 부렸다는 것입니다(그러면서 상자 속에서 피가 가득 묻은 십자가를 보았다고 했습니다). 또 연금술을 하는 기구도 찾아냈다며 수많은 거짓말을 지어냈습니다. 그것이 분노를 가라앉히는 그의 방식이었습니다"(N.3041).
646 즉, 망보는 사람을 세워 두었다.
647 약탈.

는 누 통의 편지를 써서 강물이 언 탓에 육로로 임청臨淸에 보냈다. 한 통은 마당에게 보내는 것으로, 다시 태소를 올려 진상품과 관련하여 먼저 올린 태소에 대한 답변을 재촉해 달라는 것이었다. 지금 머무르고 있는 곳[친진]의 집도 설비가 형편없고 추운데다 여럿이 함께 있기에는 방이 여간 불편하지 않다고도 썼다. 다른 한 통은 종만록에게 보내는 것으로 마당에게 조언과 부탁을 청해 보라는 것이었다.

신부의 편지를 가지고 간 하인이 마당의 집에 도착하자 마당은 그와 신부들에게 한바탕 욕을 퍼붓고, 편지에 대한 답은커녕 주먹과 발길질을 하여 하인을 대문 밖으로 쫓아내고 말았다.

종만록은 신부에게 편지를 써서 보내는 것을 두려워했다.[648] 그래서 신부의 하인을 몰래 관사로 불러 말하기를, "신부에 관한 일은 지금 최악의 상태입니다. 마당은 신부가 사술을 부려 황제를 죽이려고 한다는 태소를 올리려고 합니다. 마당은 자기가 신부들이 나쁜 사람이고, 중국에 어떤 해악을 끼치기 위해 온 것을 알아냈다고 사방에 소문을 퍼트리고 다닙니다. 그러면서 신부들을 체포해서 돌려보내야 한다고 말하고 있습니다"라고 했다. 종만록은 이것을 편지로 쓰고[649] 하인에게 구두로 당부했다. "일단 목숨을 보전하기 위해 광동으로 도망가십시오. 물건은 모두 버린다고 생각하고, 십자가는 불태우십시오. 아무런 흔적도 남기지 말아야 합니다.[650] 만약 도망가기가 싫으면 친구들에게 태소를 부탁하여 황

---

648 하지만 그는 북경에 있는 한 고관에게 신부들의 요청을 편지로 써서 보내기도 했다. Cf. N.4119.
649 1601년의 『연차 보고서』에 따르면, 종만록이 리치에게 쓴 편지다. Cf. N.4119.
650 그러나 신부들은 오히려 더 '예수님과 십자가'에 대해 설교하는 기회로 삼았다. 1601년 『연차 보고서』에서는 종만록이 신부들에게 한 조언과 관련하여 이렇게 적고 있다. "그

제에게 고향으로 돌아가고 싶다는 청을 올리십시오."[651]

하인이 가지고 돌아온 나쁜 소식을 듣고, 신부들은 생각했던 것보다 상황이 훨씬 위험하다는 것을 깨달았다. 그래서 그곳에 이틀간 숨어 있던 세바스티아노[鍾鳴仁] 수사[652]를 경비병 몰래 북경으로 보냈다. 그는 신부가 친구들에게 보내는 편지와 남경에서 친구들이 써 준 몇몇 소개장과 함께[653] 약간의 선물을 가지고 갔다. 그러나 이것 역시 아무런 성과가 없었다. 북경의 친구들은 하나같이 겁을 먹고 신부에게 조언하기를, "황제에게 더는 태소를 올리지 마십시오. 지금 황제는 태감들이 하는 말 외에는 아무것도 듣지 않습니다.[654] 가장 좋은 것은 같은 태감[마당]에게 도움을 청하는 것입니다. 물건은 잃어도 목숨을 보전하는 것이 좋습니다. 북경에 있는 사람들은 마땅이 우리 신부들에게 한 온갖 악행들을 모두 알고 있습니다"라고 했다. 북경에서 바스티아노[鍾鳴仁] 수사는 남쪽 지역에 있는 여러 수도원의 신부들에게[655] 편지를 써서 길에서 일어난 여

러나 우리는 이방인 혹은 영서도(嶺西道)가 조언한 대로 하지 않을 것이고, 이제부터는 십자가에 못 박히신 그리스도를 공개적으로 설교할 것입니다. 더 큰 자유로서 그분의 신비에 대해 말할 것입니다"(N.4119). Cf. Guerreiro, I, p.244.

651 종만록도 한때 이교도였다가 이제 그리스도의 종이 되었고, [그 기회에] 신부들을 향해서는 십자가를 잠시 한쪽으로 치우고 중국의 종교를 수용해야 한다고 조언하는 한편, "대감, 신부들이 지닌 십자가는 모든 인류를 구원하기 위해서 스스로 죽음을 선택한 참 하느님이십니다. 대감이 정치를 하면서 알아두셔야 할 것은, 그분이 우리의 주인이라는 것만이 아니라 우리 역시 신부들이 가르치는 바를 따라야 한다는 것입니다. 그분의 성상(聖像)을 거부하고 간직할 수 없는 것보다는 차라리 죽기를 바랍니다"(N.4120). 그의 대답은 관리들에게 깊은 인상을 주었다. Cf. N.662.

652 세바스티아노 종명인(鍾鳴仁) 페르난데스다. Cf. N.354.

653 Cf. N.573.

654 Cf. N.582.

655 종명인이 남쪽 지역 수도원에 있는 선교사들에게 쓴 이 편지는 현재 잃어버렸지만, 내용상 리치가 1601년 6월 3일 자로 마카오에 보낸 편지로 유추해 볼 수 있다. 이것은

러 가지 일들을 알리고 그들에게 기도로 도움을 요청했다.

　종 수사가 북경에서 돌아오자 신부들은 인간적인 도움으로는 어떠한 희망도 없다는 것을 깨달았다. 이에 하느님께 도움을 청하며 그분의 뜻대로 일이 이루어지기를 간구했다. 이 일로 마당이 해코지하고자 할 경우, 목숨도 기꺼이 바칠 각오가 되어 있었다.[656]

　1601년 『연차 보고서』에 포함되어 있다. Cf. NN.4126, 4128.

[656] 여기에서 리치는 이 중국인 예수회원과 선교위원회 소속의 다른 젊은 평신도들의 호의를 특별히 외면한다. 리치가 북경에서 돌아왔을 때, 젊은 평신도들은 신부들이 마당의 손에 순교했을 거로 생각했다는 걸 알았다. 종명인은 그런 상황을 예상하고 있었다는 거다. 다시 말해서, [그들이] "마공(馬公)에게 가서 자기네도 리치의 동료들이기에 함께 죽고자 한다는 말을 할 수도 있었다는 것입니다. 그와 같은 바람과 인식은 재속 예수회원들도 보여 주었습니다"(N.3042). 즉 유문휘(游文輝) 페레이라와 열 살 남짓한 두 명의 소년들이다. 이 두 소년은 한 명은 신부들이 남경에서 선물로 받은 것이고, 다른 한 명은 유파석(劉婆惜)이 남경에서 몸값을 지불하고 해방시켜 준 아이다(N.583). Cf. N.4121.

✝

제12장

어떻게 중국의 황제가 신부들에게 진상품을 가지고 북경에 들어오라고 했는지, 첫 입성에서 일어난 일에 관해

(1601년 1월부터 2월까지)

○ 마당의 두 번째 탄원서에 대한 답변. 리치가 북경으로 들어가면서 십자가와 성인들의 유해를 가지고 가다
○ 마당(馬堂)이 수학 서적들을 압수했다가 실수로 신부들에게 되돌려 주다
○ 1601년 1월 24일, 드디어 북경에 도착하다. 진상품을 올리다
○ 그림들을 선물하다. 황제와 황후가 놀라다
○ 신부들을 궁으로 불러 사흘간 시계 맞추는 법을 황실 수학자들에게 가르치게 하다
○ 황제가 유럽과 신부들에 관해 묻다. 신부들에 대해서는 큰 관심을 가지지 않다
○ 궁에 가져간 시계들. 대형 시계는 1602년 도시를 둘러싼 두 번째 성(城) 밖 호부(戶部) 건물의 탑에 설치하다
○ 황제의 요청으로 신부들의 초상화가 그려지다
○ 황제에게 준 두 개의 인쇄물, 예수상과 베네치아의 성 마르코상
○ 판토하 신부가 4명의 환관이 불러 클라비쳄발로 연주를 가르치기 위해 궁으로 들어가다
○ 리치가 이부대신(吏部大臣) 조우변(曹于汴)과 사귀다. 하느님의 놀라운 섭리
○ 이탈리아어로 된 〈서금곡의팔장(西琴曲意八章)〉을 중국어로 옮겨 쓰다

590. 마당의 두 번째 탄원서에 대한 답변. 리치가 북경으로 들어가면서 십자가와 성인들의 유해를 가지고 가다

이런 방식으로 교섭을 기다리는 동안 우리의 일은 모두 중단되고, 천진에 있는 집은 한겨울을 지내기에 불편하기 짝이 없었다.[657] 그때 하느님께서는 우리의 기도와 예수회 안팎에서 이 일을 위해 기도한 많은 충복의 탄원을 들으셨다. 갑작스레 황궁에서 황제의 전갈이 온 것이다.[658] "신부들은 즉시 황제에게 진상하는 물건을 가지고 북경으로 들어오도록 하라. 한 관리가 [그대들을] 황궁까지 동행해 줄 것이다. 예부禮部에서는 그들이 원하는 것을 검토한 다음, 그것을 명기한 별도의 태소泰疏를 작성하여 올리도록 하라."[659] 양식은 외국의 사절이 중국 황제에게 진상할 때 하는 방식을 적용했다.[660]

6개월이 지나도[661] 황제가 어떻게 그렇게 갑자기 생각을 바꾸었는지

657　판토하(Pantoja[1], p.572)에 따르면, 그곳에 "2개월 반 이상" 남아 있었다. Cf. N.3103.

658　Cf. N.98, 본서 1권, p.350, 주(註) 267. 그림 I.

659　1601년 "중국에서 쓴 한 통의 편지 사본"에 따르면, 만력(萬曆) 황제의 초대장이 종명인(鍾鳴仁) 수사가 북경에서 출발하기 전에 천진에 도착한 것으로 보인다. "페르난데스 수사는 떠나면서 마공(馬公, 마당)의 두 번째 탄원서를 떠올리며 황제보다는 주님께서 더 기뻐하실 거라고 했다. 자명종(自鳴鐘)이 있었던 곳에서 요청이 들어와 신부들을 황궁으로 불러들이라고 명한 것이다"(N.3043). 여하튼 명령은 1601년 1월 8일에 있었고(De Ursis, p.43), 다음과 같은 말로 정리되었다. "천진의 세관원 마당이 언급한 멀리 야만국(遠夷)에서 온 마태오 리치가 진상하려는 물품과 그의 소지품들을 검토한 결과, 그리고 그것을 [황제께] 알려 드린 후, 마태오가 직접 진상품을 가지고 황궁으로 들어올 것을 명했다. 그동안 예부에 명하여 물품을 살피고 확인할 것을 주문했다(天津稅監馬堂泰: 遠夷利瑪竇所貢方物, 曁隨身行李, 譯審已明, 封記題知. 上令方物解進, 瑪竇伴送入京, 仍下部譯審)"[*Annali autentici di Scenzom*, c.354, in 장유화(張維華), p.171].

660　Cf. *TMHT*, c.108; *Storia dei Mim*, c.56, ff.11b-12a.

661　1600년 7월 3일 임청에 도착했으니 이미 6개월이 흘렀다. 마당이 리치를 안내하여 황

알 길이 없었다. 하느님께서 이 거대한 왕국에서 점차 잃어 가고 있는 수 많은 영혼의 도움을 위해 그의 마음을 움직이게 하셨다고밖에 생각할 수가 없다. 우리가 나중에 들은바, 어느 날 황제가 혼자 앉아 있다가 한 태소에서 언급한 "어떤 외국인들이 자명종自鳴鐘을 바치려고 합니다"라는 말이 생각나서, "왜 그 자명종은 아직도 내게 안 가져오는가?"라고 물었다고 한다. 그러자 항상 황제 곁에 있던 태감[司禮監]이 "황제께서 마당의 태소에 답을 보내지 않으셨는데, 외국인이 어떻게 감히 궁에 들어올 수 있겠습니까?"라고 했고, 황제는 즉시 마당이 쓴 태소의 끝에 앞서 쓴 훈령을 적었다는 것이다.

황제의 통지는 바로 마당에게 전해졌고, 별로 내키지는 않지만, 북경으로 보낼 진상품을 신부들에게 모두 돌려주라고 명했다. 천진의 관리들은 육로로 모든 물품을 가져갈 수 있도록 말과 짐꾼들을 내어 주었다. 강물이 얼어 있었기 때문이다. 비용은 경유지에서 부담해야 했다.

기쁜 소식을 접하고 우리는 주님께 감사를 드렸다. 그동안 겪은 고생은 이루 헤아릴 수 없는 것이었지만 이제 한숨 돌릴 수 있게 되었다. 그리고 다시 여행을 준비하였다.

신부들은 성인의 유골함이 비신자들의 손으로 들어가는 것은 좋지 않다고 생각하여 밤에 두 개의 유골함을 열어 유골들을 모두 꺼내기로 했다. 유골들은 상당히 많았는데, 그중에는 축성한 여러 개의 그리스도 십자가 조각이 든 십자가 성목聖木이 있었다. 성지 예루살렘에서 온 돌과 흙은 그대로 두기로 했다. 이번 교섭에서 어떤 일이 있었는지, 유골들을

제에게 올리는 첫 번째 태소(N.581)를 올린 것도 8월 10일이었다.

꺼낸 이유가 뭔지에 대해 우리의 글자로 써서 넣어 두기로 했다.[662] 만약 나중에 이것이 그리스도인의 손으로 들어가게 되면 이번 교섭의 모든 사정을 알 수 있게 하기 위함이고, 유골의 이름은 있는데 유골이 안에 없는 이유를 알게 하기 위함이다.

591. 마당(馬堂)이 수학 서적들을 압수했다가 실수로 신부들에게 되돌려 주다

이 물건들이 우리에게 돌아오는 과정에서[663] 또 다른 일이 발생했다. 이를 통해 신부들은 마당 태감이 나쁜 의도가 있었다는 것을 알아차렸다. 그리고 하느님의 섭리는 우리의 이익을 위해 그의 악의가 오래가지 못하게 해 주셨다. 황제에게 진상하는 물건 중 나중에 추가한 것들 가운데 수학 서적이 많았는데,[664] 그것들은 마태오 신부가 쓰려고 수집한 것으로서, 황제가 원한다면 북경 흠천감의 수학자들에게 도움을 주고자 했다.[665] 중국에서는 황제의 허락이 없으면 아무도 수학을 연구할 수 없고, 위반 시 사형에 처하게 된다(비록 이 법을 지키는 사람이 없어도).[666] 그것을 원치 않았던 마당은 진상 목록에서 이 책들을 뺐다. 그리고 천진위天津衛[667]의 국고에 모두 집어넣고,[668] 그 위에 이렇게 적었다. "이 책들은 황

---

662 이탈리아어, 라틴어 혹은 포르투갈어, 그 외에도 중국인들이 알아듣지 못하는 서방의 언어로 적었다는 뜻이다.

663 즉, 앞서 마당이 가져간 물건들이(N.588) 신부들에게 되돌아오는 과정(N.590)을 말한다.

664 이 수학 서적들은 일곱 혹은 여덟 권 정도 되었다. Cf. NN.3058, 4115.

665 Cf. N.58. 리치는 잘못된 중국의 달력을 수정하기 위해 황제에게 자신이 쓰이기를 바랐다.

666 점을 치는 책만 금하고 천문학 관련 책은 아니다. Cf. N.58; D'Elia⁴, pp.78-79.

667 1601년의 『연차 보고서』는 실수에 대해 강조하여 설명하고 있다. 즉, 천진(天津)이 아

제의 세금 관리인 마당 태감이 마태오 리치라는 외국인의 짐 속에서 찾은 것으로서, 수학에 관해 논하고 있어 중국법상 금서들이다. 지금 여기에 보관하고, 황제께 별도의 태소를 올려 그분의 지시를 기다린다."

이런 사실을 전혀 알지 못하고 있던 신부들은 국고에 보관했던 진상품들이 돌아왔을 때,[669] 수학 서적이 없는 것을 알고 천진의 관리에게 문의했다. 이 관리는 그간의 사정에 대해 알지 못했고, 글을 읽을 줄 모르는 한 관리는 경솔하게도 책들을 모두 보내 주고야 말았다.[670]

후에 임청臨淸의 태감[마당]이 천진으로 와서 최근 6개월간의 세수를 결산했는데, 은자 6만 냥에 달했다. 이 돈과 다른 물건들을 북경에 보내야 했기 때문에 거기에 우리의 책을 함께 보낼 생각이었다. 책이 아직 그 자리에 있을 거로 생각한 것이다. 그러나 우리가 떠나고 난 후, 책이 보이지 않자 신부에게 그 책을 준 천진의 관리들을 크게 꾸짖었다. 황제가 그 책을 요구한다고 거짓말을 하여 책을 돌려준 관리에게 신부를 쫓아가 책을 되찾아 오라고 했다. 그 관리는 크게 겁을 먹고 도중에 달아나 버렸다.[671] 후에 태감은 신부들을 두려워했다. 자기와 자기 부하들을 위해서는 그 책들에 대해 언급하지 않았다. 마태오 신부는 그 책들을 활용하여 북경에서 몇몇 고관과 많은 일을 했다. 그들에게 수학 문제를 풀어 주

니라 임청(臨淸)이라는 것이다(N.4124).

668 보물을 보관하는 건물이다. Cf. NN.588, 4124.

669 Cf. N.588,

670 뒤에서는 어떤 하인이라고 하지만, 1601년 『연차 보고서』에는 글자를 모르는 한 무관이라고 말한다. Cf. N.4124.

671 그가 도망친 이유는 신부들이 황제의 총애를 받자 겁이 났던 거다. 자기에게 어떤 보복이라도 할까 봐서 말이다.

고 나중에 보겠지만[672] 그것을 중국어로 번역하기도 했다. 만약 그 책들이 없었더라면 이 분야에서 아무것도 할 수 없었을 것이다.

592. 1601년 1월 24일, 드디어 북경에 도착하다. 진상품을 올리다

이번 여행을 위해 신부와 그 수행원들이 탈 수 있도록 말 여덟 필과 진상품 및 소지품을 운반할 수 있게 서른 명이 넘는 인부가 배당되었다.[673] 도시와 마을을 지날 때는 매일 인부와 말을 바꿔 주었다. 사람들은 모두 관에서 운영하는 역참驛站에서 잤고, 한 푼도 내지 않았다. 오히려 접대하는 사람들로부터 융숭한 대접을 받았는데, 이는 황제의 부름에 가는 것이기 때문이다.[674]

[신부들은] 중국의 연말에 북경에 도착했다.[675] 그해 연말은 1601년 1월 24일이었다.[676] 그날은 성 밖에 있는 태감들의 관사에서 머물렀는데, 도

---

672 Cf. NN.631, 772.

673 모든 외국의 사절단에게 하는 것처럼 그들을 북경까지 동행하는 관리도 한 사람 배정되었다(Pantoja[1], p.574; N.3106). 천진을 출발한 것이 1월 20일이었다. "우리는 4일을 걸어서 북경성에 도착했고, 성벽 밖에 있는 집에 자리를 잡았습니다"(Pantoja[1], p.574; N.3106).

674 그들도 조공국의 사절단처럼 여행 경비를 중국 정부에서 댔다. Cf. D'Elia[3], pp.331-333, 369-372.

675 음력으로 섣달그믐은 그해 1601년 2월 2일이었다.

676 리치가 북경에 도착한 날이다. 리치가 북경에 도착한 것은 『명사(明史)』에도 공식적으로 나온다. "대(大) 서국의 마태오 리치가 본국의 선물을 진상하기 위해 왔다(大西洋利瑪竇進方物)"(Storia dei Mim, c.21, anno XXVIII, f.2b). Cf. Ibid., c.31, f.11b. 가장 새롭게, 특별히 크게 보도하고 있는 것은 『명(明) 편년사(Cronaca dei Mim)』(c. 45, ff.9b-10b, c.326, ff.12b-15a)다. 『명사(明史)』의 〈이탈리아편(意大里亞)〉에도 나온다. D'Elia[1], pp.229-231, N.421에서 전문을 번역한 것을 참고하라. D'Elia, Antologia cinese, Firenze, 1944, pp.193-202에서도 찾아볼 수 있다.

착하자마자 진상품을 정리하고 목록을 만들었다.[677] 이튿날[678] 진상품들

---

677 1601년 1월 27일, 리치가 만력 황제에게 진상한 물품 목록은 알레니의 저서
(Ciamueihoa, p.214) 리치 비망록 뒤편에 *Collezione di documenti cristiani sotto la
presente dinastia [Mim]*(〈熙朝崇正集〉)이라는 이름으로 나온다. 이것은 복건(福建)
의 천주(泉州)에서 1638년에 출판되었다. Cf. Courant, N.1322, 태소(泰疏), ff.3a-4a.
다음은 물품 목록이다.
(1) 최신판 작은 구세주 성화: 時畵天主聖像, 壹幅. Cf. N.593.
(2) 고전판 천주의 모친 큰 성화: 古畵天主聖母像, 壹幅. 다른 곳에서 이 그림은 로마의
성모마리아 대성당 보르게제 소성당에서 공경하던 성모상이라고 소개하고 있다.
(3) 최신판 천주의 모친 성화: 時畵天主聖母像, 壹幅. 아기 예수와 세례자 요한이 함께
있는 성모 성화다. Cf. NN.501, 579.
(4) 성무일도서: 天主經, 壹部. 리치는 이 성무일도서가 "도금한 후 금실로 수를 놓은
것"(N.587)이라고 알려 주고 있다.
(5) 보석과 다채색의 유리 조각들로 장식된 성인들의 유해가 담긴 십자가: 聖人遺物, 各
色玻璅, 珍珠, 鑲嵌十字聖架, 壹座.
(6) 세계지도: 萬國圖, 壹冊. 리치는 이것을 오르텔리우스의 〈세계의 무대(Theatrum
Orbis)〉라며 "표지를 도금하여 잘 엮은"(N.587) 것이라고 설명했다.
(7) 두 개의 시계, 하나는 큰 것, 하나는 작은 것: 自鳴鐘大小, 貳架. 다른 곳에서 설명한
바, 큰 것은 쇠로 만들어져 벽에 거는 것이고(NN.587, 596), 작은 것은 총장이 보내
준 것으로서, 태엽을 감고(N.587) 나중에 판토하가 말하겠지만(Pantoja[1]) 금속에 도
금한 것이다.
(8) 빛의 굴절을 이용한 프리즘 두 개: 映五彩玻璅石, 貳方.
(9) 유럽의 클라비쳄발로: 大西洋琴, 壹張.
(10) 다양한 크기의 거울과 병 여덟 개: 玻璅鏡及玻璅瓶大小, 共捌器.
(11) 코뿔소의 뿔: 犀角, 壹個.
(12) 두 개의 모래시계: 沙刻漏, 貳具.
(13) 복음서 한 권: 乾羅經, 壹個.
(14) 다채색의 4개 쇠사슬: 大西洋各色鎖袱, 共肆疋.
(15) 유럽에서 가지고 온 다섯 개의 옷감: 大西洋布幷葛, 共伍疋. Cf. N.565.
(16) 당시에 사용하던 유럽의 은화 4개 ─크루자도(?)─: 大西洋行使大銀錢, 肆個.
그리고 아래는 판토하가 적은 진상 물품 목록이다(Pantoja[1], pp.552-554; N.3085).
(1) 두 개의 원형 시계
  (a) 매우 큰 상자에 담긴 큰 쇠로 된 시계는 수많은 문양으로 대단히 아름다운데, 거
  기에는 황금색 용(龍)이 가득하다
  (b) 매우 아름다운 또 다른 작은 시계는 금속을 모두 도금하여 매우 가치 있어 보였
  다. 우리의 땅에서 나는 최고의 것으로 장식했다. 이번 교섭을 위해 우리의 총장

은 태감 마당의 물건들과 함께 온 도시가 떠들썩하게 황궁으로 들어갔다.

———

신부님이 보내 준 것으로, 상자를 만들어 금장식했다; "우리의 글자와 중국 글자 둘 다 새겼는데, [신부님은] 한 손으로 그것을 들고 보여 주셨습니다."

(2) 유화로 그린 성화 세 점

두 개는 [비교적] 큰 것으로서, 그 중 하나는 매우 크고, 다른 하나는 그것의 절반 정도 되었다. [나머지] 하나는 작은 것이었다. :

(a) 가장 큰 것은 성 루카가 그린 백성들의 성모마리아 초상

(b) 두 번째는 아기 예수와 성 요한이 있는 성모 성화

(c) 세 번째 것은 구세주 성화로, 가장 작은 것; 모두 손으로 직접 그린 것이다.

(3) 거울 몇 개

(4) 은으로 테두리를 장식한 두 개의 프리즘과 그것보다 스무 배는 더 가치가 있는 매우 우수한 일본에서 온 상자

(5) 〈세계의 무대〉지도첩

(6) 매우 정교하게 장식된 성무일도서 한 권으로. 참된 하느님의 가르침이라는 제목과 그에 관련한 이미지가 표지에 있었다.

(7) 아주 좋은 클라비코드 한 개

(8) 그 외 덜 중요한 다른 여러 물건

첫 번째 목록에서 보는 것처럼 5, 11-16 그리고 10번의 일부를 판토하는 "덜 중요한 다른 여러 물건"으로 분류하고 있다. 1619년경 심덕부(沈德符)(c. 30, f.35b)는 태감 마당이 모든 진상품을 갈취하고 〈구세주 성화〉와 〈복되신 동정녀의 성화〉마저 리치에게 주지 않았다고 전했다.

678 이 기회를 이용하여 리치는 또 다른 태소 하나를 황제에게 올렸는데, 지금까지 보존되어 오고 있다. 중국어로 된 이 텍스트는 앞서 각주에서 언급한 *Collezione di documenti cristiani*에서 찾아볼 수 있다. 같은 텍스트를 약간 변경하여 황비묵(黃斐默)이 출판했고, 그것이 *LIVR*, ff.4b-5a에 들어 있다. Couvreur는 그것을 프랑스어와 라틴어로 번역하여 *Choix de documents* (pp.82-87)에 실었다. 이것을 또 수하(首下)가 pp.10-11에서 인용했고, 그 필사본 4부가 상해 서가회(徐家匯) 예수회 도서관에 소장되어 있다. 모두 최근의 걸로 보았지, 아무도 17세기 초의 것이라고는 생각하지 않았다. 이 태소에서 리치는 자신을 소개하기를, 멀리서 중국의 명성을 듣고 3년간 여행한 끝에 왔다고 했다. "그 후, 15년간 조경(肇慶)과 소주(韶州)에서 중국어를 배웠고, 5년 간 남창(南昌)과 남경(南京)에서 살았습니다. 외국인들에 대한 황제의 호의를 신뢰하며, 이제 본국에서 가지고 온 물건을 진상하고자 합니다. 구세주 성화 한 점, 복되신 동정녀 성화 두 점, 성무일도서 한 권, 보석으로 장식된 십자가, 시계 두 개, 세계지도 한개, 클라비쳄발로 한 대가 그것입니다. 수도자의 신분이기에 부인도 자녀도 없어 어떤 청탁도 바라지 않습니다. 오히려 천문학, 지리학, 역법과 수학을 공부했기에 황제께 도움이 된다면 기쁘기 짝이 없을 것입니다." 이 태소의 모든 텍스트는 만력 28년 음

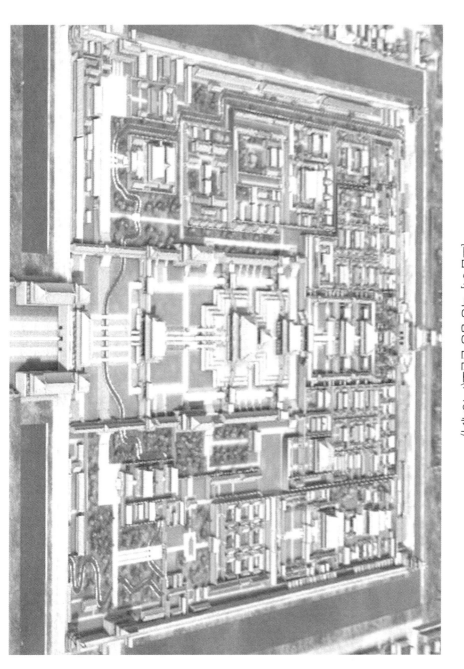

[그림 34] 북경 황궁 전면도(7-18세기)

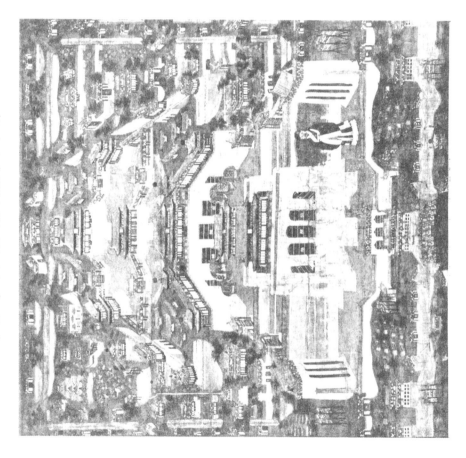

[그림 35] 리치 시절 북경의 황궁 (Cf. N.609)

593. 그림들을 선물하다. 황제와 황후가 놀라다

황제는 성화聖畵를 보고 놀라 말하기를, "이것은 살아 있는 부처로다[活
佛]"[679]라고 했다. 그들의 표현으로 "이것은 살아 계신 하느님"이라는 뜻
이다. 자기도 모르는 사이에 진리를 말한 셈이다. 그들이 숭배하는 신들
이 죽었기 때문이다. 그 이름['살아 있는 부처'라는]은 지금까지도 우리의
성화를 지칭할 때 사용한다. 그리고 신부들을 "살아 있는 하느님을 소개
한 사람들"이라고 부른다. 그러나 황제는 살아 있는 이 하느님을 몹시 두
려워하여 〈성모 성화〉두 점[680]을 우상 신들을 깊이 신봉하고 있던[681] 자

력 12월 24일 자로 기록되었다(萬曆二十八年十二月二十四日具). 즉, 1601년 1월 27일
이다. 이 날짜는 매우 신빙성 있는 것이, 진상하는 물건이 황궁에 온 게 25일이기 때문
이다. 마태오 신부가 황제에게 진상한 이틀 후가 되는 셈이다. 실제로 신부들은 삼 일
간 황궁에 머무르며 식사를 했다(饌設三辰叨燕陛闕). Cf. Couvreur, p.526. *Gli Atti
autentici di Scenzom*, c.356. 하지만 태감 마당은 리치가 선물을 1601년 3월 5일에 진
상하기를 바랐다(萬曆二十九年二月庚午朔)[Cf. 장유화(張維華, Ciamueihoa), p.171].
3월 5일이라는 날짜 아래에 다음과 같이 이야기하고 있기 때문이다. "천진 대운하 세
관원 마당 태감은 대 서국에서 온 마태오 리치를 인도하였는데, 그는 자신의 고국에서
나는 물건과 그 외 여러 가지 물건들을 진상하려고 했다(天津河御用監少監馬堂, 解進
大西洋利瑪竇進 貢土物 幷行李)." 심덕부(沈德符)도 종종 앞서 기술한 날짜를 인용하
기도 한다(c. 30, f.36b). 한편 판토하는 그들이 북경에 도착한 날, 그러니까 1월 24일,
책임을 맡은 관리가 나왔다고 전한다. "청원서의 모든 것이 준비되고, 황제에게 올릴
태소와 다른 것들도 준비되었다. 진상할 물건들을 챙긴 다음, 많은 수행원이 말을 타
거나 걸어서 그들을 동행하여 황궁으로 향했다. 태소에서 언급한 것을 모두 가지고 갔
다"(p.574; N.3107).

679 여기에서 부처는 하느님을 말한다. Cf. N.206, 본서 2권, p.77, 주(註) 34.

680 16-17세기 예수회는 성 루카가 그린 것으로 알려져 로마의 성모마리아 대성당에서 공
     경을 받던 성모 성화에 대한 신심이 매우 깊었다. 성 프란체스코 보르자는 이 성화의
     사본을 많이 만들어 전 세계로 보냈는데, 특별히 전교 지역들이 그 대상이었고, 그중
     에서도 중국이 각별했다(NN.565, 592, 743, 930, 988, 999). 첫 번째 사본은 퀴리날레
     에 있는 성 안드레아 수도원의 성 스타니슬라오 코스카(Stanislao Kostka)가 선종한 방
     에서 지금까지 공경을 받고 있다. 그곳 방문에는 이렇게 적혀 있다. Hanc imaginem
     S. Franciscus Borgia, ex exquilino esemplari primam omnium exprimendam

신의 어머니[682]에게 보냈다. 그의 어머니 역시 성화의 생생함을 두려워한 나머지,[683] 보물 창고[內庫][684]로 보내 보관하게 했다. 지금도 그곳에 있는데, 많은 관리가 그 보물을 관리하는 태감들을 통해 구경하러 가곤 한다.[685]

---

curavit. 몇 개의 사본이 로마의 교황청립 그레고리안대학교에 있고, 로마 관구 소속 아리챠(Ariccia)의 갈로로(Galloro) 예수회 수련소에도 있다. 비첸자(Vicenza)에 있는 로니고(Lonigo) 수도원, 팔레르모와 나폴리의 '예수 성당'과 브라질 등에도 있다. 이 사본들 가운데 하나를, 텍스트에서 보듯이, 리치가 만력 황제에게 선물한 것이다. Cf. N.4130. 최근 일부 작가들 사이에서는 이것이 1910년 라우퍼(Bertoldo Laufer)가 발견한 〈중국의 성모 성화〉라는 상반된 주장이 있었다. 그러나 그것은 아마도 동기창(董其昌, 1555-1636) 학파의 것으로, 그가 직접 그리지 않았다고 하더라도, 1600년경 중국의 초창기 예수회 이전으로까지 거슬러 올라갈 수는 없다. Cf. D'Elia2, pp.48-52.

681 Cf. N.637.

682 황제의 어머니는 성이 이(李)로서, 곽현(漷縣)에서 위(偉)씨 성을 가진 부친 밑에서 태어났다. 곽현은 북경의 통주(通州) 남쪽 45리(里) 떨어진 곳이다. 1567년 4월, 목종(穆宗)의 소실로 황궁에 들어갔다. 호는 융경(隆慶)이었다. 그의 아들 신종(神宗)이 만력(萬曆)이라는 이름으로 황제가 되었다. 1601년 11월 23일, 그녀에게 "자성황태후(慈聖皇太后)"라는 호칭이 수여되었다. 매일 아침 서너 시가 되면 직접 아들을 깨워 공부를 시켰고, 하지 않으면 꿇어앉혀 엄격하게 교육했다. 17세가 되어도 호되게 야단을 쳤다고 한다(*Cronaca dei Mim*, c.40, f.12a). 그녀는 1614년 3월 18일 세상을 떠났고, 시호를 효정(孝定)이라고 했다. 불교를 독실하게 신봉했고, 아들의 도움으로 북경 안팎에 많은 돈을 들여 여러 개의 사찰을 지었다(好佛, 京師內外多署梵刹, 動費鉅萬, 帝亦助施無算) (*Storia dei Mim*, c.114, f.7b). Cf. *Storia dei Mim*, c.21, anno XXIX, f.3a, anno XLII, ff.6b-7a: c.114, ff.6b-7b. 그녀에 관한 모든 호칭과 그 외 관련 참고도서는 *Index*, 24, II, p.226: 3, p.87b를 보라.

683 처음에 황제는 〈성 루카의 성모 성화〉와 큰 시계를 사람들과 고위 관리들이 잘 볼 수 있는 곳에 두도록 했다. 황제의 어머니, 왕후는 성모 성화에 매일 분향한 것으로 보인다. Cf. N.4130. 1601년 11월 12일, 예수회 스피놀라(B. Carlo Spinola, S.I.)는 마카오에서 로마에 있는 동료 로시뇰로(Bernardino Rosignolo, S.I.) 신부에게 편지를 썼는데, 거기에 "왕후는 성 루카의 성모 성화를 매우 좋아해서 자신의 거실에 두고 매일 공경을 드립니다"(*ARSI, Jap. - Sin.*, 36, f.144r)라고 말한다.

684 중극전(中極殿) 동쪽에 있었다.

685 1650-1664년 『간략한 중화제국 묘사(*Brevis Sinarum Imperii descriptio*)』라는 제목의 한 수기본에서 미켈레 봄(Michele Boym) 신부는 이렇게 적고 있다. "황제의 보물실에

사람들은 황제가 작은 〈구세주 성화〉를 공경하며 분향한다는 말을 신부들에게 했다. 그 성화는 우리의 총장 신부님이 거실에 가지고 있던 것을 신부들에게 보낸 것이다. 여하튼 그 말이 사실인지는 알 수가 없다.

594. 신부들을 궁으로 불러 사흘간 시계 맞추는 법을 황실 수학자들에게 가르치게 하다

후에 황제는 큰 시계의 태엽이 감기지 않아 시간을 알려 주는 소리가 나지 않자 급히 신부들을 불러 오라고 명해 고치게 했다. 오갈 때는 항상 말을 타고 달렸다.

황궁은 네 개의 담으로 둘러싸여 있었다. 바깥 두 개의 성벽은 낮에 머리카락이 없는 사람[686]과 부녀자를 제외하고는 누구든지 출입할 수 있지만, 안쪽의 두 개는 태감 외에는 들어갈 수가 없었다. 따라서 밤에 궁에는 태감과 군인들만 있게 된다.

신부들은 두 번째 성벽까지 들어갈 수 있었고, 큰 시계는 그곳 정원에 있었다. 많은 사람이 구경하러 몰려들고 있었다.

황제는 견문이 매우 넓은 측근 중 한 사람인 전이경田爾耕[687]이라는 높

는 두 개의 성화가 있는데, 하나는 〈구세주 그리스도의 성화〉이고 하나는 〈성모마리아 성화〉다. 마태오 리치가 황제[즉, 숭정(崇禎)]의 증조할아버지에게 선물한 것이다. (그러므로 1601년이다; 하지만 리치는 이듬해라고 말한다, N.596.) 황실 행정을 담당하는(공부[工部]라고 부르는) 곳에서 잘 장식하여 큰 홀에 전시하였다"(ARSI, Jap.-Sin., 77, f.50v). Cf. D'Elia[2], pp.34-35.

686 승려들이다. Cf. NN.137, 187.

687 만력 황제 시절 전례대신(典禮大臣)은[Cf. 유약우(劉若愚), 중지(中志), c.5] 향달(向達) 박사의 확실하고 친절한 증언에 따르면, 이진(李晉, Lizin, Lichin)이라는 사람이다. 만약 리치가 Licino[이진]이라고 썼다면 입증이 되는 셈이다. 그러나 리치는 의심스럽게 Lhcino[전이경]의 이름에 첫 글자 L 다음에 i 대신 h를 쓰고 있다. 리치는 통상

은 태감을 보냈는데, 그는 신부들을 매우 친절하게 대해 주었다. 그는 신부들에게 어떤 의도와 바람으로 선물을 진상했는지에 대해 여러 가지 질문을 했고, 우리는 하느님을 섬기며 사는 수도자로서 현세에서는 아무것도 바라지 않으며 오로지 수도 생활만을 원하기에 어떤 관직도 바라지 않는다고 했고, 그는 매우 기뻐했다.

전이경은 두 개의 시계가 낮과 밤을 가리지 않고 시간을 알려 주고, 종의 기능에 대해서, 또 바늘은 시간을 가리킨다는 사실 등을 알았다. 그는 태엽을 감아 주는 걸 배울 사람이 필요하다는 것과 2, 3일이면 충분히 배울 수 있다는 걸 알고 황제에게 가서 보고했다. 황제는 20, 30명이 넘는 내궁 흠천감[688]의 수학자들 중 네 명의 태감에게 명해, 시계의 태엽을 감고 관리하는 걸 배워 3일 안에 자신의 알현실로 가지고 올 수 있게 하라고 했다. 이 일로 신부들은 3일간 흠천감[689]에 머무르며 극진한 대접을 받는 가운데 학자들을 가르쳤다. 비용은 마당 쪽 사람들이 지급했는데, 신부가 황제에게 자신들에 관해 나쁘게 말하지 않게 하기 위해서였다. 마당이 신부들로부터 많은 선물을 받았다는 소문이 나돌았기 때문이다. 그 소문은 모두 사실이 아니다. 오히려 그들이[690] 황제의 측근으로 있는 태감들과 일을 성사시키기 위해 돈을 많이 썼을 것이다.

Lh를 Öll로 발음하곤 한다. 따라서 (Ttien)öllchen [T'ien Erh-keng](전, 田) 이경(爾耕)을 말하는 것이라고 충분히 예측할 수가 있다. 북경 근처 임구(任邱)에서 1598-1602년 병부상서(兵部尚書)를 지낸 전락(田樂)의 손주로 태어났다. 그의 전기는 다음을 보라. Cf. *Storia dei Mim*, c.306, ff.28b-29a; *Index*, 24, II, p.142.

688 Cf. N.58.
689 황제의 "개인 궁궐 안에"(Pantoja[1], p.575; N.3108) 있는 흠천감(N.58)이다.
690 여기에서 '그들'은 "마당 쪽 사람들"을 가리킨다.

[그림 36] 로마 〈성모마리아 대성당의 성모 성화〉첫 사본

• 1569년 성 프란체스코 보르쟈의 명으로 그림
  퀴리날레의 성 안드레아 성당에 있는 전(前) 예수회 수련소 소장, 로마.

네 명의 수학자들은 중국어로 모두 적어 가며 시계에 관해 정말 열심히 배웠다.[691] 하나라도 잊어버리면 목숨까지 위험할 수 있기 때문이다. 이 점에 있어 황제는 태감들을 매우 잔인하게 다루었는데, 대수롭지 않은 일로 거의 죽을 만큼 곤장을 때리거나, 때때로 죽음에 이르게 하기도 했다.[692] 그들은 시계 안에 있는 바퀴, 철사, 열쇠 등 모든 부품의 이름을 중국어로 적었는데, 말로 하는 언어와 펜으로 하는 언어를 모두 사용하여 정확하게 하려고 애썼다.[693]

595. 황제가 유럽과 신부들에 관해 묻다. 신부들에 대해서는 큰 관심을 가지지 않다

사흘 동안, 또 이후에도 황제는 여러 명의 태감을 보내 신부들에 대해서, 유럽에 대해서 많은 것들을 물었다. 풍습, 식량, 건축, 의복, 보석, 국왕의 혼인과 장례[694] 등 여러 가지 것들에 관한 질문이 있었다. 황제는 신부들이 식탁에서 술을 얼마나 마시는지, 빵을 얼마나 먹는지[695] 등에 대해 태감들의 보고로 알고 있었다. 그러나 신부들이 알려 주고 싶었던

---

691 다시 말해서 중국어로 적었다는 뜻이다.
692 "이 황제는 황궁의 태감들을 매우 잔인하게 다루었는데, 조그만 일에도 자주 몽둥이로 때려죽이기도 한다"(N.525).
693 구어체와 문어체로 썼다는 말이다. 이 일은 절대 작지 않은 일로, 전혀 새로운 문물에 대해 사흘 만에 중국어로 모든 말을 찾아내어 적기란 힘들었을 것이다.
694 판토하(Pantoja[1], p.580)는 이 마지막 질문에 대해 매우 쉽게 우리에게 답을 주고 있다. 1598년 9월 13일 펠리페 2세 국왕이 사망했다. "그때 우리는 폐하의 사망 소식을 들었고", "그분을 매장했다"라고 보도되었기 때문이다. 따라서 유럽에서는 국왕이 사망하면 납관에 시신을 넣고 다시 나무로 된 좋은 관 안에 넣는다. 그런 다음 "미리 마련된" 어느 성당 내(內) 석관에 묻는다. Cf. N.3109.
695 중국의 북방 지역에는 효모를 넣지 않고 발효하여 만든 빵을 먹고 있었다.

것은 그들이 북경에 남고 싶어 한다는 것과 황제로부터 어떠한 선물이나 관직을 바라지 않는다는 것이었다.[696] 이런 것들은 관리들이 우리가 북경 밖으로 나가기를 바랄 때, 우리에게 매우 유리하게 작용했다.[697]

596. 궁에 가져간 시계들. 대형 시계는 1602년 도시를 둘러싼 두 번째 성(城) 밖 호부(戶部) 건물의 탑에 설치하다

아직 삼 일이 채 끝나기도 전에 황제는 사람을 보내 왜 시계를 가져오지 않는지를 물었다. 그래서 황급히 시계를 황제에게 가지고 갔다. 그는 매우 만족하며, 네 명의 태감들에게 관직을 한 등급씩 승진시켜 주었다.[698] 이것은 지위와 봉급을 올려 주는 하나의 방법이기도 했다.[699] 그들은 모두 기뻐했다. 더 기쁜 것은 그들 중 두 사람이 지금도 매일 작은 시계의 태엽을 감아 주기 위해 황제에게 간다는 것이다. 황제는 이 작은 시계를 좋아해서 낮이건 밤이건 곁에 두고 싶어 했다.[700] 어느 세계나 모

---

696 이전에도 황제는 그들에게 낮은 관직을 주겠다고 했다. 신부들로서는 황제를 민망하게 할 수도 불쾌하게 해서도 안 되기 때문에 거절하기가 쉽지 않았다. 두 선교사는 태감들에게 황제의 제안에 대해 "그저 황궁에 드나들 기회만 제공해 달라"며, "어떤 관직도" 바라지 않는다고 분명히 말했다. 결코 관리가 될 수 없다고도 했다(Pantoja[1], p.579; N.3111). 그러나 북경에 체류한 첫 달에 그들은 이렇게 말했다. "우리는 아무것도 관심이 없습니다. 다만 황제께서 직접 우리에게 어떤 장소나 집을 주신다면 매우 기쁠 것입니다. 우리의 의도는 특정 장소에 있는 것이 아니라 하느님의 율법을 지키는 데 있습니다"(Pantoja[1], p.580; N.3111).

697 Cf. N.611.

698 Cf. Pantoja[1], p.579; N.3110.

699 Cf. N.107.

700 봉헌별기(蓬軒別記, ff.1-2)에서 저자가 말하기를, 리치는 "또 금으로(?) 작은 유향 상자만 한 크기의 자명종을 만들어 12시간으로 나누어 하루 두 차례 시간을 알리는 소리가 나게 했다. 또 다른 호감을 끄는 물건이다(又有自鳴鐘, 僅如小香盒, 精金爲之, 一日十二時, 凡十二次鳴, 亦異物也)."

든 관리는 황제의 측근에 있고 싶어 하는데, 중국의 경우는 더하다. 그리고 그런 관리가 특정한 기회에 황제에게 자신들에 관해 나쁘게 말할까 두려워한다. 엄청난 손해이기 때문이다. 그래서 [그런 관리에게] 자기를 낮추고 선물을 보내는 것이다.

큰 시계와 관련하여, 추를 달 수 있을 만큼 높은 곳이 있어야 하는데, 궁 안에는 그럴 만한 장소가 없었다. 그래서 이듬해에 황제는 외부에 있는 공부工部로 보내, 신부가 그려 준 모델에 따라 계단과 창문, 열린 형태의 복도를 갖춘 상당히 우아하고 예쁜 목탑을 만들라고 명했다.[701] 그리고 상당히 큰 또 다른 종을 하나 주문했는데, 거기에는 각종 도안을 새기고 덧문을 달아 전체를 도금하는 한편 매우 정교하게 그림을 그려 넣도록 했다. 그 비용이 은자 1,300냥에 이르렀다. 그리고 그것을 황궁의 두 번째 성문 밖, 여러 진귀한 물건들을 두는 자신의 정원에 세우도록 했다. 그곳은 황제 혼자만 들러 즐기는 곳으로, 상당히 귀한 여러 물건이 보관된 곳이다.[702] 시계를 그곳에 두고자 한 것은 [신부들이 자기를 찾아온 것을] 영원히 기념하고, 모든 사람이 와서 구경하도록 하기 위해서다. 신분이 높은 사람도 그곳에 와서 다른 진귀한 물건들을 함께 구경하라는 뜻이다.[703]

---

701 Cf. N.4182.
702 판토하는 1616년 8-9월, 황제 비망록(Cf. Courant, N.1321, f.2a)에서 '드디어 큰 시계가 수황전(壽皇殿)에 설치되어 볼 수 있게 되었다'라고 말하고 있다.
703 성 오틸리아의 베네딕토회 엔쇼프(D. Enshoff) 신부는(P. *Riccis Uhren* in *Die Kattholischen Missionen*, Bonn, LXV, 1937, pp.190-194), 리치 신부의 모든 성공은 바로 이 시계들에 있다고 주장한다. 그에 따르면, 우리 신부[마태오 리치]가 중국에 소개한 시스템은 유럽에서는 이미 3세기 전에 폐기한 것이지만 중국에서는 아직 알려지지 않은 것이라 [중국인들의 호감을 샀다는] 것이다. 이 시스템은 낮을 12시간으로, 밤

을 똑같이 12시간으로 구분하여 하루를 24시간에 맞추었다. 이 경우 여름에는 낮이 길고 밤이 짧아서 낮에는 매시간을 80분으로, 밤에는 60분이 아니라 40분으로 했고, 거울에는 그 반대로 했다는 것이다. 관련 논문에서 그는 이렇게 말한다. "일정하지 않은 시간을 위해 고안된 자명종은 유럽에서는 이미 4세기 전부터 널리 알려진 것이지만 중국에서는 아직 완전히 알려지지 않았다. 중국이 그런 단순한 시간 측정 기계에 관해 아직 전혀 알지 못하는 동안, 그 시계가 그대로 세워져 있다가 완전히 잊혔을 때, 자명종[기계식 시계]은 이미 유럽에서 3세기 이상 균등한 시간을 위한 시계로 교체되었다. 바로 이런 사실이 선교사 리치 신부에게 오래된 과거에 대한 중국인들의 지나친 자부심을 조금 억누르고, 그들에게 새로운 낯선 것에 대한 올바른 이해를 끌어낼 수 있게 했다"(*Ibid.*, p.193). 최근 예수회의 사레이라(R. Sarreira) 신부도 같은 주장을 하였다. *Horas boas e horas más para a civilização chinesa*, in *Brotréria*, Lisbona, XXXVI, 1943, pp.518-528.

　분명 독창적이라고도 할 수 있는 이 논문들은 역사적인 확실한 사실이나 텍스트에 근거를 두지 않고, 단순히 대립적인 주장만을 하는 것 같다. 중국인들은 아주 오래전부터 낮과 밤을 12시간(時)으로 나누고, 그것을 100(96이 아니라) 각(刻)으로 구분했다. 매시(時)는 8과 6분의 1각(刻)이다. 나는 어떤 텍스트에서도 중국의 역사에서 알려진 것과 다른 시간에 대한 믿을 만한 정보를 찾지 못했다. 그러므로 리치에 관한 의미 있는 사실은 다음과 같다. 1582년 그가 인도에서부터 가지고 간 금속 시계는(N.216) "우리 유럽의 방식으로 만든" 것이었고, 그래서 평소 중국인들이 사용하던 이중의 시간과는 "매우 다르게 시간 표시를" 했다(N.1061). 돌로 된 시계는 분명 리치에게 중국의 12시간을 24개로 나누는 데 유용했을 것이다. 왜냐하면 그가 덧붙인바, 중국인들은 해가 뜨고 지는 시간이 필요 없기 때문(N.1540)이다. 그래서 별의 움직임에 따라서 시간을 줄이지도 늘리지도 않았다. 실제로 리치는 1597년에 클라비우스의 천체관측기(l'Astrolabio)를 받고 "또 다른 시계를 하나 만들었는데, 거기에는 낮과 밤을 반 시간마다 표시했습니다. 중국인들이 24개로 표시한 것을 사용하기 때문입니다. 일출과 일몰 시간은 없습니다"(N.1540). 1596년에도 비슷한 시계를 "여러 개 만들었는데, 지방에 따라 다른 천체 표시가 들어간 것"으로서 그 끝에 "그들의 한 시간은 우리의 두 시간인데, 그들은 숫자로 [시간을] 표시하는 것이 아니라, 각기 고유한 이름으로 표시합니다"(N.1506)라고 덧붙였다. Cf. N.1469. 또 리치가 황제에게 선물한 큰 시계도 "15분마다" 소리가 났고, "시침에서 15분마다 중국 글자로 표시했다." 그리고 독수리 한 마리가 "부리로 시간을 가리켰다"(N.572). 리치의 작은 시계 중 하나는, 아마도 그가 왕충명(王忠銘)(N.506)에게 선물한 것으로, "세 개의 종이 있어 매시간과 15분마다 소리가 났는데" 그것은 분명 유럽의 방식이었다(N.286). 리치와 같은 시대 사람으로 추정되는 한 익명의 저자는 『운간잡지(雲間雜誌)』(Cf. *Seccu*, p.2987)에서 이렇게 말하고 있다. "마태오 리치가 동(銅)으로 시계를 하나 만들었는데 하루에 열두 번 복수의 시

[그림 37] 〈성모 마리아 대성당의 성모 성화〉

• 중국 버전 (1600년경).
  시카고 필드 박물관 소장, 미국.

597. 황제의 요청으로 신부들의 초상화가 그려지다

시계에 관해 가르쳐 주는 일이 끝나자,[704] 황제는 신부들이 가지고 온, 중국에서는 한 번도 보지 못한 모든 물건에 크게 만족하며, 직접 신부들을 만나 보고 싶어 하는 것 같았다. 태감들이 전해 주는 보고로는 만족하지 못했다. 그렇지만 수년간 중국의 관리들은 물론 아무도 황제를 본 사람이 없었다. 궁 안에 있는 태감들과 부녀자들을 제외하고는[705] 마지막 성벽 안으로 아무도 들어올 수 없기 때문이다. 그래서 신부들에게 궁내 화공이 있는 곳까지 들어오게 하여 신부들의 모습을 있는 그대로 전신으로 그리게 했다. 황제는 궁내에 있는 최고의 화공이 그린 생생한 초상화를 가지고 오도록 했다.[706]

(時)에 맞추어 12시간에 따라 종을 울리게 했다. 첫 번째 시(時)는 자시(子時)(23시부터 1시까지)로 한 번 울리고, 두 번째는 축(丑)(1시부터 3시까지)으로 두 번 …. 열두 번째는 (21시부터 23시까지) 열두 번 울렸다(一日十二時凡十二次, 子時一聲, 丑時兩聲, … 至刻時聲十二)." 심덕부(沈德符)(ms. 국립북경도서관, c.20, f.14)는 12시간과 15분이 100개라는 중국 시스템을 설명한 후, 이어서 "마테오 리치는 자신의 나라에서는 하루가 24시간으로 나누고, 매시간은 15분이 4개로 정확하게 96개가 된다고 말한다. 따라서 거기에서 만든 시계들은 하루에 24차례 소리가 나는데, 23-1시, 11-13시 후반에서 시작하여 23-1시, 11-13시 전반에서 끝난다. 그의 나라에서 24시는 중국의 12시다." 데 우르시스 신부는 1612년 9월 1일, 중국의 달력을 계산하고 그에 관한 소논문에 서명하며 다음과 같이 말했다. "자정부터 한밤중에 시작되는 자연적인 날의 사용법: 12시간을 반복하는 것은 같지만, 시간을 8각 몇 분으로 나누기 때문에 유럽의 하루 15분짜리가 96개가 아니라 100개가 된다. 그래서 우리의 시간은 중국의 시간과 정확하게 맞지 않는다. 낮과 마찬가지로 밤 역시 12시와 18시에 시작한다. 따라서 15분은 100분이고, 1분은 100초로 나뉜다"(D'Elia[4], p.89). 그 외, 리치의 사도적 성공의 비밀이 여기에 있다는 점에 대해서는 리치도 그의 동료도 전혀 실망을 주지 않은 것은 사실이다.

704 Cf. Pantoja[1], pp.497-500; N.3111.
705 Cf. N.130, 본서 1권, p.382, 주(註) 367.; NN.130, 165, 597, 893, 988, 1523.
706 판토하(Pantoja[1], p.578; N.3110)는 두 명의 화상이 할 수 있는 한 최고로 두 장의 초상화를 그렸다고 알려 준다. 그러면서 바로 실제 모습과 초상화의 유사성에 관해 다음과

그림을 가져갔던 사람들이 돌아와서 말하기를, 황제가 그 초상화를 보고, "이 사람들은 회교도들이로다"라고 말했다고 한다. 페르시아의 사라센인들은 과거 중국과 왕래했고,[707] 그들 역시 수염을 기르고 유럽인과 매우 닮은 얼굴을 하고 있었기 때문이다. 그러자 옆에 있던 한 태감이 "그들은 아닙니다. 돼지고기를 먹습니다"[708]라고 대답했다고 한다.

598. 황제에게 준 두 개의 인쇄물, 예수상과 베네치아의 성 마르코상

황제는 또 우리의 국왕들이 어떤 옷을 입는지, 우리가 서양의 왕궁 설계도를 가졌는지도 알고 싶어 했다. 이런 것은 말로 설명하기가 어려운데,[709] 하느님께서는 신부들이 가지고 있는 〈예수의 성명 성화〉[710]를 통

같이 덧붙였다. "그러나 사실, 나도 내 동료도 그 초상화를 통해 인물을 알아보지는 못했다."

707 Cf. N.174, 본서 1권, p.440, 주(註) 534. 페르시아의 무슬림과 중앙아시아의 국가들은 통상 어느 정도는 항상 중국과 교역 관계에 있었다. Cf. NN.606, 830, 837.

708 Cf. NN.171, 726, 847.

709 의심의 여지없이, 리치와 그의 동료는 물론 그 후임자들도 직접 황제를 본 적은 한 번도 없다. 1601년 3월 6일 자, 리치가 쓴 한 통의 편지를 토대로 1601년 『연차 보고서』에도 담긴바, 그 문서에 따르면, 그들이 북경 생활 초창기인 2월, 두 명의 선교사는 황궁에 자주 오갔고 "한 번도 황제를 본 적이 없는데, 이는 그들의 오랜 전통이다. [황제가 외국인과 의사소통하는 일은 매우 드물다"(N.4128). Cf. N.622. 그러나 편전(便殿)이라고 부르는 빈 옥좌가 있는 알현실에 간 적은 있다(Aleni¹, B, f.11a). 그곳에서 황제는 밀짚 커튼을 통해 그들을 보았을 것이디(垂簾以觀). 그리고 2월 말, 다른 여러 사람과 함께 큰 마당에 설 수 있었다. Cf. N.609. 당시는 물론, 이후에도 온 중국에 퍼져 있었던 소문은 "잘못된 것으로 … 쉽게 사그라지지 않았다." 다시 말해서 "황제가 신부들과 여러 차례 매우 친근하게 이야기를 나누었다는 것"이다(N.622). 몇 년 지나지 않아 같은 소문이 무슬림 상인들로 구성된 "사절단"에 의해 중국 밖에까지 알려졌다. 그들이 북경에서 중앙아시아로 오면서 "그들의 방식에 따라 뭔가 더 정확한 것을 추가하느라", 칼리프(Ciališ)에게 리치와 그의 동료들이 "여러 번 황제와 이야기를 나누고 황

해 천사와 사람, 그리고 마귀들이 모두 그 앞에 무릎을 꿇고 있는 것을 보게 하셨다. 거기에는 "하늘과 땅 위와 땅 아래에 있는 모든 것들이 예수의 이름 앞에 무릎을 꿇으니"[711]라는 글이 적혀 있었다. 그리고 사람들 가운데는 교황, 황제, 국왕, 왕후王侯들과 제후들이 각자 예복을 입고 서 있었는데, 그것은 황제가 요청한바, 우리 국왕들의 복장과 상징뿐 아니라, 신부들이 가장 말하고 싶어 하던 것, 바로 그분의 이름, 하늘과 땅과 지하의 모든 사람이 무릎을 꿇는 분 앞에 황제도 무릎을 꿇어야 한다는 것을 말하고 싶었다.[712] 이에 마태오 신부는 중국어로 간략한 설명을 쓴

제의 신뢰를 많이 받고 있다"(N.830)라고 말한 것이다. 그러나 사실 1603년 11월 12일, 발리냐노의 기록에 따르면 그때까지 선교사들은 황제를 한 번도 알현하지 못했고 (N.3212), 1608년 8월 22일 리치가 북경에서 만력 황제에 관해 이야기하면서도 "우리는 한 번도 그와 이야기를 나눈 적이 없습니다. 태감이 아니라면 중국인들조차 그와 이야기를 나눌 수가 없습니다"(N.1869)라고 적었다. 1609년 2월 15일 자 우리의 항의문에도 "황제가 우리를 아끼고 자주 우리와 이야기를 나눈다는 것은 사실이 아닙니다"(N.1904)라고 썼다. 이렇게 소문은 명(明) 왕조 말 아담샬에 이르기까지 계속되었다. 그에 관해 전기를 쓴 역사학자는 "개인적으로 황제를 대면하는 일은 불가능했다. 천문학과 국방 문제에 있어 황궁 측과 긴밀한 관계가 있음에도 불구하고, 샬은 명-황제와 결코 마주하지 못했다"(Väth, p.120)라고 썼다.

710 중국 예수회 선교사들은 성화들에 예수의 성명이자 예수회의 문장이기도 한 IHS라는 모노그램을 써서 홍보하는 데 크게 기여했다. 1584년 루지에리가 저서 『천주실록(天主實錄)』 표지에서 이미 사용했고, 당시 일본에서 활동하던 많은 선교사 역시 각종 저작물에도 이 모노그램을 활용했다. Cf.본서, 2권 [그림 12]. 1599-1604년 소주(韶州)와 남경, 그리고 그 일대에서는 예수의 성명이 표지에 새겨진 『천주교요(天主教要)』가 회자되었다(NN.644, 1566). 1602년과 1607년 사이, 남창(南昌)의 그리스도인 신자들은 새해 그들의 집 대문 위에 복(福)이라는 글자나 예수와 마리아의 이름으로 여러 미신적인 상징을 만들어 붙였고, 그 사본이 많이 인쇄되어 돌아다니기도 했다(NN.751, 878). 남경에서도 〈예수의 성명〉이 퍼져 나갔다(N.917). 리치는 자신의 모든 중국어 저작물들에 수도회의 인장과 함께 이 모노그램을 사용했고[N.46, 주(註)] 이렇게 서명했다. "예수회의 마태오 리치가 여기 귀중한 모노그램으로 서명합니다(遇寶像三座, 耶蘇會利瑪竇)." Cf. 진원(陳垣), 明李之歐化美術及羅馬字注音; D'Elia², p.59, N.1.

711 성 바오로가 필리피인들에게 보낸 편지, 2장 10절.

그 성화를 안으로 가져가도록 했다.[713] 그러나 황제는 작고 음영이 있는 우리의 그림을 볼 줄 몰랐다. 중국의 그림들에는 없었기 때문이다.[714] 황제는 궁의 화공들을 불러 색을 더 넣은 다른 큰 그림을 그리라고 명했다. 신부들이 완성도를 높일 수 있게 2,3일 그곳에 머무르며 봐 주자 매우 빨리 완성할 수 있었다. 하느님의 은총으로 황제에게 말로 할 수 없었던 것을 그림으로 보여 주었다.

궁전[건물]과 관련하여, 스페인의 에스코리알에 있는 성 로렌조 공작소 인쇄본들을 태감에게 주었는데, 매우 아름다운 여러 장의 그림이었다. 그러나 태감은 그것을 줄 의향도 없었지만, 그 인쇄본 건물들을 설명할 수도 없어서 황제에게 바치지 않고 그냥 자기가 가지고 있었다.[715] 그리고 그림이 좋은 베네치아 광장과 건물, 그리고 무기를 찬 군주가 함께 있는 성 마르코 대성당만 바쳤다.[716] 태감들이 전하기를, 황제가 우리 국왕들이 높은 건물 위에서 산다는 말을 듣고 웃었다고 한다. 그가 생각하기

712　여기에 다시 리치의 열정이 드러난다. 고관들 및 황제와의 관계를 통해 그가 의도하는 바는 정확하다.

713　내가 '간략한 설명'이라고 언급한 것에 대한 해석은 의심할 여지가 없게, 리치가 1595년 건안왕(建安王)에게 선물한 지도에서 확인해 주고 있다. Cf. N.481, 본서 2권, p.468, 주(註) 499.

714　Cf. N.41.

715　판토하(Pantoja[1], p.577; N.3109)에 의하면, 태감은 황제가 이 그림들을 확대하라고 할 것이 두려웠다는 것이다. 예수의 모노그램을 간행한 것처럼, 여러 중국인 예술가들을 심각한 상황으로 몰고 갈 수도 있다고 판단했기 때문이라는 것이다.

716　이 인쇄물들에 관해 판토하(Pantoja[1], p.577; N.3109)는, "우리는 에스코리알 인쇄본을 하나 가지고 있는데, 이는 재판본으로 우리가 모두 말했듯이, 베네치아의 성 마르코 광장의 모습이다"라고 썼다. 왜냐하면 에스코리알의 디자인들은 적게 인쇄가 되었고, 그래서 여기 텍스트에서 말하는 것들도 1591년 쾰른의 호겐버그(Franz Hogenberg)가 인쇄한 사본일 것이다. 지금은 베르나르드(Bernard[2], II, p.17, N.16)가 말하는 것처럼, 안트베르펜의 플라틴-모레투스(Platin-Moretus) 박물관에 소장되어 있다.

에 그렇게 높은 곳에 있으면 위험하고 불편할 것이기 때문이다.[717] 사람들은 모두 자기가 성장한 방식에 만족하고 사는 것이다.

599. 판토하 신부가 4명의 환관이 불러 클라비쳄발로 연주를 가르치기 위해 궁으로 들어가다

그 일이 끝나자, 신부들은 궁궐 문 옆에 집을 하나 임대하였다. 마당의 측근들이 낮이건 밤이건 항상 주변을 돌았고, 두 명의 태감이 마당의 대리인처럼[718] 신부들을 감시했다. 그들은 태소를 올려 신부들을 돌려보내 달라고 요청하기도 했다.

그러나 이어 황궁에서 악사로 있는 또 다른 네 명의 태감이 나왔다. 그들은 흠천감의 태감보다 지위가 훨씬 높았다. 러와푸熱瓦甫나 그 밖의 현악기를 연주한다는 것은 중국에서는 대단히 중요한 일이기 때문이다. 그래서 악기 연주를 잘하는 사람은 매우 존경을 받는다. 황궁에도 악사 그룹이 있는데 이들은 상당히 좋은 대접을 받고 있었다.[719]

네 명의 태감은 신부가 선물한 클라비쳄발로를 어떻게 연주하는지 가르쳐 달라고 황제가 보낸 사람들이었다.[720] 그 바람에 연주하는 법과 악

---

717 기억해야 할 것은 중국의 집들은 "황제의 궁궐만 크고 다른 귀족들의 집은 넓은 평지에 있다"(N.38)라는 것이다.

718 징수원이라는 의미다.

719 Cf. N.43.

720 리치가 선물한 클라비쳄발로와 관련하여, 다음의 시편 두 소절은 중국어로 번역하지 않고 그대로 라틴어로 그것도 금색 글자체로 베껴서 썼다. *Laudate [Deum] in cymbalis benesonantibus* (*Salm. CL, 5*) *e Laudate nomen eius in choro; in tympano et psalterio psallant ei* (*Salm. CXLIX, 3*). 1640년 북경에서 푸르타도(Francesco Furtado) 신부가 쓴 편지에 15일, 강희(康熙) 황제는 고장 난 악기를 아담샬 신부에게 보내 수리해 달라고 부탁했다. 몇 개의 줄이 끊어져 있었다. 그리고 "우리에게 전해 오

기를 관리하는 방법을 가르치러 매일 황궁에 드나들게 되었다. 마태오 신부가 남경에 있을 때 판토하 신부와 함께 악기 연주를 잘하던 카타네오 신부로부터 연주하는 법을 배운 적이 있었다.[721] 판토하 신부는 전혀 몰랐던 것을 짧은 시간에 잘 배워 남경에 있는 동안 클라비쳄발로를 연주하는 방법뿐 아니라 관리도 잘했다.[722]

신부들은 궁 안의 홀에서 매우 성대하게 연주법을 가르쳤다. 태감들은 매우 예의 바르고 공손하게 우선 신부들 앞에 무릎을 꿇고 조아리며 스승으로 대했다.[723] 그러면서 애정과 인내를 가지고 가르쳐 달라며 빨

는 글 중에는 클라비쳄발로에 관해 쓴 시편 노래 두 곡[마태오 리치 신부님이 쓴]이 있는데, 그 내용은: 수금[클라비쳄발로]을 울리며, 주님을 찬양하여라, 춤추고 노래하며 그분의 이름을 찬양하여라…. 이 시편 노래를 중국어로 번역하고자 합니다"(ARSI, Jap.-Sin., 142, IV, f.1v)라며 시편 노래 번역과 설명을 요청했다. 여백에 중국어로 다음과 같이 번역하여 붓으로 적혀 있었다(爾天下民, 翕和斯琴, 咸聲讚主, 以鼗以歌, 揚羨厥名). 즉 "오, 만백성아 한데 모여, 수금을 울리며 다 함께 주님을 찬양하세. 북치고 노래하며 그분의 이름을 현양하세". 1640년 11월 14일 자, 아담샬도 『진정서상(進呈書像)』에서 봄에 황제가 명하기를 "리치가 선물한 클라비쳄발로를 수리하고, 클라비쳄발로에 관해 서양의 옛 성인들이 지어 서양어로 부른 찬미가를 번역하라"고 했다고 전한다(今年春, 泰上傳發修整, 並譯琴座所載西文, 及考其義意, 原係西古聖讚誦天主詞章). 같은 해 9월 8일, 샬은 수리한 클라비쳄발로를 궁으로 가지고 갔고, 그때 황제에게 종교와 관련한 다른 두 개의 선물을 또 했는데, 하나는 1617년 [독일] 바이에른의 공작 막시밀리아노 1세가 트리고에게 부탁한 것이고, 다른 하나는 150개의 아름다운 양피지 문서 컬렉션이다. 이 양피지 컬렉션에는 45개의 '예수의 생애' 이미지와 함께 금색의 글자로 관련 복음서의 텍스트를 적은 것이 들어 있었다. Cf. D'Elia², pp.122-124; Bartoli¹, IV, c.274, pp.547-550; Laamlle in AHSI, IX, 1940, p.104.

721 카타네오가 잘했고 리치도 약간은 음악가 기질이 있었다(Fonti Ricciane, III, p.16, nota a). Cf. N.526.

722 클라비쳄발로는 놋쇠 줄로 고봉이 만들어진 악기로, 후에 N.720에서 만나게 될 저자 풍시가(馮時可)가 자신의 저서(蓬軒別記, ff.1-2)에서 말하는 것처럼, "[리치] 선비는 외국의 악기도 하나 가지고 왔는데, 중국의 악기와는 달랐다. 놋쇠 줄로 된 현을 손으로 당기는 것이 아니라 작은 판을 두드리는 것으로, 그 소리가 매우 맑았다(道人又出番琴, 其製異于中國, 用銅鐵絲爲絃. 不用指彈, 只以小板. 案其聲更淸)"고 했다.

리 배우지 못하더라도 피곤하게 생각지 말아 달라고 요청했다. 마찬가지의 예로 클라비쳄발로에도 영혼이 있는 것처럼 조아리며 호의를 가져 달라고 했다.[724] 그들은 매일 진귀한 음식으로 신부들을 대접했다. 그곳은 더 명예로운 장소였고, 지위가 매우 높은 태감들이 신부들을 보러 왔다. 황궁 전체에 신부들에 대한 소문이 자자했고, 지금까지도 [우리에 대해] 모든 사람이 알게 된 계기가 되었다.

600. 리치가 이부대신(吏部大臣) 조우변(曹于汴)과 사귀다. 하느님 의 놀라운 섭리

마태오 신부는 마당의 손에서 벗어나고 싶었으나 쉽지 않았다. 마당이 바라는 것은 황제가 신부들에게 돈을 주고, 자기가 그것을 가로챈 다음 신부들을 남쪽 지방으로 보내 버리는 것이었다. 신부들을 자기 욕심을 채우는 데 이용하려는 것이다. 마태오 신부는 황제에게 올린 두 번째 상소가 예부상서禮部尙書[725]에게 있다는 걸 알았기에 [예부를] 방문하고 싶었으나 마당쪽 태감들이 그것을 허용하지 않았다. 신부가 친구를 만나러 도시로 가는 것도 금했다. 사람을 붙여 항상 감시했고 미행했다.

클라비코드를 가르치는 기회를 이용하여 판토하 신부만 마당의 부하와 함께 궁에 들어가게 하고, 마태오 신부는 매일 집에 남기로 했다. 얼

---

723 Cf. N.625.

724 얼마 후 악사들은 하나같이 클라비쳄발로를 우상처럼 숭배하며, 매일 엎드려 절하곤 했다. Cf. N.4130.

725 당시 예부상서(禮部尙書)로 여계등(余繼登)이 있었다. 그는 1601년, 바로 그해 8월에 사망했다. 이 인물에 관해서는 *Storia dei Mim*, c.116, ff.6a-7a; *Index*, 24, II, p.149를 보라.

마 후 마태오 신부는 지인들을 방문하러 다녔고, 그들이 써 준 소개 편지를 가지고 새로운 친구를 사귀기도 했다. 이것은 나중에 겪게 될 큰 어려움에 대비하려는 것이었다.

가장 크게 도움이 된 사람은 조曹726씨 성을 가진 첨사僉事로 온 중국 문관의 인사와 훈봉 등의 사무를 관장하던 이부吏部 소속 관리였다.727 그는 원래 작은 도시의 지부知府라는 관직에 있었으나, 업적이 탁월하여 바로 이런 [첨사라는] 높은 관직으로 승진하였다. 그의 관직 수행 방식은 모든 사람이 그를 두려워하게 했다. 그가 어떤 경로로 [마태오] 신부가 북경에 있다는 걸 알았는지는 모르겠으나,728 또 어떻게 [사는] 집을 알았는지 몰라도 매우 겸손한 자세로 신부를 찾아왔다. 신부는 놀랐고, 떠날 때가 되어서야 왜 찾아왔는지를 물었다. 그는 신부가 유능한 사람이라는

726 이 사람은 성이 조(曹), 이름이 우변(于汴)이고, 자는 자량(自梁)이며, 호는 진여(眞予)다. 1554년부터 1630년까지 살았다. 산서(山西)의 평양(平陽), 안읍(安邑)에서 태어나, 1591년 거인[석사]에 장원으로 급제했다. 1592년 진사[박사]가 되어, 리치의 〈작은 도시〉 회안(淮安)의 추관(推官)이 되었다. 그곳에서 행정관으로 일을 탁월하게 수행하여, 즉시 이과(吏科)의 급사중(給事中) ─리치가 말하는 첨사(僉事)─ 로 승진하였다.
　이 관직에 있으면서 남경과 북경의 병부상서(兵部尙書)들에게 물러나라고 용기 있게 주청을 올렸고, 알레니도 언급한 바 있는(Aleni[1], B, f.11b) 이부(吏部)의 시랑(侍郎) 조방청(趙邦淸)을 어떤 중상모략에서 지켜 주었다. 리치가 사망한 후 그는 태상소경(太常少卿), 대리소경(大理少卿), 좌첨부어사(左僉部御史) 그리고 좌부도도사(左副都都史)의 관직을 두루 거쳤다. 1628년 6월부터 1630년 초까지 도어사(都御史)를 지냈다. 그의 저서들에 관해서는 *Seccu*, pp.2623-2624, 3691-3692를 보라. Cf. *Storia dei Mim*, c.254, ff.3a-4a; *Index*, 24, II, p.273; *Dottrine dei letterati dei Mim*, II, c.10, p.98. 『기인십편(畸人十篇)』 제5장에서 리치의 대담자로 말이 없고, 말을 적게 하는 사람으로 등장한다. 거기에서 그는 조급간(曹給諫)이라는 이름으로 나온다.
727 조(曹) 선생은 첨사(僉事)였다. 즉 이부에서 인사과장으로 있었다. 그곳은 문관들의 능력을 심사하여 관직을 주는 일을 담당하는 곳이다. Cf. N.87.
728 아마도 『교우론(交友論)』을 읽고 리치를 알기 시작한 것으로 보인다. 뒤에 N.624에서 언급하게 될 문인[풍응경]의 친구이기 때문이다. Cf. N.4126.

것을 알고, 또 삶의 참된 도리를 가르친다는 것을 알고 찾아왔노라고 했다. 후에 신부가 답 방문을 했고, 서로 친숙한 교우관계가 되었다.

마태오 신부는 다른 사람들과도 그렇게 했다.

하지만 알아 두어야 할 것은, 남경의 친구들이 소개장을 써 주면서 찾아가라고 한 사람들은[729] 전혀 도움이 되지 못했다는 사실이다. 그들의 대부분은 만나 주려고도 하지 않았고, 신부와 교류하면 어떤 손해라고 생길까 봐 두려워했다. 신부와 태감[730] 사이에 일어난 일에 대해 북경 전체에 이미 소문이 났기 때문이다. 이것을 통해 분명히 알게 된 것은, 신부가 처음부터 태감 마당의 손에 떨어진 것이 오히려 다행이었다는 사실이다. 왜냐하면 그 태감이 황제에게 상소를 올리지 않았다면 아무도 상소를 올리려고 하지 않았을 것이고, 그렇게 되면 처음 북경에 왔을 때처럼[731] 아무것도 못 하고 다시 강제로 되돌아가야 했을 수도 있기 때문이다.[732] 그러므로 이 일에 대해 하느님께 무한한 감사를 드린다.

601. 이탈리아어로 된 〈서금곡의팔장(西琴曲意八章)〉을 중국어로 옮겨 쓰다

악사 태감들은 한 곡 이상을 배우지를 못했다. 젊은 두 명은 그래도 배울 만큼 충분히 배울 수 있었지만, 다른 두 연로한 사람들을 기다려야 했다. 그중 한 명은 70세였다. 그래서 한 달이 넘어도 다 배우지를 못했다.

---

729 Cf. N.573.
730 마당이다. Cf. NN.581-589.
731 Cf. N.525.
732 1598년 9월 7일이다. Cf. N.520.

그들은 클라비코드로 연주하는 곡曲의 가사 내용이 무엇인지 물었다. 그래야 황제가 물어보면 대답할 수 있기 때문이다. 이를 계기로 마태오 신부는 덕德과 삶의 도리를 권하는 서방의 여러 아름다운 명언들로 여덟 가지 도덕적 경구를 담은 여덟 수의 중국어 가사를 만들었다. 그리고 제목을 '서금곡의팔장西琴曲意八章'733이라고 했다. 아주 잘 만들어져서 모든 사

---

733 이 『서금곡의팔장(西琴曲意八章)』은 『기인십편(畸人十篇)』 下권 부록(in PCLC, III, ff.39a-42b)에 실려 있다. 그 외 판본들은 로마의 빅토리오 에마누엘레 도서관 (Biblioteca Vittorio Emanuele in Roma, f.34a seg.)과 1928년 상해 인쇄본 (pp.111-116)이 있다. 그중 한 사본은 알레니(Aleni¹)가 중국어로 쓴 리치의 생애와 묶어 출판했는데, 로마의 빅토리오 에마누엘레 도서관에 있다. 처음에는 [이 곡의] 기원을 이야기한다. "만력 제28년, 경자(庚子)년[1600년 2월 14일-1601년 2월 2일]에 나 마태오[리치]가 수도[북경]로 가서 [황제에게] 진상한 여러 물건 중 중국의 악기와 그 형태가 매우 다르고 두드려 소리가 나는 서양 악기 클라비쳄발로라는 것이 있었다(西洋樂器雅琴一具). 황제는 매우 좋아했다. 이에 악사들이 내게 말하기를, 연주하시게, 청컨대 연주하시게, 그대 나라의 노래도 분명히 있을 것이네. 우리는 그것도 듣고 싶네. 이에 나 마태오가 대답하기를, 저는 외국 사람이고, 제가 배운 도덕적 가르침이 담긴 노래 외에는 아는 것이 없소이다. 이제 그 개략적인 의미를 그대들의 언어로 옮겨 여기에 적소이다. 운율은 빼고 의미만 적을 터, 두 언어의 음성이 서로 다르기 때문이외다."

(소) 제목에 따라 여덟 개로 구분한 간략한 가사 내용은 다음과 같다.

① 우리의 열망은 높은 곳에(吾願在上)! 인간은 하늘(天)에서 오노니, 최고의 인간 연구는 지(知) 안에 상제(上帝)가 있고, 그분을 공부(學)하는 데 열중하는 것이어라. 하느님은 자애가 크고 엄격함이 적으니, 해와 달을 만들어 모두를 비추시고, 비와 눈을 만들어 모두에게 공평하게 내리게 하셨음이라.

② 언덕에서 변화하는 목자(牧童遊山). 사람이 항상 자기만 돌본다면 자리를 바꾸는 것이 무슨 소용인가? 기쁨과 슬픔은 우리 마음의 평화와 혼란에 달려 있거늘. 여행은 무익하지만, 마음의 평화와 환대를 누리는 기회가 되리라.

③ 장수 준비를 위한 좋은 계산법(善計壽修). 참된 장수는 햇수를 세는 것이 아니라, 덕(德)이 쌓여 가는 것에 있으니, 만약 상제께서 내게 하루를 더 허락하신다면, 전날의 과오를 수정하고 덕행에 한 걸음 더 나아가야 하리. 그렇지 않으면 그 은혜를 저버리는 것이 되리라.

④ 덕의 힘과 영향(德之勇巧). 덕이 온 세상에 퍼지고 별들 위로 오르면, 천신(天神)들이 기뻐하고 상제의 총애를 입으리라(后帝之寵). 그런 사람의 목소리는 하늘이 듣고 보이지 않는 신령들이 감동하리라(無形之神明).

람이 그것을 받아들였고, 모든 문인이 달라고 하여 베끼기도 했다. 서양 박사들의 아름다운 경구에 놀라움을 금치 못했다. 한쪽에서는 이 곡들이 우리의 귀를 즐겁게 하기보다는 우리에게 인생을 잘 살도록 가르쳐 주기 위한 것이라고 했고, 곡의 내용을 잘 이해한 다른 한쪽에서는 신부들이 [이런 곡을 이용하여] 자기네 황제에게 수신과 치국의 도를 가르친 것에 대해 크게 칭찬하기도 했다.

이 작품은 매우 유용하게 사용되기도 했는데, 때로 신부들이 주요 인사들에게 선물을 해야 할 경우, 원문의 내용처럼[734] 가사를 서양 글자와 중국어로 함께 적어 선물로 보내기도 했다. 그리고 후에 서문을 붙여 어

---

⑤ 늙었지만 덕행에 이르지 못한 것에 대한 유감(悔老無德). 내일을 약속하기보다는 주어진 오늘을 유익하게 보내야 하리. 시간은 쏜살같이 흘러가나니. 나이는 이미 늙고 (생의) 종말은 다가오는데, 나의 덕행은 아직도 미숙하니, 유감스럽기 그지없구려.

⑥ 마음을 내려놓음(胃中庸平). 칭찬에 오만해져서도 불행에 낙담해서도 아니 되리니. "조물주(造物者)께서 나를 만드실 때, 피조물 가운데 가장 고귀하게 만드셨거늘, 비록 내가 숲속에서 길을 잃어도 여전히 나는 그분의 종이라네." 어진 사람은 어떤 일이 나를 외면하기 전에 스스로 그 일에서 멀어지는 것, "나는 빈손으로 왔으니, 빈손으로 돌아가리라. 죽은 후에 남는 것은 덕행뿐, 다른 무엇이 나와 오래 동행해 주리오?"

⑦ 어깨에 올려진 전대(肩負雙囊). 사람은 누구나 한 가지씩 타인의 결함이건 자신의 결함이건 짐을 지고 있거늘. "타인의 부족함을 살필 때는 살쾡이의 눈을 하지만, 자신의 결함을 볼 때는 장님이 되는구나." 누군가 그대의 큰 허물을 관대히 보아 주기를 바란다면, 남의 작은 허물은 덮어 주어야 하리.

⑧ 죽음은 어디든 길을 만든다(定命四達). 그대의 어떤 능력으로도 주름과 백발과 노화와 죽음을 막지는 못하리니. 이것은 왕이건 멸시받던 가난한 사람이건 모두가 두려워하는 것. 어느 날 두고 떠나야 하는 이승의 것들에 집착할 필요가 어디에 있으리오? "그대가 수고하여 서서히, 하루하루 모은 돈은 후손들이 사치와 낭비로 한순간에 탕진하고 말리라."

이 (노래) 가사의 번역은 다음의 논문에서 전문을 찾아볼 수 있다. *Sonate e Canzoni italiane alla corte di Pechino nel 1601* in *Civ. Catt.*, 1945, III, pp.158-165.

734 이탈리아어에서 중국어로 옮겨 쓴 것으로, 매우 유력하게, 이탈리아어가 아닐 수도 있다. Cf. N.482.

떤 계기로 만든 것인지를 설명하여, 신부의 다른 저작물들과 함께 인쇄하기도 했다.[735]

---

735 『서금곡의팔장』과 『기인십편』은 1772-1782년, '중국 문학 최고작품집', 『사고전서(四庫全書)』에 포함되기도 했다. Cf. *Seccu*¹, c.125, f.8a.

제13장

우리가 어떻게 주객사(主客司)의 지시를 받게 되었고, 외국 사절단들이 묵는 사이관(四夷館)에 들어가게 되었는지에 대해, 그리고 어떻게 거기에서 나오게 되었는지에 대해

(1601년 2월 25일경부터 5월 28일까지)

- ○ 지배인이 불쾌하다며 신부들을 체포하도록 하다
- ○ 마당(馬堂)의 밀사들이 신부들을 구출하여 예부(禮部)로 데리고 가다
- ○ 리치가 채수우(蔡守愚) 앞에서 자기를 변호하다
- ○ 리치가 사이관에 억류되었지만, 대접은 잘 받다. 이 건물에 대한 묘사
- ○ 북경 사이관의 이슬람교도와 그들의 진상품
- ○ 카타이는 중국이고, 캄발루는 북경이다
- ○ '사절단들'에게 제공하는 예의에 어긋난 연회. 리치가 연회를 거부하다
- ○ 선교사들이 빈 용상과 접견하다. 접견에 대한 묘사
- ○ 리치가 주국조(朱國祚), 채수우와 사귀다
- ○ 예부시랑 주국조가 황제 앞에서 신부들을 반대하는 탄원을 하다. 황제의 답변이 없자 두려워하기 시작하다
- ○ 리치에게 조우변과 같은 북경 친구들을 자유롭게 방문해도 된다고 허락하다
- ○ 신부들에게 호의적인 두 번째 탄원서. 그러나 여전히 답변을 받지 못하다
- ○ 황제와 태후가 시계를 몹시 아끼다
- ○ 그 외 여러 차례 신부들에게 호의적인 탄원서를 제출했으나 답변을 받지 못하다
- ○ 조우변이 뒤에서 개입하여 리치를 자유롭게 하다. 1601년 5월 28일 북경에 자리를 잡다

602. 지배인이 불쾌하다며 신부들을 체포하도록 하다

예부禮部에는 주객사主客司[736]라는 많은 직원을 둔 부서가 있는데, 중국 황제에게 진상과 헌납, 그리고 의무적으로 방문하는 외국인과 사절단을 관리하고,[737] 그들이 북경에 들어가면 묵는 숙소 건물 두 곳을 관리하는 일을 한다. 당시 그 부서의 책임자는 복건성福建省 출신으로 채蔡씨 성을 가진 사람이었다[主客, 員外郎, 提督會同館主事少卿].[738] 그는 마당馬堂 태감이 조정의 관습에 따라[739] 우리의 선물을 그에게 보여 주지도 않고,[740]

---

736 '외국인들을 위한 궁'이라는 뜻의 "사이관(四夷館)" 소속의 관청이다. 여기서 말하는 '이방인들의 성(城)'은 "영접관, 즉 주객사(主客司)"다. 리치는 그냥 모두를 예부(禮部)에 속한 '외국인을 위한 관청'으로 부르고 있다.

737 Cf. NN.605-607, 837.

738 이 관리의 성은 채(蔡)로 알레니(Aleni[1], B. f.11a)도 언급한 바 있다. 하지만 예부의 대종백(大宗伯, 다음 사전: 예부상서를 달리 이르는 말)이라고 잘못 쓰고 있다. 『명사(明史)』의 c.112를 찾아보면 쉽게 확인이 되겠지만, 여기 텍스트에서 말하는 것처럼, 주객사의 원외랑(員外郎) 혹은 제독회동관주사소경(提督會同館主事少卿)이었을 것이다. 이 사람이 황휘(黃輝)와 막역한 사이이기 때문에(N.631), 두 사람이 같은 해인 1589년에 진사 시험에 통과된 걸로 본다. 황휘는 확실히 그해에 진사가 되었다. 그러니까 그해 복건에서 진사가 된 사람은 세 사람밖에 없다. 조주(潮州)의 장포(漳浦) 사람으로 성이 채(蔡)이고, 이름이 채과(蔡果)인 사람과 채헌신(蔡獻臣), 그리고 채무현(蔡懋賢)이다. 여기에서 채헌신과 채무현이 같은 지방인 복건의 천주(泉州), 동안(同安) 출신으로, 둘은 형제라는 생각이 언뜻 든다. 하지만 채헌신은 무인 가문 출신이고, 채무현은 혈통이 낮은 집안 출신으로 알려져 있다. 그러나 3년 전인 1586년에 동안 출신이자 무인 가문 소속의 어떤 채수우(蔡守愚)라는 사람이 진사에 급제했다. 채헌신과 채수우가 복건 출신의 두 형제라면, 한 사람은 여기서 말하는 채수우이고, 다른 한 사람은 N.633에서 말하는 그의 박사 형제이지 않을까? 1601년도 후반에 이 관리는 리치의 좋은 친구 중 한 사람이 될 것이다. Cf. Pantoja[1], pp.586-587; N.3115.

739 실제로 북경 수도에 도착하는 모든 외국인, 즉 조공국가에서 중국에 보내는 사절단이나 외교업무로 오는 모든 사람은 예부에 재차 보고하게 되어 있었다. Cf. *Storia dei Mim*, c.72, f.14a: c,74, ff.2b-3a.

740 관련 부서의 장은 외국의 사절단이 황제에게 드리는 선물을 살펴보기 위해 기다리고 있었다. 주객사로 들어오면 즉시 예부에서 담당 관리에게 통보하기 때문이다. Cf. *TMHT*, c.109.

우리에 대해 보고하지도 않아[741] 몹시 불쾌해했다. 하지만 태감에게는 보복할 수 없고, 태감보다 법적 지위가 높은 것도 아니어서, 우리에게 보복하려고 했다. 그는 조정의 네 명 서장署長[742]에게 명하여 모든 것을 동원하여 우리 거처를 찾아내어 우리를 자신의 관청으로 데려오라고 했다. 그는 우리가 황제에게 선물을 이미 진상했다는 것을 잘 알고 있었으면서도, 서장들에게 발급한 명령서에는 "마태오 신부는 황제에게 선물을 드린다는 태소를 올린 후에 숨거나 도망쳐, 본 부서에 나타나지 않았음"이라고 적었다. 이 모든 것은 일을 심각하게 만들려는 의도였다.

신부들은 이 일에 대한 어떠한 희망도 보이지 않자 몹시 걱정하며 음악가들을 가르치는 일이 끝난 후에 무슨 해결책이든 찾아보려고 했다. 어느 날, 어떤 책임자와 열 혹은 열두 명의 경사들이 서장이 보낸 통신문을 들고 와서 자기네 집으로 가자고 했다. 함께 상의할 일이 있다는 것이다. 신부들은 집에 있는 물건을 가져가려는 중국인들의 속임수라고 생각해서 가지 않으려고 했다. 그들은 즉시 수사들을 묶었고,[743] 신부들은 고위 관리가 보낸 사람이라는 것을 알아차렸다. 신부는 서장에게 갔고, 서

---

741 앞서 리치는 "예부상서(禮部尙書)를 방문하러 가야 합니다"(N.600)라고 말을 했고, 예부상서는 채수우(蔡守愚)지만, 그것마저 마땅히 방해한 것이다.
742 관이나 경찰서의 수장으로, 이탈리아어로 '바르젤로'다.
743 판토하는 그때 황궁에 있는 바람에 집에 있지를 않아서 이 일을 목격한 증인은 아니지만, 리치의 증거를 토대로 말하기를, 경사들은 "그들[예수회 수사을 포박했습니다. 왜냐하면 [그 자리에 있던] 마태오 리치 신부님이 아무런 반응을 하지 않았기 때문입니다." 그는 집에 오자마자, 무슨 일이 일어났는지 전혀 모르는 상태에서, 경사들이 그를 집안에 가두고 "밖에서 문을 잠갔다"(Pantoja[1], p.582; N.3112). 여기에서 '예수회 수사들'(N.574)은 1591년 1월 1일에 수도회에 입회한 세바스티아노 종명인(鍾鳴仁) 페르난데스(N.354)와 여전히 예수회의 지원자로 있던 에마누엘레 유문휘(游文輝) 페레이라(N.506)다.

장은 주객사의 명령이 있었다고 신부에게 말해 주었다. 따라서 신부는 주객사의 관아로 가야 했다.

우리는 선물을 이미 주었기 때문에, 모든 것이 쉬울 거로 생각했다. 그러나 바로 그 이유로 서장은 신부를 자기네 집에 가두고 밖에서 열쇠로 문을 잠갔다.

603. 마당(馬堂)의 밀사들이 신부들을 구출하여 예부(禮部)로 데리고 가다

마당 수하의 태감이 이 사실을 알았고, 그는 즉시 달려와 문을 부수고 들어와서 서장의 경사들에게 한바탕 욕을 퍼부었다. 그러면서 외국인들이 황제에게 바치려고 가지고 온 진귀한 물건들을 많이 훔쳐 갔다고 했다. 이에 서장과 경사들은 크게 두려움을 느끼고 도망쳐 버렸다.

태감은 우리에게 다른 곳으로 가서 살도록 하고 주객사의 관리[744] 말을 들을 필요가 없다고 했다. 황제가 신부들을 이곳에 살게 해 줄 것이고, 매일 궁에 들어가게 될 것이라고도 했다. 하지만 마태오 신부는 관아로 가서 태감들의 손에서 벗어나고 싶다는 의사를 밝히고 싶었다. 그래서 다음날, 태감에게 자신을 예부禮部가 있는 관청으로 데리고 가 달라고 요청했다.[745] 태감은 들어가자마자 관리들에게 먼저 이 일에 관여하지 말 것을 경고했다. 황제가 마당 태감에게 이 일을 맡겼기에, 지금까지의 일에 대해서도 황제에게 소疏를 올리겠다고 협박했다. 그리고 서장이 신

---

744 채수우(蔡守愚)다. Cf. N.602.
745 "말에 태워 매우 질서 있게 수행"했다고 한다(Pantoja[1], p.582; N.3113).

부의 집에 있는 많은 물건을 훔쳤다고도 했다. 주객사는 자기 사람들과 상의한 끝에, 우리[신부들]를 보내지 말고, 중국 법에 따라 사이관四夷館[746]에 있도록 하자고 했다.

이제 태감은 돌아갔고,[747] 우리는 관리들의 손으로 넘겨졌다. 관리들은 자기네 관청의 공개 법정에 앉아 우리를 심문했는데, 그곳에는 다른 나라에서 황제에게 진상하러[748] 온 사람들도 상당수 있었다. 한 시간 넘게 무릎을 꿇고 앉아서, 그들이 심문하는 것에 일일이 대답해야 했다. 채수우는 매우 자세히 심문하였다.

604. 리치가 채수우(蔡守愚) 앞에서 자기를 변호하다

관리는 마태오 신부에 대해 불평을 늘어놓기 시작했다. 중국의 법과 방식에 따라 자기네 관청[예부]을 통하지 않고 태감을 통해 선물을 바쳤냐며, 왜 예부로 즉시 와서 자기와 자기네 관리들에게 선물을 보여 주지 않았느냐는 것이다.

신부는 이 모든 물음에 답하기 위해 미리 준비했다. 그들이 더 말을 하지 못하도록 모든 질문에 조목조목 대답했다. 그는 이렇게 말했다. "오

---

746 외국인 사절단이 묵는 곳으로 "야만인들의 궁"이라는 이름으로 불렸다. "접대 건물, 예빈관(禮賓館)"이라고도 했다. 예빈관에 대해서는 서광계(徐光啓)가 리치의 저서 『이십오언(二十五言)』 서문(跋)에서 언급한 바 있다. 선교사들에 관해 이야기하면서, "입연거예빈지관(入燕居禮賓之館)"이라고 말하는 대목이 있다. Cf. PCLC, V.B.f. 1a. 리치가 머물렀던 예빈관은 외국인 사절단을 위해 지은 열 개의 건물 중 하나였다. Cf. Storia dei Mim, c.74, f.2b; N.167, 주(註).
747 리치는 동사 'ire'를 포르투갈어로 'foi'라고 쓰고 있다. 이탈리아어로는 'se ne andò'이다. '돌아갔다'라는 뜻이다.
748 조공국가를 말한다.

는 길에 마당 태감에게 강제로 붙들려 그가 하라는 대로 하는 수밖에 없었습니다. 외국인은 물론 중국의 많은 고관도 그가 하는 부당함에 반항할 수 없지 않습니까. 그리고 지금까지 황제의 명에 따라 황궁에서 계속해서 나를 찾았고, 예부에 올 틈이 없었습니다. 게다가 태감들의 손에서 벗어날 수도 없었습니다. 나는 이미 중국에서 여러 해를 살았고, 북경에도 이미 한 차례 온 적이 있으며,[749] 다른 여러 지방에도 가 보았습니다. 외국인의 방식이라고까지 할 필요도 없을 것입니다."[750]

605. 리치가 사이관에 억류되었지만, 대접은 잘 받다. 이 건물에 대한 묘사

이 말에 채수우는 걱정하지 말라며, 자기가 황제에게 상소하여 일을 처리할 것이라며 희망적인 말을 해 주었다. 다만 그는 신부들이 북경에 머무는 것은 원치 않았다. 그래서 신부 일행을 모두 사이관에 잠시 있으라며,[751] 그 비용을 모두 공금으로 넉넉하게 처리하겠다고 했다.

사이관은 높은 담과 많은 잠긴 문으로 둘러싸인 큰 건물이다.[752] 그곳은 특별한 허가가 없으면 중국인들은 들어갈 수 없고, 그 안에 체류하는

---

749 Cf. N.520.

750 태생이 외국인인 사람이 외국인들을 적대적으로 대하는 국가에서 이런 식으로 자기변호를 한다는 것은 스스로 중국화되었다는 뜻이다. "외국인의 방식이라고까지 할 필요도 없을 것입니다"라는 말을 부각할 필요가 있다. Cf. NN.312, 491, 536, 1703; Guerriero, II, p.291.

751 판토하(Pantoja[1], p.580; N.3111)에 따르면, [그들이] 북경에 온 지 "한 달이 지날 무렵", 그러니까 2월 23일 이후에, 사이관에 갇히게 되었다고 한다. 우선, 리치의 첫 번째 기억을 믿는다면(N.611), 그들은 개인 숙소를 배당받은 걸로 보인다.

752 앞서 말한 것처럼 "두 개의 관청 혹은 성(城)"(N.602)으로 구성된 건물이다.

외국인들 역시 함부로 밖으로 나올 수가 없었다. 외국인이 밖으로 나올 경우는 그곳 관장[753]이나 황제를 알현할 때, 혹은 자기네 나라로 돌아갈 때뿐이었다.

사이관에는 방이 많은데, 이유는 일부 주변 국가들에서 때로 천 명이 넘는 사람들이 진상품을 들고 오기 때문이다. 하지만 방은 사람이 머무는 곳이라기보다는 양[짐승]들을 위한 우리처럼 보였다. 문도, 의자도, 책상도, 침대도 없다.[754] 그런데도 이곳에 오는 사람들은 황제에게 선물을 진상하고 돌아갈 때, 어떤 답례품을 받아서 갈지에만 관심이 있다. 황제가 주는 답례품이 항상 더 좋기 때문이다. 그리고 이 기회를 이용하여 중국의 물건을 사서 자기네 나라로 가져가 이문을 남기는 것이다.[755] 그러면 큰돈을 버는데, 이는 여비와 교통수단을 모두 거쳐 가는 지방에서 제공해 주기 때문이다.[756] 중국의 관리들은 그들을 호의적으로 대하는 것

753 예부상서가 아니라, 사이관의 지배인이다.
754 Cf. N.167.
755 Cf. N.1836; D'Elia³, pp.328-329, 336-337, 359-361, 363-365, 375-377.
756 중국인 역사학자들도 명대(明代)에 이르러 이들 사절단은 갈수록 늘어나 이 왕조의 황제들이 행하는 가장 큰 허례허식 중 하나가 되었다고 고백하고 있다. 영락(永樂, 1403-1424: 성조 1-성조 22)이라는 연호로 더 잘 알려진 명(明)나라의 성조(成祖)는 중국의 우월성을 모든 왕국에 강요하고자 아시아 전역에 밀사를 보내 당시 새로운 수도였던 북경 조정에 선물을 가지고 오라고 외국인들을 초대했다는 것이다. 이것은 현 왕조를 설립한 왕부터 행한 정책이었고, 중국 사료들에도 나오는 이야기다(*Storia dei Mim*, c.332, f.2a, 撒馬兒罕). 이후 사절단은 물밀듯이 들어왔는데, 모두 중국 정부의 여비로 중국과 교역을 하러 온 사람들이었다. 그들에게 중요한 것은 단 한 가지, 자기네 국왕이 조공을 바치라고 한다는 명분이었고, 그 수는 날로 늘어났다. 중앙아시아건 서아시아건, 남아시아건 혹은 섬이건, 그 나라들이 진짜건 가짜건 그 수는 엄청났다. 최고의 공식 문헌인 『명사(明史, *Storia dei Mim*)』에는 이렇게 적혀 있다. "영락(永樂) 시대 성조(成祖) 황제는 모든 민족이, 멀리 떨어진 민족들까지 [중국에] 예속되기를 바랐다. 그래서 서방 국가들의 사절단이 매년 끊이지 않고 왔다. 중국의 많은 물건과 옷

외에 달리 요구하는 건 없다. 반란을 일으키거나 중국의 영토를 침범하지 않기만 바랄 뿐, 그들이 어떤 선물을 가지고 왔는지도 상관하지 않는다.

이에 신부들이 보기에, 어떤 사람은 황제에게 바친다는 검(劍)이 철 조각을 제대로 두드리지도 않아, 모양도 제대로 갖추지 않은 걸 들고 와서

감을 열망하던 야만족들은 여기에 편승하여 교역에 이용함으로써, 우리의 도로는 긴 행렬로 줄을 이루었다. '사절단'으로 위장한 많은 상인이 조공을 바친다며 말, 낙타, 비취 등을 가지고 와서 그것들을 황제에게 진상하겠다고 했다. 일단 중국 영토에 들어오면, 육로를 이용하건 해로를 이용하건, 거기에 드는 마차와 배의 모든 비용과 아침부터 저녁까지 모든 숙식을 국고에서 지급해 주었다. 공무원들은 이들을 수송하고 가지고 온 물건을 운송하는 데 드는 물자 조달에 몰두하고, 거쳐 가는 지방의 주민들은 피로감을 느꼈다. 게다가 서방으로 돌아가는 길에도, 많은 사람이 동쪽이건 서쪽이건 수백 리(里)에 걸쳐 길에서 장사판이 벌어져 큰 혼란과 엄청난 공적, 사적 비용이 들어갔다. 신분이 높건 낮건 이구동성으로 불평하지만, 조정관리 중 아무도 나서는 이가 없었고, 하나같이 이 문제에 함구했다. 따라서 천자(天子)는 백성들이 괴로워하는지도 모른다. 1425년 드디어 도어사(都御史) 황기(黃驥)가 홍희(洪熙) 황제에게 이 제도의 불리함을 강하게 진언했고, 황제는 예부상서 여진(呂震)을 불러 질책했다. 이후 서방으로 밀사를 파견하지 않았고, 조공 사절단은 점차 줄어들었다"(*Storia dei Mim*, c.332, f.13a-b, 于闐). 그리고 더 나아가, "이슬람교도들은 탁월한 장사꾼들이었는데, 자칭 '사절단'이라고 하지만, 실제로는 교역을 하고 싶어 했다…. 성조(成祖)는 자신의 명성을 온 세상에 알리고자 사방으로 밀사를 보내 사람들을 불러 모으고자 했다. 이에 서방의 크고 작은 모든 왕국이 그에게 머리를 조아리고자, 귀한 것들을 가지고 왔다. 고비사막에서 남쪽 바다까지, 동쪽과 서쪽, 해 뜨는 곳에서 해 지는 곳까지, 배건 마차건 어디에서 오건, 모두 예속 행위로 간주했다"(*Storia dei Mim*, c.332, f.20b, 坤城). 다시 말해서 어떻게 1407년부터 몽골의 사절단, 타타르의 여직(女直), 티베트 서번(西番), 인도 서천(西天), 이슬람교도 회회(回回), 시안의 백성 백이(百夷), 투루판 고창(高昌), 버마인 면순(緬旬) 사절단이 존재하게 되있는지를 설명해 주는 것이다. 1572년 만력(萬曆) 황제는 시암 섬라(暹羅)를 추가하였다. Cf. *Storia dei Mim*, c.74, f.2b, c.324, f.14a. 리치는 3년마다 오는 코친차이나, 시암, 유구(琉球) 혹은 대만(臺灣), 타타르와 더 자주 매년 2-3차례 오는 나라로 조선(朝鮮)을 상기시켰다(N.837). Cf. D'Elia³, pp.329-334, 363-372, 378; N.837. 1533년, 이들 사절단은 목적한 바를 더 쉽게 이루기 위해 중국인들에게 아시아 국가의 왕들은 서쪽에서 중국에 이르기까지, 100명이 넘고, 3년 후에는 150명이 넘는다고 했다.

는 나무 손잡이를 이곳 사이관에서 만들어 붙일 정도로 [허접한] 것이었다.[757] 투구와 갑옷[758]도 마찬가지였다. 그저 철 조각 몇 개를 천으로 묶은 것이었다. 어떤 사람은 말을 바치겠다고 하는데, 말이 북경에 도착하자마자 말라 죽기도 했다.[759] 이런 것은 정말 웃기는 일이었다. 하지만 중국은 이것을 위해 매년 수천 냥의 공금을 쓰고 있었다.[760]

우리는 관리들이 잘 부탁한 덕분에 그들과는 사뭇 다른 대접을 받았다.[761] 큰 방을 배정받았는데, 원래 중국인 관리들이 사는 곳이었다. 침대와 의자, 돗자리[762]와 비단 이불까지 있었고, 모두 새것이었다. 우리는 이곳에 작은 당을 만들어 미사를 드리고 기도했다.

신부들은 이곳에 머물수록 모든 사람의 존중을 받았고, 모든 하인이 예의 바르게 대했으며, 갈수록 신부들에게 큰 호의를 베풀어 주었다. 신부들이 이곳에 있다는 소식을 들은 많은 관리와 주요 인사가 신부들을 만나러 오겠다고 허가를 요청했기 때문이다. 사이관의 지배인도 신부들에 대해 좋은 말을 많이 들어, 다른 모든 외국인은 지배인을 만날 때 무릎을 꿇어 예를 갖추어야 했는데, 신부들은 자기 방으로 들어오라고 하여 오히려 크게 예를 갖추어 함께 식사하곤 했다. 이것을 본 모든 외국인은 놀라움을 금치 못했다. 지배인은 또 신부들에게 지구의, 상한의, 천구

---

757 Cf. N.837.
758 작은 갑옷들.
759 Cf. D'Elia³, pp.335-336, 374.
760 1627년에만 황제가 선물로 지출한 돈은 69,000텔이나 되었다. 여기에는 여행 경비는 계산하지 않았다. Cf. D'Elia³, pp.376-377.
761 그들은 황제의 사촌까지 방문을 받았다. 이후에도 열 명가량의 인사가 더 방문했는데, 그중에는 스님도 한 사람 있었다. Cf. Guerreiro, I, p.249.
762 짚으로 만든 발 혹은 매트다. Cf. N.133, 본서 1권, p.390, 주(註) 403.

天球와 같은 다양한 수학 기기들을 만들어 달라고 했고, 그것을 매우 자랑스러워했다. 그리고 신부들에게 많은 호의를 베풀어 주었다.[763]

606. 북경 사이관의 이슬람교도와 그들의 진상품

사이관에는 여덟 혹은 열 개 국가에서 황제에게 선물을 진상하러 온 사람들도 북적였다.[764] 신부들은 그들과도 친구가 되었는데, 그중에는 그들 국가에서 큰 권력을 가진 사람들도 있었다. 거기에는 서방에서 온 일부 사라센 회교도도 있었다.[765] 그들은 유럽과 인도와 페르시아에 관

---

763 여기에서 지배인은 의심의 여지 없이 채수우다. Cf. NN.610, 612.

764 중국에 조공을 바치는 나라들이다. Cf. N.837.

765 판토하의 편지(Pantoja[1], pp.600-601; N.3127)를 통해 우리는 1601년 북경을 찾은 이 외국인들에 관해 더 자세한 정보를 얻을 수 있다. "북경에 도착하면 주변 국가에서 온 사절단이 묵는 두 개의 궁으로 들어가게 됩니다. 그곳에는 무굴 땅에서 온 터번을 쓴 터키인들과 이스마엘 소피(그들은 이렇게 부름) 외에도 다른 지역들, 그러니까 스페인, 이탈리아, 베네치아, 인도와 포르투갈을 잘 알고 있는 사람들을 만납니다. 그들은 터키인들과 무어인들을 앞세워 5년마다 황제국으로 왔습니다. 중국의 왕을 인정하고 조공을 바친다는 명분으로, 아무 의미 없는 서신인데 중국인들은 쉽게 속아 넘어갑니다. 그들은 세상의 모든 왕이 자기를 크게 인정하는 것으로 굳게 믿고 있습니다. 그러나 사실 그들은 교역을 위해 오는 것이고, 중국인들 역시 그것을 기꺼이 인정합니다." 이 이슬람교도는 칠십 혹은 팔십 명이 넘게 왔는데, 실제로는 상인들이지만 겉으로는 중앙아시아의 네 개 혹은 다섯 나라의 "사절단"이라며 왔다(N.837; Guerreiro, II, pp.109-110; Storia dei Mim, c.21, anno XXX, f.3a-b). 그중 "알레포가 고향인" 한 사람(Guerreiro, II, p.110)은 중국어를 상당히 잘해서 신부들과 "1601년, 두세 달가량 매우 긴밀한" 대화를 많이 했다(N.830). 그리고 1602년 9월 8일과 14일 사이, 그들은 오늘날 감숙에 사는 경교인을 소개해 주었다. 에마누엘레 디아즈 신부가 1602년 9월 15일 주일 날짜로, 발렌티노 카르발호 신부에게 보낸 편지에는 "마태오 리치 신부는 종명인(鍾鳴仁) 바스티아노 페르난데스 수사와 함께 그들을 찾아 방문했습니다. 관습상 중국 밖에서 온 외국인들이 따로 모여 사는 울타리가 쳐진 곳이었습니다. 중국에 사는 이슬람교도들은 물론 여러 지역에서 온 사람들이 함께 살고 있었습니다. 비슷한 지역에서 온 사람들끼리 이웃해서 살고 있었고, 중국에서 열세 번째로 가장 북쪽에 있는 섬서(陝西)에는 감주[甘州] 대신 소주[蕭州]라고 하는 지역이 있어 북경에 올 때 그곳을

해 알고 있었고, 스페인, 베네치아, 무굴, 포르투갈 등 다른 그리스도교 국가들도 알고 있었다. 그들은 옥석玉石이라고 해서 중국에서는 매우 귀한 보석을 황제에게 바치려고 가지고 왔다. 그들은 그것을 벽옥,[766] 다이아몬드의 촉과 청옥[767]이라고 했다. 모든 운임을 중국에서 공금으로 지급해 주기 때문에, 그들은 많은 상자를 가지고 와서 갈 때 비단을 비롯한 중국의 물건들을 채워서 간다. 올 때 상자 안에는 중국의 국경에서[768] 산 대황大黃[769]만 채워서 가지고 오는데, 북경에서 그것은 한 근에 최소한 두 볼로니니[770]에 팔렸다.[771]

지나게 되는데, 그곳에는 수염을 기른 백인들이 살고 있었습니다. 거기에는 종(鐘)이 달린 성당이 있고, 돼지고기를 먹으며, 마리아와 이세(그들은 우리의 주 그리스도를 이렇게 부름)와 십자가를 숭배합니다. 바스티아노 페르난데스 수사가 베로니카의 십자가를 보여 주자 그들도 그 성화를 숭배한다고 말했습니다. 그리고 그들의 사제는 결혼했고, 질병을 치료하며, 모든 이방인을 한 형제라고 불렀습니다. 거기에 여성은 한 사람뿐이었습니다. 마태오 리치 신부는 중국어로 중화 제국에 사는 그리스도인들에게 편지를 써서 그들에게 카타이에 관해 물었고, 그들은 중국을 카타이라고 부른다고 했습니다"(N.4180). Cf. Guerreiro, I, p.249. 그러므로 1609년에 리치가 기록한 대로 1601년이 아니라, 아마도 잊어버린 듯(N.830), 1602년 9월 8일에서 14일 주간에 교역을 목적으로 북경에 온 이슬람교도를 통해 지금의 감숙(甘肅)인 감주의 숙주(肅州)에서 온 사람들을 만났다. 하지만 그들은 이슬람교도가 아니었다. 왜냐하면 돼지고기를 먹고 있었기 때문이다. 흰 얼굴의 수염이 난 그리스도인들이었다. 그들의 성당에는 종이 있었고, 십자가를 숭배하고 마리아를 공경했다. 그들의 사제는 독신은 아니었지만, 일부일처를 유지하고 있었다. 그들은 가톨릭 신자도 불교 신자도 아닌, 경교인이었다.

766 비취 혹은 옥석(玉石)이다.
767 "다이아몬드의 촉이나 청옥"이라는 말은 비취를 수식하는 말이 아니라, 비취와 나란히 그것과 동급의 보석을 일컫는다. N.837.
768 지금의 감숙(甘肅)에서 매입하여 북경에서 팔았다. Cf. N.1836. 지금도 야생 대황(大黃)이 치 안산[역주_ 티베트고원의 북동쪽 끝에 있는 칭하이와 감숙 지방의 국경에 있는 중국의 산맥]에서만 자란다. "남산(南山)에서 나는 야생 대황은 마르코 폴로 시대에 유명했습니다"라고 스테인(Stein³, II, p.305)은 썼다.
769 Cf. N.26.
770 역주_ 중세에서 르네상스 시대에 유통되었던 볼로냐의 은화 또는 금화의 단위를 볼로

607. 카타이는 중국이고, 캄발루는 북경이다

사라센 회교도들은 중국이 카타이契丹이고,[772] 북경은 캄발루[汗八里, 大都]라고 밝혀 주었고, 세계에서 이곳[중국] 외에 카타이는 없다고 확실히 말해 주었다.[773] 따라서 신부들은 인도와 유럽에 있는 [동료] 수사들에게 편지를 써서 모든 세계지도를 수정해야 한다며, 카타이와 중국을 다

니노(bolognino)라고 한다.

771 Cf. N.26, 주(註). 이 문장에 대한 가장 좋은 해설은 1608년 3월 8일, 리치가 직접 써준 것에서 찾아볼 수 있다. 오늘날 감숙(甘肅)인 섬서(陝西)의 숙주(肅州)에 대해 말하면서 이렇게 쓰고 있다. "이 지역은 5년마다 중국의 도시와 인도 북쪽, 중국 터키스탄에 있는 카슈가르 왕국에서 다섯 왕국의 사절단이라는 거짓 이름으로 수천 명의 장사꾼이 찾아오는 곳입니다. 숙주에서 중국의 황제에게 통보하고 [북경] 조정에 오는 사람은 일흔두 명입니다. 그들은 카슈가르 왕국에서 나는 많은 옥석(玉石)을 가지고 옵니다. 이곳 중국에서는 매우 귀한 보석으로 취급됩니다. 중국의 황제는 갖고 싶은 만큼 가져가고 대가를 매우 후하게 쳐줍니다. 남는 것은 다른 상인들에게 팝니다. 상인들은 이 돈으로 다른 중국의 물건들을 삽니다. 특히 대황과 육두구를 사서 북경과 내륙지방에 팝니다. 섬서(陝西)성, 즉 감숙(甘肅) 외에는 이런 물건이 없어 한 리브라[역주_1.59㎏에 해당하는 로마의 기본 무게 단위다. 신대륙에서 사용하는 리브라는 대부분 미국의 파운드와 거의 같은 무게다]의 대황은 두 냥이고, 육두구 한 리브라는 다섯 혹은 여섯 냥에 거래됩니다"(N.1836). 더 뒤에(N.837), 다시 약간의 말만 바꿔서 같은 설명이 또 나온다. 예컨대, 상인들은 6년마다 "일곱 혹은 여덟 왕국"의 대표로 왔다는 말이다.

772 Cf. N.4, 본서 1권, p.256, 주(註) 9.

773 Cf. N.523. D'Elia³, pp.321-322, 341-342. 1602년 판토하(Pantoja¹)는 선교사들이 이들 무굴에서 온 사라센인들에게 물어본 것 중 하나에 대해 말하고 있다. "카타이가 어디입니까. 그들에게 중화 제국이라고 하는 나라에 관해서 물었습니다. 카타이라고 대답했고, 무굴, 페르시아와 다른 어떤 곳에서도 이런 이름은 없었고, 다른 이름은 알지도 못한다고 대답했습니다. 우리는 그들이 어떻게 이 도시 북경을 캄발루라고 부르게 되었는지를 물었고, 우리의 지도상, 캄발루는 카타이 북쪽에 있다는 것입니다. 확실히 북경은 캄발루고, 중국은 카타이인 것 같습니다. 특히 우리가 카타이라고 부르는 땅에는 지도에 나오는 것처럼, 도시보다는 황무지와 가엾은 이교도들이 많이 사는 곳입니다"(p.602; N.3127). 여기에서 유추해 볼 수 있는 것은 베네딕토 디 고이스(Benedetto di Góis)가 여행하기 전(NN.802-852)인 1602년 9월 중순 전에도 리치는 카타이를 중국과 같은 나라로 굳게 믿고 있었다는 것이다.

른 두 나라로 구분하여 카타이를 만리장성 북쪽 밖에 놓아서는 안 된다는 사실을 알렸다. 그리고 북경은 티무르의 후손인 타타르의 조정[774]이 있던 캄발루가 있던 곳으로, 많이 변하고 더 작아졌지만, 마르코 폴로가 말한 백만 개의 다리가 있던 곳으로,[775] 지금도 상당히 많이, 짐작건대 만여 개는 남아 있는 것 같다.[776] 그중 몇 개는 매우 아름답고 상당히 큰 것도 있어, 강과 운하 및 하천 위는 물론 거리 위를 지나기도 한다고 했다.

608. '사절단들'에게 제공하는 예의에 어긋난 연회. 리치가 연회를 거부하다

이 외국인들에게는 왕복 여비는 물론 이곳 사이관의 체류비까지 필요

---

[774] 타타르 왕조는 원(元)이다. 아마도 리치는 1215년 연경(燕京)을 점령한 칭기즈칸을 티무르와 바꾸어 생각하고 있는 것 같다[Cf. N.77, 주(註)]. 쿠빌라이 칸은 1264년 칸발릭을 세워 그곳을 수도로 정했다. 연경에서 그리 멀지 않은 거리에 있다. 도시는 1267년에 완성되었다. 1271년부터 중국어로 대도(大都), 즉 '큰 도시'라는 이름으로 불렀다. Cf. Yule-Cordier, *MP*, I, p.375, N.1.

[775] 마르코 폴로는 경사(京師) 혹은 행재(行在)를 항주(杭州)와 같은 도시로 보면서, 백만 개가 아니라 만 이천여 개(12,000)의 다리가 있다고 말한다. "경사에는 일천 마일에 12,000개의 다리가 있습니다"(Benedetto, p.144; Cf. *Ibid.*, p.147). 물레(Moule)에 의하면, 이 숫자는 기록하는 사람의 오타라고 한다. 실제로 다리는 347개이고, 그중 117개가 도시에 230개가 근교에 있다는 것이다. Cf. *TP*, XXXIII, 1937, p.118. 오도리코 다 포르데노네(Odorico da Pordenone)는 항주에 "12,000개의 다리"가 있고, 조반니 데 마리뇰리(Giovanni de Marignolli)는 "10,000개의 다리"가 있다고 말한다(*SF*, I, pp.464, 536). 사실 마르코 폴로는 칸발루의 다리들에 대해서는 아무 말을 하지 않고 있다. '경사 보고서'를 쓴 콘투고 콘투기(Contugo Contughi)는 *Relatione della Gran città di Quinsay et del Re della Cina* (in *La Seconda Parte del Tesoro politico*, Milano, 1601, pp.217-236)는 1584년 6월 16일, 훗날 예수회의 성인이 되는, 16세의 루이지 곤자가(Luigi Gonzaga)에게 보낸 편지에서 "경사의 다리는 … 12,000개라고 했는데, 그것은 잘못 기재된 것 같습니다. 1,260개만 확인이 됩니다"(*Ibid.*, p.221)라고 했다. Cf. Cordier, *BS*, cll. 3054-3055.

[776] 엄청난 과장이다.

한 모든 경비를 정부에서 충분히 지급한다. 관리들이 착복하지 않고 황제가 하라는 대로 전부 한다면 더 넉넉할 정도다.[777]

도착한 후나 떠나기 전에는 여러 차례에 걸쳐 연회를 베풀어 주는데, 거기에는 중국의 관리 한 명이 항상 참석한다. 관리의 계급은 조공국의 지위에 따라 결정된다. 관리가 상석에 앉고 각국 사절들이 그의 양쪽에 앉는데, 그것은 예속과 봉신 관계를 나타낸다.

연회 석상에서는 희극, 음악 공연을 하고, 각종 악기를 연주하기도 한다. 식탁에는 각종 익힌 요리 외에도, 양고기, 돼지고기와 그 밖에 다른 여러 가지 생고기들을 올려 사절들이 자기네 숙소로 가져가도록 한다. 하지만 사이관의 하인들과 관리들이 가져갈 수 있는 만큼 강제로 빼앗아 가기도 한다. 따라서 연회에 올 때 사절들은 최대한 자기의 것을 지키기 위해 도리깨를 들고 무장을 하고 온다.

신부들은 주객사(主客司)를 통해 들어오지 않았기 때문에 연회를 열어 주지 않았다.[778] 사실 연회를 열어 준다고 해도 그런 식의 조야한 연회는 거절했을 것이다. 사이관의 몇몇 관리들이 신부들에게도 연회를 베풀어 주고자, 리치 신부를 찾아와 말하기를, 일을 맡은 사람들에게 돈을 좀 주면 그들이 연회를 준비할 것이라고 했다. 신부가 대답하기를, 우리는 그런 연회를 좋아하지 않으며, 굳이 연회를 베풀어 주겠다면 알아서 하든가, 우리는 돈을 주면서까지 연회를 하고 싶지는 않다고 했다. 그들은 신부들이 예의에 맞지 않는 것을 좋아하지 않는다는 것을 깨달았다.

---

777 Cf. D'Elia³, pp.332-333, 371-372.
778 Cf. N.602.

609. 선교사들이 빈 용상과 접견하다. 접견에 대한 묘사

사이관에 들어온 지 이틀 혹은 사흘이 지나자[779] 신부에게 황궁으로 와서 황제에게 예를 올리라는 통보가 왔다. 알현 장소는 매우 넓고 긴 정원이었는데, 3만 명을 수용할 수 있는 웅장한 크기였다. 정원 끝에는 아주 높은 발코니가 있고, 그 밑으로 다섯 개의 문을 지나면 황제가 있는 방으로 들어간다. 양쪽에는 높은 건물들이 줄지어 있었다.

발코니 중앙, 아주 높은[780] 그곳에는 황제의 용상이 있었다. 과거에는 황제가 매일 혹은 자주 그곳에서 대신들을 접견하고, 국가 중대사를 처리하며, 방문객을 맞이하기도 하고, 은혜에 감사하기 위해 찾아오는 관리와 사절들을 접견하곤 했다. 하지만 지금의 황제는 전혀 나타나지 않는다.[781] 그런데도, 사람들은 예전처럼 정원으로 와서 마치 황제가 거기에 있는 것과 똑같이 용상을 향해 예를 올린다. 중국은 매우 큰 나라이기 때문에 매일 많은 사람이 수많은 이유를 가지고 이곳에 와서 예를 올린다. 오는 사람들은 모두 기록하고 결석하는 자가 있으면 처벌한다.[782]

정원에는 밤이 되면 삼천 명의 병사가 각 문을 지키고, 황궁 주변 밖에는 돌을 하나 던질 만한 거리마다 초소가 있다. 또 다섯 마리의 코끼리가 다섯 개의 문에서 철야 경비를 선다.[783]

---

779 2월 말경이다. Cf. N.605.
780 이렇게 "아주 높은 발코니"에 딸린 창문으로 예전에는 황제가 나오기도 했었다 (NN.130, 1873). 1629년 아담샬이 정확하게 묘사하기를, 창문은 네 번째 정원에 있었다고 한다. Cf. D'Elia³, p.314; 그림 XIII.
781 황제는 적어도 1585년까지는 전혀 모습을 보이지 않았다. Cf, NN.130, 165, 597, 893, 988, 1523. Cf. N.98, 본서 1권, p.350, 주(註) 267.
782 알현 기록은 1575년부터 쓰기 시작했다.
783 "황실의 다섯 개의 문 앞에서 매일 밤, 경비를 서는 다섯 마리의 코끼리는 필요하기 때

알현하러 가는 사람들은 동이 트기 전에 궁궐 문밖에 도착해야 한다.[784] 날이 밝으면 코끼리와 병사가 나오고, 조정에서 일하는 사람들이 들어가는데, 각자 직분에 맞는 예복을 입는다.[785] 관리들이 일상적으로 입는 것과는 사뭇 다른 적색의 옷을 입는다. 또 두 손으로 상아 판을 받쳐 드는데, 그 길이가 두 뼘 정도 되고 폭은 네 손가락 정도 된다. 그것으로 알현하는 동안,[786] 행사가 진행되는 동안, 그리고 황제의 용상에 예를 올리는 동안 내내 입을 가리고 있어야 한다.

행사는 무릎을 꿇고, 절을 하고, 머리를 바닥에 대고[磕頭] 조아리는 것이다. 동작은 장엄하고 천천히, 긴 시간을 두고 행하며, 실수가 있어서는 안 되기에 처음에 잘 배워야 한다.[787] 신부들에게 이 예절을 가르친 사람은 두세 명의 중국인들이었는데, 그들의 조상이 사라센 회교도들이었다. 사이관에서 신부들은 그들을 촌에서 온 사람들이라고 생각했다.[788] 그런데 그들이 신부들을 동행하여 황궁에 들어가 알현을 돕는 보호자로 지목된 것이다. 조정에는 항상 감시하는 사람이 있어서 어떤 실수가 있으면 보호자가 처벌을 받는다. 그날 조정에 들어간 사람들은 모두 줄을 서서

문이라기보다는 보기에 근엄해 보이니까 서는 것입니다"(N.1892). Cf. N.17.

784 1629년 마카오에서 편집한 문건에서도 종종 언급된 것처럼 4일과 6일 사이의 아침이다. Cf. D'Elia³, pp.314-315.

785 "왕은 지금 아무도 만나지 않고 있어 국내에 있는 대신들이라고 할지라도, 빈 용상에 와서 인사를 해야 한다. 사람들이 이 예식을 할 때 대신들은 특별히 만든 홍색 관복에 금장식을 한 관(冠)을 쓰고 손에는 상아로 만든 판(홀, 笏)을 들고 있어야 한다. 상아 판[手版]은 손가락 네 개 정도의 폭에 두 뼘 길이로 만든 것으로 본래는 왕과 이야기할 때 입을 가리기 위한 것이었다"(N.130).

786 Cf. N.130.

787 깊이 절하는 것으로 개두(磕頭)라고 한다. Cf. N.130; D'Elia³, p.314.

788 중국인들이 보기에는 선교사들이나 이슬람교도들도 같은 촌놈들이다. 중국인이 아니라 서양인이기 때문이다. Cf. N.524.

동시에 함께 예를 올렸다. 그래서 매일 그 자리에는 황궁의 일부 관리들이 있고, 그중 한 사람이 크고 낭랑한 소리로 천천히 구령을 외치면 모두 같은 동작을 하는 것이다. 무릎 꿇기, 일어나기, 절하기, 여러 차례 머리를 바닥에 조아리기 등 모든 것이 완전히 끝날 때까지 지시했다.[789]

610. 리치가 주국조(朱國祚), 채수우와 사귀다

같은 날 신부들은 예부禮部의 관청 지배인을 예방했다. 지배인은 상서尚書가 아니라, 시랑侍郎이었다.[790] 들어가기 전에 마태오 신부는 먼저 글을 올려 신부들에게 예를 갖추어 달라고 청했다. 왜냐하면 신부는 자기 나라에서 학자이고 그만한 지위를 갖춘 사람이기 때문이라고 했다. 이에 시랑과 다른 모든 사람이 큰 예로써 신부들을 대했고, 신부와 관련한 일들을 잘 처리할 수 있도록 황제에게 곧바로 상소를 올리겠다고 약속했다.

---

789 같은 것을 같은 말로 N.130에서도 언급했다. Cf. *Storia dei Mim*, c.53, ff.5a-6b.
790 이것은 역사학자로서 리치의 당연하고 정확한 지적이다. 당시 예부의 상서(尚書)는 여계등(余繼登)으로 음력 7월, 그러니까 1600년 양력 8월에 죽었다. 그의 후임으로 풍기(馮琦)가 임명되었는데, 그는 음력 10월, 곧 양력으로는 1601년 11월에 곧바로 임무를 수행하지 않았다. Cf. *Storia dei Mim*, c.112, f.19a. 『명사(*Storia dei Mim*)』(c.240, f.14b)에서 보듯이, 1601년 초중반에도 이부(吏部)에서 시랑(侍郎)으로 있으면서 예부의 시랑(侍郎)까지 대행하고 있었다. 이 부서의 내부 전기에는 余繼登, 國祚攝部事라고 적혀 있다.

이 사람의 성은 주(朱)고, 이름은 국조(國祚), 자는 조륭(兆隆), 호는 양순(養醇 혹은 渟), 시호는 문각(文恪)이다. 1555년경 절강(浙江)의 가흥(嘉興) 지방 수수(秀水)에서 태어났다. 1582년 거인(擧人, 석사)에 통과되고 이듬해 진사[박사]에 장원으로 급제했다. 그는 광록대부(光祿大夫), 태자태전(太子太傳), 호부상서(戶部尚書), 무영전대학사(武英殿大學士)를 역임했다. 1625년 1월 24일 공직에서 물러나 얼마 안 가 사망했다. 예부에 있을 때 왕위계승과 관련하여 황제에게 70여 차례 소(疏)를 올렸다(N.98). Cf. 심덕부(沈德符, Scentéfu), c.30, f.37a-b; *DB*, p.259b; *Storia dei Mim*, c.110, f.16a-b; c.240, ff.14a-15b; *Index*, 24, II, p.8.

사이관으로 돌아오자 지배인[791]에게도 [신부에게] 예로써 대해 달라고 요청했다. 그러자 깊이 인사하며 대답하기를, 다른 왕국의 아무리 높은 권신權臣이라고 해도 중국에 조공을 바치러 이곳에 오기 때문에 자기는 어떤 외국인에게도 이렇게 인사한 적이 없다고 했다.

611. 예부시랑 주국조가 황제 앞에서 신부들을 반대하는 탄원을 하다. 황제의 답변이 없자 두려워하기 시작하다

외국인이 사이관에 가지고 들어가는 짐은 모두 목록을 만들어야 하지만, 신부들은 책 외에는 별다른 물건이 없었다. 며칠 동안 외국인 담당 관리[792]가 보낸 여러 명의 서기관이 들락날락하며 신부들에게 여러 가지 것들을 묻는 것 외에 달리 하는 일이 없었다. 특히 신부들이 중국에 온 의도를 알고 싶어 했다. 이것은 당국의 합법적인 조사이기 때문에,[793] 신부들은 아무것도 숨기고 싶지 않았다. 그래서 구두와 서면으로 답하기를 "[수도회의] 장상이 중국에 하느님의 율법을 선포하라고 보냈습니다. 그대들의 나라에 여러 해 동안 살면서 중국의 황제에게 복종의 표시로 선물을 드리려고 하는 것이지, 어떤 직위나 황제의 답례[794]를 바라는 것은

---

791 채수우다. Cf. NN.605, 610.
792 이 관리는 분명 주국조(朱國祚)다. 예부(禮部)에서 외국인을 담당하고 있었다. 리치는 바로 뒤에서 채수우와 혼동하기도 한다. 심덕부(沈德符)의 표현에 따르면, 소(疏)에는 다음과 같은 말이 있을 것이라고 했다. "그러므로 소인과는 동향인인 주국조(朱國祚)가 이부(吏部)의 시랑(侍郎)으로 있으면서, 예부(禮部)에서 행정을 보는데, 다음과 같이 소(疏)를 올렸습니다(時吾鄕朱文格公, 以吏部右侍郎掌禮部尙書事, 疏曰)"(c.30, f.36b).
793 여기에서는 솔직하게 대답해야 한다. 진실을 알고자 위에서 보냈기 때문이다. Cf. N.973.
794 답례품으로 주는 선물.

아닙니다. 다만, 이전처럼 중국에서, 북경이건 황제가 보내는 다른 어느 곳이든 가서 살고 싶습니다"라고 했다. 그러자 관리는 가르치려는 교리가 무엇인지 물었다. 신부는 좋은『성무일도서』한 권과 중국어로 쓴 교리서795 몇 개를 주었다. 책들은 관청에서 가져가고,『성무일도서』는 되돌아왔다.

이후 외국인 담당 관리는 이것과 관련한 장문의 상소를 황제에게 올렸다. 그는 신부가 [관리들의] 큰 호감을 얻고 있고, 중국 사정을 잘 알고 있다는 것을 알고, 서기관에게 당부하기를 이 첫 번째 상소의 사본이 신부들에게 들어가지 않도록 하라고 주의 주었다. 그런데도 신부들은 상소의 핵심 내용을 알게 되었다. 거기에서 말하기를, "마당 태감에 관해 좋지 않게 말을 하며, 외국인 관련 관청이 있는데도 불구하고 그가 개입하여 혼란을 야기했다"라는 것이다. 그리고 이 기회에 신부들에 대해서도 안 좋게 말을 했다. "중국의 법률을 위반하고 태감을 통해 선물을 진상했기 때문"이라는 것이다. 그는 외국인이 선물을 가지고 올 때는 들어온 지방의 도당都堂이 먼저 황제에게 상소를 올리고, 황제의 답변을 받은 후에 북경으로 들어가야 한다는 것이다. 도당의 허가증 없이는 올 수가 없다고 했다.796 그러나 "외국인이기 때문에 용서를 해야 한다면, 그것은 마태오 신부에게 해당하는 것으로, 황제께서는 그에게 관모冠帽와 대帶가 딸린 관복과 비단 여러 필을 하사하고,797 판토하 신부에게는 비단 여러

---

795 아마도 리치의『천주실의(天主實義)』와『천주교요(天主教要)』수기본일 것이다.
796 실제로 광동의 항구로 배가 한 척 들어오면 포정사(布政司)는 도당(都堂)에게 알린다. 그러면 안찰사(按察使)가 가서 진상품들을 살펴보고, 배를 잠근다. 그런 뒤, 이런 사실을 즉시 북경에 알리고, 답을 기다린다. Cf. *TMHT*, c.108, f.19.
797 즉, 여러 필의 비단을 함께 넣어서 주는 걸 말한다.

필을 내리며, 다른 여러 사람에게는 진상한 선물이 귀한 만큼 그에 합당한 보답을 해야 합니다. 그런 후에 병사들을 동행시켜 그들을 광주로 보내, 그곳 관리들의 손에 맡겨 그곳에 머무르게 하든지, 그들의 고국으로 보내든지 하게 해야 합니다"[798]고 했다. 북경에서는 채蔡 원외랑[799]이 신

---

798 이 소(疏)를 함축하면, 리치가 서방에서 온 위대한 인물(大西洋人)로 등장한다는 것이다. 하지만 예부는 이렇게 주목하였다. "『대명회전(大明會典)』에는 쇄리[瑣里, Cf. *TP*, 1936, XXXII, p.21; 장유화(張維華), pp.175-176]만 있을 뿐[『명사(明史)』에서 서양(西洋)은 인도를 가리킴], 대서양(大西洋)은 없습니다. 그러니까 리치가 말하는 것이 사실인지 거짓인지도 알 수가 없습니다. 그 외에도 리치가 중국에 거주한 지 20년이 지나서 조공을 바치러 왔다는 것이 말이 안 됩니다. 그의 경우는 여기에 해당하지 않고, 정당성을 확보하기 위해 먼 나라에서 귀한 선물을 가지고 왔다는 정도로 이해해야 할 것입니다. 나아가 리치가 선물하려는 것들은 별 의미가 없는 것들입니다. 두 개의 〈천주성화〉와 한 점의 〈천주 모친 성화〉입니다. 짐 속에 가지고 다니던 것[隨身行李]은 성인들의 유골입니다. 성인들은 어디든 날아다닐 수 있다고 했을 때, 그는 그 유골들을 왜 가지고 다닌 것일까요? 당(唐)나라의 한유(韓愈)가 [붓다의 손가락뼈, 指骨을 두고] 말한 것처럼, '어수선하고 더러운 조각 하나가 궁전 주변에서 안으로 침투하는 것(令入)은 옳지 않습니다.' 그리고 여기서 중요한 것은 이 선물들이 우리의 담당 관청을 통하지 않고 진상되었다는 점입니다. 그래서 진상 절차를 혼란케 한 해감(該監, 마당)에게 죄를 묻지 않을 수 없고, 우리도 임무를 게을리한 잘못이 있습니다. 또 리치는 우리 관청으로 선물들을 보내라는 명을 받았을 텐데, 그는 [『명사』에는 '심사에'가 첨가 나타나지 않았고, 사이관의 독방에 머물러 있었습니다. 나는 그가 어떤 의도를 가졌는지 모릅니다. 청컨대, 그가 가지고 온 선물들의 가치와 그것들을 진상하기 위해 노력한 공로를 봐서 [『명사』에는 '조공을 가지고 오는 야만족들에게 답례하듯이, 사절단들에게 연회를 베풀어 주듯이'가 첨가] 마태오 리치에게 관모와 대(帶)를 하사하고, [남경이건 북경이건] 두 수도에 머물 필요 없이, 즉시 [그의 고국으로] 돌아가라고 명해야 합니다. [『명사』에는 '중국인'이 첨가] 태감들과 긴밀한 관계를 유지하여 또 다른 이야기를 만들거나 무지한 백성들을 선동하지 못하게 해야 합니다. 乞量給所進行李價值, 照各貢譯例, 給與利瑪竇冠帶, 速令回還, 勿得潛住兩京, 與内監交往, 以致別生支節, 且使眩惑愚民."

이 소(疏)의 텍스트는 아마도 주국조(朱國祚)의 펜 끝에서 나왔을 것이다. 같은 고향 사람인 심덕부(沈德符), c.30, ff.36b-37a의 것이 우리에게 보존되어 있다. 이 텍스트를 근거로 앞의 번역문에 밑줄로 강조하고자 한 것은 왕홍서(王鴻緒)가 텍스트에 손을 댔고, 그가 1724년경에 『명사(明史, *Storia dei Mim*)』(c.326)에 이탈리아(意大里亞)를 f.13a-b에 첨가했다는 것을 말하기 위해서다. 이 번역문은 D'Elia¹, N.421에서 볼 수도

부와 관련하여, 이 기회를 이용하여, 공공의 적이 된 마당 태감을 공격하는 것이라고들 했다.

궁내부의 태감들이 전한바, 황제가 외국인 담당 관리가 신부들을 잡고 있다는 것을 알자 화를 내며 말하기를, "이 사람들이 강도라서 이렇게 붙잡혀 있는 것인가? 외국인 담당 관리가 어떻게 하는지 두고 보기로 하지"라고 했다고 한다. 그래서 상소를 받고도, 한쪽으로 치워 둘 뿐, 그에 대한 아무런 답변은 주지 않았다는 것이다.[800] 보통 이런 종류의 상소에는 황제가 즉각 답을 주는 것이 일반적인데, 모든 걸 외국인 담당 관리에게 넘겨 법과 관습과 과거의 사례에 따라 처리하도록 한 것이었다.

우리를 둘러싼 일과 관련하여 황제가 아무런 답을 주지 않는 걸 본 예부의 모든 관리는 몹시 혼란스러워했다. 북경의 다른 모든 관리는 이것이 황제가 우리에게 호의를 베풀어 주는 거로 생각했다. 어떤 사람은 우리가 궁 안에 있는 친구 태감들과 몰래 연락하여 상소에 답하지 말라고 했다고도 했다. 이것은 채蔡 원외랑이 신부들에 대해 나쁘게 말을 한 것과 사이관에 그들을 억류한 데 따른 보복이라는 것이다. 중국에 오래 살았고, 모든 유명 인사들과 교류를 하는 마태오 신부에게 이렇게 하는 것은 부당하다고도 했다. 마당 태감의 친구들도 이렇게까지는 하지 않으

있고, D'Elia, *Antologia Cinese*, Firenze, 1944, pp.193-202에서 더 자세히 찾아볼 수 있다. 이 소(疏)는 마당이 리치를 인도하여 선물을 진상하러 조정에 간 지 얼마 지나지 않아서 상정되었을 것이다. 즉 1601년 3월 5일(?)일 것이다. Cf. Pantoja¹, pp.582-583; N.3113.

799 **역주**_ 주국조(朱國祚)여야 하는데, 리치가 혼동하고 있는 것 같다.

800 실제로 중국어 텍스트(*Storia dei Mim*, c.326, f.15b)에는 황제가 앞서 소(疏)를 받고도, 간단히 "[황제는] 답하지 않았다. 不報"라고 썼다.

며, 궁 안에 사는 많은 마당 태감의 친구들마저 마태오 신부를 도와준다고도 했다.

612. 리치에게 조우변과 같은 북경 친구들을 자유롭게 방문해도 된다고 허락하다

이런 이유로, 북경의 많은 고관 중, 전부터 신부와 서로 알고 지내거나 그의 명성을 익히 들어서 알고 있는 사람들은 그와의 편안한 대화를 위해 [신부가 사이관] 밖에서 살기를 원했다. 그들은 외국인 담당 관리가 신부를 억류한 것과 상소에서 신부를 공격한 것에 대해 매우 좋지 않게 보았다. 그들은 자기들끼리, 또 담당 관리들과 이야기를 했고, 그러면서 분위기가 바뀌기 시작했다. 우선 신부들에게 친절하게 대했고, 황제가 이 일에 대한 답변서를 보내는 것에 대해 막지 말아 달라고 요청하기에 이르렀다. 모든 일은 신부들이 원하는 대로 돌아갔다.

이런저런 이유에 더해, 마태오 신부를 만나 교류하고자 하는 사람들의 바람을 들어주기 위해 사이관의 지배인[801]은 신부에게 그곳의 규칙을 어기고[802] 마음대로 외출하고, 도시를 자유롭게 돌아다닐 수 있도록 허락해 주었다.[803] 다만 사이관의 하인 네 명을 붙여 주어 그가 도망가지 못하게 항상 감시하였다. 하지만 명목은 신부의 마부로, 말을 몰고 그의 뒤

---

801 채수우다. Cf. NN.605, 610.
802 리치가 주목한 것은 사이관에 갇힌 외국인들은 "결코 밖으로 나갈 수 없다"(N.605)라는 것이었다.
803 신부들은 사이관에 "삼 개월가량" 포로로 있었다(Pantoja[1], p.582, N.3113). 그러니까 3월, 4월, 5월까지 있었다.

를 따라다니며 동행하는 것이었다.

이 허락으로 신부는 여러 차례 밖으로 나가 친구들을 방문하여 그들의 조언과 도움을 청했다. 몇몇 친구들은 최선을 다해 도와주기도 했다. 특히 조(曹) 첨사(僉事)의 관저에 가서,[804] 매번 그가 열어 주는 연회에 참석했고, 한 번 가면 서너 시간은 걸렸다. 사이관의 하인들은 몹시 놀라워했고, 그 보고를 모두 들은 사이관의 관리들도 놀라움을 감추지 못했다.

613. 신부들에게 호의적인 두 번째 탄원서. 그러나 여전히 답변을 받지 못하다

한 달이 지난 후에도 여전히 황궁에서는 상소에 대한 답변서가 오지 않자, 황제가 자기들을 불쾌하게 생각할까 두려움을 느끼기 시작했다. 그래서 이번에는 처음과는 사뭇 다른 상소를 올렸는데, 태감들에 대해서는 전혀 언급하지 않고, 신부들에 대해서도 나쁘게 말을 하지 않을 뿐 아니라, 오히려 신부들이 조정에 선물을 바치러 오기까지의 노력을 크게 칭찬하며 지난번 상소에서 요청한 것보다 더 많은 답례품을 하사해 줄 것을 제안하기까지 했다. 신부는 이 상소의 사본도 손에 넣었는데, 그것은 매우 잘한 일이었다.[805] 한 가지, 황제가 여전히 답을 주지 않는 것은 그중 [신부를] 북경에 머물 수 있도록 하는 게 빠져 있었기 때문으로 보인다. 그것이 황제의 바람이지만, 중국의 관습을 어기고 감행할 수도, 관리들의 제안 없이도 안 되는 일이기 때문이다.[806]

---

804 Cf. N.600.
805 아마도 1601년 4월에 썼을 이 소(疏)의 사본은 지금까지 우리에게 전해지지 않은 걸로 보인다.

614. 황제와 태후가 시계를 몹시 아끼다

시계를 관리하는 태감들도 신부들이 북경 밖으로 가는 것을 원치 않았다. 시계가 고장 나면 고칠 사람이 아무도 없기 때문이다. 황제는 작은 시계를 아주 좋아해서 낮이건 밤이건 곁에 두고 있었다. 어쩌다가 시계가 울리지 않으면 태감들이 곤욕을 치를 수도 있었다.[807]

신부들에게 전해진바, 하루는 황제의 어머니가 이 시계, 그들이 부르는 자명종自鳴鐘을 보려고 하자, 황제는 태후가 가지고 가서 안 줄 것을 염려하여 시계를 관리하는 태감들에게 명하여 태후의 처소로 가지고 갈 때,[808] 태엽을 감지 말라고 했다는 것이다. 울리지 않게 하라는 것이다. 시계를 두고 온 후, 소리가 나지 않는 것을 본 태후는 시계를 되돌려 보내며 말하기를, "나는 그것이 자동으로 울리는 줄로 생각했소"라고 했다. 황제의 의도를 알고 있는 태감들은 아무 말을 하지 않았다.[809]

615. 그 외 여러 차례 신부들에게 호의적인 탄원서를 제출했으나, 답변을 받지 못하다

신부들은 상소문에 북경에 체류할 수 있게 해 달라는 말을 넣어 달라고 관리들에게 요청했지만, 중국의 법을 크게 어기는 거라며 청을 들어

---

806 Cf. N.617. 리치가 북경에 체류하는 걸 주국조가 반대했다는 것을 『쇄리행(瑣里行)』의 한 단락에서 엿볼 수가 있다. 1705년, 그의 후손 주이준(朱彝尊)이 쓴 『명시종(明詩綜)』, c.54, ff.4-5에 첨가되었다.

807 Cf. N.596. 1603년, 리치는 필리핀 부-관구장 디에고 가르시아(Diego Garcia) 신부에게 플랑드르 시계에 관한 소식을 요청했다. 시계는 총장 신부가 중국선교를 위해 모랄레스 신부에게 준 것으로, 이후 시계의 행방은 전혀 알 길이 없다. Cf. N.3188.

808 태후가 있는 궁을 말한다.

809 Cf. N.3188.

주지 않았다. 그 결과, 세 번째 상소와 다른 여러 번의 상소를 더 올렸고,[810] 매번 신부들에게 더 호의적이긴 했지만, 그 말이 빠져 있어, 한 번도 답을 받지 못했다.[811]

616. 조우변이 뒤에서 개입하여 리치를 자유롭게 하다. 1601년 5월 28일 북경에 자리를 잡다

마태오 신부는 우리가 사이관에 있는 것이 불편하고, 기껏 얻은 공신력마저 떨어진다고 생각하여 밖으로 나가기로 하고 해결책을 모색하였다. 이 문제를 친구들에게 부탁하여 예부의 관리들에게 말해 달라고 청했고, 드디어 조 첨사[812]가 나갈 수 있게 해 주었다. 어느 날 조 첨사가

---

810 1609년, 리치가 기억하기로, 그의 "북경 거주" 초기에 자신을 담당한 관리는 두말할 필요 없이 주국조였다고 했다. 주국조는 리치와 관련하여 "여섯 통의 소(疏)"를 썼고, "단한 통의 답변도 받지 못했다"(N.1901)라고 했다. Cf. De Ursis, p.61. 따라서 5월 28일 이전에 이미 다른 세 통을 쓴 것이다. 그렇다면 그 이전에 두 통을 더 썼다고 할 수 있다(NN.611, 613). 이 모든 소(疏)에서 주국조는 "단 한 번도 우리를 북경에 머무르게 해 달라거나, 혹은 다른 남쪽 지방으로 보내 달라거나 하는 것이 아니라, 항상 우리를 고국으로 혹은 그 외 다른 나라로 보내라고만 청했습니다. 조정에 있던 우리의 친구들에게는 이것이 큰 호의를 베풀어 주는 거라고 했습니다. 따라서 초기의 소(疏)들은 오로지 우리를 고국으로 보내라고만 적었습니다"(N.1901). 실제로 첫 번째 소(疏)는 고국 乞…遠國(Cf. N.611)에 대해서만 말하고, 『명사(明史)』, c.326, f.13b에는 음력 8월이라는 날짜까지 명시되어 있다. 하지만 『명신종실록(明神宗實錄)』[장유화(張維華), p.176], c.361에 따르면, 7월 27일 六月甲午일 거라고만 적혀 있고, 강서(江西)로 보내라는 요청은 없다. 乞速爲領賜遣赴江西諸處(Storia dei Mim, c.326, f.13b) 혹은 遣回江西等處(Atti autentici di Scenzom [『명신종실록(明神宗實錄)』], c.361; 장유화(張維華), p.177). Cf. D'Elia[1], pp.229-230, N.421.

811 판토하(Pantoja[1])는 주국조가 쓴 다섯 통의 소(疏)를 언급하며, 이 소(疏)들에 대한 황제의 묵묵부답을 통해 하느님의 섭리가 개입된 거라고 보았다(p.583). 그리고 덧붙이기를, 황제가 선교사들을 자국으로 돌려보내려고 하지 않는 것은, 그들이 중국에서 본 것들을 알릴까 두려웠기 때문이라고 했다. "그들이 [북경에서] 40년 넘게 사는 한 터키인을 본 거처럼"(pp.583-584; N.3113) 말이다. Cf. N.523.

채 원외랑을 찾아가 신부를 거기에 붙잡고 있는 것은 옳지 못하고, 이미 바깥출입을 허락한 만큼 도시에 나가서 살도록 하라고 했다. 채 원외랑은 신부가 중국의 법을 어기고 태감을 통해 선물을 진상했다며 트집을 잡자, [조 첨사는] 크게 화를 내며, "마땅히 길을 가는 양민을 죽이고 살해해도 전국의 고관 중 아무도 막지 못했는데, 힘없는 한 외국인더러 그에게 대항하라는 말인가?"라고 했다. 그리고는 몹시 불쾌해하며 자리를 박차고 가 버렸다.

조 첨사는 매우 높은 관직에 있어서, 그의 직위를 박탈할 수도 있었다. 이에 즉시 조 첨사의 요구를 들어주기로 하고, 신부들에게 사람을 보내 자신의 관청에 상소를 올려, 사이관 안에서 병이 났으니 밖으로 나가 치료를 받게 해 달라고 하라고 했다. 그 기회를 통해 신부 일행을 모두 밖으로 나가 살 수 있게 하려는 것이었다. 소를 올리자,[813] 즉시 나가도 좋다는 서면 허가장이 발급되었고, 사이관 밖에 어디든 집을 얻어서 살 수 있게 되었다.[814] 그리고 사이관의 하인들에게 명하여 5일마다 5인분의 물자를 갖다주라고 했다.[815] 즉, 쌀大米, 고기, 소금, 잎사귀,[816] 장작과 술

---

812 Cf. N.600.

813 리치의 인품 상, 앞서 보았듯이, 그는 어떤 이유에서라도 거짓말하는 것을 거부해 왔다(N.485). 따라서 그의 정직함에 대해서는 온 중국이 알고 있었다. 그러므로 여기에서 정말로 병이 들지 않고서는 리치가 탄원서를 올리지 않았을 것이고, 그 상황에서 채 원외랑의 조언을 들었을 것이다.

814 신부들이 거의 포로 생활에서 나와 도심으로 거처를 옮긴 것은 1601년 6월 3일 이전이다(NN.4128, 4129). 정확하게는 5월 28일 이후는 아니다. Cf. De Ursis, p.45. 판토하(Pantoja¹)는 북경에 도착하고 한 달 후부터 포로 생활이 시작되었고(Cf. N.605) 거의 3개월가량을 했다고 했다(p.584; N.3114). 하지만 다른 곳에서(p.602; N.3127)는 2개월이라고 말하기도 한다. 그곳에서 나온 신부들은 북경의 "중심지에 집을 하나 얻었다"(p.584; N.3114).

을 공급해 주고, 사람을 하나 딸려 보내 신부의 집 대문 앞에서 상주하며 심부름을 하게 했다.

우리는 매우 기뻐하며, 하느님께 감사드렸다. 그리고 사이관에서의 반 포로 생활로 잃어버렸던 명예도 점차 회복하였다.[817]

---

815 Cf. N.618.

816 채소를 말하는 것이리라. 찻잎은 아니다. 그 경우에는 '차(茶), Cià'라고 쓰기 때문이다. 또 다른 목록에도 "특정 종류의 채소"(N.518)에 '잎사귀'라는 표현을 쓰고 있다. Cf. N.750.

817 리치와 동시대 사람인 심덕부(沈德符, c.30, f.35b) 박사는 예부에서 제시한 것을 언급하며, 자신의 소(疏)에서 서양인들에게 선물을 조금 주어 그들의 고향으로 돌려보내라고 했다. 그는 "황제는 이 의견을 받아들이지는 않고, [리치에게] 그가 원하는 대로 집을 임대하여 살도록 허락해 주었다(上不聽 俾從使傲居)"고 적었다. 같은 맥락에서 왕홍서(王鴻緒) 역시 『명사(明史)』에 들어갈 사료들을 챙기면서 당대 문건들을 살펴보고 ―『명사』 초안집에서 이탈리아에 관해 서술하며(列傳, 200, ff.15a-17b)― 후에 『명사』에서 읽게 될(Storia dei Mim, c.326, f.13b) 부분에 주목했다. 그것은 황제가 앞서 본 것처럼, 선교사들을 북경에 머무르지 않게 해 달라는 많은 청원에는 귀를 닫고 있다가 "리치가 그토록 먼 나라에서 왔다는 것을 반기며, 거주할 곳을 주고, 연금을 승인하고, 선물까지 주며 매우 잘 대접해 주었다. 고위 인사들과 정부 부처의 상서(尚書)들처럼 대하자 모든 사람이 그를 존경하고 그와 사귀었다. 이후 마태오는 [북경에서] 잘 지냈고, 아무 데도 가지 않았다. 帝嘉其遠來, 假館, 授粲, 給賜, 優厚. 公卿以下, 重其人, 咸與晉接. 瑪竇安之, 遂留居不去"(f. 16a). 그러므로 플랑셰(Planchet, f.16a)가 말한바, 리치에게 북경 체류를 허락한 유일한 이유가 황제에게 선물한 시계를 관리해야 했기 때문이라는 주장은 거짓이다.

✠

제14장

신부들이 직접 황제에게 탄원서를 쓰게 된 경위, 예부의 관리들이 신부들에게 사이관 밖에 거주하도록 허락하고 북경의 고위 인사들이 방문하여 위로하다

(1601년 6월부터 12월까지)

- ○ 리치가 황제에게 쓴 탄원서, 그러나 답변을 받지 못하다
- ○ 대신 조우변과 각로(閣老) 심교문(沈蛟門)을 포함한 옛 친구와 새 친구들
- ○ 병부대신 소대형(蕭大亨), 예부대신 풍기(馮琦), 이부대신 이재(李載)가 리치의 친구가 되다
- ○ 곽명룡(郭明龍), 양형암(楊荊巖)과 같은 예부의 시랑(侍郞)들이 리치와 긴밀한 관계를 맺다
- ○ 남경의 두 상서(尙書), 왕충명(王忠銘)과 장맹남(張孟男)을 비롯한 다른 고위 인사들이 신부를 방문하다
- ○ 신부가 시계의 태엽을 감기 위해 처음에는 연 네 차례 정기적으로 입궁하다가 나중에는 원하는 만큼, 가고 싶은 사람이 가다. 대신들과 친밀한 관계를 유지하다
- ○ 많은 황족, 무관과 주요 권세가들이 신부들과 우정을 나누다. 많은 사람이 신부를 연회에 초대하다

617. 리치가 황제에게 쓴 탄원서, 그러나 답변을 받지 못하다

신부들이 사이관을 나와서 가장 먼저 한 일은 잠시라도 다시 그곳으로 돌아가는 일이 없도록, 북경에서 자유롭게 체류할 방법을 모색하는 것이었다. 이번에는 직접 황제에게 요청할 참이었다. 외국인 담당 관리들도 어떻게 해서라도 이 일을 마무리 짓고 싶어 도와주기로 했고, 태소[상소]를 황제에게 전달하는 통정사通政司 관리까지 나서 주었다. 그는 마태오 신부의 친구로 남경의 다른 관직에 있다가 승진하여 와 있었다.[818] 이들의 도움으로 신부는 황제에게 올리는 상소를 잘 썼다. 거기에는 이렇게 말했다. "폐하의 고귀한 명성을 듣고 중국에 와서 많은 세월을 조용히 살았습니다. 올해 미리[819] 저희가 가진 몇 안 되는 선물을 드리려고 왔습니다. 특히 저희가 황제께 드리는 〈구세주 성화〉는 왕국의 평화를 빌고 황가皇家의 복을 기원하는 사랑과 존경의 표시입니다. 이것으로 저희가 바라는 것은 아무것도 없습니다. 어떠한 벼슬도 답례품도 바라지 않습니다. 저희는 수도승이라 자식도 손자도 없고, 필요한 것도 없습니다. 다만 청컨대, 북경 밖이건 북경이건 살 수 있는 자리만 허락해 주시기를 바랍니다."[820]

---

818 그는 성이 심(沈)이고, 이름은 자목(子木), 자는 공정(恭靖), 호는 여남(汝楠)이다. Cf. *Abbozzo della Storia dei Mim*, c.233, f.21a; *Storia dei Mim*, c.226, f.14a; *Index*, 24, III, p.5. 리치는 그를 "절친"(N.1901)이라고 부른다.

819 1601년 2월 3일에, 중국은 새로운 신축(辛丑)년이 시작되었다. "미리"라고 한 것은 맞는 말이다. 그들이 1월 24일에 왔기 때문이다. 전년도는 경자(庚子)년이었다.

820 북경 외에 다른 곳이라고 하면 남경이다. 거의 동시에 리치는 1609년 2월 15일에 일어난 일로 기억하고 있다. Cf. N.1901. 알레니에 따르면(Aleni[1], B, f.10b), 리치는 소(疏)에서 두 개의 수도, 남경이건 북경이건, 혹은 남직례(南直隸)나 절강(浙江), 어디서건 조용히 안주하고 싶다고 청했다. 其疏請命, 或兩京, 或吳越, 乞賜安揷.

황제는 이 상소에도 아무런 답을 주지 않았다[不報].821 아마 중국의 관
례에 따라 답을 별도로 주지 않고 주객사[主客司]822에서 이 문제를 처리하
라는 뜻일 것이다. 황제는 그들이 신부가 북경에 머무르는 것을 원치 않
는다는 것을 알고 있었다.823 하지만 일부 나이 든 태감들이 황제의 관점
에서 [신부들에게] 말하기를, 북경에 확실히 자리를 잡게 될 것이니, 남쪽
지방으로 가고 싶다거나 고국으로 돌아가고 싶다는 말은 하지 말라고 했
다. 황제가 들으면 기분이 상할 수도 있기 때문이라는 것이다.

618. 대신 조우변과 각로(閣老) 심교문(沈蛟門)을 포함한 옛 친구 와 새 친구들

이렇게 명예롭게 일이 마무리된 것은 우리가 예부[禮部]로부터 승리한
것이라고 했다. 예부에서는 신부가 사이관 밖으로 나가도록 할 수밖에
없었고, 게다가 매월 공금으로[大官廩餼] 은자 여덟 냥씩을 지급해야 했
다.824 이 정도면 중국에서는 매우 큰 수입이라고 할 수 있다. 처음에는
두려워하던 친구들까지 모두 와서 축하해 주었고, 우정도 회복되었다.
많은 사람이 왕래했고, 온 도시가 환호해 주었다. 우리는 하느님께서 특

---

821 1609년 2월 15일, 리치는 자신이 쓴 소(疏)가 아직도 황제에게 도달하지 않았는지를
    물었다. Cf. N.1901.
822 Cf. N.602.
823 Cf. N.615. 이 일이 있고 여러 해가 지난 후, 리치는 "내가 분명히 알게 된 것은 황제가
    누군가를 위해 선의를 베풀어 줄 수 있으려면, 해당 관청에서 요청해야 한다는 것입니
    다. … 그것은 반대로 황제가 먼저 나서서 행하는 일은 결코 없다는 것입니다. 우리 유
    럽인 모두에게는 믿기지 않는 일일 것입니다"(N.1901)라고 썼다. 이 경우, 리치에게
    호의적으로 이런 상소를 써 줄 사람은 주국조(朱國祚)인데, 그는 선교사가 북경에 남
    는 것을 원하지 않는 사람이었다(N.611).
824 선교사들은 5일마다 5인분의 물자를 조달받았다. Cf. NN.616, 619.

별히 보살펴 주시는 거로 생각했다.

얼마 지나지 않아서 외국인 담당관 채蔡 원외랑[825]이 다시 사람을 보내 신부를 관청으로 불렀다. 전보다 훨씬 예를 갖추고 환대하며, 사이관 밖, 북경의 어디에서든 원하는 만큼 살 수 있다고 했다. 북경은 큰 도시라 외국인 한 명 정도는 충분히 더 살 수 있다는 것이다.[826]

가장 예를 갖추고 자주 찾아와서 모든 사람을 놀라게 한 것은 조曹 첨사僉事[827]였다. 그를 따라서 다른 더 많은 사람이 찾아왔다. 그로 인해 우리를 찾아오는 방문객들의 가마[轎][828]와 고위 인사의 말이 종일 도로를 가득 메웠다. 찾아온 사람들을 여기에서 전부 언급하려면 너무 길어질 것이다. 그러므로 중요한 일부 인사만 언급하기로 하겠다.

가장 중요한 사람으로 각로閣老 심교문沈蛟門[829]이 있었는데, 그는 당시,

---

825 Cf. N.602.
826 그는 선교사들의 좋은 친구 중 한 사람이자 보호자가 되어 주었다. 1602년 3월 9일 자 편지에서 판토하는 "우리를 특별히 칭송하고 존경하는 분"이라며, "그는 처음부터 우리를 대변해 주고 우리를 만나러 오는 사람들의 어른 노릇을 도맡아서 했습니다"(pp.586-587; N.3115)라고 했다.
827 Cf. NN.612, 616.
828 승교[轎]다. Cf. NN.108, 127.
829 이 높은 관리의 성은 심(沈)이고, 이름은 일관(一貫), 자는 견오(肩吾)며, 호는 교문(蛟門)이다. 리치는 Scenchiaomen이 아니라, Schinchiaomuon으로 표기하고 있다. 절강의 영파(寧派)에서 소박한 부모 밑에서 태어나, 1568년에 거인(擧人)이 된 후, 국자감(國子監)에 들어가 서길사(庶吉士), 검토(檢討), 일강관(日講官)과 좌중윤(左中允)을 지냈다. 이후 이부(吏部)에서 좌시랑(左侍郎)과 태자빈객(太子賓客)이라는 타이틀로 시독학사(侍讀學士)를 역임했다. 1594년 말 혹은 1595년 초, 그는 남경에서 예부(禮部)의 상서(尙書)로 임명되었고, 최고위 각로(閣老) 혹은 대학사(大學士)직을 수행하였다. 1597년도 중반에는 호부상서(戶部尙書)가 되었고, 1600년에는 이부상서(吏部尙書), 1603년에는 당국(當國)이 되었다. 경쟁자들의 고발과 몇 가지 경솔한 행동으로 1606년 8월 19일 관직에서 물러났다. 1616년경에 사망한 후, 시호를 문공(文恭)으로 받았다. Cf. Storia dei Mim, c.218, ff.6b-10a; Index, 24, III, p.4; BD, N.1690.

잠시 북경에 와 있던 중이었다.[830] 조정대신들 중 최고 높은 관리였다. 신부는 그에게 서방[831]에서 가지고 온 좋은 물건 하나를 선물로 주었다. 하지만 그가 가장 좋아한 것은 흑단으로 아주 잘 만들어진 해시계였다. 마태오 신부가 답 방문을 하자, 그는 매우 정중하게 신부를 맞이하며, 오 랫동안 이야기를 나누었다. 그리스도교 국가의 좋은 풍습들을 큰 흥미를 갖고 경청했다. 신부가 중국인과 나눈 최초의 이성적인 자리였다.[832] 그 는 그리스도인들은 부인을 한 사람밖에 얻을 수 없다고 하자, 함께 있던 다른 고위 인사들에게 말하기를, "다른 것은 물어볼 필요도 없습니다. 그 나라가 얼마나 고상한지, 통치가 얼마나 잘 되는지는 이 하나만으로도 충분합니다"[833]고 했다. 돌아오는 길에 그는 신부에게 약간의 양모 옷감 과 40냥 어치의 선물을 주었는데, 담비 가죽처럼 생긴 모포는 상당히 예 뻤다. 이후 신부들은 그의 아들과도 긴밀한 우정을 유지했고,[834] 신부는 그에게 프리즘 하나를 선물로 주었다. 심교문이 그곳에서 재직하는 8년

---

830 조지고(趙志皐)가 병이 들어, 1601년 10월 8일에 사망하고, 심리(沈鯉)와 주광(朱廣) 이 1601년 10월 19일에 임명되기 전까지 심교문이 각로로 있었다. Cf. *Storia dei Mim*, c.110, f.12b; c.21, f.3a.

831 이탈리아 혹은 유럽에서 가지고 온 것.

832 리치가 중국인 대학자들과 행했던 통상적인 방식을 보여 주는 귀한 관찰이다. Cf. N.570.

833 남경에서도 그리스도교 국가들의 일부일처제는 중국인들에게 강한 인상을 주었다. "모두 칭송을 아끼지 않았지만, 극소수의 사람들만 닮고 싶어했다. 황제부터 고관대작 들은 물론 평범한 사람까지 부인을 한 명만 둘 수 있고, 비록 아들을 출산하지 못하 더라도 결코 쫓아낼 수 없다"(N.570)는 것에 놀라워했다. N.154, 주(註)와 대조하여 보라.

834 심일관(沈一貫)은 세 아들을 두었는데, 첫째가 태홍(泰鴻), 운장(雲將), 둘째가 태영 (泰永), 린유(鱗游), 막내가 태번(泰藩), 장세(長世)다. Cf. 『광서은현지(光緒鄞縣志)』, c.37. 이 세 아들 중 텍스트에서 말하고 있는 아들이 몇 번째인지를 구분하기는 불가 능하다.

혹은 9년 동안 그들 부자는 우리에게 많은 호의를 베풀어 주었고,[835] 우리에게 큰 권한을 주었으며, 필요한 것들을 조달해 주었다.[836]

619. 병부대신 소대형(蕭大亨), 예부대신 풍기(馮琦), 이부대신 이재(李載)가 리치의 친구가 되다

그즈음에 남경의 형부刑部에 있던 시랑侍郎이 조정[837]에 일이 있어서 왔다. 그는 대수학자며 마태오 신부의 친구로 왕(王??)[838]이라는 사람이었

---

835 심교문(沈蛟門)은 1594년 12월 중하순이나 1595년 1월 초순부터 대학사(大學士)로 있다가 1601년 8월 19일 관직에서 물러났다. Cf. *Storia dei Mim*, c.110, ff.12a-13a. 따라서 그가 북경에서 신부들을 도와줄 수 있었던 기간은 5년이 넘지 않는다.

836 트리고(Trigault, p.418)는 타키 벤투리(Tacchi Venturi, I, p.387, N.1)와 마찬가지로, 여기에 세바스티아노 종명인(鍾鳴仁) 페르난데스 수사의 말을 끌어들인다. 그리하여 리치는 사도직을 잘 수행하기 위해 혹은 그의 예언자적인 정신에 따라서 중국인 고관들의 존경과 호의를 계속해서 확보해 나감으로써 변함없는 기대를 하게 해 주었다. 그의 말을 빌리면, "이를 위해 마태오 신부님은 (상황을) 예측할 수는 없지만, 적어도 몇 년은 내다보아야 한다고 말씀하셨습니다. 신부님의 동료 세바스티아노 수사가 이 점에 대해 언급하자, 광동에서 이미 경험한바, [중국인들의 허식에] 반대되는 말은 금물이라며, 더 좋은 결과를 얻기 위해서는 희망을 품고 기다려야 한다고 했습니다. 일본에서처럼 오히려 그들의 자만심을 활용하는 것이 좋다고도 했습니다. 누군가 마태오 신부에게 묻자, 이렇게 대답했습니다. '말하지 마십시오!' 신부님이 말했습니다. '그대의 말을 알아듣는 것만으로는 충분하지 않습니다. 저는 적어도 어려움을 겪고 장애물들을 만났던 만큼, 다른 곳에도 이런 난관이 존재한다는 것을 압니다. 우리가 희망하는 것이 그다지 불가능한 것도 아닙니다. 우리를 도와주는 각로[閣老]가 있지 않습니까!' 그는 우리의 형제로 이곳에서 살고, 함께 이야기를 나누며, 기꺼이 우리를 도와줍니다." 트리고 역시 1610년도 『연차 보고서』(*ARSI, Jap.-SiN.*, 117, f.1 e v)에서 같은 말을 하였다. 더 명확하게, 리치의 이런 당부는 1593년 이전에도 이미 한 것으로, 그때부터 리치는 승복을 입지 않고, 스님이라는 이름도 쓰지 않기로 했다. Cf. N.429, 본서 2권, p.410, 주(註) 304; p.411, 주(註) 307.

837 북경.

838 이 사람은 왕초(王樵) 외에 다른 사람일 수가 없다(N.533). 다른 사람들은 산동(山東) 출신이 아니었고, 더 결정적으로는 1599년에 이미 죽었기 때문이다. 따라서 유일한 산동(山東) 사람으로 성이 왕(王)이고, 1601년경 형부(刑部)에서 시랑(侍郎)을 지낸 사람

다. 그를 통해 북경의 형부상서刑部尙書와도 사귀게 되었는데, 성이 소蕭[839]라는 사람이었다. 후에 더 높은 관직인 병부兵部의 상서尙書가 되었다. 왕 시랑을 통해 이부吏部의 관리들도 알게 되었는데, 그중에는 풍馮[840]이라는 성을 가진 사람이 있었다. 그는 곧 예부禮部의 상서로 승진했

은 왕여훈(王汝訓)이다. 그의 자는 『사고(師古)』 또는 『명사(明史)』(c.235, f.1a)에 따르면, 고사(古師)이고, 호는 광양(汯陽) 또는 홍양(泓陽) 혹은 공개(恭介)다. 그는 동창(東昌) 지역 요성(聊城)에서 태어나 1571년에 거인이 되었다. 이후 그는 지금의 호북(湖北) 지방 원성(元城)의 지현(知縣)이 되었고, 첨부어사(僉部御史)와 절강(浙江) 총독(巡撫)을 역임했다. 그 후 약 15년가량 관직에서 물러나 가족과 함께 있다가 형부(刑部)의 시랑(侍郎)으로 임명되어 북경에 왔을 때가 1601년이었다. 그리고 남경의 공부(工部)에서도 시랑으로 일했다. Cf. 『건륭산동통지(乾隆山東通志)』, c.28, f.48b; *Storia dei Mim*, c.235, ff.1a-2b; *DB*, p.91a; *Index*, 24, II, p.61.

839 그는 성이 소(蕭), 이름이 대형(大亨), 자는 하경(夏卿), 호는 악봉(嶽峯)이다. 산동(山東)의 태안(泰安)에서 태어나 1562년에 거인이 되었고, 바로 그해에 산서(山西) 지방 유차(楡次)의 지현(知縣)으로 임명되었다. 조금 시간이 지난 후, 공부(工部)에서 시랑(侍郎)이 되어 독리녕하량저낭중(督理寧夏糧儲郎中)과 총독(巡撫)을 대행했다. 약 20년간 중국과 몽골의 국경에서 관리로 있었기에 북방 민족들에 대해 잘 알게 되었고, 그것을 1594년에 『북로풍속(北虜風俗)』이라는 책으로 편찬하였다. 몽골인에 관한 책으로, 세루이스(E. Serruys, in *MS*, X, 1945, pp.124-208)에 의해 불어로 번역되기도 했다. 이후 그는 도어사(都御史), 병부(兵部)에서 시랑(侍郎)과 상서(尙書)를 지냈고, 형부(刑部)에서도 상서(尙書)를 지냈으며, 텍스트에서 말하는 것처럼 높은 지위에까지 올랐다. 그에게는 태자대보(太子大保)라는 지위도 주어졌다. 그는 1608년에 사망했다. Cf. 『중수태안현지(重修泰安縣志)』, c.8; *MS*, X, 1945, pp.117-120; *Storia dei Mim*, c.112, ff.19a-20b; 『건륭산동통지(乾隆山東通志)』, c.28, f.43b; *DB*, p.1641b. 1602년 그의 손자 중 한 명이 삼촌의 허락을 받고 18세의 나이에 그리스도교로 개종했다. 세례명을 미켈레라고 했고, 세례를 받은 지 몇 주 지나지 않아서 사망했다(N.690).

840 성은 풍(馮), 이름은 기(琦), 자는 용온(用蘊) 또는 온(韞), 호는 탁암(琢庵)이다. 그는 산동(山東)의 임구(臨朐)에서 1559년 1월 7일에 태어나(李載[1], c.9, f.32b) 1577년 19세에 거인이 되었다. 바로 국자감(國子監)에 들어가 서길사(庶吉士)가 되었고, 편수(編修), 일강관(日講官), 서자(庶子)가 되었다. 이어서 그는 국자감(國子監)의 원장(院長)으로 임명되었고, 그곳에서 연이어 예부(禮部)와 이부(吏部)의 시랑(侍郎)이 되었다. 이재(李載)가 이부상서(吏部尙書)로 있을 때, 그는 이부의 시랑으로 있었다. 그리고 1601년 11월 예부상서(禮部尙書)로 임명되었다. 그는 건강을 이유로 열여섯 차례에 걸쳐 관직에서 물러나고 싶다고 했으나 모두 허사였다. 결국 1603년 4월-5월, 44세

다. 둘 다 같은 고향 사람이었다.

어느 날 매우 성대한 연회가 벌어졌는데 세 사람이 모두 참석하게 되었다. 그 자리에서 세 사람은 긴밀한 우정을 나누는 사이로 발전하여 오랜 세월 이어갔다. 신부는 그들의 집을 방문했고, 그들의 도움을 많이 받았다. 특히 풍 상서는 대학자로 예의가 매우 바른 사람이라 온 북경에서 큰 사랑을 받는 인물이었다. 그는 예부상서로 승진하자마자,[841] 즉시 우리가 사이관四夷館 밖에서 살도록 비준했고, 신부들을 해코지하려는 모든 사람을 저지시켰다. 그리고 우리에게 주기로 한 고기와 술에 대해서도 담당 관리들의 나쁜 심보로 기일을 넘기기가 일쑤였고, 그래서 크게 도움이 되지 않고 있었다. 이에 풍 상서는 그것을 돈과 쌀[大米]로 바꾸어

———

의 나이로 사망하였다. 그의 학문과 충성을 칭송하지 않는 사람이 없었다. 알레니(Aleni[1], B, f. 12a)가 기억하는바, 그는 개종에서 멀리 있지 않았다. "그는 자주 리치 박사를 찾아와 가르침을 받고, 그 내용을 깊이 이해하며 확신하고 있었기 때문이다. 그는 천주의 참된 가르침을 진지하게 받아들이고자 했다"(N.636; *Fonti R.*, III, p.11). 리치는 『기인십편(畸人十篇)』 제2장에서 이 사람, 풍기(馮琦)와의 대화를 넣었다. "[상서(尙書)는] 천주의 참된 가르침을 진지하게 받아들였고: 대유지어천주정도(大有志於天主正道)", "자주 내게 『천주교요(天主敎要)』와 『성교요계(聖敎要誡)』를 청하며, 즉시 번역해 줄 것을 압박[命]하기도 했다. 때로는 황제에게 올린 불교의 공(空) 이론과 도교의 신비주의에 대한 반박 상소문을 보여 주기도 했다. 그는 중국의 학교에 천주를 섬기는 학문이 도입되기를 희망했다, 사상제지학(事上帝之學). 하지만 불행하게도 그리스도인으로서 자신의 소신을 실행하려고 할 때, 갑자기 병이 들어 사망하고 말았다." 그리고 리치는 이렇게 마무리한다. "그곳은 좋은 뜻을 실천코자 하는 사람들의 수도가 될 것이다. 그것이야말로 날마다 바라는 바이다. 大都之中, 有續成其美意者歟, 余日望之"(PCLC, II, f.9a). Cf. *Storia dei Mim*, c.216, ff.7a-9a; 『죄유록(罪惟錄)』, XLIV, 전(傳) ff.53a-57b; *Index*, 24, III, p.27; *DB*, p.1224b. 그는 『북해집(北海集)』과 『경제류(經濟類)』의 저자다.

841　다만 1601년 11월 이전은 아니다. 왜냐하면 풍기(馮琦)는 음력 10월, 즉 그해 양력 10월 26일부터 11월 25일 사이에 예부상서(禮部尙書)로 임명되었기 때문이다. Cf. *Storia dei Mim*, c.112, f.19a.

주도록 지시했다. 그 결과 신부들은 매월 수입이 은자 다섯 또는 여섯 냥 정도가 늘어났다. 이것은 신부들에게 큰 도움이 되었다. 왜냐하면 북경은 마카오에서 멀리 떨어져 포르투갈 사람들이 살지 않는데다 중국의 다른 지역에 비해 물가가 가장 비쌌기 때문이다. 북경에서는 물론 온 중국에서 우리가 관리들로부터 얻은 신임 외에도 모든 사람이 우리가 북경에서 사는 것을 지지해 주었고, 황제는 국고에서 생활비를 지원해 주었다. 이런 사실은 즉시 사방으로 알려졌다.[842]

마태오 신부는 소蕭와 풍馮, 이 두 상서에게 각각 지구의地球儀[843]와 천구 표시를 한 돌로 만든 해시계를 만들어 주었다. 그들은 이것들을 매우 아꼈다.

각로閣老 다음으로 중요한 인사는 각로에 못지않은 실권을 가진, 이부상서吏部尚書였다. 그는 전국의 모든 관리들의 인사를 담당하고 있었기 때문이다. 당시 이부상서로 있던 사람은 하남河南 사람 이재李載[844]였다. 그

---

842 그 결과 선교사들에게 "매월 은자 여덟 냥 이상"(N.618)이 더 늘었다. 이제 대략 월 13 혹은 14냥 정도의 수입이 생긴 것이다. 1623년 4월 3일 자, 에마누엘레 디아즈 신부가 지롤라모 로드리게스 신부에게 보낸 편지에 당시 리치와 판토하 신부가 받은 돈이 한 해 은자 72텔[**역주**_ 은화, 곧 텔(tael), 兩, 銀의 사용은 포르투갈과 중국 간 무역 거래의 수단으로 1582년부터 쓰기 시작했다] 정도 된다는 말이 있다. 그에 따르면, "리치와 판토하 신부는 황제로부터 연 72텔 정도를 받았는데, 집을 임대하는 데 필요한 비용이 43텔이고 나머지 비용이 30텔 정도 됩니다"(*ARSI, Jap-Sin.*, 161, II, f.82r)고 했다. 이 수입은 경제적인 가치보다도 사회적이고 도덕적인 의미에서 더 가치가 있다고 하겠다. 왜냐하면 선교사들을 중국의 "고위 관리들"처럼 대접해 주었기 때문이다(N.696).

843 고관들이 리치를 크게 존경한 것 중 하나는 그들이 리치의 세계지도, 아마도 두 번째 판본에 관한 진지한 진단을 하고 나서일 것이다. "우리는 그들에게 매우 큰 지도를 하나 보여 주었습니다. 그들은 자기네 왕국 외에는 상상조차 하지 못했던, 작게 생각한 세상이 얼마나 넓은지를 보고는, 마주 보며, '우리는 생각한 만큼 큰 나라가 아니었소이다. 큰 세상과 비교해 보니 우리의 왕국이 더 잘 보이는구려!' 하고 말했습니다"(Pantoja[1], p.585; N.3115). Cf. N.262, 본서 2권, p.181, 주(註) 295.

는 신부와 가까이에서 이야기하는 걸 매우 좋아했고, 그래서 여러 차례 자기 집으로 초대하곤 했다. 그는 나이가 많이 들어 내세의 것에 관심이 많았으나, 공무가 바빠 다른 일을 할 시간이 없었다.

몇 년 뒤, 신부는 이 상서[845]와 풍 상서[馮尙書][846]와 나눈 이야기를 『기

---

844 리치는 이 사람을 이재(Litai, 李載)(NN.619, 638) 혹은 Lithai(N.634)라고 불렀다. 의심의 여지 없이 Litae 이재(李載), 아니면 Littae 이태(李太)를 줄여서, 그냥 Li 이(李)라고 부른 이부상서(吏部尙書)다. 리치는 『기인십편(畸人十篇)』 제1장에서 같은 이름[역주_ 여기서는 이태재(李太宰)라고만 부른다]으로 부르고 있다. 그는 대담자로 등장한다. 그는 성이 이(李), 이름은 재(載), 자는 인부(仁夫)이다(Annali della Prefettura di Kaifeng에는 夫 대신에 天이라고 나온다).

하남(河南)의 개봉(開封) 시 연진(延津)에서 1530년경 가난한 부모 밑에서 태어났다. 1568년에 진사에 급제하였다. 그 후, 지금의 강소(江蘇) 양주(揚州)시 흥화(興化)의 지현(知縣)으로 있다가, 후에 광동(廣東)성에서 호과(戶科) 급사중(給事中)이 되었다. 그곳에서 도급사중(都給事中)으로 선출되어 예과(禮科)를 담당했고, 섬서(陝西)의 우참정(右參政)과 안찰사(按察使)를 지내고, 이어서 산서(山西) 근처에서 안찰사(按察使)를 역임했다. 그곳에서 산동(山東)의 우부도어사(右副都御史)로 갔다가, 형부(刑部)의 시랑(侍郎)으로 승진하였다. 얼마 후, 1595년에 북경의 공부상서(工部尙書)와 남경의 호부상서(戶部尙書)로 있었다. 잠시 후에, 모친이 사망하자 상중이라는 핑계로 잠시 관직에서 물러났다가, 1598년 7월에 다시 이부상서(吏部尙書)가 되었다. 그가 이 관직을 맡았을 때 나이가 70세였다. 그때 북경에서 리치와 깊이 사귀게 되었고, 그런 탓에 "나이가 많이 들어 내세의 것에 관심이 많았던 것"(N.619)이다. 하지만 그는 결국 불교로 기울었고, 리치가 불교를 공격하는 것을 보고 씁쓸하게 생각하며, "만약 천주(天主)가 하늘에서 위대한 분이라면, 붓다는 땅에서 위대한 분"(N.634)이라고 했다. 그러나 얼마 후에 그의 손자가 황제를 상대로 쓴 풍자시의 저자라며 부당하게 고발을 당했고(N.638), 그것을 계기로 관직에서 물러나야 했다. 만력(萬曆) 황제는 "모든 관직과 명성과 지위를 박탈하고, 고향으로 귀향시켰다"(N.638), 즉 1604년 1월, 하남(河南)으로 돌아간 것이다. 이에 리치는 씁쓸한 미소를 지으며, "천주(天主)께서는 하늘과 땅에서 위대한 분이다. 그의 우상들[붓다]은 그에게 억울함을 풀어 줄 수도, 관직을 유지하게 할 수도 없다"(N.638)라고 했다. Cf. Storia dei Mim, c.112, ff.18a-19a; c.225, ff.6a-8a; Index, 24, II, p.229; 『강희개봉부지(康熙開封府志)』, c.26, ff.34b-35a; DB, p.452 a.

845 이부상서(吏部尙書) 이재(李載)다.

846 예부상서(禮部尙書) 풍기(馮琦)다.

인십편畸人十篇』의 두 장章에 수록하여 출판하였다.847 [이 두 사람의 명성으로 인해] 이 책에 대한 공신력은 매우 높았고, 두 장에서 다루고 있는 내용도 크게 주목을 받았다.

620. 곽명룡(郭明龍), 양형암(楊荊巖)과 같은 예부의 시랑(侍郎)들이 리치와 긴밀한 관계를 맺다

같은 맥락에서 신부들에게 더 큰 공신력을 안겨 준 사람은 남경의 관리로 있다가, 승진하여 온 두 사람으로, 남경에 있을 때 마태오 신부와 우정을 나누었던 사람이다. 한 명은 호광湖廣의 곽명룡郭明龍이고, 다른 한 명은 복건福建의 양형암楊荊巖이다. 두 사람은 글로 명성을 크게 얻던

---

847 여기서 말하고 있는 책은 1608년 초에 출판된 『기인십편(畸人十篇)』(PCLC, II-III)이다(N.1801). 제1장의 제목은 '누군가 사람의 나이는 이미 지나간 거라고 말하는 것은 잘못이다. 人壽旣過, 誤猶爲有'이다. 대담자는 이태재(李太宰)다, 다시 말해서, 이부상서(吏部尙書) 이재(李載)다. 1601년 말, '리치가 이제 막 쉰[50세]에 접어들었다. 時昉造艾'고 말하면서 대화가 시작된다. 장 전체에서는 흘러가는 시간의 소중함에 대해서 말하고 있다. 제2장의 제목은 "이승에서 사람은 손님 人於今世惟寓耳"이다. 대담자는 대종백(大宗伯) 풍기(馮琦)다. 대화는 악의 문제를 둘러싼 내용이다. 이승의 모든 비참한 것들에 대해 폭넓게 묘사한 후, 그는 "고통은 참 고통이지만, 기쁨은 참 기쁨이 아니다. 凡世界之苦幸, 爲眞苦幸, 其快樂, 爲假快樂"(f. 6a)이라는 것에 주목한다. 여기서 풍기는 "천주께서 왜 인간을 이렇게 비참하게 태어나게 하셨는지는 모르겠지만, 그분이 인간을 동물보다 덜 사랑하는 것 같습니다. 不知天主何故生人于此之處, 則其愛人反似不如禽獸"(f. 7a)라고 결론짓는다. 이에 리치가 대답하기를, "눈에 보이는 세상은 인간 세상이 아니라, 짐승들이 사는 곳. 見世者非人世也, 禽獸之本處所也"이요, "인간은 여기에 잠시 살 뿐. 人之在世不過暫次寄居也", "우리의 고향은 이승이 아니라, 나중에 있을 세상이지요. 인간에게 속한 세상이 아니라, 하늘에 속한 세상입니다. 우리는 하늘에 거처를 마련하는 것입니다. 吾本家室不在今世, 在後世, 不在人, 在天, 當于彼創本業焉"(f. 8a)이라고 했다. 이승의 비참함은 다른 세상에 대한 생각을 하게 만든다. 악은 죄로부터 기인하고, 죄는 우리의 원조들이 저지른 것으로, 우리 역시 원조들을 닮아 죄를 짓는 것이다.

인물로, 우리 집을 자주 찾아 매우 친근한 사이가 되었다. 두 사람은 번 갈아 가며 예부에서 시랑侍郎을 지냈고, 주객사의 관리인보다 지위가 높았다. 두 사람이 있는 한 우리는 북경에서 안전했고, 종종 트집을 잡고 여러 구실을 만들어 우리를 비방하는 사람이 있어도 그들이 막아 주었다.

양형암이 마태오 신부에게 말하기를, 광동廣東에 사는 자기 형이 하나가 있는데, 그리스도인이라며,[848] 고향에 갔을 때 특정일에 금욕禁肉해야 한다며 고기를 먹는 것에 매우 주의를 하더라는 것이다. 이 때문에 양형암은 우리의 거룩한 신앙에 대해 각별한 애정을 갖게 되었다고 했다.

신부는 그 두 사람에게도 각각 지구의, 해시계와 그 밖의 천문기기를 만들어 주었다. 그들은 매우 똑똑한 사람들이었다. 그들은 우리가 가르치는 것에 확신했고 우리에 대해 알고 나서 다른 사람들에게 우리의 권위를 높이는 말을 하곤 했다. 어떤 학자가 책을 한 권 썼는데, 거기에서 우리의 『천주실의天主實義』[849]와 그리스도교 율법을 공격하는 중대한 몇 마디를 하자, 양형암이 그 내용을 삭제하고, 그 학자가 말하고자 한 것과는 정반대의 문장으로 바꾸어 버렸다. 하지만 그는 이 사실을 신부에게

---

848 이 사람은 그의 사촌 큰 형[從兄]으로, 성은 양(楊), 이름은 도회(道會), 자는 유종(惟宗)이다. 1568년 진사에 급제했고, 절강(浙江) 황암(黃巖)의 지현(知縣), 남경의 호부(戶部)에서 원외랑(員外郎), 지금의 안휘성(安徽省) 안경(安慶)과 절강(浙江) 태주(台州)의 지부(知府)와 광동(廣東)의 안찰부사(按察副使)를 지냈다. 안찰부사를 지내던 시기에 이미 그리스도인이 되어 텍스트에서 말하고 있는 것처럼 금육일을 지키고 있었던 걸로 보인다. 하지만 광동(廣東)의 총독으로부터 미움을 받아 2년간 정계에서 물러났다. 그리고 후에 다시 광동(廣東)의 제학(提學), 호광(湖廣)의 참정(參政), 그리고 같은 호광(湖廣)에서 조가회(趙可懷)(N.510) 밑에서 섭안찰사(攝按察使) 등을 역임했다. Cf. *Annali Generali del Fukien*, c.204, ff.28a-29a.

849 예상하듯이, 『천주실의(天主實義)』가 맞고 그것이 이미 출판된 것이라면, [텍스트에서 말하고 있는] 이 일은 1603년 이전에 있었던 일이 아니다.

절대 말하지 않았다. 이 일로 우리는 그가 진심으로 우리를 대하는 진정한 친구라는 걸 알게 되었다.

621. 남경의 두 상서(尙書), 왕충명(王忠銘)과 장맹남(張孟男)을 비롯한 다른 고위인사들이 신부들을 방문하다

남경의 두 상서[850]는 북경에 올 때마다 항상 선물을 들고 예로써 신부들을 방문했다. 이는 북경에서 우리의 신망을 높이는 데 도움을 주는 것은 물론, 남경에 있을 때 형성된 신부와 그들의 우정을 더욱 강화해 주기도 했다.

그 외, 우리 집을 찾아온 다른 여러 고위 인사[851]도 모두 중요한 사람들이었지만, 이 사람들과 비교해 지위는 낮았다.

622. 신부들이 시계의 태엽을 감기 위해 처음에는 연 네 차례 정기적으로 입궁하다가 나중에는 원하는 만큼, 가고 싶은 사람이 가다. 대신들과 긴밀한 관계를 유지하다

시계를 관리하는 네 명의 태감이[852] 황제의 시계를 수리하는 방법을

---

850 이 두 상서(尙書)는 확실히 왕충명(王忠銘)[N.417, 본서 2권, p.393, 주(註) 273.]과 장맹남(張孟男)이다. 두 사람은 남경에서 각각 예부상서(禮部尙書)와 호부상서(戶部尙書)를 지냈다. Cf. NN.533, 573, 1691.

851 왕옥사(王玉沙) 통감은 우리의 요청에 따라 묘지명을 써 주었다. 우리가 가지고 있는 리치의 친구들 명단에는 많은 유명한 문인과 관리들이 있었다. Cf. *Fonti Ricciane*, III, pp.13-16. 저자가 텍스트에서 말하고 있는 것처럼, 그 외 인물들의 명단은 "모두 중요한 사람들이지만, 이 사람들과 비교해 지위는 낮았다"(N.621)라는 문장으로 유추해 볼 수 있을 것이다.

852 Cf. N.594.

몰라, 그것을 궁 밖으로 가지고 나와, 해결해 달라며 신부의 집을 찾아왔다. 신부와 교류하는 사람들을 통해서 들었는지, 아니면 신부들이 알려주었는지는 몰라도 [그 기회에] 몇몇 신부의 친구 관리들이 소식을 듣고 태엽 시계를 보겠다고 와서는 매우 정교하게 만들어진 물건이라며 놀라움을 금치 못했다.

황제가 이 일을 알고 나서는 더는 궁 밖으로 가지고 나가지 말고, 일이 있을 때마다 신부를 궁으로 부르도록 하라고 했다. 모든 사람이 황제가 신부들에게 큰 호감을 갖고 있고, 신부와 만나는 걸 매우 좋아한다고 생각했다. 이에 온 중국에 거짓 소문이 퍼져 사그라질 줄을 몰랐다. 고관들도 황제의 얼굴을 보지 못하는데, 신부들은 여러 차례 황제와 만나 친밀하게 이야기한다는 것이다.[853] 시계에 무슨 일이 생겨서 들어가면, 매번 많은 시간이 걸리기 때문에, 처음에는 황제에게 입궁 허가서를 신청해야 했다. 하지만 후에 황제는 명을 내려 신부들이 매년 네 차례 입궁하여 시계를 관리하라고 했다.

그 기회에 [신부들은] 이제 원하는 만큼 입궁할 수 있고,[854] 자유롭게 다

---

853 이런 소문은 1610년경 장경원(張京元)이 정백이(程百二)의 『방여승약(方與勝略)』을 인용하여 "리치는 현 황제를 만나러 오곤 했다. 알현금상(謁見今上)"[홍외련(洪煨蓮, Homueilien), p.29a; Cf. Ibid., p.29b]이라는 말에서 비롯되었다. 왕옥사(王玉沙)는 1615년에 "먼 데서 온 사람을 [황제가] 자신의 처소에서 맞이하였다는 생각에 기쁘기 그지없도다(欣念遠來召見使殿)고 했다. 그러면서 같은 실수를 반복하지 않기 위해 바로 덧붙이기를, 황제가 선교사들의 초상화를 그리게 하여 "얼굴색을 직접 보고 싶어 했다"라고 적었다. 같은 맥락에서 알레니(Aleni¹, B, f.11a)도 1630년에 왕옥사의 문장을 인용하여, 같은 실수를 피하고 있다. 그리고 첨언하기를 황제는 "갈대발을 통해 두 선교사를 보려고 했다"라고 했다. 다시 말해서 황제가 직접 보도록 내버려 두지 않았다는 말이다. 사실은 N.598을 보라.

854 1604-1605년에도 선교사들은 "황제의 명에 따라 여러 번 입궁하여 시계를 정기 검진

른 신부나 집안 식구들을 데리고 갈 수도 있었다. 시계를 관리하는 태감들은 물론 궁 안의 다른 태감들과도 사귀게 되었고, 그들은 궁 밖에 있는 우리 집에도 방문하여, 궁 안에서와 마찬가지로 깊은 우정과 친근함을 보여 주었다.

623. 많은 황족, 무관과 주요 권세가들이 신부들과 우정을 나누다. 많은 사람이 신부를 연회에 초대하다

황제와 황후의 많은 친척도 신부를 보러 왔다. 이 사람들은 우리 서방의 국가들처럼 큰 권한은 없지만, 외출할 때는 많은 사람을 대동했다. 그런 까닭에 많은 총관[總兵]과 여러 주요 인사들도 찾아왔다. 말하자면, 지체 높은 사람들은 모두 찾아왔다고 할 수 있다. 지위가 낮은 사람들은 도시의 여느 집들처럼 신부가 대문을 항상 열어 놓고 있어도 감히 들어오지를 못했다. 약간의 지위라도 있는 사람이라면 신부와 만나 대화하고, 또 신부가 자기네 집을 방문하는 걸 영광으로 생각했다.[855]

하는 한편, 무디어진 것을 손봤다"(N.719). 이후에도 일어난 정황으로 봐서, 이런 상황이 적어도 1609년까지는 계속되었다는 것을 알 수 있다.

855 북경에서 가장 높은 고위 인사들의 이런 방문과 함께, 뒤의 두 항목(NN.624, 632)에서 보게 될 남경의 인사들(NN.533, 535, 536, 538-541, 544-552, 555-559, 569)에 대해서도 언급할 필요가 있다. 그들 역시 리치와의 친밀한 교류를 영광으로 생각했고, 그것은 중국의 상류사회에서 우리의 위치를 가늠하는 잣대가 되었다. 리치의 동료 선교사는 이 점에 대해 "4개월 동안[아마 1601년 6월부터 9월까지] 북경의 많은 고관이 친구가 되었고, 우리에게 모두 호의적이었습니다." 특히 "1602년 3월에는 더 그랬습니다"(Pantoja[1], p.586; N.3115)라고 했다. 계속해서 판토하는 "문을 열고 나가서 자유롭게 설교하고 세례를 줄 수 있기를" 기대하며, 그러기 위해서는 "우리 수도회의 신부와 수사들이 온 유럽 종교단체들의 지원으로 돈에 신경 쓰지 않도록 할" 필요가 있다고도 했다. 그러니까 그는 토착 교계까지 생각한 것 같다. "그리스도교는 시작되었고, 많은 고위 인사를 비롯한 이곳 사람들도 유럽에 있는 사람들처럼 사제와 주교들의 설교를

따라서 많은 주요 인사들이 신부를 매우 자주 연회에 초대했고,[856] 거
절할 수 없게 항상 상석에 앉도록 했다.[857] 그해에[858] 마태오 신부는 연

___

들을 수 있기를 바랍니다"(pp.596-597; N.3123)고 했다.

[856] 아마도 1601년 9월에 있은 단식기간[역주_ 과거 4계절마다 매번 3일간 행하던 기도와
단식기간을 말한다]에 리치를 초대한 인사들 중 한 사람으로 다음 장(章)(N.628)에서
언급하게 될 학자에 관한 것이다. 리치는 이 학자와의 대화 내용을 『기인십편(畸人十
篇)』 제6장에 넣고 있다. 거기에서 대담자로 등장하는 이수부(李水部)라는 사람이다.
즉, 이(李)씨 성으로 공부(工部)에서 수부(水部) 소속으로 있었다. 대화의 주제는 "단
식의 참된 이유는 [동물들을] 살생하지 않는 것이 아님: 제태정지비유계살(齊泰正旨非
由戒殺)"이다. 리치는 불교가 들어오기 전에 중국에도 단식이 있었다는 걸 알았고, 그
것이 세 가지 동기에서 행해지고 있었다는 것도 알았다. 즉 자신의 죄를 참회하기 위
해, 욕망을 억제하기 위해, 덕을 실천하기 위해서다. 장(章)은 이렇게 시작된다. "수부
(水部) 소속의 이(李)가 나를 점심에 초대했는데, 내가 믿는 종교에 따르면, 단식기간
이라 아무것도 먹지 않았다(李水部設席招余. 是日值敎中節日, 余食止蔬菓而已)." 피
스터(Pfister, p.37, N.8)는 리치의 작품 중 단식의 은혜에 대해 말하고 있는 『재지(齋
旨)』라는 소책자를 언급하며, 그 안에 '영혼 개종을 위해 사제에게 필요한 아홉 가지
덕목'을 적은 "사탁화인구요(司鐸化人九要)"를 지적했다. 피스터는 ff.7의 작은 소책자
외에 다른 문헌은 가지고 있지 않았다. 이 문헌은 매우 현대적인 것으로 서가회(徐家
匯)[역주_ 상해 서광계 기념관에 있는 도서관이다]에 있다. '단식의 의미'라는 제목, 『재
지(齋旨)』에는 아홉 가지 덕행들이 부록으로 있다. 리치와 관련하여, "원서야소회사리
마두선(遠西耶蘇會士利瑪竇譔)"이라고 쓰여 있다. 『기인십편(畸人十篇)』의 제6장을
약간 손을 봐서 정리한 것이다. 마지막 페이지에만 한 번 더(f. 2b) 저자가 멀리서 왔다
는 말과 함께 저녁밥만 먹는 "시간제 단식: 시재(時齋)"와 "고기를 배제한 단식: 미재
(味齋)", "하루 한 끼만 먹지 않는 찬재(餐齋)"를 구분하며, 식사 시간과 질을 언급하였
다. 동시에 60세 이상과 20세 미만은 단식의 의무를 지키지 않아도 된다고 천명했다.
아홉 가지 덕행을 담은 부록은 리치의 것이 아니다. 왜냐하면 1610년에 시성된 성 카
를로 보로메오[가록성인(嘉祿聖人)](f. 5a)와 1622년에 시성된 성 프란체스코 하비에
르[성방제각사물략(聖方濟各沙勿畧)](f. 5a)을 언급하고 있기 때문이다. 그렇다고 해
서 리치의 텍스트와 결정적으로 어긋나거나 하는 것은 결코 아니다. Cf. NN.201, 398.
하지만 전교(傳敎), 태교(泰敎), 부세(付洗)(ff. 5b, 6a), 십자가(十字架)(f. 6a), 영세입
교(領洗入敎)(f. 6b), 미살(彌撒)(f. 6a) 사탁(司鐸)(제목)처럼 많은 항목이 있고[Cf.
N.429, 주(註)], 비교적 현대적으로 써서 저자를 감추려는 것 같다. 결론적으로, 이 두
개의 기록은 『리치 원전(Fonti Ricciane)』이라고 볼 수는 없다.

[857] 17세기 초, 중국과 같이 외국인을 경멸하던 왕국의 수도 한복판에서 한 외국인에게 가
장 윗자리를 내어 준다는 것은 분명 강조할 필요가 있는 일이다. Cf. N.559.

회에 초대받은 횟수가 중국에 체류한 모든 기간의 총합보다 많았다고 했다. 때로는 하루에 두세 집에서 초대받은 적도 있다. 또 연이어 며칠 동안 초대받을 때는 집에서 한 번도 식사한 적이 없었다. 초대한 인사들에게 큰 실례가 되기 때문에 거절할 수도 없었다. 그러므로 앞서 언급했듯이,[859] 이 땅[중국]의 풍습은 함께 이야기를 나누기 위한 초대지만, 내세에 관한 이야기라 할지라도, 일단 먹고 마시지 않고는 대화에 임하지 않는다. [신부들은 초대받은 곳이 너무도 많아] 모두 다 갈 수가 없어, 많은 경우에 거절하기도 했었다.

---

858   1601년이다.
859   Cf. N.128.

제15장

우리가 북경에서 사귄 풍모강(馮慕岡)과 이아존(李我存), 이 두 인사와의 깊은 우정

(1601년 6월부터 12월까지)

624. 호광성(湖廣省)의 안찰사(按察司) 첨사(僉事) 풍모강의 약력과 태감 진태(陳泰)를 상대로 한 용기 있는 탄원. 풍모강의 불행

신부들은 두 문인 진사進士의 추앙을 받았는데, 풍모강馮慕岡과 이아존李我存이었다. 두 사람에 관해서는 다른 사람과 별도로 언급할 필요가 있을 것 같다. 신부가 그들과 어떻게 사귀게 되었는지, 어떻게 대화를 나누게 되었는지를 더욱 상세히 알 수 있도록 말이다.

풍모강[860]은 남직례南直隸성의 봉양鳳陽시에 살던 한 문인이었다. 그는

---

[860] 성은 풍(馮)이고, 이름은 응경(應京), 자는 대가(大可), 호는 무강(茂岡) 또는 모강(慕岡)이다. 리치는 풍모강이라고 불렀다. 시호는 공절(恭節)이다. 분명 1577년 이전에, 오늘날 안휘(安徽)성, 당시에는 남경(南京)성 봉양(鳳陽) 동쪽에 있는 "전망 좋은 도시" 우이(盱眙)에서 태어났다. 1592년에 진사가 되어 북경의 호부(戶部)에서 주사(主事)가 되었고, 북경 동쪽 계진(薊鎭)에서 군수품 관리 감독관(督)이 되었다. 후에 다시 북경으로 와서 병부(兵部)에서 원외랑(員外郞)이 되었다. 만력 황제 제28년, 그러니까 텍스트에서 말하는 1588년이 아니라, 또 리치가 자주 언급하는 1589년이 아니라, 1600년에 무창(武昌), 한양(漢陽), 황주(黃州), 이렇게 세 도시의 감독을 겸한 호광(湖廣)의 안찰사(按察使) 첨사(僉事)로 임명되었다. 리치에 따르면, 이 관직에 있을 때 청렴하고, 관대하고, 공공의 이익을 위해 노력하며, 재판에 공정한 사람이라는 평판을 들었다고 한다. 『명사(明史)』에는 가난한 사람과 과부들에게는 관대했지만, 탐욕스럽고 부패한 관리들을 향해서는 용기 있게 비판했다고 한다. 한 해 전(N.560), 호광의 탈감(稅監)으로 부임해 온 태감 마당(馬堂)의 동료 진태(陳泰)를 향해서도 그가 백성들의 고혈을 짜고 잔인하게 대하는 것에 대해 주저하지 않고 비판했다. 힘 있는 감독관에게 저항하는 사람은 풍모강뿐이었다. 그래서일까, 처음 진태는 호광성 북쪽으로 피신하기도 했다. 하지만 1601년 초에 진태로 인해 100명이 넘는 사람이 죽거나 다쳤다. 이에 풍모강은 재차 황제에게 상소를 올려 진태가 저지른 아홉 내지 열 가지 중대한 잘못을 고발했다. 리치는 풍모강이 같은 상소를 이렇게 두 번이나 올렸다고 했다. 진태 역시 질세라, 풍모강이 "황제의 명령에 불복하고 황실의 법규를 위반하고 있다(撓命凌敕)"[『명(明) 편년사』, c.45, f.10b]며 황제에게 상소를 올렸다. 황제는 [태감의 말만 듣고 크게 노하자, 풍모강을 변방으로 보내는 줄 알고, 급사중(給事中) 전대익(田大益)과 어사(御史) 이이당(李以唐)이 풍모강을 위한 중재 상소를 올렸다. 그러나 이것은 풍모강의 몰락을 재촉하여, 1601년 2월 그는 관직을 박탈당하고야 말았다. 진태도 강서(江西)의 탈감 이도(李道)의 고발로 얼마 안 가 북경으로 호출되어 관직을 박탈당했다. 풍모강은 북경으로 호송되어 곤장을 맞고 진무사(鎭撫司)라는 감옥에 갇혔는데, 그곳에서도 아침부터 저녁까지 책만 읽었다. 1604년 10월 10일의 기이한 천문현상은 황제 자신을 돌아보게 했고, 많은 관리들의 요청에 귀를 기울이게 하는 계기가 되었다. 그중에 풍모강의 오랜 친구 조우변(曹于汴)도 있어 풍모강의 사면을 청하기에 이르렀다. 풍모강은 감옥에서 나온 뒤 3년 후에 자신의 집에서 죽음을 맞이했다. Cf. *Storia dei Mim*, c.237, ff.5b-7a; c.305, f.7a; *Cronaca dei Mim*, c.45, ff.10b-13a, 30b; *Dottrine dei letterati dei Mim*, I, c.24, p.56; *Index*, 24, III, p.25. 그는 『육가시명물소

어려서부터 우상들의 종파[불교]를 싫어했고, 스승이 되는 첫 번째 단계인 수재秀才[861]에 급제한 후 책을 한 권 썼는데, 거기에는 모든 지역의 옛 현인들이 고서에서 말한 신神, 곧 하늘의 주인[天帝]에 관해 집대성하여 직접 해석을 붙였다.[862] 진사에 급제한 뒤, 북경 조정에서 관직을 두루 거쳤고, 1588년[863] 호광湖廣[864]으로 안찰사按察司[865] 관저의 도리道吏[866]로 부임하여 갔다. 도리는 성省 내에서 최고 형사 재판관이다. 재임 중에 그는 재물을 탐하지 않았을 뿐 아니라, 매우 공평하게 임무를 수행했다. 그러면서 공익과 자선활동에 깊은 정을 보였다. 판결은 공정하게 했고, 과부와 가난한 이들의 요청에 귀를 기울였다.

당시에는 황궁에서 파견된 태감들이 각지에서 미쳐 날뛰는 마귀처럼,

(六家詩名物疏)』in 54cc(*Seccu*, pp.316-317); c.1602(*Seccu*, pp.1451-1452; Courant, NN.2310-2311) 창임(戩任)과 함께『월령광의(月令廣義)』in 25 cc.를 집필했다. 그리고『경세실용편(經世實用篇)』in 28cc.를 옥살이를 하던 1603-1604년에 완성했다 (*Seccu*, p.1741).

861 학사다. Cf. N.63.

862 앞서 언급한, 젊은 시절에 쓴『육가시명물소(六家詩名物疏)』를 말하는 것 같다. 내가 책을 손에 들고 있지 않기 때문에 확인할 길은 없지만, 하늘의 지배자이신 분=하느님 (天帝)에 관해서는 여러 곳에서 언급하고 있다. Cf. NN.129, 170, 176, 193, 226, 234, 513, 722.

863 풍모강이 진사가 된 해는 모든 관련 문서들과 특히『제명비록(提名碑錄)』에 적힌 것처럼, 분명히 1592년이다. 리치에 의하면, 그가 호광으로 간 것은 진사에 급제하고, "북경 조정에서 여러 관직을 거친" 후라고 한다. 아마도 그해를 리치가 잘못 표기한 것으로 추측된다. 1598년을 잘못 쓴 것으로 보인다. 하지만 명확한 확인이 필요하다.

864 호광(湖廣)은 두 개 호수(湖)를 끼고 있는 지역으로, 지금의 호남(湖南)성과 호북(湖北)성을 말한다.

865 Cf. N.102.

866 풍응경(馮應敬)인데, 중국의 자료들에 따르면, 그는 호광성 재판관의 첨사(僉事)가 아니다. 리치가 NN.97, 102에서 말하고 있는 도리(道吏)는 이 뜻이 아니다. Cf. Beltchenko, NN.805, 815, 831 B.

세금을 거두어들인다는 명분으로, 금광과 은광을 발굴한다며 백성들의 재물을 갈취하고 있었다.[867] 그중에서도 매우 부유하고 큰 지역인 호광[868]의 세금 관리가 가장 잔인하고 난폭했다.[869] 당시의 모든 관리는 백성의 보편적 선익善益에는 관심 없고 재물을 탐하기에만 급급했다. 그래서 태감들에게 아첨하기에 바빴고, 그들의 난폭한 행위를 보고도 침묵했다. 그러나 자비심과 인품을 갖춘 인사들은 모두 상반된 입장이 되어 태감들의 말을 듣지 않는 것은 물론 그들에게 반항하며, 황제에게 상소로 그들의 만행들을 모두 보고했다.

그런 인사 중 가장 선두에 선 사람으로 풍모강이 있었다. 그는 자신의 모든 권력을 동원하여 태감과 그 졸개들의 기세를 저지했고, 늑대들의 손으로부터 자기 우리의 양들을 보호하려고 세 차례에 걸쳐 유려하게 쓴 상소를 황제에게 올렸다. 여기에 분개한 태감[진태(陳泰)]은 자기도 황제에게 상소를 올려 풍모강을 비방하며, 그가 반역을 꾀하고 황제의 명에 불복하려고 한다고 했다. 황제는 태감의 말만 듣고, 먼저 그의 관직을 박탈하고, 북경으로 압송하여[870] 혹독하게 매질한 다음 진무사鎭撫司라는 무서운 감옥에 가두었다. 그곳은 아무도 찾아올 수도, 말할 수도 없는 곳

---

867 Cf. N.560.

868 여기에서 리치는 호광을 Hukwang 대신 Uquan이라고 쓰고 있다.

869 이 사람이 진태(陳泰)였다. 2년간 호광(湖廣)의 감독관[탈감]으로 있으면서 가혹하고 잔인한 면을 아낌없이 보여 주었다. 황제는 풍모강의 탄원도 남경의 이부(吏部) 주사(主事) 오좌해(吳左海)의 상소도 듣지 않았고, 서기관 심일관(沈一貫)과 다른 많은 사람의 상소마저 외면했다. 하지만 똑같이 진태(陳泰)를 비난한 강서(江西)의 탈감(悅監) 이도(李道)의 말은 들었다. 하지만 그 역시 1601년 4월 무창(武昌)에서 암살되었다. Cf. *Storia dei Mim*, c.305, f.7a; c.21, anno XXIX, f.2b; *Index*, 24, III, p.202.

870 매우 드문 경우로, 리치는 자신의 동료 중 한 사람과 북경에 대해 N.196에서처럼 언급하고 있다.

이다. 이 일은 그도 예상했던 것으로, 마음으로 고통을 감수하며 인내하였다.

그로 인해 [그는 더욱] 모든 사람의 존경과 경의를 받았는데, 특히 호광의 백성들은 풍모강이 자기네 지역에서 행한 좋은 업적들을 칭송하는 많은 책을 신속하게 출판하였다. 그리고 그의 초상화를 인쇄하여 백성들이 집에 모실 수 있게 했고, 그를 성인처럼 각별히 받들도록 했다.[871] 백성들은 모금한 돈으로 매우 웅장한 몇 개의 사당을 지었고, 제단에 그의 동상을 세우며, 자기네 방식대로 향을 피우고 진심 어린 사랑과 응원을 보내 주었다.[872]

625. 리치와 풍모강의 깊은 우정 관계

마태오 신부는 호광에 있을 때, 이 문인과 깊이 사귀게 되었고, 강서江西[873]와 남경[874]에 있을 때도 그 우정을 이어 갔다. 그는 오로지 공공의 이익을 위해 모든 것을 사용했고, 무엇보다도 중국의 수학 관련 학문이 오류가 많다는 것을 알고, 또 신부가 그 방면에 조예가 깊다는 소리를 듣고 유원진劉元珍[875]이라는 제자를 보내 강서로, 남경으로 [신부가 있다는 곳

---

871 『명사(明史, *Storia dei Mim*)』(c.237, f.6b)에는 "집마다 그[풍모강]의 신주가 모셔져 그 앞에 머리를 조아렸다. *家爲位祝之*"라고 쓰고 있다. 하지만 이곳에서는, 다른 곳과 마찬가지로(NN.131, 298, 974) 인물이 생존해 있는 동안 표현하는 민간의 칭송에 대해서만 말하려는 것이 아니다. Cf. N.178, 본서 1권, p.450, 주(註) 565.
872 Cf. N.131.
873 더 정확하게는 강서(江西)성 남창(南昌)이다. 1595년 6월 28일에서 1598년 6월 25일까지 있었다.
874 1599년 2월 6일부터 1600년 5월 19일까지다.
875 이 인물에 관한 몇몇 정보가 전해지고는 있다. 리치가 쓴 텍스트의 발음이 1595년에 진사가 된 유원진(劉元珍)을 떠올리게 한다. 그러니까 풍모강과 같은 시대 사람인데,

으로] 보내 배우도록 했다. 하지만 그곳에서 신부를 만나지 못했고, 결국 풍모강이 북경으로 압송됐을 때 제자도 함께 왔다.

그들이 북경에 도착했을 때, 신부들은 이제 막 회동관(會同館)[사이관 (四夷館)][876]에서 나왔을 때였고, 제자 유원진이 스승 풍모강이 보낸 은전을 가지고 신부를 방문하여 자기네 계획을 말해 주었다. 그들은 중국의 예법에 따라 신부를 수학 분야 스승으로 모시고자 한다고 했다.[877]

신부는 이 사람[878]의 명성을 익히 들어 알고 있었기에, 그가 감옥에 들어가기 전에 속히 그를 찾아가 위로했다. 그들은 한 시간 동안 함께 이야기를 나누었고, 오랫동안 사귄 친구라고 생각할 만큼 온 중국이 놀랄 정도로 깊은 우정을 나누었다. 그들의 우정은 그가 옥살이하는 3년 동안, 편지와 여러 도움을 통해 계속되었다. 그는 신부의 일을 자기 것으로 여겼고, 우리 신부 역시 그의 일을 우리 것으로 여겼다.

그에 관해서는 *Index*, 24, III, p.233; *Storia dei Mim*, c.231, ff.15b-16b; *Dottrine dei letterati dei Mim*, II, c.60, pp.16-17; *Annali del distretto di Wusih* [康熙無錫縣志], c.19, ff.16b-17b를 보라. 하지만 어디에도 그가 풍모강의 제자라는 말은 없다.

876 그러니까 1601년 5월 28일 직후다. Cf. NN.603, 616.

877 어떤 사람이 스승을 고를 때, 중국에서는 그 사람의 북쪽에 앉아서 고개를 남쪽을 향해 드는 풍습이 있다. 제자는 남쪽에서 와서 큰절[磕頭]을 네 번 한다. 이것을 '배 (拜)'(Guerreiro, II, p.117)라고 한다. 그리고 일생 그가 스승보다 더 높은 관직에 오르더라도, 매번 만날 때마다 제자는 자신의 옛 스승 옆자리에 앉고, 자기가 그분의 제자라며 스승을 추어올린다. Cf. NN.1398, 1421, 1479. 1610년 트리고는 이런 특징들을 이렇게 적고 있다. "우리 주님께서는 이런 예절을 인정하지 않습니다. 세속적으로 예의상 문제는 없지만, 하느님의 영광을 자신이 받는 것은 온당하지 않기에, 우리는 [오로지 그분의 제자라는 것만 알립니다[Cf. N.653]. 우리가 그분의 통역자는 아닙니다. 우리는 아무것도 아닙니다"(ARSI, Jap.-Sin., 117, f.1f v). 그래서 리치는 이런 명예를 대부분 사양했다. Cf. NN.63, 73, 100, 144, 539, 653, 749, 922, 4127. 그의 태도는 이후 다른 많은 형제의 모델이 되었다. Cf. NN.653, 663, 749, 922.

878 풍모강이다. 그의 제자가 아니다.

626. 리치의 중국어 작품에 대한 풍모강의 서문

그는 또 우리가 모르는 사이에 마태오 신부의 『교우론交友論』에 직접 수려한 문장으로 서序를 써서 출판하기도 했다.[879] 그리고 그 판版[880]을 신부들에게 전적으로 양도했다. 이어서 그는 마태오 신부의 『사원행론四元行論』[881]도 인쇄했는데, 수학에 관한 논술과 작은 세계지도 두 장,[882] 그리고 우리 유럽의 것들 중 그가 가지고 있던 것을 모두 넣어[883] 매우 비중 있게 서문을 넣었다. 서문에서 그는 신부를 학자의 극존칭으로 '박사'라고 불렀다.[884] 이후 우리에 관한 글을 쓸 때는 모두 이 호칭을 사용했고, 여기에 못 미치는 호칭은 쓰려고도 하지 않았다. 이것은 모두 풍모강의 문장과 가르침, 작품과 인품이 사람들의 존중을 받았기 때문이다. 비

---

879 『교우론(交友論)』에 대한 풍모강의 "서문"(N.482)은 호광성 얼사(臬司)궁, 명덕당(明德堂)에서 1601년 2월 9일에 쓴 것으로 기록되어 있다. 明萬曆辛丑, 春正月, 八日, 旴眙馮應京, 敬書于楚臬司之明德堂. Cf. *PCLC*, IV; Siüchimscien, B, pp.40-41. 풍모강은 자기가 리치를 알게 된 것은 왕사돈(王事敦)을 통해서라고 밝힌 바 있다. 이후 그가 쓴 서문과 함께 책은 "계속해서 인쇄되어 여러 성에서 많은 사람이 읽었다"(N.706).

880 풍모강은 신부들에게 인쇄 판형과 함께 인쇄한 판본을 모두 양도하였다.

881 Cf. N.706.

882 이 "작은 두 개의 세계지도"는 1601-1602년에 제작한 반구 모양의 지도로, 1610년 자신의 『방여승략(方輿勝略)』을 위해 정백이(程百二)에게 모델로 주었던 거다. Cf. D'Elia¹, 그림 7, 8, pp.166,168 이하. 하지만 광릉(廣陵)의 장경원(張京元)은 정백이(程百二)의 작품 "에필로그"[跋]에서 리치는 북경에 도착한 이래 "두 개의 지도 제작에 몰두했고…. 그것은 온 중국에 퍼졌다(復殫思竭力爲兩小圖 … 遍貽海內)"[홍외련(洪煨蓮, Homueilien), p.29a]고 했다. 리치의 이 지도와 지리를 풍모강이 가져다가 정백이에게 주었다고 직접 말하고 있다. [馮]應京嘗備員職方, 見其獻圖於上, 倍葄掌故, 乃悉其蘊, 序而傳之, 以屬程生百二, 纂四夷奉貢種落于後, 用照咸賓之盛, 且以資學者宏賢云(Homueilien, p.29b).

883 『이십오언(二十五言)』에 쓴 그의 서문은 N.707을 보라.

884 풍모강의 이 서문에서 그는 리치를 '리자(利子)', 즉 '리치 박사'라고 칭하고 있다. 또 한 번은 '서태자(西泰子)', 즉 호를 '서태 박사'라고 부르기도 했다. Cf. NN.557, 562, 578.

록 우리가 이 호칭을 쓰지는 않았지만, 예수회와 선포하는 교리에 대한 공신력을 얻는 데 도움이 된다고 생각해서 나쁘지 않다고 여겼다. 우리가 아직 잘 알려진 것도 아니고, 사람들은 신부의 존재에 대해 잘 모르고 있기도 해서 그들의 도움 없이는 크게 발전하지 않을 것이기 때문이었다.

풍모강은 또 목판에 매우 큰 〈성좌도星座圖〉를 만들어 달라고도 했다. 이에 사람들이 요구하는 대로 길이와 높이를 맞추어 만들어 주었고, [목판 인쇄용] 판형을 위해 돈을 주었지만, 어떤 이유에선지 완성되지 않았다.[885]

우리를 가장 감동시킨 것은 그가 써 준 『천주실의天主實義』 서문인데, 이는 신부가 중국어로 쓴 '교리서'로,[886] 책을 출판할 때 함께 넣어 출판

---

885 따라서 책은 발간되지 않았다. N.631에서 말하는 것과 혼동하지 않기를 바란다.

886 이 서문은 만력 황제 재위 29년 신년 정월 초하루 萬曆二十九年孟春穀旦, 즉 1601년 2월 3일 자로 나온 것으로, 풍모강이 아직 호광에 있을 때다. 그는 여기에서 공개적으로 자신은 리치가 설교하는 새로운 가르침을 따르는 제자 後學이라고 밝히고 있다. 다시 말해서 세례를 받지는 않았지만, 그리스도인이라는 것이다. 그는 리치가 말하는 것처럼 서문에서 불교에 대해서는 매우 나쁘게 말을 하고, 그리스도교에 대해서는 매우 좋게 말하고 있다.

리치가 쓴 책의 한 부분을 인용하면서 "모든 지역의 고대 문헌들이 하늘의 주인(天主), 하느님에 대해서 말을 하고 있다"(N.624)라며, 『천주실의(天主實義)』는 리치 박사(利子)와 그의 동료들이[其鄕會友] 중국인 학자들과 나눈 대화로 그리스도인들의 천주(天主)는 중국인들의 상제(上帝)와 같다고 말한다. "천주가 누구십니까? 상제입니다. 天主何. 上帝也." 그런 다음, 그는 참 하느님[天主]을 중국인들이 경외하고 숭배하며 섬겨 왔던 '상제'로, 기존에 알고 있던 그들의 고전과 철학 텍스트들을 인용하였다. 혁신가들은 천주를 공자와 비유하기도 했는데, "서방에 성인이 한 분 있다(西方聖人)"(Cf. Wieger, *Taoisme*, 1913, II, p.119)고 했다. 하지만 그것은 잘못된 해석이다. 그들은 불교에 대해서 말하려고 한 것으로 보인다. 그들은 중국의 서쪽에 있는 인도(天竺)에서 불교가 전래되었다는 것은 알아도, 인도의 서쪽에 더 큰 서양이라는 곳이 있다는 것은 애써 외면했다. 피타고라스(閉他臥刺)가 낮은 수준의 백성을 일컬어 한 말을 인용하면서 노자(老子)의 말로 이 세계를 우습게 본 것이다.

여기에서 저자는 고대 중국의 현인들과 현대인[자기네 동시대인]들 간 상반된 견해

했다. 서문에서 그는 우아한 문장과 방대한 지식으로 우상 종파[불교]를 비판하고, 우리 그리스도교의 좋은 점을 칭송하였다. 이 글은 지금까지도 우리의 저서에 권위를 부여하고 가치를 크게 부각시켜 주고 있다.

627. 그리스도교에 대한 풍모강의 호의적인 태도. 석방과 죽음

도금하여 가치가 상당히 높은 큰 성화 한 점이 북경의 강에서 그들의 배에 실려 오다가 난파되어 잃게 되자, 모든 사건의 총책임자임을 자처

―

에 초점을 맞추고 있다. 고대인들은 위험한 처지가 되면 하늘에 기원을 두었으나, 현대인들은 부처에게 빈다는 것이다. 고대인들은 하늘과 땅(天地)에 제물을 바치며 (N.170), 제국의 혼령과 산과 강과 조상신들을 공경했지만, 현대인들은 부처에게만 제물을 바친다고 했다. 고대인들은 하늘의 뜻을 알고자 노력하며, 그에 부합하려고 하였지만, 현대인들은 부처에게 기도하고 스스로 부처가 되려고 한다고도 했다. 고대인들은 하늘에 순명했지만, 현대인들은 조정에까지 불교의 명상에만 몰입한다는 것이다.

실제로 부처와 그의 제자들은 인도의 왕이고 스승들이다. 중국에서는 왕과 스승들이 필요하지 않다. 하늘을 모독하던 사람들은 부처를 그 위에 올리려고 했지만, 중국인들은 그것을 인정하지 않았다. 인도인들은 인도의 종교를 신봉하지, 불교에는 관심조차 두지 않았다. 하지만 중국인들은 자기네 가르침을 버리고 불교를 받아들였는데, 이해할 수가 없다.

이에 풍모강은 『천주실의(天主實義)』 내용을 언급하며, 리치가 여기에서 말한 불교에 대해, 금육과 윤회 사상에 관한 반박에 주목했다. 그러면서 그는 "서방의 무기로 서국[=인도]의 가르침을 수정하고, 중국의 서적들로 중국인들을 [진리로] 다시 인도하고 있습니다(以西政西, 以中化中)"라고 했다. 그러나 그가 책에서 한 말에 대해 열 명 중 아홉 명은 우리가 보기에 외면하는 것 같았다.

그는 리치에 대해서도 크게 칭송했다. "리치 박사는 팔만리(八萬里) 떨어진 곳에서 왔습니다. 그는 구천의 높이와 땅의 아홉 축의 깊이를 한 치의 오류 없이 정확하게 쟀습니다. 중국인들이 한 번도 들어 보지 못했던 확실한 논리로 이해하고 설명했습니다. 따라서 우리는 그가 뿌리 깊고 오류가 없는 종교에 대해서 말하는 것도 인정해야 할 것입니다(其神理當有所受不誣也…). 저는 잘 알지는 못하지만, 항상 공(空)의 종교[=불교]에 대해서는 반박해 왔습니다. 저는 이분[리치 신부]이 [논리로써] 우리에게 그것을 말해 주는 것이 기쁩니다.".

1603년에 발간된 『천주실의(天主實義)』 초판은 풍모강의 관심에 따라 비용을 모두 그가 지불하여 이루어졌다. Cf. N.710.

한 풍모강이 감옥에서 범죄자들을 고소하고, 그들을 문책했다. 이 부분은 나중에 말하게 될 것이다.[887]

풍모강은 감옥에서 『천주실의天主實義』와 그 밖의 작품들을 읽고[888] 그리스도교 신앙에 대해 깊이 이해하며,[889] 집안 식구들에게 그리스도인이 되라고 했다. 그리고 자신은 신부가 준 〈구세주 상〉에 매일 경배했다.

북경의 고위 관리들은 여러 차례 황제에게 그를 석방시켜 달라고 상소를 올렸고, 결국 석방되어 고향으로 돌아가게 되었다.

감옥에서 나온 후, 그는 우리와 아주 짧은 시간, 이야기할 수 있었다. 북경에 2, 3일만 머물 수 있었고, 조정의 모든 관리가 계속해서 그를 방문했기 때문이다. 결국 그는 세례를 받지 못했다. 하지만 모든 사람이 그를 그리스도인이라고 생각했다. 남경에 있는 우리 신부들은 그가 고향으로 가는 길에서라도 세례를 주려고 준비하고 있었는데, 갑작스레 그가 세상을 떠나고 말았다.[890] 그가 우리에게 한 좋은 일과 성교회와 성교회

---

887 액자를 도금한 제단화로 어떤 그림이었는지에 관한 정보는 전혀 없다. 통주(通州)와 북경(北京) 사이에 있는 백하(白河)에서 잃어버렸다. 1604년 7월 27일 이후, 8월 15일 이전이다. Cf. N.703.

888 1603년까지는 수기본 『천주실의(天主實義)』를 읽을 수가 없었을 것이다. 비록 1601년 2월 3일 이전에 텍스트가 모두 완성되고, 여기 본문에서처럼 그의 서문을 쓴 날짜가 같다고 해도 말이다. 리치의 다른 종교 관련 저술들 역시 당시에는 모두 수기로 작성되었다.

889 1602년 3월 9일 자, 판토하[Pantoja¹, p.595]는 풍모강에 대해서 "덕과 학식을 겸비한 대단히 신중하고 명성이 자자한 고위 관리"라며, 선교사들을 크게 격려하고 "설교에 도움을 주고, 그의 덕행이 모범이 되어 주었습니다. 그는 많은 친구를 설득하여, 우리가 확장하는 데 도움을 주었습니다. 만약 [우리가 기대하던 대로] 주님께서 그를 그리스도인이 되게 해 주신다면, 선교 사업에는 커다란 출발점이 될 것입니다. … 당연히 많은 사람이 개종하게 될 것이고, 그만큼 큰 희망을 품게 되는 것입니다"(N.3122)라고 했다.

890 1604년 10월 10일, 핼리혜성이 나타난 이후, 죄수들을 모두 풀어 주었다. 그때 풍모강

를 따르고자 한 그를 하느님께서 도와주시고 살펴주시기를 바란다. 내가 그에게 세례를 인정하기에 [주님께서] 그의 영혼을 구원해 주시기를 바란다.[891]

628. 진사 이지조(李之藻) 레오와 그의 초보 수준의 세계지도[天下 總圖]

이아존은 절강浙江성 항주杭州 사람이다.[892] 신부들이 북경에 도착했을

도 감옥에서 나왔지만 3년 후에 세상을 떠나고 말았다. Cf. *Storia dei Mim*, c.237, f.7a. "무창(武昌)의 주민들은 앞다투어 그를 위해 제사를 지냈다"(*Cronaca dei Mim*, c.45, f.30b).

891 그는 진정한 사도라고 할 수 있기 때문이다.

892 이지조 혹은 레오 박사다. 리치는 통상 '이아존'이라고 부른다. 그는 서광계(徐光啓) 바오로 박사와 함께 절친한 친구이자 크게 영향력을 행사한 협력자들이었다. 그의 성은 이(李), 이름은 지조(之藻), 호는 진지(振之)와 아존(我存)이다. 그래서 리치는 '이아존'이라고 불렀다. 1610년 3월, 레오 혹은 중국어로 양(良)이라는 이름으로 세례를 받았을 때, 이 이름을 추가하여 양암(涼菴, Liam, 포르투갈로 Leam 레암, Leone 레오)라고 쓰고, 양암거사(涼菴居士), '평범한 학자 레오' 혹은 같은 뜻의 '양암일민(涼菴逸民)'이라고 서명하곤 했다. 자신의 세례명으로 기억되기를 원한 것처럼 말이다. 1623년 관직에서 물러나 절강의 항주에서 남서쪽으로 9km 떨어진 무림산(武林山) 영은사(靈隱寺)와 항주에서 서쪽으로 9km 떨어진 천축사(天竺寺)의 한 암자에서 은거할 때, 암자의 이름을 "격리된 정원" 혹은 더 정확하게는 "존원(存園) 정원"이라고 불렀다. 이후 그는 스스로를 "격리된 정원에서 사는 노인" 또는 "존원 정원에 사는 노인, 존원기수(存園寄叟)"라고 불리기를 좋아했다.

그는 절강의 항주에 있는 인화(仁和)에서 한 무관 집안에서 1565년(Bartoli[1], IV, c.137, p.259)에 태어났다. 오도남(吳道南)(N.975)의 제자가 되었다가, 1598년 292명의 거인[擧人, 석사] 중 8등이라는 높은 성적으로 진사에 급제하였다. 이후 남경의 공부(工部)에서 원외랑(員外郞)으로 일했다. 1599년, 본인이 1626년 5월 30일 자 편지에서 밝히고 있듯이, 북경에 가는데, 이 사료에서 바르톨리(Bartoli[1], IV, c.137, p.259)가 인용한 것처럼, 그해에 간 것이 아니라, 1601년 초에 가서 리치를 알게 되었다. 실제로 1601년 1월에 우리도 북경에 도착했고, 그때 이지조는 북경의 공부에서 "높은 관직"(N.628)에 있었다. 가장 많은 사람이 찾았던 인물 중 한 사람이었고, [우리에게는] 탁월한 제자 중 한 사람이었다. 리치는 그의 총명함을 크게 칭찬하며, 알고 있는 모든

당시, 그는 공부工部의 고위 관리였고, 대단히 총명한 박사였다.

———

중국인 가운데 두 사람만 유클리드의 기하학에서 불명확한 문제들을 완벽하게 이해했는데, 서광계 바오로 박사와 이지조 박사라고 극찬했다. 리치의 가르침 하에서 이지조는 서양 학문들, 수학, 천문학, 우주학, 기하학 등에 관한 연구를 빠르게 습득했다. 그는 리치를 만나기 전에 중국 지도가 세계지도로 인식하고 있었던 제작자이기도 했던 만큼 북경 선교사의 집에 걸린 유럽에서 만든 세계지도를 보고 적잖이 놀랐다. 이에 리치를 설득하여 중국어본 그의 세계지도 세 번째 판본 하나를 얻었다. 이것은 여섯 폭으로 된 1602년 북경판이다(N.629). 1603년[N.1866과 정회괴(鄭懷魁), 로사(輅思)가 이지조의 『혼개통헌도설(渾蓋通憲圖說)』에 쓴 서(序), Cf. N.631]에 그는 복건성으로 석새[거인]시험 감독관으로 파견되었다(N.717)고 적혀 있다. (1603년) 북경으로 돌아온 이후 그는 "다른 관직으로 승진하여", "아마도 훨씬 높은 관직"인 산동(山東)성 장추(張秋)시에서 대운하 총관이 되어(N.717), 1604년 6월 22일 이후에 갔고(Astrolabio e Sfera in PCLC, XVII, f.29a: XVIII, f.40b), 1605년 5월 12일에도 여전히 그곳에 있으면서(N.1626) 대운하와 다른 여러 강에서 많은 큰 치수(治水) 공사를 했다[방호(方豪), pp.60-62]. 그러나 "경쟁자들의 모함"으로 "관직이 처음보다 감등되었다"(N.894). 이에 수치와 환멸을 느끼고 관직에서 물러나 2년(1606-1608)간 고향인 절강(浙江)에서 지냈다. 하지만 "마태오 [리치] 신부와 다른 여러 친구들의 권고에 따라"(N.894) 1608년 8월 22일 며칠 전에 북경으로 돌아와 그해 12월 당시 호북(湖北)성, 오늘날의 복양(濮陽), 전주(澶州), 즉 개주(開州)의 행정부 지주(知州)라는 관직을 받아들였다[NN.894, 896; 『환용교의(圜容較義)』의 서(序)는 in PCLC, XXXI, f.4a-b에 있다]. 새로운 관직을 수행하기 위해 필요한 서류를 기다리는 동안, "서너 달"(N.894) 혹은 그 이상을 북경에 머무르며 더 큰 열정으로 리치의 학당에 참여하여 짧은 시간에 큰 진척을 보였다. 무엇보다도 서광계가 이미 번역한 유클리드를 공부했다. 그는 첩을 거느리고 있었다(N.632). 하지만 1601-1602년부터 그리스도교 신앙의 진리를 잘 알고 있었고(N.630), 구원을 위해서 필요한 것이 무엇인지도 잘 알고 있었기에(NN.895, 902), 1608년 중후반에는 "관저의 거의 모든 식구가 신자가 되었는데, 거기에는 두 명의 친척과 하인 한 사람, 그리고 다른 두 지인도 거기에 포함되었다(NN.895-902). 복양(濮陽)에서 2년이 채 안 되게 있다가, 음력 2월, 그러니까 1610년 2월 23일부터 3월 25일 사이에 중병에 걸려 북경에 왔다. 그때 리치가 레오라는 이름으로 세례를 주었다. 5월 3일 이전(N.958)이니까, 아마도 3월쯤으로 짐작이 된다(NN.927, 957, 971, 3483, 3515). 죽음에 임박하여, 그가 말하기를 "제 남은 생을 오로지 주님께만 봉헌하고 싶습니다"고 했고, 그렇게 되었다. 그해 5월 20일, 그의 아들 이차방(李次龐)[방호(方豪), pp.73-74]도 세례를 받았다(N.3492). 5월 11일, 그의 훌륭한 친구 리치가 북경에서 사망하자, 레오 박사는 다른 사람의 손에 맡기기보다는 자신이 직접 망자를 위한 값비싼 관을 마련하고, 황제의 허락을 받아 내어 리치 신부가 책란(柵欄)에 묻힐 수 있도록 했다(NN.965, 971, 975). 5월 20일 이전에 이미 그는 고인이 된 [그러나 아직 묻히지 못

그는 젊은 시절, 목판에 15개의 성을 매우 상세하게 그린 『천하총도天

———

한] 리치의 묘비명과 칭송하는 글을 두 개나 썼다(N.3493).

  1611년 초, 그[이지조]는 부친이 사망하자 중국의 예법대로, 상중에는 모든 공직에서 물러나야 했으므로 그 시기에 절강으로 [그리스도교] 신앙을 가지고 갔다. 그해 5월 8일, 중국인 수사 종명인(鍾鳴仁) 세바스티아노 페르난데스와 함께 라자로 카타네오 신부와 니콜라 트리고 신부가 이지조의 열정 덕분에 항주에서 처음으로 두 차례 미사를 거행할 수 있었다. 그리고 얼마 지나지 않아, 그 지역 최고 관리 중 한 사람인 55세의 양정균(楊廷筠)(Cf. *Fonti Ricc.*, III, p.13, N.3)에게 미켈레라는 이름으로 세례를 주고, 그가 대부가 되어 주었다. 상이 끝나자 이지조는 공직으로 돌아가기 위해 북경으로 갔다. 거기서 그는 달력 수정을 위해 필요한 책들을 번역했다. 1613년 남경의 태복시소경(太僕寺少卿)으로 승진했고, 그 시기에 자신의 직책을 이용하여 서양 선교사들을 인용, 황제에게 달력 수정을 건의했다. 1614년에는 많은 이교도와 논쟁을 했고(Bartoli[1], IV, c.138, pp.261-263), 북경으로 귀환하였다(Aleni[2], in *PCLC*, XIII, Pref., f.3b). 1615- 1616년 그는 오늘날 강소(江蘇)의 고우(高郵)에 있었는데, 대운하 남쪽 부분의 공사 임무를 맡았기 때문이다. 그는 자기에게 맡겨진 임무를 매우 잘 수행한 관리 중 한 사람으로, 백성들은 그를 포함한 중국의 최고 일곱 관리를 기리는 "칠현사(七賢祠), 곧 일곱 현자 사당"을 지어 주었다. 1616년 심최(沈㴶)에 의해 박해가 일어나자, 그는 서광계 바오로와 함께 용감하게 선교사들을 옹호하였다. 1621년에는 광동(廣東)성의 제1 참정(參政)으로 임명되었고(*Annali Generali del Kwangtung*, c.19, f.19a), 후에 북경의 공부(工部)에서 독군수광록시소경(督軍需光祿寺少卿)과 도수청사사낭중사(都水淸史司郞中事)가 되었다. 1623년 드디어 공직에서 완전히 물러나 연구와 과학서 혹은 호교론적인 저술에 몰두하였다. 당시 예수회 총장이었던 무치오 비텔레스키(Muzio Vitelleschi, 1563-1645, 제6대 예수회 총장)는 예수회의 이름으로 그의 공로를 인정했다. 이에 그는 1626년 5월 30일자 항주에서 총장에서 감사 편지를 쓰면서 그때까지 자신과 예수회 중국 선교사들이 발간한 중국어 서적들을 선물로 보냈다. "저는 중국에서 총장 신부님께 약간의 도움만 드릴 뿐입니다. 제가 해 드리는 것이 총장 신부님께서 당신의 거룩한 아들들에게 쏟는 것보다 크지는 않을 것입니다. 그러므로 중국에 관한 책들과 지금까지 선교사들이 펴낸 중국어 서적들을 총장 신부님께 보냅니다"(*ARSI, Jap.-Sin.*, 161, II, f.92r-v). 1629년 7월 6일, 북경에 역국(曆局)을 개설하기로 결정되자 서광계와 이지조가 나서서 국장과 부국장 자리를 유럽 선교사들에게 맡기기로 했다. 이지조는 1630년 11월 1일, 항주에서 사망했다[Bartoli[1], IV, c.139, p.263; 방호(方豪), p.82]. 베르나르드(Bernard, *MS*, III, p.73)가 말하는 것처럼, 12월 4일이 아니다. 베르나르드는 음력 날짜(음력 11월 1일=12월 4일)를 기재했고, 방호(方豪), p.80에서는 양력으로 11월 1일(열한 번째 달 1일=11월 1일)로 정확하게 썼다.

  이지조는 방호(方豪), pp.9-11에서 보는 것처럼 저술 활동을 크게 했던 인물이다. 리치를 만나기 훨씬 전에 그린 지도 외에도, 몇 년에 인쇄했는지는 모르지만 『사서종주

下總圖』라는 지도를 만들었다. 그는 그것이 세계 전체라고 생각했다. 그

（四書宗註）』가 있고, 1588년 24살 때 쓴 『회해집(淮海集)』[in 49cc.]이라는 제목의 태관(泰觀, 1049-1101)의 작품을 새로 편집하기도 했다(Pelliot in *Mémoires concernant l'Asie Orientale*, Parigi, 1913, I, p.68, N.6). 1608년, 그는 『반궁례악소(泮宮禮樂疏)』 [in 10cc.]를 발간했는데, 거기에서 그는 유교의 종교제례를 설명하고 조명하기도 했다 (Bibl. Vatic., *Barber. Orient.*, 146). 리치의 지도하에서 자신의 학문에 서양학문을 접목하여 강의를 하는 한편, 다음과 같은 책을 발간하였다. ① 『건곤체의(乾坤體義)』 (Cf. *Seccu*, p.2180)[in 3cc.]. 아마도 1614년 이후에 나온 것 같다; ② 클라비우스의 『동문산지(同文算指)』, 삼부작, 1608년 이후에 번역하여 1613-1614년에 발간[1613년 10-11월 이지조의 서(序)를 담아서 癸丑日在天駟], 거기에는 리치의 이 말도 넣었다. "[이지조는] 신부[리치]가 불러 주는 모든 실용산술을 번역했는데, 그것은 클라비우스 신부의 실용산술로 하나도 빼놓지 않은 것은 물론 오히려 일차방정식, 이차방정식, 연립방정식을 추가하였다"(N.631); ③ 클라비우스의 『혼개통헌도설(渾蓋通憲圖說)』[in 2cc.](NN.631, 1799, 1817)은 1604년부터 작업하던 것이다. 萬曆申辰(*Ibid.*, in *PCLC*, XVII, f.29a). 어쩌면 그보다 먼저 1603년에 그가 복건성으로 갈 때 했고, 책의 출판은 1607년에 한 것으로 보인다[1607년 1월 21일-2월 19일자 이지조 서(序), in *PCLC*, XVII, f.4a-b]; ④ 『환용교의(圜容較義)』(N.631) 역시 클라비우스의 것으로 1608년에 번역했다. 하지만 1614년에 출판했다[1614년 4월 24일 이지조의 서(序), in *PCLC*, XI, f.4a-b]. 1623-1625년에는 후르타도(Furtado) 신부가 불러 주는 코임브라의 학자들 (Conimbricenses: **역주_** 코임브라의 모임이라고도 하는데, 이들은 16세기 후반에서 17세기 초반 코임브라 대학의 예수회 소속 교수들의 명칭으로 아리스토텔레스 주해가들을 일컫는다)(1593)에 따른 아리스토텔레스의 『천체론』 양식으로 『환유전(寰有詮)』 (Cf. *Courant*, N.3384)[in 6cc.]이라는 제목으로 1628년에 출판했다. 그리고 1627년에는 코임브라 대학의 논리학을 『명리탐(名理探)』[in 10cc.]으로 그의 아들 이차방이 출판했는데 서(序)는 1639년 3월-4월 자로 되어 있다(Bibl. Vaticana, *Racc. Gener. Or.*, III, 231[1-9]; Bibl. Vitt. Emanuele di Roma; *Courant*, NN.3413-3414). 그 외에도 이지조는 개인적으로 출판한 책들이 있다. 1603년 이후(N.717)에 나온 『과거제에 관하여』 (복건성의 경험을 토대로?)에 관한 책과 『경교유행중국비송병(景敎流行中國碑頌幷)』 (1625) 연구가 있다. 1607년에 절강에서 『천주실의(天主實義)』(NN.632, 1800, 1817), 『교우론(交友論)』(N.632)을 재발간했고, 후에 리치의 다른 작품들도 모두 재발간했다. 1629년에 드디어 그때까지 선교사들이 발간한 중국어책 20권을 자신의 서른두 번째 책으로 『천학초함(天學初函)』이라는 이름으로 내놓았다. 매우 보기 드문 컬렉션이다. 리치에 따르면, 이지조는 클라비우스의 〈시계〉에 관해서도 중국어로 번역을 했지만 출판하지 않았다(N.1868)고 전한 바 있다. Cfr. 진원(陳垣), 『명이지조전(明李之藻傳)』, 1919; *Storia dei Mim*, c.31, f.11b; 방호(方豪); 『광서항주부지(光緒杭州府志)』, c.147, ff.2b-4b; 『아존잡지(我存雜誌)』, 항주, 1933, I, p.39: 1937, V, pp.368-370;

러나 우리의 『산해여지전도[山海與地全圖]』를 보고는 세계와 비교하여 중국이 얼마나 작은 나라인지를 깨닫게 되었다. 그는 대단히 총명한 사람이었기 때문에 우리가 하는 말이 사실이라는 것을 쉽게 알아들었다. 다시 말해서, 극極을 포함하여 지구는 대단히 크고 둥글다는 것과 하늘에 열 개의 층이 있고, 태양과 별이 지구보다 크다는 등, 믿기 힘든 다른 여러 가지 것들에 관한 것이었다.[893] 그래서 우리와 매우 친한 사이가 되었고, 공무 외의 시간에는 이 학문들을 배우고 싶어 했다.

629. 1602년 여섯 폭으로 제작한 리치의 세계지도 세 번째 판[坤與萬國全圖]

그가 처음 한 일은 다른 것보다 훨씬 크게 『곤여만국전도[坤與萬國全圖]』를 새로 인쇄하도록 한 것이었다.[894] 여섯 개의 면에 사람의 키보다 더 큰 크기로, 바클[895]로 연결된 접이식, 곧 중국의 병풍처럼[896] 매우 아름답게 만들었다. 크기가 매우 큰 만큼[897] 마태오 신부는 많은 나라뿐 아니

Hummel, I, pp.452-455; *Fonti Ricciane*, III, p.15, N.1.

893 이 모든 과학적인 항목들은 D'Elia[1], Tavole III-IV E Fb, E Fi, BD ai: XXIII-XXIV A Bgi 를 보라.

894 리치도 이 세계지도의 서(序)에서 이렇게 말하고 있다. "공부(工部)의 이지조 선생이 … [북경의 우리 집에 걸린] 이 지도에 큰 관심을 보였다. 그가 만든 지도는 내가 서양에서 가지고 온 지도 모델의 십 분의 일도 안 되는 것이었다"(D'Elia[1], Tavole XVII-XVIII DF de). Cf. NN.538, 540.

895 "버클"(N.629) 혹은 "클립"(N.888)은 포르투갈어에서 온 것으로, 연결고리, 작은 끈이나 고리 같은 것을 말한다.

896 다시 말해서, 병풍과 같은 접이식이라는 뜻이다. Cf. N.303.

897 Cf. NN.888-891. 리치의 이 세 번째 판본 세계지도는 여섯 폭짜리의 병풍처럼 만들었는데, 중국의 가정집 거실 벽을 장식하던 용도다. 그림들 또는 리치가 말하는 각 판들은 "커튼처럼 고정하기도 하고, 버클로 접어서 세워 두기도 하고 거실에 펼쳐서 우아

라, 그 나라와 지역의 명승지도 다수 넣었다. 지도에 대한 전체적인 설명
과 그 외 태양과 별 등 천문수학에 관한 설명도 넣었다.[898] 작업이 잘 된

―

하게 장식하기도 한다"(N.888). 이 지도는 1600년 것보다 "두 배가량 큰 것, 再
倍"(D'Elia[1], N.135)이다. 1600년의 것도 당시에는 1584년 조경(肇慶)에서 만든 것보다
"두 배 이상 크게 제작하여 배포한 것"(Bartoli[1], II, c.109, p.219)이다(N.262). 이로써
하나의 '거대한 원판'을 토대로 반복해서 제작할 수 있게 되었다(N.510). 이제 우리에
게 알려진 세계지도는 여섯 폭짜리다. 리치에 따르면, 판은 각각 "보통 사람의 키보다
더 크다"(N.629). 다시 말해서, "높이가 세 팔 길이고, 길이가 여섯 팔 길이"(N.1866)라
는 것이다[역주_ 여기서 팔 길이를 19세기까지 사용하던 길이의 단위로 한쪽 팔을 벌
린 길이를 말한다. 통상 60㎝ 정도 된다]. 요컨대, 그가 다른 곳에서 밝힌바, 세계지도
"여섯 개의 목판은 각 판의 길이가 두 폭 혹은 그 이상"(N.888)이라는 것인데, 여기서
'폭' 혹은 '길이'는 앞에 있는 것에 대한 도치의 개념이다. 이 크기는 바티칸도서관에 있
는 여섯 폭짜리 세계지도와 딱 맞아떨어진다. 각 폭의 크기는 1.79m×0.69m다. Cf. 그
림 II; D'Elia[1], pp.65-66. 세 번째 판본은 내가 직접 번역하여 주석을 달고 해설하여 책
으로 발간했는데, 서지사항이 다음과 같다. *Il Mappamondo cinese del p. Matteo
Ricci S.I.*, 1938, Città del Vaticano. 여기에서는 리치 세계지도의 또 다른 사본의 흔적
도 엿볼 수 있는데, 아마도 1602년의 것으로 추정되며, 레닌그라드 공공도서관에서 찾
아볼 수 있다. Cf. Dorn, *Catalogue des manuscrits et xylographes de la
Bibliothèque Impériale de S. Petersbourg*, N.DCCLXX. 이것이 만약 원저작자의 것
이라면, 바티칸도서관과 교토(京都) 왕립대학의 것에 이미 첨부되었을 것이다. Cf.
D'Elia[1], pp.95-107.

898 만약 앞서 언급한 것처럼(Cf. N.544), 세계지도의 초판본과 재판본의 차이가 아주 작
았다면, 재판본과 세 번째 판의 차이는 매우 컸다. 지명들은 30여 개에서 1,000개가 넘
고, 지리적인 전설은 세 번째 판본에만 모두 들어갔다. "이 작품의 가장 큰 선언"은 우
주의 구조와 지리에 대한 전반적인 기초지식을 토대로 해당 지역에서 전해 오는 이야
기를 담았다는 것이다(D'Elia[1], Tavole I, II LM ae). 이것은 특별히 경도와 위도, 동지
와 하지, 그리고 극에 대한 그때까지의 연구가 상당히 발전된 것이었다는 것을 입증해
준다. 완전히 새로운 그 밖의 모든 것들에 대해서는 저자의 서(序)(D'Elia[1], Tavole
XVII-XVIII EF f)에서 밝히고, 오좌해(吳左海)만 제외한 모든 사람이 공통으로 말하는
부분이기도 하다(D'Elia[1], Tavole IX-X AB ed). 특정 지역의 위치를 찾는 방법도 새로
웠다(D'Elia[1], Tavole XXI-XXII EF eg). 그 외, 수학적인 부분이나 태양과 별들에 관한
것은 월식과 해식의 설명으로 이어졌고(D'Elia[1], Tavole XXIII-XXIV DE a), 지구에 관
해서(D'Elia[1], Tavole V-VI ad g), 지구와 아홉 하늘(태양계)의 별들 사이의 거리와 크
기에 관한 설명도 넣었다(D'Elia[1], Tavole XXIII-XXIV AB di: XXV-XXVI AB ae). 따라
서 앞의 두 지도에 비해, 이 세 번째 판이 중국인 학자들을 놀라게 했다는 것이 그리 놀

만큼 온 중국에서 가장 아름답게 인쇄되었다. 이아존은 직접 해석하고 설명하는 것 외에도[899] 다른 저명한 여러 문인의 서문을 추가하여 작품의 가치를 높였다.[900] 판형이 완성되자, 그는 많이 인쇄하여 모든 친구에

랄 일을 아니다.

899 그가 쓴 장문의 서(序)는 D'Elia[1], Tavole XI-XII B Eg.를 보라.

900 이지조의 세 명의 친구가 베르나르드가 말하는 것처럼 '시'를 쓴 것이 아니라 (Bernard[2], II, p.47), 서문을 썼는데, 지금도 리치의 세계지도에서 찾아볼 수 있다 (D'Elia[1], Tavole XIII-XIV AB *de*, BF *fg*: XXI-XXII EF *ac*). 세 사람이 모두 이지조의 친구라고 말하며, 리치의 학문과 덕(德)에 대해 부정하지 않고 있다.

첫 번째 사람의 성은 진(陳)이고, 이름은 민지(民志), 호는 윤정(允定)이다. 하남(河南)성 남양(南陽)의 필양(泌陽)에서 소박한 부모 밑에서 태어났다. 1592년에 거인이 되어, 일찌감치 중국에서 스승으로 대접을 받았다. 이름난 달필가요 좋은 학자로 명성을 얻었고, 이부(吏部)에서 고공사(考功司)로 임명되었으며, 후에 공부(工部)에서 수부(水部)의 장(長), 곧 낭중(郎中)이 되었다. 또한 그는 보화전(保和殿)의 복구 책임도 았다. 『황명문수(皇明文粹)』의 저자기도 하다. Cf. *Annali sommari di Piyang* 『도광 필양총지(道光泌陽總志)』, c.8, ff.5b-6a.

두 번째 사람은 성이 양(楊)이고, 이름이 경순(景淳)이다. 사천(四川)성 중경(重慶), 부주(涪州)에 있는 한 무관 집안에서 태어났다. 리치의 절친 축석림(祝石林)(Cf. N.536)과 함께 1589년에 진사가 되었다. 이후 호부(戶部)에서 낭중(郎中)이 되었다. Cf. *Annali del Mandamento di Fow* 『동치부주지(同治涪州志)』, c.7, f.3a: c.8, f.20a.

세 번째 사람은 성이 기(祁), 이름이 광종(光宗), 호는 백유(伯裕) 혹은 염동(念東)이다. 생의 막바지에 이르자 그는 광종사(光宗寺)라는 이름을 멀리하고, '기백유'라는 이름으로만 부르도록 했다. 하남(河南)성 위휘(衛輝) 근처, 활현(滑縣)시 양조리(陽兆里)의 한 가정에서 태어났다. 조부는 섬서(陝西)성 태원(太原) 출신으로 양조리로 이주해서 살았다. 일찍부터 천재 소리를 들었고, 학문과 글씨에 몰두했다. 1598년에 진사가 되었고, 처음에는 공부(工部)에서 나중에는 예부(禮部)에서 일했다. 이지조와 함께 진사에 급제한 그는 1601년, 같은 공부(工部)에서 "높은 직위"에 있던 이지조를 통해 (N.628) 리치와 알게 되었고, 세계지도에 서문을 써 주어 우리도 그의 서(序)를 읽을 수 있게 되었다. 이후 그는 1604년, 섬서(陝西)성 서안(西安)으로 제학(提學)이 되어 갔고, 거기서 많은 사람의 존경을 받았다. 3년 후인 1607년에 지금의 감숙(甘肅) 지방, 양주(涼州)의 병비도(兵備道)로 선출되었다. 1613년에는 같은 감숙성 서녕(西寧)으로 이주했고, 1618년에는 병부(兵部)에서 시랑(侍郎)이 되었다. 그리고 얼마 안 가 병부(兵部)에서 상서(尙書)로 승진하였다. Cf. *Annali del distretto di Hwa* 『동치활현지(同治滑縣志)』, c.9, ff.22a- 24b.

게 선물로 보냈다. 이것 외에도, 종이에 인쇄한 것이[901] 수천 부에 이르렀다.

630. 1603년 여덟 폭으로 제작한 네 번째 판 세계지도[兩儀玄覽圖]

그가 판형을 만들 때, 인쇄업자들이 몰래 똑같은 형태로 또 다른 판형 하나를 만들었다.[902]

그래서 동시에 두 개의 판본이 나오게 되었다.[903]

하지만 이것도 사람들의 수요를 충족시키기에는 역부족이었다. 그때 한 교우가 신부의 도움으로 더 크게, 여덟 면으로 된 지도를 새겨 인쇄업자들에게 팔았다.[904]

그리하여 북경에서는 한꺼번에 세 개의 목판본이 나오게 되었다.[905]

———

901 그러니까 어떤 사람들은 리치의 작품 사본을 확실히 손에 넣기 위해서 자기네들이 가지고 온 종이를 목판에 대고 인쇄한 것이다.

902 Cf. N.891.

903 두 개는 똑같은 목판 인쇄용이다.

904 이것이 네 번째 판본으로, 새로 신자가 된 이응시(李應試) 바오로가 한 것이다. 이지조가 한 처음 두 개의 판본이 "수천 장"(N.629)에 이르고, 인쇄업자들이 한 것도 "수요를 충족시키지 못했기 때문"(N.630)에 얼마 지나지 않은 1602년 말 혹은 1603년에 이응시가 다시 나선 것이다. 리치의 도움으로 바오로[이응시]는 이지조의 것에 비해 "훨씬 큰" 여덟 폭짜리 〈세계지도〉를 제작했고(N.891), 목판으로 떠서 인쇄업자들에게 팔았다. 이것이 진정한 네 번째 판본으로, 단순히 세 번째 판을 여섯 폭에서 여덟 폭으로 늘려서 새로 찍어 낸 것이 아니라, 전설이나 "다른 사람이 아닌 [이응시의] 논평이 들어가" 다른 것[이지조의 것]과는 차별을 두었다. 그리고 각 판도 다른 것에 비해 "훨씬 컸다"(N.891). 베르나르드에 따르면(E. Bernard, MS, X, 1945, p.323), 이 네 번째 판본의 모델을 일본의 잡지에서도 다룬 바가 있다고 했다. 『역사교육(歷史敎育)』, XI, 1936, pp.1016-1022.

905 이렇게 1602-1603년, 북경에서 "세 개의 판본이 목판으로 나왔는데", 하나는 이지조가 감수하고, 다른 하나는 그의 인쇄업자들이 몰래 했다. 하지만 둘 다 "같은 형태"(N.891), 곧 여섯 폭짜리다. 그리고 세 번째 판본은 새 신자 바오로 이응시가 한 것

631. 그 외 이지조의 수학 저서들

[지도의] 판형을 새기는 데는 1년이 넘게 걸렸고,[906] 그동안 이아존은 수학과 관련한 여러 학문을 배우고, 많은 다양한 기기들을 만드느라 관사의 모든 사람을 재촉했다.

그는 클라비우스 신부가 쓴 『해시계 제작법Gnomonica』에서 나오는 각종 해시계와 얇은 철판으로 된 천체관측기 만드는 방법을 배웠다.[907] 그 중 하나는 상당히 잘 만들었다. 그는 또 이 두 가지 기술을 매우 아름다운 문체로 삽화까지 넣어 명확하게 잘 기록하기도 했는데, 우리 유럽의 것처럼 예뻤다.[908]

『혼개통헌도설渾蓋通憲圖說』[909]은 두 권으로 나누어 인쇄했고, 마태오

으로, 여덟 폭짜리다. 처음 두 개 혹은 처음 둘 중 하나는 1602년 8월 17일에서 9월 15일 사이에 인쇄업자 장문도(張文燾)의 감수로 제작되었다. 장문도는 장도(張燾)라는 사람과 동일 인물로, 호는 유소(維炤)다. 그는 이지조의 제자로 절강성 전당(錢塘)에서 태어났고, 리치로부터 미켈레라는 이름으로 세례를 받았다. 그는 1620년과 1621년에 포르투갈 대포를 사러 수비(守備)라는 직책으로 마카오에 갔다. 1632년에는 사령관 손원화(孫元化) 이냐시오와 함께 전쟁에 참여했고[장유화(張維華, Ciamueihoa), pp.203-205], 그와 함께 북경에서 1632년 9월 7일에 참수를 당했다(Cf. N.971). 이응시의 판본은 1602년 9월 21일 이전, 그가 세례받기 전에 나올 수는 없다(N.695). 만약 그렇다면, 다른 두 번에 걸쳐 언급하는 것처럼(NN.630, 891) 그가 이 세계지도를 제작할 때 이미 신자가 되어 있어야 한다.

906 그러니까 작업은 1601년 6월-7월경에 이미 시작했다.

907 클라비우스가 조언한 방식이다. *Opera mathematica*, Magonza, 1611, III, p.257.

908 클라비우스의 『해시계 제작법(Gnomonica)』에 관한 중국어판이라고 할 만한 어떠한 출판의 흔적도 찾을 수가 없다. 여기서 리치가 말하는 것은 『아스트로라비움(Astrolabium)』[역주_ 이지조의 『혼개통헌도설(渾蓋通憲圖說)』은 이 책을 리치가 발췌, 요약해서 구술하고 이지조가 독자적으로 저술한 것이다]라는 제목의 어떤 작품을 두고 하는 말인 것 같다.

909 『혼개통헌도설(渾蓋通憲圖說)』은 이지조가 중국어로 편찬했고(演), 1607년 말, 복건성 장주(漳州) 지역 용계(龍溪)의 정회괴(鄭懷魁) 박사(1595)가 수정[訂]하여 출판하였다(*Ta Zzim*, c.329, f.8b). 사본의 상(上)권을 내가 로마의 카사나텐세 도서관(R.

신부는 로마에 있는 예수회 총장 신부님과 스승 클라비우스 신부에게 보

—

Biblioteca Casanatense)(ms, N.2132)에서 발견했고, 계속해서 리치는 이것에 관해서도 언급하는 것 같다. "로마 예수회 총장 클라우디오 아콰비바 신부님께. 중국에서 마태오 리치 신부가 드림." 하지만 불행히도 하권은 분실되었다. 리치가 1608년 3월 6일자로 G. 코스타 신부에게 알린 작품의 제작과 관련한 말은 다음과 같다. "지난해 [이지조는] 클라비우스 신부님의 『아스트로라비움(Astrolabium)』[역주_ 이것은 휴대용 천문관측기 제작과 용법을 설명한 것으로 그의 대표적인 천문서다. 라틴어로 Astrolabium으로 발간되었다]을 인쇄하여 제게 보내 주었습니다. 적용과 방식, 사용법이 담겨 있었습니다. 두 권 혹은 세 권 이상은 없습니다. 그래서 한 권만 총장 신부님께서 보실 수 있도록 보내 드리는 것입니다. 이 두 작품을 통해서 신부님께서는 이 사람들의 능력을 알아보실 것이고, 우리의 학문으로, 그들을 통해서 얼마나 큰 결실을 얻을 수 있을지를 깨닫게 될 것입니다"(N.1799). 이틀 후에 다시 총장에게 쓴 편지에도 "지금 총장 신부님께 [유클리드의 책 외에] 한 권을 더 보냅니다. 이것은 수학을 열심히 공부하고, 클라비우스 신부님의 『천구론 주해』와 『아스트로라비움(Astrolabium)』을 새로 인쇄한 다른 학자의 것으로, 유럽에서도 이 사람들을 통해 이 나라[중국]에도 좋은 인재들이 얼마나 많이 있는지를 알았으면 좋겠습니다. 이미 여러 차례 편지에서 언급했듯이, 우리의 학문이 그리스도교 선포에 얼마나 도움이 되는지요. 수학과 그 외, 이런 종류의 서적들을 많이 보내 주시기를 바랍니다. 특히 좋은 수학책과 천문서가 있으면 저의 미력한 힘으로나마 [이 사업을] 계속할 수가 있을 것 같습니다. 적은 서적과 얕은 지식으로도 이미 시작했기 때문입니다"(N.1817). 그러나 책은 8월 22일에도 여전히 보내 주지 않았고, 리치가 이지조에 관해 총장에게 쓴 다음 편지까지도 아무런 기별이 없었다. "수학 관련 과목을 많이 듣고, 출판하기 시작했습니다. 올해는[더 정확하게는 작년에] 저와 함께 공부한 클라비우스 신부님의 『아스트로라비움(Astrolabium)』요약본을 [출판] 했습니다. 총장님께 [상, 하] 두 권짜리 한 세트를 보내 드립니다. 인쇄는 아주 잘 되었습니다. 다만 우리의 학문에 대한 그의 우아한 문장과 좋은 말을 읽을 수가 없어 아쉽습니다"(N.1867). 리치가 보낸 모델은 분명 총장이 거주하던 로마 예수회의 옛 서원자의 집이었던 본원에 있었을 것이다. 나머지는 『천학초함(PCLC)』[XVII-XVIII]의 판본과 같지만, 본원의 모델 이미지는 이미 리치가 주목한 것처럼 더 크고 아름답게, 텍스트는 약간 손을 보고 두 개의 서(序)를 달았지만, 하나는 이 책에 관한 것이 아니다. Cf. Courant, N.4899.

첫 번째 서(序)는 호광(湖廣)성 소양(邵陽) 출신의 차대임(車大任) 박사의 부친이 한 것으로 호가 자인(子仁)이고(Index, 24, II, p.28), 1607년 10월 5일 자로 기록되어 있다(萬曆丁未中秋日). 이 박사는 복주(福州)와 가흥(嘉興)에서 지부(知府)를 지냈고, 남경 예부에서 정선사낭중(精膳司郎中)을 역임했다. 그는 리치를 "비범한 사람(異人)"이라고 했다. 두 번째 서(序)는 정회괴(鄭懷魁)가 편집한 것으로 같은 해인 1607년 10월 6일 자로 썼다(丁未八月旣望). 그는 이지조가 1603년[癸卯]에 복건의 시험관으로 갔다

냈다.

다른 것은 아직 인쇄되지 않았지만, 곧 인쇄될 예정이다.[910]

신부가 말한 클라비우스 신부의 '실용서'도 하나도 빼지 않고 모두 번역하여 『동문산지同文算指』[911]라는 책으로 내놓았다. 오히려 일차방정식,

———

는 것을 알려 주고, 이 책이 중국의 달력을 수정하는 관점에서 나오게 되었다고 말해 주고 있다. 세 번째 서(序)는 『천학초함』 판본에만 나오는 것으로 이지조가 했고 1607 년 11월 자로 기록되어 있다(萬曆彊圉協洽之歲日躔在軫). 1604년에 진사가 된 인화 (仁和)의 지현(知縣)이 쓴 발(跋)이 뒤이어 1607년 11월 자로 있다. 그의 성은 번(樊), 이름은 양추(良樞), 아호는 상식(尙植) 혹은 상묵(尙默)이다. 호는 치허(致虛)이고, 강 서(江西)성 남창(南昌)의 진현(進賢)에서 태어났다. Cf. Index, 24, II, p.254.

그는 한 장(章)짜리 서두(首卷)에서 일반적인 구(球), 궤도, 북극권과 남극권, 해좌와 남회귀선, 자오선과 천문지평선 등 클라비우스가 저서 『아스트로라비움(Astrolabium)』 (Opera mathematica, III, B, p.5)의 운동법칙 서문에서 설명하고 있는 몇 가지 기초지 식을 전해 주고 있다. 그리고 상(上)·하(下)권으로 된 제19장에서 다음과 같은 항목 에 주목했다. 천체관측기, 구(球)의 등급, 여러 경선에 따른 시차, 주야평분점, 천정(天 頂)을 결정하는 방법, 지역마다 다른 지평과 위치, 상승단계, 낮과 밤의 연속, 12궁, 황 혼, 천체궤도, 별자리, 회전별 등급 수정, 6분의 등이다. Cf. Seccu, pp.2184-2185. 이 모든 항목은 클라비우스가 연구한 분야고, 텍스트에서보다 훨씬 그의 여러 작품, 특히 『천구론주해』와 『아스트로라비움(Astrolabium)』을 통해서 중국에서 널리 알려진 것 으로 보인다. 그러므로 리치가 앞서 언급한 이지조의 작품은 『천구론주해』와 『아스트 로라비움(Astrolabium)』에서 다룬 두 가지에 대한 요약본이라는 것이 맞다. Cf. Biblioteca Vaticana, Barber. Orient., 142³⁻⁴.

910 1605년 5월 12일 자로 북경에서 리치가 이지조에 관해 쓴 글에는 "북경에 온 이후 여 러 해 동안 내게 와서 열정적으로 수학 분야의 많은 것들을 배워 적용했습니다. 그가 쓴 여러 권의 책이 곧 나올 예정입니다"(N.1626).

911 1589-1590년부터 리치는 소주(韶州)에서 구태소(瞿太素)에게 유럽의 산술을 설명한 바 있다. 아마도 1583년에 나와서 이미 함께 공부한 적이 있는 클라비우스의 『실용산 술개론』 초판본을 기초로 공부한 걸로 보인다. 그러나 1601년 북경에 도착해서 다시 설명했고, 1601-1603년과 1608년에는 이지조의 수제자에게도 더 자세히 종합해서 다 시 설명해 준 바 있다. 1608년도 중반경에는 이 산술서의 적어도 한 부분, 아마도 제1 부를 인쇄할 수 있을 정도가 되었으나(N.1868), 당시에는 출판하지 못했던 것으로 보 인다.

1613년에 발견되어 지금 우리에게도 전해 오는 이 책은 제목이 『동문산지(同文算 指)』다. 즉 '동료 학자들을 위한 계산법 안내서'다. 이런 대조는 고대 중국의 수학이 얼

이차방정식, 연립방정식에 이르는 내용을 추가했다. 중국에서 이런 것들은 대단히 놀라운 것이었다.

그리고 이 모든 연산은 붓과 먹으로 했고, 산반算盤**912**이라는 기구가 아니고서는 연산을 할 수 없는 중국에서 이것은 빅뉴스였다. 산반은 우

마나 서양의 산술과 유사한지에 대해 여러 부분에서 지적하고 있다. 실제로 이지조는 앞서 언급했듯이, 두 차례 북경에 있는 동안 이 책 '실용산술'을 번역하고 나서 서광계와 함께 고대 중국의 산술에서 사용한 용어를 소환하고자 애썼다. 그러면서 "[서양의] 수(數)에 관한 학문은 한(漢)이나 당(唐) 시절과 비교해 열 배, 백 배 더 명확하다(其數學精妙比于漢唐之世十百倍)"고 했다. 동시에 "논리적인 부분은 동의하지만 논리적이지 못한 부분은 동의하지 않는다"[서광계의 서(序), ff.3a-b]고도 했다. 그래서 앞서 언급한 것과 같은 제목을 단 것이다.

작품은 세 개의 부(副)로 나뉜다. 제1부는 전편(前編), 제2부 통편(通編), 제3부 별편(別編)이다.

제1부는 리치가 가르쳤고[授], 이지조가 편찬[演]하였다. 초벌은 전연(澶淵), 즉 지금의 호북(湖北), 개주(開州)의 왕사우(王嗣虞)가 교재(較梓)하였다. 후에는 아마도 절강의 엄주(嚴州), 신안(新安) 출신 왕여정(汪汝淳)이 했고, 절강의 전당(錢塘) 사람 엽일원(葉一元)도 했을 것으로 추정된다. 거기에는 두 개의 서(序)가 있는데, 하나는 서광계가 썼다. 여기에서 [서광계는] 단 한 번 자신은 리치의 "친구이자 제자(友弟)"라는 서명을 1614년 봄, 어느 달에 썼다고 적고 있다[萬曆甲寅春月]. 이지조가 쓴 것은 1613년 10월과 11월 사이에 썼다[萬曆癸丑, 日在天駟]. 1613년(11월-12월?)에 인쇄한 사본 하나가 절강(浙江)의 도립 도서관에 보관되어 있고, 다른 하나는 북경의 황궁(故宮圖書館)에 보존되어 있다[방호(方豪, Famhao), p.11]. 제1부는 두 권에 모두 들어 있는데, 상(上)권에는 ff.32에 있고, 하(下)권에는 ff.36에 있다. 상권에는 통상적인 모든 수(數)의 위치[정위(定位)](N.1)와 네 가지 셈법, 즉 덧셈[가법(加法)](N.2), 뺄셈[감법(減法)](N.3), 곱셈[승법(乘法)](N.4), 나눗셈[제법(除法)](N.5)이 있다. 반면에 하권에는 분수의 가치를 다룬 기영약법(奇零約法)(N.6), 같은 분자와 분모에 따른 분수의 감소를 다룬 기영병모자법(奇零併母子法)(N.7), 분수와 분수에 의한 계산을 다룬 기영소석약법(奇零㪚析約法)(N.8), 정수를 분수로 축소하는 것을 다룬 화법(化法)(N.9), 분수들의 덧셈(加法, N.10), 뺄셈(N.11), 곱셈(N.12)과 나눗셈(N.13), 연속분수를 다룬 중영제진법(重零除盡法)(N.14)과 문제들을 다룬 통문(通問)을 넣었다. 제1부의 모든 것은 클라비우스의『대수학』앞부분 열여섯 개의 장(章)에 있는 내용과 똑같다. 제6장과 16장은 뺐고, 제10장은 요약했다. 똑같은 사례의 수를 그대로 가져오거나 라틴어에서 중국어로 옮겼다. 이것을 비교하기 위해 클라비우스와 리치가 쓴 것을 여기에 가져와 본다.

리의 방정식에는 매우 어렵고 틀리기도 쉬웠다.[913]

클라비우스	리치	클라비우스	리치
장(章)	수(數)	장(章)	수(數)
1	1	9	9
2	2	10	10
3	3	11	11
4	4	12	12
5	5	13	13
6		14	14
7	6[7]	15	15
8	8	16	

제2부는 개괄 부분으로, 앞서 리치와 이지조가 가르친 내용이다. 초안은 똑같은 세 사람이 점검했다. 이 책은 확실히 리치가 사망한 후에 인쇄되었다. 왜냐하면 서문에서 양정균(楊廷筠) 미카엘 박사가 '이미 오래전에 사망한' 리치에 대해서 언급하고 있기 때문이다[서(序), f.2a]. 이 부분은 『천학초함(PCLC)』, XXIX의 한 주(註)에서 읽을 수가 있는데, 나중에 첨가한 것으로 보인다. 1617년에 발간된 『측량법의(測量法義)』(c.6, f.2b)에서 언급하고 있기 때문이다. 따라서 이 날짜보다 앞서 나올 수는 없다. 그러나 이지조의 서(序)를 통해 유추해 볼 수 있는 것은 1614년 판본도 존재한다는 것이다. 이 부분(제2부)이 반드시 제1부에 이어 나온 것이 아닐 수도 있다는 점을 시사한다. 어떤 의미에서는 제1부와는 별도로 앞서 언급한 양정균의 서(序)를 넣어 먼저 발간했을 수도 있다. 이 책은 18개 항목으로 구분된, 8권 4책으로 구성되어 있다. ff.37의 c.1은 3개 항목으로 되어 있고, 세 가지 비율의 규칙인 삼솔준측법(三率準測法)(N.1), 세 가지 반수(反數)의 규칙인 변측법(變測法)(N.2), 세 가지 복합규칙인 중집측법(重潗測法)(N.3)이 있다. ff.27의 c.2는 합수차분법(合數差分法), 상(上)권(N.4a)을 포함한다. ff.30의 c.3은 3개 항목으로 구분되었고 합수차분법(合數差分法), 하(下)(N.4b)권과 비례 평균의 규칙인 화교삼솔법(和較三率法)(N.5), 단순 가정 허위규칙인 차쇠호징법(借衰互徵法)(N.6)이 있다. ff.37의 c.4는 중복 가정 허위규칙에 대해서 다룬 곱차호징법(疊借互徵法)(N.7)이다. ff.34의 c.5는 3개 항목으로 구분되어 있고, 복합수들의 크기를 다룬 잡화교승법(雜和較乘法)(N.8), 등차수열(等差數列)에 대해 다룬 체가법(遞加法)(N.9)과 등비수열에 대해 다룬 배가법(倍加法)(N.10)이 있다. ff.36의 c.6은 3개 항목으로 되어 있고, 측정을 위한 세 가지 비율 규칙을 다룬 측량삼솔법(測量三率法)(N.11), 정수의 한 수에서 제곱근을 뺀 것을 다루는 개평방법(開平方法)(N.12)과 하나의 분수에서 제곱근을 뺀 것에 대한 개평기령법(開平奇零法)(N.13)이 있다. ff.30의 c.7는 서로 비례하는 최고 수의 제곱근을 빼기 위한 다양한 방법을 다룬 적교화상

구개평방제법(積較和相求開平方諸法)(N.14)을 다루고 있다. ff.33의 c.8은 4개로 항목을 나누고 다양한 승의 근을 빼는 방법인 대종제변개평방법(帶縱諸變開平方法)(N.15)과 3차 곡선의 근을 빼는 개입방법(開立方法)(N.16), 1에서 7승까지의 자승법(自乘法)과 상위 수를 다룬 광제승방법(廣諸乘方法)을 기초[심원(尋原)](N.17)와 분수들의 힘[기령제승(奇零諸乘)](N.18)과 함께 다루고 있다. 이렇듯 제2부는 클라비우스『대수학』의 남은 장들을 그대로 번역한 것이 아니다. 여기에는 여러 부분이 첨가되었고, 때로는 항목 전체가 송두리째 첨가된 것도 있다. 몇 가지는, 가령 NN.11과 16-18 같은 곳은 클라비우스의『실용기하학』을 인용한 것이기도 하다. 이것은『기하학』의 제3책과 제4책 마지막 부분에서 확인할 수 있다. 그 외 다른 장(章)들은 기본 텍스트가『대수학』이다. 아래의 표는 클라비우스와 리치 작품의 유사점을 시사한다.

클라비우스	리치	클라비우스	리치
장(章)	수(數)	장(章)	수(數)
17	1	25	10
18	2		11
19	3	26	12
20	4ab	27	13
21	5		14
22	6		15
23	7	28	16
	8		17
24	9	29	18

앞서 언급한 장(章)들에서도 여러 부분이 첨가되기도 했다.

N.1에는 여덟 단락이 첨가되었고, N.2, 5; N.3, 14; N.4a, 26; N.4b, 15; N.5, 3; N.6, 3; N.7, 18; N.11, 15도 그렇다. 완전히 새로운 부분은 NN.8, 14, 15, 17이다.

제3부는 특별한 부분으로 리치와 이지조가 직접 가르친 바 있는 부분이다. 파리 국립도서관에 소장된 미완성 수기본에서는 이 부분을 인정하지 않고 있다. Cf. Courant, N.4863. 여기에는 서문이 전혀 없고, 거의 끝부분에서 무엇인가를 확실히 하려는 의도에서인지 '앞서 언급하지 않은(ante quem non)'이라는 말이 적혀 있다. 실제로 처녀자리인 대각(大角)과 숫양 자리인 백양(白羊)의 거리를 처음에는 170°라고 했다가, "현재 1600년, 令于萬曆庚子"에 다시 재어 보니 198° 7 ″ 라고 말하고 있다. 이 책은 아마도 단행본의 제2권으로 추정된다. 몇 개의 별자리를 계산한 것과 대수표가 미완성으로 있는데, 그것마저도 시작과 끝이 정확하지 않으며, 중간에 백지가 많이 들어 있다.

제1부와 제2부는 다음에서 찾아볼 수 있다. PCLC, XXVI-XXX; ARSI, Jap.-SiN., II; Biblioteca Vaticana, Barber. Orient., 143[11-15] e Biblioteca Nazionale di Parigi (Cf. Courant, NN.4861-4862). Cf. Seccu, pp.2209-2210.

그는 『혼개통헌도설渾蓋通憲圖說』[914]도 빠짐없이 번역했다. 이미 번역된 유클리드의 『기하원본幾何原本』이후[915] 『환용교의圜容較義』[916]와 『경천해

---

912 **역주_** 주판.

913 리치가 말하고자 하는 것은 자신이 가르친 서양의 수학에 따라 계산을 할 경우, 산반(算盤)이라고 하는 특별한 기구를 이용한, 중국인들이 사용하는 방식에 비해 기록하기가 좋다는 의미다. 이 기구는 덧셈, 뺄셈, 곱셈 및 정해진 숫자까지의 나눗셈만 할 수 있다. 제곱근을 빼거나 분수를 단순화하는 것을 산반으로 하기는 매우 어렵다. 더욱이 실수하게 되면 완전히 처음부터 다시 해야 한다.

914 Christophori Clavii Bambergensis, ex Societate Jesu, in *Sphaeram Ioannis de Sacro Bosco Commentarius*, Romae, MDLXX. 이 "Ioannis de Sacro Bosco"는 13세기에 홀리우드(Holywood)라고 부른 영국의 한 수도승이었다. 작품은 17세기 초까지 크게 인기를 끌었다. Cf. D'Elia[1], p.174, N.1.**역주_** 사크로보스코의 『천구론』(1230)은 프톨레마이오스의 우주론을 가장 잘 설명한 책으로 이후 수많은 저자들이 주해서를 썼고, 클라비우스『천구론 주해(Sphaera)』(1585)도 그중 하나다. 클라비우스의 『천구론 주해』는 수정을 거듭하는 가운데 16-17세기 천동설 해설서로 가장 많이 읽힌 문헌이지만, 후에 지동설이 제기되면서 그 효용이 떨어졌다. 이와 관련한 한문 서학서는 리치의 『건곤체의』로, 이것은 『천구론 주해』를 발췌, 요약한 것이다. 클라비우스의 『천구론 주해』는 판을 거듭하며 계속해서 발간되었다. 기본 판은 1570, 1581[2], 1585[3], 1607[5]이고, 이것을 계속해서 인쇄한 것은 1590[3], 1594[2], 1601[2], 1603[13], 1606[5], 1607[2]이다. 이 모든 판본과 인쇄본들은 로마의 빅토리오 에마누엘레(Vittorio Emanuele) 도서관에서 찾아볼 수 있다. 이지조는 만력갑장(萬曆甲長) 말(Cf. *Ibid.*, in *PCLC*, XVII, f.29a), 그러니까 1604년 혹은 조금 지나서까지 자신의 저작 『혼개통헌도설(渾蓋通憲圖說)』에 매달렸다. 1608년 3월 16일 자로 나온 책에서 "지난해"(N.1799)에 출판되었다는 게 맞는다면, 1607년에 나온 것이 분명하다. 다른 인쇄는 이지조에 의해 연(演)이라는 사람이 했고, 그가 1607년 가을에 항주에서 당시 절강의 처주(處州) 지부(知府)로 있던 정회괴(鄭懷魁)에게 가지고 가서 수정(訂)하여 출판하였다. 이점은 정회괴가 서문에서 밝히고 있다. Cf. 홍외련(洪煨蓮, Homueilien), p.26.

915 다시 말해서, 서광계 바오로 박사는 리치가 구두로 가르쳐 준 유클리드의 앞부분 6권의 책을 1607년에 번역하여 인쇄한 '다음'이라는 뜻이다. Cf. N.772.

916 De figuris isoperimetris 혹은 '동일한 둘레의 형태를 다룬 것'은 클라비우스의 저작 세 번째 판본에서 이미 찾아볼 수 있다, In *Sphaeram Icannis de Sacro Bosco*, Roma, 1585(*BP*), pp.78, 81-104. 이것은 후에 『실용기하학』, Roma, 1604(*BP*)의 제7책에 삽입되었다. 제19-22장을 추가해서 말이다. 리치가 이지조에게 가르쳤고(授), 이지조는 『천구론 주해』를 중국어로 수정하여 『환용교의(圜容較義)』[ff. 4 + 24]라는 제목으로 출판하였다. '구(救)의 둘레를 비교'한다는 뜻이다. Cf. *Seccu*, p.2185. 작품은 『천구론

經天該』[917]도 번역했다. 천구天球와 지구地球[918]도 만들게 했는데, 매우 아름다웠다.

주해』에 있는 것만 전부 담고 있다. 즉『천구론 주해』에서 설명하고 있는 다섯 가지를 여기서도 그대로 설명하고 있고, 제18장([기하학]에서처럼 22장이 아니라) 역시 기하학적인 동일한 이미지로 설명하고 있다. 같은 이미지에 대한 약간의 반복이나 삭제는 그것까지 거듭 찍어 내거나 같은 페이지에서 이미지를 찾을 수 있느냐 없느냐에 따라서 나온 결과다. 독자들이 앞서 언급한 다른 페이지로 억지로 찾으러 가지 않도록 하기 위해서다. 만력갑인삼월기망(萬曆甲寅三月旣望), 즉 1614년 4월 24일 자, 서문에서 이지조는 리치의 지도하에서 이 부분을 음력 11월경(1608년 12월 7일-1609년 1월 6일) 열흘 만에 번역했다고 전한다. 주사(柱史) 필(畢)[공신(拱辰)]이 아마도 1609년 말에서 1610년 초, 북경에서 그것을 출판한 것으로 보인다. 그는 손을 조금 본 다음, 친구 왕맹박(汪孟樸)의 협조로 판형을 새롭게 하여 출판하였다[중부기궐(重付剞劂)]. 왕맹박은 앞서 언급한(Cf. N.631) 나중에 신자가 되는 왕여정(汪汝淳)과 같은 인물로 보인다. 왜냐하면 리치의 『이십오언(二十五言)』의 새 판의 시(序)도 썼기 때문이고 (PCLC, IV B), 1607년 9월 21일 같은 저자의『천주실의』결어를 쓰기도 했기 때문이다(PCLC, V D). 그것은 PCLC, XXXI에서 찾아볼 수 있다. 바티칸 도서관(Biblioteca Vaticana, Barber. Orient., 143[16])에 있는 것은 쿠플레(Couplet)가 기록한 사례로 보인다: De sectione circuli auctore R. p. Matthaeo Ricio. 그 밖에도 아래에서 찾아볼 수 있다. in ARSI; nella Biblioteca Vittorio Emanuele di Roma; nella Biblioteca Nazionale di Parigi (Courant, N.4864). 지금까지 남아 있는 판본은 모두 1614년의 것이다.

917 1601년 6월과 12월 사이[방호(方豪), p.77] 북경에서 리치가 편집하고 이지조가 번역한 이『경천해(經天該)』는 몇 년도에 출판되었는지 모른다. 7음절짜리 420구절로 이루어진 시(詩)다. 이 책의 132절에서는 세 지역의 별자리를 묘사하고 있는데, 북극(紫微), 황도대(黃道帶) 또는 태미(太微), 황도대의 북쪽 지방(天市)이 그것이다(Giles, Chinese English Dictionary, NN.12329, 12586, 13762). 반면에 다른 부분에서는 중국의 28개 별자리에 대해 묘사하고 있다. 별자리마다 두 절에서 최고 이십 절까지 할애하였다. 이 별자리들과 유럽에서 사용하고 있는 별자리들이 일치하는지는 Giles, ibid., pp.[26]-[27]을 보라. 절마다 각 별의 그룹에 이름을 부여하고, 다른 별들과 비교하여 위치와 빛의 강도에 대해서도 말해 주고 있다. 시적인 형식은 이 이름들을 기억하기 위해 선택한 것으로 추정된다. 독보적인 이런 시적 선택은 리치가 정한 것으로, 가령 예해주진(藝海珠塵)(18세기 말), 고후몽구(高厚蒙求), 전경당총서(傳經堂叢書)(19세기 초)와 총서집성(叢書集成)처럼 중국의 많은 별자리에서 찾아볼 수 있다.

918 이지조도 저서 『혼개통헌도설(渾蓋通憲圖說)』(PCLC, XVII, ff.3b-4a) 서문에서 자기는 1603년 이전에 이미 북경에서 리치의 지휘하에서 이 구(球)들을 만드는 것을 배웠다고 했다.

그는 이런저런 것들을 배우고, 서방 학자들의 지식과 지혜에 흡족해하며 친구들에게 이와 관련한 이야기 외에 다른 것은 말하지도 않았다. 그는 여태껏 많은 지방을 돌아다녔기 때문에 친구가 많았다. 그것은 우리의 선교 초기에 적지 않은 도움이 되었다.

632. 그리스도교에 대한 이지조의 입장. 리치의 '교리서'와 『교우론』에 대한 그의 감수와 인쇄

우리 성교회의 믿음에 관해서 그는 많은 걸 잘 알고 있었고, 세례받기를 고대하던 중, 신부가 그에게 첩이 있다는 사실을 알았다. 그는 그녀를 집에서 내보내기로 약속했다.[919] 그는 우리의 거룩한 종교를 진심으로 원했고, 자기가 신자가 된 것처럼, 사람들에게 선전하고 믿으라고 권했다.[920] 그의 집안에는 이미 많은 사람이 세례를 받았고, 그들은 누구보다

---

[919] 1608년 3월 8일, 리치는 이지조가 아직 "특정 장애로 인해 신자가 되지 못하고 있다"(N.1817, Cf. N.895)라고 쓰고 있다. 그것은 처첩제도 때문이었다(N.632). 장애는 1610년 3월에 세례를 받았기에, 그전에 이 역사서를 쓰는 것이어서 이 장(章)을 쓸 때는 아직 신자가 아니었다. 이지조의 사례는 그와 절친한 친구 중 한 사람인 양정균(楊廷筠) 미켈레도 같은 결정을 하게 했다. 정지린(丁志麟)은 저서 『양기원선생초성사적(楊淇園先生超性事蹟)』에서 세례받기 전에 신부는 첩을 내보내야 한다고 했고, 선생은 화를 내며 이지조와 함께 불평했다고 전했다. 그러면서 선교사는 수도자[역주_ 여기에서 '수도자'는 불교의 승려를 의미하는 'bonzi'라는 용어로 쓰고 있다]로 사는 것이 아무런 부족함이 없다는 듯, 그에게 어떠한 예외나 사정도 봐주지 않는 것에 놀라워했다고도 했다. "물음에 대해 이지조는 대답했고, 서양 신사들[=선교사들]은 승려들과 달랐다. 교회의 규정이고, 하느님께서 선포한 거라고 했다. 옛날 성인들도 실천했다는 것이다. 그것을 지키는 사람은 상을 받고, 그것을 위반하는 사람은 벌을 받을 것이다"[방호(方豪), p.35]라고 했다.

[920] 그는 그리스도교 외에 "사람을 구원할 수 있는 다른 어떤 율법도 중국에는 존재하지 않습니다"라고 고백했다(N.895). 또 "우리 성교회의 믿음만이 죽은 후, 천국으로 갈 수 있습니다"(N.902)라고 인정했다.

도 훌륭한 신자가 되었다. 이 점은 나중에 다시 말하게 될 것이다.[921]

그는 고향으로 돌아가서도 신부에게 계속해서 편지와 선물을 보냈다. 그곳에서도 우리의 『천주실의』[922]를 인쇄하여 판매했다. 그것을 구매한 사람 중에는 회교도들도 많이 있었는데, 자기네 교리와 맞는다고 생각했기 때문이다.[923]

『교우론』[924]과 우리의 다른 저작들도 다시 인쇄하도록 했다.

이것들을 통해 그가 우리의 것에 얼마나 깊은 애정을 품고 있었는지를 알 수 있다.

---

921 더 뒤에서 리치는 이지조의 친척 두 사람에 대해 말할 텐데, 미켈레와 지롤라모라는 이름으로 세례를 받은 사람들이다. 그의 하인 중 하나가 죽음이 임박하여 "대세"를 받았고, 다른 아는 사람 둘도 안드레아와 루치아라는 이름으로 세례를 받았다. Cf. NN.895-902.

922 『천주실의(天主實義)』의 재판(重刻)은 이지조가 직접 한 것이 아니라, 1607년 5월 21-22일 자로 그가 이 새 판본에 쓴 서문에서 밝히듯이, 친구 왕맹박(汪孟樸)이 했다[余友, 汪孟樸氏, 重刻於杭, 而余爲僭弁數語]. 이 재판본이 나중에 이지조 박사의 『천학초함(天學初涵)』의 한 부분이 될 것이다. 재판은 항주에서 했지만, 여기에서 말하는 판본은 1607년 절강에서 했다. Cf. NN.1800, 1818. 방호(方豪), pp.29, 78. 1608년 8월 22일 자 리치가 총장에게 쓴 편지에는 이것을 암시하는 말이 있다. "또 다른 우리의 한 친절한 친구가 글을 좋게 써서 그것[『천주실의(天主實義)』]을 자기가 있는 절강(浙江)에서 재출판했습니다. 그 덕분에 책은 그 지역 일대로 퍼져 문장이 꽃을 피우고, 우리 성교회의 가르침이 매우 좋게 이름을 떨쳤습니다. 그곳 사람들 가운데는 우리더러 모두 더 자세히 설명해 달라고 하기도 합니다"(N.1863).

923 같은 편지의 더 앞에서, 혹은 뭔가를 인용하며, 리치는 "어떤 사람이 제게 말하기를, 이 나라[중국]에 와 있는 많은 이슬람교도가 이 책을 산다고 합니다. 중국에 있는 다른 책들보다 하느님에 대해 잘 말해 주고 있기 때문으로 생각됩니다"(N.1863)라고 덧붙이고 있다. 많은 세월이 흐른 후, 어떤 이슬람교도가 책을 한 권 가지고 있었는데, 리치의 책이 이슬람 버전으로 나온 것이라고 했다. Cf. Pelliot in TP, XXI, 1921-1922, p.415, N.2.

924 이 책의 재출판은 1603년과 1608년 사이에 있었다. Cf. N.482.

✙

제16장

이 시기에 우상 종파가 겪은 커다란 수치와 하느님께서 우리에게 닥쳐오는 엄청난 고통으로부터 구해 주신 것에 대해

(1602년부터 1604년 5월 25일까지)

─── ❧❧ ───

○ 한림원 소속 황휘(黃輝)와 채수우 형제가 리치의 중국어 작품들을 주해하고, 범신론자의 일원론(一元論)에 대한 리치의 비판을 공격하다
○ 이부대신 이재(李載)가 불교를 강력히 옹호하다
○ 북경에서 승려-시인 이탁오가 탄핵받고 자결하다
○ 예부대신 풍기(馮琦)에 의해 촉발된 불교를 상대로 한 황제의 칙령. 황휘와 채수우 형제가 관직에서 물러나다
○ 승려 달관(達觀)과 감산(憨山)이 궁중에 가다
○ 황제를 비방한 풍자시로 관련자들이 기소되다. 달관은 고문으로 사망하고, 감산은 유배 가고, 이재는 파직되어 고향으로 돌아가다
○ 풍자시를 쓴 혐의로 불쌍한 교생광(噭生光)이 무서운 고문을 받다
○ 불교의 수치가 북경에서 그리스도교의 지위 상승으로 이어지다

633. 한림원 소속 황휘(黃輝)와 채수우 형제가 리치의 중국어 작품들을 주해하고, 범신론자의 일원론(一元論)에 대한 리치의 비판을 공격하다

이제 중국에서는 우리가 복음을 전하러 왔고, 다른 종파들, 그중에서도 우상종파[925]에 대해서는 아무것도 인정하지 않는다는 것을 알았다. 불교에 대해서는 기회가 있을 때마다 말이나 글로 유효한 논쟁을 했다. 파고다의 종파[926]를 추종하는 관리들은 매우 불편해했는데, 이렇게 부패한 시대에는 그 추종자들이 아주 많았기 때문이다.

그중 한림원翰林院[927] 소속의 한 사람으로 대大문인인 어떤 사람이 이 종파에 깊이 빠져서, 자기 부인까지 버리고 수행길에 나섰는데,[928] 많은 사람이 그의 영향을 받았다. 그는 사천四川성 출신으로,[929] 황휘黃輝[930]라

---

925 불교다.
926 여전히 '우상종파'로 규정한 불교에 관한 것이다. Cf. N.206, 본서 2권, p.77, 주(註) 34.
927 Cf. N.100.
928 중국어 텍스트는 리치의 표현에 한계를 그었는데, 그것은 그의 부인이 죽었고, 그때 그의 나이가 40세였다는 것이다. 이후 그는 새로 혼인하는 걸 전혀 내키지 않아 했다고 한다[四十喪偶不再娶]. 같은 텍스트에서 그는 수양을 위해 오랜 시간 단식했다고도 덧붙였다. Cf. 『함풍남충현지(咸豊南充縣志)』, c.3, f.58a; Guerreiro, II, p.100.
929 리치는 오늘날 쓰촨 Szechwan으로 표기되는 지명을 Suciuon이라고 적고 있다.
930 "대문인"이자 "조정에서 고위 관직과 권력"을 가지고 있던 이 사람은 성이 황(黃)이고, 이름은 휘(輝), 자는 평천(平倩)과 소소(昭素), 호는 신헌(愼軒)이다. 사천의 순경(順慶), 남충(南充)에서 소박한 부모 밑에서 태어났다. 천재로 불렸고 14살에 장원으로 거인(擧人, 석사) 시험에 통과했다. 1589년에 진사가 되어, 일찌감치 편수(編修)의 서길사(庶吉士)로 임명되었다. 훌륭한 산문가(散文家)요, 시인이며 달필가로 함께 진사 시험에 통과한 도망령(陶望齡)과 동기창(董其昌)과는 동기다. 문학제전이 열리면 열 번 중 여덟아홉 번은 그가 우승을 차지했다. 초횡(焦竑)마저 그의 앞에서는 자신을 낮추었다. 황제의 장남 주상락(朱常洛)의 강관(講官) 중윤(中允)이 되었고, 1601년 11월 초, 주상락을 왕위계승자로 책봉해 줄 것을 상소했고(*Cronaca dei Mim*, c.45,

고 불렀다. 그는 우리의 의도를 더 확실하게 파악하기 위해 친구인 채蔡원외랑[931]을 통해서 마태오 신부가 중국어로 쓴 모든 서적을 수집했다.[932]

그는 신부를 존중하는 듯 방문하고 싶지 않아서, 관리로 있는 또 다른 친구와 짜고, 어느 날 그 관리가 신부를 연회에 초대할 때 자기도 참석하여 우연히 한 자리에서 만난 것처럼 하자고 했다. 그날 그는 신부와 많은 이야기를 나누었고, 그는 모든 걸 알고 싶어 했으며, 불교 서적들에서 다루고 있는 모든 것들에 대해 한 치의 의심도 없었다. 실제로 그의 머릿속에는 환상과 거짓이 가득했고, 신부가 제기한 물음에 대답 대신 웃음으로 대꾸할 뿐이었다.

신부의 저서들에 대해, 그는 병부兵部 소속으로 채蔡의 동생이기도 한 다른 한 진사와 함께,[933] 페이지의 여백에 붓으로 꼼꼼하게 평어評語를 달

---

ff.15a-b), 그것이 받아들여져, 그해 11월 10일 책봉되었다(Cf. N.98). 불교 연구에 심취했고, 특히 '선학(禪學)'에 깊이 빠졌다. 승려들의 든든한 친구였지만, 황실 도서관장인 장사경국(掌司經局)으로 있을 때 급사중(給事中)들로부터 고발당해 1602년 겨울, 관직에서 물러났다. 관직에 다시 복귀한 다음에는 소첨사(小詹事)로, 이어서 시독학사(侍讀學士)로 임명되었다. 갑작스레 죽음이 닥쳤을 때도, 그는 여전히 이 관직에 있었다. Cf. *Storia dei Mim*, c.288, ff.6b-7a; *Index*, 24, II, p.267;『함풍남충현지(咸豊南充縣志)』, c.3, 六之一, ff.57b-58a: c.4, 七之四, ff.68b-70b.

931 Cf. N.602.

932 1602년 리치의 저작들이 인쇄된 것은『교우론(交友論)』(N.482)과 1584년 판 〈세계지도〉(N.262)로 1600년(N.544)과 1602년(N.629) 재판본밖에는 없었다. 따라서 리치의 저서『천주실의(天主實義)』(N.709),『이십오언(二十五言)』(N.706),『기인십편(畸人十篇)』(N.711)과 같은 종교적이고, 호교론적이며 도덕적인 작품들의 수기본을 황휘(黃輝)에게 주었을 것이다. 분명한 것은 황휘의 손에 들어간 리치의 책들을 통해 "세상 것을 멀리하고 속된 쾌락의 허무함"을 이야기하고, "우상종파의 가르침", 곧 불교를 공격하고 있는 것을 보았을 것이다. 실제로 언급한 수기본 책들에서 그렇게 말하고 있기 때문이다.

앉는데, 그는 검은색 잉크를 썼고, 다른 친구는 붉은색 잉크를 썼다.

[마태오 신부가] 책의 여러 곳에서 세상을 경시하고 속된 쾌락의 허망함에 대해 말했다는 것을 입증하지도, 우상종파의 가르침에 대해 비판한 것에 대해서도 이렇다 할 말도 하지 않았는데, 신부들에 대해서, 그리스도교 가르침이 담긴 우리의 문장에 대해서 크게 비방하고 다녔다. 특히 우리의 영혼과는 다른 별도의 신神이 존재한다는 것에 대해 조소를 보냈는데, 이는 우상종파의 근본적인 오류가 만물의 근원이 같다는 데 있기 때문이다.[934] 그는 또 태양이 지구보다 크다는 데도 조소를 보냈다.[935]

붓으로 붉은색 잉크를 쓴 다른 친구는 좀 더 예의가 발랐다. 그는 신부의 모든 저작 속에서, 많은 부분을 인정하고 만족한다며, 신부를 크게 칭찬했다. 하지만 여전히 우상종파의 친구였기 때문에 틈틈이 우리의 견해와 그들의 견해를 타협시키려고 했다.

그들은 이렇게 주석과 혹평[平點]을 달아서 채蔡를 통해 마태오 신부에게 보내며 누가 썼는지를 알려 주었다.[936] 신부는 황휘黃輝의 주석들에

---

933 궤레이로(Guerreiro, II, p.100)에 따르면, 이 사람들도 한림원(翰林院) 소속이었다고 한다.

934 리치가 이미 주목한 바 있듯이(N.176), 당시의 많은 문인 학자가 일원론자들이었다. 유종주(劉宗周, 1578-1645)는 앞서 언급한 것처럼(Cf. N.577), 리치를 만났을 때, "모든 것이 전부가 아니요, 나도 내가 아니며, 만물은 하나입니다[萬物非萬物, 我非我, 渾成一體]"라고 말한 바 있다. 아울러 황도주(黃道周, 1585-1646)는 "몸과 마음은 본시 둘이 아니[身心原無兩物]"라고 주장했다. 그리고 또 "세상에는 둘이 아니라 하나의 실재만 존재한다. 해, 달, 사계절, 손, 영혼, 하늘, 땅은 하나의 실체도 아니요, 두 가지 실체도 아니다[天下只是一物, 更無兩物. 日月四時鬼神天地亦只是一物, 更無兩物]." Cf. Forke³, p.437, N.2: p.353, nN.5,6.

935 Cf. N.538.

936 중국인들은 책에 밑줄을 긋고, 그 옆에 진지하게 토를 다는 습관이 있다. 다양한 색깔을 쓰는 것은 주(註)를 다는 사람의 여러 가지 느낌을 의미한다.

일일이 반박하며 해명하고 싶지 않았다. 조정에서 이렇게 힘 있고 관직이 높은 관리와 더는 원수가 되고 싶지 않았기 때문이다. 그러나 『천주실의天主實義』[937]와 다른 작품들에서[938] 누구의 말에 대한 답변이라고 굳이 이름을 밝히지 않고 두루뭉술하게 엮어서 대답해 주었다.

우리가 알기로는, 그가 다른 두세 명의 박사와 고관들과 함께 황제에게 상소를 올려 우리와 우리 성교회의 가르침을 고발하려고 했다고도 한다.

634. 이부대신 이재(李載)가 불교를 강력히 옹호하다

이 일에 또 다른 최고 관리 이재李載[939]가 나섰다. 우리가 우상 종파와 자기네 신들에 대해 나쁘게 말을 한다는 소리를 듣고, 불편해하며 우리더러 그렇게 해서는 안 된다고 했다. 왜냐하면 하느님이 하늘에서 위대하시다면, [불교의] 우상들은 땅에서 위대하기 때문이라는 것이다.[940]

---

937 『천주실의』(천학초함, 제5권)의 제4장은 소제목의 일부가 '만물이 하나의 근원일 수 없는 이유[解天下萬物不可謂之一體]'라고 되어 있다. f.46b에서 f.58b까지는 분명 황휘와의 이런 새로운 대화를 암시하고 있다. 즉, 중국의 모든 일원론을 거론하고 되묻는 것이다. 그에 따르면 인간은 서로 간에, 혹은 하느님과 똑같은 근원을 가지고 있다는 것이다. 따라서 죽음은 하느님께로 귀환하는 것이 아니다. 또 같은 관점에서 [존재하는 모든] 피조물들은 서로 어떠한 차별도 있을 수 없다고 했다. 이처럼, 정말 다신주의 일원론이라고 하겠다. 리치는 루치펠은 최초로 자기가 하느님이 되고자 했다고 응답하며(輅齊拂兒), 루치펠과 그 추종자들은 지옥(地獄)에 떨어져 많은 마귀(魔鬼)가 되었다고 했다. 그는 또 중국의 이런 모순은 무의식중에 고대 중국의 가르침을 오염시킨 불교에서 비롯되었다고 했다. 말하자면, 신(神) 외에는 아무것도 존재하지 않는다거나, 신도 사물의 한 부분이라는 것, 사물들은 신의 도구라는 것 등은 늘 마찬가지의 모순을 갖는다. 이 경우, 모순은 진실이 되고, 유일한 진리이신 하느님께 죄가 되는 것이다. 왜냐하면 행위들은 도구에 속하는 것이 아니라 개인에게 속하는 것이고, 다른 나머지 동인(動因)들은 실재에 있어서 다르기 때문이다.

938 다른 작품들이 어떤 것인지는 알 수가 없다.

939 이부상서(吏部尙書), 이재(李載)다.

그러나 하느님은 즉시 우리와 당신을 반대하는 사람들을 진압함으로써 당신 섭리의 도움을 펼치셨다.

635. 북경에서 승려-시인 이탁오가 탄핵받고 자결하다

그즈음, 이탁오李卓吾[941]라는 관리가 관직을 그만두고 머리를 깎고 승려和尙[942]가 되었다. 이것은 많은 사람의 이목을 끌었고, 불교의 가르침을 전하기 위해 제자들을 모으고 많은 책을 썼다. 여기에서 그는 자신의 뛰어난 재능을 드러내는 한편, 고대 중국에서 높이 받들던 성인들을 배척하고, 악인으로 간주했던 사람들을 추켜세웠다.[943] 이런 이유로, 그는 북경 근처에 있는 한 도시에 머무르며[944] 오래전부터 북경으로 들어가려고 했다.[945] 그때 감독관 중 한 사람인지 조정의 급사중給事中의 한 사람인지가[946] 황제에게 매우 중대한 상소를 하나 올렸는데, 거기에는 이탁

---

940 N.638에서 리치는 이 대목을 다시 반박한다.

941 Cf. N.551.

942 리치는 여기서 화상(和尙)을 osciano라고 쓰지 않고 osciamo(Cf. NN.637, 638)라고 쓰고 있는데, 이는 매우 드문 경우다. Cf. N.187, 본서 1권, p.462, 주(註) 601.

943 『명사(明史, Storia dei Mim)』, c.221, f.5a에는 어느 날 이탁오(李卓吾)가 머리를 밀고 승복을 입었다(N.551)[一旦自去其髮, 冠服]라고 말한 후에 덧붙이기를, "그는 부처를 높이 받들고, 공자와 맹자는 업신여겼다[專崇釋氏, 卑孔孟]"라고 했다. 알려진바, 공맹 (孔孟)은 중국의 성인들이다. 하지만 그의 책, 1599년에 발간된 『장서(藏書)』 (Franke², pp.35-36), 『분서(焚書)』(Seccu, p.3901; Franke², pp.37-38)와 『탁오대덕 (卓吾大德)』과 같은 곳에서는 반대로 별로 볼일이 없는 여불위(呂不韋)(Cf. BD, N.1455; Forke¹, pp.537-554; Franke¹, I, pp.225-227; Wieger, HC, pp.259-264), 이사 (李斯)(Cf. BD, N.1203; Wieger, HC, pp.254-257), 풍도(馮道)(Cf. BD, N.573), 진 (秦)의 시황제(始皇帝) 등을 추켜세웠다. Cf. Franke², p.23.

944 통주(通州)다. 북경에서는 22km 떨어져 있다.

945 뒤에서 말하게 될 상소문을 통해서 그가 북경에 들어왔다는 것을 알 수 있다. Cf. Franke², p.24.

946 이 사람은 장문달(張文達)이다. 그의 자는 덕윤(德允) 또는 덕부(德孚)이고, 호는 병부

오가 한 많은 잘못과 그가 가르치는 내용의 사악함이 담겨 있었다. 그러면서 황제에게 그를 처벌하고 저술한 책들을 불에 태울 것을 요청했다.[947]

황제는 즉시 그를 체포하여[948] 북경으로 압송하라고 명했고,[949] 그에게 어떤 것도 쓰거나 출판하지 못하도록 목판을 압수했다.[950]

(病夫)로 섬서(陝西)의 경양(涇陽) 사람이다. 그는 1583년에 거인이 되어 짧은 시간에 고속 승진을 했다. 1622-1623년에는 이부상서(吏部尙書)까지 지냈다[『명사(明史)』, c.112, ff.23b-24a]. 선교사들에게 호의적이었고, 그의 아들 장종방(張維芳), 경일(敬一)은 1626년 그리스도인의 직위[後學]를 얻게 되자, 가톨릭으로 개종하여 바오로라는 세례명을 얻었다. 이들 부자(父子)는 트리고의 저작 『서유이목자(西儒耳目資)』 발간에 도움을 주고 각기 서(序)를 써 주었는데, 아버지의 서(序)는 1626년 6월 15일 자로 기록되어 있다. 하브렛(Havret, II, p.69, N.2)은 그가 이부(吏部)가 아니라, 예부(禮部)에서 천관(天官)을 지냈다고 했는데, 이에 대해 구베아는 그가 예부에서 천관의 일을 도와주기만 했지, 책임자는 아니었다고 알려 주었다. Cf. Väth, pp.68, 73; Bartoli[1], IV, c.6, p.20.

947 Cf. N.580. 1602년 4월 14일 자로 쓴 이 상소문에는 문인 고염무(顧炎武, 1613-1682) 가 자신의 저서 『일지록(日知錄)』(c.18)(이 책의 초판은 1670년에 나왔다. Cf. Hummel, I, p.424)에 기록된 내용을 전하고 있는데, 그것을 최근에 프랭크가 번역했다 Franke[2], pp.23-24. 여기에서 그는 이탁오가 칭송할 만한 가치가 없는 인물들을 칭송한 것에 대해 질책하고, 마성(麻城)에 억류되었을 때 불쾌한 행동을 하며, 문인들과 관리들을 불교로 선도하는 한편, 문인들의 많은 가정에 소장하고 있는 공자의 책들을 가벼이 여기기도 했다고 한다. 이에 황제께 주청하여 발간된 그의 책과 수기본 자료들을 모두 불태우고, 그의 고향 복건(福建)에서 그에 대한 소송을 시작해야 한다고 주장했다. 끈질기게 요청할 경우, 굶겨서 죽이는 형을 받을 수도 있었다.
948 이 문장에서, 또 뒤에서 보게 될 '체포'라는 의미는 '쇠사슬로 동여매다', '쇠고랑을 채우다'라는 뜻이다.
949 실제로 그는 북경으로 이송되어 형을 선고받았는데, 짐작건대, 고향 복건으로 귀향하는 것이었다. 하지만 오랫동안 이렇다 할 해결책 없이 시간만 흘렀고, 어느 날, 아마도 절망적인 위기감을 느꼈는지, 면도칼로 자신의 목을 잘랐다. 그리고 이틀 후에 사망했다. Cf. Franke[2], p.26.
950 이 목판은 그가 책을 써서 인쇄하는 목판 인쇄용인데, 그것을 태워 버리게 한 것이다. Cf. N.4183.

그는 북경으로 압송되었고, 크게 겁을 먹었다. 이미 일흔이 넘은 나이 였고,[951] 노년에 이런 모욕을 당하게 되자, 갇혀 있던 감옥에서 형이 떨 어지기도 전에 칼로 스스로 목숨을 끊고 말았다. 원수의 손에서 비참하 게 죽기는 싫었던 것이다.

636. 예부대신 풍기(馮琦)에 의해 촉발된 불교를 상대로 한 황제 의 칙령. 황휘와 채수우 형제가 관직에서 물러나다

이 기회에 예부상서禮部尙書 풍[馮(琦)][952]도 황제에게 자기네 스승인 공 자孔夫子의 가르침을 버리고 불교의 가르침을 따르고 조정에 큰 스캔들을 일으키는 관리들과 문인들을 반대하는 중대한 상소를 올렸다.

하느님께서는 이 나라를 사랑했는지, 황제는 불자들과 친했고, 일각에 서는 황제가 경전經의 하나를 직접 쓰기도 했다고 할 정도였고, 태후, 황 후, 태감들과 모든 황친이 불교에 심취해 있었지만, 상소문 하나가 모든 것을 바꾸어 놓았다. 우상종파를 제어시키기 위해 몇몇 그리스도인이 쓴 것으로 생각할 정도로 상소문은 아름답게 잘 작성되었다. 결국 황제는 불교를 신봉하는 조정 대신들이라면 관복 입는 것을 부끄러워해야 한다 며, 승려들이 있는 광야로 가는 것이 좋겠다[953]고 했다.[954]

---

951 중국의 나이로 76세였다. 그러니까 유럽의 나이로는 75세인 것이다. 그는 1602년 4월
    14일에 사망했고, 그를 고발한 장문달이 상소를 올린 날짜기도 하다.
952 Cf. N.619.
953 **역주**_ '관직에서 물러나도 좋다'는 뜻이다.
954 『명사(Storia dei Mim)』(c.216, f.8b), "풍기(馮琦)의 전기"에서 드러나는 것처럼, 당시
    학생들 사이에서 흐름은 이탁오가 예부에 있을 때부터 여러 저작물에서 불교의 색채
    를 드러내고 고대 중국의 문헌들을 하찮게 여기는 것을 직권남용이라며, 당장 멈추도
    록 황제가 나서야 한다며 주청을 올리곤 했다는 것이다. 하지만 상황은 여전히 똑같이

이런 좋은 대답을 듣자 예부상서는 중국의 모든 교육기관의 최고 권

———

흘러갔고, 이에 풍기가 나서서 다시 상소를 올렸고, 책에 대한 엄격한 규제가 있었다고 한다.

상소문은 본문이 그대로 『풍기종백집(馮琦宗伯集)』, c.57에 실렸고, 향달(向達) 박사의 도움으로 나 역시 사본 하나를 손에 넣을 수 있었다. 리치도 언급할 만큼, 중요하다고 생각하기에, 본문을 송두리째 이탈리아어로 번역하여 여기에 소개한다.

상소문은 다음과 같은 톤이다. "전하, [전하께서는] 급사중 장문달(張文達)의 경고를 수렴하여, 세상을 혼란스럽게 하고 백성을 속인 이지(李贄)의 범죄들을 단죄하고 책을 모두 불태우게 하셨사옵니다. 진리를 증진하고 잘못을 막기 위한 가장 좋은 몸짓이었사옵니다. [이제] 제가 염려하는 바는, 나라가 하나가 되는 것이옵니다. 하나가 된다는 것은 통합한다는 뜻이옵니다. 통합이 거룩한 진리를 기반으로 한다면, 어떠한 학파나 철학도 그에 반기를 들지 못할 것이옵니다. 만약 통합이 전하께서 [원하신] 제도 위에 세워진다면, 관리건 학자건 백성이건 아무도 반대할 수 없을 것이옵니다. 국가는 과거시험을 통해 관리를 선발하옵니다. 과거시험은 오경(五經), 사서(四書), 정사(正史), 주희(朱熹)의 성(性)[리(理)]과 주희가 감수한 사마광(司馬光)의 통(通)[감(鑑)]에서 출제되옵니다. 모두 송(宋) 왕조의 문헌과 주석에 따른 것이옵니다. 이에 우리의 스승들은 다른 어떤 학파의 우두머리보다 공자를 공경해 왔사옵니다. 그것이 그분을 참 성인으로 모시게 되었고, 전하께서 원하신 제도였사옵니다.

풍습이 허례허식이 되면, 학자들은 점차 긴장감을 잃고 감수성이 떨어져 단순함을 업신여기게 되옵니다. 감수성은 무의식적으로 새로운 것에 고개를 돌리고, 새로운 것은 궤도 바깥에서 꽃을 피옵니다. 그리고 학파와 연대하기 시작하고, 학파의 한 부분이 되옵니다. 오늘날 사람들은 두 사람[노자(老子)와 부처]만 공경하고, 다른 사람은 배척하옵니다. 공자와 맹자까지 멀리하고, 정(程)과 주희(朱熹)[두 형제]를 비판하옵니다. 남화(南華)의 철학자[장자(莊子)]와 서축(西竺)의 가르침[불교] 외에는 숭배도 논쟁도 하지 않나이다. 실(實)은 공(空)이 되었고, 공(空)은 실(實)이 되었사옵니다. 유명한 가르침은 족쇄가 되고, 규범이 되며, 혹이 되었사옵니다. 반면에 제한 없는 말과 담대한 견해들은 칭송을 받사옵니다. 그러면서 좋은 풍습을 파괴하고 참과 거짓, 선과 악의 구분을 제어한다고 믿으며, 큰 울림이라고까지 하옵니다. 영혼과 본성에 관한 불교의 말은 모호하게 닮았다고 하여, 성인[공자]의 가르침에 포함이 된 반면, '공(空)'과 '무(無)'와 같은 전통적인 개념들은 선교(禪敎)의 가르침에 흡수되었사옵니다. 아아! 성인[공자]의 책들을 어찌 이렇게 설명한다는 말이옵니까? 학자들이 나름의 주석을 통해, 성인과 같은 표현으로 그분의 유지를 받들어야 할 터인데 말이옵니다. 지도 여쭙사옵니다. '성인의 시대에도 비슷한 해석이 있었던지요?'

학당에서는 가장 중요하고 명료한 것들을 가르치옵니다. 학동이 공부하기 시작할 즈음에는 아마 완전히 알아듣지 못할 것이고, 그것은 백발이 되어도 마찬가지일 것이옵니다. 더욱이 세상에는 읽지 않는 고전과 정사(正史)와 그 밖의 많은 가르침을 원하

력자로서, 모든 학교와 문인 등급 시험에서 불교에 대해서는 비판만 해

—

는 사람도 있고, 우리 유산의 정신과 심지를 거부하는 사람도 있으며, 전통적인 가르침의 상당 부분을 버리는 사람도 있사옵니다. 그들은 야만적인 말에 중국의 소리를 섞어 교묘하게 기록되지도 않는 선에서 가르침을 드러내기를 고집하옵니다. 이런 식으로 어리석은 행동을 지향한다면, 고전에 관한 연구는 많은 가시덤불에 휩싸이고 말 것이옵니다. 대신들은 그 위험을 알리고 거듭 반포된 칙령으로 모두 금하곤 했사옵니다. 그런데도 왜 이런 행위들을 근절시키지 못하는 것이온지요?

책을 설명하면서, 일각에서는 주석이 있어야 한다고 하고, 다른 일각에서는 필요 없다고도 하옵니다. 취향이 다르다는 걸 입증하는 것이 아닐는지요. 논설들은 누구는 쉽게 인용하고, 누구는 [반대로] [훌륭한] 재능에 매료되는 듯 이상하게 여기기도 하옵니다. 다시 말해서, 따르는 기준이 같지 않다는 것이겠지요. 만약 동시대에 어떤 사람이 법을 지키지 않았는데, 누구는 고발당하고 누구는 고발당하지 않는다면, 그것은 법이 공정하지 않다는 것이 말이 아니겠는지요. 같은 상황에서, 고발당한 사람들 안에서 누구는 처벌을 받고 누구는 처벌받지 않는다면, 그것 역시 소송절차가 같지 않다는 뜻이 아니겠는지요. 학자들의 취향이 다르다면, 시험에서 기준도 다를 것이고, 논쟁이 같지 않으면 규칙도 같지 않을 것이옵니다. 통치 방법이 두 가지 혹은 세 가지라면, 어떻게 학자들의 관례가 똑같을 수 있겠사옵니까? 따라서 이단적인 책자들을 불태우라는 법령이 명백히 발표되었사옵니다만, 제학(提學)으로부터 명을 받은 담당 관리가 그 명을 따르지 않거나 단 한 권의 책만 불태웠다면 어찌 되겠는지요? 이것은 사람들에게 고전 연구가 장식에 불과한 것으로 인식하게 하는 것이옵니다. 법령은 공표되자마자 벽보에 붙어졌사옵니다. 하지만 [지키지 않는다면] 조정의 법령이나 그것을 많이 배포하는 것이 무슨 소용이 있겠사옵니까?

그러므로 성인[공자]의 뜻을 전적으로 따를 수 있는 통일된 규범을 만들고, 주희의 제도를 도입해 주시기를 간절히 청하옵니다. 학자들은 가르치거나 연구를 할 때, 무엇보다도 먼저, 고전 학문에 몰입하옵니다. 책을 해석하거나 논설을 편집하는 데 있어서 송대(宋代) 학자들의 주해 규정을 따르기를 바라옵니다. 두 번째[석사], 세 번째[박사] 시험의 가장 중요한 특징은 성(性)[리(理)], 통(通)[감(鑑)]과 정사(正史)를 공부하는 데 있사옵니다. 지방의 관리들은 성인의 가르침으로부터 동떨어진 기록물들을 모두 불태우고 있사옵니다. 거기에는 중국의 제도와 다른, 묵(墨)[적(翟)]의 글과 가르침까지 뒤섞여 있어, 새로운 논리나 지역에서 내려오던 우상들을 퍼트리는 책자들까지 모두 불태워야 하옵니다. 성(省)의 제학(提學)들에게 조정 부처에서 징계받은 이단적인 학자들의 수와 불태운 책자들의 수를 보고하도록 해야 하옵니다. 불교 서적을 인용하는 학생들은 다음과 같이 징계해야 하옵니다. 관청에서 돈과 양식을 받는 생원(生員)인 늠생(廩生, **역주**_ 늠선생원(廩膳生員)의 준말로, 현시, 부시, 원시의 모든 시험을 통과한 자로 각 고을의 지방학교에서 관부가 공급하는 음식과 식사를 받는 정원 안에 드는 생원이다. 세 개 등급 중 첫째 등급에 해당한다)들에게는 한 달간 지급을 정지하고, 증생

야지, 그 반대로 할 경우, 결코 선발해서는 안 된다고 명했다. 이로써 조

———

[增生, **역주**_증광생원(增廣生員)의 준말로 명대 생원의 3개 등급 중 중간등급에 해당한다]과 부생[附生, **역주**_ 늠생과 증생을 제외한 정원 외 특별 생원이다]에게는 모든 경제적인 지원을 하지 말아야 하옵니다. 세 차례 이상 인용할 경우, 죄의 무게에 따라 징계를 하소서. 처음 다섯 차례 쓴 문장은 조정의 부처로 보내시고, 규범을 여러 차례 위반한 사람에게는 수재가 될 수는 있지만, 진사는 결코 될 수 없게 하소서. [작성한] 문장들을 조정 부처에 보내지 않아 [이 규칙을] 위반한 사람들도 징계해야 하옵니다. 두 수도[북경과 남경]와 그 외 다른 성에서 치르는 [거인] 필기시험에서, 떨어진 학생들에게도, 성인의 가르침과 중국의 제도적인 규범을 따르도록 해야 하옵니다. 여기에 반박하는 사람들은 징계하소서. 일부 불교 책자들에서 두 문장 이상을 인용한 학생들은 시험에 응시하지 못하고, 진사[박사] 시험에 절대 응시하지 못하게 해야 하옵니다. 그런데도 계속해서 인용하는 사람은 시험에 아예 응시할 수 없게 하옵소서.

[작성한] 문장이 조정의 담당 부서에 도착하면, 시험관들이 살펴보고 진단하옵니다. 선입견 없이 찬찬히 정의와 진리에 따라 비교, 검토하옵니다. 거리에 따라 절차를 다르게 해서도 안 되고, 지역에 따라 징계를 달리해서도 아니 되옵니다. 그래야 더 이상의 어려움을 피할 수가 있사옵니다. 검열관이나 성(省)의 제학들은 [이 점을] 명심해야 하옵니다. 중대하게 위반한 사람들은 전하께 보고하고, 전하께서 처벌하옵소서. 돈과 양식을 지급 정지 받는 사람이나 좌천해야 할 사람들은 성(省)의 제학에서 정하게 하소서. 문장의 양식과 생원의 품위에 관해서는 먼저 신중하게 검토하고 나서 기록으로 보고하도록 하소서.

전하, 엎드려 청하옵건대, 관련 부처에 명하시어 언급한 바를 철저히 실행하도록 하옵소서. 만약 3년 후에도 학자들의 습관이 수정되지 않고, 양식이 완전해지지 않는다면 우리와 중국 각 성의 제학들을 탓할 것이옵니다.

또 다른 하나를 지적하고자 하옵니다. 오래전부터 이어 온 좋은 풍습이 발전 혹은 퇴색되는 데는 학자들과 고위 인사의 경향에 의존해 온 탓이 크옵니다. 발전하는 세계는 현명한 학자들이 우선 조국애를 바탕으로 자신의 재능과 지식 활동을 통해 공적으로 활용하기에, 현실에 맞는 학설이 확장되고, 많은 사람이 그 뒤를 따르게 되옵니다. [그러나] 몰락하는 세계는 그들이 자신의 모든 재능과 지식을 난해한 가르침이나 허황된 이상과 공허한 학설이 난무하고, 역시 많은 사람이 그 뒤를 쫓습니다. 고대에 도교와 불교가 시작될 때부터 성인[공자]의 학설에 대해서는 혼탁한 기류가 있었고, 세상은 발전을 알지 못했사옵니다. [두 종교의 가르침이 완벽하여] 최고 정점에 도달한다고 해도 국가에는 전혀 도움이 되지 않았사옵니다. 널리 확산되었던 만큼 그 종교의 야심과 탐욕의 흔적들을 감추기 위해 또 얼마나 많은 것이 폐기되었던지요.

가르침의 분열은 이미 오래전의 이야기가 되었사옵니다. 서진[西晉, 서기 265-318년] 시대부터 우리의 것과 나란히 다른 두 개[노자와 부처]의 가르침이 있었사옵니다. 우리의 가르침도 마찬가지로, 남송[南宋, 서기 1127-1278년] 시대 이후, 두 개로 갈라

정은 면모가 완전히 쇄신되고, 전혀 다른 시대에 와 있는 듯했다. 불교를 믿는 사람은 하나같이 머리를 들지 못하고 부끄러워했다.

———

졌사옵니다. 나중에 불교의 어떤 미비한 부분이 우리의 가르침으로 교묘하게 들어왔고. 더 후에 불교가 유교를 누르고 위로 올라섰사옵니다.

만약 전하께서 중도를 택하지 않으시고, 제국을 조명하지 않으신다면, [다른 한편에서] 학자와 고위 인사들이 그들이 가진 모든 힘을 이 흐름의 뿌리를 제거하는 데 쏟지 않는다면, 우리는 결말이 어떻게 내려질지 알 수가 없사옵니다.

청컨대, 전하, 전하의 뜻을 알아들을 수 있게 하옵소서."

그리고 아래는 황제의 회답서다. "교육의 현장에서 우리 조상들은 공자를 숭배하고, 고전에 대한 인식을 기초로 학자들을 뽑았기에 송 왕조의 지식인들을 자랑스러워했소. 한데 최근의 학자들은 이런 송대 학자들을 비판할뿐더러, 공자를 비웃기까지 하오. 이렇게 진실과 거짓, 선과 악의 구별이 없어지면, 조정은 어디에서 충실하고, 애국심 많고, 절도 있고 의로운 사람들을 찾을 수 있겠는가? 우리가 이 지경까지 이르게 된 것은 특정 재능을 좋게 생각하는 관리들이 호기심 많은 젊은이를 인정한 탓으로 여겨지오. 비록 재능이 있는 젊은이라고 해도, 젊은이는 아직 양성과정에 있고 [어떤 책임을 지워] 임용되기 전에, 성숙하게 양성되어야 하오. 국가가 위험을 감수하면서 어찌 그들을 바로 임용할 수 있겠는가? 부서에서 올라온 상소문을 읽었고, 국가가 앞장서서 가르쳐야 하는바, 의무적으로 준수해야 하는 규범을 작성하도록 명하노라. 도교와 불교는 그 자체가 외국에서 온 가르침으로, 산이나 숲에 기거하는 은수자들에게 합당할 것이오. 그들에게 동정심을 느끼는 사람이 있다면, 관직을 내려놓고 원하는 곳으로 가도록 하라. 나아가 이 두 가르침을 유교와 동등하게 두어서는 결코 아니 될 것이오. 그것은 백성을 속이는 것이기 때문이오." 이 회답서는 *Atti autentici di Scenzom*에 따르면, 1602년 5월 18일 자로 작성되었다 萬曆三十年三月己丑. Cf. Bartoli[1], II, c.163, pp.322-324; Aleni[1], f.4b.

론고바르도는 1602년 리치가 자신에게 보낸 편지 한 통을 전하고 있는데, 이 상소문과 회답서와 관련하여, 이렇게 말하고 있다. "우리의 절친, 예부상서(禮部尙書)는 우리가 가진 모든 책에서 하느님만을 섬기라고 가르치고 있는데, 그것은 매우 다행한 일입니다. 파고다의 법[불교]을 따르는 한 관리와 관련하여, 또 다른 상소가 황제에게 올라갔습니다[1602년 4월 14일 자로 올라간 것 외에]. 황제는 상소 혹은 예부에서 말하고 있는 내용을 모두 승인하고 그에 따른 조치를 명했습니다. 황제는 해당 관리의 직위를 박탈하고, 사찰은 산이나 숲에 있어야 한다고 말했습니다. 그가 황제의 명을 따른다면, 숲에 있어야 할 것이지, 관청에 있는 것은 세상을 속이는 것입니다. 파고다의 추종자들은 죽음으로써, 세상이 다시 윤회한다고 말합니다. 그들은 우리 가운데는 감히 나타나지 못합니다"(N.4183).

이에 많은 사람이 관직을 그만두고 고향으로 돌아갔는데, 그중에 황휘와 우리에게 안 좋은 감정을 품던[955] 다른 두 사람[956]도 있었다.

637. 승려 달관(達觀)과 감산(憨山)이 궁중에 가다

하느님의 벌은 여기서 끝나지 않았다. 조정에는 유명한 승려和尚[957]들이 많았는데, 백성과 고위 관리는 물론 궁 안의 비빈들에 이르기까지,[958] 또 직책이 높은 태감들까지 나서서 화려한 사찰과 청동 동상 및 수많은 승려를 먹여 살리는 데 앞다투어 재물을 내놓았다.

거기에는 유명한 달관達觀[959]이라는 사람도 있었는데, 이미 나이가 많았고, 감산憨山[960]이라고 하는 또 다른 사람과도 거의 비슷했다. [궁중의]

---

955 N.619에서 주목한 바 있듯이, 리치는 상서 풍기가 가톨릭 신앙을 받아들이고, 불교와 도교를 배척하기를 얼마나 간절히 바랐는지를 알려 주고 있다. 리치는 중국의 모든 학교에서 참 하느님을 가르치게 되기를 바랐다. 하지만 풍기의 갑작스러운 죽음으로 모든 것이 수포가 되었다.

956 황휘는 1602년 겨울, 고향으로 물러났다. 이재는 1604년 1월에 그가 관직에서 물러났다고 말한 바 있다. Cf. *Storia dei Mim*, c.112, f.19a. 리치가 말하는 세 번째 인물은 채수우(蔡守愚)의 동생으로 N.633에서 언급한 바 있다. 이 사람들이 "병에 걸리자 [황제의 허락에 따라] 자기네 고향에서 치료받도록 했다"(Guerreiro, II, pp.100-101)는 것이다.

957 Cf. N.635.

958 여기에서는 특히 두 명의 승려가 언급되는데, 바로 아래의 각주에서와 같다.

959 오랜 세기에 걸쳐 달관(達觀)이라는 이름으로 알려진 이 사람은 성이 심(沈)이고, 이름은 진가(眞可)다. 나중에는 "자백대사(紫柏大師)"라고 부르기도 했다. 지금의 강소(江蘇)성 구용(句容) 근처, 구곡(句曲) 사람으로 16세에 승려가 되었다. N.638에서 말하고 있는 것처럼 1603년의 요서 사건을 계기로 황제를 만났다. 황제를 비난하는 글을 썼다는 죄로, 1604년 1월 5일에 옥에 갇히고, 태형으로 사망했다(N.638). Cf. 『고승적요(高僧摘要)』(Courant, N.1020) c.3, f.51a-b; *Tripitaka* 續藏經, 套 21, 輯 1, 編2, 冊4, f.380; *Index*, 24, II, p.285. 그의 불교 관련 서적은 *Index*, 11, I, p.120을 보라; Courant, N.3761.

960 이 사람은 지금의 안휘성(安徽省) 전초(全椒)에서 1546년에 태어나 오랫동안 성은 채(蔡), 자는 징인(澄印), 호는 감산(憨山)이다. 리치는 여기서 감산을 Hanscian으로 쓰

비빈들은 이 두 사람을 스승으로 모시고,[961] 황후는 궁중에 달관의 법의 法衣를 걸어 두고 그것을 숭배했는데, 이는 황후가 궁 밖으로 나갈 수도 달관이 궁 안으로 들어올 수도 없었기 때문이었다. 우상종파의 제관들이나 머리를 민 사람들[962]에게 궁 출입은 금지되어 있었기 때문이다. 이 승려[달관]는 황제도 자기를 스승으로 모시고 존경해 주기를 바랐다.

고 있는데, 모두 같은 인물을 다른 곳에서는 Hansan(N.637), Hanscian(N.638), Canscian(N.733)으로 쓰고 있다. 시호는 덕청(德淸)이다. 열두 살에 남경의 대보은(大報恩) 승방으로 출가했고, 1564년 이후 가흥(嘉興)에서 승려가 되었다. 1571년 북쪽 지역으로 올라가 이듬해 북경에 도착했다. 북경에서 다시 산서(山西)로 갔고, 1575년에 오대산(五臺山)으로 갔다. 오대산에서 이듬해에 연지(蓮池) 스님을 만났다. 리치는 후에 이 스님과 많은 논쟁을 하게 된다. 1583년 산동(山東)에 있는 뇌산(牢山)으로 갔고, 거기서 감산(憨山, Hanscian)이라는 호를 갖기 시작했으며, 얼마 후에 앞서 언급한 유명한 승려 달관(達觀)과 사귀게 되었다(NN.637, 638). 1589년에 남경으로 돌아갔고, 1592년 8월 북경으로 가서, 앞서 언급한 스님과 40일 낮과 밤을 함께 지냈다. 이후 그의 영향은 북경에서 활동할 때 드러났는데, [많은 사람이] 그를 신앙의 스승으로 삼았다. 거기에는 "많은 황족과 태후까지 있었다"(N.733). 황제의 모친[태후]은 "자성황태후(慈聖皇太后)"라는 이름으로 알려져 있었다. 1603년 말에서 1604년 초 사이, 왕조에 반대하는 요서(妖書) 사건이 있던 때에 "그의 나쁜 저서들"에 대한 소송이 제기되어 (N.638) 광동(廣東)의 뇌주(雷州)로 유배되었다. 그러나 남화(南華)사[N.338, 주(註)]까지만 가서, 틈만 나면 소주로 가곤 했다(N.733). 1605년에 다시 해남(海南)섬으로 유배되었다. 1614년 태후 덕분에 유배에서 풀러나 다시 북경으로 들어올 수 있게 되었다. 1622년에 남화로 가서 거기에서 1623년 11월 3일, 중국 나이 78세로 사망했다. 이십 권이 넘는 불교 관련 책을 남겼는데, 아래의 서지사항에서 그 목록을 찾아볼 수 있다. 『중국불교사(中國佛教史)』, 하(下) c.3, f.52ab. Cf. Courant, NN.3764-3767; *Index*, 11, II, p.405: 10, III, p.247. 그의 시신은 육조(六祖)와 같은 방식으로 보존되었다(N.341). 즉, 금으로 칠하여(金漆) 그의 이름을 딴 감산사(憨山寺)라는 곳에 안치한 것이다. 남화의 육조에서는 5리 이상 떨어져 있다. Cf. *Annali Generali di Tsaoki*, c.6, ff.39b-45a; 『고승적요(高僧摘要)』(Courant, NN.1020) c.3, ff.52b-54a; 『감산노인년보자서실록(憨山老人年譜自敍實錄, *Autobiografia*)』(Courant, NN.990-991). 여기에는 그의 초상화도 있다. *Tripitaka* 續藏經, 套 32, 輯 1, 編2, 冊5, ff.473 이하; Collezione 權務山館集, c.6.

961 Cf. N.625.
962 역시 승려를 일컫는다. Cf. N.187.

그는 박식하고 빈틈이 없는 사람이었고, 우상종파에 대해서뿐 아니라 다른 종파에 대해서도 잘 알고 있었다. 혜택을 얻기 위해서라면 누구에게든 아부도 서슴지 않았다. 마태오 신부와 대화를 원했고, 신부가 자기 집을 방문해 주기를 바랐다.[963] 고관들처럼, 모든 사람이 자기 앞에서 무릎을 꿇는 예는 하지 않아도 된다고 했다. 하지만 신부는 사람을 보내 그에게 어떠한 것도 배울 의향이 없다고 대답하며, 만약 만나서 이야기하고 싶으면 신부가 있는 집으로 오라고 했다.

그는 자신을 과대평가하고 있었고[그 학파에서는 그렇게 배우는 거라], 이에 자기 견해가 뚜렷한 사람들 사이에서는 그를 크게 혐오하고 있었다. 그러다 보니 조정 감사들 가운데 한 사람이[964] 그를 상대로 상소를 올렸다. 그러나 황제는 그것을 수리하지 않았고[不報], 이후 그는 더욱 기고만장해져 궁에서 자신을 크게 총애하고 있다고 착각했다. 이제 아무도 자기를 건드릴 수 없다고까지 여기기도 했다.

638. 황제를 비방한 풍자시로 관련자들이 기소되다. 달관은 고문으로 사망하고, 감산은 유배 가고, 이재는 파직되어 고향으로 돌아가다

이런 일이 있고 난 뒤, 조정에는 황제와 황후와 다른 고위 인사를 상대로 풍자문[965] 혹은 요서妖書 하나가 나타나 황제가 태자를 바꾸고 자기가

---

963 Cf. Guerreiro, II, p.103. 똑같은 상황이 얼마 후, 소주에서 론고바르도에게도 닥쳤는데, 역시 별일이 일어나지 않았다. Cf. N.733.
964 즉, 한 급사중(給事中)이다.
965 로마의 나보나 광장 근처에는 다 깨진 고대의 조각상 하나가 있었는데, 용감한 재단사 한 사람이 그것을 파스콸리노(Pasqualino)라고 불렀다. 조각상이 서 있는 자리에는 원

좋아하는 둘째 아들에게 왕국을 물려주려 한다고 했다.[966] 요서는 조정의 한 급사중의 이름으로 상소 형태로 작성되어, 인쇄와 배포가 극비로 이루어져 황제의 침실과 고위 대신들의 문 앞에까지 들어갔는데, 지금까지도 누가 쓴 것인지 알 수가 없다.

이 일로 황제는 크게 노하여 책의 저자를 알아내기 위해 철저히 조사하라고 명했다. 이에 온 조정이 총동원하여 많은 사람을 잡아들였고, 그 중 조금이라고 의심되는 사람이 있으면 고문과 형벌이 떨어졌다. 그런데도 범인을 찾지 못하자, 황제는 매일같이 이것도 하나 해결하지 못한다며 조정의 관리들을 질책했다. 그것은 조정에서 일어난 가장 큰 소동[967] 중 하나였다. 매일 감옥에 끌려간 죄 없는 수많은 사람이 매질을 당했고, 아무도 집 밖으로 나가지도 이 일에 대해 말하지도 못했다. 황제가 범인을 밝히는 사람에게 큰 상을 내리겠다고 했기 때문에 무슨 말을 하건 주

래 파스퀴나테 혹은 사티로스라고 하여 로마에서 가장 영향력 있는 사람들에 반대하는 독설을 써서 붙이던 곳이다[역주_ 파스퀴나테는 로마에서 처음 등장한 '이야기꾼' 조각상으로, 거기서 백성들은 불만을 이야기하고, 불의를 비난하며, 정치인이나 고위 성직자들이 저지른 잘못을 폭로하였다. 바로 여기서 산문이나 어떤 문장에서 패러디 (parody)를 의미하는 pasquinade 혹은 pasquil이라는 용어가 나왔다]. 이런 풍자는 그 조각상 근처에 몰래 게시되었다. 예컨대, 어떤 교황이 과거 교황령인 지역에서 담배 사용을 엄격히 제한하자, 파스퀴노에는 다음과 같은 글이 나붙었다. "바람이 나뭇잎을 쓸고 가듯, 마른 수염이 힘을 드러내는구나!" 교황은 누가 그런 독설을 썼는지 찾아내려고 했고, 이튿날 종이에는 "웁"이라는 이름이 추가로 쓰여 있었다.

966 Cf. N.98. 『명사(明史, *La Storia dei Mim*)』(c.21, anno XXI, f.3b)에는 1603년 12월 14일 황제가 태자를 바꾸고자 한다는 말이 적힌 비방문이 발견되었다고 짧게 기록되어 있다: 十日月甲子獲妖書言, 帝欲易太子. 이런 의구심을 불식시키기 위해, 1604년 1월 5일, 황제는 공식적으로 태자를 후계자로 책봉했다. 이 모든 과정을 이야기하고 있는 책들은 사국정(謝國楨, Siécuocem), c.6, f.23b이다.

967 리치는 당시의 포르투갈어로 enbrugliata라고 쓰고 있는데, 이것은 혼란, 소동, 혼잡함이라는 뜻이다.

변을 도는 간첩들에 의해 밀고될 수 있었기 때문이다.[968]

가장 크게 의심을 받은 사람은 불교의 승려와 제관들이었다.[969] 그래서 그들의 대표가 모두 체포되었고, 그중 달관도 있었다. 요서와 관련한 뭔가가 나올지도 모른다고 생각하여 그들의 집을 모두 뒤졌지만, 아무것

---

968 리치의 텍스트가 중국의 원 사료들과 정확하게 맞아떨어지는 대목으로, 정말 놀라울 따름이다. 『명(明) 편년사』(c.45, ff.25a-27a)에서 말하는 내용은 다음과 같다. "[1603년] 12월 14일, 아직 동이 트기 전, 황족과 제국의 고관들이 지내는 황궁에서 명사들의 궁에 이르기까지, 모든 문에 익명의 비방문이 나붙었다. 제목이 '후계자에 관한 위험한 논쟁(續憂危竑議)'이라고 쓰여 있었다. 거기에는 해결해야 할 문제로 성(成)이라는 [첩의 아들] 복(福) 왕자가 [황제가 되느냐 아니냐 하는 내용이 적혀 있었다[鄭福成, 爲問答]. 통상 황제는 [장자를] 후계자로 지정하지만, 언제든 그것을 바꿀 수도 있기 때문이다[Cf. N.100, 주(註)]. 비방문은 바로 이런 생각이 바뀔 수도 있다는 것을 언급하고 있는데, 그것은 실제로 참의원(參議員)의 수장 주광(朱廣)에 의해 대두된 바 있었다. 실제로 그와 북경 조정의 많은 대신 사이에서는 이런 변화를 생각하고 있었다. 비방문은 '요서(妖書)'라고 불렸다. 태감 진구(陳矩)는 비방문을 발견하자, 주광(朱廣)이 관저 문에 붙은 글을 발견하고 두려움에 휩싸였다는 말을 듣고, 즉시 황제에게 상소를 올려 주광의 관직을 박탈했는지를 물었다. 이것은 황제의 분노를 샀고 … 많은 사람이 단순한 의심만으로 체포되었다. 한 사람씩 계속해서 체포되었는데, 승려 달관(達觀)과 의사 심령예(沈令譽) 등도 있었다. 왕지정(王之楨)은 수비(守備) 주가경(周嘉慶)을 비방하기도 했다. 동지(同知) 호화(胡化)는 요서를 쓴 사람은 원명경(院明卿)이라고 주장하기도 했다. 많은 사람이 구금되고 태형에 처해졌다. 수일간 좌우 양손에 쇠고랑을 찬 사람이 많았다. 북경에 거주하던 모든 사람이 위험을 느꼈다. 황제는 이대(李戴)를 질책했는데, 그의 부하들이 감시를 제대로 못 했다는 이유였다. 이에 이대는 부하의 관리, 감독을 잘못했다고 사죄하는 상소문을 올렸고, 새로운 어사들을 임명하고 관직에서 물러났다. 주가경(周嘉慶)에 대해서도 행정상 좋은 결과는 아무것도 없었다. 관직을 잃고 귀향에 처했다[『명(明) 편년사(Cronaca dei Mim)』, c.45, ff.24b-27a]. Cf. Ibid., f.27b; 『명사(Storia dei Mim)』, c.226, ff.15a-16a: c.305, f.11a-b; Zoeiueilu 紀, VI, c.14, ff.31b-32b; Cuoceniü 郭正域, Storia completa dell'affare di Cciu e del libello di cattivo augurio 楚事妖書始末; 사국정(謝國楨), c.6, f.23b.

969 채수우(蔡守愚)는 예부(禮部)의 서(署)를 요구했다. 이정기(李廷機)(이 사람에 관해서는 Storia dei Mim, c.217, ff.10a-11b; Index, 24, II, p.228을 보라)가 리치를 이 사건에 엮으려고 했기 때문이다. 그는 "요서를 가지고 있기로는 신부들도 마찬가지"라고 주장했다. 하지만 상서가 리치의 이름을 알지 못하자, [채 원외랑이] 강력하게 막았다. Cf. Guerreiro, II, pp.102-103.

도 나오지 않았다. 하지만 다른 나쁜 짓을 하던 것이 발각되었다. 돈으로 관직을 사서 친구들에게 주었고, 그로 인해 많은 사람이 관직을 박탈당했다. 한 승려는 열두 명이 넘는 부인을 두고 있었고, 여러 지역에 흩어져 부양하고 있었다.

달관이 친구에게 쓴 편지 한 통도 발견되었는데, 거기에는 태후와 비교하여 불교에 신심이 적고 공경과 존경이 적은 황제에 대해 비방하는 내용이 있었다. 이 사실이 황제에게 알려져, 그에게 법률에 따른 형벌이 내려졌다. 그러나 그를 미워하고 있던 형부刑部의 관리들은 감옥에 갇히기도 전에 그에게 가혹하게 곤장을 쳐서 그 자리에서 숨지게 했다.[970] 사람들은 그를 크게 비웃었는데, 이유는 그가 평소에 자신의 육체에 대해 대수롭지 않게 여긴다고 했는데, 막상 매질하자, 속세의 어느 사람들과 마찬가지로 고래고래 소리를 지른 것이다. 그는 매장된 뒤에도 요술을 부리거나 가짜로 죽은 척할까 봐 무덤을 다시 파내기도 했다.

같은 죄로, 다른 제관들도 모두 형벌을 받거나 북경에서 쫓겨났다. 이 종파의 추종자들은 전혀 고개를 들지 못했다.

감산은 광동廣東성으로 유배형을 받았고, 소주韶州 지역에 있는 동안 몇몇 사람들의 큰 존중을 받았다. 그러자 이후에는 더 먼 곳으로 보내졌다.[971]

요서 사건은 이재李載라는 고위 대신의 친척 한 사람[972]도 부당하게 죄

---

970 "달관(達觀)은 태형으로 사망했다[達觀拷死]"(*Storia dei Min*, c.226, f.15b). Cf. Guerreiro, II, p.103.
971 소주 근처 남화사에 있었다. 거기에서 후에 해남섬으로 유배 보내졌다. Cf. N.733.
972 이 요서 사건은 이재(李載)의 조카 생(甥)에게 모든 죄가 씌워졌는데, 그가 바로 위에서 언급한 주가경(周嘉慶)이다. 그는 당시 금의위(錦衣衛)에서 고위직을 맡고 있었다.

를 뒤집어썼다. 황제는 즉시 그의 관직과 명성과 지위를 모두 박탈하고 고향으로 돌려보냈다. 그래서 하느님께서는 하늘과 땅에서 위대하신 분이고, 우상들은 그들을 해방시켜 주지도 관직을 유지하게 하지도 못한다는 것을 보여 주었다.[973]

639. 풍자시를 쓴 혐의로 불쌍한 교생광(瞰生光)이 무서운 고문을 받다

요서와 관련하여, 한때 수재秀才였고 관리까지 지낸 한 사람을 고문하여 [없는 죄를] 억지로 자백하게 한 다음, 형리에게 넘겼는데, 그는 학문을 멀리하고 사방에 다니며 사기를 치고 교활한 짓을 많이 했다. 그리하여 자백을 받아내기 위해, 뼈는 하나도 부러뜨리지 않고, 머리도 전혀 손을 대지 않으면서 몸을 천 육백 조각으로 잘라냈다. 이런 고문을 사람들이 직접 눈으로 볼 수 있게 공개적으로 기둥에 매달아 놓고 행했다. 몸을 모두 자르자, 어떤 사람이 그의 머리를 가지고 달아나면서 길에다 많은 돈을 뿌렸다. 뒤쫓아 오는 사람들이 쫓아오지 못하게 하려는 것이었다. 그 바람에 범인을 붙잡지 못했다. 그의 친척이 머리라도 장사 지낼 수 있도록 가져오면 거액을 주겠다고 한 것으로 짐작된다.[974]

그는 같은 금의위 소속 도독(都督) 왕지정(王之楨)의 질타를 받았다(*Storia dei Mim*, c.222, ff.8b-9a; *Index*, 24, II, p.37). 궤레이로(Guerreiro, II, p.104)는 18세의 그의 아들이 부친을 대신하여 자기가 곤장을 맞게 해 달라고 요청했고, 이에 판사는 감동하여 그것을 황제에게 알리며, 자신은 황제를 섬길 준비가 되어 있지만, 무고한 사람의 사형을 집행하는 사람은 될 수 없다고 했다. 이것은 고통을 막기에 충분했다. Cf. *Storia dei Mim*, c.305, f.11b: c.225, f.7b.

973 그가 한 말에 대한 가장 적절한 보복인 셈이다. 천주(天主)가 하늘에서 위대하시다면, 부처(佛)는 땅에서 위대하신 분이다(N.634).

640. 불교의 수치가 북경에서 그리스도교의 지위 상승으로 이어 지다

앞서 말하던 우상종파로 다시 돌아가면, 이 사건들로 인해 그들의 기세는 크게 꺾였다고 할 수 있다. 조정에 있던 우리 그리스도인과 친구들, 그리고 밖에서 이런 소식을 들은 사람들은 이것이 그리스도교 처지에서는 좋은 기회가 될 수 있다고 생각했다. 그 종파가 오랜 세월 꽃을 피웠던 이 나라의 정상頂上, 조정에서 설교하기 시작했기 때문이다.

974　이렇게 불행한 사람은 교생광(曒生光)이다. 그는 북경(北京) 사람으로, 부유한 상인의 손에서 컸고, 시(詩)를 팔았는데, 문체가 풍자하는 요서와 비슷했다. 체포되어 고문을 당했지만, 자신의 죄를 인정하지도 자신을 비방한 곽정역(郭正域)(Cf. N.533)을 욕하지도 않았다. 결국 그의 가족들까지 체포되어 고문을 당하고 사형에 처해졌다. 종국에 그는 이전에 지은 죄로 인해 사형에 처해졌는데, 서서히 죽는 형(凌遲死)을 선고받았다. 1604년 5월 25일에 사망했다[四月 丁丑]. Cf. *Cronaca dei Mim*, c.45, ff.25a, 31b; *Storia dei Mim*, c.226, ff.15a-16a: c.305, f.11b.

제17장

그동안 소주(韶州) 수도원에서 일어난 일에 대해
(1599년 7월 초부터 1603년까지)

- 소주 주변의 여러 고을로 그리스도교가 확산되다. 론고바르도 신부의 사도직 방법
- 소주 시에서 세례받는 사람들이 증가하다
- 살바토레라는 노인과 새 영세자 프란체스코가 불교조직에서 탈퇴하다
- 한 어머니가 아들의 치유를 바라고, 아들과 함께 교리 공부를 시작하며 모든 우상을 버리다
- 교리 공부하기를 싫어하던 사람을 대신하여 공부하던 한 이교도가 개종하다
- 성모 마리아의 전구로 쉽게 출산했다며 온 가족이 개종하다
- 5~6세, 어쩌면 그보다 더 어린 아이들이 자신들에게 상처를 준 사람들을 용서하다
- 네다섯 살의 어린 아녜스가 우상 신에게 올리는 제사에 반대하다
- 1601년 7월 26일, 소주에서 세례받은 첫 여성들, 종(鍾) 마리아와 안나. 관직에 있던 아들이 대신 교리를 받아서 전하다
- 1601년 8월 5일, 종(鍾) 조르조와 비토가 세례를 받다. 조르조가 원수들을 용서함으로써 보여 준 영웅적인 사례
- 아들이 세례받고 치유되는 것을 보고 종(鍾) 바올라가 개종하다. 그녀의 집에 세워진 작은 경당
- 소주의 그리스도인 상류층 부인들의 모임과 열정
- 1603년 9월 30일, '소주의 카토'라 불리는 관리 팽(彭) 스테파노가 개종하다
- 화재로 집을 잃은 한 교우에게 온 신자들이 힘을 모아 도와주다
- 1603년 4월 20일, 징을 치고 북을 치며 새 기도소를 개방하다. 새로운 영세자들. 그리스도교의 전례력(典禮曆)
- 하평촌(下坪村)의 바오로라는 노인과 그의 가족이 모두 세례를 받고, 황사간(黃沙墾)에 사는 다른 많은 사람이 세례를 받다

641. 소주 주변의 여러 고을로 그리스도교가 확산되다. 론고바르도 신부의 사도직 방법

소주韶州 수도원에는 론고바르도 신부가 혼자서 프란체스코 마르티네스[황명사(黃明沙)][975] 수사와 있었고, 다른 한두 마카오 출신의 젊은이들[976]은 오랫동안[977] 신부가 중국에 오지 않는 것을 보고 자기들 외에는 동반할 사람이 없다고 느꼈다.

하느님의 도움으로, 또 남경과 북경 두 황실에서 우리가 얻은 공신력 덕분에 그곳[소주]에도 그리스도교가 발전할 수 있도록 관청에서 거룩한 복음을 선포하는 데 가장 필요한 권한을 우리에게 주었다. 이에 그 도시의 주요 인사 몇 사람이 그리스도교를 믿기 시작했다.[978] 그때까지 극소

---

975 Cf. NN.354, 594.
976 1597년 12월 28일 론고바르도가 소주(韶州)에 올 때, 그는 두 명의 예수회 지원자들과 함께 왔다. "중국 현지인 두 사람의 두 아들인데, 이곳에 있는 우리 예수회 학교에 다니며 신부들을 돕고 함께 어려움을 헤쳐 나가며 중국선교를 위해 예수회 입회를 기다리고 있었다"(N.3329). Cf. N.3330.
977 1599년 10월 18일, 론고바르도는 소주에서 이렇게 썼다. "우리의 프란체스코 마르티네스 형제는 오랫동안 우리와 함께 있었고, 인성(utroque homine)이 대단히 좋은 사람입니다. 그에 대해 이야기를 한다면 로마의 콜레지움에서 양성된 사람 같다고 할까요. 위대하신 주님의 '영에서 태어난 사람'(요한 3,8)으로 그분께 감사드립니다." 그리고 특별히 도덕적인 면에서 고독을 말하면서 고해성사를 보지 못하는 것을 몹시 아쉬워한다며, "단 한 가지 저를 슬프게 하는 것은 여기에 동료 사제가 없다는 것입니다. 지난해 6월 (카타네오 신부가 마태오 리치 신부를 도우러 북경으로 가고) 이후 지금까지 마카오에는 이곳 수도원에서 우리와 함께 지낼 신부를 보내 주지 못하고 있습니다. 선하신 하느님께서 다음 성탄에는 신부님을 보내 주시기를 소망합니다. 그때도 이루어지지 않으면, '하느님은 성실하십니다. 그분께서는 여러분에게 능력 이상으로 시련을 겪게 하지 않으십니다'(1코린 10,13)라는 말씀을 기억하겠습니다(N.2852). Cf. N.504. 실제로 1598년 6월 초순에서 1603년 하반기까지 바르톨로메오 테데스키 신부가 소주에 올 때까지는 디아즈, 페레이라, 리베로 신부 등이 북쪽 지역으로 가기 위해 잠깐씩 들른 일 외에는 없었다.
978 Cf. NN.649, 651.

수를 제외하고는 매우 드문 경우였다.[979]

이에 론고바르도 신부는 다른 신부들이 앞서 그 수도원에서 한 성과가 그다지 좋지 않았음을 알고, 그 도시와 고을 사람들과 함께 근처의 많은 가난한 동네[980]로 가서 할 수 있는 일을 찾아보기로 했다. 그리하여 1599년 성 베드로와 바오로 사도 대축일이 지난 후,[981] 도시의 성벽에서 그리 멀리 않은 마가馬家[982]라고 하는 마을로 갔다. 그리고 유사한 가까운 다른 지역으로도 갔다.

그 시기에 그가 사용한 방법은 우리 집식구 중 한 사람[983]을 가려고 하는 곳에 사절로 미리 보내는 것이다. 그를 통해 얼마 후, 서양의 도인道人[984]이 와서[泰西] 종교에 관한 것들을 설명할 것이니 그때 모두 와서 들

---

979 소주 주민들의 행동 변화를 가져온 이유 중 하나는, 즉 초기에 무시하다가 나중에 호감을 느끼고 자랑스럽게 여긴 데는 [선교사들이] 옷을 문인들의 것으로 바꾸어 입고, 이름을 중국식으로 바꾼 영향이 컸다. Cf. N.429. 그렇게 함으로써 선교사들도 더는 관리들 앞에서 무릎을 꿇지 않아도 되고, 자주 그들의 방문을 받기도 했다. Cf. NN.2781, 2879, 4081-4090. 또 다른 혜택은 소주의 지부(知府) 왕이통(王以通)이 1597년부터 시행한 고시(告示)가 있다. 그는 이 고시를 통해 누구든지 선교사들을 괴롭히는 사람은 엄중히 다스릴 것이고, 그를 재판에 넘기겠다고 했다. Cf. N.4134.

980 '동네들'이라는 단어를 리치는 ville라고 쓰고 있는데 이것은 통상 포르투갈어다. 이탈리아어는 villaggi다.

981 6월 29일 이후, 그러니까 7월에 갔다는 말이다.

982 지금은 마구(馬埧)라고 하지만, 원래 이름은 마가구(馬家埧)다. 소주에서 남쪽으로 15km 정도 떨어져 있고, 기차를 이용하면 여기서 광주(廣州)로 간다. 이 일로, 또 소주 주변에 관한 검증을 위해 그곳을 찾았을 때 살레시오 수도회의 라레노(Lareno) 신부의 친절한 도움을 받았다. 내가 이 책[리치 원전(Fonti Ricciane)]의 정확도를 높이기 위해, 몇 년간 소주 시에 체류했는데, 그때 검증에 필요한 여러 가지 요청을 모두 들어주었다.

983 황명사(黃明沙) 마르티네스 수사이거나, 앞서 말한 론고바르도 신부와 함께 있던 다른 두 명의 젊은 학생일 수도 있다.

984 Cf. N.431, 본서 2권, p.415, 주(註) 313.

어 보라고 했다.

그런 까닭에 사람들은 모두 기꺼이 와서 들었다. 신부는 도착해서 탁자 앞에 놓인 의자에 앉아 먼 곳에서 중국으로 오게 된 경위를 말했다. 하늘의 주인[天主], 곧 하느님의 참된 종교를 전하여 사람들을 구원받게 하려는 것뿐이라고 했다. 그리고 십계명을 설명해 주었다[祖傳天主十誡].[985] 그런 다음, 그는 이 계명을 가르쳐 준 구세주 하느님의 모습을 보여 주겠다고 했다.[986] 가지고 간 성화를 깨끗한 곳에 잘 안치하고 초와 향을 피운 다음 그 앞에 모두 무릎을 꿇고 절을 하게 했다. 그리고 우상을 버리고, 그분을 창조주로 인정한다고 약속하게 했다. 단순한 사람들은 이미 우리 성교회에 대한 좋은 소문을 듣고 알고 있었기에 쉽게 받아들였다. 그들 중 주요 인사[학자]들에게는 『천주교요天主敎要』[987]를 나눠 주며, 신부가 다음에 올 때까지 잘 배워 두라고 당부했다.

그 마을에 사는 문인 한 사람이 신부를 환영해 주었고, 그를 통해서 그 마을의 모든 남녀 주요 인사들이 찾아왔고, 앞서 언급했듯이, 신부가 말을 마치면 그것을 주제로 토론했다. 몇 사람이 그리스도교와 관련한 여

---

985 Cf. N.248; 본서 2권, p.153 [그림 12].
986 예수회 선교사들은 예비신자에게 교리를 가르치기 위해 그림과 성화를 폭넓게 활용했다는 것도 흥미롭다. 1599년도 후반 론고바르도가 소주 주변에서 보여 준 이 〈구세주 성화〉는 아콰비바가 로마에서 보낸 그림의 사본이거나 니콜라오 학파에서 유래하여 코헬료가 일본으로 보낸 것의 사본일 것이다(N.286). 다른 사본들은 남창(南昌)(N.501), 남경(NN.532, 563, 569)과 구용(句容)에서 조가회(趙可懷)(N.513)와 남경에서 왕충명(王忠銘)(N.524), 축석림(祝石林)(N.564)처럼 유명 인사들 앞에서 공개했다. 사본 중 하나는 1583년 말, 조경(肇慶)에서 공개하기도 했을 것이다(N.247).
987 잠깐씩 나온 여러 판본 중 하나로, 1605년 최종판이 나오기 이전에 유통되던 것이다. 루지에리의 『천주실록(天主實錄)』의 커버처럼 예수회 이름으로 재판(再版)한다고 적혀 있다. Cf. N.644.

러 가지 의문을 제기했고, 결국 신부가 말하는 대로 하기로 약속했다.

얼마 지나지 않아, 양항楊巷,[988] 마지麻地,[989] 신전新田[990]이라고 하는 마을에서도 똑같은 방식으로 전교했다. 마을마다 문인들 몇 사람씩은 있었는데, 그 지역 출신도 있었고, 다른 지역에서 글을 가르치러 온 사람도 있었다. 중국에서는 학교가 거의 이런 식이다.

이것은 인근 지역에 불을 지피는 것과 같았다. 이후에는 서서히 시간을 두고 땔감만 보내면 타오르는 것[991]이다.

642. 소주 시에서 세례받는 사람들이 증가하다

이런 방식은 농촌 마을뿐 아니라 도시에도 유효했다. 사람들은 신부가 시골에서 복음을 전한다는 소문을 듣고 그것이 어떤 가르침인지 들어보고 싶어 했기 때문이다. 그 결과 많은 사람이 신자가 되었고, 많은 사람이 세례받을 준비를 했다. 그들은 먼저 제대 앞에 무릎을 꿇고, 깊은 신심으로 '그리스도교의 가르침'을 엄숙하게 받아들였다. 교리를 배우고 나면, 성당에 들어가 미사에 참석할 수 있었다.[992] 그런 다음, 세례를 받

---

988 오늘날 "양씨 마을", 즉 광주 출신의 양씨 성을 가진 사람들의 집성촌, 양성촌(楊姓村)은 소주 근처에 있는 것으로, 거기에는 지금도 그리스도인들이 있다.

989 현재의 마지(麻地) 혹은 마지강(麻地岡), 즉 "대마가 생산되는 고지대"로 지금도 거기에는 신심 깊은 그리스도인들이 모여 산다. 지(地)를 ti가 아닌 chi라고 쓴 것은 리치의 오류를 론고바르도가 수기본에서 그대로 쓴 것으로 보인다. 그렇지 않다면 기(基)라고 생각할 수 있다.

990 신전촌(新田村), 즉 "신(新)씨 가(家)의 새 마을"이다. 또 다른 집성촌인 등가촌(鄧家村), 곧 "등(鄧)씨 집성촌"에서 그리 멀리 않은 곳에 있다. 따라서 확률은 낮지만, 성등(姓鄧)이라는 이름의 촌락으로도 생각할 수 있다.

991 '타오르다'라는 동사를 리치는 ascoppiare라는 단어를 쓰고 있다. 이탈리아어로는 scoppiare다.

는 것이다. 선교사들은 전례의 의미를 설명한 후에[993] 새로 신앙을 고백하는 군인의 영적 무기로 묵주와 메달[994]을 주었다.

어떤 사람은 신자가 되는 것을 엄청나게 큰일로 여겨, 세례를 받은 후 집으로 돌아갈 때, 동료와 다른 신자, 비신자들의 전송을 받으며, 관저에서 황제나 관리들의 은혜를 입어 귀가하는 것처럼 나팔과 북으로 가는 길을 환송하듯 자기 집까지 귀가하기도 했다.[995]

주님께서 도와주신 덕분에 이 일로 처음 삼 년간[996] 도시와 시골에서 300명이 넘는 사람이 세례를 받았다.[997] 그들 중 여기서 간략히 언급하는 몇 사람은 특수한 경우다.[998]

---

992 교회 초창기에는 미사에 참석하던 예비신자를 봉헌예식 전에 모두 돌려보냈다. **역주_** 다시 말해서 예비신자는 말씀 전례에만 참석하도록 했다는 말이다.

993 당연히 미사에 대한 설명이다. 아직 세례성사에 관한 것은 아니다.

994 이런 방식으로 점차 가톨릭교회의 다양한 신앙생활과 신심 활동이 새 신자들 사이에 전파되었다. 여기에서 "묵주"는 두말할 필요 없이 오늘날의 로사리오를 말하고, 5단짜리를 말한다. 하지만 로사리오를 수식어로 쓰게 되면 15단 전체를 의미하는 것이 된다. NN.747, 750, 864, 905, 930, 943.

995 세례성사의 이런 성대한 행사는 부각할 만하다. 이 일은 1601년 1월부터 6월까지 있었던 걸로 보인다. Cf. N.4135.

996 벌써 마카오에서는 1599년 7월부터 1602년까지, 추측건대, 1602년 1월 25일까지, 소주와 그 일대에서 105명이 세례를 받았다고 알린 바 있다. Cf. N.4135.

997 1602년 3월 9일 자, 판토하가 쓴 편지(Pantoja[1], p.592; N.3120)에는 지난 2년간 소주에서 300명가량이 세례를 받았다고 했다.

998 여기에서 우리는 리치가 이 장(章)에서 언급하려는 많은 것들 가운데 하나를 선택하고 있다는 것과 소주 수도원에 관한 모든 것을 오로지 제17장에서만 말하기보다는 앞서 선택한 것을 "간단하게" 정리하고자 한다는 것을 알 수 있다. 이 점에 대해 제19장의 주(註)에서 비판하고 있다. 아마도 요약한 사람, 트리고가 시간이 없어 짧게 언급하는 것처럼, 일화들은 롱고바르도와 관계가 있는 사람들을 골라 삽입한 것으로 보인다. 실제로 몇 차례에 걸쳐 모두 언급하려고 했다. Cf. NN.646, 648, 654, 657, 671, 673.

643. 살바토레라는 노인과 새 영세자 프란체스코가 불교조직에 서 탈퇴하다

거기서 가장 먼저 세례를 받은 사람은 일흔 살 된 어떤 노인이었다. 우리가 처음 그에게 구원에 관한 이야기를 들어 보라고 권했을 때, 그는 귀담아들으려고 하지 않았다. 글을 읽을 줄 몰라 교리를 배울 수 없을 거라고 했다. 하지만 하느님께서는 그의 마음을 움직여 모든 것을 아주 잘 배우게 해 주셨다. 그리고 마음을 집중하여 모든 기도문을 배워 습득하여 모든 사람을 놀라게 했다. 그의 이름은 살바토레[역주_ '구세주'라는 뜻이다]였고, 나이로 보나 지위로 보나, 세례 후에는 다른 사람들에게 그리스도교의 가르침을 따르라고 권하기도 유리했다. 특히 동년배의 노인들에게 '우리 나이에는 영혼 구령에 신경을 써야 한다'라며 죽음을 잘 준비시키기도 했다. 하지만 적지 않은 사람이 시간이 없다는 구실로 그의 말을 들으려고 하지 않았다. 그런데도 그의 권고로 많은 사람이 개종했다.

이 노인과 함께 세례를 받은 친구가 한 사람 있었는데, 그는 신자가 되기 전에 우상종파[불교]의 형제단에서 크게 활동한 적이 있었다. 그러다 보니 그쪽 조직에서는 매우 중요한 두 사람이 보이지 않자 회원들 사이에서 이유를 알게 되었고, 그들 중 많은 사람이 크게 노하여 두 사람의 집까지 찾아와 무슨 새로운 거라도 있냐며 추궁하기에 이르렀다. 이에 대답하기를, 자신은 이미 하늘과 땅의 주인[天地主]을 섬기고 있으므로 사람을 지옥地獄에 가두는 마귀들과는 교류하고 싶지 않다고 했다.[999] 동

---

999 중국식 표현 "지하 감옥(地獄)"은 불교에서 가져온 것으로, 서양의 인페르노, 지옥(地獄)에 해당한다.

료들은 그들에게 오랫동안 지켜 온 풍습으로 돌아오라며, 형제단의 명부에 여전히 그들의 이름이 있고 지위도 있다고 했다. 그러자 그들은 자신들의 이름을 지워도 좋다고 했다. 이제 절대로 돌아가지 않을 것이고, 거기에 이름이 있든 없든 하느님 외에는 아무도 받들지 않을 거라고 했다.

동료들은 더는 해결책이 없자, 그들이 품에 잘 간직하고 있던 신상神像에 침을 뱉고 소리를 지르며 저주를 퍼부었다.[1000]

——

1000 마태오 리치의 수기(手記)는 여기서 갑자기 중단되고, 다른 사람, 곧 트리고의 손으로 넘어가 조금 더 두꺼운 중국 제지에 다른 언어, 곧 포르투갈어로 쓰여 있다. 리치의 수기는 "남경 수도원의 발전과 서바오로 박사의 개종"이라는 제목의 장(章)으로 다시 시작되는 f.95b까지 보이지 않는다. 따라서 리치가 17장 절반에서 백지를 끼워 두고, 소주에서 일어난 일만 일단 기록하고, 나중에 론고바르도와 연관하여 썼거나 다른 뭔가에 관해 썼는데, 현재 그것이 분실된 걸로 추정된다. 리치는 자신의 수기가 완성되기 전에 죽을까 봐 걱정되어 [기억나는] 소주 수도원의 일화를 먼저 써 두면, 나중에 누군가 다른 사람이 나머지 부분을 이어 나갈 수 있을 거로 생각한 것이 아닐까? 가능한 이야기다. 실제로 그가 사망하는 바람에 이 부분으로 다시 돌아오지 못했고, 이 장은 대부분 1602년 1월 25일 자 마카오의 원장 발렌티노 카르발호(Valentino Carvalho) 신부가 쓴바, 1601년에 머물러 있다(NN.4134-4151). 그리고 1602년의 것에 대해서는 1603년 1월 29일 자 마카오에서 디에고 안티네스(Diego Antines)가 남긴 바 있다(NN.4162-4171). 불행하게도 1603년의 보고서만 없다. 후에 트리고는 (론고바르도 신부가 쓴) 『연차 보고서』에서 이 부분만 뽑아 포르투갈어로 작성하여 리치의 수기본에 첨가하였다. 그는 여기에서 리치가 이탈리아어로 작성한 모든 것과는 달리, "다른 사람이 추가 한 일부 포르투갈어 부분은, 좋으신 아버지[리치 신부님]가 끝내지 못하고 완성하지 못한 것으로, 『연차 보고서』에서 선별하여 완성하는 것"이라고 밝히고 있다. Cf. 본서, (3권), p.450. 이 보고서와 관련하여 붙은 단서는, 보고서를 [이 역사서에] 충실하게 옮긴 것도 아니고, 여기에 작성된 것이 보고서에서 그대로 찾아볼 수 있는 것도 아니라는 것이다. 다만 론고바르도와 리치의 관계에 집중하고 있다. 그것도 (소주라는) 장소를 부각하고 트리고가 텍스트를 베낀 것이 "소주와 연관된"(N.668) 곳이라는 점에 치중하고 있다. 여기에 있는 포르투갈어 텍스트와 이어지는 장(章)은 제5책의 제18장-제20장과 같은 시점으로 보인다(NN.908-955). 트리고가 리치의 수기본에 첨가한 이 부분은 분명 항주(杭州) 선교센터를 개관한 1611년 5월 8일 이후(NN.926, 946) 혹은 더 확실히 1612년 12월 9일과 1613년 1월 남웅(南雄)의 새 수도원에서, 마침 그곳 원장으로 있던 론고바르도와 합의한 후에 적은 것으로 보인다. 이 두 장은 그

그들은 우상[부처]들이 보복할 거라고 협박했다. 그런 다음 그들은 떠났고, 새 신자들은 잘 참아 견딘 것을 자축했다. 신부는 두 사람 중 하나인 프란체스코라는 사람에게 그런 방식으로 부당하게 대하는 사람들이 밉지 않냐고 물었다. 그러자 그는 '아니'라고 했다. 그들이 잘못하고 있지만, 그것은 그들이 뭘 잘못하는지도 모르기 때문에 그렇게 하는 거라고 했다. 이 두 사람은 변함없이 일관성 있게 용감하게 신앙생활을 해 나갔다.

하지만 이제부터 말하려고 하는 사람은 우리 주님께서 놀라운 방식으로 개입하시어 열정을 갖고 개종하게 한 사례들이다.

644. 한 어머니가 아들의 치유를 바라고, 아들과 함께 교리 공부를 시작하며 모든 우상을 버리다

한 신자가 우상[불교]들을 신봉하던 어떤 청년에게 오류에서 벗어나 자유롭게 되기를 권고하였으나, 거기에서 빠져나오고 싶어 하지 않는 그를 어떤 방법으로도 설득할 수가 없었다. 이에 새 신자는 그에게 교리서를 주며 읽어 보라고 한 다음, 그가 만족하는지 지켜보았다. 젊은이는 굳이 거부하지 않았다. 하지만 마귀는 싸움에서 질 것이 두려워 처음부터 기세를 제압하고자, 그가 교리서를 손에 들자마자 읽을 수 없을 정도로 손을 떨게 했다. 놀란 청년은 그 신자에게 즉시 책을 돌려주자, 손은 떨지

해 2월 어떤 포르투갈 신부에 의해 마카오 스타일로 수정되었다. 왜냐하면 하나만 빼고, 나머지는 모두 트리고의 손으로 한 것이 아니라는 점이 드러나기 때문이다.

이 모든 장에 포르투갈어 텍스트와 이탈리아어 번역본을 함께 싣게 되어 다행이다. 이것은 이 책[리치 원전]을 위해 별도로 준비하였다.

않았다. 신자는 그에게 다시 한번 해보라고 했다. 여러 차례에 걸쳐 시도해 보았으나 결과는 마찬가지였다. 이 일은 청년의 어머니와 다른 몇 사람이 있는 가운데 일어났고, 모두 한결같이 놀라움을 금치 못했다. 그리고 마귀의 짓이라는 걸 깨닫게 되었다. 그의 어머니는 아들에게 행여 더 불행한 일이 닥칠까 두려워 신자에게 자기 아들을 서양의 설교자泰西에게 데리고 가서 해결책을 찾아보라고 부탁했다.

신자는 이런 좋은 기회를 놓치지 않고, 어머니의 개종도 함께 권유하며 우선 가지고 있던 모든 우상 신을 버리라고 했다.[1001] 그렇지 않으면, 설교자도 하느님도 아들을 도와주러 오지 않을 거라고 했다. 그녀는 처음에는 매우 기분 나빠 했다. 그녀가 가지고 있던 우상들은 집안을 지켜주는 수호신이라고 생각하고 있었기 때문이다. 그러나 열정적인 신자의 증언과 아들에 대한 사랑으로 하나만 남기고 모두 버리기로 했다. 하나 남긴 작은 우상은 눈먼 모친이 아들처럼 곁에 두고 쓰다듬던 것이었기 때문이다. 병든 아들을 위해 보호해 달라고 간구하던 것으로 아들의 병이 나으면, 그 동상을 아들처럼 여기겠다고 했기 때문이다. 아들이 낫자, 그녀는 신상 앞에서 기도하고 그것을 신봉했다. 신자는 고집하기를, 하나를 남겨 놓는 것은 모두 남겨 놓는 것과 마찬가지기에 다른 것들을 버려도 아무 소용이 없다고 했다. 미신보다는 [모성애라는] 본능적인 사랑을 강조하여 그 작은 동상마저 버리게 했다. 신자는 승자가 된 것처럼 우리 집으로 와서 그 젊은이를 신부에게 소개하며 그간 있었던 일을 이야기했다. 신부는 젊은이를 격려하며 이제는 손을 떨지 않도록 신앙을 굳건히

1001 Cf. N.206, 본서 2권, p.77, 주(註) 34.

하라고 했다. 교리서[1002]의 첫 페이지에 나오는 예수의 거룩한 이름을 공경하도록 했고, 교리서를 직접 주었다. 젊은이는 다른 사람들과 함께 책을 받아들었고, 아무 일도 일어나지 않았다. 그와 그의 어머니는 교리를 잘 배워 세례를 받고자 예비신자 그룹에 들어왔다.

645. 교리 공부하기를 싫어하던 사람을 대신하여 공부하던 한 이교도가 개종하다

또 다른 하느님의 섭리도 적지 않은 놀라움을 줬다. 어떤 사람이 개종하고, 자기 친구에게도 권했다. 친구는 이미 교리서를 받았지만, 우상들을 버리지 못하고 돌아가는 길에 교리서를 돌려주기 위해 신자 친구를 찾았다. 그러나 신자가 해 준 여러 좋은 조언을 차마 뿌리치지 못하고 다시 책을 받아들기는 했지만, 마음은 여전히 불안했다. 그래서 우울하고 슬픈 얼굴로 돌아가는 길에, 다른 아는 이교도 한 사람을 만났다. 그에게 그간 있었던 일을 말해 주었다. 그는 교리서를 보자고 했고, 그것을 읽었다. 그리고 우리 주님의 심판은 놀랍기만 하다며, "누가 그분께 속하는지"[1003] 그분은 이미 아신다고 했다. 그는 갑자기 눈이 밝아져 즉시 깨달

1002 Cf. N.641.
1003 "주님께서는 당신의 사람들을 아신다"(2티모 2,19). 이 텍스트는 성 아우구스티누스로부터 리치 신부에게 도달한 것임을 충분히 알 수 있다. 성인께서 말씀하시기를, "성인들은 내 형제가 평화에 속한 사람인지를 압니다. 다시 말해서 그가 예루살렘에 속한 사람인지, 교회에 속한 선한 사람인지를 안다는 것입니다. 사도께서도 말씀하시기를: 주님은 모든 종류의 은사로 당신의 사람을 알아보십니다. 그러나 우리는 여기에서 모두 똑같은 대우를 받습니다. 어떤 사람은 더 거룩하고, 어떤 사람은 다른 사람에 비해 우수합니다." *In Ioannis Evangelium*, Tract, VI, 8, in Migne, Patrologia latina, XXXV, cl. 1428.

음을 얻어 그를 포옹하였다. 그리고 신자를 자기네 집으로 데리고 가서, 말하기를 "저와 함께 가십시다. 제가 얼마나 이 율법[1004]을 기꺼이 따르고자 하는지를 보여 드리겠습니다." 집에 도착하자마자 그는 선반 위에 있던 우상 신들을 큰 광주리에 모두 담아 우리 집[수도원]으로 보냈다. 자신의 결심을 신앙의 징표로 남기려는 것이었다. 그리고 시간을 내어 직접 교리를 배우러 오겠다고 했다. 그가 사는 곳은 우리 집에서 5리[里]이상 떨어져 있었다.

646. 성모 마리아의 전구로 쉽게 출산했다며 온 가족이 개종하다

또 다른 한 신자는 어느 날 신부를 찾아와 자기가 집에 있는 모든 우상을 어떻게 치웠는지를 이야기하면서, 자기 부인이 너무 아쉬워해 관음觀音[1005]이라고 하는 상 하나만은 남기게 되었다고 했다. 관음은 중국의 어느 왕의 딸로 평생 결혼하지 않았고, 여성들은 해산할 때 관음에게 빌었다. 마침 그 신자의 부인이 해산할 때가 되었고, 매번 난산의 경험이 있었기 때문에 그 수호상을 버리고 싶어 하지 않았다. 그래서 신자는 신

1004 여기에서 율법은 종교를 의미한다.
1005 단어의 끝이 a로 끝나는 걸로 봐서 중국어로도 여성인 것 같다. 관음(觀音)은 유명한 자비의 여신이다. 포르투갈어로 Cõim으로 표기한 것을 트리고가 o자 위에 붙는 기호를 떨어트린 것 같다. 아무튼 저자는 N.673에서 언급하는 것과 같은 우상에 대해 말하고 있는 걸로 판단된다. 하지만 그 신은 "중국 왕의 딸"이 아니라, 인도의 왕 슈바비우하 Śubhavyūha[역주_ 아마도 "전륜성왕(轉輪聖王)" 무쟁념(無諍念)으로 추정된다]의 딸로, [역주_ 결혼하라는 명을 어기고 승려가 되었다는 이유로] 왕은 딸을 죽이려고 했다. 관음은 '모든 것을 내려다보시는 지배자'라는 뜻 avalokiteśvara로, 산스크리트어로는 अवलोकितेश्वर이다. '아미타(Amita)'가 육화한 것으로, 중국에서는 '세상의 소리를 들어주는[관세음, 觀世音]' 혹은 단순히 '소리를 들어주는[관음(觀音)]' 여신이 되었다. Cf. Soothill-Hoddus, p.489.

부를 찾아와 조언을 요청했다. 신부는 관음이 별로 도움이 되지 않는다는 것을 앞선 출산을 통해 보여 주지 않았느냐며, 아내에게 가서 참된 우리의 부인이자 동정녀[마리아]를 소개하라고 했다. 그녀는 해산의 고통 없이 복된 아들 예수를 낳았다고 했다. 신부는 그에게 동정녀의 성화를 한 점 주며 관음의 자리에 두라고 했다. 그리고 부인에게 〈주의 기도〉와 〈성모송〉을 가르쳐 매일 일곱 번씩 바치라고 했다. 그녀는 이교도였고, 남편은 그리스도인들이 매일 일곱 차례 성모께 이 기도를 성대하게 바친다고 했다. 그는 신부가 시키는 대로 부인에게 가서 권했고, 부인은 그의 말을 들었다. 그리고 출산일이 왔고, 놀라우리만치 쉽게 아들을 낳았다. 분명 성모의 도우심이 있었고, 그날은 성모자헌 축일이었다.[1006] 이에 온 가족이 개종하여 성모를 극진히 공경하였다. 그 집식구 중 한 사람은 매주 토요일 미사에 와서 향이나 초, 혹은 그 외 물건들을 바치곤 했다.[1007]

당시에 그곳 그리스도교 공동체[소주(韶州)]에서 일어난 많은 일화 중 몇 개만 골라 여기에 소개했을 따름이다. 마치 커다란 잔칫상에서 몇 개만 골라 맛을 보는 것처럼 말이다. 그렇지 않고 일어난 일을 모두 이야기하면, 이 한 장章이 아니라 책을 한 권을 써야 할 것이다. 그러므로 이제 어린이들에 관한 몇 가지 일화만 더 말하기로 하겠다.

1006 11월 21일이다.

1007 이 세 가지 일화는 1601년이나 1602년, 어떤 보고서에도 나오지 않는다. 아마도 트리고는 론고바르도가 리치에게 직접 써 보낸 보고서에서 가져온 것으로 보인다. 그러니까 트리고는 론고바르노의 기록에서 찾은 것이지 다른 보고서에서 찾은 것이 아니다.

647. 5~6세, 어쩌면 그보다 더 어린 아이들이 자신들에게 상처 준 사람들을 용서하다

5~6세로 보이는 한 사내아이가 길에서 또래의 여러 이교도 아이들과 싸움이 벌어져 많이 두들겨 맞았다. 아이는 〈주의 기도〉를 해석할 때 신부가 가르쳐 준 내용을 기억하고 공격을 하지 않았다. 그리고 이렇게 말했다. "하느님께서 나를 용서해 주신 것처럼 나도 너희들을 용서해 줄게."

며칠이 지나서 그 아이의 여동생 하나가 그보다 더 좋은 모습을 보여 주었다. 무슨 이유에서인지는 몰라도 남매간에 싸움이 벌어졌고, 오빠가 동생의 뺨을 한 대 때렸다. 그러자 여동생은 오빠가 길에서 다른 아이들에게 했던 말을 그대로 해 주었다. 이 한마디는 오빠를 부끄럽게 했고, 그런 가운데 여동생의 승리를 보게 했다.[1008]

648. 네다섯 살의 어린 아녜스가 우상 신에게 올리는 제사에 반대하다

또 다른 아이는 네다섯 살 된 아녜스라는 이름의 여자아이로, 정촌靖村[1009]의 교우들 사이에서는 꽤 유명했다. 교리를 매우 잘 알고 있었고, 그 나이에 기대할 수 없는 것 이상을 해내고 있었기 때문이다. 어느 날 비교인들이 액을 물리친다고 '마왕', '어둠의 군주', 곧 음관陰官[1010]이라고

1008 이 일은 1601년의 보고서 거의 맨 끝에서 언급하고 있다(N.4141).
1009 타키 벤투리(Tacchi Venturi, I, p.408)가 말하는 것처럼 Cimun이 아니라, Cincun이라고 표기하는 지명이다. 하지만 트리고는 N.673에서 보듯이 c아래 붙이는 부호를 누락시킨다. 정촌(靖村)은 소주에서 북서쪽으로 도보로 한 시간 반 정도 떨어진 마을이다. 짧은 시간에 소주 일대에서 그리스도교의 중심지가 되었다. Cf. N.673.

하는 상을 들고 도로에서 행렬을 했다. 혐오스러운 것이 그 아이네 집 대문 앞에 이르렀다. 아이의 아버지도 마을에서는 유지였기 때문에 우상을 가지고 집으로 들어오려고 했다. 그러자 아이가 문 앞에 서서 막으며, "우리는 그리스도인이라, 마왕은 필요 없어요. 하느님께서 계시는 곳에는 액도 귀신도 없어요"라고 말했다. 행렬은 떠날 수밖에 없었다.[1011]

또 한 번은 이교도들이 거리의 신神상을 만들고, 행렬을 한다고 아이의 아버지에게 기부금을 내라고 했다. [그러자 아이는] 그것은 아무 소용이 없는 것이고; 십계명 중 제1계명에서 금지하는 조항이라고 했다. 그래도 사람들은 돈을 좀 내라고 아이의 아버지를 종용했다. 아침이라, 어린 아네스가 이제 막 잠에서 깨어 그들에게 가서 매우 친절한 말로, 하늘의 주인[天主]을 믿는 사람은 우상을 위해 아무것도 줄 수가 없다고 했다. 모금하러 온 사람들은 천진난만한 아이의 입에서 나오는 것은 진리라고 했다. 그들은 가면서 어린아이까지 그토록 완고하게 말하는 것을 보니, 이 일은 정말 해서는 안 되는 일인 것 같다고 했다.[1012]

이런 비슷한 많은 일을 통해서 알 수 있는 것은, 우리 성교회의 율법이 어린이들에게까지 이렇듯 희망을 주니 얼마나 중국인들에게 필요한 것이냐는 것이다.

1010 더 정확하게는 "어둠의 관리자, 음관(陰官)"으로, 명관(冥官, **역주_** 지옥의 염라대왕이 거느리고 있다는 수많은 '어둠의 대감들')으로 불리기도 한다. 우신(雨神)보다 우위에 있다.

1011 Cf. N.4144.

1012 어린 아네스에 관한 이 일화는 『연차 보고서』에 나오는 것이 아니다. 론고바르도의 일지에서 찾은 것으로 보인다.

649. 1601년 7월 26일. 소주에서 세례받은 첫 여성들, 종(鍾) 마리아와 안나. 관직에 있던 아들이 대신 교리를 받아서 전하다

어린이들 사이에서만 성과가 보인 건 아니다. 이 시기에 여성 중에서도 개종자가 나오기 시작했다.[1013] 중국의 여성들은 [삶이] 너무도 폐쇄되고 은폐되어[1014] [전교가] 거의 불가능한 것으로 생각했다. 이 부분에서 가장 큰 공을 세운 사람은 니콜로 론고바르도 신부다. 그가 소주에서 활동하면서부터 일이 매우 쉬워졌다. 여성들을 대상으로 한 선교를 처음 시도하는 거라, 론고바르도 신부 역시 동료들의 의견을 매우 중요하게 생각했다. 마침 이구동성으로 아주 좋은 생각이라고 한 게 있었다. [관직에 있던 아들이 교리를 배워 대신 받아서 전한 것이다.] 경험상, 우리 주님께서도 중국의 여성들이 당신을 알기를 원하셨던 것 같다. 오히려 여성들 가운데 많은 수가 남성들보다 더 열심이어서 성과가 더 좋았다고 할 수 있다.

이렇듯 여성들에 관한 사례도 많았고, 후에 두세 가지, 귀족 부인 사례에서 언급할 기회가 있을 것이다. 그들은 깊은 신앙심으로 마치 수도원의 수녀처럼 헌신적이었다.

[1013] 마치 이전에는 여성이 전혀 세례받지 않은 것처럼, 이 일을 너무 과장해서는 안 된다. 리치도 앞서 언급했듯이 1589년 조경(肇慶)에서 6월 이전이니까, 아마도 4월-5월경에, "존경받는 몇몇 여성들"(N.313)이 세례를 받았다. 남경에서도 1600년 초에 여성들이 세례를 받은 적 있다(NN.569, 674). 1601년의 『연차 보고서』에서 신부는 여성들의 은폐된 삶 때문인지 굳이 세례에 대해서 언급하지 않지만, 예비신자에 대해서 말하며 그들의 부인들도 세례를 받고 싶어 한다고 적었다. 론고바르도는 그 내용을 리치와 다른 여러 신부에게 적어 보냈고, 관련 서류를 작성하여 그들의 동의를 얻어냈다. 론고바르도는 "선교센터의 원장과 다른 수도원에 사는 다수의 신부에게 이와 관련하여 드러난 윤곽을 말해 주었습니다. 모두 동의한바, 올해부터는 드디어 여성들에게도 세례를 줄 수 있게 되었습니다"(N.4136). Cf. N.4176.

[1014] Cf. N.137.

작은 고을들에서 기대 이상의 큰 성과를 올린 것뿐 아니라, 도시에서도 나름의 성과가 있었다. 도시는 오랜 세월 복음에 문을 닫아걸었고, 변두리에서부터 타오른 불꽃이 도시로 들어가 많은 개종자를 냈다. 거기에는 평민들뿐 아니라. 지방의 주요 인사들과 문인 및 부유한 사람들도 포함되어 있었다.

그중, 두 관리 집안에 대해서만 언급하기로 하겠다.

첫 번째 사람은 종鐘[1015]이라는 성을 가진 사람으로, 학위를 받고[1016] 관직을 받았지만, 아직 부임하지 않은 상태였다. 신부와는 벌써 오래전부터 교류하고 있었지만, 1601년에야 비로소 더는 주저하지 않고 세례를 받기로 했다. 하지만 그의 모친과 조모가 그를 능가하자, 그는 자기보다 먼저 세례를 받게 하려고 예비신자로 교리를 받으면 집에 와서는 교리교사 노릇을 했다. 다시 말해서 교리를 듣고 귀가하여 모친과 조모에게 그대로 가르친 것이다. 그런 식으로 점차 교리를 매우 잘 배웠다. 그들은 두 아들이 지켜보는 가운데 성 안나 축일[1017]에 세례를 받았다. 두

1015 Cf. NN.650-661.

1016 만약 진사였다면 론고바르도가 구체적으로 언급했을 것이다. 학위를 굳이 언급하지 않는 것으로 봐서 최고 '거인(舉人)'이었을 것으로 보인다.

1017 7월 26일이다. 1601년의 『연차 보고서』에는 여성들에게 어떻게 세례를 주었는지에 대해 언급하고 있다. 여성들은 집에서 나오지도, 가족 외에는 외부인이 들어가서 얼굴을 볼 수도 없어서, 먼저 남편이나 아들, 혹은 남동생이 와서 교리를 배워야 했다. 교리를 다 배우고 나면, 그들의 집 거실에 제대를 마련하고 거기에 〈구세주 성화〉와 초와 향을 마련한다. 친척들과 지인들이 참석하여 성대하게 한다. 그러면 선교사가 가서 여성의 남편과 친척들이 있는 자리에서, 세례 대상이 되는 여성들에게 질문한다. 질문은 처음부터 끝까지 외워야 하는 '교리에 관한 것[天主教要]'으로, 그리스도교의 핵심 내용이다. 여성들이 은폐된 그들만의 공간에서 그들의 얼굴을 드러내고, 외국인으로부터 질문을 받는다는 것은 중국의 여성계로서는 놀라지 않을 수 없는 일이다. 물음이 끝나면, 세례식이 있다. 신부는 새 신자 한 사람 한 사람에게 가지고 있던 묵주와 (베

아들은 앞서 말한 사람과 그 형이었다.[1018] 신부는 그들에게 교리에 대해 자세히 물었고, 그들이 매우 잘 배웠다는 것을 확인했다. 모친의 이름은 마리아고, 조모의 이름은 안나였다.[1019]

650. 1601년 8월 5일, 종(鍾) 조르조와 비토가 세례를 받다. 조르조가 원수들을 용서함으로써 보여 준 영웅적인 사례

그로부터 한 달이 채 지나지 않은 8월 5일, 아들이 깊은 신앙심과 충만한 기쁨으로 세례를 받았다. 아울러 9-10살 정도 된 그의 아들도 함께 세례를 받았다. 아버지의 이름은 조르조이고 아들은 비토라고 했다. 그렇게 가족들이 모두 신앙고백의 의무를 준수하고, 모든 사람의 모범이 되며 사람들 앞에서 신자라는 것을 밝혔다. 그로써 우리 성교회에 대한 믿음이 크게 높아졌다.[1020]

조르조에 관해서도 할 말이 많지만, 그가 이 새로운 종교를 얼마나 진

로니카의) 십자가와 상본을 하나씩 나누어 주었다. Cf. NN.750, 4136. **역주_** 여기에서 말하는 '상본'은 가톨릭교회[천주교]에서 널리 사용하는 것으로, 하느님, 천사, 성인 등의 이미지를 묘사하여 만든 카드 크기의 작은 화상(畫像)이다.

1018 이 형은 집안의 장남으로 갑작스레 죽었는데, 독살당한 것으로 짐작된다. Cf. N.650.

1019 조르조의 부인도 루치아라는 이름으로 세례를 받았다. Cf. Guerriero, II, p.122.

1020 1601년의『연차 보고서』는 종(鍾) 마리아와 안나의 세례에 대해서는 말하지 않고, 조르조와 비토에 대해서만 말하고 있다. 조르조에 대해서는 그가 1601년 6월경, 북경에서 소주로 돌아와 리치를 남경과 남창(南昌)에서부터 알았다며 크게 칭송하였다. N.661에서 언급하는 것처럼, 자기네 고향에서 처음 만났고, 1600년 7월 3일과 8월 2일 사이, 산동(山東)의 임청(臨淸)에서 다시 만났다고 했다.『연차 보고서』에는 그가 세례를 받은 후,『교리서』를 더 크고 예쁘게 출판하고 싶어 했고, 어느 주일에 그 사본을 각 교우에게 하나씩 나누어 주었다고 덧붙이고 있다. 그는 리치의『천주실의(天主實義)』도 인쇄하고 싶었던 것 같다. 하지만 론고바르도는 리치가 손을 더 보기로 했기 때문에, 손을 볼 때까지 기다려 달라고 부탁했다. Cf. N.4150. 1602년의『연차 보고서』는 조르조가 행한 놀라운 용서에 대해서 말하고 있다. Cf. N.4170.

지하게 받아들였는지를 보여 주는 한 가지 사례만 언급하기로 하겠다. 모친과 조모의 세례식에 그와 함께 있던 큰형님이 하루는 자신의 소작농들을 만나러 갔다가 중병으로 쓰러졌는데, 평소에 사이가 좋지 않았던 한 소작농이 독약을 썼다고 의심했다. 소작농이 체포되어 곤장을 맞고 옥에 갇혔다가 형의 병세가 호전되자 풀려났다. 그러나 며칠 뒤에 형이 갑자기 죽었는데, 하필이면 그날이 사위를 보는 날과 겹쳤다. 소작농이 풀려날 때, 조건이 형이 다시 중병이 들거나 사망하게 되면 다시 죗값을 치러야 한다는 것이었다. 그래서 조르조는 소작농이 형의 사망 소식을 듣고 지레 자살할 것으로 생각했다. 이에 그리스도교의 사랑을 실천하고자, 사람을 보내 형님의 사망 소식을 알리고, 이 일로 벌을 받을까 너무 걱정하지 말라고 했다. 자기는 이미 그의 모든 죄를 용서했고, 관리들로부터 추궁받지 않도록 보증해 주겠다고 했다. 절망한 소작농은 마치 죽었다가 살아난 것처럼 안도했고, 이야기를 전해 들은 도시의 모든 사람이 그리스도교의 자비의 열매에 놀라움을 금치 못했다.[1021]

조르조의 좋은 사례는 여기에서 끝나지 않았다. 이후 얼마 지나지 않아 그 형님의 아들이 병에 걸렸다. 조르조는 조카의 영혼 구령에 최선을 다했는데, 마치 자기 육신의 안위는 안중에도 없는 사람 같았다.

[1021] 이교도의 국가에서 활동해 본 경험이 있는 선교사들은 '용서'라는 개념이 모든 신자에게 얼마나 중요한 것인지 안다. 특별히 새 신자들에게는 더 어렵다는 것을 말이다. 그런 만큼 여기에서 언급하는 것은 순수하게 칭찬받아 마땅하다.

651. 아들이 세례받고 치유되는 것을 보고 종(鍾) 바올라가 개종하다. 그녀의 집에 세워진 작은 경당

그러나 아이의 어머니[형수]는 우상[불교]을 극진히 신봉하는 사람으로 영혼 구령에 대한 말에는 관심조차 없었다. 신부는 그에게 조카하고만 이야기하고 형수는 신경 쓰지 말라고 했다. 세례에서 예식을 줄이고 핵심적인 부분만 거행하면 아이의 엄마가 알아차리지 못할 것이라고 했다. 조르조는 시키는 대로 했고, 아이는 쉽게 받아들였다. 조르조는 교리를 가르쳤고, 신부는 그를 방문하는 것처럼 가서 세례를 주었다.[1022] 우리 주님께서는 영적인 생명과 함께 육신의 생명도 다시 주고자 하셨는지, 이후부터 건강이 점차 좋아지더니 얼마 지나지 않아 완전히 회복하였다.

모든 사람이 놀랐는데, 그중 특히 아이의 모친이 가장 놀랐다. 결국 선의의 속임수라는 것도 알았다. 하지만 그녀는 나무라기보다는 우리의 거룩한 율법이 덕행은 물론 육신까지 효력이 있다는 것을 알고, 믿게 되었다. 그리고 안나와 마리아의 모범을 따라 세례를 받고 이름을 바올라라고 했다.[1023]

그때부터 이 부인들은 신앙심이 날로 커졌다. 안나는 누구보다 열성적이어서 자기 집에 작은 경당을 꾸며[1024] 신부가 종종 가서 미사를 드릴 수 있게 했다. 경당은 그녀가 신앙에 따라 말하는 대로 꾸몄다. 그녀는 주방이 경당과 가까이 있다고 생각하여, 주방을 허물고 다른 장소에 새

1022 온몸을 물에 담그던 첫 번째 개인의 세례식(1583-1584년)이 있고 난 후, 별다른 예식 없이 간소하게 진행한(N.251) 세례로는 대세를 제외하고는 이것이 처음이다. 우리 예수회 자료에는 이와 유사한 세례식에 대해 재차 언급하고 있다.
1023 이 개종은 어떤 『연차 보고서』에도 나오지 않는다.
1024 이 경우는 남경시에서 일어났던 것과 유사하다. Cf. N.675.

로 짓기까지 했다.

652. 소주의 그리스도인 상류층 부인들의 모임과 열정

이 세 부인[1025]은 정기적으로 만나 함께 기도하는 것에만 만족하지 않고 이웃에 사는 다른 한 여성 교우를 불러 함께 기도했다. 그녀와 사회적으로 계급 차가 매우 컸지만, 조금도 아랑곳하지 않았다. 중국에서는 그것[사회적 계급]을 매우 중시한다. 하지만 그것도 부족하다고 느낀 안나는 신앙심이 깊은 농민 아낙들 몇 명을 집에 부르곤 했다. 그들이 자기를 보고 싶어 한다는 걸 알았기 때문이다. 함께 밥을 먹고 친자매처럼 대해 주니, 하느님의 율법이 작용하여 사람을 바꾸어 놓는 것을 보고는 하나같이 놀라움을 금치 못했다. 그들은 무슨 일이건 신부의 의견을 구했고, 아들을 보내기도 하고 자기네 집에서 일하는 교우 일꾼들을 보내기도 하여여러 가지 질문을 했다. 우리 집에서 일을 도와주는 한 아이가 있었는데, 보기 드물게 똑똑하여 그들의 스승이 되어 주었다. 신부가 가르친 교리를 잘 듣고, 그것을 그대로 가서 전해 주곤 했다. 여성 교우들은 비록 아이를 돈 주고 산 종이지만, 매우 존중했다.[1026] 중국의 여러 가지 풍습에도 구애받지 않고 아이를 자기들과 한 자리에 앉혔다. 이렇게 안나와 그 아들의 모범 덕분에 소주에서는 눈에 띄는 변화를 가져올 수 있었다.[1027]

1025 이들의 세례명은 안나, 마리아, 바울라다. 저자는 굳이 세속명을 말하지 않고, 계속해서 안나라는 세례명으로 부르고 있다.

1026 Cf. N.583. 오늘날에도 [중국에서] 기근은 드문 일이 아니다. 그럴 때면 아주 저렴한 가격에 사람까지도 판다.

1027 여기에서 이야기하는 이런 놀라운 내용은 『연차 보고서』에는 전혀 나오지 않는다.

653. 1603년 9월 30일, '소주의 카토'라 불리는 관리 팽(彭) 스테파노가 개종하다

또 다른 유명한 일화는 팽彭[1028]씨 성을 가진 사람에 관한 것이다. 그는 학문이 뛰어날 뿐 아니라 큰 부자로 도시의 모든 유지와 친척관계에 있었다. 그는 소주韶州의 카토[1029]로 불리며 신중한 자세로 사람들의 존경을 받고 있었다. 공적인 일에는 항상 가장 앞장섰고, 그것을 우선으로 생각하고 일을 주도하곤 했다. 그의 많은 좋은 활동 덕분에 이루어진 일이 많았다. 사당을 짓고 보수한 것은 굳이 말하지 않더라도, 길을 닦고 다리를 건설하는 등 공익에 이바지한 것이 많았다. 그는 1603년 우리의 교부 성 예로니모 축일[1030]에 세례를 받았다.

예수회가 소주에 진출한 지 벌써 15년이 되었기에,[1031] 모든 신부가 그에게 주목했다. 하느님의 큰 영광과 많은 사람의 회심이 그에게 달려 있을 거로 생각했기 때문이다. 그러나 그는 우리와 교제하는 것은 좋아해도 개종은 아예 생각조차 하지 않았다. 그는 천성이 오만하고 불손하여 자신이 번승[番僧, 외국 승려]의 제자가 되는 것은 부끄러운 일이고 자존심 상하는 일이라고 생각했다. 우리를 여전히 '승려'로 간주하는 것은 우리

[1028] 소주 혹은 그 근처에서 태어난 팽종왕(彭宗旺)이 아닐까 생각된다. 거인(擧人)이고, 1604년 광동(廣東)의 인화(仁化)에 지현(知縣)으로 파견되어, 그곳에서 공정하게 일해 큰 명성을 얻었다. Cf. *Annali della Prefettura di Shiuchow*, c.28, f.25a.

[1029] **역주**_ 카토(Marco Poncio Catone, 234-149)는 고대 로마의 장군이자 정치가였다. 여기서는 '제갈량'이라는 의미로 썼을 것이다.

[1030] 그러니까 9월 30일이다.

[1031] 정확하게 할 필요가 있다. 예수회가 리치에 의해 소주(韶州)에 자리를 잡은 것이 1589년 8월 26일이라고 했을 때(N.1155), 1601년경에는 15년이 될 수가 없다. 이 책의 더 뒤에서 보겠지만, 정확한 것은 1589년과 1603년이라면 14년 혹은 15년이 될 것이다.

가 [소주 거주] 초기에 승복을 입고 승려의 사회적 신분을 취했기 때문이다.[1032]

하지만 그동안 쌓은 친분은 승려들에게서는 찾아볼 수 없는 것으로, 우리의 덕德과 학문을 알고 깨닫게 하기에 충분했다. 그는 호기심이 많아 모든 것에 대해 알고 싶어 했고, 중국 사람치고 우리[유럽]의 것들을 그보다 더 많이 알고 있는 사람은 드물 정도였다. 그래서 그는 여러 차례 나쁜 정보들을 고쳐 주곤 했다.

그렇게 그는 10년 혹은 11년을 교제했어도 한 번도 고민하지 않다가, 결국 하느님의 자비에 대한 몇 가지 충격적인 말을 듣기 시작했다. 그리고 다시 마음을 닫고 4년이 지나서야 결정을 하기에 이르렀다. 니콜로 론고바르도 신부와 가진 한 번의 대화를 통해 그는 처음으로 마음을 움직이기 시작했는데, 이유는 신부가 시골 마을로 하느님의 율법을 설교하러 다닌다는 것을 알고, [복음이 주는] 새로운 소식이 무엇인지를 물었다. 신부가 대답하기를, "그대는 우리가 아주 먼 곳에서 온 목적을 잘 알고 있습니다.[1033] 도시 사람들이 하느님의 말씀에 계속해서 귀를 닫는 것을 보고, 우리는 시골 사람들 가운데 누군가 구원받기를 원하는 사람이 있는지 시험해 보자고 했지요. 왜냐하면 하느님 앞에서 모든 영혼은 평등하기 때문입니다. 사람이 인위적으로 만든 차별은 없습니다." 이 말은 그에게 마음을 관통하는 화살이 되었고, 결코 잊을 수 없다고 했다.

그로부터 얼마 지나지 않아 도시에도 신자 공동체가 만들어졌고, 우리

1032 Cf. N.429, 주(註); NN.257, 429, 431, 660, 668, 670, 1387, 1416.
1033 론고바르도도 리치처럼 누군가 선교사들에게 중국에 온 진짜 목적이 뭐냐고 물으면, 조심스럽게 중국에 대한 명성이 [자신들을] 중국으로 이끌었다고 했다.

집을 찾는 교우들은 항상 그의 대문 앞을 지나갔는데, 그때마다 그는 자극을 받았지만, 다른 한편으로는 여전히 여러 인연에 연연하여 꺼리고 있었다. 그즈음 그는 북경에 가게 되었고, 그곳에서 우리(신부들이)가 사람들의 존경을 얼마나 받고 있는지를 보게 되었다.[1034] 처음에는 번승이라며 무시하던 사람들이 이제 앞장서서 도와주는 것을 보고 중국에서 외국인에 대해 가지고 있는 편견을 없애기로 했다.[1035] 고향으로 돌아온 뒤, 그는 북경에서 보고 온 우리에 대한 명성을 이야기하고 다녔다.

신부와 그의 관계가 결실이 없는 것만은 아니지만, 그는 여전히 '아니'라고 했다. 사실 여기에는 두 가지 어려움이 있었다. 하나는 하느님의 섭리에 관한 것으로서, 이 율법이 그분의 것이라면 이렇게 많은 난관에 부딪혀서는 안 되고 오히려 보호받아야 하지 않겠느냐는 것이다. 다른 하나는 그의 오만함 때문인데, 세례를 받을 때와 이후 평생 신부를 어떤 예로써 대해야 하는지를 몰랐다. 중국의 관습에 따르면, 그가 신부의 제자가 되어야 하고,[1036] 제자로서 번거로운 많은 일을 해야 하기 때문이다.

그는 문인이며 친구이기도 한 루카라는 이름의 교우에게 이 두 가지 문제를 상의했다. 루카는 그에게 충분히 만족할 만한 답을 주었고 그는 개종했다. 실제로, 첫 번째 문제와 관련하여, 루카는 중국 성인의 예를 들어 설명해 주었다. 그 성인도 살아 있을 때는 무시당하고 박해를 받았

1034 스테파노 팽(彭)은 북경을 다녀왔다. 그가 이번에 북경에 간 것은 진사 시험을 치르기 위해서였다. 시험은 1601년 4월 19일 이전에 끝났지만, 5월 28일까지 있으면서 리치가 북경에 처음 거주한 사이관(四夷館)의 관리들로부터 리치의 인품에 대한 명성을 들었다. Cf. NN.616, 618-623.
1035 Cf. NN.80, 116, 166, 206, 226, 605, 728, 878.
1036 Cf. NN.144, 1529.

다는 것이다.[1037] 두 번째 문제와 관련하여, 신부들은 겸손하여서 그런 예법을 강요하지 않을뿐더러 일생 평등하게 대할 것이라고 했다. 다만 스승을 섬기듯이 하느님을 섬기기를 바란다고 했다. 이에 그는 매우 기뻐하며, 친구 루카에게 감사의 뜻으로 식사에 초대하여 한밤중까지 신앙 외에 다른 이야기는 아무것도 하지 않았다. 이튿날 그는 루카와 함께 신부에게 와서 자신의 최종 결정을 말해 주었다. 신부는 그동안 간절히 바랐던 일이 이루어지자 매우 기뻤다. 그는 교리를 받고 세례를 받았다.[1038] 신부는 그가 개종할 때를 기대하며, 일찌감치 생각해 둔 스테파노라는 세례명을 지어 주었다. 온 도시가 그의 개종에 놀라움을 금치 못했다. 이제 더는 아무도 우리의 거룩한 율법을 반대하는 말을 할 수 없게 되었다. 소주의 카토가 수년간의 경험 끝에 내린 결정이었기 때문이다. 신부는 이런 큰 성과를 통해 더 큰 희망을 품게 되었다.[1039]

654. 화재로 집을 잃은 한 교우에게 온 신자들이 힘을 모아 도와주다

여기에서는 많은 것 중 서너 가지만 더 말하고 그만하겠다. 하지만 눈에 띄는 한 가지 사랑의 사례만 언급하는 것은 온당치 않은 것 같다. 거의 모든 교우가 제각기 역할을 했고, 우리 성교회의 율법을 비교인들에

1037 암시하는 것은 당연히 공부자(孔夫子)다. Cf. NN.55, 178. 공부자는 그 시절, 중국의 여러 군주 국가들을 돌아다니며 설교를 했으나, 아무도 그의 말을 듣지 않았다.
1038 세례식은 앞서 이야기했듯이(Cf. N.653) 1603년 9월 30일에 있었다.
1039 1603년에 스테파노가 놀라운 방식으로 세례를 받은 것은 1601년 혹은 1602년의『연차 보고서』에 언급되지 않을 리가 없다. 하지만 1603년도『연차 보고서』는 분실되었고, 우리에게 전해지지 않고 있다.

게 세우고 신뢰를 얻는 데 공헌했기 때문이다. 한 교우의 집에 불이 났다. 그는 비교인들 사이에서 살고 있었고, 누구든지 마음만 먹으면 도와줄 수 있었음에도, 그들은 우리 성교회의 율법을 미워하여 자기네끼리 말하기를, "우상[불교]을 버린 그런 개만도 못한 사람은 불타게 내버려 둡시다". 결국 인명피해는 없었지만 모두 불에 타 버렸다. 가까이에 사는 교우들이 이 소식을 듣고 달려왔을 때는 이미 너무 늦었다. 그것[화재]을 막지는 못했지만 다른 방식으로 그를 도와주기 위해 나섰다. 이런 경우, 신부는 그들에게 한 번 가르침을 주었을 뿐인데, 사람들은 즉시 교우 집단에서 두 사람의 대표를 뽑아 집마다 다니면서 집 짓는 데 필요한 물건을 모으기 시작했다. 사람들은 각자 할 수 있는 만큼 했다. 어떤 사람은 벽돌을 내놓았고, 어떤 사람은 목재를, 어떤 사람은 탁자를, 어떤 사람은 옷을, 심지어 어떤 사람은 침대 시트를 내놓기도 했다. 교우들은 서로 나누어 날짜별로 일꾼들에게 밥을 해 주었다. 모두 교우라는 이유로 무상으로 일을 해 주었다. 며칠 지나지 않아서 새집이 완성되었는데, 이전 집보다 훨씬 좋았다. 필요한 제반 시설도 모두 갖추었다. 이로써 화재로 파괴된 것이 사랑으로 재건되었다.[1040]

655. 1603년 4월 20일, 징을 치고 북을 치며 새 기도소를 개방하다. 새로운 영세자들. 그리스도교의 전례력(典禮曆)

이렇게 시골과 마찬가지로 도시에서도 교우는 크게 늘었다. 정촌은

[1040] 이렇게 집을 지은 사례에서 엿볼 수 있는 것은 중국인 교우들의 마음에 변화의 정신과 순수한 사랑이 들어갔다는 것이다. 1602년의 『연차 보고서』에서도 언급하고 있다. Cf. N.4171.

가장 중요했는데, 거기서만 100명이 넘었다. 그들은 앞으로의 집회를 위해 성당을 지어 더는 개인에게 민폐를 주지 말자고 논의하였다. 그리하여 어느 날 신부가 그곳에 갔더니, 그들은 위치 좋은 곳에 있는 집을 하나 골라 거기에 큰 성당을 지을 준비를 했다. 1603년 4월 20일, 그곳에서 징과 북을 동원하여 성대한 첫 미사를 거행하였다. 미사가 끝난 뒤, 신부는 그리스도인의 성당과 우상들의 사당[불교 사찰]의 차이에 대해 가르쳐 주었다. 그러자 사람들은 모두 무릎을 꿇어 우리 주님의 은혜에 감사했다. 그리고 네 사람을 뽑아 성당과 신자들의 관리를 맡겼다. 신부는 그들에게 모임을 위한 종을 하나 주고,[1041] 필요할 때마다 쓸 수 있도록 많은 성수聖水와 축일이 적힌 달력을 하나 주었다.[1042]

이런 결실은 그리스도인들에게만 영향을 미친 것이 아니라, 모든 상황을 호의적으로 지켜보고 있던 비교인들에게도 영향을 미쳤다. 그들 중 20명이 세례를 받았고, 다른 많은 예비신자도 신부가 다시 오는 날 세례를 받겠다고 기다렸다.

656. 하평촌(下坪村)의 바오로라는 노인과 그의 가족이 모두 세례를 받고, 황사간(黃沙墾)에 사는 다른 많은 사람이 세례를 받다

같은 시기에 도시의 동쪽에 있는 마을들에도 문이 열렸다.[1043] 마리

1041 **역주_** 시계가 나오기 이전, 서양에서 좋은 기도 시간을 알려 주는 것뿐 아니라, 각종 모임이나 경조사를 알려 주는 중요한 수단이었다. 그 맥락에서 보면, 성당에서 모임이 있을 때마다 종을 쳐서 교우들을 불러 모으라는 의미다.

1042 이들 새 신자들에게 필요한 것이 묵주와 메달들 외에도(NN.642, 750) 이곳(Cf. N.739)과 남창(南昌)(NN.743, 747)에서 성수(聖水)가 필요하다는 것이 흥미롭다. 달력에 관해서는 Cf. N.328, 본서 2권, p.290, 주(註) 591.를 보라.

오[1044]라고 하는 한 열성적인 교우가 자기 친구들을 만나러 그곳에 가서 그들에게 하느님 율법의 새로운 소식을 전하자, 많은 사람이 관심을 가졌는데, 그중에서도 특히 하평下坪[1045]이라고 하는 마을에 사는 한 노인이 있었다. 그는 마을에서 지위가 매우 높아 거의 그 지역 수장이나 다름없었다. 건강이 좋지 않아, 장남과 다른 친척 한 명을 신부에게 보내 자기네 마을로 와 달라고 했다. 신부는 마리오를 데리고 그들과 함께 갔다. 도착하자마자 노인은 계속해서 많은 질문을 했다. 두 가지 중요한 문제에 관해 이야기했는데, 그 자리에 함께 있던 신심 깊은 불자 한 사람과 승려 한 사람까지 설득되었다. 그날의 성과는 노인이 온 가족과 함께 세례를 받았다는 데 있다. 부인과 세 아들과 며느리 한 명, 손자 셋, 손녀 둘이 다른 외부 사람 몇 명과 함께 세례를 받았다. 노인의 이름은 바오로라고 했다.[1046]

신부가 그곳[하평]에 있는 동안, 그곳에서 2리그가량 떨어진 황사간黃沙墾?[1047]에서도 어떤 병자가 정촌에서 신부를 만난 적이 있다며 세례받고 싶다고 요청해 왔다. 신부는 그 영혼을 위해 기꺼이 나섰고, 그곳을 떠나기 전에 서른 명이 넘는 준비된 사람들에게 세례를 주었다. 그중 어떤 할

[1043] 정확도가 떨어지는 것처럼 보인다. 왜냐하면 여기에서 말하고 있는 마을들은 도시의 서쪽에 있기 때문이다.

[1044] Cf. N.673.

[1045] 정촌에서 도보로 30분 거리에 있다.

[1046] 이 사람, 바오로가 교리를 열심히 배우고, 그것을 자기 친척들에게 전파하여 세례를 받게 했다는 열정적인 이야기는 Cf. N.736에서도 보게 될 것이다.

[1047] 오늘날의 황사평(黃沙坪)일 것이다. 정촌에서 25리(里)리 떨어져 있고, 소주에서는 서쪽으로 15리 떨어져 있다. 마지막 글자 평(坪)을 kem으로 음차를 하면 맞지 않아서, cchem, 간(墾)이라는 글자를 넣었다.

머니는 주님께서 그때까지 생명을 연장시켜 주신 듯, 세례받고 얼마 안가 노환으로 생을 마감하였다.[1048]

[1048] NN.655-656에서 말하고 있는 일화는 1601년이나 1602년이나 『연차 보고서』어디에도 나오지 않는다. 1603년에 해당하기 때문이다. 하지만 그해의 『연차 보고서』는 분실되었다.

✠

제18장

그동안 소주(韶州) 수도원에서 겪은 몇 가지 어려움에 대해

(1599년부터 1603년까지)

o 최근의 개종자들이 발리냐노의 앞선 결정에 반대하다. 소주 수도원을 폐쇄하지 않기로 하다

o 우상들에 대한 공적 · 사적 제사를 중단시키는 데 대한 어려움

o 눈(眼)의 신(神)을 위한 신전 건립 모금 행렬에서 신봉자들이 론고바르도에게 기부를 강요하다

o 황촌(黃村)의 젊은 두 글 선생이 론고바르도를 고발하려고 하다가, 입을 다물다

o 소주에 퍼진 리치와 선교사들에 관한 뜬소문. 관리 종(鍾) 조르조가 북경으로 가는 길에 이 소문을 듣고 와서 반박하다

o 사람들이 론고바르도를 초대하여 십자가에 관한 설교를 하지 말 것을 요청했으나, 선교사는 비교인들한테까지 십자가를 선포하다

o 그가 예비신자라고 밝히자 귀족들의 큰 소란이 진정되다

o 성(省)의 찰원 임병한(林秉漢)이 소주에 도착하다

o 소주의 지부 왕이통(王以通)과 북경에서 리치를 알았던 뇌주(雷州)의 지부가 론고바르도와 우정을 맺다

o 그리스도교 문학이 궁핍하다고 말하는 사람들의 악담을 꺾기 위해 론고바르도, 리치, 소에이로가 중국어로 된 많은 교리서를 발간하다

o 조경에서 온 두 사람이 그리스도교에 대해 거짓 소문을 퍼트렸으나, 곧 밝혀지다

o 마카오에서 온 광대들과 순회 상인들이 그리스도교를 위협하면서도 선교사들은 칭찬하다

o 소주의 관리들이 론고바르도 신부를 크게 존경하다

o 찰원이 선교사들의 보호자로 나서다

○ 그가 예를 갖추어 사제관을 방문하다
○ 관리들의 축하 인사. 지부가 예수회원들의 친구가 되다
○ 가뭄 시기에 행렬을 하면서 론고바르도 신부를 상대로 음모를 꾸미다

657. 최근의 개종자들이 발리냐노의 앞선 결정에 반대하다. 소주 수도원을 폐쇄하지 않기로 하다

앞서 말한 것처럼,[1049] 라자로 카타네오 신부가 왕 상서王尙書[1050]와 함께 강서江西로 가자 [소주(韶州)에는] 니콜로 론고바르도 신부만 남게 되었다. 그 사이에 남경이나 북경에 새로운 수도원을 세울 계획으로 순찰사 알렉산드로 발리냐노 신부는 소주韶州[1051] 수도원을 폐쇄하기로 했다. 사실 소주 수도원에서는 최근 몇 년 동안 성과가 거의 없었고,[1052] 미래의 다른 곳에 비해 희망도 적었다. 그러나 모든 것이 하느님의 손에 달려 있는지라, 갑자기 많은 개종자가 생겼고, 다시 이 문제를 거론할 때, 사람

[1049] Cf. N.504. 카타네오가 소주를 떠난 것은 1598년 6월 초순이었다. 그리고 그달 23일에 강서의 도읍(主都) 남창(南昌)에 도착했다. Cf. N.2852.
[1050] 왕 상서(王尙書)는 리치의 포르투갈식 표현이다. 다시 말해서, 상서(尙書)로 있던 왕 충명(王忠銘)이다. Cf. N.417, 본서 2권, p.393, 주(註) 273.
[1051] 1597년 7월 20일과 10월 25일 사이다. 발리냐노는 당시 마카오에 있던 카타네오 (N.499)의 말에 따라 마카오 수도원만 유지하고, 리치에게 모든 방법을 동원하여 북경으로 갈 것을 주문했다. 이것이 가장 타당하다고 판단한 것이다. 1597년 10월 25일 데 산데가 쓴 것처럼, "거기 있는 이 수도원만 승인하고 공기가 나빠서 우리에게 해가 되는 소주[韶州] 수도원은 바꾸어야 하겠습니다. 이유는 또 북경 수도원을 열게 되면 소주와 혼동하지 않도록 하려는 것입니다"(N.2714)라는 것이다. 그러니까 순찰사는 그때 이미 소주의 수도원을 폐쇄하려고 결정한 셈이다.
[1052] 1589년 8월 26일부터. Cf. NN.344, 1154.

들은 희망을 접어서는 안 된다고 했다. 결국 소주 수도원은 원래대로 보존하기로 했다.

앞 장[＊]에서 주님께 큰 영광이 될 만한 많은 일을 골라 언급하면서, 나는 방해가 된 것들에 대해서는 전혀 말하지 않았다. 그렇다고 해서 어려움과 난관이 없었던 것은 아니다. 그것을 이번 장에서 말하려고 한다. 그것을 통해서 마귀가 얼마나 많이 개입했는지, 주님께서 어떻게 그 모든 위험에서 구해 주셨는지를 알게 될 것이다. 이로써 모든 것이 그분의 거룩한 이름을 드높이고 최고의 영광을 드리는 데 있음을 알게 될 것이다. [1053]

658. 우상들에 대한 공적 · 사적 제사를 중단시키는 데 대한 어려움

이런 방식의 개종에서 가장 큰 어려움은 우리 성교회의 율법이 우상들과 전쟁을 해야 한다는 것이다. 중국인들에게 하느님을 최고신으로 인정하게 하는 것과 그분을 표현한 성화에 경배하도록 하는 일은 쉽지 않다. 그들은 우상을 섬기는 것이 하느님께 대한 예의에서 벗어나는 것이 아니라고 생각하기 때문이다. 우리가 성인들을 공경하듯이, 그들은 우상들을 섬기기 때문이다. 그쪽 종파에서는 우상들이 모두 나쁜 것을 가르치지 않고, 외형상 매우 덕이 있는 것처럼 보이게 하는데, 모두 거짓이다. 거기에서 이야기하는 우상들의 생애는 서방의 시인들이 노래한 것처럼, 혐

[1053] 이 서두로 알 수 있는 것은, 언급하게 될 장(章)이 모두 트리고 혼자서 작성한 것이 아니라는 것이다. 하지만 장(章)의 항목들에서 보여 주는 것처럼, 리치는 제17장에서만큼은 소주의 수도원과 그리스도교 공동체의 모든 정황을 기억하고 있었다는 것이다. 뒤이은 제19장에서 관련 비평을 볼 수 있다.

오스러우면서도 대부분 도덕적으로는 좋은 고대의 신들과도 닮지 않았다.[1054] 그래서 우리의 거룩한 신앙과 율법을 매우 존중하면서도 우상에 대한 일반적인 의견은 받아들이려고 하지 않을 뿐 아니라, 그것이 불합리하다고 생각하는 것 같다. 왜냐하면 그들은 그것이 조상들로부터 내려온 것이고, 지금 그것을 배척하는 것은 선조를 공경하지 않는 거라고 여기기 때문이다.

이런 현상이 보편적이라고 생각하면 이와 관련한 어려움은 증가할 수밖에 없다. 중국인들에게 비교인들이 하는 것처럼 누구나 드나드는 사당(혹은 사찰)에 가서 우상에게 절하는 것을 금지한다고 해결되는 것이 아니라, 개인이 집에 모시고 있는 우상들까지 버리라고 해야 하기 때문이다. 중국인들은 우상들과 함께 자랐고, 가정의 수호신으로, 그들 처지에서는 라레스[1055]와 페나티스[1056]로 모시고 살아왔다. 그러므로 개종하는 사람은 기존의 우상을 믿던 가정에서 얼마나 학대를 받으며 신자가 되었

1054 리치는 중국인들이 "하늘의 임금(天帝)이나 다른 신령들을 믿지는 않아도, 우리 로마인들과 그리스인, 이집트인과 다른 여타 국가들에서 믿는 것처럼 [하늘의 임금이나 다른 신령들이] 야비하다고 생각하지는 않는다"(N.170)라고 보았다. 1609년 2월 15일, 사망하기 얼마 전에, 그는 이렇게 쓴 바 있다. "1500년간 이 사람들[중국인]은 우상을 섬겨 왔지만, 그들은 우상을 숭배하면서도 우리 이집트인들과 그리스 및 로마인들처럼 그렇게 비참하지는 않았습니다." 그리고 중국의 고전들을 깊이 있게 진단하면서, "그 속에서 우리는 이성의 빛에 반하는 것을 찾기란 극히 드물고, 오히려 부합하는 게 훨씬 많습니다. 우리 자연주의 철학자들에 뒤지지 않습니다. 따라서 그들의 조상 중 많은 사람이 자연법을 잘 지켜 구원되기를, 선하신 하느님께서 당신의 자비를 베풀어 주시기를 바랍니다"(N.1914)라고 했다.

1055 **역주_** 고대 로마 시대에 라레스(lares)는 가정의 수호신이자 개인을 지켜 주던 신으로, 그리스도교의 수호성인 혹은 수호천사와 비슷한 개념이라고 할 수 있다. 비슷한 라레스 콤피탈레스(lares compitales)는 교차로의 수호신이다.

1056 **역주_** 다신 신앙이던 고대 로마에서 집과 가정에 모시던 수호신이다.

는지를 알 수 있다. 그들은 우상들을 쓰레기통이나 불구덩이에 던졌다. 우상들에게 켰던 향이나 재도 참지 못하고, 강에 버리거나 우리에게 가지고 왔다. 이교도들에게는 큰 잘못일 뿐 아니라 잔인한 것이기도 했다. 우상 문제는 또 다른 어려움을 만들어 교우들을 거의 평생 불편하게 했다. 왜냐하면 그들은 (일 년에 몇 차례씩) 우상 행렬을 하며 그 비용을 모든 사람에게 분담시키곤 했기 때문이다. 교우들은 처음부터 돈을 낼 수 없다고 완강한 태도를 보였고, 그것은 이미 선례가 되었다. 따라서 다른 많은 지역 교우들도 이 일로 더는 어려움을 겪지 않았다. 하지만 처음 비교인들로서는 신부들도 용서할 수 없었다. 마치 최근에 니콜로 론고바르도 신부가 다른 여러 지역에서 겪은 것처럼 말이다.[1057]

659. 눈(眼)의 신(神)을 위한 신전 건립 모금 행렬에서 신봉자들이 론고바르도에게 기부를 강요하다

중국에는 눈을 보호해 준다는 안광眼光[1058]이라는 신이 있다. 이 신은

[1057] 1602년도 보고서는 1603년 1월 29일 마카오에서 디에고 안투네스(Diego Antunes)가 썼다. 그에 따르면 우상숭배에 대한 이런 강한 공격이 소주에서 일어난 그리스도교 박해의 근본 원인이 되고 중국과의 대화에 있어 가장 큰 장애가 되었다고 한다. 그것은 다음과 같은 네 가지 이유 때문이다. ① 이런 숭배는 수없이 많은 파고다[사원]에만 국한되지 않고, 집과 선박, 오두막에 이르기까지 광범위해서 투쟁이 보편적일 수밖에 없다. ② 중국인은 전통에 반하게 되면, [그리스도교로부터 얻는] 성스럽고 영적인 재화에 비해, 조상에게서 물려받은 물적 재화를 모두 빼앗길 수도 있는 큰 난관에 봉착하게 된다. ③ 이렇게 신격화된 인물들에 대해 나쁘게 말할 수는 없다. 왜냐하면 그리스와 로마 신화에서 등장하던 인물들과는 달리 대부분 도덕적으로 건강한 생활을 독려하기 때문이다. ④ 우상숭배는 인도 혹은 시암에서 16세기 혹은 그보다도 더 오래전에 황제의 명에 따라 들어온 것으로, 어떤 황제가 그에 반하는 명령을 내린다고 해서 없어질 수 있는 것이 아니다. 특히 종교와 관련한 문제의 경우, 초보자라고 하더라도 최고형으로 처벌받게 된다. Cf. N.4162.

원래의 두 눈 외에도 이마 중간에 눈이 하나 더 있다. 어느 날 많은 군중이 이 우상을 들고 행렬을 하며 신전을 짓겠다고 모금을 했다. 우리[수도원]에게도 와서 신부라 자기네가 봐줘서 최고의 예를 표한다며, 우상을 들고 요란하게 들어오려고 했다. 신부는 그들이 원하는 것이 무엇인지 보려고 나와서 그들의 '성인(동상)'은 거들떠보지도 않고 따라온 사람들과 이야기를 나누었다. 그들은 기분 나빠하며, 다른 집에는 가면 주인이 우상에게 수십 번씩 절을 하고 초와 향을 바치고, 은전까지 바친다고 했다. 그러면서 뭔가 기대한 듯, 신부의 이런 결례를 모른 척하고, 자기네가 온 이유를 설명했다. 그들의 비위를 맞춰 주기 위해 신부는 측은한 마음으로 그들을 칭찬했다. 하지만 참 하느님을 모르는 그들이 불쌍한 생각이 들어 하느님께 드리는 사당을 짓는 것이 낫지 않겠느냐고 했다. 신부에게서는 아무것도 기대할 것이 없었다. 왜냐하면 우리 성교회의 율법은 우상을 섬기는 것을 금하고 있기 때문이다. 그러자 그들은 더는 참지 못하겠다는 듯 소리를 지르며 뭐라도 헌납해야 한다고 우겼다.

이런 행렬을 지도한 사람은 자칭 신부의 친구라고 하는 한 문인이었다. 그는 신부를 한쪽으로 데리고 가서 "신부님이 외국인이기 때문에[1059]

1058 텍스트는 의심의 여지 없이 안광을 Hoaquam이라고 쓴 것이다. 하지만 이것이 리치의 문장이 아니기 때문에 당시 중국어를 배우고 있던 트리고가 잘못 베껴 적은 것이라고 할 수 있다. Yenquoam이라고 써야 하는 것을 Hoaquam이라고 읽은 것이다. 사실 Yen과 Hoa은 비슷한 게 하나도 없다. 하지만 텍스트에서 말하는 Iencoam 혹은 Iencoam pusa는 안광보살(眼光菩薩)로, 태산(泰山) 신의 아들이다. 시력을 관장하는 우상으로 손에 동그란 것을 들고 있는 모습으로 묘사되는데, 그것은 눈이다. 축일은 음력 3월 6일이다. Cf. Doré[1], XI, pp.990-1000; Doré[2], pp.21, 36, 37, 132, 141, 177.
1059 아무것도 얻지 못하고 명예까지 손상되자 위험하기 시작한 것이다. 중국처럼 이렇게 폐쇄된 나라에서 외국인이 한 번 비난받고 그것을 용서받기 위해서는 백성이 원하는 것은 무엇이건 해야 하고, 그들의 불만을 그냥 넘어가서는 안 된다. 학자는 바로 그 점

이 사람들이 청하는 것이 무엇이건 거절하지 않는 것이 좋습니다"라고 말했다. 그는 목소리가 하도 커서 모든 사람이 다 들었다. 그러자 신부는 더 큰 목소리로 "길을 닦고 다리를 놓는 등 공공사업에 나는 언제나 앞장서서 기꺼이 봉헌해 왔소. 하지만 우상을 위해서는 한 푼도 줄 수가 없소. 적게 내놓건 많이 내놓건 그것은 우리의 율법에 어긋나는 일이기 때문이오"라고 말했다. 학자는 신부가 인색해서가 아니라 신중한 사람이라는 것을 알고, 다른 계책을 내놓기를, 우상을 위해서가 아니라 저 사람들을 만족시키기 위해서 내놓으라고 했다. 하지만 신부는 흔들리지 않고 원칙대로 하였다. 그렇게 한참을 논쟁하다가 그들은 우상을 들고 밖으로 나가며 욕을 퍼부었다. 마음이 상한데다, 우상의 명예를 실추시켰기 때문이다. 이것으로도 알 수 있는 것은 현지인 그리스도인의 경우, 그들이 신자가 되기 전에는 이런 일에 항상 돈을 냈다는 것과 이제는 전혀 다른 율법의 신봉자가 되었다는 것을 알면서도 이웃의 현지인들은 계속해서 교우들을 괴롭힌다는 것이다.

　이런 어려움은 일상에서 비일비재했다. 이제 말하려고 하는 것은 그중 몇 가지다.

660. 황촌(黃村)의 젊은 두 글 선생이 론고바르도를 고발하려고 하다가, 입을 다물다

신부는 좋은 씨앗을 잘 뿌려 결실을 거두고 있던 황촌黃村[1060] 마을에

을 지적하고 있다.
1060 소주 북쪽 도보로 한 시간 정도 거리에 있다. 인화(仁化) 가는 길에 있다.

가서 보니, 원수가 사람들 사이에서 불화를 조장하고 있었다. 그곳 대학에서 유식한 체하던 글 선생 둘이 주동하여 일을 벌이고 있었다.[1061] 그들은 자기 제자 중 몇이 그리스도인이 된 것을 알고 매우 가슴 아파하며, 신부가 없는 틈을 타서 신부와 우리 성교회에 대해 몹시 나쁘게 말을 했다. 신부가 왔다는 것을 알고는 더 나쁘게 말을 했다. 신부는 사람을 보내 그들의 비난에 바로 답할 수 있지만, 기왕이면 중국인 학자들이 있는 앞에서 공개적으로 하자고 했다. 하지만 그들은 진리에는 그다지 열정이 있는 사람들이 아니어서 그 제안에는 관심조차 없었다. 그러면서도 자신들이 부당하다는 말을 듣기는 싫어서 [신부를] 서양 중番僧[1062] 혹은 그런 종류의 사람이라고 부르며 공개적으로 백성들을 선동하여, 마을을 직접 통치하고 있는 지방관인 지현知縣[1063]에게 청원까지 하려고 했다.

이 일은 공개적으로 진행되고 있었기 때문에, 어떤 사람은 신부에게 와서 일이 더 커지기 전에 떠나는 것이 좋겠다고 말해 주는 사람이 있었다. 하지만 신부는 경험에 비추어, 이렇게 유식한 체하는 사람들은 막상 자기를 드러내는 데 두려워한다는 걸 알고 있었기에, 공식적으로 사람을 보내 그들이 지현[1064]에게 ─이 관리에 관해서는 앞서 말한 바 있다.─

1061 여기에서 론고바르도의 스타일을 알 수 있다. 1598년부터 이미 그는 중국의 문과 시험들을 유럽의 대학과 같은 수준으로 보았다. Cf. N.2761; N.63, 주(註). 이 글의 저자가 론고바르노라는 것은 바로 이런 자신의 이름을 직접적으로 언급하는 것을 통해 알 수 있고(NN.665, 670), 론고바르도가 쓰지 않은 것은 다른 저자의 이름을 거론하는 것으로 알 수 있다. Cf. N.644.
1062 Cf. N.429, 주(註).; NN.257, 429, 431, 653, 668, 670, 1387, 1416.
1063 지현(知縣)에 대해서는 N.673에서 더 명확하게 이야기해 줄 것이다.
1064 1600년부터 1606년까지 곡강(曲江), 곧 소주의 지현(知縣)은 방리교(龐履敎)였다. 그는 광서(廣西)의 박백(博白)에서 태어나 거인(擧人, 석사)이 되었다. 그는 론고바르도의 설교를 듣고 가톨릭 신앙을 칭송하였다. Cf. N.665; *Annali della Prefettura di*

청원하려고 한 것은, 지현이 언젠가 [신부를] 만났을 때 허락하고 칭송한 가르침[종교]이라는 것과 도시의 다른 여러 지부知府도 이미 보고 허락했다고 일러 주었다. 이 통지는 그들의 날개를 자르는 것과 같았다. 그들에게 동조하려던 사람들을 모두 떨어져 나가게 했기 때문이다. 그 결과 신부는 생각했던 것보다 훨씬 편하게, 매우 자유롭게 신자들을 돌볼 수 있게 되었다.

[신부들의 전교 활동은] 그 지역에만 그치지 않고, 그곳에서 가까운 반 리 그가량 떨어진 미암포Miampu, ?舖?[1065]라는 마을로도 가서 큰 성과를 냈다. 하지만 신부는 숙박을 언제나 황촌에서 했다. 유식한 체하던 글 선생들은 기가 죽어 자기네 학당 밖으로 더는 나오지 않았다.

661. 소주에 퍼진 리치와 선교사들에 관한 뜬소문. 관리 종(鍾) 조르조가 북경으로 가는 길에 이 소문을 듣고 와서 반박하다

신부가 집으로 돌아오니 도시가 발칵 뒤집혀 있었다. 이유는 소주韶州에 전해진바, 신부들이 앞서도 말한 것처럼[1066] 북경으로 가는 길에 태감 마당馬堂에게 붙잡혀 감옥에 갔혔다고 했기 때문이다. 사람들은 우리를 반대하여 들고일어났고, 우리의 적들은 이 기회를 이용하여 우리를 따르는 사람들뿐 아니라 왕래하는 사람들까지 모두 엮어서 크게 위협을 가했다. 그들은 사태가 돌이킬 수 없을 지경에 이르렀고, 옥에 갇힌 신부들은 사형이나 적어도 무기징역형에 처할 것이며, 이는 다른 여러 집에서 사

Shiuchow, c.4, f.18b.
1065 이 마을은 확인되지 않았다.
1066 Cf. NN.588, 589.

는 신부들도 마찬가지일 것이라고 했다. 친구들까지 이미 우리에게서 멀리 떨어져 무슨 일이 벌어질지를 관망하고 있었다. 교우들은 들려오는 욕설과 협박을 더는 참기 힘들 정도였고, 신부도 같은 신부들[1067]이 보낸 편지를 보여 주어도 방어할 수가 없었다. 이미 우리 집은 모든 면에서 신용을 잃고 있었다.

결국 우리 주님께서 종鍾이라는 성을 가진 소주韶州의 관리가 [북경] 조정에 가는 기회를 이용하여 풀어 주셨다. 그는 앞서 말했던[1068] 조르조라는 이름으로 세례를 받은 교우였다. 그들 일행은 신부들이 붙잡힌 임청臨淸[1069]을 지나면서 우리 집식구들을 통해 소식을 들었다. 당시에 그는 마태오 리치 신부만 소주에서 알던 사이였고, 다른 신부들은 알지 못했다. 하지만 그의 친척 중 한 사람이 도리都吏라는 관직에 있으면서 신부들에게 많은 도움을 주고 있었다. 그는 자신의 고향 소주에 도착해서 사람들을 안심시키고, 오는 길에 남경과 남창南昌[1070]을 거쳐 왔는데, 그곳에서 신부들의 명망이 대단히 높더라고 말해 주었다.

1067 그러니까 론고바르도는 리치가 북경에 들어가면서 겪은 일을 직접 전해 주어 알고 있었던 걸로 예상된다.

1068 Cf. N.650.

1069 1601년 4월 북경에서 거인 시험이 있었다. 이것은 "승진" 시험(N.649)이지, 최종 학위 시험이 아니었다. 그러니까 단순한 거인 시험이었다. 나중에 스테파노로 세례를 받는 팽(彭)(N.653)이 여기에 응시하여 떨어졌다. 이것은 리치의 도착이 어떻게 북경에서 그토록 빨리 알 수 있었는지를 설명해 준다. 이런 도착 소식 외에 다른 소식들도 뇌주(雷州)의 지부(知府)를 통해 바로 이어서 소주로 전해졌다. 임청(臨淸)에서의 만남에 관해서는 N.650을 보라.

1070 Cf. NN.4150, 4165; Guerreiro, I, p.259.

662. 사람들이 론고바르도를 초대하여 십자가에 관한 설교를 하지 말 것을 요청했으나, 선교사는 비교인들한테까지 십자가를 선포하다

그는 처음으로 [소주에 있는] 우리 집을 방문하여 론고바르도에게 이 소식을 전했고, 그로 인해 우애가 깊어져 신부의 가르침을 받아들이게 되었다. 이 기회에 그는 신부와 이야기를 하면서, 신부가 십자가를 가지고 갔기 때문에 마당馬堂이 그것을 보고 황제를 암살하는 나쁜 물건으로 여겨 의심하게 되었다고 했다.[1071] 그와 소주 시의 다른 인사들은 신부들이 그런 음모를 꾸몄다고는 생각하지 않지만, 누구든지 보기만 해도 소름 돋게 하는 그런 잔인한 상을 사용하는 것에는 반대했다. 그들이 가장 의아해한 것은 신부들은 죽으면 죽었지, 그것을 버릴 수 없다는 것이고, 그것은 다른 신부들도 마찬가지라는 것이다.[1072] 주민들은 그들에게 와서 친구[신부]들이 제발 소주에는 그것을 가지고 오지 말아 달라고 요청했다. 하지만 신부들은 이런 기회를 이용하여 종종 십자가의 신비를 비교인들에게 설명해 주었다. 그 덕분에 비교인들도 십자가를 보면 그 앞에 경배하는 성과를 얻었다.[1073] 이렇게 우리는 또 한 번 주님의 은총으로

[1071] 태감 마당(馬堂)과 있었던 십자가에 관한 일화다. Cf. N.588.

[1072] 앞의 N.589에서 언급한 것을 암시한다.

[1073] 다른 명백하고 확실한 시도는 여러 차례 언급한 바 있듯이, 초창기 중국의 예수회원들은 예수 그리스도의 십자가[et hunt crucifixum]에 관해 모두 설교했다. 비교인들에게도 십자가에 관해 설교하지만, 대부분은 신자들을 대상으로 했다. 몇 년이 지난 후, 1610년, 판토하는 『방자유전(龐子遺詮)』이라는 책을 한 권 출판했는데, 예수 그리스도의 수난에 관한 신학적인 모든 내용과 교리를 담았다. 그리고 1620년경, 다 로챠(Da Rocha)는 "묵주기도 방법"에 관한 『염주현정(念珠現程)』[N.499, 주(註)]을 썼고, 거기에 담길 열다섯 개의 수난 삽화 중 다섯 개를 완성했다. Cf. D'Elia², pp.125-127.

박해를 전화위복의 기회로 삼았다.

663. 그가 예비신자라고 밝히자 귀족들의 큰 소란이 진정되다

우리를 황당한 상황에서 구해 준 관리 종鍾은 자신도 모르는 사이에 또 다른 상황에서 우리를 구해 주었다. 중국에는 몇몇 회장會長[1074]이라고 하는 사람들이 있는데, 백성들 가운데 나이가 많은 사람들로, 구역에서 일어나는 일을 관청에 알리기도 하고, 관리들은 마치 자기네 감찰관처럼 그들의 말을 신뢰했다. 회장들은 사람들이 우리 집에 모이는 것을 보고, 우리를 적대시하는 몇몇 사람들의 말만 듣고 관청에 보고해야겠다고 생각했다. 우리에게 또 다른 골칫거리가 생길 판이었다. 우리를 반대하던 사람들은 회장들이 자기네 편에 있는 것을 보고, 자기네 계획을 실행에 옮길 좋은 기회로 판단하여 수천 가지 방법으로 교우들을 탄압했고, 심지어 길에서 교우들을 붙잡고 집에도 못 가게 했다. 상황은 이미 나빠졌다. 그때 관리 종과 또 다른 관리이자 그의 동생과 친척 문인 학자 하나가 신자가 되기로 하고, 선물과 중국식 예법을 갖추어 성대하게 우리 집을 방문하여 정식으로 신부를 자기 스승으로 모시려고 했다. 하지만 신부는 전부 다 받아들이지 않고, 할 수 있는 것만 받아들였다.[1075] 교리서 『천주교요天主敎要』를 받고 교리교육을 시작했다. 이런 사실이 도시

[1074] Hoeiciam이라고 표기한 이 용어는 Jochains이라고 써야 하는데, 론고바르도의 원래 텍스트 Jochams를 트리고가 잘못 옮겨 적은 것으로 보인다. cha는 이탈리아어 cia로 소리가 난다. 실제로 뒤에는 Chayuen이라는 말도 있다. 여하튼 이 용어는 회장 (Hoeiciam, 會長)으로 번역할 수 있을 것 같다. Cf. N.305.

[1075] Cf. N.144. 선교사들은 대개 이런 명예를 거절했다는 것을 기억할 필요가 있다. 같은 시기에 소주에서도 비슷한 일이 벌어져 재차 알게 되었다(N.653). Cf. N.625.

전역에 알려지자 회장들의 분노가 사그라들었다. 그들은 고관들이 드나드는 곳이라면 위험한 게 아닐 거로 생각한 것이다. 이에 교우들은 다시금 자유를 되찾고 하느님 율법의 혜택을 받을 수 있게 되었다.

지금까지 밝혀진바, 중국에서 있었던 모든 난관을 통해 하느님께서는 당신의 권력을 드러내신다는 것이다.[1076] 우리에게 불리한 모든 것을 통해 당신의 계획을 실현하신다는 것이다.

664. 성(省)의 찰원 임병한(林秉漢)이 소주에 도착하다

얼마 후, 찰원察院[1077]이라고 하는 이 도시[소주]와 성省의 순찰사가 도착했다. 그때 우리의 적들은 역시 잠자코 있지 않았다. 그러나 우리 주님께서는 그들의 행보가 아무것도 아니게 조치해 놓으셨기 때문에, 그들은 함부로 경거망동하지 못했다. 순찰사는 두 명의 지부를 고문관으로 지목할 수 있는데, 한 명은 소주의 지부를,[1078] 다른 한 명은 같은 성省의 다른

───

1076 1616년 이전까지는 중국에서 '진정한 박해'라고 할 만한 것이 있었다고 말할 수는 없다. 하지만 지역에 따라 다소의 어려움은 회피할 수가 없었다. 저자는 바로 이 점을 말하고 있다.

1077 Cf. N.105. 아마도 임병한(林秉漢)일 것이다. 그의 호는 백소(伯昭)다. 그는 복건(福建)성 장주(漳州)의 장태(長泰)에서 태어나 1595년 거인에 합격했다. 그는 먼저 서길사(庶吉士)가 되었고, 다음에 절강(浙江)과 광동(廣東)에서 급사중(給事中)을 지냈다. Cf. *Annali della Prefettura di Changchow* 『조주부지(潮州府志)』, c.29, f.53b-54a. 하지만 『광동통지(廣東通志)』(*Annali Generali del Kwangtung*, c.18, f.24b)에서는 그가 급사중으로 임명된 것이, 앞서 언급한 해가 아니라고 한다. 그러면서 그의 선임 마문경(馬文卿)일 가능성을 열어 놓고 있다. 마문경은 지금의 호북(湖北)성 의진(儀眞)에서 태어났다. 그의 가문은 귀주(貴州)에 자리를 잡았다. 1592년에 학위를 받았다. Cf. 『제명비록(提名碑錄, *Stele dei dottori*)』, anno 1592; *Index*, 24, II, p.136.

1078 당시 소주의 지부는 왕이통(王以通)이었다(Cf. N.641). 호는 태졸(太拙)이다. 복건(福建)성 장주(漳州) 근처 용암(龍巖)에 뿌리를 내리고 살던 한 관리의 아들로 천주(泉州)에서 가까운 진강(晉江)에서 태어났다. 1580년에 진사박사가 되었고, 강서(江西)의

도시인 뇌주雷州의 지부[1079]를 지목했다.

665. 소주의 지부 왕이통(王以通)과 북경에서 리치를 알았던 뇌주 (雷州)의 지부가 론고바르도와 우정을 맺다

소주韶州의 통감과 니콜로 론고바르도 신부는 우정이 매우 돈독했다. 이때 소주의 관리들은 다른 여러 수도원에서와 마찬가지로 신부들을 예를 갖추어 대했는데, 그것은 그리스도교에 큰 도움이 되었다. 하루는 신부가 통감에게 십계명을 보여 주자, 그는 거기에 담긴 내용이 완벽한 것에 매우 놀라며, "이것을 지키고자 하는 사람은 관리가 될 수 없겠군요!"[1080] 하고 말했다. 이런 친근한 대답을 들은 반대자들은 통감이 우리에 대해 반대할 거라는 기대를 하지 않게 되었다.

한편 지부는 [론고바르도] 신부가 자기를 알지 못한다고 생각했다. 하지만 조정에서 얼마 전에 왔기 때문에, 거기에서 리치 신부를 봤고, 그와

남성(南城)에서 지현(知縣)으로, 남어사(南御史)의 급사중(給事中), 강서(江西)성 서주(瑞州)의 지부, 그리고 1597년부터 1605년까지 소주의 지부를 지냈다. 소주의 지부로 있으면서, 호광(湖廣)성 집법(執法)이라는 직무도 맡았다. 중국 자료에 따르면 그는 인품이 있고 학문에 심취했다고 한다. 유럽 나이로 82세에 사망했다. Cf. *Annali della Prefettura di Shiuchow*[『소주부지(韶州府志)』], c.4, f.10a; c.28, f.17a; *Annali del Mandamento di Lungyen* [『도광용암주지(道光龍巖州志)』], c.12, f.14a; *Annali del distretto di Lungyen* [『용암현지(龍巖縣志)』], 1920, c.25, f.22;『제명비록(提名碑錄)』, anno 1580. 만약 1580년에 40여 살의 나이였다면 1600-1602년경에는 60살 정도가 되었을 것이다.

1079 거의 확실히 뇌주(雷州)가 맞다. 텍스트에서 말하는 Luicheu는 오늘날 뇌주를 표기하는 Leichow와 같이 읽기도 한다. 1600년과 1604년 사이에 이 도시의 지부로 임건승(林建陞)과 오사망(吳士望)이 있었다. Cf. *Annali Generali del Kwangtung* [『광동통지(廣東通志)』], c.37. 이 사람들의 전기는『광동통지(廣東通志)』c.252를 보라.

1080 소주의 지현(知縣) 방리교(龐履敎)(Cf. N.660)도 그리스도교 신앙을 칭송했다. Cf. N.660.

친근한 만남을 가졌던 기억이 있다. 그래서 소주韶州에 도착하자, [리치] 신부의 동료가 한 사람 있다는 것을 알았다. 그는 즉시 사람을 보내 방문하도록 했고, 공무로 바빠서 직접 찾아오지 못해 미안하다고 전했다. 그는 또 아주 좋은 먹거리 선물을 보냈는데, 소주의 동지同知 하나가 그에게 보낸 것을 그대로 신부에게 보낸 것이었다. 선물 행차는 매우 성대했고, 모든 사람을 놀라게 했다. 왜냐하면 도시의 한쪽 끝에서 다른 한쪽 끝으로 가는 것이었기 때문이다.[1081] 그가 신부에게 이렇게까지 깊은 우정을 보이는 이유를 아무도, 신부조차도 몰랐으나, 신부가 그를 방문한 후, 그가 리치 신부의 소식을 전해 주어서 알았다. 그는 리치 신부와 우리[유럽]의 것에 대해 입이 마르도록 칭찬을 아끼지 않았다. [론고바르도] 신부도 그 점은 이미 알고 있었지만, 그가 많은 사람 앞에서 [리치 신부와 우리의 것에 대해] 이야기하는 것을 좋아했기 때문에 그냥 두었다. 그의 말은 점차 사방으로 퍼졌다.

나중에 그가 답방문을 와서 많은 이야기를 했는데, 그중 하나는 신부들이 모든 사람을 똑같이 대하는 것을 보고 그것은 진리의 사람들만이 할 수 있는 거로 생각했다는 것이다. 또 모든 대화에서 언제나 하느님을 소개하는 것으로 봐서 그들은 하느님을 항상 생각하고, 모든 사람이 그분을 경배하기를 원한다는 것을 알았다고 했다.

이렇게 관리들이 [신부들을] 호의적으로 대하는 것을 본 반대자들은 그들의 계획을 실행할 수가 없었다. 오히려 그들이 우리를 해치려고 하면

1081 여기에서는 앞서 N.664에서 언급한 뇌주(雷州)의 두 지부 중 한 지부에 대해 말하는 것이다(N.670).

우리 주님께는 그 어느 때보다 우리의 청을 들어주시어 그들보다 더 높은 사람을 보내 혼란을 겪게 하셨다.

666. 그리스도교 문학이 궁핍하다고 말하는 사람들의 악담을 꺾기 위해 론고바르도, 리치, 소에이로가 중국어로 된 많은 교리서를 발간하다

그런데도 반대자들은 멈출 줄을 몰랐다. 고소장들은 써 봐야 소용이 없다는 것을 알자 성교회의 율법과 설교자들의 명예를 훼손하기 위한 여러 가지 것들을 궁리하기 시작했다. 그리스도교의 교리서 요약본인『천주교요天主教要』를 보자 소책자라며, 위대하다는 서양의 모든 율법[泰西]이 겨우 네 장짜리 종이에 불과한데, 겨우 그걸로 서양 율법의 진가를 드러내려고 한다고 했다. 우상종교[불교]의 교리와 주문, 기도 관련 개요 및 서적들과 비교할 바가 못 된다고도 했다.[1082] 그들은 그리스도인들을 쫓아다니며 괴롭혔고, 교우들은 어떻게 대답해야 할지 몰랐다. 그저 [『천주교요(天主教要)』외에도] 다른 많은 책이 있지만, 아직 번역되지 않았고 신부들이 너무 적고 새로 와서 언어를 잘하지 못해서 그렇다고 말할 수밖에 없었다. 그래도 그들은 멈추지 않았다. 이에 교우들은 신부에게 청원서를 올려 그들의 이런 부당한 행위에 대응하고, 선포함으로써 율법[그리스도교]의 명예를 위해 반박할 수 있게 해 달라고 했다.

그러나 신부는 아직 이런 문제를 해결할 만큼 중국어 문장 실력을 갖

1082 당연히 삼장(三藏) 혹은 불교 규범을 말한다. 이와 관련하여 독자는 Wieger, *Bouddhisme Chinois*, Hokienfu, 1910, I, pp.111-144; *Index*, 11, I, pp.1-111을 참고하면 좋다.

추지 못했다. 하지만 상황이 이렇게 되자, 신부가 스승으로 삼은 한 신자 문인의 도움을 받아, 신부들이 불러 주는 식으로 하여,[1083] 몇 권의 책을 썼는데, 교우들 사이에서 꽤 좋은 반응을 얻었고, 그것을 통해 비방하던 사람들의 입을 막기도 했다. 같은 방식으로 루이지 디 그라나다Luigi di Granada 수사가 요약 정리한 '여러 상황에서의 기도문', 곧 성무일도서『천주성교일과天主聖敎日課』도 편찬했다.[1084] 신자들에게 가장 필요하다고 생각했기 때문이다.[1085] 라틴어에 중국어 음을 단 '매장埋葬 및 망자를 위한

[1083] 유럽 선교사들의 일반적인 규칙은, 비록 선교사가 아주 유명한 중국학 전공자라고 할지라도, 현지인 학자들의 도움 없이 책을 중국어로 쓰지는 않았다. 대개 유럽의 학자가 만다린어로 불러 주면, 그것을 받아 적은 사람이 자기 취향에 따라서 중국식으로 우아하게 문장을 만드는 방식이었다. 그런 다음 그것의 초벌 번역 해석본을 현지인에게 붓으로 수정하도록 했다. Cf. N.704.

[1084] 스페인의 도미니코 수도회 소속 루이지 디 그라나다(Luigi di Granada, 1504-1588) 수사는 유명한 설교자며 작가로 알려져 있다. 그가 쓴 많은 책이 롱고바르도와 같은 사람에 의해 인용되었다. 가령, *Libro de la oración y meditación*(1554); *Guida de pecadores*(1556); *Memorial de la vida cristiana; Introducción al sombolo de la Fe*(1582); *Breve tratado en que se declara la manera que se podra proponer la doctrina de nuestra Santa Fe y religión cristiana a los nuevos fieles* 등이다. 텍스트에서 말하는 기도문은 아마도 *Manual de diversas oraciones y espirituales ejercicios*(1557)를 요약한 것으로 보인다. 1592년에 *Introducción al sombolo de la Fe* 요약본이 벌써 아마쿠사(Amakusa, 天草)에서 일본어로 번안되었지만(Laures, pp.15-16; Cf. *Ibid.*, pp.51-52), 원본은 일본어로 번역되지 않고, [번안본만] 1611년에 출판되었다(Laures, p.51). 1599년에도 *Guida de pecadores*가 나가사키(Nagasaki, 長崎)에서 일본어로 개작되었다(Laures, pp.34-36).

[1085] 사웃웰(Soutwell, *Bibliotheca Scriptorum Societatis Iesu*, p.632)이 주창하고 좀머포겔(Sommervogel, *Bibliothèque des Ecrivains de la Compagnia de Jésus*, IV, cl.1932, N.2)이 반복해서 쓴 제목 *Libellus precum cum Officio funebri ac sepulturae, latino quidem sermone sed charactera sinico espressus*는 책의 진짜 제목이 아니다. 단지 여기서 트리고가 말하는 책을 *Precum libellus … officium etiam funebre ac sepulturae, Sinicis characteribus espressum, sed Latino sermonnibil … immutato* (p.511)라는 식으로 묘사하고 있다.

다루고 있는 책은 분명 『천주성교일과(天主聖敎日課)』로, 텍스트에서 유추해 보건

기도문'**1086**도 만들었는데, 신자들은 크게 반겼다. 교우들은 라틴어를 몰라

___

대, 초판 간행이 1603년경이다. 하지만 표본을 찾을 수가 없다. 유일한 표본은 불료(Buglio)와 페르비스트(Verbiest) 시절에 나온 두 번째 판 중정(重訂)이다. 그러니까 1670년쯤이다. 이 책에는 많은 표본이 있다. 가령 하나는[물론 여러 판본 중 하나] 파리 국립도서관(Cf. Courant, NN.7353-7357, 7365-7372)에 있고, 다른 하나는 북경시 고(古) 예수회 도서관에 있으며(*BP*), 세 번째 것은 로마예수회고문서고(*ARSI, Jap.-SiN.*, I, 172)에 있고, 네 번째 것은 바티칸도서관에 있다(Biblioteca Vaticana, *Borgia Cinese*, 346).

두 번째 판은 북경의 고(古) 예수회 도서관의 표본을 토대로 한 것으로, 3부로 나뉜다.

제1부 상(上)에는:

A) 저자 혹은 역자의 이름 없이, ① 기도 바치는 요령, ② 주의 기도, ③ 성모송, ④ 성모찬송, ⑤ 사도신경, ⑥ 감사송, ⑦ 죄의 고백 ⑧ 십계명.

B) 론고바르도 번역: ① 아침기도, ② 미사경본, ③ [그리스도의] 다섯 고통을 묵상하며 드리는 기도, ④ 식사 전과 후에 드리는 기도[그리스도를 통한 기리사독(基利斯督)을 읽는다], ⑤ 삼종기도, ⑥ 저녁기도와 양심성찰, ⑦ 성모호칭기도[소리 내어 '그리스도'를 통하여 기리사득(基利斯得)을 낭송한다].

C) 페레이라 번역: ① 동정녀께 드리는 묵주의 기도, ② 영생을 위해 동정녀께 드리는 기도, ③ 고백성사 전후에 드리는 기도, ④ 성체성사 전후에 바치는 기도.

D) 론고바르도 번역: ① 묵주기도에서 우리 주님에 관한 묵상 규칙, ② 묵주기도에서 동정녀 마리아에 관한 묵상 규칙, ③ 위급 시 여섯 가지 주요 교리[여기에는 중국어로 번역된 것과 번역하지 않은 두 가지 세례성사 양식도 제시된다. 거룩한 삼위일체의 각 인격과 관련하여, 인부급자급성신(因父及子及聖神)], ④ 삼종기도에 관한 가르침.

제2부 중(中)에는:

A) 알레니, "거룩한 성체성사 연도(連禱)"

B) 몬테이로, "예수의 거룩한 성명 기도"

C) 프로이스 조반니, "수난 기도와 찬송"

D) 디아즈 일 베키오, "천사께 드리는 연도(連禱)"

E) 론고바르도, "성인호칭기도", "찬송", "(일반)기도"

F) 디아즈 일 베키오, "성 요셉께 드리는 기도"

G) 몬테이로, "연옥 영혼들을 위한 기도"

제3부 하(下)에는:

판토하와 디아즈 일 베키오가 번역한, ① 수난 이야기, ② 여러 가지 기도문: 성호경, 삼위일체께 드리는 기도, 예수 그리스도께 드리는 기도, 동정녀께 드리는 기도, 다섯 가지 수난을 묵상하는 기도, 천사송, 수호천사께 드리는 기도, 미카엘 대천사께 드리는 기도, 수호성인께 드리는 기도, 사도께 드리는 기도, 교부께 드리는 기도, 순교자께 드리는 기도, 증거자(精修)께 드리는 기도, 남녀 동정 성인(童身)께 드리는 기도, 하느

도 유럽에서 하는 것처럼 기도를 따라 했다. 중국어로 된『고해성사』[1087]와 『성모의 기적』이라는 책도 썼다.『성인전』도 번역했는데,[1088] 가장 먼저 나오는 인물로 성 발람과 요사밧,『성약살법시말聖若撒法始末』이 있다.[1089]

님께 도움을 청하는 기도, 덕을 얻기 위한 기도, 믿음과 희망과 사랑을 얻기 위한 기도, 교황-주교-선교사들-황제-관리들을 위한 기도, 파멸을 피하기 위한 기도, 좋은 자리를 위한 기도, 선종을 위한 기도, 유혹의 순간에 드리는 기도, 난관 중에 인내를 구하는 기도, 천둥-번개-폭우 혹은 지진 시에 드리는 기도, 페스트의 감염을 피하기 위한 기도, 비가 오기를 구하는 기도, 안정을 위한 기도, 화재에서 불을 끄기 위한 기도, 평화 시기에 드리는 기도, 불행한 시기에 드리는 기도, 여행을 위한 기도, 공부하기 전에 드리는 기도, 자기 생일에 하는 기도, 세례 기념일에 드리는 기도, 살아 있는 부모-친척-후원자들을 위한 기도, 원수를 위한 기도, 죽은 신자들을 위한 기도, 신자로 돌아가신 부모-친척-후원자들을 위한 기도, 모든 신자의 영혼을 위한 기도.

바티칸도서관(Borgia Cinese, 347[19])에는 제4부가 있는 판본도 보관하고 있는데, 거기에는 불료(Buglio)가 쓴 임종을 앞둔 사람과 망자를 위한 기도문도 상당히 많다.

1086 라틴어에 중국어 음을 단 이 '망자를 위한 기도문'은 산스크리트 텍스트를 일부분 중국어로 음성화한 불교 기도문을 모델로 했다[N.482, 주(註)]. 하지만 앞의 각주에서 언급한 것처럼, 지금까지 전해 오는 판본『기도집(祈禱集)』에는 수록되지 않았다. 이 기도집은 어떤 것을 모델로 했는지 알 수가 없다.

1087 고해성사 전후에 바치던 기도였을 것이다. 지금은『기도집(祈禱集)』에서 찾아볼 수 있다. 여하튼 사웃웰(Soutwell, *Bibliotheca scriptorum Societatis Iesu*, p.632)이 정리한 제목은 *Formula examinando conscientiam et confitendi, sive exercitium quotidianum, christianorum usibus accomodatum*으로, 당연히 책 제목이 아니라, 본문에서 트리고가 한 것처럼 책 내용을 묘사한 것이다. *Confitendi de peccatis et latebras coscientiae excutiendi formula.* 일본 선교사들은 1598년부터 확실히, 어쩌면 그보다 2년 앞서, 중국어로 써서 인쇄한 것을 가지고 있었고, 나가사키에서 히라가나로,『구세주(Salvator Mundi)』라는 제목하에 고백성사 방식을 넣어서 출판했다. 이와 관련하여 유일하게 알려진 표본은 로마의 카사나텐세(Casanatense) 도서관 ms.2232에 있다(Laures, pp.31-32, 296).

1088 사웃웰과 좀머포겔의 것에서 읽을 수 있는『복되신 동정녀와 일부 성인들의 생애(*Vita Beatae Virginis et nonnullorum Sanctorum*)』라는 제목도 역시 트리고의 *Deiparae Virginis opera nonnulla Admiranda, et Divorum aliquot Vita*에서 묘사한 것을 발췌한 것으로 보인다.

1089 페레이라, 알레니, 그리고 테데스키의 손을 거쳐 나온 "성 요사밧의 생애"[『성약살법시말(聖若撒法始末)』]는 알레니의 출판 허가(impromatur)로 1645년 하지 날짜로, 진강

같은 시기에 다른 동료 신부들도 여러 권의 책을 썼다. 조반니 소에이로 Giovanni Soeiro 신부는 하느님의 율법을 따르고자 하는 사람들을 위해 교리서 『천주성교요언天主聖教要言』을 썼다.[1090] 이 책은 매우 잘 써서 유용

(쓸江)의 마태오 장경(張庚)이 손을 보아[정(訂)] 나왔다. ff.22, in *ARSI, Jap.-SiN.*, I, 113 D e 113, in Biblioteca Nazionale di Parigi (Cf. Courant, N.6758)에 있다. 그리고 Vaticana di Roma(*Borgia Cinese*, 350[20] e *Racc. Gener. Orient.*, III, 222[8])에 있다. 마지막 두 글자 술략(述畧)은 첫 페이지에만 나오고, 그 뒤의 제목에는 나오지 않는다.

현대의 비평가들은 이 두 성인, 성 발람과 요사밧은 전혀 실존 인물이 아니라고 한다. 그루지야어로 번역된 '교훈적인 이야기(Storia Edificante)' $I\sigma\tau o\rho\acute{\iota}\alpha \ \Psi v\kappa\omega\phi\epsilon\lambda\acute{\eta}\acute{\varsigma}$'에는 다마스쿠스의 성 요한(S. Giovanni Damasceno)의 일화와 생애가 아니라, 성 에우티미오 엘 이베로(S. Eutimio El Ibero, 955-1028)를 언급하고 있다. 붓다에 관한 그리스어 소설로 보인다. 보디사트바[Bodhisattva: **역주**_ 보리살타(菩提薩陀; Bodhisattva), 즉 '보살(菩薩)'을 말한다]는 그루지야어 아랍을 거쳐 부다사프(Budasaf)와 이우도(Iudo)를 거쳐, 우리의 사파테(safatte)에 해당되는 $I\omega\sigma\alpha\varphi$에서 유래한다. 10세기 말, 혹은 그 이상으로 거슬러 올라갈 수는 없는 그리스어 텍스트는 1048-1049년에 이미 라틴어로 번역되었고, 14-16세기에 이르러 라틴어 번역을 통해 많은 서양 문학, 즉 스페인어, 포르투갈어, 프랑스어와 이탈리아어로 나왔다. Cf. B. De Gaiffier in *Anal Bollandiana*, Lovanio, 1930, XLVIII, pp.428-444; p. Peeters, *ibid.*, 1925, XLIII, pp.146-149: 19 XLIX, pp.276-312.

1090 책은 『천주성교약언(天主聖教約言)』이라는 제목이었다. 중국인 교우 옹망(翁望), 원회(元燴), 수령(修齡)와 함께 소에이로가 손을 본 것으로, 1606-1610년 그해 5월 마카오를 향해 소주를 떠나기 전에 한 것이다(Bartoli[1], II, c.240, p.459). 그리고 후에 롱고바르도가 소주에서 인쇄했다(ID., *ibid.*). 항주(杭州)의 『아존잡지(我存雜誌)』, 1937, V, p.336에는 절강(浙江)성 호주(湖州)의 『삼위일체 성당(三和堂)』 감수와 함께 1610년도 판본을 언급하고 있다. 그러니까 이 책과 관련하여 피스터 신부가 말하는 1601년은 결코 나올 수가 없는 것이다(Pfster, p.57). 소에이로는 리치의 교리서 『천주실의(天主實義)』(1603) 서(書)에서 언급하고 있다. 따라서 『천주실의(天主實義)』 이후에 나왔다는 말이다. 로마 예수회 고문서관(*ARSI, Jap.-SiN.*, I, 110), 파리국립도서관(Cf. Courant, NN.6834-6844)과 바티칸도서관(*Borgia Cinese*, 334[2]와 *Racc. GeN. Orient.*, 286[8]과 290[9])에 각 1부씩 있다. 책은 하느님에 대해 논하면서 아담(亞堂)과 에와(厄襪)를 창조하신 것, 세 가지 영혼: 생각(生覺), 감각(感覺), 지각(知覺)에 관한 것, 그리스도교 신앙의 공적 인정에 관한 것, 계명을 지키는 것, 믿는다는 것, 세례를 받는다는 것, 십계명을 지키는 것[리치의 『천주교요(天主教要)』에 있는 내용과 정확하게 일치] 등을 다루었다. 마지막에는 리치의 모든 작품에서 언급하듯이, 예수회의 기본적인 두

했다. 착한 신부가 침상에서 쓴 것으로, 병으로 쉬어야 하지만, 그의 사랑과 열정을 막지 못했다. 그 결과 열은 점차 올라, 더 뒤에서 말하겠지만[1091] 결국 사망에 이르렀다. 그 외에도 마태오 리치 신부의 교리서『천주실의天主實義』[1092]와『그레고리우스 일력額我略日曆』[1093]도 이 시기에 나왔다. 교우들은 앞다투어 이 책들을 손에 넣으려고 했고, 자기들이 고백하는 종교에 대한 비방들로부터 자유로워졌다.

667. 조경에서 온 두 사람이 그리스도교에 대해 거짓 소문을 퍼트렸으나, 곧 밝혀지다

마귀는 같은 신부에게 계속해서 새로운 계획으로 명예를 실추시키려는 작업을 지칠 줄 모르고 했다. 같은 시기에 조경(肇慶, 신부들이 처음 수도원을 세운 곳)[1094]에서 소주韶州로 '형장刑長'[1095]이라는 한 관리가 왔다. 그는 소주에서, 많은 사람이 그리스도인이 되었다는 말을 듣고, 조경에서도 같은 신부들로부터 율법을 전해 받은 사람이 모두 관청의 처벌을 받았다고 퍼트렸다. 이런 비방을 퍼트리는 이유는 본인이 잘 알 것이다.

가지 봉인을 다루고 있다. 소에이로의 약언(約言)은 키르허의 『중국도설(China illustrata)』에서 로마자로, 보임(Boym)이 번역한 것으로 추정되는 라틴어 번역을 넣어 재간행되었다. Cf. Pelliot in *TP*, XXXI, 1934-1935, pp.135-136.

1091 Cf. N.853.
1092 Cf. N.709.
1093 당시, 이 달력은 굳이 인쇄할 필요가 없었다. Cf. N.328, 주(註); NN.655, 1579, 1855.
1094 Xauquin은 포르투갈 버전으로 Sciaochin 조경(肇慶)이다.
1095 Mincham은 확실히 문어법이다. 하지만 트리고는 롱고바르도가 쓴 Hincham이라는 말을 Mincham이라고 쓸 만큼 중국어를 잘 몰랐다고 생각되지는 않는다. 여하튼 형장(刑長)을 일컫는 hincham (o scimciam)은 형관(刑官)의 대중적인 표현이다. 실제로 형부(刑部) 소속이다. 공평한 행정을 위해 형부상서(刑部尚書)가 임의로 직무를 맡기는 것이 아니라는 말이다.

짐작하건대, 우리가 그의 입을 막기 위해 어떤 뇌물이라도 줄 거로 생각하지 않았나 의심이 든다. 이런 거짓말은 믿을 수 없을 만큼 도시 전역으로 신속하게 퍼졌다. 하지만 우리 주님께서는 조경에서 태어나 세례를 받은 한 교우를 마침 소주에 있게 하셨다. 그를 통해 모든 사람이 알고 싶어 하는 것을 명확하게 알려 주셨다. 그는 자기는 물론 다른 모든 신자가 아직 살아 있고, 거기에서는 아무도 신앙 때문에 죽은 사람도, 고문당한 사람도, 고발당한 사람도 없다고 했다.

비슷한 시기에 또 다른 거짓 소문이 퍼졌는데, 앞서 말한 것과 매우 유사했다. 조경의 한 관리의 아들이 소주韶州를 지나다가 사람들이 신부에 대해 말하는 것을 듣고, "그들은 필시 조경에서 도망쳐 온 사람들일 거요. 그들이 조경에 탑을 하나 세웠는데, 그 밑에서 나쁜 짓들을 많이 했고, 그것이 발각되자 교묘하게 숨어 버렸다오" 하고 말했다. 하지만 이 거짓말은 [사실이라고] 믿기에는 지나치게 나쁘게 지어냈다. 소주는 같은 총독의 통치를 받는 성省에 속해 있고, 조경에서 그리 멀지 않았다.[1096] 또 모든 사람이 총독의 명으로 신부들이 소주에 와서 정착하여 집을 지은 것도 알고 있었기 때문이다.[1097] 이런 지어낸 이야기는 진리의 태양이 뜨자 구름이 사라지듯 소멸하고 말았다.

668. 마카오에서 온 광대와 순회 상인들이 그리스도교를 위협하면서도 선교사들은 칭찬하다

가장 큰 피해는 마카오에서 몇몇 순회 상인들과 함께 온 광대들의 입

1096 대략 800리(里)가량 된다.
1097 Cf. NN.333, 335, 344, 345, 350.

에서 터져 나왔다. 그들은 소주蘇州에 시장이 열리자 중국인들이 좋아할 만한 많은 초상화를 가지고 왔다. 초상화의 복장과 관련하여, 성교회의 신앙을 고백하는 포르투갈인과 그리스도인들에 관한 것만 말하겠다. 그 중에는 허리에 검을 차고 손에 묵주를 들고 있는 남자도 있고, 무릎을 꿇고 기도하고 있는 그림도 있고, 서로 싸우는 그림도 있었다. 어떤 것은 남녀가 뒤엉켜 있는 것도 있는데, 중국인들은 이런 것을 매우 불편해했다.

광대들 역시 순회 상인들이 초상화로 해를 끼치는 것 못지않았다. 모두 그리스도인들의 명예를 실추시키는 것들로, 벌써 많은 조롱거리가 되고 있었고 신용도 잃었다.

그러면서도 광대들은 서양 중들 ─우리 신부들은 물론 부제와 수사들까지 포함하여─ 에 대해 말하기를, 그들은 중국의 중들과 달리, 학식과 덕망을 갖춘 사람들이라며, 모든 사람이 그들을 크게 존경하는데, 심지어 공무를 보는 관리들까지도 그들을 존경한다고 했다. 이것은 앞서 손해를 끼쳤던 것을 다소 보상해 준 셈이었고, 신자들에게는 그들이 존경하는 스승과 설교자들을 변호할 명분을 주는 것이었다.

669. 소주의 관리들이 론고바르도 신부를 크게 존경하다

이 사람들이 우리에게 준 피해는 사실상 큰 반향을 일으키지 못했다. 오히려 주님께서는 지위가 낮건 높건 모든 관리가 신부에게 특별한 존경심을 갖게 함으로써 큰 명성을 얻게 하셨다. 얼마 지나지 않아 상인들이 그림을 팔고 광대들이 공연하던 바로 그 길에서 어느 날 한 관리가 신부를 만나자 말에서 내렸고, 다른 관리는 가마에서 내렸으며, 또 세 번째 관리는 집에서 나와 길 한복판까지 나와 인사를 하는 것이었다. 사람들은 놀라서 쳐다보았다.

670. 찰원이 선교사들의 보호자로 나서다

이런 모든 이야기는 이제 말하려고 하는 것과 비교하면, 그다지 중요한 것이 못 된다. 우리를 반대하던 사람들은 매우 계획적이고 주도면밀하게 음모를 꾸몄지만, 그 결과는 우리의 두려움이 아니라 뛰어난 기지를 발휘하는 계기가 되었다.

소주韶州에 [우리가] 집을 지은 곳은 원래 관청에서 광효사光孝寺[1098]에게 쓰라고 내준 땅이었다. 승려들은 몹시 기분이 나빴지만 그런 말을 할 용기가 없었다. 그것은 관리들이 하고 싶은 대로 하는 것이고, 자기들도 모든 것이 관리들에 달려 있었기 때문이다. 신부들이 우상들과 전쟁을 일으키기 전까지는 그래도 모두 조용하게 지냈다. 하지만 앞서 말한 것처럼, 니콜로 론고바르도 신부가 많은 우상을 파괴하자 그들의 분노는 더 참을 수 없었다.

그들은 우리를 반대하는 많은 다른 우상의 추종자들과 손을 잡고 도시의 지현 중 한 사람에게 소장을 제출했다.[1099] 마침 지현이 부재 상태라 지부知府[1100]가 대신하고 있었다. 그는 매우 탐욕적인 사람이었다. 하지만 그는 탐욕을 양쪽에서 주는 선물이라며 좋게 위장하여 감추곤 했다. 여기서 말하는 선물은 공공의 이익과 안녕을 위장한 뇌물이었다. 소장에

1098 Cf. N.345.
1099 1602년부터 1608년까지, 지부의 조수로는 분명 거인 임국광(林國光)이었다. 그는 복건(福建)성 복주(福州) 소속 민현(閩縣) 출신이다. Cf. *Annali della Prefettura di Shiuchow*, c.4, f.10a.
1100 소주의 지부는 왕이통(王以通)이었다. 그에 관해서는 Cf. N.664를 보라.

는 신부들이 나쁜 사람들을 모아 집회를 열기 때문에, 자기가 이 일에 관여하기로 했다고 적었다. 그러던 중 이 지역의 도리道吏[1101]가 백성들에게 연설하러 소주蘇州에 왔다(관리들은 종종 이런 일을 한다). 때마침 연설하는 사원이 우리 집에서 가까웠다. 연설이 끝나자 지부는 도리 앞에 무릎을 꿇고 말하기를, 이곳에 있는 몇몇 서양 중들이 광효사의 땅을 불법 점거하고 공익에 해가 되는 의심스러운 집회를 연다고 했다. 같은 시각에 신부들은 ―벌써 두 명이 되었다.[1102]― 성당을 정리하고 있었는데, 도리를 두 번이나 만난 적이 있는 론고바르도 신부가 그가 돌아가는 길에 우리 집에 올 거라고 했고, 예상은 맞아떨어졌다.

몇 명의 외국인을 보호하기 위해 도리가 소주의 지부가 한 것처럼 혼동하여 부끄러운 줄 모르는 일을 하지 않을 거라고는 아무도 예상하지 못했다. 주님께서 개입하지 않고서는 누가 사람의 마음을 움직이게 할 수 있겠는가? 도리가 사람들에게 말하기를, "나는 서방의 이 위대한 설교자들이 좋은 사람들이라는 것을 잘 알고 있소. 이 사람들은 허락을 받고 이곳에 살고 있고, 자기네 비용으로 집도 짓고 성당도 지었소. 관리를 포함한 중국인들 누구에게도 도움을 요청하지 않았소. 이 사람들과 왕래를 하고 거래를 하는 것은 놀랄 일이 아니오. 왜냐하면 여기에 산 지 오래되었고, 많은 친구와 아는 사람들이 생기지 않을 수 없을 것이기 때문이오." 이 대답에 지부는 아무 말 못 하고 입을 다물었다. 그리고 몸을 굽

[1101] 이 도리(道吏)가 N.664에서 말한 찰원(察院)과 같은 사람이라면, 예상했던바, 거의 확실히 N.664에서 이미 언급한 임병한(林秉漢) 아니면 마문경(馬文卿)일 것이다.

[1102] 여기에서 말하는 일이 일어난 것이 1603년 10월 18일 이전, 테데스키 신부가 도착한 이후이기 때문에, 그날, G. 페레이라 신부는 테데스키가 "소주에 왔습니다"(N.3196)라고 마카오에 편지를 썼다.

허 예를 표하고 다른 관리들과 함께 구석으로 물러났다.

도리는 이 기회를 이용하여 우리에 관해 그들에게 한마디 훈화를 덧붙였다. "여러분들, 하늘天이 우리에게 좋은 가문에서 태어나, 좋은 지위로 대접받게 해 준 은혜를 잊지 말아야 합니다. 또 알아야 할 것은 황제께서 우리에게 이런 관직과 녹봉을 주신 것은 그분의 이름으로 백성을 잘 다스리라는 뜻입니다. 따라서 우리의 신분에 어긋나는 일을 해서는 안 되고, 백성들을 착취하여 재물을 축적하여 황제께 불충한 일도 해서는 안 됩니다. 부당하게 얻은 재물은 우리와 우리의 후손들에게 유익하지 않다는 것을 명심합시다."[1103]

이 말 외에도 다른 더 많은 말을 한 착한 도리는 (그의 말을 듣기 위해 모여든) 백성들을 놀라게 했는데, 그것은 그가 우리를 크게 존경하는 태도를 보였고, 이 도시[소주(韶州)]에서 가장 높은 관리가 반대하더라도 우리를 보호했기 때문이다. 그리고 그것은 오로지 자발적으로 정의에 대한 열정으로 한 것이었다.

671. 그가 예를 갖추어 사제관을 방문하다

도리는 예전부터 우리 집을 방문하고 싶다고 신부에게 말한 바 있다. 이에 사원에서 나오는 길에 우리 집을 들렀는데, 그 자리에 있던 모든 관리와 많은 백성까지 그의 뒤를 따랐다. 신부가 그들을 맞이하러 나왔는데 승려들과는 다른 모습이었다. 학자들이 관리를 대하듯, 예복禮服을 갖

1103 저자가 어사(御史)의 이런 두 번에 걸친 개입에 주목하는 것은 옳은 일이다. 선교사들을 향한 비방에 명확하고 솔직하게 대응한 것은 하느님의 섭리로 읽는다.

추어 입고 있었다. 도리는 신부를 매우 공손히 대했고, 사람들은 모두 매우 놀랐다. 신부는 사원에서 일어난 일을 모르고 있었다.

도리는 서재로 들어가 모든 것에 흡족해하며 놀라워했다. 그는 책을 한 권 손에 들고 신부에게 와서 가리키며 해석을 부탁했다. 신부는 이것이 '출판허가'mpromatur'라고 일러 주었다. 유럽에서는 책을 출판하기 전에 특별사법관이 있어 좋은 풍습을 해치는 이단이나 가르침이 확산하지 않도록 심사를 한다고 했다. 그러자 도리는 가장 가까이에 서 있던, 우리를 고소한 지부를 보며, "저 사람들 나라는 얼마나 질서가 잘 잡혀 있는가!" 하고 말했다. 지부도 거기에 공감했다.[1104]

서재를 보고 난 뒤, 이번에는 경당을 구경하러 갔다. 그러나 마귀가 그의 부하를 이용하여 우리에게 올무를 하나 던졌다. 유럽식 자물쇠에 꽂아 둔 열쇠를 누가 가져갔는지 알 수가 없었다. 문을 열 수 없게 되자, 신부는 누군가 창문을 통해 들어가 달라고 부탁했다. 하지만 창문도 열 수가 없었다. 도리는 떠나려고 했고, 신부는 우리가 거기에 뭔가를 감추려고 일부러 그렇게 했다는 의심을 받을까 걱정이 되었다. 그렇게 되면 우리를 반대하던 사람들이 또 말을 만들어 낼 것이 뻔하기 때문이다. 신부는 도리에게 "대인께서는 조금만 기다려 주십시오. 제가 대인께 보여 드리려고 특별히 꾸민 성당을 보지 않고 간다는 것은 온당치가 않습니다"라고 했다. 그리고 칼 비슷한 것을 하나 가져오게 해서 자물쇠를 억지로 열어젖혔다. 도리는 신부의 노력에 감동했다. 성당으로 들어가서 보는

1104 소주 선교사들에게 있어 매우 민감한 시기에 성대하고 정중하게 방문한다는 것도 하느님의 섭리가 아니라면 뭐라고 특별히 설명하기가 어렵다.

것마다 좋아했고, 모든 것들에 칭찬을 아끼지 않았다. 끝으로 성상에 예를 드리고,[1105] 신부에게 많은 질문을 한 다음 성당을 나왔다. 여기서 그것을 간략하게 말할 수 없으므로, 차라리 언급하지 않겠다. 도리의 목적은 모든 사람이, 특히 우리를 고소한 사람들이 자기가 사원에서 우리를 보호한 것이 얼마나 옳았는지 알게 하는 데 있었다. [또 도리는] 누가 열쇠를 가져갔는지는 모르지만, 거기에 어떤 음모가 있을 거로 생각하니 기분이 별로 좋지 않았다. 이에 열쇠를 가져간 사람은 크게 겁을 먹고, 열쇠를 반납할 용기가 없어, 우리 집 정원 풀밭에 떨어뜨리고 갔다. 나중에 우리 집 하인들이 그것을 찾아왔다. 도리는 신부가 전송하러 길가로 나가자 서방의 도인道人[1106] 혹은 설교자들께 미천하고 생각 없는 사람들이 나쁘게 대해 유감이라고 했다. 그리고 그것을 모든 사람이 들을 수 있게 큰소리로 말했다.

672. 관리들의 축하 인사. 지부가 예수회원들의 친구가 되다

도리가 우리 집을 떠나자 친구들이 와서 큰 보호자를 얻었다며 축하해 주었다. 그리고 그때까지 우리가 모르고 있었던, 도리가 사원에서 한 일을 말해 주었다. 도리와의 우정은 계속해서 날로 깊어졌고, 종종 우리 집으로 귀한 선물을 보내 주곤 했다.

우리를 고발했던 사람도 신부에게 와서 직접 축하 인사를 하지는 않았지만, 어떻게든 용서를 청하고 싶어 했다. 그래서 그가 신부를 방문하면

1105 〈구세주 성화〉 앞에서 예를 올렸다.
1106 Cf. N.431, 본서 2권, p.415, 주(註) 313.; N.641.

예전에는 신부에게 무릎을 꿇거나 서 있으라고 했지만, 이제는 의자를 내어 주거나 다른 관리들과 똑같이 대하고, 답방문도 했다. 후에 그 관리는 북경에 가서 마태오 리치 신부를 만나서는 자기가 [론고바르도 신부에게] 저지른 큰 잘못은 감추고 신부와 매우 친하게 지냈다는 말만 했다. [마태오] 신부는 모르는 척하며 감사하다고 했다.[1107]

673. 가뭄 시기에 행렬을 하면서 론고바르도 신부를 상대로 음모를 꾸미다

이 일이 있고 난 뒤에는 굳이 보여 주지 않아도 될 만큼 우리의 상황은 순탄하여 마치 이보다 더 좋을 수는 없다고 생각했다. 하지만 마귀는 자신의 계획이 이렇게 헝클어지는 것을 보고 그냥 있지 않았다. 계속해서 직접, 혹은 일꾼들을 보내 모든 수단을 동원하여 모든 상황에서 해를 끼치려고 했다.

그 시기에 소주韶州 일대에는 큰 가뭄이 들어 [우리의] 선교활동도 큰 위기를 맞게 되었다. [중국인들은] 관습에 따라 이런 상황이 벌어지면 여러 형태의 행렬을 하는데, 우상을 들고 이곳저곳을 다니는 것이다. 사람들은 모두 단식을 하고, 고기 매매를 금하는 통문이 붙고, 모든 길에는 등이 내걸리며, 가정집 대문 앞에는 향과 "비를 내려 주소서"라는 뜻의 "구우求雨"라고 쓴 노랑 종이가 있는 촛불 상자를 놓는다.

그 밖에도 [자신을] 백성의 부모라고 일컫는 낮은 관리父母官, 지현知

1107 관리의 이런 시치미가 악의적이거나 두려움에서 온 것이라면, 리치는 분명 측은지심을 느꼈을 것이다. 자기를 찾아온 손님에게 무익한 수치심을 주기보다는 품격 있는 사회적 실익을 선택한 것이다.

縣[1108]은 다른 원로들과 함께 맨발과 누더기를 걸치고 행렬을 한다. 그리고 자주 멈추어 누차 하늘을 향해 무릎을 꿇고 절하며 당장 구원해 달라고 빈다. 사원에서는 승려들이 밤낮 끊이지 않고 염불을 하며 기원한다. 그러나 이들 우상이 아무런 응답이 없자, 도보로 반나절 거리에 있는 "육조六祖"라고 하는 아주 유명한 다른 우상을 가지고 왔다.[1109] 육조상이 도착하자, 사람들은 몰려가서 빌었는데, 모두 육조처럼 앞을 보지도 귀가 들리지도 않는 듯 아무런 반응이 없었다. 그러자 또 방법을 바꾸어야 한다고 했다. 결국 사람들은 "육조가 너무 늙어서 더는 우리를 도와줄 수가 없다"라고 했다.

그때 정촌(靖村, 변두리에 있는 그리스도교 신앙촌이 된 곳)[1110]의 비교인들은 점쟁이한테 가서 이런 심한 가뭄의 원인이 어디에 있느냐고 물었다. 점쟁이는 관음觀音[1111](이것은 매우 중요한 여신 중 하나다)이 비를 내리지 않는데, 이유는 등에 불이 붙어 고통을 당해 화가 나 있기 때문이라고 했다. 그리스도인들이 관음상을 불태운 것을 두고 한 말이었다. 이 말이 알려지자 사람들은 마치 자기 손으로 문제를 해결하겠다는 듯, 교우들을 공격하기 시작했다. 그중 가장 앞장서서 교우들을 괴롭힌 사람들은 일부 석가釋迦의 추종자들이었다.[1112]

1108 지현은 방리교(龐履敎)다. Cf. N.660.
1109 육조(六祖)에 대해서는 NN.339, 341을 보라; N.339, 주(註); Rousselle, *Das Leben des Patriarchen Hui Nêng in Sinica*, 1930, V, pp.174-191; Forke², pp.360-366; *Libro del Gran Maestro il VI "Patriarca" sull'altare del dharmaratna*, 六祖大師法寶壇經(Cf. Courant, N.6440). 육조는 소주에서 남동쪽으로 60리 떨어진 남화사(南華寺)에서 공경을 받고 있었다. 그래서 도보로 반나절 거리라고 한 것이다. Cf. N.1154.
1110 Cf. N.648.
1111 불교에서 가장 대중적인 여신이다. Cf. Dore¹, VI, pp.1, 12; Dore², p.69; Cf. N.646.

그 사람들이 하루는 자기네 사원에 모여 관음의 복수를 하기로 맹세하고, 신부와 함께 —우리를 도와주던 교우— 마리오[1113]가 다시 그곳으로 설교를 하러 오면 모두 암살하기로 했다. 신부는 이 사실을 알고 즉시 마리오와 함께 그곳으로 가 보니, 믿음이 깊은 교우들이 비교인들과 계속해서 논쟁하고 있었다. 그들이 말하기를, "우리가 관음을 불태우는 데 성공했다는 것은 우리가 관음보다 더 힘이 세다는 뜻이오. 지금 비가 내리지 않는 것이 말하는 대로라면, 몇 년 전에 불태웠을 때는 왜 비가 내렸소? 그리고 또 불태우지 않은 지방에서는 왜 비가 내리지 않소?". 드디어 신부가 그곳에 도착했다. 관음은 진정되었고, 가뭄이 계속되는 것이 아니라, 그들이 바라던 이상으로 큰비가 내렸다. [신부를 죽이겠다고] 맹세한 허풍쟁이들은 자취를 감추었다. 오히려 누군가 신부를 만난 자리에서 그들이 사원에서 맹세한 일을 실행해 보라고 하자 그들은 모두 부인하며, 그리스도인들에게 사람은 누구나 자기가 좋다고 생각하는 종교를 따를 권리가 있다고 말했다. 소문에 의하면, 사람들이 도리와 관련하여 벌어졌던 일에 대해 말해 주자, 그들은 신부가 자기네 음모를 알고 고발할까 봐 몹시 두려워했다고 한다. 그들은 우리가 고관들의 호의를 그까짓 복수에 사용하기보다는 주어진 선교사업에만 사용한다는 것을 모르고 있었다.[1114]

1112 다시 말해서, 불자들이었다. Cf. N.182.

1113 매우 열성적인 신자로 소주 주변의 여러 고을에서 복음에 문을 열도록 했다. Cf. N.656.

1114 원문에는 마지막 글자가 "ecc."다. 이것은 한국어로 "등등"이라는 뜻이다. 트리고는 론고바르도의 보고서를 모두 인용하여 넣지 않고, 자기가 보고 일부만 발췌하여 넣었음을 암시한다. 원문을 읽고 나서 다루어야 할 부분이 전체라면, 왜 일부만 넣었는지 알

수가 없다. 완전히 지친 탓인가. 그렇지 않으면, 트리고가 여기서 멈춘 것이 리치가 남겨 둔 백지가 모두 채워졌기 때문인가. 코드 f.95a 끝까지 갔고, f.95b는 이미 리치가 다시 기록하기 시작했기 때문이기도 하다. 어쨌든, 트리고는 더 하고 싶어도 빈 곳, 그이상을 채울 수 없었다.

제19장

남경 수도원의 발전과 서 바오로 박사의
개종에 대해[1115]
(1600년 5월부터 1604년 2월까지)

○ 다 로챠 신부가 남창에서 남경으로 자리를 옮기고, 카타네오 신부가 진(秦)씨 가
   문과 주변 사람들의 개종 이후 건강 문제로 마카오로 가다. 남경에는 그리스도인
   이 100명이 넘다

○ 진(秦) 바오로가 자신의 남경 집 안에 경당을 하나 만들다. 그의 병환, 고백성사,
   사망과 그리스도교식의 장례. 그의 아들 마르티노의 강한 의지

○ 카타네오가 마카오에서 남경으로 돌아가고, 다시 남경에서 마카오로 가다

○ 주(周)라는 성을 가진 한 군관이 개종하다. 많은 우상이 파괴되다

○ 남경의 주(朱)라는 사람이 사망하자, 그리스도교식으로 장례를 치르다

○ 남경 근처에 마르타라는 어떤 사람이 또 다른 개인 경당을 짓다

○ 개종 전 서광계 바오로 박사의 약력

○ 서광계가 소주와 남경에서 처음 선교사들을 만나다. 그가 삼위일체의 환시를 보다

○ 서광계가 짧은 시간에 교리교육을 받고 세례받다. 상해로 돌아가다

○ 다시 남경을 지나가면서 고해성사를 보고, 다른 두 예비신자를 입교시켜 세례를
   받게 하다

○ 남경 근처에서 한 병자가 세례를 받고 병이 치유되다

1115 여기서부터 다시 리치의 수기본이 시작된다.

674. 다 로챠 신부가 남창에서 남경으로 자리를 옮기고, 카타네 오 신부가 진(秦)씨 가문과 주변 사람들의 개종 이후 건강 문제 로 마카오로 가다. 남경에는 그리스도인이 100명이 넘다

신부 일행이 북경으로 떠나고,[1116] 라자로 카타네오 신부는 남경에 남 았다. 하지만 곧이어 마태오 신부의 명으로 남창南昌에 있던 조반니 다 로챠 신부가 남경으로 왔다.[1117] 그 사이 카타네오 신부는 마태오 신부가 남긴 대로 관리 및 주요 인사들과 우애를 잘 유지하고 있었다. 거기서 우 리가 자리를 잡는 데 매우 중요한 일이기도 했고, 그리스도교가 공신력 을 얻는 데도 매우 중요한 일이었다. 개종자는 계속해서 나왔고, 그중에 는 진秦 바오로와 그의 아들 마르티노 가족이 모두 세례를 받았고, 그 외 여러 남녀가 세례를 받았다. 후에 카타네오 신부가 신병 치료차 마카오 로 간 후에는 조반니 다 로챠 신부가 선교사업을 이어 갔다. 그 덕분에 남경에서 2년간 세례를 받은 사람은 100명이 넘었다.[1118]

675. 진(秦) 바오로가 자신의 남경 집 안에 경당을 하나 만들다. 그의 병환, 고백성사, 사망과 그리스도교식의 장례. 그의 아들 마르티노의 강한 의지

그 시기에 진 바오로가 74세의 나이로 세상을 떠났다.[1119] 그는 분명 구원받았을 것이다. 그의 마음에는 그리스도교에 관한 것들 외에 다른

1116 1600년 5월 19일이다. Cf. N.576.
1117 다 로챠가 남경에 도착한 것은 1600년 중반쯤이다. Cf. N.574.
1118 1603년 1월 29일에 쓴 1602년도 『연차 보고서』에는 남경에서 세례를 받은 사람은 50 명밖에 안 된다고 적혀 있다. Cf. N.4173.
1119 Cf. N.569. 그러니까 1527년경에 태어나야 한다.

것은 없었다. 그즈음 그는 중국에서 [그리스도교] 신앙의 확산을 위해 무엇이건 돕는 일 외에 이승에서 바라는 것은 없다고 말할 정도였다. 우리 [수도원] 집 미사에 참석할 수 없는 여성과 어린이들의 편의를 위해 아들 마르티노와 함께 자기네 집에 아주 예쁜 경당을 하나 만들었다.[1120] 경당 옆에는 작은 집도 하나 마련하여[1121] 미사를 드리러 오는 신부가 머물 수 있게 했다.

경당이 완성되고, 그는 큰 병이 들었으나 경당에서 드리는 첫 미사를 놓치고 싶지 않아서 몸을 일으켜 미사에 참석했다. 그가 세상을 떠난 후, 신부는 여러 번 주일 미사를 그곳에서 드렸다. 병중에 그는 고백성사를 보았고(그는 그 도시에서 처음으로 '참회의 성사'를 받은 사람이 되었다),[1122] 이후에도 여러 차례 '화해 성사'를 받았다. 그의 영혼은 매우 평화롭게 죽음을 맞이했다. 모든 사람이 그가 신자로서 보여 준 삶의 방식, 살고 죽는 것에 있어서 좋은 본보기가 되어 준 것으로 생각했고, 하늘의 영광을 누리기를 기원했다.

그의 아들 마르티노도 부친의 병환 중에, 또 세상을 떠난 후에 보여 준 그리스도교 정신이 부친 못지않았다. 장례 중에도 그리스도교 전례에 부합하지 않는 의식은 절대로 하지 않았다. 이것은 다른 사람들에게 본보기가 되는 데 적잖이 필요한 것이지만 결코 쉬운 일은 아니었다. 이것은 중국에서는 한 번도 보지 못했던 일이다. 이 정도 지체가 있는 사람이라면 우상 종파의 사제들[1123]을 청하지 않을 수 없고, 우리[신부]도 교회 전

1120 개인 경당 혹은 사소(私所)다. Cf. N.651; N.569.
1121 공동거주지 혹은 공소(公所)를 말한다.
1122 Cf. N.683.

례를 모두 할 수 있는 시간이 없었다.[1124]

따라서 부친의 친구들은 집안 형편이 어렵거나 이미 돌아가신 부친을 대수롭지 않게 생각하기 때문이라고 여겼다. 중국에서는 장례를 통해 부모에 대한 순종과 공경을 더 드러내기 때문이다. 하지만 착한 신자는 그들이 강요하건 협박하건 동요하지 않고, 우리가 가르친 대로만 하였다. 그리고 간섭받지 않고, 모든 사람에게 자신의 정당함을 알리기 위해, 사람들이 볼 수 있는 곳에 '알림' 하나를 공개적으로 붙였다. 거기에는 부친이 그리스도인으로 돌아가셨고, 자신의 장례식에 모든 우상 종파의 사제들이 오는 것을 금했기에 아들로서 부친이 돌아가시기 전에 명한 것을 따른다는 내용이었다.[1125]

며칠 지난 후, 신부는 우리 집 성당에서 그의 장례미사를 아름답게 잘 거행해 주었다. 상복을 입은 그의 자녀들과 함께 여러 교우가 참석했고, 모두 큰 위로를 받았다.[1126]

676. 카타네오가 마카오에서 남경으로 돌아가고, 다시 남경에서 마카오로 가다

이 일이 있고 난 뒤, 카타네오 신부가 마카오에서 돌아왔는데,[1127] 액

1123 **역주_** 승려나 도사를 일컬음.
1124 이 부분은 특별히 부각할 만하다. 왜냐하면 초창기 예수회 선교사들이 얼마나 주의를 하는지 알 수 있고, 그들이 예비 신자들에게 여기에서건 다른 곳에서건 흠이 될 만한 의식은 절대로 허락하지 않았다는 것을 엿볼 수 있기 때문이다. Cf. NN.678, 745, 764, 773, 906, 924, 931, 950, 1796, 1797, 1814-1815, 1883, 3121, 4267-4268, 4333-4334. 그리고 N.945도 보라.
1125 Cf. N.177.
1126 1607년 중반쯤에도 북경에서 지체 높은 한 문인의 부친 장례식이 그리스도교식으로 있었다. Cf. N.773.

자 속에 도금한 기둥으로 장식된 예쁜 성모상[1128] 하나를 가지고 왔다. 그 사이에 [신부는] 신자들이 더 편하게 미사에 참석할 수 있도록 예쁜 경당을 하나 더 만들었다.[1129] 교우들의 열정도 그만큼 증가했다. 하지만 1602년 말, [카타네오 신부는] 전에도 앓았던 병으로 다시 마카오로 돌아가야 했다.[1130]

그즈음 우리에게 큰 위로가 되는 일이 생겼는데, 개종한 몇 안 되는 신자 중에 무관이 한 명 있었다는 것이고, 또 다른 [우리를 반대하던] 시민 하나는 사망하였다는 것이다.

677. 주(周)라는 성을 가진 한 군관이 개종하다. 많은 우상이 파괴되다

주周씨 성의 한 나이 든 관리가 있었는데, 78세로 우리 집 건너편에 살

1127 이 일은 "1602년과 같은 해"라는 표현을 통해, 1602년에 일어난 것임을 알 수 있다. 그리고 이어서 정확하게 여행이 1602년 초에 있었다고 말한다. 뒤이은 텍스트와 여기 각 주에서도 볼 수 있다. 그는 남쪽 지역 세 개 수도원의 순찰사로 파견된 디아즈와 동행하여 남경으로 돌아왔다. Cf. N.686.

1128 아마도 〈아기를 안은 성모 성화〉인 것 같다. Cf. N.682.

1129 정황상 도시에 세운 이 새로운 성당은 새 신자들에게 더욱 쉽게 미사에 참석할 수 있도록 하기 위해서임을 말해 준다. 그때까지는 진(秦)씨 가문의 개인 경당[사소(私所)]으로 가야 했다. 진가네는 명(明) 황릉(皇陵)에서도 가깝다. Cf. N.569.

1130 남경에서 마카오까지 가는 것도, 일부 구간, 즉 남경에서 남창(南昌)까지는 디아즈가 동행해 주었다. 그가 남부 지방 수도원들의 방문을 끝낸 것은 7월 이전이었고, 같은 해인 1602년 8월 9일부터 9월 19일 사이, 북경에서 리치의 생생한 목소리로 소식을 접하고 나서, 11월경 남쪽 수도원들의 원장이라는 새로운 직무를 수행하기 위해 남창 수도원으로 갔다. Cf. N.688. 그러나 곧이어 발리냐노가 디아즈를 마카오로 불렀고, 카타네오와 함께 그곳에 도착했다. 여행 중 소주(韶州)에 머물렀다(N.3216).

앉지만 한 번도 말을 붙여 본 적이 없었다.[1131] 그는 자기 집에서 일하는 한 교우를 통해 그리스도교에 관한 새로운 것들을 알았고, 하느님께서 그에게 작용하시어, 즉시 우상숭배를 멈추고, 두 하인을 우리 집에 보내 입교하도록 했다. 하인들이 세례를 받은 다음, 그도 우리 집으로 와서 신자가 되고 싶다고 했다.

우상들을 집 밖으로 버리려고 할 때, 마귀가 그의 아들을 움직여 명분으로, 또 힘으로 방해했다. 노인의 관직은 세습이 되는 것이어서 이미 오래전에 아들에게 물려준바, 부친이 은퇴한 이후부터는 아들이 집안까지 통솔하고 있었다. 아들은 집안에 오랫동안 보관하고 있었고, 많은 행운을 가져다준 우상들을 버려서는 안 된다고 했고, 만약 부친이 그리스도인이 되고 싶으면 원하는 대로 해도 되지만, 자기는 비교인으로 남고 싶으니 우상들이 있어야 한다고 했다. 그리고 자기 친구들이 방문했을 때, 우상들이 없으면 좋지 않게 생각할 것이고, 아내와 자녀들과 모든 식구는 우상 없이 살 수가 없다고 했다. 하지만 이렇게 말해도 소용이 없다는 것을 알고 아들은 우상을 집에서 가지고 나가는 것을 허락하지 않겠다고 했다. 또 아버지가 당신의 하느님을 집안에 모시고자 하는 것처럼 자기와 자기 가족도 우상들을 가지겠다고 했다.

노인은 이 상황이 매우 혼란스러웠다. 아들을 강제로 입교시킬 수도 없고, 아들의 방안에 우상을 두는 것을 막을 수도 없었다. 만약 아들의

1131 그는 "고관으로 이름이 알려진 사람이었고, 매우 열성적이었으며, 높은 관리이자 무관을 지냈습니다"(N.4173). 그의 부인과 아들, 손주 하나는 이미 그리스도인이었다. 그때까지 그가 세례를 미루던 것은, 그리스도인이 되면 죄지은 사람에게 벌을 주는 직업을 가진 관리 생활을 할 수 없다는 거짓된 억측 때문이었다. 이런 의구심이 사라지자 그리스도교 신앙으로 받아 달라고 요청한 것이다. Cf. N.4173.

방에 우상을 둘 수 있다면 거실에 두는 것이 부당하다고 할 수도 없다. 왜냐하면 이미 아들이 집안의 가장이고 모든 것을 관리하고 있었기 때문이다.

그런데도 신부는 그것들을 먼저 집 밖으로 내다 버리라고 했다. 왜냐하면 교우들이 집에서 그것들을 보면 스캔들이 될 수 있기 때문이다. 게다가 그것들을 그와 그의 가족이 숭배하던 것이라 집에 그대로 두게 되면 그도 다시 오류에 빠질 수 있기 때문이다.

이런 이유로 그 불쌍한 노인은 몹시 고뇌하며 매일 우리 성당에 와서 세례를 달라고 청했다. 하인들은 빨리, 쉽게 세례를 받았다며, 자신은 나이가 많아 더 유보할 수도 없다고 했다. 그러면서 다시는 우상들에 절하지 않겠다고 약속했다. 하지만 아들은 우상들을 모두 버린다고 해도 다시 사들일 거라고 했다.

결국, 신부의 독려로 그것들을 버리기로 했다. 우리 집의 하인 한 명과 이미 신자가 된 그 집의 하인 둘을 불러 우상들을 모두 챙겨 신부에게 가져다 달라고 했다. 그들은 노인의 아들이 보는 앞에서 시키는 대로 했고, 부친이 완고하게 행동하는 걸 보고 강제로 저지하지 못했다. 하지만 마땅히 시키는 일을 하는 세 명의 하인들에게는 거기에 서 있는 동안 내내 화풀이하며, 욕을 해댔다. 우상이 많았기 때문에 세 사람이 모두 가득 담아서 내갔다. 노인은 마침내 간절히 바라던 세례를 받고 큰 위로를 얻었다.[1132] 이 일이 있고 난 뒤에 아들은 화를 삭이고, 그도 우리를 방문했다.

1132 세례식은 1602년 4월 7일, 파스카 축일에 있었다. 그와 함께 18-20여 명의 하인과 이어서 여종들까지 세례를 받았다. Cf. N.4173. 다른 두 종은 앞서 보았듯이(N.677), 이미 세례를 받았다. 하지만 그의 또 다른 아들, 아마도 장남은 그대로 비교인으로 남은

678. 남경의 주(朱)라는 사람이 사망하자, 그리스도교식으로 장례를 치르다

또 다른 주朱[1133]씨 성을 가진 사람이 있었는데, 세례를 받은 지 얼마 되지 않아 병이 들었다. 발병 초기에 그는 유럽의 노인 신자들이 하는 것처럼 고백성사를 보고 성체를 받아 모셨다.[1134] 그는 자기 아내와 하인들이 모두 그리스도인이 될 수 있도록 도왔고, 그렇게 되었다. 병은 계속되었고 이후에도 여러 차례 고백성사를 보았다. 그는 그것으로 큰 위로를 받았고 하느님의 뜻에 맡기며, 병을 세례받은 후에 범한 잘못을 정화하는 것으로, 자기 죄에 대한 참회로 받아들였다. 이로써 그는 신부를 크게 안심시켰고,[1135] 신부는 병자를 위로하기 위해 자주 찾았다. 그는 부인에게 당부하여 자기를 매장할 때 어떠한 이교도의 의식도 거행하지 말라며, 모두 신부가 명하는 대로만 하라고 했다.[1136]

병은 이미 매우 깊었고, 누군가 며칠 후면 그리스도의 부활 파스카 축일이라고 말해 주었다. 그는 그리스도와 함께 이승에서의 죽음에서 내세 부활에 대한 간절한 신심으로, 자기도 그날 죽고 싶다고 말했다. 그리고

것 같다.

[1133] 1602년에 세례를 받은 "또 다른 고관"이라고 하는 이 사람이 누구인지는 밝히기가 어렵다. 다만 그해 『연차 보고서』에서 이야기하고 있는 사람으로 추정된다. 보고서에서는 그가 세례를 받는 것과 여종[역주_ 아마도 첩인 것 같다]을 내보내는 것 중 선택을 해야 했다고 말한다. 중국의 풍습에 따라 여종은 다시 결혼할 수가 없기 때문이다. Cf. N.4175. 이를 뒷받침하는 것이 텍스트에서 그는 이미 아내가 있다고 말하는 대목이다.

[1134] 보다 신중을 더하기 위해, 당시 선교사들은 세례받은 지 얼마 되지 않은 새 신자들에게 고백성사와 성체성사를 독촉하지 않은 것으로, 쉽게 이해가 가는 문제다. Cf. NN.683, 712, 716; Guerriero, II, p.106; N.683, 본서, p.468, 주(註) 1169.

[1135] 조반니 다 로챠다(Giovanni da Rocha). Cf. N.499, 본서 2권, p.497, 주(註) 567.

[1136] Cf. N.675.

그렇게 되었다.[1137] 그의 가족과 교우들은 큰 위로를 받았고, 그가 말한 것처럼 하늘나라의 영광을 누리게 되었음을 확신할 수 있었다. 특히 그의 부인은 남편의 장례와 매장과 관련하여 비교인들의 관습을 따를 것을 주장하는 친척, 친구들의 큰 반대에도 불구하고 남편이 당부한 대로 모든 일을 정확하게 처리했다. 후에 그녀는 과부로 매우 모범적인 신자로 살았다.

679. 남경 근처에 마르타라는 어떤 사람이 또 다른 개인 경당을 짓다

[남경] 근처의 마을들[1138]에서도 몇몇 사람이 입교하였다. 그중 대표 격인 한 사람이 자기 집에 경당을 하나 만들었는데, 신부가 종종 미사를 드리러 가곤 했다. 그의 부인이 제의실 담당자처럼 경당을 잘 관리해 주어 항상 반듯하고 깨끗했다. 주일에 신부가 미사를 드리러 가지 못하면, 그녀는 교우들을 불러 모아 경당에서 교리서[『천주교요天主教要』]에 있는 기도를 함께 바쳤다. 그녀의 세례명은 마르타였는데, 이름처럼 항상 재촉하는 부지런한 사람이었다.[1139]

1137 그가 사망한 해는 1602년이다. "올해에 이어서"라고 한 말을 통해 유추해 볼 수 있다. N.680에서 말하는 고관이 세례를 받은 해는 그러니까 1603년이다. 1602년의 파스카는 앞서 언급한 것처럼 4월 7일이었다.

1138 '마을들'이라는 표현을 리치는 이탈리아식 villaggi가 아니라, 포르투갈식 ville라고 쓰고 있다.

1139 라자로의 여동생 마르타에게 예수께서 하신 말씀 "너는 많은 일을 염려하고 걱정하는구나"(루카 10, 41)를 암시한다.

680. 개종 전 서광계 바오로 박사의 약력

그해[1140]에 이어, 그 집[수도원]에서 상해上海시 출신의 서광계徐光啓[1141]

[1140] 그러니까 지금까지는 1602년에 일어난 일이었다.

[1141] 드디어 이 탁월한 중국인 신자에 대해 처음으로 제대로 소개한다. 리치는 그를 두고 "이 지역 그리스도교 신앙의 공인된 기둥", 중국교회의 "최고 기둥"(N.712)이라고 불렀고, 우리 주님께서 오랫동안 "선한 그리스도인이며 친구"(N.1610)를 보호해 주시기를 빈다고 했다. 다른 곳에서는 "우리에게 도움을 주는 친구"(N.1902) 또는 "신부들을 도와주는 일 외에 다른 것은 생각하지 않는 사람이고, 가장 그리스도교적인 우리 유럽의 것들로 이곳[중국]을 발전시키고자 하는 사람"(N.772)이라고 했다. 리치 외에도 초기 선교사들, 아마도 카타네오로 추정되는 선교사도 그를 두고 "그리스도교의 큰 지주(支柱)"(N.912)라고 했다. 바르톨리(Bartoli[1], IV, c.158, p.310)는 1663년 모든 선교사의 평가를 정리하면서, 이 탁월한 인물에 대해 "중국교회의 전무후무한, 가장 빛나는 뛰어난 인재"라고 했다. Cf. 그림 37.

　　그는 성은 서(徐), 이름은 광계(光啓), 자는 자선(子先)이고, 호는 현호(玄扈)이며, 시호는 문정(文定)이다. 1562년 4월 24일 상해(上海)에서 태어나 1581년 수재에 급제했다. 같은 해 오계지[吳溪之: **역주**_ 델리야 신부는 Sig.r Ucchi (Wu Ch'i) 즉, "오계"라고만 쓰고 있는데, 원래 이름은 오계지]의 딸과 결혼해 이듬해 독자를 낳았다. 이 아들은 후에 세례를 받고 이름을 야고보라 하게 될 것이다. 1592년에 아내가 죽고, 4년 후 광동(廣東)성 소주의 한 가문에 선생으로 갔다. 거기서 1596년 카타네오와 알게 되었고, 〈구세주 성화〉를 칭송하고 공경하기 시작했다(N.681). 그의 마음에 가톨릭 신앙의 첫 싹이 트기 시작한 것이다. 소주를 거쳐 후에 광서(廣西)성 심주(潯州)로 갔다. 이듬해인 1597년 북경에서 선교사들을 다시 만났다. 거기서 거인에 통과했는데, 시험 감독관이며 당대 유명한 문인이었던 초횡(焦竑)(N.912)은 "드디어 진정한 최고 유학자가 한 명 나왔다(此名土大儒也)"라고 극찬을 아끼지 않았고, 그를 장원인 해원(解元)으로 급제시켰다. 1598년 북경에서 진사 시험에 도전했다가 실패했다. 고향으로 돌아가 있는 동안 중국에 와 있던 리치와 "세계지도" 초판본을 계기로 만났다. 이 세계지도는 1596년경 조가회(趙可懷)가 재판했고(N.510), 후에 남경에서 1600년 초에 두 번째 판본으로 나왔는데, 오좌해(吳左海)의 큰 관심을 불러일으켰다(N.544). 나중에 서광계도 그것을 인정한 바 있다(己見趙中丞吳銓部前後所勒 與圖, 乃知有利先生焉)[서문정(徐文定), c.1, p.14]. 그는 [리치를] "세계에서 가장 위대한 과학자(此海內博物通達君子)"(*Ibid.*)라고 하며, 남경에서 1600년 3-4월에 리치와 직접 만나 "천지의 창조주며, 모든 만물을 지으신 하느님"(N.681)에 관한 여러 가지 답을 들었다. 남경에서 상해로 돌아와 삼위일체의 환시를 보았다고 하는데, 당시에는 완전히 알아볼 수 없었지만, 1605년 초에 개종한 이후에는 달랐다(NN.681, 1595, 1610, 1637). 1601년 4월, 서광계는 다시 한번 거인 시험에 도전했다. 앞서 거인 시험에서 그는 7등에 이르렀지만, 시험

바오로 박사가 세례를 받았다.

관들은 이미 정한 300명 이상을 넘을 수 없다며, 새 학위자 중에서 무작위로 한 명을 골라 떨어트렸는데, 그것이 하필이면 서광계였다(N.680). 그 바람에 그는 누구 잘못이라고 할 것도 없이, 새-학위자 명단에서 제외되었다. 훗날 그는 그것이 하느님의 섭리였다고 회상했다. 1603년 고향으로 돌아가는 길에 리치를 방문하기 위해 남경에 들렀다. 신부가 거기에 있을 줄을 알았다. 그러나 거기엔 다 로챠 신부가 있었고, 거기서 〈아기를 안은 동정녀 마리아 성화〉에 경배했다. 성화는 한 해 전에 카타네오가 마카오에서 남경으로 가지고 온 것으로 추정된다(N.676). 서광계는 그리스도교에 관해 가르쳐 달라고 청하는 데 주저하지 않았고, 8-9일간 공부하고, 1603년 1월 15일경 바오로라는 이름으로 세례를 받았다. 첫 번째 거인 그리스도인이 탄생한 것이다. 세례받고는 즉시 상해로 돌아갔다. 몇 개월 후, 북경으로 가는 길에 남경에 들러 그 도시에서 처음으로 고백성사를 보았고(N.683), 두 번째로 성체를 받아 모셨다(N.712), 이후에는 "깊은 신앙심과 눈물로"(N.1610) 자주 성사에 참여했다. 이듬해인 1604년 4월 13일, 드디어 310명 중 123번째로 거인 명단에 올랐다. 그리고 이어서 박사인 진사 시험에 합격했는데(N.712) 그때 나이 38살이었다. 그리고 그해 5-6월에 서길사(庶吉士)로 임명되었다(N.714).

서광계가 쓴『이십오언(二十五言)』서(序)에서 그는 리치의 방대하고 깊은 학문과 인품[其學無所不闚]에 매번 매우 놀란다고 썼다(N.1610). 수도원 가까이에 집을 매입하여(N.1610) 리치의 학당에 다니며 1606-1607년 유클리드 전집 앞의 여섯 권을 번역하여(NN.772, 1816) 바로 출판에 넘겼다. 1607년 6월, 검토(檢討)로 임명되었으나, 그해 같은 달(6월)에 부친 레오가 사망하는 바람에, 이런 경우, 중국인들이 흔히 하는 것처럼, 고향 상해로 돌아갔다. 거기서 자기에게 처음 복음을 전해 준 카타네오와 함께 1608년 복음을 설교하는 교회당을 열었다(NN.928-935). 1611년 초, 리치가 사망한 후에도 북경으로 돌아가지 않았다(N.912). 1616년 관리 심최(沈㴶)에 의한 첫 번째 박해로 23명의 선교사가 마카오로 피난 가야 했을 때, 서광계와 이지조(李之藻)는 용감하게 그들을 보호했다.

1619년 사태가 조금 가라앉자 첨사부(詹事府)의 소첨군(少詹君)이 되고, 어사(御史)가 되었다. 1623년, 아주 짧은 기간 동안 "백여 명을 입교시켰는데, 대부분 문인과 고관들이었다"(Bartoli[1], IV, c.160, p.316). 그해 11월, 예부(禮部)에서 우시랑(右侍郎)이 되었고, 6년 후인 1629년에 그는 로(Rho), 슈렉(Schreck)과 함께 시작한 중국의 달력 개혁을 샬(Schall)로 교체하여 완성했다. 1630년 7-8월, 예부의 상서(尙書)로 임명되었고, 그해 롱고바르도와 삼비아시에게 도움을 청한 덕분에 마카오의 포르투갈 군인 400명의 도움으로 명(明)의 불안정한 왕좌를 지켜 냈다. 1632년 7월 1일, 대학사(大學士) 혹은 각로(閣老)로 선출되어 몇 안 되는 국가자문단의 한 사람이 되었다. 최근의 한 역사학자의 평가에 의하면, 그는 황제가 선호한 자문관 중 한 사람이었다고 한다. 이렇게 최고 자리까지 승승장구 출세를 한 그를 두고, 그 사학자는 "황제 다음으로 최고 높

[그림 38] 관복을 입은 서광계(徐光啓) 바오로 박사(1562-1633). Cf. N.680

상해는 남경에서 8일 정도의 거리에 있는 도시다. 그의 모범과 좋은 생활방식과 종교에 관한 것은 이 역사서에서 계속해서 보게 될, 중국교회에 큰 힘이 되어 주었다.[1142]

그는 문학과 과학 분야에서 대학자였고, 천재였으며 타고난 성품도 위대했다.[1143] 그는 이교도의 학자들이 내세[1144]와 영혼 구원[1145]에 대해서는 별로 말하지 않으면서 승려와 도사를 스승으로 삼는 것을 보았다. 그들은 죽은 후 천당을 약속했지만,[1146] 거기에서 그는 아무것도 만족할 만

은 사람"(Väth, p.103)이라고 했다. 또 "동시대 사람들로부터 한 인간으로서, 그리스도인으로서 존경을 받았다"(*Ibid.*, p.120)라고도 했다. 1633년에 태자태보(太子太保)로 임명되었고, 그해 11월 10일, 많은 선교사가 지켜보는 가운데, 장례에 필요한 비용 외에는 아무것도 남기지 않고, 북경에서 숨을 거두었다. 그의 시신은 1641년, 지금까지 잠들어 있는 상해 서가회[徐家匯, 두 개의 서(徐)씨 가문이 합쳐진다는 뜻으로 현지 발음은 Zikawei 혹은 Siccawei다]로 옮겼다. [서가회가 있는] 이 동네는 대략 19세기 중반부터 지금까지 거의 모든 주민이 그리스도인이다. 크고 다양한 가톨릭 작품들이 보관된 매우 중요한 센터도 바로 옆에 있어, 관련 분야에서는 전 중국에서 유일한 곳이다. Cf. *Storia dei Mim*, c.251, f.11a-b; Bartoli[1], IV, cc.158-164, pp.310-326; Siüchimscien, A, pp.103-170; 서문정(徐文定, Siüuenttim), c.首, 上, pp.3-8: c, 首, 下, pp.1-4; *Rivista Cattolica* 聖敎雜誌, Scianghai, 1933, XXII, N.11, nov., 서광계에 관해서만 다루고 있는 특수 항목; *Index*, 24, III, p.121; Ciamsimlam, II, pp.441-443; Hummel, I, pp.316-319; D'Elia, *The Catholic Missions in China*, Shanghai, 1934, p.41, N.1. 서광계의 저술은 Siüchimscien, A, pp.185-227을 보라.

[1142] Cf. NN.707, 712-714, 740, 772, 773, 912, 928, 946. 여기에서는 리치도 이 책을 '역사서'라고 말한다는 것을 알 수 있다. Cf. 본서 1권, pp.235-237; N.777.

[1143] 1605년 5월 10일, 리치는 그를 두고 "참으로 탁월한 천재"이자, "접하는 모든 학문에서 뛰어난 학자"라고 적었다. Cf. N.1610.

[1144] 공자의 텍스트에 주목한 것이다. "삶도 모르는데, 어찌 죽음을 알겠느냐? 未知生, 焉知死"(논어(論語), XI, 11). Cf. Zottoli, II, p.298.

[1145] "오늘날의 유학자들은 사람이 죽고 나면 영혼이 소멸한다고 믿고, 내세에 천당이나 지옥이 있다는 것도 믿지 않는다"(N.176).

[1146] 그러니까 지금까지 서광계의 스승은 "우상 종파", 즉 불자들과 "다른", 유생과 도사들이었다. 그 역시 당시의 학자들처럼 왕양명(王陽明)(1472-1528) 학파의 학당에서 공부했고, 대단히 자랑스럽게 여기는 유기(劉基)(1311-1375)를 따랐다. Cf. 서문정(徐文

한 것을 얻지 못했다.[1147]

　1597년, 북경에서 있은 거인 시험에서 그는 해원解元으로 급제했다. 이것은 대단한 명예로,[1148] 큰 자랑거리였다. 하지만 이듬해와 그 후 3년 뒤에 치러진 진사에는 급제하지 못했다. 나중에 그는 그것이 하느님의 자비라고 생각했다. 왜냐하면 만약 그때 진사에 합격했더라면, 우리와 만나지 못했을 것이고 그리스도인이 되지도 않았을 것이다. 그리고 다른 진사들처럼[1149] 첩을 들였을 것이다.[1150] 그러면 첩을 내보내기도 쉽지

———

定), c.1, p.32; Forke³, pp.306-310, 380-399. 왕양명에게 있어 유일하게 실재하는 것은 성(性)이고, 물(物)로서 천(天)이 이름을 갖게 되고, 그것이 신성을 취하면 제(帝)가 되며, 사건의 흐름을 고려하지 않으면 명(命)이다. 인간에게 주어진 은사가 보이면 성(性)이고, 신(身)의 동력을 인식하는 것이 심(心)이라고 했다. Cf. Forke³, p.384, N.3.
　리치의 이 텍스트에 관한 최고의 논평은 서광계가 쓴 것으로 "참 종교의 기본요소"라는 의미로 『정도제강(正道題綱)』이라는 제목의 짧은 논평이다. "우리가 진리에서 멀어진 것도 벌써 수천 년이 되었습니다. 우리의 힘은 다했지만, 능력에 대해 말했고, 영웅이라고 불리기도 했습니다. 그러면서도 세상을 만드신 분을 몰라봤습니다. 이런 관심 때문에, 당연히 보아야 할 제1 원인을 알아보지 못했습니다. 아, 얼마나 많은 방해와 속임수가 있었던가요! 얼마나 많은 종교가 세워지고, 서로 달랐던가요! 공부자(孔夫子)와 맹자(孟子)의 가르침을 합하여 제1 저자에 대한 인식을 정리한 것도 가진 적이 있었습니다. 도사들의 연금술에는 웃음이 나옵니다. 저녁에는 북을 치고 아침에는 종을 치느라 시간을 보내는 승려들은 불쌍하기까지 합니다. 구걸하여 승려들을 먹이는 사람은 복을 받을 거라는 것은 무엇을 의미합니까? 승려들을 비하하는 것입니다. 도교는 저주받을 것입니다! 모두 마귀에게, 지옥으로 떨어질 것입니다! 붓다의 종사자들은 승려의 종들이 되고, 지옥의 열 왕을 섬기는 자들은 종교를 빌미로 악행을 저지릅니다. 얼마나 슬픈 일입니까! 왜 우리는 제1 원인으로 돌아가려고 하지 않습니까?" [서문정(徐文定), c.1, p.2]. Cf. NN.550, 912.

1147 그는 직접 우리에게 "계속해서 의구심을 가졌다(平善疑)"고 했고, 리치와의 만남은 구름이 걷히는 것처럼 모든 의구심이 사라지는 것 같았다고 했다. Cf. 서문정(徐文定), c.1, p.15.

1148 Cf. N.69.

1149 리치는 오래전부터 유교에서 독신을 금하고 처첩제를 허용한다는 것에 주목한 바 있다(N.180). Cf. NN.134, 154.

1150 알레니(Aleni¹, B, f.13a-b)에 따르면, 서광계를 힘들게 한 유일한 그리스도교의 도덕적

않았을 것이기 때문이다. 더욱이 아들은 아직 손자가 없었고,[1151] 가문의 대가 끊길 위험에 있기도 했다. 중국에서 이것은 매우 불행한 일이다.[1152] 하지만 여기에 대해 하느님께서는 바로 은총을 베풀어 주셨다. 그의 외아들이 입교했고, 즉시 두 명의 손자를 주셨다.[1153]

거인에 급제한 후, 4년 뒤에 그는 진사에 급제했다.[1154] 하지만 선발할 정원은 300명인데[1155] 시험관이 실수로 301명의 답안지를 골라냈고, 무기명으로 하나를 뽑아 내기로 했다.[1156] 답안지를 개봉하지 않은 채, 일곱 번째 것을 뽑았는데, 후에 알고 보니 그것이 바오로의 것이었다.[1157]

인 측면은 세례받기 전에 일부일처제여야 한다는 것이다. 하지만 그에게 세례를 준 다로챠는 세례 준 지 며칠 지나지 않은 1603년 1월 16일 자로 쓴 글에서, 그에게 십계명 중 여섯 번째 계명에 관해서 설명해 주자, 서광계는 "백 번이고 그 계명을 지킬 수 있고, 하나밖에 없는 아들도 이미 결혼했습니다"(N.3179)라고 대답했다.

1151 이 외아들은 1582년 10월 22일에 태어났다. 이름은 기(驥), 자는 안우(安友), 호는 용여(龍與)다. 상해에서 1608년 무렵에 세례를 받았고, 이름을 야고보라고 했다. Cf. 서경현(徐景賢, Süchimscien), A, pp.9, 137.

1152 Cf. N.366.

1153 그 후, 그는 둘을 낳았고, 나중에 셋을 더 낳았다. 아이들의 이름은 서경현(徐景賢), A, pp.10, 193을 보라. 이 아들 다섯 뒤로 딸도 다섯을 더 낳았다. 그중 가장 유명한 딸이 칸디다(1607-1680)였다. 그녀는 탁월한 그리스도인으로 허락선(許樂善)의 손자 허원도(許遠度)에게 시집갔다. 허락선은 화정(華亭) 출신으로 자가 수지(修之)다(Index, 24, III, p.53). 그래서 칸디다를 두고 당시에는 허서씨(許徐氏)라고 불렀다. 허락선은 『기하원본(幾何原本)』을 감수하고 수정해 준 인물이다. 考訂校閱姓氏(PCLC, XIX).

1154 1601년이다.

1155 Cf. N.70. 하지만 이 숫자는 『제명비록(提名碑錄)』에서 확인할 수 있듯이, 거의 매번 초과했다. 1601년에도 새로 뽑힌 진사들이 301명이었다.

1156 Cf. N.68.

1157 서광계가 처음으로 천주교와 접촉한 것은 1596년, 소주(韶州)에서 글 선생을 할 때인데, 그때도 시험에 합격하지 못한 상태였다.

681. 서광계가 소주와 남경에서 처음 선교사들을 만나다. 그가 삼위일체의 환시를 보다

그는 몹시 언짢은 기분으로 조정[1158]을 떠났고, 친척 한 사람을 만나러 광동廣東성으로 갔다. 친척은 소주韶州에서 관리로 있었고, 한때 라자로 카타네오 신부가 그곳에 있을 때 그를 만나러 간 적도 있었다. 우리 성당에서 〈구세주 성화〉에 인사를 한 적도 있었다. 거기서 1600년에 남경으로 갔고,[1159] 마태오 리치 신부도 방문하여, 우리의 거룩한 신앙에 관해 이야기하면서 좋은 인연을 맺었다.[1160] 하지만 고향으로 황급히 떠나야 했기 때문에 천지의 창조주, 모든 피조물의 창조주로 우리가 숭배하는 하느님에 대해서는 얼마 듣지 못했다. 다만 이 모든 정황으로 봐서 하느님께서 그를 일깨우고자 하신 것 같다.

고향으로 돌아간 뒤, 그는 꿈속에서 세 개의 경당이 있는 사원을 보았다. 그중 한 곳에는 하느님 성부라고 하는 분이 계셨고, 다른 한 곳에는 왕관을 쓴 성자라는 분이 있었으며, 세 번째에는 아무것도 눈에 보이지

———

1158 이곳은 진사 시험을 치른 북경이다.
1159 리치는 1601년 혹은 그 후 소주로 서광계를 만나러 간 것으로 기억하며, 그때 카타네오는 소주에 있었던 것이 아니라 남경에 있었고, 그를 남경으로 돌아오라고 한 것이 이미 1600년이었는데, 혼동하고 있는 것 같다. 중국 자료건 유럽의 자료건 의심의 여지 없이 서광계가 소주에 간 것은 1596년이라고 말한다. 1608년 카타네오는 이 방문은 "12년 전"(N.4339)에 있었다고 말한 바 있다. 트리고 역시 1611-1612년에 같은 말을 반복했다(N.932). 우리에게 전해진 서광계의 중국인으로서 생활은 소주에 있을 때는 신부들이 거주하는 하서(河西)로 와서 성당에 들러 아름다운 〈구세주 성화〉를 보고, 공경의 마음이 우러나와 거기에 절을 했다고 한다. 公偶游其地, 入堂見天主像, 神威昭著, 栩栩欲生, 心懍然, 輒爲頂禮(Siüchimscien, A, p.125). 리치와의 짧은 첫 번째 만남은 1600년 초 우연히 남경에 들렀을 때 있었다. Cf. 서문정(徐文定), c.1, p.14.
1160 카타네오와 리치의 친구들과 말이다.

않았다. 그래서 그는 첫 번째와 두 번째 분 앞에서는 예를 갖추어 숭배했지만 세 번째 경당에서는 아무런 예를 드리지 않았다. 후에 남경에서 신부가 성삼위聖三位에 관한 신비를 이야기해 줄 때,[1161] 그제야 그 꿈이 생각났다. 하지만 아무 말도 하지 않았다. 신부로부터 꿈을 믿는 것은 그리 좋은 것이 아니라고 들었기 때문이다. 그러던 어느 날 북경에서 하느님은 때로 특정 신자의 꿈에 나타나시어 어떤 일을 알려 주시는 경우가 있다고 말하자, [그는] 마태오 신부에게 그렇다면 어떤 꿈은 믿어도 되느냐고 물었다. 신부는 그에게 하느님은 때로 꿈으로 일을 드러내기도 하신다고 대답했고, 그는 매우 기쁘게 자신에게 일어난 일을 이야기했다.[1162]

682. 서광계가 짧은 시간에 교리교육을 받고 세례받다. 상해로 돌아가다

1603년 서광계는 볼 일이 있어 다시 남경으로 왔고, 조반니 다 로챠 신부를 방문했다. 신부는 그에게 성당을 보여 주었고, 그는 그 안에 모셔진 〈아기를 안은 성모 성화〉[1163]를 보고 경배했다. 그 기회에 신부는 그에게 우리의 거룩한 신앙에 관한 몇 가지 것들을 이야기했고, 그는 매우 주의 깊게, 열심히 들었다. 그는 즉시 우리의 신앙을 따르고 싶다고 했고, 밤늦도록 남아서 이야기를 나누었다. 그리고 아직 인쇄하지 않은 『천

1161 1603년 1월 초순쯤이었다.
1162 이런 설명은 1605년에 리치가 해 주었고, 5월 10일 이전, 서광계는 자신의 꿈 이야기를 리치에게 했다(NN.1595, 1610, 1637).
1163 카타네오가 마카오에서 가지고 온 것으로 추정된다. Cf. N.676. 이 성화를 보고 그는 마음의 평화를 얻었다고 했다. 心神若接, 默感潛孚. Cf. 서문정(徐文定), c.1, 首, 下, p.8.

주교요天主教要』와『천주실의天主實義』를 가지고 돌아갔다.[1164] 그는 밤새이 두 권의 책을 모두 읽고, 책에서 가르치는 교리에 크게 만족했다. 그리고 다음 날『천주교요』에서 가르치는 기도문들을 외워서 신부에게 와서 설명해 달라고 요청했다. 신년이 다가오고 있었기 때문에,[1165] 고향으로 돌아가기 전에 세례받는 문제를 결정하고 싶어 했다.

신부는 그의 마음이 진심이고 교리 공부를 더 하게 하려고, 또 짧은 시간 안에 세례를 받으려면, [남경에 머무르는] 8일간 매일 하루에 한 번씩 들러 신앙의 신비에 대해서 정확하게 들으라고 했다. 그는 하루에 한 번이 아니라, 두 번씩 들렀고, 매우 성실하고 진지하게 임했다. 그리고 신부가 밖에 볼일이 있어 집에 없으면, 집에 있는 우리 학생들에게 그리스도교에 관한 것들을 설명해 달라고 했다.[1166] 교리를 다 배우고 나서, 그는 세례를 받았고, 그날 바로 고향으로 떠났다.[1167] 그는 고향에서 두 통

1164 『천주실의(天主實義)』는 1603년에,『천주교요(天主要)』는 1605년에 출판했다.

1165 1603년의 중국식 새해는 2월 11일이었다. 텍스트에서 말하고 있는 시점은 1월 중순이고, 남경은 상해에서 도보로 "팔 일"(N.680) 거리에 있다. 바오로 역시 대부분의 중국 사람처럼 새해에는 가족과 함께 있고 싶지, 여행하고 싶어 하지 않았을 것이다.

1166 중국인 학생들은 예수회 입회를 준비하고 있는 사람들이었다. 그중에는 파스콸레 구양후(丘良厚) 멘데스도 있었다. 어느 날 서광계가 다 로챠를 만나러 갔다가 허탕을 쳤다. 신부는 두세 명의 여성과 아이에게 세례를 주러 가고 없었다. 그때 서광계는 멘데스를 붙들고, 하룻저녁에 유럽의 알파벳 글자를 배워 자기의 이름을 로마자로 쓸 수 있을 정도가 되었다. 그리고 유럽의 책들을 읽을 수 있을 만큼 배우고 싶은 강한 열망이 생겼다. 이렇게 마카오가 아닌 데서, 처음으로 중국인에 의해 서양 언어에 관한 연구가 시작되었다고 하겠다. Cf. N.3179.

1167 다 로챠가 말하는 것과 마찬가지로, 이 일은 1603년 1월 16일에 있었다. "그는 나를 붙잡고 교리를 가르쳐 달라고 했고, 그를 보고 내가 만족스러워하자 그는 내게 말하기를: 여기에 물이 있습니다. 제가 세례를 받는 데에 무슨 장애가 있습니까[사도행전, 8장 36절]. 그러나 나는 하루 이틀을 미루었고, 적어도 다음 주일까지는 미루려고 했습니다. 다른 사람들과 한꺼번에 세례를 주려고 한 것입니다. 만약 중국의 새해가 다가

의 편지를 보냈는데, 거기에는 신앙에 대한 깊은 인정과 견고함이 담겨 있었다.

683. 다시 남경을 지나가면서 고해성사를 보고, 다른 두 예비신 자를 입교시켜 세례를 받게 하다

몇 개월 뒤, 그는 다시 남경에 왔는데, 가장 먼저 찾은 곳이 우리 집이었다. 그가 보름 동안 남경에 머문다고 하자 신부는 우리 집에 있으라고 했고, 집식구들도 모두 크게 반겼다.

그는 매일 미사에 참석했고, 그리스도교에 관한 내용을 더 깊이 알게되었다. 하루는 그가 누군가 신자가 되었는데 다시 죄를 지으면 속죄할수 있겠느냐고 질문했다. 이에 신부는 고백성사를 봐야 한다고 대답했다. 그리고 그 기회에 참회의 성사에 대해 가르쳐 주었다.[1168] 그러자 그는 고백성사를 보는 방법을 배우고 성사를 봤다.[1169] 진사 시험을 치르러 북경으로 출발하기 전에, 또 한 번 받았다.[1170] 그는 함께 가던 두 명의

오지 않았고, 그 시기에 고향에서 보내야 하지 않아도 되었다면 그랬을 것입니다. 하지만 그는 고향으로 가야 했기에 고집을 부렸고, 세례를 주었습니다. 평일에 있은 세례식에는 우리 친구 필립보 왕징(王微)이 대부를 서 주었습니다. 모든 사람이 그의 개종을 반겼습니다. 그리고 그는 하느님께서 하시는 일에 크게 고무되어 마치 다른 사람 같았습니다"(N.3179). 그러니까 1월 16일 이전, 아마도 15일에 세례를 받았다는 것을 알 수 있다. 추측하듯이 만약 주일에 받았다면, 20일이 되었을텐데, 그럼 중국의 새해 (2월 11일)와 너무 가깝다.

1168 Cf. N.716.

1169 1602년도 보고서에는 "새 신자들이 가장 어려워하는 것 중의 하나가 자신의 죄를 사제에게 드러내야 하는 일입니다"라고 적고 있다. 따라서 "그리스도인 학자" 서광계가 사제 앞에서 무릎을 꿇고 고백성사를 보는 것은 의심의 여지 없이 남경의 남녀 모든 신자에게 커다란 자극과 용기를 주는 일이었다. Cf. N.1476.

1170 그는 1604년 1월 혹은 2월에 남경을 지나갔을 것이다. 왜냐하면 4월 13일에 북경에서

다른 학자와 여러 친구에게도 입교를 권했고, 그들 역시 벌써 기도문을 외울 줄 알았고, 오래지 않아 세례를 받았다.

684. 남경 근처에서 한 병자가 세례를 받고 병이 치유되다

남경의 성문 밖에는 패루牌樓라는 이름의 첫 번째 마을이 있었는데, 거기에는 6개월째 반신불수로,[1171] 침상을 벗어나지 못하는 한 사람이 있었다. 로챠 신부가 그곳으로 설교하러 온다는 말을 듣고 자기네 집에도 와 줄 것을 청하며, 자기도 그리스도인이 되고 싶다고 했다. 신부는 그의 집으로 갔고, 『천주교요』를 주며 공부하라고 했다. 그는 믿을 교리와 지킬 교리를 모두 익혔고, 신자가 되었다. 그는 세례성사를 받고, 즉시 병세가 호전되기 시작했다. 그리고 얼마 지나지 않아서 건강을 완전히 회복했다. 그는 걸어서 우리 집으로 와서 하느님께 감사하며, 영혼과 육신의 건강을 주셨다고 했다. 마을 사람들도 모두 공감했다. 그러나 그 마을 사람들은 하나같이 우상에 대한 미신이 강해서,[1172] 그리 큰 성과를 얻지는 못했다.[1173]

진사 시험이 있었기 때문이다.
[1171] '마비 상태'를 말한다.
[1172] Cf. N.190.
[1173] 하지만 1602년도 보고서에는 개종한 사람 중 한 가족은 거의 30년간 우상을 섬기기도 했다고 한다. Cf. N.4177.

✞

제20장

마카오 콜레지움의 새 원장 발렌티노 카르발료
신부가 어떻게 마누엘 디아즈 신부를 중국
내륙으로 보내게 되었는지에 대해, 마태오
리치가 그의 편으로 선교 물품을 보내기 위해 그를
북경으로 부르게 된 것에 대해, 황궁에서
그리스도교가 순조롭게 출발하게 된 것에 대해
(1600년 2월 1일부터 1602년 9월 21일까지)

○ 프란체스코 파시오 신부가 중국과 일본 부관구장으로 임명되다

○ 에마누엘레 디아즈 신부가 소주, 남창과 남경을 방문하다. 카타네오가 마카오에
  서 남경으로 돌아오다

○ 디아즈가 중국-일본인 야고보 예일성(倪一誠)과 함께 북경에 도착하다. 중국의
  관습에 관한 중대한 결정. 디아즈가 북경을 떠나 예일성의 집에 묵다

○ 디아즈는 남창에 있고, 카타네오는 남경에서 소주로 가다

○ 북경의 최고 인사들 사이에서 판토하와 리치가 행한 사도직

○ 고관대작들과 그들의 친척이 대거 개종하다

○ 하남(河南)의 첫 신자 최(崔) 안토니오 박사의 개종

○ 유명한 화가의 개종과 파계

○ 사주와 풍수에 능한 이응시(李應試)가 개종하여 1602년 9월 21일에 세례를 받다

○ 새 신자 이응시가 금서들을 불태우고, 그의 친척과 친구들이 개종하다. 자기 집
  에 경당을 짓다

○ 이응시 바오로와 북경의 새 신자들이 한 신앙고백 양식서

685. 프란체스코 파시오 신부가 중국과 일본 부관구장으로 임명되다

1600년, 중국과 일본에서 부관구장을 지낸 바 있던 피에로 고메즈 신부가 일본에서 세상을 떠났다.[1174] 그의 뒤를 이은 사람은 프란체스코 파시오 신부였다. 그는 중국에서 선교하기도 했던 사람이어서 그런지,[1175] 중국선교에 큰 애정을 품고 있었고, 항상 최선을 다해 힘을 보태 주었다.

686. 에마누엘레 디아즈 신부가 소주, 남창과 남경을 방문하다. 카타네오가 마카오에서 남경으로 돌아오다

이듬해, 순찰사 알렉산드로 신부[1176]는 마카오 우리 수도원의 원장으로 마노엘 디아즈 신부를 물러나게 하고, 발렌티노 카르발료Valentino Carvaglio 신부[1177]를 파견했다. 새 원장은 마태오 리치 신부가 북경 일에

1174 이 죽음은 1600년 2월 1일에 있었다. Cf. N.3005; N.222, 본서 2권, p.111, 주(註) 134.
1175 파시오[N.219, 주(註)]는 1600년 8월 3일, 배가 도착하는 것과 동시에 중국과 일본의 부관구장으로 임명되었다. Cf. 1600년 10월 20일 자, 나가사키(長崎)에서 발리냐노가 아콰비바에게 보낸 편지, in *ARSI, Jap.-Sin.,* 14, f.34b.
1176 알렉산드로 발리냐노다. Cf. N.203, 본서 2권, p.60, 주(註) 21.
1177 발렌티노 카르발호(Valentino Carvalho)는 1559년 리스본에서 태어났다. 1577년에 예수회원이 되었고, 코임브라에서 철학과 신학을 공부한 후 수사학과 철학을 가르치다가 1594년 3월, 인도로 파견되었다. 일본교회의 주교로 임명된 루이지 체르퀘이라(Luigi Cerqueira)와 동행했다(*ARSI, Lus.,* 72, f.162). 1596년 1월 14일, 마카오에서 데 산데의 집전으로 종신서원을 했고(*ARSI, Lus.,* 2, ff.132-133), 거기서 신학 과정을 마쳤다. 그리고 그해에 체르퀘이라 주교를 모시고 일본으로 갔다. "그는 많은 재능이 있었고, 수도회를 돕기 위해 파견되었습니다." 하지만 '떠오르는 태양의 나라[일본]'에서 2년을 보낸 후, 언어 습득의 어려움에 봉착하는 것을 보자, 주교는 발리냐노에게 그를 맡겼다. 주교가 직접 1601년 10월 21일 자로 쓴 편지에는 카르발호를 마카오로 보내어 디아즈가 있던 콜레지움의 원장 자리를 채운다고 적혀 있다. 1601년 11월, 그는 마카오 콜레지움의 원장이 되었고(*ARSI, Jap.-Sin.,* 14, f.99) 1606년이 아니라, 1608년에

몰두해 있고 그곳을 떠날 수 없어, 다른 세 수도원의 통솔에 대해서는 잘 알지 못한다는 것을 알았다. 세 수도원에는 각각 신부 한 사람씩 있었고,[1178] 더욱이 남창南昌의 신부[1179]는 병이 들어 매우 위독한 상태였다. 이에 새 원장은 마노엘 디아즈 신부를 세 수도원에 방문차 보냈고, 방문이 끝나자 남창 수도원에 남아 소에이로 신부를 도와 그 집을 통솔하도록 했다.

마노엘 신부는 중국의 것들에 관심이 많아 매우 기뻐했고, 중국선교를 하다가 죽기를 바랐다.[1180] [중국에 있던] 신부들은 그가 온다는 소식에 크

있은 발리냐노의 사망에 대비하기도 했다. 순찰사는 그를 신뢰했고, 콜레지움이 "학자며 인품 있고 신중하며, 많은 좋은 자질을 갖춘 발렌틴 카르발호 신부님"(N.2935)이 원장이 되어 잘 통솔되기를 바랐다.

안토니오 로드리게스 신부는 윤리학 교수며 순찰사의 자문관이었는데, 1602년 3월 23일 자 마카오에서 아콰비바에게 쓴 편지에서 그를 매우 호의적으로 언급하고 있다. 그는 카르발호를 "여러 면에서 매우 보기 드문 인물입니다. 그의 편지들(여기에 가장 우수한 것을 하나 소개하자면)은 그를 비추는 거울로 언제나 인품을 드러내고 있습니다." 순찰사가 "매우, 아주 각별히 자신의 의견을 피력"하는데도 불구하고, 그는 지금까지 한 번도 원장이 되지 못했다. 그는 어려움 속에서도 원칙을 지키고 두려워하지 않으며, 본성과 훈련으로 온유하고 신중한 성품을 갖춘 큰 덕목으로 모든 사람이 만족하는 통솔을 보여 주었다(N.3067). 그에 대해서는 *Catalogo das informações commuas dos Padres e Irmãos do Colleggio de Macao feito a 25 januario da 1604*에서 말하기를, "리스본 대교구 출신의 포르투갈인 발렌팀 카르발호 신부, 현재 나이 45세, 27살에 예수회에 입회. 체력은 양호, 철학과 신학을 공부, 코임브라에서 라틴어, 수사학 등의 인문학과 철학과 신학을 더 공부함. 현재 그는 이 콜레지움의 원장, 1596년에 4대 서원을 했음"(*ARSI, Jap.-Sin.*, 25, f.79)이라고 적혀 있다. 마카오 원장에서 물러나 1609년부터 '태양이 떠오르는 나라'에 다시 갔는데(*ARSI, Jap.-Sin.*, 25, f.107r), 1611년부터 1617년까지 일본관구의 관구장으로 재차 선출되었다(*ARSI, Jap.-Sin.*, 25, f.292). 1621년 9월, 모든 직무에서 물러날 때까지 일본선교를 총괄했다.

1178 소주(韶州)에는 론고바르도가 있었고, 남경에는 다 로챠(1602년 말에 카타네오가 마카오로 돌아갔기 때문에, Cf. NN.676, 686)가 있었으며, 남창(南昌)에는 병든 소에이로가 있었다.

1179 소에이로 신부다. 그에 관해서는 N.486, 본서 2권, p.479, 주(註) 517.를 보라.

게 반겼고, 그와 함께 영원히 남을 방법을 찾기 시작했다. 그를 중국에 남게 해 달라고 순찰사 신부에게 편지를 쓰기도 했고, 마노엘 신부에게 직접 남으라고 요청하기도 했다.

세 수도원에서는 마노엘 신부가 해결할 수 없는 많은 일이 있었다. 그러나 오랫동안 원장으로 있었고 중국에 대해 잘 아는 마태오 신부도 관여할 수 있는 일이 아니어서, 그런 것들은 남경에서 마카오로 돌아가는 라자로 카타네오 신부에게 부탁하기로 했다. 그래서 필요한 것들이 무엇인지, 선교활동의 증진과 좋은 통솔을 위해 유익한 것이 무엇인지 신부들의 권고를 모으고, 동료들의 의견을 듣고 적어서 마태오 신부에게 보낼 준비를 했다. 리치가 결정할 수 있는 것은 바로 지시했지만, 그렇지 못한 것은 모두의 명의로 순찰사 신부에게 보내 물어보기로 했다.

687. 디아즈가 중국-일본인 야고보 예일성(倪―誠)과 함께 북경에 도착하다. 중국의 관습에 관한 중대한 결정. 디아즈가 북경을 떠나 예일성의 집에 묵다

이를 계기로, 순찰이 끝나자 마태오 신부는 그를 북경에 불러 직접 얼굴을 보고 모든 과제를 논의하자고 했다. 중국선교를 위해서 매우 타당한 일이라고 생각하였기 때문이다.

[디아즈] 신부는 북경으로 가면서 화가며 수사인 야고보 니바[예일성(倪―誠)]와 함께 갔다. 중국인의 아들이지만 일본에서 태어났고, 예수회 신

1180 Cf. N.1567. 그는 1601년 말, 마카오에서 출발했다. 1602년도 초에 벌써 남경으로 되돌아온 카타네오를 동행해야 했기 때문이다. Cf. N.676.

학교에서 교육을 받았는데 예술에 조예가 깊었다. 순찰사 신부는 중국선교를 위해 보내기는 하지만, 아직 예수회 입회는 하지 않았다고 했다.[1181] 여행은 수로를 이용하여 큰 어려움 없이 순탄하게 했고, 1602년

[1181] 야고보 예일성(倪一誠)은 포르투갈인들이 세운 일본의 니바라고 하는 곳에서 1579년에 태어났다. 부친은 중국인이고 모친은 일본인이었다(N.687). 그는 (아마쿠사, 天草)지기(志伎) 신학교에서 교육을 받았는데, 그곳에서 1592년, 예수회 선교사며 화가인 조반니 니콜라오[흔히 '콜라'로 부름](N.286, 본서 2권, p.219, 주(註) 389.]를 만나 그의 지도하에 소년 시절부터(N.1724) 유럽의 그림을 공부했다(N.1633). 그는 "이 분야의 예술을 매우 잘"(N.687) 배웠다. 1601년부터 발리냐노는 그에게 중국선교에 활용하기 위해 그림을 그려 달라고 요청한 걸로 보인다. 1601년 야고보는 마카오에서 〈성모승천〉이라는 그림을 그렸는데, 그것은 그가 그린 11,000점의 그림 중 하나로, [마카오의] 성 바오로 성당을 위해 그린 것이다. 이 성당은 1600년 화재가 있고 난 뒤, 1602년에 재건하여 몇 점 안 되는 예일성의 그림으로 장식했다. 그해 8월 9일, 그는 북경에 도착했고(NN.687, 1567), 예수회 입회를 앞둔 지원자 신분으로 북경 수도원에 머물렀다. 1603년 12월 25일 이전에 그는 "매우 잘 그린" 그림 한 점을 내놓았다. 그리고 하나를 더 그렸는데, 〈아기를 품에 안은 성 루카의 성모상〉이다. 리치는 그것을 황제에게 선물했다. 1604년 성탄, 이 그림을 신자들에게 공개했을 때 "내용이 담고 있는 모든 것에 놀라움을 금치 못했습니다"(N.1633)라고 했다. 뒤이어 그린 〈구세주 성화〉도 앞의 〈성모 성화〉에 못지않게 잘 그렸고, 그가 그린 〈성모 성화〉는 제단화로 사용했다(NN.1602, 1878). 1605년 그의 그림들은 중국인들에게 큰 감동을 주었고, 그때까지 자기네 그림이 최고로 우수하다고 생각했던 사람들조차 리치에게 와서 중국의 것과 비교할 만한 그림은 세상에 없는 줄 알았다고 고백했다(Guerreiro, II, pp.93-94). 1606년 1월 17일, 발리냐노는 죽기 사흘 전에 마지막 유언으로 우리의 예일성에 대해 말했다. 리치와 다른 신부들의 조언에 따라, 그에게 예수회 입회를 허락한다는 내용이었다(ARSI, Jap.-Sin., 14, f.231b). 추측건대, 바로 그날 "순찰사의 죽음과 함께 니바를 [예수회에] 받아들인다는 승인이 떨어진 것으로 기억되는데, 명확한 것은 아니다"(N.1724; Cf. N.1714). 전문가들은 이런 의구심에 대해, 발리냐노가 사망했어도 리치가 선교의 총책임을 맡고 있었기 때문에 리치가 받아들일 수도 있었다고 말한다. 그러니까 예수승천 이전인 1606년 5월경일 가능성이 크다는 것이다(NN.1714, 1724). 하지만 지원기를 다시 시작하지는 않고, 그해 8월 15일을 며칠 앞두고 "새 성당에 모실 몇 개의 그림을 그리러"(N.1724) 마카오로 갔다. 아마 1608년 3월, 마카오에서 남창(南昌)으로 가 지원자 과정을 마치고, 거기서 1610년에 〈구세주 성화〉와 〈성모 성화〉를 유럽식으로 그렸다. 그해 성탄에 개막하게 될 두 개의 소성당을 위한 것이었다(D'Elia², pp.40-41). 남창의 신자들은 하나같이 〈구세주 성화〉가 1607년쯤에 그린 것

7월 북경에 도착했다.[1182]

마노엘 신부는 북경에 있는 두 달 동안 가고 싶은 곳을 두루 다녔고, 마태오 신부는 많은 결정을 내렸다. 여러 수도원의 신부들이 어떻게 할지 물어보는 일들에 일일이 답변했고, 순찰사 신부에게 보낼 것들은 별도로 정리하여 지시해 달라고 요청했다.

마노엘 신부는 북경에서 이런 상황을 보고, 또 우리의 일이 순조롭게 발전하고 있는 것을 보며 기쁜 마음으로 돌아오며[1183] 고무되어 이 일에 헌신하리라 결심했다.[1184] 야고보 수사[1185]는 북경에 남겨 두었다.

이고, 당시 문인들과 통감을 불편하게 한 원인이 되었다고 한다(NN.858, 864). 그것은 예일성의 몇몇 그림을 인쇄한 사본들이었다. 예일성은 남창에서 늦지 않게 다시 북경으로 갔고, 1611년 9-10월 책란(柵欄) 사원의 제단화를 그렸다. 그즈음에 그곳이 망자들을 위한 소성당으로 바뀌었다. 성화는 가운데 구세주가 옥좌에 앉아 있고, 주변 위에는 천사들이, 아래에는 사도들이 있어 뭔가를 가르치는 자세를 하고 있었다(N.997). 1613년에도 그는 여전히 북경에 있었다(N.3823; *ARSI, Jap.-Sin.*, 15, II, f.269). 1623년과 1635년에 그는 마카오에 있었다. 그에 관해서는 *Primeiro Catalogo das Informações commuas dos Padres e Irmãos da provvincia da Japão, assi dos que residem nelle ao presente, como dos que estão em Macao, nas Philippinas, e em Cochinchina, feito en dezembro de 1623*에서 다음과 같은 정보를 주고 있다. "야고보 니바 수사는 일본 출신으로, 일본교구 소속 나이는 44세. 예수회에는 18세부터 있었음. 기력이나 건강은 허약한 편이고, 화가의 자질을 갖추어 중국선교에 기여함"(*ARSI, Jap.-Sin.*, 25, f.136b).

1182 더 정확하게는 "마노엘 디아즈 신부는 성 로렌조 축일 저녁기도 시간에 [북경에] 있었다"(N.1567)라고 했다. 다시 말해서, 8월 9일이다. 1602년 9월 6일 자 리치가 론고바르도에게 직접 쓴 편지에도 그렇게 적혀 있다.

1183 같은 편지에서 리치는 그달 20일 이전에 디아즈를 종명인(鍾鳴仁) 페르난데스 수사와 함께 남창으로 보내기 위해 최선을 다해야 했다고 적고 있다(N.1567). 다시 말해서, 예상대로라면 디아즈는 북경에 한 달 보름이 안 되게(8월 9일-9월 19일) 머물렀을 거라는 뜻이다.

1184 앞서 언급한 편지에서 선교의 책임자리치는 디아즈의 사도직에 대한 열망을 이렇게 표현하고 있다. "우리 주님께서 중국의 그리스도교를 크게 확장하기 위해 이 신부님을 우리에게 보내 주신 것 같습니다. 그는 다른 것은 꿈꾸지 않기 때문에, 그의 지혜가 저

688. 디아즈는 남창에 있고, 카타네오는 남경에서 소주로 가다

마노엘 신부는 남경에서 라자로 카타네오 신부와 함께 다시 마카오로 가기로 했다.[1186] 그의 병세가 그곳에서는 날로 심각해져, 무슨 방법이건 찾아보려는 것이었다. [가는 길에] 마노엘 디아즈 신부는 남창에 남고, 카타네오 신부는 [계속 남하하다가] 소주鹽州에 이르렀는데, 벌써 건강이 호전되기 시작했다.

689. 북경의 최고 인사들 사이에서 판토하와 리치가 행한 사도직

디에고 판토하 신부는 북경에서 짧은 시간에 중국어로 말을 유창하게 할 수 있을 만큼 익혔다. 그는 여러 스승을 통해서 이 땅[중국]의 문자를 배워 책을 많이 읽었고[1187] 모든 계층의 사람들과 교류하기 시작했다. 두 신부는 하느님께서 자신들에게 이 왕국의 위대한 인물들과 더불어 좋은 평판을 얻게 해 주신 것을 보면서, 많은 사람이 방문하고, 또 그들의 환대를 받고 있다는 것을 느꼈다. 주요 인사들의 집은 매일 사람들로 북적였고, 그들은 신부를 자기네 집에 초대하여 우리의 학문을 듣고 배우려고 했다. 두 신부는 이런 모든 기회를 이용하여 우리의 거룩한 가톨릭 신앙에 관해 설교하고 알리기 시작했다. 많은 학자와 유지들은 그들의 가르침에 귀를 기울이고 따르고자 했다.[1188]

까지 지혜롭게 만들고 있습니다. 그는 좋아하는 것이 많았지만 어떤 것도 자신의 삶을 충만하게 위로해 준 것은 없다고 했습니다"(N.1567).

1185 예일성(倪一誠)이다.

1186 1602년 말(末)이다. Cf. N.676.

1187 그러니까 그는 중국의 구어인 관화(官話)는 물론 문어인 문리(文理)를 모두 배운 것이다.

1188 하지만 북경에서 가장 먼저 개종한 사람은 베네딕토라는 이름으로 세례를 받은 한 평

690. 고관대작들과 그들의 친척이 대거 개종하다

그런 사람들 가운데 사회적으로 지위가 매우 높고, 부유하며 첫 단계의 과거시험에 합격한[1189] 곽郭씨 성을 가진 사람이 하나 있었는데, 부인이 지금 황제의 정실부인인 황후皇后와 자매지간이었다.[1190] 중국에서 이런 친척관계는 우리[유럽]만큼은 아니지만, 중요하게 받아들여진다.

그 외에 개종한 사람들로는 나羅씨 성을 가진 매우 높은 관직에 속하는 태의원원사太醫院院使의 아들 둘이 있었는데, 큰아들은 수재였다. 형부상서刑部尚書의 친척으로 학당의 선생도 있었는데, 성은 동董이고 세례명은 이냐시오였다.[1191] 또 다른 사람도 역시 형부상서刑部尚書의 손자로 18세 청년이었다. 그는 신부와 친구로 지내던 조부[1192]의 허락을 받아 우리의 신앙을 전수받고 이름을 미켈레라고 했다. 그의 조부는 자신의 생이

민이었다. 그는 모범으로 살다가 84세의 나이로 1624년에 사망했다. Cf. Bartoli[1], III, c.187, pp.387-388. 따라서 이 사람은 1601년 6월 10일에 세례를 받은 처음 두 사람 중 하나다. Cf. De Ursis, p.54.

[1189] 다시 말해서, 학사에 해당하는 수재(秀才)다. Cf. N.64. 궤레이로(Guerreiro, II, p.95)는 그가 리치의 세계지도 판본 중 하나의 서(序)를 써 준 것으로 이야기한다. 물론 1603년에 나온 4번째 판본은 아니다(N.630).

[1190] 만력 황제의 "정실부인"은 "효단황후(孝端皇后)"다. 그녀는 절강(浙江)성 여요(餘姚) 사람 왕위(王偉)의 딸로 북경에서 태어났다. Cf. 그림 XVII, 『명사(Storia dei Mim)』, c.114, f.7b: c.300, f.15a-b; Index, 24, II, pp.50, 76. 그녀의 여동생도 당연히 왕(王)씨에게서 태어났다.

[1191] 이 사람은 리치가 다른 새로운 신자들을 개종시키는 데 큰 도움을 주었다. Cf. N.761. 여기에서 우리는 젊은 이냐시오가 동유(董裕)의 친척이었다는 것을 알 수 있다. 동유는 자가 유익(惟益)으로 1605년 5-6월부터 1606년 1월까지 형부상서(刑部尚書)를 지냈다. Cf. Storia dei Mim, c.112, f.19b. 이 상서에 관해서는 하출광(何出光)의 『난대법감록(蘭臺法鑒錄)』, c.19, f.10a를 보라.

[1192] 여기서 말하는 "형부의 상서(尚書)"는 소대형(蕭大亨)으로, 1595년 6월부터 1604년 12월까지 형부(刑部)에서 상서(尚書)를 지냈다. Cf. Storia dei Mim, c.112, ff.18a-19b.

[그림 39] 신종(神宗) 황제의 왕후 효단(孝端)

• 북경 황궁에 있는 그림.

얼마 남지 않았다는 것을 알고 더욱 열심히 믿었다. 그리고 세례받고 한 달도 채 안 되어 세상을 떠났다. 그를 통해 더 많은 결실을 거둘 수 있을 거라는 걸 알기에 우리로서는 그의 죽음이 매우 안타까웠다.[1193]

691. 하남(河南)의 첫 신자 최(崔) 안토니오 박사의 개종

얼마 후, 하남河南성에 사는 60세의 한 노인이 입교했는데, 진사로 여러 지역에서 통감이라는 관직을 지냈고, 그 시기에 더 높은 관직으로 승진을 앞두고 있었다. 그는 성이 최崔[1194]씨이고 안토니오라고 불렀다. 그는 대단한 열정으로 교리교육에 임했고, 우리 집에도 하루에 두세 시간씩 와서 머물렀고, 세례받은 후에는 미사에 빠지는 적이 없었다. 신부가

[1193] 그는 수학을 좋아했고, 1602년 9월 21일 바오로 이응시(李應試)와 함께 세례를 받았을 것이다(N.695). 1602년도 보고서에 따르면, 그는 "중국에서 가장 높은 관직에 있으면서 세례를 받은 사람"으로, 형부(刑部)에서 그보다 더 높은 자리가 없다는 것을 고려할 때 대단히 높은 관직이었다는 것을 알 수 있다(N.4181). 그는 세례를 받은 지 한 달(N.690), 더 정확하게는 보름 만에 세상을 떠났다. Cf. Guerreiro, II, p.108.

[1194] 하남(河南)의 이 첫 번째 신자의 정체를 밝히기 위해, 우리는 1601-1603년에 60세였다는 데 주목했다. 그러려면 1570-1580년을 전후로 진사에 합격해야 한다. 즉, 30 혹은 40살쯤이어야 한다는 말이다. 1565년에 진사 시험을 통과한 개봉(開封)성 진유(陳留)의 최정시(崔庭試)와 1595년에 진사에 합격한 하남(河南)성 등봉(登封)의 최응과(崔應科) 중, 둘 다 최씨 성은 맞지만 아무도 하남 출신이 아니다. 둘 중 누가 안토니오 박사인지를 모르겠다. 전자는 최두담(崔斗贍)으로 위휘(衛輝)의 휘현(輝縣)에서 소박한 부모 밑에서 태어나 1580년에 거인이 되었다. 1601-1603년에는 족히 60세가 되었다. 후자는 최사계(崔士啓)로, 창덕(彰德)의 안양(安陽)에 사는 평범한 부모 슬하에서 태어나 1583년에 거인이 되었다. 전자는 이름이 문기(文起)이고 사천(四川)의 재무 담당 고문관이었다. 여씨(呂氏)와 결혼했다. Cf. *Annali del distretto di Hwei* 『도광휘현지(道光輝縣志)』, c.3, 봉음표(封廕表), f.4b: c.3, 선거표(選擧表), f.4a. 후자는 최급(崔汲)의 아들로 자는 전보(傳甫)로, 오늘날 하남성 상덕(常德)의 지부(知府)를 지냈다. 앞서 언급한 일곱 도시의 재판관도 겸임했다. Cf. *Annali del distretto Anyang* 『가경안양현지(嘉慶安陽縣志)』, c.19, f.14b. 추측건대 안토니오 박사는 후자일 가능성이 크다. 왜냐하면 "여러 지방의 통감"을 지냈다면, 지부일 가능성이 크기 때문이다.

그에게 성화 외에도 그의 식구들을 위해 유골함을 하나 주었는데, 그는 오로지 그리스도인이 되는 것밖에 생각하지 않아, 성화를 더 그려 달라고 사람들에게 요청하기도 했다. 그리고 유골함을 많이 갖추는 것이 자기의 신앙과 믿음의 큰 표징이라고 여겼다.[1195]

692. 유명한 화가의 개종과 파계

그런 사람 중에는 젊은 화가도 한 명 있었는데, 그는 재주가 많아 특히 우상[불상]들을 잘 그렸다. 여러 달 후에 세례를 받고 다시는 우상을 그리지 않겠다고 장엄하게 맹세까지 했다. 그리고 가지고 있던 커다란 견본을 우리 집으로 가지고 와서 불에 태웠다. 그러나 그는 약속을 지키지 않았고, 하느님께서는 큰 벌을 주셨다. 큰 스캔들로 북경에서 쫓겨난 것이다.[1196] 그가 약속한 대로 돌아와 하느님께 기쁨이 되기를 바란다.

이 사람들을 포함하여 짧은 시간에 개종한 사람들은 대략 70명 정도가 되었다.[1197]

1195 앞서 N.590에서 언급한 것 외에, 선교사들이 유골이 든 상자를 신자들에게 준다는 말은 처음 한다. Cf. N.703.

1196 Cf. Guerreiro, II, p.108.

1197 북경의 이들 초창기 그리스도인들은 숫자는 적었지만, 최고의 사람들이었다. 궤레이로(Guerreiro, II, pp.104-105)의 말에 의하면, "그런 훌륭한 사람들을 만드는 율법을 비교인들만 찬양한 것이 아니었습니다." 1600년, 중국인 비교인들은 2세기 중엽 유럽의 이방인들을 떠올리게 한다. 197년 테르툴리아누스는 그들에 대해 "보고 말하기를, 사랑할 만하다고 합니다. 그렇지만 미워합니다"(*Apologeticus*, in Migne, *Patrologia Latina*, I, cl.471)라고 말했다. 실제로 궤레이로는 계속해서(*Ibid.*) 북경의 비교인들은 "그들[그리스도인들]은 서로 간 사랑을 소중히 여기는데, 한 부모에게서 태어난 형제자매 간 사랑조차 그에 미치지는 못합니다"라고 했다.

693. 사주와 풍수에 능한 이응시(李應試)가 개종하여 1602년 9월 21일에 세례를 받다

그러나 이 사람 중 가장 유명하고 신분이 높은 학자로,[1198] 중국의 모든 것에 있어서, 특히 세 교파[1199]에 정통한 한 사람이 있었다. 북경 조정에서 매우 높은 금의위錦衣衛[1200]라고 하는 세습 관직에 있었고, 부친은 이미 세상을 떠났다.[1201] 그는 비록 아무런 실권이 없지만, 과거 일본이 조선을 침략하여 전쟁이 일어났을 때 코리아[高麗][1202]에 장수로 참전한 적이 있었다. 그는 황제가 내리는 후한 봉급으로 본가가 있는 호광湖廣에서 풍족하게 살았는데, 봉급은 세습되고 세금도 면제된다. 하지만 그는 북경에서 태어났고, 북경에 그의 처와 모친, 그리고 자녀들이 살고 있었다.

이 신사를 설득하기란 매우 힘든 일이었다. 신부는 그가 자라 온 많은 오류와 잘못에서 그를 떼어 내느라 큰 힘이 들었다. 그는 매우 총명한 사

1198 1559년 북경에서 호광(湖廣) 출신의 한 가정에서 태어났다. 그리고 1620년경에 사망했다(Cf. Streit, V, p.739). 그는 성이 이(李), 이름이 응시(應試)다. 1592-1597년, 일본에 대항하여 전쟁 중이던 조선으로 500명의 병사를 이끌고 참모(參謀) 혹은 참군(參軍)으로 파견되었다. Cf. *Storia dei Mim*, sotto 이여송(李如松), c.238, f.9b; *Cronaca dei Mim*, c.43, f.11b: c.44, f.18a; 송응창(宋應昌), 經略復國要編(1930년 재판), c.5, ff.15b, 42a, 43a; 홍외련(洪煨蓮, Homueilien), p.20. 1602년 9월 21일에 세례를 받았고, 대단히 열정적인 신자가 되었다. 단식과 축일을 엄격하게 지켰으며, 고백성사와 성체성사를 정기적으로 보았고, 속죄행위를 사랑했으며, 영혼은 항상 충만했고, 순교를 갈망했다. Cf. NN.716, 1590, 1641.

1199 유교, 불교, 도교다. Cf. N.175.

1200 궁의 경비를 보거나 경호 일을 하는 사람이다. Cf. *TMHT*, c.228; *Storia dei Mim*, c.76, ff.6a-7a.

1201 이 경호 임무를 맡은 사람은 "훈척도독(勳戚都督)"이라는 직함을 갖는다. Cf. *Storia dei Mim*, c.76, f.6a.

1202 **역주_** 리치는 조선(朝鮮)이라는 국호를 쓰지 않는다. 항상 "Coria[高麗]"라고 쓰고 있다. 주목할 만한 부분이다.

람으로, 수학과 그 밖의 자연과학 분야에서 북경에서 가장 뛰어난 능력의 소유자였다. 마태오 신부는 진리를 발견하게 해 주는 한편, 매우 크고 확실한 오류에서 그를 벗어나게 해 주었다. 그 결과 모든 교파를 버리고, 거룩한 복음의 진리를 받아들였다.

그가 가장 잘 알던 것 중에는 사람의 생년월일시로 여러 방법을 동원하여 미래를 점치는 것이었다.[1203] 죽은 사람을 어디에 묻어야 할지, 집을 어디에 지어야 할지, 일을 시작하기에 좋은 때가 언제인지 등 풍수風水를 볼 줄도 알았다.[1204] 이쪽 방면에서 그는 유명했고, 많은 사람이 찾았으며 크게 존경을 받고 있었다. 따라서 모든 것이 거짓이라고 설득할 수가 없었고, 많은 경우에 실제로 효험을 보기도 했다. 하지만 신부는 그런 효험은 때로 마귀가 장난한 거라고 일러 주며 그런 데서 눈을 떠야 한다고 촉구했다. 그제야 그는 눈을 뜨고 긴 꿈속에서 깨어났다.

그는 크게 만족하며 세례성사에 필요한 것들을 모두 배우고, 1602년 마태오 사도 축일에 세례를 받았다. 그리고 이름을 바오로라고 했다. 그의 성은 이(李)[응시(應試)]였고, 우리는 그를 이 바오로[이보록(李保錄)]라고 불렀다.

694. 새 신자 이응시가 금서들을 불태우고, 그의 친척과 친구들이 개종하다. 자기 집에 경당을 짓다

그는 세례받기 전에 우리 집에 자주 왔고, 신자가 된 후에는 더 자주

1203 Cf. N.151.
1204 풍수(風水)로 알려진 이 미신은 흙(지형)으로 점을 친다. Cf. N.152, 본서 1권, p.411, 주(註) 463.

왔는데, 이는 어떻게 하면 과거의 삶에서 벗어나는 줄을 몰라 영혼을 구원하는 문제들에 대해 말하고[1205] 싶었기 때문이다.

그는 책을 아주 많이 가지고 있었다. 우리의 율법에서 금하는 것들을 태우기 위해 책들을 조사하는데도 삼 일이 걸렸다. 많은 책이 특히 점치는 것과 관련한 것이었고, 대부분 손으로 직접 써서 많은 돈과 정성을 들여 수집한 것임을 알 수 있었다. 책은 마당에서 세 상자나 불에 태웠다.[1206] 남은 것들도 상당히 많아 우리 집에서 공개적으로 불태웠는데, 그것은 자기 마음이 진실하다는 것을 우리에게 증명하고 싶었고, 다른 사람들에게 모범을 보이고 싶었기 때문이다. 동시에 이제는 그런 책이 없다는 것을 알림으로써 사람들이 예전처럼 점을 보러 오지 말아 달라는 요청이기도 했다.

그의 열정에 온 집안이 개종했는데, 모친과 부인, 공부하는 두 아들과 그의 집에서 묵으면서 글을 가르치던 스승과 다른 여러 남녀 하인들이 모두 개종했다. 하인 중에 한 사람은 고집이 세어 자기는 그리스도인이 되지 않겠다고 맹세하며 손가락을 하나 잘라 불 속에 던졌다. 하지만 착한 바오로는 그를 위해 하느님께 간절히 기도했고, 좋은 말로 타이르고 잘 가르치는 한편 그런 행위에 대해 참회하도록 했다. 결국 그 하인은 물론 그 집에서 함께 살던 그의 아내까지 신자가 되었다. 이후에도 바오로는 자기 식구들과 할 수 있는 한 많은 사람을 개종시키는 데 애썼다.

아마도 그의 열정이 조금 덜했더라면 더 많은 성과가 있었을 것이다.

1205 리치는 텍스트에서 이탈리아어로 '대화하다' 혹은 '다루다'라는 의미로 "praticar"라는 단어를 쓰고 있는데, 이것은 포르투갈어다.
1206 Cf. N.1590.

하지만 그의 방식도 무용한 것은 아니어서 많은 사람이 그의 권고를 들었고, 과거와는 전혀 다른 그의 새로운 삶의 방식에 모두 놀랐다. 그는 북경에서 그 자체로 거룩한 복음의 증인이 되었다. 왜냐하면 그는 중국에서 여러 종파에 대해 잘 알고 있었고, 그들이 사람들을 어떻게 속이는지도 잘 알고 있었다. 그는 이런 사실들을 신부에게 모두 말했고, 그와 교류하던 사람들에게도 말했다. 아무도 그에게 대꾸할 수가 없었다.

그는 신부들에게만 잘한 것이 아니라, 수사들과 젊은 학생들은 물론 우리 집에서 일하는 하인들에게까지도 잘했다. 그는 어떤 사람들에게는 신부의 성덕에 대해 말하고, 어떤 사람들에게는 우리 집 청년들의 인품에 대해 말하고, 또 어떤 사람들에게는 우리 집 하인들의 절도節度와 일치단결의 모범에 대해 말하곤 했다.

그는 자기 집에 작은 기도소를 지어 아름다운 성화로 제단을 꾸몄다. 신부는 여러 차례 그의 집으로 가서 미사를 드렸는데, 그는 자기 아들 하나에게 복사服事 서는 것을 배우게 했다. 그의 아들이 우리 집 소성당에서 처음으로 복사를 설 때, 그는 식구들과 함께 와서 우리가 집안에서 새 신부가 나와 첫 미사[1207]를 드릴 때처럼 매우 기뻐하며 축제를 벌였다.

695. 이응시 바오로와 북경의 새 신자들이 한 신앙고백 양식서
북경의 신자들은 그들이 세례받던 날, 각자 직접 쓴(in scriptis) 신앙고

[1207] 이 소년은 14살로, 1605년 5월 10일 이전에 이미 미사에 봉사하기 위해 배웠다는 것은 라틴어 규정이 전혀 없는 상태라 적지 않은 노력을 해야 했을 것이다. 당시에는 아무것도 없었고, 오늘날처럼 라틴어에서 음차한 중국어로 된 책도 없었기 때문이다. Cf. N.1590.

백문이나 기도문을 제단 앞에서 읽고 사제에게 주었다.[1208] 그들의 신심은 매우 깊어서 대부분 외워서 했다. 그러나 너무 길어지지 않도록, 이 장章의 마지막에 이 바오로의 것만 언급하고자 한다. 이것을 통해 다른 사람의 것들을 추측해 보기 바란다.

이탈리아어로 충실하게 번역한 그의 신앙고백 원문은 이렇다.

"저, 제자 이李는 응시應試라고 합니다. 온 마음으로, 진실로 그리스도교의 거룩한 율법을 받기를 원합니다. 마음을 다해 천주天主를 바라보며 비옵니다.(청하오니 제 목소리에 귀 기울여 주소서.) 저 응시는 북경에서 태어나 지금까지 한 번도 천주의 가르침에 대한 새로운 소식을 듣지 못했고, 거룩하고 충만하게 사는 사람들과 얼굴을 마주하고 이야기를 나누어 본 적이 없습니다. 그래서 저는 아침부터 저녁까지 모든 말과 행동으로 비천하고 눈이 먼 사람으로 살았습니다. 다행히 얼마 전에 충만하고 정직한 유럽의 뛰어난 스승 마태오 리치와 디에고 판토하를 만나는 행운을 얻었습니다. 그들은 제게 『천주교요天主敎要』를 주고 가르쳐 주어 거룩한 성상을 우러러 공경할 수 있게 해 주었습니다. 그리고 세상을 구원하기 위해 율법을 주신 천주 성부를 알고 인식하게 되었습니다. 그러니 제가 어찌 마음이 타오르지 않을 수 있겠으며, 율법을 따르지 않고 지키지 않을 수 있겠습니까?

1208 이 양식은 십자가 앞에서 세례받기 전, 구마 예식 후에 했다. 새 신자들이 구세주의 십자가 수난과 죽음에 대해 제대로 배웠는지를 알아보는 새로운 시험이다. Cf. Guerreiro, II, p.105. 아마도 모든 경건한 세속의 사람들이 불교에서 처음 하는 신앙고백이나 매월 하는 안거(安居)처럼, 특정 행위에서 하는 공적인 것을 기꺼이 적용한 것으로 보인다. Cf. Wieger, *Bouddhisme chinois*, I, pp.146-151; 또 다른 모델은 N.756에서 보게 될 것이다.

하지만 저는 태어나서 지금 43살이 될 때까지,[1209] 이 위대한 율법을 한 번도 들어 보지 못했기에 그동안 많은 잘못과 오류를 저지르고 살았습니다. 이제 천주 성부께 비오니, 당신의 사랑과 자비를 베푸시어 배임과 거짓, 속임수, 부도덕함과 불순함, 인색하고 부족한 모든 행동과 말, 경솔함, 타인에게 해를 입히고자 한 의도, 크건 작건, 알고 했건 모르고 했건 저지른 모든 죄를 씻어 주시고 용서해 주소서. 지금 이 자리에서 저는 거룩한 세례의 물을 받으며, 죄를 피하기로 결심하고 잘못에 대해 속죄하나이다. 거룩한 신앙을 경배하고 따르며, 가르침을 믿습니다. 최선을 다해 십계명을 지키고, 하나도 빠짐없이 영원히 어기지 않고 준수하겠나이다. 이 세상의 모든 나쁜 풍습과 위법한 것들을 버리고, 저의 나쁜 습관 등 거룩한 가르침에 맞지 않는 모든 것들은 버리겠나이다. 다시 돌아가 믿음을 저버리는 일은 없을 것이옵니다.

사랑이시고 자비하신 아버지, 모든 것을 만드신 창조주께 청하오니, 저 응시는 이제 막 개종한 터라 성교회의 가르침을 듣기 시작한 지 얼마 되지 않아, 더 완전하고 깊은 것들을 이해할 단계에는 이르지 못했습니다. 제가 알아내지 못하고 힘이 닿지 못하는 것을 깨닫도록 지혜와 능력을 주시어, 담대하게 흔들리지 않고 알아들은 대로 실행할 수 있게 해 주소서. 살아서는 잘못과 오류를 멀리하고, 죽어서는 하늘나라에서 속히 주님의 참된 현존을 누리게 하소서. 이제 당신의 거룩한 율법을 받았으니, 저의 믿음에 따라 다른 제자들과 함께 온 세상과 모든 사람에게 믿음을 전파하고 따르도록 하겠나이다.[1210]

1209 만약 1602년에 중국 나이로 43살이면, 1559년에 태어났다는 이야기다.

이 말씀으로 모든 존경을 드리오니 제 맹세에 당신의 눈길을 주소서. 여기에 하느님, 거룩한 스승님께서 들으실 수 있도록 제 말씀을 올리나이다."

아래에는 다음과 같이 적었다.

"대명大明 만력萬曆 황제 재위 30년, 음력 8월 6일,[1211]

이응시가 신앙에 엎드려 절하옵니다."

[1210] 포르투갈어 번역본은 궤레이로(Guerreiro, II, p.105)에 의해 보존되어 전해 오고 있다. 그의 목소리를 들어 보면, "저 또한 마태오 리치 신부를 따라 모든 우주에 거룩한 율법을 전파하여 모든 사람이 그것을 믿고 따르게 하고자 하오니, 이를 허락해 주소서 (Concedei-me também que á imitação do Padre Mateus Ricio divulgue a santa lei por todas as partes do universo, fazendo que tôdas os homens a creiam e sigam)" 와 같다. 하지만 리치는 우리의 텍스트에서 겸손하게, 하느님께로 향하는 것으로 적고 있다.

[1211] 즉, 1602년 9월 21일이다.

마태오 리치(Matteo Ricci, 중국명 利瑪竇, 1552-1610)

이탈리아 마르케주 마체라타에서 태어나 예수회에서 운영하는 학교에서 공부했고, 로마로 가서 현(現) 로마대학교 전신인 콜레지움 로마눔에서 당대 최고의 과학자며 교황청 학술원장으로 있던 예수회 소속 아나스타시우스 키르허 교수 밑에서 수학과 물리학을 전공했다.

예수회에 입회하여 신학을 공부하던 중 아시아 선교사로 발탁되어 고아, 코친을 거쳐 당시 동인도지역 예수회 순찰사 알렉산드로 발리냐노의 명으로 아시아선교의 베이스캠프인 마카오에서 중국선교를 준비했다. 중국어와 중국문화에 관한 체계적인 공부를 했고, 중국 내륙으로 파견되어 발리냐노가 수립한 "적응주의 선교정책"을 실천했다.

1610년 5월 11일 북경에서 58세의 일기로 생을 마감하기까지 28년간 중국인 리마두로 살았다. 그가 보여 준 삶을 통한 대화의 방식은 '긍정적인 타자 형상'으로 각인되었고, 학문을 매개로 한 대화는 동서양 문명의 가교가 되었다. 도덕과 이성, 양심에 초점을 맞춘 인문 서적과 실생활에 도움을 주는 실천학문으로서 과학 기술서의 도입이 그것이었다. 르네상스 시대 유럽에서 꽃을 피운 예술(藝術)도 대화의 수단으로 활용했다. 그 덕분에 절벽으로 표현되던 폐쇄적인 중국 사회에서 대화가 가능한 길을 찾아 동서양 화해를 모색한 방법은 역사의 현시성을 극명하게 보여 주는 사례가 되었다.

김혜경(金惠卿, 세레나)

로마에서 선교신학을 전공하였다. 가톨릭대, 서강대, 성신여대 등에서 강의했고, 현재 부산가톨릭대 연구교수로 있다. 연구과제와 관련하여, 이탈리아에 머물며 피렌체대학교에서 미술사학을 공부하고 있다.

저서로 『예수회의 적응주의 선교』(2013년 가톨릭학술상 수상), 『인류의 꽃이 된 도시, 피렌체』(2017년 세종우수교양도서), 『모든 길은 로마로』(2024), 『세계평화개념사: 인류의 평화, 그 거대 담론의 역사』(공저: 서울대학교 평화통일연구원 편) 등 전공 및 일반교양 도서가 10여 편 있고, 『사랑만이 우리를 구원할 수 있습니다』(프란체스코 교황 저),『바티칸 박물관, 시대를 초월한 감동』(2023) 등 약 20편의 역서가 있다.

「마태오 리치의 적응주의 선교와 서학서 중심의 문서선교의 상관성에 관한 고찰」(『선교신학』제27집, 2011),「실천하는 영성가 요한 바오로 2세의 평화의 관점에서 본 가난의 문제」(『인간연구』제21호, 2011),「선교사들이 직면한 토착언어 문제: 선교역사를 통해 보는 몇 가지 사례」(『신학전망』, 2015),「왜란 시기 예수회 선교사들의 일본과 조선 인식—순찰사 알렉산드로 발리냐노의 일본 방문을 중심으로」(『교회사연구』49호, 2016),「마태오 리치의 세계지도에 대한 선교신학적 고찰」(『신학전망』제198호, 2017),「발리냐노의 텐쇼소년사절단(天正遣欧少年使節)의 유럽 순방과 선교 영향」(『선교신학』제52집, 2018) 등 다수의 논문이 있다.